# HISTOIRE GÉNÉRALE DE PARIS

## COLLECTION DE DOCUMENTS

PUBLIÉE

SOUS LES AUSPICES DE L'ÉDILITÉ PARISIENNE

# LA BASTILLE

L'Administration municipale laisse à chaque auteur la responsabilité des opinions émises dans les ouvrages publiés sous les auspices de la Ville de Paris.

---

TOUS DROITS RÉSERVÉS

HISTOIRE GÉNÉRALE DE PARIS

# LA BASTILLE

HISTOIRE ET DESCRIPTION DES BÂTIMENTS. — ADMINISTRATION

RÉGIME DE LA PRISON. — ÉVÉNEMENTS HISTORIQUES

PAR

FERNAND BOURNON

PARIS

IMPRIMERIE NATIONALE

M DCCC XCIII

# COMMISSION PERMANENTE

PRISE AU SEIN DE LA COMMISSION DES TRAVAUX HISTORIQUES
ET CHARGÉE DE LA SURVEILLANCE.

---

MM. DELISLE (Léopold-Victor), C. ✻, I. ✿, Membre de l'Académie des Inscriptions et Belles-Lettres, Administrateur général, Directeur de la Bibliothèque nationale, *Président.*

ROZIÈRE (Eugène de), O. ✻, Membre de l'Académie des Inscriptions et Belles-Lettres, Sénateur.

COUSIN (Jules), ✻, Conservateur de la Bibliothèque et des Collections historiques de la Ville de Paris.

GUIFFREY (Jules), ✻, Archiviste aux Archives nationales.

LAMOUROUX (Alfred-Martial), Membre du Conseil municipal.

MONTAIGLON (Anatole de), ✻, Professeur à l'École des Chartes.

VILLAIN (Georges), ✻, Membre du Conseil municipal.

RENAUD (Armand), ✻, I. ✿, Inspecteur en chef des Beaux-Arts et Travaux historiques, *Secrétaire.*

LE VAYER (Paul-Marie-Victor), I. ✿, Inspecteur des Travaux historiques, *Secrétaire adjoint.*

# INTRODUCTION.

A considérer l'ensemble des écrits dont la Bastille a été jusqu'ici le sujet, à n'en considérer même que les titres, deux réflexions frappent d'abord l'esprit : c'est que tous ont été publiés à deux époques parfaitement tranchées et que sépare presque un siècle, les uns aux abords de l'année 1789, les autres depuis quelques années seulement, et que, parmi tant de travaux ayant le même objet, il ne s'en trouve encore aucun où ait été tentée une restitution complète de la célèbre forteresse, de ses bâtiments et de son régime, de son administration et de son histoire.

On n'osa parler de la Bastille que la veille du jour où elle allait tomber; ce fut réellement un signe des temps et la marque d'une révolution prochaine que l'apparition de ces Mémoires habilement perfides, mais si vivants, de Linguet et de ce Danry qui avait usurpé le nom de Latude; jusque-là, on répétait toujours, à propos du « château redoutable », ce vieil adage, fait sans doute pour lui, « qu'il vaut mieux s'en taire que d'en parler ». Au lendemain du 14 juillet 1789, les innombrables ouvrages que l'événement fit naître aussitôt auraient dû être définitifs : les archives livraient enfin leurs secrets à des hommes qui pouvaient aisément les contrôler; les bâtiments étaient encore debout et leurs derniers habitants n'avaient pas tous péri. L'Assemblée des Électeurs, plusieurs districts se préoccupèrent, en effet, d'ouvrir une vaste enquête sur le passé de la Bastille; mais ce ne fut qu'un projet, et de ce temps il ne nous reste guère qu'un travail méritant créance, les neuf livraisons de *La Bastille dévoilée*, rédigées par Charpentier en dehors de toute ingérence de la municipalité. Puis, le souvenir de la Bastille s'efface aussi complètement que ses ruines ont disparu du sol; et, quand, au bout de cinquante ans, la colonne de Juillet se dresse sur cet emplacement, qu'on n'avait pas encore su utiliser, rien, dans le monument élevé par Louis-Philippe aux défenseurs des libertés publiques, ne rappelle l'édifice qu'il a remplacé, pas même la date du jour qui l'a vu tomber.

L'ardente curiosité qui s'est éveillée, il y a quelques années, pour tout ce qui touche à la Révolution, a fait revivre ces souvenirs et attiré enfin l'attention des érudits sur la Bastille. Une heureuse circonstance y a concouru. A ce moment, M. Frantz Funck-Brentano achevait la mise en ordre et préparait l'inventaire des archives de la Lieutenance de police, déposées depuis près de cent ans à la Bibliothèque de l'Arsenal et dont François Ravaisson avait entrepris depuis longtemps le classement, que la mort vint interrompre. Le jeune savant, dont je suis heureux d'être l'ami, mit avec empressement entre les mains des travailleurs cette mine si précieuse, et cela avec une libéralité d'autant plus méritoire que lui-même en tirait la matière d'excellentes dissertations, dont je reparlerai, les premières vraiment critiques qui aient été écrites sur ce sujet. C'est alors qu'ayant osé soumettre à la Commission des travaux historiques de la ville de Paris le projet d'une histoire complète de la Bastille, j'ai eu le grand honneur de m'en voir confier la rédaction.

Pénétré de l'esprit de cette belle collection de l'«Histoire générale de Paris», publiée par la municipalité parisienne, et qui n'admet que les documents ou des ouvrages fondés sur les documents, j'ai eu avant tout le souci de former un recueil de textes authentiques relatifs à la Bastille, de sorte que les pièces justificatives qui terminent cet ouvrage en forment réellement le fond, et que tout ce qui les précède n'en est que le commentaire constant et fidèle.

Il me sera peut-être permis de dire que le bâtiment même n'avait pas encore été étudié avec autant de détails, surtout dans l'histoire de sa construction. Les historiens n'étaient pas d'accord sur l'année où en fut posée la première pierre; plusieurs d'entre eux accréditaient encore la légende d'après laquelle Hugues Aubriot aurait été le premier prisonnier du château qu'il avait fondé : on ne devra plus répéter sur ces points des faits inexacts.

Puisque la Bastille, construite tout d'une pièce en quelques années, était restée en 1789 à peu près ce que l'avait faite Charles V, il y avait peu à dire sur ses aspects successifs pour chaque siècle; j'ai eu cependant la bonne fortune de rencontrer des documents fort intéressants sur le «renforcement» qui en fut fait entre 1555 et 1560; de même ai-je pu restituer avec certitude, grâce aux papiers de l'Arsenal, le bâtiment de l'état-major, édifié en 1761 au travers de la grande cour, et la nouvelle chapelle qui, vers le même temps, fut installée vis-à-vis de celle que nous décrivent les inventaires de 1428 et de 1430. Tel est l'objet de la première partie de mon travail.

La seconde partie traite de l'administration de la Bastille. Bien simple à l'origine, exclusivement militaire jusqu'au temps de Louis XI, qui en fit une administration de geôle, redevenue militaire au xvi$^e$ siècle, elle ne commença à devenir ce qu'elle devait rester jusqu'à la fin que par Louis XIII, ou plutôt par Richelieu. Le titre de *gouverneur* se substitua alors à celui de *capitaine* qui avait été jusque-là en usage, et à ce titre Louis XIV ajouta des prérogatives, des avantages, dont le nombre alla toujours croissant. On continua de choisir les gouverneurs parmi les officiers de l'armée, mais la faveur présida plus que le mérite à ces choix, et d'ailleurs les fonctions n'étaient pas de celles où la science des armes paraissait indispensable : du moins on le croyait; l'incapacité militaire du marquis de Launey a prouvé qu'on avait eu tort. Au dernier temps de son existence, la Bastille eut un personnel administratif très nombreux, tendant toujours à s'augmenter, car, de 1786 à 1789, deux brevets nouveaux furent créés, ceux de sage-femme et d'apothicaire. Je me suis appliqué à réunir le plus de documents possible sur toutes ces charges, assez ignorées, du médecin, de l'ingénieur en chef, du chirurgien, des chapelains et confesseurs, du commissaire au Châtelet, etc., qu'on n'obtenait, même les plus modestes, qu'au prix de vives sollicitations; j'ai entrepris enfin de dresser la liste chronologique des capitaines, gouverneurs, lieutenants de roi, majors et aides-majors du château, en groupant sous chaque nom des renseignements biographiques; la tâche était ardue, et si la série de ces officiers est reconstituée à peu près en entier, je conviens que les détails fournis sur la vie de chacun d'eux sont bien peu abondants et que la moisson n'est pas en raison des efforts qu'elle a coûtés.

L'examen du régime de la prison à ses divers âges, qui forme la troisième partie de ce livre, pouvait prêter à d'infinis développements. C'est, en effet, le seul point qui ait été encore étudié de l'histoire de la Bastille, le plus intéressant, à vrai dire, et le plus fécond en controverses. J'aurais pu, après tant d'autres, raconter par le menu les évasions du prétendu Latude, dire, en plusieurs centaines de pages, tout ce que l'on a si ingénieusement imaginé sur «l'homme au masque de fer», dont la personnalité médiocre, — celle d'un officier accusé de trahison, — va, dit-on, être prochainement révélée; il eût été facile de grossir le volume en empruntant aux *Archives de la Bastille*, publiées par Ravaisson, quelques dossiers de détenus, romanesques et dramatiques, ou simplement en établissant une liste complète des prisonniers qu'a reçus le château. J'ai mieux aimé chercher à tracer un tableau d'ensemble, où les figures ne soient pas traitées isolément (car il y aurait eu trop d'inégalités), mais par catégories, et qui montre ce que fut, suivant les époques, le régime applicable à chacune d'elles. Ce sera pour quelques-uns sans doute un sujet d'étonnement que d'apprendre les variations par où ce régime passa au xvii$^e$ siècle et, au contraire, son égalité à partir de la seconde moitié du xviii$^e$ siècle.

Si nous n'avions à cet égard que les relations écrites par les prisonniers, nous n'aurions rien de sûr; ce sont des œuvres fatalement récusables, aucune n'étant assez complètement informée, ni écrite — sauf peut-être celle de l'abbé de Roquette — avec un sentiment de résignation qui permette de juger sainement. Elles n'ont de valeur qu'après avoir été contrôlées à l'aide des documents administratifs que la Bibliothèque de l'Arsenal a conservés en si grand nombre, et dont le témoignage n'est pas suspect. La correspondance des ministres ou du lieutenant de police avec le gouverneur, le *Journal* de du Junca, les notes de Chevalier, le *Registre* du major de Losme, les mémoires de fournitures, et en général toutes les pièces de comptabilité : telles sont les sources essentielles d'un travail critique sur la condition des personnes enfermées à la Bastille. C'est pour y avoir puisé le premier que M. Funck-Brentano a produit bien des faits nouveaux et inattendus; j'ai eu fort souvent à citer ses deux savants mémoires : *La vie à la Bastille*, et *La Bastille d'après ses archives*; et si, parfois, je ne me trouve pas d'accord avec lui, ce n'est que sur des points de détail. Faute d'avoir étudié et comparé ces textes, pour s'en être aveuglément rapporté aux allégations mensongères de Constantin de Renneville ou du faux Latude, aux récits de Linguet, dont le fond est l'hyperbole, on avait représenté la Bastille comme un lieu de tortures matérielles et morales, où les prisonniers pourrissaient au fond de leurs cachots, privés de tout soin. Cette opinion ne résiste pas à la lecture des règlements de la prison, des instructions données aux porte-clefs, des bulletins rédigés par le major, des comptes du mobilier et de la cuisine. De toutes les prisons d'alors, la Bastille était certainement la moins cruelle; mais c'était une prison d'État, on y entrait arbitrairement, «d'ordre du Roi», sans savoir quand on en sortirait, et si la liberté est le plus précieux de tous les biens, la crainte de ne la recouvrer jamais doit être le plus affreux supplice.

La dernière partie de ce livre est consacrée aux événements historiques dont la Bastille a été le théâtre. Il ne s'agit plus désormais de la prison, mais de la forteresse, et du rôle qu'elle joua dans l'histoire de nos guerres civiles. Dès qu'une émeute éclatait, c'est à la Bastille que les Parisiens couraient, persuadés, bien à tort, que sa possession équivaudrait pour eux à la capitulation du pouvoir royal. Ils n'eurent raison que le 14 juillet 1789. En quatre cents ans, le château fort se vit sept fois assiégé; six fois il fut fidèle à sa tradition, qui était de se rendre sans résistance; il n'y mentit guère plus, le jour suprême, en opposant une défense si molle à la plus passionnée des attaques. Pour l'histoire, ce dernier siège est le seul qui compte; j'avais à m'occuper aussi des autres et de quelques faits auxquels la Bastille s'est trouvée mêlée, tels que ce combat du faubourg Saint-Antoine, où son canon décida de la rencontre; mais c'est à la journée du 14 juillet que devait nécessairement appartenir le plus de place. Je me suis efforcé d'en rechercher les origines, et peut-être jugera-t-on que cette recherche n'était pas inutile. La preuve est faite, maintenant, que la Bastille eût été supprimée administrativement si elle n'avait disparu violemment; son impopularité, depuis quelques années surtout, était devenue telle qu'elle y aurait succombé à brève échéance. S'il n'en eût pas été ainsi, est-ce que Corbet, inspecteur des bâtiments de la ville, aurait songé, dès 1784, à dresser un plan de rues et de places à ouvrir sur l'emplacement de la vieille forteresse? Du Puget, lieutenant de roi à la Bastille, eût-il, en 1788, osé rédiger ce rapport, si heureusement retrouvé, dans lequel il propose ouvertement la démolition de la Bastille, la vente de ses terrains et la restauration du château de Vincennes en qualité de prison d'État, pour y recevoir les rares coupables que l'on aurait encore à y envoyer? Et Davy de Chavigné, auditeur à la Chambre des comptes, se fût-il permis, au commencement de l'année 1789, d'écrire ce que nous citons de lui (page 178) si l'on n'avait senti qu'il était dès lors permis de tout dire et de tout écrire?

Je ne crois pas, d'ailleurs, que ces manifestations aient beaucoup influé sur l'événement du 14 juillet, ni surtout qu'elles l'aient déterminé. C'est à M. Georges Lecocq que revient le mérite d'avoir fait connaître en 1881, dans son curieux livre sur *la Prise de la Bastille*, le procès-verbal de l'assemblée du district du Petit-Saint-Antoine, où mille citoyens environ décidèrent, le 13 juillet, que, pour assurer leur tranquillité, les bourgeois de Paris devaient être armés et se procurer des armes partout où ils en pourraient trouver. Cette délibération pacifique, qui n'avait en vue que la sécurité de la capitale, allait engendrer la sanglante collision du lendemain. Plusieurs autres districts adoptèrent la résolution prise au Petit-Saint-Antoine, et, en quelques heures, toute la population commerçante et bourgeoise de la ville s'était juré d'avoir des fusils pour se défendre contre « les brigands », c'est-à-dire contre la foule de gens sans aveu qui venait d'envahir et de piller l'hôtel de la Force et la maison de Saint-Lazare, deux prisons, précisément.

On courut aux Invalides, où de nombreuses munitions furent aussitôt enlevées. Si le gouverneur avait pu résister, c'est là que la bataille se fût engagée, et la Bastille aurait peut-être été épargnée. Celle-ci, avec ses ponts-levis relevés, contrairement à l'habitude, et sa garnison sur les tours, offrait un aspect rébarbatif qui contribua fort à irriter la foule de ceux qui ne venaient là que réclamer des armes et ignoraient les négociations entamées, le matin, entre l'Hôtel-de-Ville et de Launey. S'ils avaient pu pénétrer sans obstacle jusqu'au magasin d'armes et y prendre tout ce qu'il contenait, le siège n'aurait probablement pas eu lieu, du moins à ce moment. Ce n'est pas à dire que le besoin d'armes ait été la seule cause de ce grand événement, mais il en fut certainement la cause directe; toutes celles qu'on en donne communément ne sont qu'accessoires, et la pensée de délivrer les prisonniers n'y doit être comptée pour rien.

L'histoire de la Bastille s'arrête réellement à l'instant du massacre de son gouverneur et de ses officiers; mais les ruines mêmes, avant qu'elles aient péri complètement, furent encore témoins de bien des faits intéressants; leur exploitation par le personnage ridicule appelé Palloy, les fêtes dont elles constituaient le décor, les multiples projets d'utilisation de leur emplacement, la création des compagnies de Volontaires et de Vainqueurs de la Bastille, objet de tant de discordes, méritaient quelques éclaircissements : je les ai donnés sous forme d'Appendices, qui, avec les Pièces justificatives, terminent le volume.

J'arrive à parler des sources manuscrites, des textes imprimés et des mémoires historiques sur lesquels s'appuie tout ce travail.

Les archives de la Lieutenance de police, dont les papiers de la Bastille ne formaient qu'une section, et qui se trouvent classées aujourd'hui à la Bibliothèque de l'Arsenal, sont le point de départ de mes recherches. J'aurais parlé avec quelque détail de ce précieux dépôt si M. Funck-Brentano ne m'avait plus rien laissé à dire depuis qu'il en a publié l'inventaire, précédé d'une introduction complète et parfaite[1]. Je me borne donc à y renvoyer le lecteur. Dans l'ordre d'importance, le fonds français du département des manuscrits de la Bibliothèque nationale doit être cité immédiatement après l'Arsenal : on y trouve, sous la cote 7648, une série de lettres de cachet pour les années 1714-1768, et (ms. 14,060) le recueil complet des lettres du lieutenant de police Lenoir adressées à l'état-major de la Bastille pendant l'année 1778; sous

---

[1] *Catalogue des manuscrits de la Bibliothèque de l'Arsenal*, tome IX. Archives de la Bastille, par Frantz Funck-Brentano, sous-bibliothécaire à la Bibliothèque de l'Arsenal (1er fascicule). Paris, Plon, 1892, in-8°; LXXIX et 273 pages. Cf. l'article bibliographique que j'ai consacré à cette œuvre dans la *Bibliothèque de l'École des Chartes*, année 1892, pages 285-288.

le numéro 11.736, des documents relatifs à la démolition de la Bastille; les manuscrits 2811, 3241-3242 des nouvelles acquisitions, qui proviennent de Palloy, forment un recueil très instructif sur le même sujet et contiennent en outre d'exacts dessins des bâtiments dans leur dernier état. Dans le fonds Clairambault (n° 986) j'ai à signaler quelques dossiers de prisonniers détenus, comme coupables d'empoisonnements, tant à la Bastille qu'à Saint-Lazare et à Vincennes.

Le département des estampes contient, dans sa merveilleuse collection de la Topographie de la France (Paris, quartier Saint-Antoine), un grand nombre de représentations de la Bastille; deux d'entre elles, un dessin à la plume, du xviie siècle, et une aquarelle, du siècle suivant, ont été jugées assez intéressantes pour qu'elles figurent dans l'illustration du présent volume.

Les Archives nationales auraient dû hériter des papiers de la Bastille sans la méprise qui les fit attribuer aux archives de la Ville; les conséquences en auraient été déplorables, — leur infaillible destruction dans l'incendie de 1871 — si Ameilhon n'avait eu l'idée de transporter ces papiers comme siens à la Bibliothèque de l'Arsenal lorsqu'il y fut nommé conservateur. Le palais Soubise est donc fort pauvre en documents sur notre sujet, sauf pour les événements qui en constituent l'appendice; j'ai cependant trouvé dans la correspondance des ministres de la maison du roi, qui avaient Paris et la Bastille dans leur département, plusieurs utiles renseignements d'ordre administratif (série $O^1$), et, dans la série N, une importante et curieuse collection de plans.

Les archives, trop ignorées, de la Préfecture de police m'ont offert aussi quelques ressources. Elles possèdent des états mensuels des dépenses de la Bastille et de Vincennes; l'analyse des dossiers de prisonniers, travail considérable formant mille feuillets et qui s'arrête à l'année 1702; des tableaux d'entrée et de sortie, où les noms des détenus sont classés alphabétiquement; la suite, enfin, des lettres adressées par le major de Losme au lieutenant de police, de janvier 1787 à juillet 1789, fragment de la correspondance de cet officier, dont M. Bégis possède le Registre complet, et dont il a publié quelques extraits il y a douze ans [1].

La Bibliothèque Mazarine compte parmi ses manuscrits (n° 1452) un recueil de lettres de cachet et de correspondance du ministre avec le gouverneur (c'était alors d'Abadie) pour les années 1759-1761, registre distrait, on ne

---

[1] *Le Registre d'écrou de la Bastille, de 1782 à 1789*, par Alfred Bégis; publié dans la *Nouvelle Revue*, de décembre 1880 et tiré à part; in-8°, 30 pages.

sait comment, de la série qui se trouve à l'Arsenal, et dont il n'est pas, malheureusement, le seul *desideratum*.

Au musée Carnavalet, outre deux registres analogues, des années 1763, 1765-1767 (n°ˢ 15,692 in-fol. et 18,381 in-4°), j'ai surtout tiré parti, pour éclairer mes derniers chapitres, des richesses que l'époque de la Révolution y fait entrer chaque jour : fusils, insignes et cachets des Vainqueurs, tableaux et estampes de toute sorte, et surtout cet incomparable dossier Palloy (n° 10,441), dont M. Victor Fournel a si heureusement fait son profit.

Quant aux imprimés, leur valeur est loin d'égaler leur nombre, si considérable que peu de collections parisiennes, fussent-elles aussi riches que celles de MM. Bégis, Lacombe, Mareuse, doivent les contenir tous. M. Funck-Brentano a cité, dans l'introduction à son *Inventaire*, celles de ces publications qui sont faites d'après des papiers de la Bastille, conservés ou non à la Bibliothèque de l'Arsenal. Une telle classification pourra paraître un peu subtile, et l'on aurait aimé que cet excellent érudit, étendant un peu son cadre, énumérât tous les ouvrages qui peuvent servir à l'histoire du château, quelle qu'en soit l'origine. Pour ma part, je me bornerai à dire quelques mots de ceux dont j'ai été le tributaire, et qui peuvent être considérés comme de véritables sources. On s'attend à trouver au premier rang les *Archives de la Bastille*, cet important recueil dont François Ravaisson publia seize volumes et que son neveu, M. Louis Ravaisson-Mollien, achève avec un zèle pieux (le tome XVII, ayant trait aux années 1757-1759, a paru en 1891); mais il faut reconnaitre que les textes mis au jour ont bien plutôt rapport à l'histoire des mœurs pendant les deux derniers siècles de l'ancien régime, à l'histoire des prisonniers qu'à celle de la prison, dont il n'est parlé que dans la préface fort remarquable du tome Iᵉʳ. De même, les documents provenant de la Bastille, que M. Hovyn de la Tranchère a publiés en 1886 d'après les originaux conservés à Saint-Pétersbourg[1], n'apprennent rien sur la condition des détenus ni sur l'administration de la forteresse. Une source bien meilleure est celle qu'offre *La Bastille dévoilée* de Charpentier[2]; je l'ai déjà signalée; les historiens doivent y puiser largement, mais toutefois avec quelque prudence, car la passion politique égara dans bien des cas l'auteur.

Si j'ai jugé sévèrement les *Mémoires* si connus de Linguet et ceux de Danry, *dit* Latude, ce n'est pas à dire qu'il faille n'en tenir aucun compte; leurs

---

[1] *Les Dessous de l'Histoire*. Paris et Bordeaux, 1886, 2 vol. in-8°.

[2] *La Bastille dévoilée ou Recueil de pièces authentiques pour servir à son histoire*. Paris, Desenne, 1789-1790; 9 livraisons in-8°, réunies habituellement en trois volumes.

hyperboles et leurs déclamations même deviennent intéressantes dès qu'on peut, à l'aide d'informations sûres, les rapprocher de la vérité. Il faut savoir gré à M. Gazier d'avoir publié la relation très sincère écrite par l'abbé de Roquette de sa détention comme janséniste en 1742[1], et remercier grandement M. Longnon des documents si curieux qu'il a révélés à propos de l'évasion de Latude[2]. Telles sont, à peu près, les seules références qui nous viennent du passé. De celles de notre époque, on ne doit retenir que les travaux ayant une valeur critique. Je me plais à rappeler ici et à placer en première ligne ceux de M. Funck-Brentano[3], de M. Fournel[4], les recherches précises de MM. Couret[5], et Séré[6], et d'excellentes dissertations, trop courtes, sur des points de détail, que M. Bégis a données à l'*Intermédiaire des chercheurs et des curieux*.

Dans l'amas de relations qui ont été écrites de la journée du 14 juillet, bien peu se distinguent par le mérite de la véracité; je les ai trop citées et discutées dans les notes pour qu'il soit utile de les nommer ici; mais j'ai plaisir à dire combien la savante *Bibliographie de l'histoire de Paris pendant la Révolution française*, rédigée par M. Maurice Tourneux, m'a guidé dans leur examen; elle m'a notamment révélé l'une d'elles, le *Mémoire des faits authentiques*, que j'ai cru devoir, en raison de sa rareté, réimprimer dans les Pièces justificatives.

Le *Répertoire général des sources manuscrites de l'histoire de Paris pendant la Révolution française*, publié par M. A. Tuetey pour la Ville de Paris, comme l'ouvrage de M. Tourneux, m'a été plus précieux encore. C'est à lui que je dois de connaître la plupart des documents de l'histoire posthume de la Bastille, ces procès-verbaux sinistres inventoriant les cadavres sans tête des défenseurs

---

[1] *Mémoires de la Société de l'histoire de Paris et de l'Ile-de-France*, t. VII (1880), p. 11-36.

[2] *Ibid.*, t. III (1876), p. 356-401.

[3] Lui-même en a donné la liste dans son introduction déjà citée, p. LXXVIII.

[4] *Les Hommes du 14 Juillet*... Paris, 1890, in-18. — *Le Patriote Palloy*... Paris, 1892, in-8°.

[5] *La Bastille depuis ses origines jusqu'à sa chute, 22 avril 1369-14 juillet 1789*, par A. Couret, ancien magistrat, docteur ès lettres, publiée dans la *Revue du monde latin* de décembre 1888 et janvier 1889, puis tirée à part à 40 exemplaires. Orléans, Herluison; in-8°, 40 pages. — La plus grave inexactitude de ce travail se lit à la première page : «Ne dit-on pas», dit M. Couret, — «mais c'est peut-être une légende, — que l'autre jour le Conseil municipal aurait demandé à un savant poudreux une histoire détaillée de la Bastille! Malheureusement, les fonds manquaient pour solder la main-d'œuvre et le savant s'est récusé...» Il est difficile de formuler un fait plus erroné en termes moins bienveillants. M. Couret, s'attaquant à un sujet comme la Bastille, aurait dû se méfier des légendes; sa brochure peut, d'ailleurs, se lire avec profit.

[6] *La Bastille devant l'Histoire*..., par Paul Séré; publication de la Société havraise d'études diverses, année 1890, 1er trimestre; tirée à part. Paris, Dumont, 1890; in-8°, 77 pages.

de la place et relatant l'odieuse exhibition qu'on en fit durant deux jours à travers la ville; puis les comptes de la démolition, tout ce qui a trait aux Vainqueurs, etc. Le labeur immense qu'a entrepris M. Tuetey de signaler aux historiens de la Révolution les matériaux inédits, où qu'ils soient, de leurs études, rend dès aujourd'hui les plus grands services et je suis heureux d'avoir été l'un des premiers à en bénéficier.

C'est avec le même sentiment, où n'entre rien de banal, que j'acquitterai ici les dettes de reconnaissance, contractées au cours de mon travail envers ceux qui m'y ont aidé. M. Siméon Luce a bien voulu se charger d'examiner le manuscrit de ce volume et en faire entendre un rapport bienveillant à la Commission des travaux historiques. M. Jules Cousin a pris la peine de relire les épreuves; c'est dire quelle a été sa part de collaboration en savants avis, en utiles indications; qu'il veuille bien croire à toute la gratitude de son disciple affectueux et dévoué. Je dois beaucoup aussi à l'obligeance de plusieurs de mes confrères : de MM. Spont, Saige, Morel-Fatio, Lelong, Coyecque, Le Grand. M. A. Bégis, si bien informé de tous les faits de la Bastille, m'a fourni maints bons renseignements, et M. Caignard, conservateur du musée de la Monnaie, a mis à ma disposition, avec une extrême amabilité, les trésors de ses collections pour la période révolutionnaire. J'ai enfin à remercier bien vivement le Service des travaux historiques, et surtout MM. Paul Le Vayer et Rodouan, de l'empressement, de la bonne grâce parfaite qu'ils ont apportés dans la direction de l'exécution matérielle du livre et des planches qui l'embellissent.

C'est grâce au concours de tant de bons offices que j'ai pu mener à bonne fin un ouvrage où je souhaiterais que l'on reconnût, à défaut de tout autre mérite, l'unique préoccupation de l'exactitude et de l'impartialité.

Fernand BOURNON.

23 octobre 1892.

# SOMMAIRES.

### PREMIÈRE PARTIE.
#### HISTOIRE ET DESCRIPTION DES BÂTIMENTS.

Les bastilles primitives. — Fondation de la Bastille Saint-Antoine. — Modifications successives apportées à l'édifice : description de la Bastille du xv° siècle ; travaux faits au xvi° siècle ; la Bastille au xvii° siècle. — Dernier état du château. — Échoppes. — Avant-cour. — Porte de l'avancée. — Cour du Gouvernement. — Pont dormant du château. — Les tours. — Plate-forme des tours. — Dépôt des archives. — Nouvelle chapelle. — Cour du Puits. — Dépôt des livres saisis. — Bastion. — Fossé intérieur et chemin de rondes. — Grand fossé........ 1

### DEUXIÈME PARTIE.
#### ADMINISTRATION.

Considérations générales. — Budgets. — Traitement des gouverneurs. — Leurs attributions. — Lieutenant de roi. — Major, aide-major et major adjoint. — Ingénieur en chef. — Médecin du roi. — Chirurgien-major et apothicaire. — Sage-femme. — Chapelains et confesseurs. — Gardes des archives. — Commissaire du Châtelet. — Porte-clefs. — Garnison de la Bastille. — Notes biographiques sur les gouverneurs, lieutenants de roi, majors et aides-majors. . 47

### TROISIÈME PARTIE.
#### RÉGIME DE LA PRISON.

Les premiers prisonniers. — Une évasion au xv° siècle. — Les prisonniers de Louis XI. — Les prisonniers du xvi° siècle. — La Bastille sous Henri IV. — Examen des diverses catégories de prisonniers. — Les protestants, les jansénistes et les convulsionnaires. — Les empoisonneurs. — Les espions. — Les courtisans. — Les prisonniers de famille. — Les séditieux. — Les femmes à la Bastille. — Les gens de lettres et les artistes. — Les prisonniers oubliés. — Caractère et durée de la détention. — L'écrou des prisonniers. — Régime intérieur au xvii° siècle. — Visites aux prisonniers. — Promenades. — L'ameublement des chambres. — L'habillement. — Les repas. — Le droit de lire et d'écrire. — Les soins aux malades. — Les décès. — La tradition du mystère........ 105

## QUATRIÈME PARTIE.
### ÉVÉNEMENTS HISTORIQUES.

Événements au xv<sup>e</sup> siècle. — Les premiers sièges. — Fêtes sous François I<sup>er</sup>. — Sièges de la Bastille pendant les guerres de religion. — Complot du cardinal de Retz. — Siège de 1649. — Combat du faubourg Saint-Antoine. — Tentative d'émeute en 1709. — Le canon de la Bastille. — Premiers symptômes du renversement de la Bastille. — La veille du 14 juillet. — La prise de la Bastille............................................................. 163

## APPENDICES.

I. Journées des 15 et 16 juillet........................................ 205
II. Démolition de la Bastille.......................................... 206
III. Utilisation des matériaux......................................... 212
IV. Note sur Palloy................................................... 213
V. Volontaires et Vainqueurs de la Bastille........................... 216
VI. Fêtes données sur l'emplacement de la Bastille.................... 226
VII. Projets de décoration de la place de la Bastille.................. 228

## PIÈCES JUSTIFICATIVES.

I. Bail de la conciergerie du «chastel» de la porte Saint-Antoine.......... 237
II. Description et inventaires de «la Bastide Saint-Antoine» en 1428........ 238
    —                   —                    en 1436........ 252
III. Inventaire de l'artillerie de la Bastille en 1463...................... 254
IV. Documents relatifs au «renforcement» de la Bastille (1556-1560)........ 255
V. Règlement des dépenses occasionnées par le séjour à Paris des ambassadeurs d'Angleterre, et le festin que le Roi leur offrit dans la cour de la Bastille (12 décembre 1518-15 janvier 1619).................................. 262
VI. Retrait, par ordre du Roi, d'une somme d'un million déposée à la Bastille (1614)............................................................. 263
VII. Lettres patentes par lesquelles Louis XIV accorde aux religieuses de la Visitation certains terrains voisins de la Bastille (septembre 1643)........ 263
VIII. État des prisonniers qui sont au château de la Bastille (1643?)....... 265

INTRODUCTION.                                                              XIII

| IX. | Prisonniers de la Bastille en 1661 | 266 |
| X. | Doléances de du Junca sur ses fonctions | 267 |
| XI. | Bâtiments de l'hôtel du gouverneur (1716) | 270 |
| XII. | Ordonnance du Roi pour la formation d'une compagnie de bas-officiers invalides destinés à servir à la garde du château de la Bastille (31 décembre 1749) | 271 |
| XIII. | Questions d'administration intérieure. — Lettre du lieutenant de police au gouverneur de la Bastille (4 avril 1750) | 273 |
| XIV. | Mémoire pour le chirurgien-major de la Bastille (1750) | 274 |
| XV. | Description et mobilier de la Bastille (entre 1750 et 1780) | 275 |
| XVI. | Aménagements intérieurs à la Bastille (vers 1760) | 277 |
| XVII. | Reconstruction des bâtiments du Conseil (1761) | 279 |
| XVIII. | Consigne du corps-de-garde de l'avancé au gouvernement | 279 |
| XIX. | Consigne de devant les casernes (1761) | 282 |
| XX. | Consigne du corps-de-garde de la grille, rue Saint-Antoine (vers 1761?) | 282 |
| XXI. | Consigne de l'avancé | 284 |
| XXII. | Règlement de la Bastille (1764) | 286 |
| XXIII. | Consigne du château (1764) | 287 |
| XXIV. | Consigne du service pour les porte-clefs (vers 1764) | 289 |
| XXV. | Fonctions et traitement de l'aide-major (1776-1787) | 292 |
| XXVI. | Mobilier de la Bastille (1777) | 292 |
| XXVII. | Répartition des prisonniers dans les tours (1780-1781) | 293 |
| XXVIII. | Comptabilité du gouverneur (janvier 1781) | 295 |
| XXIX. | Traitement des officiers de l'État-major (vers 1783) | 296 |
| XXX. | Fourniture des lits des prisonniers (1783) | 298 |
| XXXI. | Comptabilité du château de Vincennes (avril 1784) | 300 |
| XXXII. | Note de de Losme sur l'augmentation de traitement demandée par le gouverneur (1785) | 301 |
| XXXIII. | Lettre d'avis de la nomination du sieur Hurel, chirurgien-major (1787) | 302 |
| XXXIV. | Traitement du gouverneur (1788) | 302 |
| XXXV. | Projet de suppression de la Bastille et de son remplacement par Vincennes; avantages de cette mesure. Mémoire de du Puget (1788) | 303 |
| XXXVI. | Ordre de service pour la compagnie des bas-officiers (19 avril 1789) | 306 |

XXXVII. État des prisonniers et autres dépenses de la Bastille pendant le mois de juin 1789........................................... 307
XXXVIII. *Mémoire des faits autentiques concernant la prise de la Bastille*........... 309
XXXIX. Détail de toutes les pièces composant le modèle de la Bastille pour le département du Mont-Blanc (Envoyé par Palloy)............... 320

# TABLE DES PLANCHES.

|   |   | Pages. |
|---|---|---|
| I. | Plan de la Bastille au xvii<sup>e</sup> siècle. (Dessin à la plume.)............... | 18 |
| II. | Plan de la Bastille au xviii<sup>e</sup> siècle. (Aquarelle.).................... | 22 |
| III. | Plan de la Bastille avec le détail des constructions du bastion dressé par Cathala en 1789................................................... | 42 |
| IV. | Lettre autographe du marquis de Launey (1778).................... | 94 |
| V. | Lettre de cachet de l'incarcération d'Aurin en 1659................. | 130 |
| VI. | Lettre de cachet de l'incarcération de Danry, *dit* Latude............... | 132 |
| VII. | Procès-verbal de la capitulation de la Bastille en 1594............... | 168 |
| VIII. | Projet de Corbet en 1784....................................... | 176 |
| IX. | Démolition de la Bastille (17 juillet 1789)....................... | 206 |
| X. | Médailles de la prise de la Bastille............................. | 210 |
| XI. | Plan dressé par Palloy et offert par lui à l'Assemblée Constituante pour les Archives de la Nation....................................... | 214 |
| XII. | Poignée de sabre, insignes, cachet de Vainqueurs de la Bastille......... | 224 |

# LA BASTILLE.

## PREMIÈRE PARTIE.

### HISTOIRE ET DESCRIPTION DES BÂTIMENTS.

Les bastilles primitives. — Fondation de la Bastille Saint-Antoine. — Modifications successives apportées à l'édifice : description de la Bastille du xv° siècle; travaux faits au xvi° siècle; la Bastille au xvii° siècle. — Dernier état du château. — Échoppes. — Avant-cour. — Porte de l'avancée. — Cour du Gouvernement. — Pont dormant du château. — Les tours. — Plate-forme des tours. — Dépôt des archives. — Nouvelle chapelle. — Cour du puits. — Dépôt des livres saisis. — Bastion. — Fossé intérieur et chemins de rondes. — Grand fossé.

### I

La recherche des origines de la Bastille est inséparable de quelques brèves considérations sur l'enceinte fortifiée que les Parisiens commencèrent à élever à la hâte autour de leurs faubourgs de la rive droite, dans le courant de l'année 1356, et qui, terminée en 1358, fut remaniée et rendue plus forte quelques années plus tard, sous le règne de Charles V.

La fortification construite, cent cinquante ans auparavant, par Philippe Auguste, était, depuis longtemps déjà, en partie ruinée. Après le désastre de Poitiers, le prévôt des marchands, Étienne Marcel, et ses conseillers, devenus à peu près maîtres absolus de la cité, avisèrent sans délai aux moyens de la protéger contre un siège possible, et il fut résolu qu'on élèverait un rempart au nord de la Seine, destiné à couvrir les quartiers nouveaux qui s'étaient peuplés de ce côté du fleuve et y doublaient presque la superficie de la ville. Pour la rive gauche, on se contenta de renforcer la muraille de Philippe Auguste en y ajoutant un simple fossé. Les seuls travaux importants furent donc ceux de la rive droite [1], et encore, le

Les bastilles primitives.

---

[1] Rappelons brièvement le tracé de cette nouvelle enceinte de la rive droite : elle commençait, à l'ouest, sur la Seine, un peu au-dessous de l'emplacement actuel du pont du Carrousel, se dirigeait vers le N. E. à travers le Palais-Royal et la place des Victoires et suivait à peu près le parcours

peu de temps que laissaient les circonstances ne permit pas de les faire aussi complets qu'il l'eût fallu. Ils ne consistèrent qu'en une double ligne de fossés, en arrière desquels furent élevés des murs de peu de hauteur, pourvus de portes et de *bastilles*. Ces renseignements nous sont fournis par un témoin oculaire, Jean de Venette, et ne laissent aucun doute [1].

C'est la première fois, croyons-nous, que ce mot de *bastille* se rencontre dans un texte relatif aux fortifications de ville. Si le mot est nouveau, la chose était cependant fort ancienne [2], et, pour en trouver de plus lointaines mentions, il faudrait remonter jusqu'au temps des Romains. César [3] décrit, sous le nom de *turris*, une construction haute de trois étages, que ses légionnaires savaient rapidement élever en face d'une ville assiégée, et qui n'est autre chose que les *bastilles* ou *bastides* dont on se servit ensuite, au moyen âge, pour le même objet. Les textes abondent à le prouver : Froissart, parlant d'une forteresse assaillie, rapporte que l'on « meit bastides sur les champs et sur les chemins, en telle manière que nulles pourveances, ne les vivres ne pouvoient venir dedans la ville ». Des bastilles de ce genre furent construites devant les remparts de Conches, lors du siège de cette ville par l'armée de Charles V en 1371 : deux charpentiers travaillèrent six jours à en « ouvrer » une, établie dans un fossé qui avait sept pieds de large et douze pieds de « parfont » [4]. Rappelons encore les bastilles, analogues sans doute, que le comte de Suffolk fit bâtir en face d'Orléans, pendant le siège de 1428 : il y en eut treize, paraît-il, dont trois portaient les noms de Rouen, Londres et Paris [5].

Outre ces constructions provisoires et volantes, la stratégie du moyen âge employait, non plus pour l'attaque des villes, mais pour leur défense, des bâtiments fixes, annexés à la fortification même, dans lesquels on peut reconnaître de véritables bastilles [6], et ce sont précisément celles que Jean de Venette et les

---

de la rue d'Aboukir, jusqu'au point où cette rue atteint la rue Saint-Denis. De là, prenant la direction de l'ouest à l'est, elle correspondait à peu près à la ligne des boulevards, depuis la porte Saint-Denis jusqu'à la Bastille, d'où elle atteignait la Seine, parallèlement au canal Saint-Martin.

[1] M. A Bonnardot les a parfaitement interprétés dans ses *Dissertations archéologiques sur les anciennes enceintes de Paris*, 1853, in-4°, p. 70. Voici, au surplus, le passage de Jean de Venette : « Anno 1356 cives Parisienses... fossata circa muros ad partem occidentalem (rive gauche) et circa suburbia ad partem orientalem (rive droite), quia nulla ibi ante fuerant, et muros novos parvos similiter supra illos cum portis et *bastillis* ad prædicta construxerunt.

[2] Le mot *bastille*, et son synonyme en cette acception, *bastide*, proviennent du radical sur lequel a été formé le verbe bâtir.

[3] *De bello civili*, lib. II, cap. VIII-XI.

[4] Bibl. nat., ms. fonds fr., 26,010, n° 1265.

[5] Voir la *Chronique de la Pucelle* de Cousinot de Montreuil, publiée par Vallet de Viriville, 1859, in-12, p. 265-6.

[6] Tels étaient déjà les *châtelets* que Charles le Chauve fit construire en 877 à l'extrémité des deux ponts de Paris pour protéger la cité contre les attaques des Normands (Baluze, *Capitularia*, II, 267). De même que la Bastille conserva seule un nom donné à tous les édifices analogues, de même le grand et le petit Châtelet conservèrent jusqu'à leur destruction définitive une dénomination d'un caractère tout à fait général.

autres chroniqueurs du temps mentionnent comme ayant fait partie de l'enceinte parisienne de 1356.

Quel était exactement leur aspect, c'est ce qu'il est assez difficile d'établir. M. A. Bonnardot, qui, dans son ouvrage sur les anciennes enceintes de Paris, a étudié de très près toutes les questions si complexes qui se rapportent à son sujet, est fort peu affirmatif sur ce point. Il suppose que les bastilles de 1356 étaient simplement « des monticules de terre palissadés, élevés près des portes » (page 128) et que, sous Charles V seulement, on convertit en constructions maçonnées ces ouvrages de défense trop rudimentaires (page 132). Nous ne pensons pas qu'il ait raison. Que l'on se reporte, en effet, aux différents récits qui nous restent du meurtre d'Étienne Marcel. Ils s'accordent tous à dire que le prévôt des marchands trouva la bastide Saint-Denis, aussi bien que la bastide Saint-Antoine, gardées par des bourgeois en armes, qui se refusèrent à lui en livrer les clefs [1].

On ne peut imaginer que des édifices ainsi défendus puissent n'avoir été que des monticules en terre, et il faut nécessairement admettre que, dès 1358, ces édifices étaient construits en pierre, et que Charles V n'eut guère à en modifier la forme.

L'identité étant acceptée, il nous devient plus facile de les décrire. C'étaient, d'après les plans du XVI<sup>e</sup> siècle qui les représentent encore, des bâtiments carrés, interrompant de loin en loin la muraille, et disposés pour protéger soit une entrée de la ville, soit la muraille elle-même. Les noms d'*eschiffles*, *guérites*, *barbacanes* paraissent désigner plus spécialement ceux de ces bâtiments qui s'élevaient entre deux portes de ville, et le nom de bastille ou bastide, ceux qui défendaient les entrées [2]. A côté d'eux, s'élevaient, de place en place, des buttes de terre destinées à les protéger contre les attaques de l'extérieur, et ce sont ces buttes qu'a surtout remarquées M. Bonnardot. Au XVI<sup>e</sup> siècle déjà, on les appelle « bastillons »; elles correspondent bien, en effet, à nos bastions d'aujourd'hui.

Au reste, nous savons que ces bastides, protégeant les accès de la cité, servaient en réalité de portes de ville, car elles étaient pourvues de ponts-levis. Une précieuse mention, que M. Bonnardot aurait dû relever, l'atteste, précisément à propos de la bastide Saint-Antoine, et à la date de 1369 : « A J[ean] de Laigny, jà piéçà commis et estably par les mesmes, garde de la bastide Saint-Anthoine aux gaiges de 4 francs d'or par mois, avecques et oultre 18 l. p. qu'il prend chascun

---

[1] Voir notamment les *Grandes chroniques de France*, t. VI, p. 132 et 133. Il y est fait mention de trois bastides de la nouvelle enceinte, celles de Saint-Denis, Saint-Martin et Saint-Antoine.

[2] Un texte de 1495, relatif à la translation dans Paris du couvent des Filles-Dieu, par suite de la construction de l'enceinte de 1356 qui absorbait les bâtiments de ce couvent, s'exprime ainsi à propos de la bastille Saint-Denis : « Pour les guerres qui, tost après, eurent cours en ce royaume, le Prevost des marchands et eschevins de Paris firent faire *le portail Saint-Denis que on appeloit la Bastille Saint-Denis* ». (Arch. nat., reg. du Parlement, X<sup>1a</sup> 8323, fol. 299 v°.)

La bastille Saint-Denis resta debout jusqu'au milieu du XVII<sup>e</sup> siècle.

an de gaiges pour lad. garde pour ce que, plusieurs jours et souvent, le roy et la royne sont au Bois de Vinciennes, par quoy il est de nécessité qu'il soit bonne et seure garde pour ouvrir les portes et avaler les pons de ladicte bastide par jour et par nuit aus gens dudict seigneur, toutes fois que mestier est... »[1].

Telle était donc la bastille Saint-Antoine, devant laquelle Étienne Marcel avait reçu la mort le 31 juillet 1358; telle elle dut rester jusqu'à l'époque où Charles V, devenu réellement le roi et le maître, ordonna à son prévôt de Paris, Hugues Aubriot, de faire achever et mieux fortifier l'enceinte commencée en 1356.

Les incertitudes recommencent sur la date où cet ordre fut donné et sur la nature même des travaux : il est présumable que ce ne fut pas avant 1368, époque où une sorte de trêve fut conclue avec l'Angleterre, et que l'on se contenta de donner plus d'élévation aux *petits murs* dont parle Jean de Venette, en les couronnant de créneaux. Toujours dans la même hypothèse, nous supposerons que l'on dut commencer par la partie de l'ouest, vers la porte Saint-Honoré, car en 1371, il restait encore des murs à faire à l'extrémité opposée, près de la tour de Billy[2]. Ce qui est certain, c'est qu'en 1370 fut commencée la construction d'une véritable forteresse, destinée à remplacer l'ancienne bastille Saint-Antoine, dont elle garda le nom, et que cette forteresse n'eut plus, dès lors, aucun point de ressemblance avec les autres bastilles de l'enceinte.

<small>Fondation de la Bastille Saint-Antoine.</small>

La première pierre de l'édifice qui devait, pendant plus de quatre siècles, rester si célèbre sous le nom de *Bastille* fut posée, le 22 avril 1370, par le prévôt luimême, Hugues Aubriot. Les textes contemporains qui nous l'apprennent sont formels à cet égard [3] : « *Item*, le vint-deuxiesme jour d'Avril mil trois cent soixantedix, fu assise la première pierre de la bastide Saint-Anthoine de Paris par Hugues Aubriot, lors prevost de Paris, qui la fist faire des deniers que le Roy donna à la ville de Paris [4] ». On peut en outre, l'inférer d'une mention relevée par Sauval [5] dans le compte, aujourd'hui perdu, de Simon Gaucher, payeur des œuvres de la ville en 1369-1371, mention qui termine presque ce document : « A Jehan de Moigneville, tailleur de pierres, pour deniers à lui bailliés pour distribuer à plusieurs maçons et aydes, pour don à euz faict par Monsieur le prevost des marchands

---

[1] *Rançon du roi Jean. Compte de l'aide... levée sur la prévôté, vicomté et diocèse de Paris*, 1369-1370, publiée par Dessalles dans les *Mélanges de littérature et d'histoire* de la Société des bibliophiles français, 1850, in-8°, p. 273.

[2] Sauval, III, 124.

[3] Les historiens de Paris étaient loin d'être d'accord sur cette date de la fondation de la Bastille. M. Ravaisson dit que ce fut le 22 avril 1367, et c'est là une des rares inexactitudes de son excellente préface aux *Archives de la Bastille;* Sauval et Jaillot donnent la date de 1369; du Breul et de La Mare, celle de 1371; Félibien est dans le vrai en indiquant le 22 avril 1370.

[4] *Grandes Chroniques de France*, t. VI, p. 323.

[5] T. III, p. 125; passage cité par M. Lecaron au tome III, pages 118-119, des *Mémoires de la Société de l'histoire de Paris*, dans son excellente dissertation sur *Les travaux publics de Paris au moyen âge*.

et les eschevins, *à l'assiette de la première pierre assise en la bastide Saint-Antoine*, dix livres parisis ».

Faut-il croire, avec le rédacteur des *Grandes Chroniques*, bien placé d'ailleurs pour le déclarer, que la Bastille fut construite aux frais du roi? Nous n'osons pas l'affirmer : l'extrait qu'on vient de lire d'un registre des comptes de la Ville paraît bien faire supposer que la municipalité prit part à la dépense de la construction, comme il est certain qu'elle supporta toute celle de l'enceinte [1]. Il est possible cependant que la Bastille ait fait exception, et nous aurons plus loin l'occasion de prouver que, dans la suite, le château fit exclusivement partie du domaine royal. Dès 1424, le droit de pêche dans les fossés de la ville, affermé par l'administration municipale à divers concessionnaires, était réservé au capitaine de la Bastille pour toute la partie des fossés qui avoisinait cette forteresse [2].

Charles V mourut avant d'avoir achevé la construction de la Bastille. On a dit et répété bien des fois que les premières tours bâties avaient été celles du Trésor et de la Chapelle, placées en face du faubourg; puis, celles de la Liberté et de la Bertaudière, s'élevant symétriquement aux deux premières, vis-à-vis de la rue Saint-Antoine, que l'édifice en était là en 1380 et que Charles VI l'avait fait terminer par la construction des quatre autres tours. Le plan de la forteresse le ferait supposer, mais, en somme, le seul texte précis que nous possédions à ce sujet est la mention suivante de la *Chronique d'un religieux de Saint-Denis* sous Charles VI, à la date de 1382 :

Iterum, ut ipsi regi cum, quantis sibi placeret, ingrediendi et egrediendi urbem liberam haberet potestatem, invitis eciam civibus, destructa antiqua porta Sancti Antonii, in eodem suburbio castrum fortissimum, a patre inchoatum, usque ad summum perfecit [3].

---

[1] Le fait est établi, non seulement pour l'enceinte du XIV° siècle, mais encore pour celle de Philippe Auguste et pour tous les travaux de fortification qui furent faits depuis, notamment au XVI° siècle (Cf. Bonnardot, p. 130, et, *passim,* le *mémoire* de Bouquet *sur la topographie de Paris,* 1771, in-4°).

Nous avons recherché vainement les documents relatifs aux acquisitions de terrain qui durent être faites pour la construction de la Bastille. Sans doute, ces terrains appartenaient à quelque établissement religieux.

Le prieuré de Saint-Éloi, dépendant de l'abbaye de Saint-Maur, eut certainement beaucoup de possessions de ce côté, comme le prouve l'extrait suivant: «Charles... savoir faisons... que nostre curé, le prieur de Saint Eloy de Paris, nous a faict exposer humblement que, *comme à cause de son dict prieuré, il ait terre certaine à la porte Baudoier et oultre la porte Saint-Anthoine vers la rue Sainct-Pol et environ en autres parties voisines et prochaines à y-celles,* es quelles il se dit avoir toute juridiction haute, basse et moienne...» 30 novembre 1358. (Arch. nat. JJ. 90; pièce 131). Cf. JJ. 118, p. 291.

[2] Bouquet, *Mémoire sur la topographie de Paris*, 1771, in-4°, p. 1.

[3] T. I, p. 238 de l'édition de M. Bellaguet dans la Collection des documents inédits sur l'histoire de France. Une confirmation de ce fait se trouve dans la mention suivante des comptes de l'hôtel du Roi pour 1383 : «... Le Roy, pour don fait par lui aux charpentiers de la Bastille Saint-Anthoine, lesquels il estoit alez veoir pour veoir l'ouvrage de ladicte Bastille, pour ce baillié à Colin Guéret, samedi XXVIII° jour de mars, le Roy illec, argent 48 : s. p. (*Comptes de l'Hôtel des rois de France*, publiés par Douët d'Arcq pour la Société de l'histoire de France, p. 234-235.)

Ce passage n'autorise en aucune façon à délimiter la part de Charles V et de Charles VI dans la construction de la Bastille. La seule chose certaine est que Charles V n'avait fait que la commencer. Si elle eût été complètement achevée, même sous une forme rudimentaire, avant 1380, on n'aurait pas manqué d'y déposer, comme dans tout château royal, des joyaux ou des meubles, dont l'inventaire du mobilier de Charles V eût conservé la trace; or ce document [1], où figurent les châteaux du Louvre, de Vincennes et de Melun, les hôtels Saint-Paul et de Beauté, n'a aucune mention pour la Bastille. Et c'est encore une preuve de plus que Hugues Aubriot n'a pas été enfermé dans l'édifice dont il avait posé la première pierre. Un bâtiment inachevé ne peut pas, à coup sûr, servir de prison [2].

Pour en avoir fini avec toutes ces questions d'origine, si confuses et si difficiles, il nous reste à aborder une dernière difficulté, et à nous demander si la Bastille définitivement construite (c'est-à-dire en 1382) servit encore de porte de ville, autrement dit si le nouvel édifice se substitua purement et simplement, avec un appareil de défense bien autrement complet, à l'ancienne porte Saint-Antoine. Ces mots du texte cité plus haut : *destructa antiqua porta Sancti Antonii*, le donnent à penser, et, d'autre part, l'étude du monument, qu'on lira dans le chapitre suivant, nous permet d'affirmer que, pendant près de deux cents ans, la Bastille eut une entrée dans la ville et une sortie sur la campagne; mais il ne paraît cependant pas croyable qu'au xve et au xvie siècle encore, les Parisiens aient eu à la traverser pour pénétrer, de ce côté-là, dans la ville, ou pour en sortir; et, en effet, tout près de la Bastille, se trouvait une porte de ville dite «de Saint-Antoine», sur l'origine de laquelle on manque, malheureusement, de renseignements précis [3]. Le pont-levis de cette porte étant relevé chaque fois que les nécessités de la défense l'exigeaient, la Bastille devenait alors le seul passage possible entre la ville et la campagne; cela explique combien sa possession fut de tout temps

---

[1] Publié par M. J. Labarte en 1879, dans la Collection des documents inédits.

[2] Espérons, sans trop y compter, que les futurs historiens ne tomberont plus désormais dans cette erreur. Ils trouveront, au reste, le texte de la sentence qui condamna Aubriot à être enfermé *dans la grosse tour de l'évêché*, publié par M. H. Omont dans le *Bulletin de la Société de l'histoire de Paris*, année 1882, p. 156-158.

[3] A. Bonnardot (*ouvrage cité*, p. 244-245) signale et reproduit (planche xii, fig. 5) une curieuse estampe du temps de Henri IV, mais qui, suivant lui, ne serait que la copie d'un dessin datée de 1468, où la porte Saint-Antoine est figurée vis-à-vis du profil septentrional de la «Bastide neuve Saint-Anthoine», c'est-à-dire où elle fut jusqu'à sa destruction en 1781. On y reconnaît, en effet, une bâtisse de la fin du xive siècle ou du commencement du siècle suivant, et d'ailleurs, la description qu'on va lire de la Bastille au xve siècle prouve surabondamment que, dès cette époque, l'entrée de la ville à travers la forteresse avait été supprimée, et révèle même (p. 10) l'existence d'une «porte Saint-Antoine des Champs».

Dans la «consigne du corps de garde de l'avancé» qui fut faite au xviiie siècle, il est question encore de ces deux portes primitives, dont l'emplacement sert à fixer la limite de surveillance des sentinelles : «la sentinelle de grand-poste qui a sa guerite au-dessus du cul de lampe *vis à vis l'antienne porte masquée de la rue Saint-Antoine*, où est notre chapelle, poussera sa promenade jusques par derrière le château, *vis à vis l'ancienne porte masquée qui regarde le Nord.*» (*Pièces justif.*, n° XVIII.)

## HISTOIRE ET DESCRIPTION DES BÂTIMENTS.

jugée importante au point de vue militaire, notamment pendant les guerres du xvᵉ siècle[1].

## II

La place actuelle de la Bastille ne correspond pas exactement à l'emplacement de la forteresse. Pour reconstituer par la pensée cet emplacement, il faut faire abstraction des dernières maisons de la rue Saint-Antoine et du boulevard Henri IV; le château-fort et ses glacis couvraient le terrain sur lequel elles ont été construites[2]. Au sud, du côté de la Seine, la configuration est restée plus semblable à ce qu'elle était autrefois : en effet, la partie du canal Saint-Martin qui s'étend parallèlement aux boulevards Bourdon et de la Contrescarpe n'est autre chose que l'ancien fossé des remparts creusé au xivᵉ siècle et remanié au xviᵉ siècle, comme nous aurons plus loin à le dire.

Nous allons tenter maintenant de décrire minutieusement la Bastille. Elle était encore, lors de sa prise, le 14 juillet 1789, à peu de chose près identique à ce que l'avaient faite les architectes du xivᵉ siècle, et l'on pourrait, sans grand risque d'erreur, choisir, pour une description de ce genre, la date la plus récente ou la plus reculée. Il y eut cependant un certain nombre de modifications de détail, apportées par la suite des temps à la construction, et dont il faut tenir compte; c'est ce qui nous détermine à suivre, pour les mieux signaler, l'ordre rigoureusement chronologique.

*Modifications successives apportées à l'édifice.*

Trois récolements du mobilier de la Bastille, dressés successivement entre 1428

*Description de la Bastille du xvᵉ siècle.*

[1] Les chroniques en témoignent fréquemment. On sait qu'en 1418, le prévôt Tanneguy du Châtel mit en sûreté le jeune dauphin (qui fut plus tard Charles VII) «*à l'entrée de la Bastille par dedans la ville*» et qu'il s'enfuit par la campagne. (Chronique anonyme publiée par M. Douët d'Arcq à la suite de son édition de Monstrelet pour la *Société de l'Histoire de France*, VI, 256-257). Le *Journal d'un bourgeois de Paris* nous apprend qu'en mai 1430, le geôlier de la Bastille s'étant endormi «sur ung banc, un jour après disner», l'un des prisonniers lui déroba ses clefs et délivra ses compagnons de captivité, qui tuèrent, avec son aide, deux ou trois gardiens du château. On prêta main-forte à ces derniers, et les rebelles, mis dans l'impossibilité de nuire, «recognurent qu'ils avoient eu pensée de tuer tous ceulx qui estoient dedans le chastel, et de livrer le chastel aux Arminalx *pour prendre Paris par traison ou autrement*» (p. 254 de l'édit. publiée par M. Tuetey pour la *Société de l'histoire de Paris*). Ce récit prouve péremptoirement que la prise de la Bastille entraînait comme conséquence l'accès de Paris, et c'est là ce que nous voulions établir.

[2] L'administration municipale a fait figurer sur la place actuelle un dallage représentant, partout où le terrain resté libre l'a permis, le dessin du périmètre de la Bastille. Elle a fait, en outre, placer sur la maison portant le n° 232 de la rue Saint-Antoine, à l'angle de la rue Jacques-Cœur, une inscription ainsi conçue :

ICI ÉTAIT L'ENTRÉE DE L'AVANT-COUR
DE LA BASTILLE
PAR LAQUELLE LES ASSAILLANTS
PÉNÉTRÈRENT
DANS LA FORTERESSE
LE 14 JUILLET 1789.

Des travaux de voirie, effectués pendant les mois de mai et de juin 1888, ont mis à jour et nous ont permis de constater un fragment de la muraille du fossé de la ville, en face des maisons portant les numéros 1-5 et 2-8 du boulevard Beaumarchais.

et 1435, fournissent les plus précieux renseignements sur la physionomie du monument terminé sous Charles VI, moins de cinquante années auparavant[1].

Tout d'abord, nous apparaissent les huit tours fameuses; comme bien on pense, elles n'y sont pas désignées sous les noms qu'elles porteront plus tard, mais dans l'ordre où elles se présentaient aux yeux : quatre du côté de la ville, quatre du côté du faubourg Saint-Antoine.

Les rédacteurs des deux premiers inventaires, Guillaume Lamy, clerc en la Chambre des Comptes, et Girard de Conflans, notaire au Châtelet, commencèrent, tout naturellement, leur opération par la tour auprès de laquelle était située l'entrée du château et qu'ils appellent «la première vis et tour du costé de la rue Saint-Anthoine à la main senestre, à commancer du costé des Célestins».

Cette désignation ne peut convenir qu'à la tour d'angle S. S.-O. qui, depuis, s'est appelée tour de la Bazinière. (Voir le plan.) Ainsi, dès cette époque (1428), l'entrée de la Bastille se trouvait où elle sera encore en 1789, entre les deux tours de la Bazinière et de la Comté, regardant la Seine. Et cela confirme ce que nous avons affirmé un peu plus haut, qu'à partir du xv° siècle, la Bastille n'était plus une porte de Paris, car, tant qu'elle le fut, le passage s'effectua entre les deux tours dites «de la Liberté» et «de la Bertaudière», d'une part, de la Chapelle et du Trésor, d'autre part. Les plans, et d'autres preuves que nous signalerons, s'accordent à montrer les deux passages, clos d'abord, murés ensuite; au moment de la destruction de l'édifice, la trace en était encore apparente.

Revenons à la tour d'entrée. La première pièce, au rez-de-chaussée, est la chambre du portier; son ameublement nous est minutieusement décrit : en 1428 comme en 1431, il se compose d'une couchette en bois, d'un banc et d'un buffet double; mais ce qui est à noter est la présence, dans cette chambre, d'instruments de torture : à deux grands barreaux de fer sont fixées deux chaînes, également de fer, «pour mettre un homme en geheine, avecques les fers et habillemens du col, des piez et de une main»; trois ans plus tard, l'appareil est perfectionné, car il comporte les fers pour les deux mains. Ce n'est pas tout : on y trouve encore, dès 1428, «ung autres fers à mettre une personne es fers par les piez», qui manque en 1431, et un chariot de fer à quatre roues, «à mettre du feu de charbon», dont l'entourage fait pressentir la destination. A côté de cette pièce, se trouve un «retrait» non fermé. Au premier étage, une pièce où, en 1428, étaient déposés deux setiers environ de mauvais seigle; au second étage, également une chambre et un retrait; au troisième étage, une salle où ne purent pénétrer les rédacteurs

---

[1] Le premier, qui est aussi le plus curieux, est du 5 octobre 1428; le second, du 28 février 1431 (n. s.); le dernier, du 5 mars 1436 (n. s.). Ils ont été tous trois publiés par Douët d'Arcq (Revue archéologique, xii° année, avril-septembre 1855, p. 321-349). Nous en avons pris, sur les originaux conservés aux Archives nationales (P. 1189), une nouvelle copie, dont on trouvera le texte aux Pièces justificatives, n° II.

## HISTOIRE ET DESCRIPTION DES BÂTIMENTS.

du premier inventaire, parce qu'elle était fermée à clef et que les gens de M^me de Bedford en avaient seuls l'accès; on y trouva quelques objets sans valeur; près de cette pièce, un retrait; au-dessus, un grenier.

A côté de cette tour étaient trois pièces, creusées vraisemblablement dans l'épaisseur de la maçonnerie : « une loge... où se trouvent les compaignons qui gardent la porte du dict chastel »; un cellier et une chambre de four, où se trouvaient deux pétrins, en 1428.

Nous décrirons plus sommairement les autres tours, renvoyant au texte même des inventaires pour l'énumération des objets qu'elles contenaient. La deuxième tour (la Bertaudière) se compose d'abord d'un cellier (et, par ce mot, il faut sans doute, ici et plus loin, entendre un de ces souterrains dont nous reparlerons et où, par la suite, on enferma les détenus révoltés); puis, de quatre pièces superposées, d'un grenier et d'une pièce attenante dont les voûtes étaient « toutes corrompues » en 1428, et où il pleuvait. Le 12 octobre 1428, trois prisonniers étaient enfermés dans la seconde chambre de cette tour : un Jacobin de la Rochelle, un Jacobin de Rouen, et un sujet anglais, âgé d'environ dix-huit ans.

Entre cette tour et la suivante, avait été pratiquée, à l'origine, la porte Saint-Antoine; on se rappelle ce que nous en avons dit tout à l'heure; en 1428, nous trouvons le massif occupé par une vaste chambre reliant les deux tours, à la hauteur du second étage. Cette chambre était celle de l'artillerie, et l'inventaire que nous analysons fournit de précieux renseignements sur les engins de guerre qui s'y trouvaient. Si la porte primitive de la forteresse ne servait plus en 1428, elle existait cependant encore, et ne fut complètement murée que plus tard. En effet, l'inventaire de 1431 s'exprime ainsi : « *Item, dessoubz la porte estant entre la deuxiesme et la troisiesme tour dudit costé et faisant front en la rue Saint-Anthoine, fut trouvé ce qui s'ensuit...* » (un banc et quelques canons, placés là évidemment en prévision d'une attaque soudaine de la forteresse, du côté de la ville).

La troisième tour (la Liberté) n'a rien de particulier; elle se compose d'une cave ou cellier, puis de quatre étages de chambres, dont une appelée *le lardier*, et d'un grenier. Dans cette « cave ou cellier », les rédacteurs de l'inventaire constatèrent la présence de sept prisonniers, dont un enfant, âgé d'environ treize ans. Rien, malheureusement, ne nous renseigne sur les motifs de leur détention.

La quatrième tour est celle du Puits; elle avait, assurément, la même hauteur que les précédentes, mais, en 1428 comme en 1431, les rédacteurs de l'inventaire n'eurent à en mentionner que la première chambre, appelée *chambre aux joyaux*, bien qu'elle ne contînt alors qu'une armoire sans serrures. Quant aux chambres des étages supérieurs, elles avaient été « jà pieça arses par feu qui se bouta en la pouldre de canon estant en la seconde chambre de ladicte vis et tour ».

Nos inventaires décrivent ensuite les quatre tours symétriques à celles que nous venons de visiter, et dans le même ordre; c'est-à-dire que, revenant au point de départ, ils traitent d'abord de la tour sise à l'angle S. S. E. du château et dite plus tard « de la Comté ». On y voit, en premier lieu, un cellier, puis une chambre où, en 1430, le capitaine, L'Isle Adam, avait fait déposer des verrières en mauvais état; les trois autres étages de chambres et le grenier n'offrent pas d'intérêt.

La deuxième tour (le Trésor) se compose d'abord de la cuisine, avec ses dressoirs pour appareiller les viandes, et un mortier de pierre, servant sans doute de fourneau; les quatre autres chambres sont vides ou contiennent des meubles de peu de valeur; il faut seulement signaler une allée conduisant du troisième étage « au puys de la terrasse dudit chastel ».

La deuxième tour est reliée à la troisième par un corps de bâtiment, au-dessous duquel se trouve l'ancienne porte de ville, du côté de Saint-Antoine des Champs. Cette disposition est naturellement parallèle à celle que nous avons constatée entre les deux tours symétriques, de la Bertaudière et de la Liberté. Au premier étage, s'y trouve une pièce appelée « le dressouoir de la cuisine »; au-dessus, la paneterie, et, à l'étage supérieur, une chambre inoccupée.

La chapelle est contiguë à cette construction et se trouve, par suite, à demi engagée dans la troisième tour qui, pour cette cause, s'est appelée plus tard tour de la Chapelle. A la date où nous sommes, cette chapelle apparaît comme un lieu profane : on y a déposé une table d'échecs, et les seuls objets de culte qui s'y voient sont une petite statuette de saint Georges, en bois doré, et une table d'autel portant, en lettres peintes, le nom de Jean de Montaigu qui avait été capitaine du château en 1406. A côté de la chapelle, est une salle, dite « des capitaines », dont l'ameublement est assez complet.

Dans la tour suivante, celle de la Chapelle, sont trois étages de chambres : le premier est au-dessus de la chapelle; le second renferme la chambre dite « du Roi », au-dessus de la salle des capitaines; cette pièce était vide en 1428; l'inventaire de 1431 nous la décrit, au contraire, comme pourvue de meubles, de nattes neuves, de verrières, etc., par les soins de L'Isle Adam, capitaine du château en 1430.

La dernière tour de ce côté (N. N. E.) s'est appelée dans la suite la « tour du Coin »; sa description ne présente que peu d'intérêt; elle se compose de cinq chambres superposées; six prisonniers se trouvaient, le 12 octobre 1428, dans la première; c'étaient trois chevaliers et trois écuyers, gardés là comme otages du roi d'Angleterre.

Sur les terrasses, on trouva, tant en 1428 qu'en 1431, un certain nombre de petits canons appelés « vuglaises », protégeant le château du côté de la campagne, c'est-à-dire de *la porte Saint-Antoine des Champs*, de la tour de Billy et de l'Hôtel-

Neuf; d'autres étaient placés sous les deux anciennes portes de la forteresse; d'autres encore, sous un auvent couvert de tuiles, au milieu de la cour.

Comme on le voit, la Bastille de 1430 est déjà, sauf de bien légères différences, ce que sera la Bastille de 1789. Il n'y manque que le bâtiment, élevé au xviiie siècle, qui partagea la cour en deux parties inégales, la maison du gouverneur, construite au siècle précédent, et le bastion placé à l'est. En revanche, elle a trois entrées : l'une au sud, qui, par la suite, est restée la seule; l'autre, en face de la rue Saint-Antoine, dont on ne se sert déjà plus; la dernière, vers les champs, souvent utilisée jusqu'au xviie siècle, car elle constitue un passage secret entre la ville et la campagne à travers la Bastille [1].

Sur cette porte des champs, voici quelques détails : Elle s'ouvrait, avons-nous dit, dans un corps de bâtiment placé entre les tours du Trésor et de la Chapelle; en avant, une basse-cour (ou cour extérieure) et, à l'extrémité de cette basse-cour, un pont jeté sur le fossé. Sans aucun doute, une partie de ce pont était mobile, mais on n'a de renseignements que sur le pont dormant. M. Bonnardot a signalé, dans son *Iconographie du vieux Paris* [2], une estampe conservée à la Bibliothèque nationale et représentant la Bastille du côté de l'est. Dans le fossé, se voient des piles de pierre dont la position, dit-il, indique la présence, à une certaine époque, d'un pont dormant en zigzag, aboutissant entre la tour de la Comté et sa voisine de gauche vers le nord (cette dernière assertion est erronée : il eût fallu dire : la tour du Trésor et sa voisine de gauche).

Il est question de ce pont en 1465, dans le récit de l'évasion d'Antoine de Chabannes, dont on lira plus tard les détails complets; qu'il suffise d'indiquer ici que les complices de l'évasion avaient réussi à amener une sentine (bateau) jusque dans les fossés de la Bastille et à la cacher «dessoubz le pont de la basse-court». Les circonstances du récit ne laissent pas douter qu'il s'agisse là du pont dont nous venons de fixer l'emplacement. Il en est question encore au xvie siècle, lors de la réfection de l'enceinte de la ville, dont nous aurons tout à l'heure à parler. Enfin, dans la consigne du corps de garde de l'avancée (xviiie siècle) se trouve la mention de «la pile de l'arche de l'ancien pont qui est vis à vis la porte du jardin.» (*Pièces justificatives*, n° XVIII, § 11).

Pour en finir avec cette entrée (ou pour mieux dire, cette sortie) de la Bastille, il faut rappeler que son portail était surmonté de cinq statues, placées là depuis l'origine et qui y étaient encore en 1789. Dans sa notice sur la Bastille [3],

---

[1] C'est ce qui faisait dire à un poète italien du xve siècle, Antoine d'Asti : «J'admire ce château, aussi remarquable par sa forme que par sa solidité. On l'appelle communément la Bastille Saint-Antoine. Le Roi peut secrètement par là ou bien entrer en ville ou bien en sortir, de jour et de nuit, et se rendre où il veut». (Leroux de Lincy et Tisserand, *Paris et ses historiens aux xive et xve siècles*, p. 535.)

[2] *Revue universelle des Arts*, t. VI, p. 217.

[3] *Antiquités nationales*, t. I. — L'abbé de Ro-

Millin a pu les décrire *de visu* et il les a fait reproduire par la gravure; l'une d'elles, nous dit-il, représente saint Antoine, patron de l'abbaye voisine, et les quatre autres un roi, une reine et deux enfants. Millin conjecture que ce roi est Charles VI, cette reine, Isabeau de Bavière, et ces deux enfants, les leurs : Louis, né en 1396; Jean, né en 1398. Pure hypothèse, d'ailleurs, à laquelle il serait peut-être plus vraisemblable d'opposer les noms de Charles V, Jeanne de Bourbon, Charles, devenu Charles VI, et Louis, duc d'Orléans; en effet, ces deux derniers étaient enfants encore quand s'élevait cette partie de la Bastille. Les statues ne disparurent que lors de la destruction de 1789; elles étaient, au reste, depuis longtemps en mauvais état, ayant été fort endommagées pendant le combat de 1652.

Dans la description qu'on vient de lire de la Bastille en 1430, il n'est pas question de la résidence du capitaine du château. On ne peut, en effet, considérer comme une véritable demeure, la salle basse, voisine de la chapelle, *où dînent les capitaines*, et moins encore comme telle la chambre, dite «du Roi», qui en 1428 n'était pourvue que d'un banc. Nous avons tout lieu de croire que le capitaine de la Bastille résidait, à cette époque, dans un hôtel situé en face de la forteresse, tout à l'extrémité de la rue Saint-Antoine. En 1402, ce logis s'appelait «la conciergerie de la bastide Saint-Antoine». Les ducs de Guyenne et de Touraine, Michelle et Catherine de France, filles du roi, y séjournèrent pendant onze jours (Arch. nat. KK. 45, fol. 139 v°.). En 1405, la «conciergerie du chastel de la porte Saint-Antoine» est mentionnée comme touchant par derrière, au jardin des Célestins. Cette année-là, le 26 décembre, elle fut cédée à Louis d'Orléans par Jean de Montaigu, gouverneur de la Bastille, et Jacqueline de la Grange, sa femme [1]. Le 25 avril 1408, Valentine de Milan, veuve de Louis d'Orléans, la donnait au duc de Guyenne [2]. On l'appelait «l'Hostel-Neuf de la conciergerie du chastel Saint-Antoine» en 1418, quand le duc de Bourgogne, vainqueur des Parisiens, vint y loger, «et à ce sujet, furent faits plusieurs ouvrages de charpenterie audit hostel [3]». Louis XI habita presque constamment l'Hôtel-Neuf qui, après lui, se confondit avec les dépendances de l'hôtel Saint-Pol et fut aliéné par François I$^{er}$. Au siècle suivant l'hôtel de Lesdiguières en occupait une partie et, en septembre 1643, Louis XIV concéda le reste aux religieuses de la Visitation.

---

quette en parle dans la relation de sa captivité à la Bastille en 1743, *Mémoires de la Société de l'histoire de Paris*, t. VII, p. 22.

[1] Voir *Pièces justificatives*, n° I. L'acte de cession a déjà été publié dans nos recherches sur *l'Hôtel royal de Saint-Pol*, au t. VI, p. 145-146 des *Mémoires de la Société de l'histoire de Paris*. Le 5 janvier 1406 (n. s.), Charles VI confirma cette concession. L'acte, contenu dans un vidimus de juin 1445, porte que le roi veut avoir plus près de lui son frère, le duc d'Orléans (Arch. nat., carton Q$^1$, 1271).

[2] Arch. nat. KK, 56, n° 18 *bis*.

[3] E. Petit, *Itinéraires de Philippe le Hardi et de Jean-sans-Peur*, dans la Collection des Doc. inédits sur l'Histoire de France, p. 614.

## HISTOIRE ET DESCRIPTION DES BÂTIMENTS.

C'est vers cette même époque, comme on le dira plus loin, que fut construit l'hôtel du gouverneur, dans la première enceinte de la Bastille; il est probable que, pendant le xviᵉ siècle, les capitaines résidèrent dans l'intérieur du château.

Après que Paris eut été affranchi de la domination anglaise, la Bastille, qui avait été pendant deux jours le dernier refuge des assiégés, dut réparer ses brèches. Nous l'avons montrée tout à l'heure fort délabrée en 1430 [1], avec une tour détruite aux deux tiers, des portes sans serrures et un ameublement à peu près nul. Il n'est pas douteux que Charles VII, et Louis XI surtout, la restaurèrent. Un trait le prouvera : quand, en 1464, la comtesse de Dammartin s'entendit avec des hommes résolus, pour favoriser l'évasion de son mari, Antoine de Chabannes, elle leur dit qu'une femme avait bien trouvé moyen «de tyrer hors du Louvre Monseigneur de Ponts», mais l'un d'eux lui répliqua : «*Le Louvre et la Bastide, ce sont deux*». On ne parle pas ainsi d'une prison mal close. D'ailleurs, les difficultés de la fuite justifièrent bien ce sentiment; et puis, nous en avons des témoignages plus directs.

Dans les extraits de comptes du domaine, si incomplets, malheureusement, et si souvent mal choisis que contient l'ouvrage de Sauval, il est plusieurs fois question de la Bastille du xvᵉ siècle. En 1466 : «réparations faites en la Bastille, en une chambre où étoit lors prisonnier un prestre, au dessous de la chambre où est M. le comte de Dammartin [2]». «Plusieurs canons affectés à la Bastille [3]». En 1472 : «réparations faites au Colombier de la Bastille, lequel estoit dessous les arches, entre la Bastide et la basse-cour [4]». Sur le compte de 1479, Sauval prend cette note : «Il paroit qu'il y avoit une basse-cour à la Bastille, dans laquelle on nourrissoit des paons [5]». — «En l'année 1480, fut construite à la Bastille une grande salle dans la basse-cour pour mettre quantité de piques que le Roi avoit fait pour les affaires de guerre, hallebardes et autres bastons [6]». Ajoutons-y enfin la fameuse cage de fer construite pour l'évêque de Verdun et dont le même Sauval nous donne la minutieuse description, que l'on trouvera plus loin, au chapitre des prisonniers.

### III

La guerre que la France eut à soutenir sous Henri II contre la maison d'Autriche, et surtout l'invasion du territoire, déterminèrent chez les Parisiens une alarme, une panique que le roi sut habilement exploiter pour les contraindre à une réfection presque totale de l'enceinte au nord de la Seine. Ce travail dura

*Travaux faits au xviᵉ siècle.*

---

[1] Dès 1420, il avait fallu y faire des travaux assez importants : «... Et tunc, pro operibus castri Sancti Antonii Parisius, et basse curie ejusdem... iiiⁱᶜ iiiˣˣ l. p.» (Comptes du trésor, de 1419 à juin 1420, aux Arch. nat. KK. 17 fol. 82 v°).

[2] *Antiquités de Paris*, de Sauval, III, 386.
[3] *Ibid.*, p. 386.
[4] *Ibid.*, p. 414.
[5] *Ibid.*, p. 436.
[6] *Ibid.*, p. 439.

sept années, de 1553 à 1560, et l'effort porta surtout sur la fortification comprise entre la Seine et la porte du Temple, plus spécialement même aux abords de l'Arsenal et de la porte Saint-Antoine. On s'occupa beaucoup alors de la Bastille, dont on songea à faire une véritable citadelle et le point central de la défense du côté de l'est, car c'était celui par où l'ennemi serait venu attaquer Paris.

Sur ces travaux nous avons eu la chance de recueillir d'abondants renseignements, qui permettent de reconstituer assez fidèlement la physionomie que prit la forteresse.

Dès le mois de novembre 1552, avant même que la nouvelle enceinte eût été entreprise, il fut question de faire murer une poterne, celle dont nous avons déjà parlé, et par laquelle on pouvait, de la Bastille, passer dans les champs. C'est l'administration municipale qui le réclamait, et il est aisé de deviner qu'elle voulait, par là, priver le roi d'une ressource précieuse : celle de pouvoir entrer ou sortir, lui ou ses troupes, sans passer par les ponts-levis des portes ordinaires, gardées par la milice bourgeoise. Le connétable Anne de Montmorency le comprit bien ainsi, et refusa : « Au regard de la poterne qui est près du chasteau de la Bastille, que vous avez advisé de faire clore et murer, mon lieutenant audict chasteau m'a adverty que, sans ladicte poterne, l'on ne pourroit tourner et visiter à l'entour dudict chasteau pour prendre garde aux prisonniers, et que ladicte poterne est fermée d'une forte, bonne et grosse porte dont luy seul a les clefs, de sorte qu'il n'en sçauroit advenir inconvenient; qui est cause que je vous prie remettre cela jusques à l'arrivée du Roy à Paris, qui sera de brief, comme je l'espère, et alors, après que j'auray veu ce qu'elle peult apporter de commodité ou incommodité à la Ville et audict chasteau, il sera assez temps d'y faire pourveoir selon que l'on cognoistra estre à faire . . . . . »

Et, trois jours après, le 15 novembre, la Ville répondait qu'elle avait fait défense de procéder à la suppression de la poterne, « declairant que nostre conclusion estoit de ne faire aucune chose et de ne passer plus advant jusques ad ce que par vous en fut ordonné . . . . .[1] » De part et d'autre, on se gardait de dire les vraies raisons, l'un ajournant, l'autre espérant. On verra tout à l'heure comment la question fut reprise.

En remaniant la fortification nord de Paris, on ne la déplaçait pas; on la renforçait seulement, en convertissant en un simple fossé à fond de cuve le double fossé de l'enceinte de Charles V, en maçonnant le rempart et en le flanquant de nombreux bastions et courtines. Ces travaux furent conduits par un ingénieur appelé Baptiste Porsel, ou plus simplement Baptiste, que le Roi avait choisi, et

---

[1] *Registre des délibérations du Bureau de la Ville de Paris*, t. IV, p. 61 et 65.

qui, pour cette raison, eut, maintes fois, maille à partir avec le Bureau de la Ville, qui ne le payait qu'à regret, et critiquait presque tous ses plans[1].

La première pierre des nouveaux boulevards fut posée, le 11 août 1553, à l'endroit où la Seine pénétrait dans le fossé, c'est-à-dire sur l'emplacement de la tour de Billy, qu'un incendie allumé par la foudre détruisit en 1538. Les armes du Roi y furent gravées, ainsi que l'inscription habituelle : Nisi Dominus custodierit civitatem, frustra vigilat qui custodit eam[2].

Un grand nombre d'ouvriers, et tous ceux qu'on appelait les pauvres valides, furent employés, de gré ou de force, à faire le travail préliminaire «de la vidange des terres» entre la rivière et la porte Saint-Antoine. Ce n'est que l'année suivante que l'on commença la maçonnerie et que les chantiers atteignirent les abords de la Bastille. Le 1ᵉʳ mars 1554, une correspondance s'échangeait entre l'amiral Coligny et la Ville sur les prix demandés pour «revestir les boullevards et contrescarpe à la pointe de la Bastille». L'entrepreneur, Augustin Michon, déclarait ne pouvoir faire cet ouvrage à moins de seize sous tournois par toise, ce que l'on jugeait bien cher[3].

Le 5 juin suivant, il fut décidé qu'à partir du lendemain on enverrait cinquante hommes «pour dilligenter le descombrement des vieulx pontz estans dedans le fossé de la Bastille à l'endroit où il convient faire la pointe[4]». Ces ponts étaient des appareils volants, qui avaient été installés l'année précédente pour faciliter l'enlèvement des terres.

Le 22 juin, la Ville écrivait à Coligny qu'on «a laissé la poincte de la Bastille pour la fin»[5]. Le 3 septembre, l'amiral vint visiter les travaux, en compagnie du prévôt des marchands et des échevins. Ils allèrent à la pointe de la Bastille «où ont vu la poincte encommencée, en laquelle est aussi besoing faire dilligence de faire les fondemens pour éviter aux eaues de l'iver prochain; puis, sont allez au moyneau et courtine, où ont trouvé que les ouvriers entrepreneurs ne faisoient pas grande diligence, et n'y avoit nuls ouvriers; par quoy, les a reprins de leur negligence. On dit qu'il ne tenoit que à faulte d'argent et de matières; le contrôleur a dict, presents lesdicts seigneurs, qu'ils estoient menteurs et qu'ils avoient plus receu qui ne leur estoit deu, et qu'il failloit toiser leurs ouvrages[6]».

---

[1] Cf. *Registre des délibérations du Bureau de la Ville*, t. IV, p. 177 et 197.

[2] Corrozet, *Antiquités*, édition de 1561, fol. 180-181.

[3] Bibliothèque nationale, ms. franç. 11,732, fol. 84 v° et 85. Nous empruntons désormais tous les détails qui vont suivre sur le *renforcement* de la pointe de la Bastille, de 1553 à 1560, à ce manuscrit et à celui qui le suit, coté 11,733. Tous deux sont des registres de comptes des travaux de la fortification de Paris sous Henri II, et ils sont infiniment précieux par la variété et la nouveauté des renseignements qu'ils contiennent. Dès maintenant, nous prenons date pour les publier intégralement. En attendant, on trouvera dans ce volume, dans le texte, ou groupé aux *Pièces justificatives*, l'extrait de tout ce qui s'y rapporte à la Bastille.

[4] Bibl. nat., ms. franç. 11,732, fol. 105 v°.

[5] *Ibid.*, fol. 108 v°.

[6] *Ibid.*, fol 127 r°.

Ce toisé fut fait et réglé le 1er décembre suivant. On en trouvera le texte aux pièces justificatives. Il est instructif à bien des égards, et notamment en ce qu'il nous montre comment la basse-cour de la Bastille fut englobée dans la nouvelle fortification dont elle forma un bastion, ce bastion qui existait encore en 1789, converti en jardin potager, et où de rares prisonniers avaient la faveur de se promener. Jusque-là, le château n'avait eu d'autre fossé que celui de l'enceinte même, dans lequel le pied des tours était assis [1]. Il n'en fut plus ainsi dans la nouvelle disposition, et il y eut un mur entre le fossé de la Bastille et celui de la ville.

Dix-huit mois se passent, employés sans doute à la continuation de l'œuvre. Le 10 avril 1556, lors d'une visite aux remparts faite par un des échevins, les deux maîtres des œuvres et me Baptiste, l'ingénieur du Roi, ces personnages déclarent « que, pour la perfection de la pointe de la Bastille, l'on y doibt faire admener de la pierre, tant moillon que vergelé, pour rendre ladicte pointe parfaicte dans la présente année, et mettre à icelle poincte les armoiryes du Roy, aux deux bouts des deux pans, celles de la ville taillées en pierre de Troissy » (f° 246 r°). Disons tout de suite qu'au mois de juin 1557, il fut donné ordre au maître des œuvres de maçonnerie d'y ajouter « les armes de Monseigneur le gouverneur, qui sont les armes de Monseigneur le connestable, excepté l'espée » (f° 329 v°).

Il faut revenir en arrière, à l'année 1556. Au commencement de mai de cette année, Philippe III, prince de Chimay, duc d'Arschot, qui était détenu au château de Vincennes depuis le mois d'août 1553 qu'il avait été fait prisonnier à la bataille de Doullens [2], réussit à s'échapper de sa prison. Ce fut l'occasion d'une véritable alarme, et le capitaine de la Bastille (qui n'était alors que lieutenant du gouverneur de Paris) en écrivit au bureau de la Ville « en considération de ce que le duc d'Ascot a rompu les prisons du boys de Vinciennes dimanche dernier, *et s'en est fuy comme ung villain* ». On trouvera aux *Pièces justificatives*[3] la requête que la Ville transmit à Coligny, dans laquelle cet officier demandait que l'on renforçât encore d'un pan de mur le fossé de la Bastille, autant pour retenir l'eau dans ce fossé « que pour la garde et seureté des prisonniers ». Cette requête fut favorablement accueillie, et nous donnons à sa suite le nouveau toisé que nécessitèrent les travaux faits à cette occasion. Baptiste, l'ingénieur du Roi, fut, comme il convenait, chargé de les surveiller et, cette fois, le prix de la toise carrée ne s'éleva qu'à 12 livres.

Trois ans plus tard, de nouvelles contestations, beaucoup plus sérieuses, se pro-

---

[1] Ce fossé était ordinairement plein d'eau. On verra dans le récit de l'évasion d'Antoine de Chabannes que, de sa fenêtre, le prisonnier y pouvait pêcher à la ligne. Nous aurons tout à l'heure à dire quelles difficultés surgirent, au xvie siècle même, lorsque les nouveaux travaux de fortification firent craindre que le fossé ne pût se trouver quelquefois à sec.

[2] *Registres du Bureau de la Ville*, t. IV, p. 199. Cf. sur l'évasion du prince de Chimay, duc d'Arschot, *ibid.*, p. 542.

[3] N° II.

duisirent entre les officiers municipaux et le capitaine de la Bastille. Nous l'avons dit plus haut, dès l'entreprise de la nouvelle fortification, le maintien d'une porte de sortie de la forteresse sur les champs avait donné lieu à certaines difficultés. De part et d'autre, on avait évité d'avancer les vraies raisons, méfiance et jalousie, et de dire toute l'importance qu'on attachait réciproquement à ce que le Roi eût ou n'eût pas, grâce à la Bastille, la faculté d'entrer dans Paris et d'en sortir secrètement. En 1559, on y mit moins de dissimulation, et dans les «remontrances» que formula le capitaine de la Bastille, aussi bien que dans la réponse du bureau de la Ville, apparaissent clairement les deux tendances, et le conflit se pose nettement. Aussi, ces deux pièces, inconnues jusqu'ici[1], sont-elles d'un haut intérêt, non seulement pour l'histoire de la Bastille, mais encore pour celle de l'éternel débat entre les prérogatives de la royauté et les revendications de la Ville.

Le ton de ces remontrances n'en est pas la moindre curiosité; il est d'une rudesse extrême, nous dirions soldatesque, si le mot n'était pas ici presque un anachronisme, et l'on sent, à chaque ligne, que le lieutenant du gouverneur, fort de la cause qu'il défend et où il sait qu'il sera soutenu, n'éprouve aucune déférence pour les officiers municipaux, qu'il accuse de desservir les intérêts du roi. Même il termine le préambule de ses griefs par une allusion directe à la bravoure qu'il saurait montrer en cas d'attaque de la forteresse par les ennemis, et dont eux ne feraient peut-être pas preuve dans les mêmes conjonctures.

Le principal de ces griefs est que le bureau de la Ville a enfermé le château et son fossé du côté des champs, dans le périmètre du nouveau fossé, ce qui rend la défense et la surveillance de la place fort difficiles. Une porte, la fameuse porte, continue à donner accès au dehors par le grand fossé, et «ceux de la Ville» veulent la condamner; mais ce n'est «licite ni raisonnable», car, si le roi voulait envoyer «aulcuns d'eux prisonniers céans, comme aultrefoys il a pleu au Roy en envoyer, ilz se pourroient prevalloir de la dicte porte, ou bien, pour aulcuns de leurs amys ou alliez y pourroient estre sans que y peusse remédier». On voit que le capitaine prévoit sans embarras l'hypothèse où quelque échevin de la Ville pourrait être enfermé à la Bastille, et suppose en même temps que les amis du prisonnier recourraient à la ruse pour le délivrer. Cette porte, ajoute-t-il, est encore nécessaire au roi pour faire entrer ou sortir secrètement par là certains prisonniers. Il aurait dû ajouter que le roi lui-même peut avoir besoin de cette clef de la ville, car c'est là le point essentiel.

Les autres représentations ont trait aux travaux qui ne s'achèvent pas ou qui ont été faits imparfaitement, au mauvais écoulement des eaux du grand fossé dans le petit, au puits du château, qui est à sec, aux ouvertures restées béantes, par lesquelles on peut «venir parlementer la nuict aulx prisonniers». En terminant,

---

[1] *Pièces justificatives*, n° IV.

le capitaine offre de soumettre le différend au connétable, puis au roi, « à quoy Sa Majesté aura esgard, pour ne pouvoyr estre responsable que des choses qui seront en ma puissance, et non de celles qui seroyent soubz la main d'aultruy, et playra à Sa Majesté avoyr souvenance des previllèges, auctorité et pouvoir qu'il luy plaist de mettre à ces places roialles, et que nul n'a pouvoir commander que Sa Majesté ». Ces derniers mots sont, bien évidemment, une nouvelle allusion à l'ingérence du corps municipal dans ces travaux militaires.

Le prévôt des marchands fit transcrire sur le registre, à la suite de ce mémoire, la réponse qu'y faisait la Ville. Cette réponse est non moins vive que l'attaque. Elle rappelle d'abord que l'enclos de la Bastille est distinct des fossés de la ville, et que jamais, jusqu'ici, les capitaines du château ou leurs lieutenants n'ont rien entrepris pour modifier cette distinction; puis les officiers municipaux protestent avec roideur contre les insinuations du capitaine : « et, soubz correction, a tort le lieutenant de ladicte place de la Bastille de voulloyr faire entendre par son rescript cy dessus que le Roy se doibt plus fier en luy que ausdictz prevost des marchans et eschevins de ladicte Ville, car le dict seigneur sçait de combien l'ung luy est et importe plus que l'autre... » Puis, ils s'engagent à faire terminer aussi promptement que possible les travaux, la bonde pour l'eau du petit fossé, les casemates et montées des fossés, suivant les conventions prises avec l'ingénieur du roi.

Nous ne saurions dire, malheureusement, quelle suite eut cette acerbe discussion, et si même elle en eut une devant le roi; dans le registre auquel nous en avons emprunté le texte, se trouve, transcrit immédiatement après, un mandement du roi au bureau de la Ville lui enjoignant « d'achever et rendre parfait » sans retard le corps de garde de la Bastille, dont la construction a été commencée; mais il n'y est plus question de la porte des fossés. Sans doute, c'est la Ville qui dut finir par avoir gain de cause : du moins avons-nous la certitude que, dans les deux derniers siècles de son existence, la forteresse n'avait plus cette sortie sur les champs, dont la présence avait fait naître un si vif conflit.

## IV

*La Bastille au xvii<sup>e</sup> siècle.*

Les transformations des bâtiments de la Bastille furent de peu d'importance pendant le xvii<sup>e</sup> siècle; non pas, sans doute, qu'on n'ait eu bien des fois à faire réparer çà et là quelque partie de l'édifice plus vite délabrée que les autres : un château vieux de trois cents ans, si bien construit qu'il soit, n'en subit pas moins l'outrage du temps, qu'il faut promptement réparer lorsque ce château est une prison; mais l'ensemble des constructions ne reçut que fort peu de modifications sérieuses. Notons, toutefois, ce que nous avons pu en apprendre.

Si l'on en croyait les élucubrations poétiques de Claude Le Petit, la Bastille,

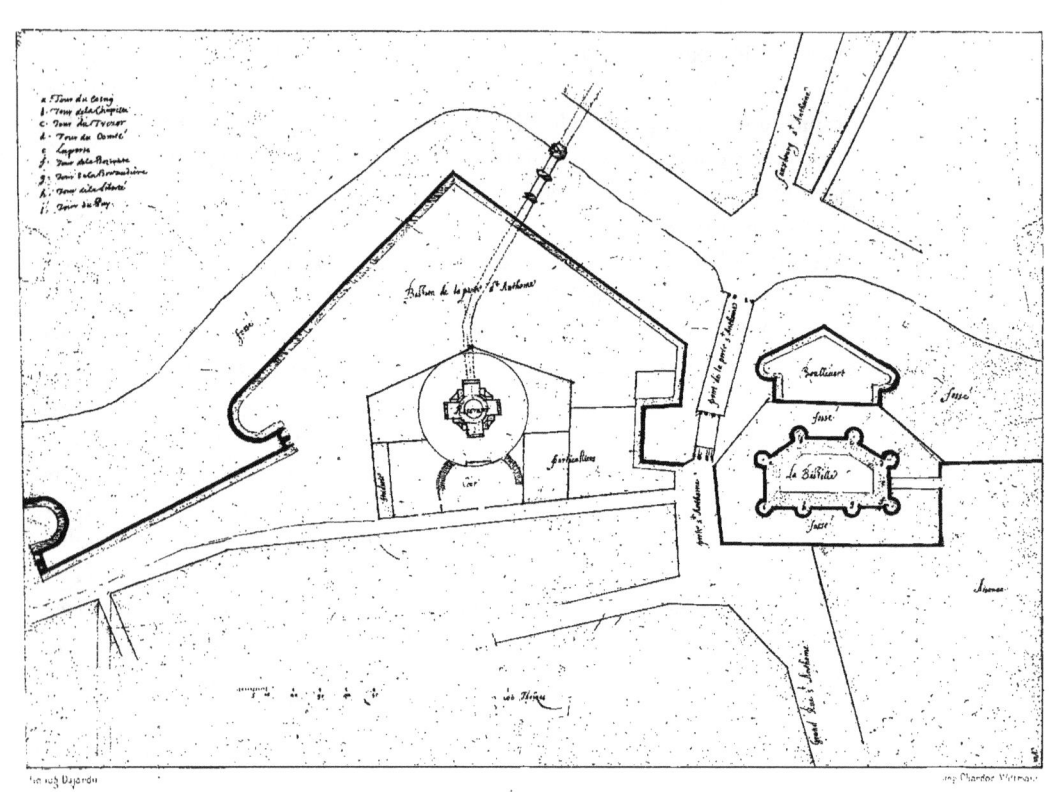

PLAN DE LA BASTILLE AU XVII° SIECLE DESSIN A LA PLUME

au commencement du règne de Louis XIV, aurait eu un piteux aspect. La pièce mérite d'être citée, en dépit de la liberté du ton :

> Que voy-je, dans ce marescage,
> Digne de curiosité,
> Se tenir sur sa gravité,
> En citadelle de village ?
> A quoi sert ce vieux mur dans l'eau ?
> Est-ce un aqueduc, un caveau ?
> Est-ce un réservoir de grenouilles ?
> Si l'on ne me dit ce que c'est,
> Je m'en vais tant chanter de pouilles,
> Que l'on m'en payera l'intérest.
>
> C'est la Bastille, ce me semble;
> C'est elle-mesme, par ma foy !
> Ventre-bleu, voilà bien de quoy
> Faire que tout le monde tremble !
> Qu'a donc de si particulier
> Ce massonnage irrégulier ?
> Est-ce une tour ? En est-ce quatre ?
> Et qui seroit le cul foireux
> Qui n'eust la force de l'abatre
> D'une pétarade ou de deux ?
>
> Mais, ma Muse, admirons l'adresse
> De ce chasteau sans garnison;
> Il tasche à servir de prison,
> S'il ne sert pas de forteresse :
> Sous ce règne, et dedans ce jour
> Pour se mettre bien à la cour,
> Faut jouër bien son personnage.
> N'en parlons donc plus d'aujourd'huy :
> S'il est sot, ceux qu'il tient en cage
> Sont encore plus sots que luy [1].

Tout n'est pas vrai, tant s'en faut, dans ce grossier croquis, mais son hyperbole même prouve que, vers 1656, époque où il fut tracé, la Bastille n'avait pas grand crédit dans l'opinion populaire. Elle montrait, sans doute, encore béantes, les plaies que lui avait faites, en 1652, le canon de Condé. Les satiriques n'oubliaient pas non plus avec quelle aisance la Fronde s'en était emparée, quatre ans avant, en 1648, et combien la royale forteresse y avait perdu de son prestige; il lui en restait assez, cependant, pour justifier les deux derniers vers, et celui qui les a écrits le sut peut-être, quelque temps après, par une expérience personnelle : s'il

---

[1] *Paris ridicule et burlesque au XVII<sup>e</sup> siècle*, édition de P.-L. Jacob, 1859, in-12, p. 62-63.

n'est pas sûr qu'il ait été enfermé à la Bastille, il est certain qu'il fut jeté en prison, d'où il ne sortit que pour se voir pendre et brûler en Grève. La pièce qu'on vient de lire y avait certainement contribué, avec beaucoup d'autres plus irrévérencieuses encore.

C'est pendant le cours du xviie siècle que le château eut sa nouvelle chapelle, dans la partie des bâtiments faisant face à la ville. Si l'on se reporte à la description que nous avons donnée de l'édifice pendant la domination anglaise, on verra qu'il y avait, dès lors, une chapelle située au troisième étage d'une tour regardant la campagne et qui, pour cette raison, garda, jusqu'à la fin, le nom de «tour de la Chapelle». Dans cette tour fut renfermé, en 1602, le maréchal de Biron, ainsi qu'il résulte de la relation, qu'a publiée M. Bonnardot, de son supplice à la Bastille[1]; nous y lisons qu'il avait été mis dans la chambre des Saints (p. 116), laquelle était à l'opposite de la chambre du concierge, du côté des champs (p. 124), et que le chancelier ordonna «qu'on l'allast mener à la chapelle, qui est peu de degrez au-dessus de sa chambre» (*ibid.*).

Dans cette même «chapelle haute du château», Fouquet entendit, le 20 décembre 1664, la lecture de l'arrêt qui le condamnait à une prison perpétuelle[2].

Il semble bien que, de cette dénomination de chapelle haute, on doive inférer l'existence d'une seconde chapelle dans les bâtiments de la Bastille; nous n'en avons toutefois la certitude qu'à dater de l'année 1691, par une mention du journal de Du Junca, lieutenant de roi, où il est question d'un prisonnier mis «à costé de la tour de la Liberté, au-dessus de la chapelle[3]».

Il convient de mentionner ici la concession qui fut faite, par lettres patentes de septembre 1643, au couvent de la Visitation pour sa fondation, rue Saint-Antoine, à côté du château. Le roi permit aux religieuses de faire construire «le long du mur bâti de neuf, sur la contrescarpe du fossé de notredit chasteau de la Bastille» un certain nombre de «maisons d'une mesme simétrie, de trois toises de profondeur seulement», dont la première, ou la dernière, comme on voudra, serait adossée au premier corps de garde. En échange, les Visitandines s'engageaient, entre autres obligations, à «faire faire de neuf un portail de belles pierres de taille servant d'entrée et de décoration à notredit château de la Bastille, orné de colonnes et pillastres d'ordre d'architecture dorique, trophées d'artillerie et de guerre avec nos armes, ensemble une porte de menuiserie garnie de ses ferrures; et de rétablir la pierre arrachée en faisant lesdits bastimens[4]».

---

[1] A la suite du volume intitulé *Les rues et églises de Paris vers 1500*, etc. Paris, Willem, 1876, in-8°.

[2] Ravaisson, *Archives de la Bastille*, II, 390; cf. *Lettres de M*[me] *de Sévigné*, t. I, p. 476-477 de l'édition Monmerqué.

[3] T. I, f° 8, r°; cf. aux Arch. nat., O¹ 43, n° 310, une lettre du 10 mars 1694, dans laquelle est donné l'ordre de faire faire les ornements nécessaires aux deux chapelles du château.

[4] Dans la Collection des documents inédits, t. I, en 1881; t. II, en 1887.

Nous allons retrouver tout à l'heure ce portail et ces maisons, plus souvent appelées échoppes, dont la possession engendra, par la suite, de singuliers conflits.

Les *Comptes des bâtiments du Roi sous le règne de Louis XIV*, publiés par M. J. Guiffrey [1], font connaître certains travaux effectués à la Bastille dans la première partie de ce long règne : et d'abord, un payement de 678 livres « aux ouvriers qui ont basty une chambre sur le corps de garde du pavillon de la Bastille en l'année 1660 » (I, 251); nous dirons plus tard ce qu'étaient ce corps de garde et ce pavillon; en 1664, il fut dépensé 4,234$^{tt}$ 4 sols, savoir : pour maçonnerie, 1152$^{tt}$ 14 s., pour charpenterie, 1545 livres; pour couverture, 803$^{tt}$ 4 s.; pour serrurerie, 295$^{tt}$ 6 s.; pour menuiserie, 438 livres (I, 76); en 1667, les réparations de maçonnerie s'élevèrent à 1610$^{tt}$ 10 s. (I, 191); en 1671, furent versées 375$^{tt}$ 9 s. comme parfait payement de 3,375$^{tt}$ 9 s., le premier acompte ayant été soldé en 1669 (I, 329 et 500-501); en 1694, nouveau payement de 1,500 livres « pour réparation », et de 2694$^{tt}$ 5 s. 2 d., d'autre part (I, 739 et 746); en 1677, 2,787$^{tt}$ 15 s. (I, 947) et en maçonnerie, 1,179 livres complétant une dépense de 3,579 livres (II, 91); 4,325$^{tt}$ 9 d. de maçonnerie, en 1682 (II, 171). Si l'on totalise ce qui a été ainsi dépensé en vingt-deux années, on atteindra une somme très élevée, surtout pour l'époque, et qui semble avoir été principalement affectée à des travaux de construction des corps de garde placés en dehors du château proprement dit.

A l'extrême fin du siècle, entre 1690 et 1697, nous avons plusieurs preuves qu'on travaillait encore à la Bastille : dans les doléances que le lieutenant Du Junca formule sur le fardeau de ses fonctions, il est question de travaux considérables qu'on fait au château depuis trois mois, et qui exigent de sa part un redoublement de surveillance [2]. Dans son registre [2], le même officier parle, à la date du 22 décembre 1700, d'un passage nouvellement ouvert entre l'Arsenal et la Bastille. Ce jour-là, dit-il, « sur les dix heures du matin, M. de la Coste, prevost des armées du Roi, est venu, aiant amené et remis un prisonnier, qu'il a fait entrer par notre nouvelle porte qui nous donne la sortie et entrée à toute heure dans le jardin de l'arsenal, pour un plus grand secret ».

Dans une lettre du 10 juin 1699, Pontchartrain, ministre de la maison du roi, autorise aussi certains travaux : « Le Roy trouve bon qu'outre les dépenses que S. M. a réglées pour les réparations à faire à la Bastille, on y ajoute celles de quelques ajustemens que M. de Saint-Mars veut faire dans deux chambres de la Bastille pour les rendre plus sûres. Ainsy donnez ordre, s'il vous plaist, qu'on y travaille en travaillant aux autres réparations en quelques grilles et autres choses de cette nature qui sont de peu de depense [3] ».

Nous voici arrivés au xviii$^e$ siècle, dans l'examen rapide des transformations

Dernier état de la forteresse au xviii$^e$ siècle.

---

[1] *Pièces justificatives*, n° X. — [2] Mss. de l'Arsenal, I, f° 56 r°. — [3] Arch. nat., O¹ 43, f° 173 r°.

apportées par le temps aux bâtiments de la Bastille. Le château n'a plus que quatre-vingt-neuf ans à exister, mais, durant cette période de temps, les remaniements, aussi bien que les constructions nouvelles, y prennent tant d'importance qu'il vaut mieux renoncer à les signaler dans l'ordre de leur apparition et, dès maintenant, tenter la description complète de la forteresse, telle qu'elle apparaissait à ses derniers jours. Supposons-nous donc revenus à cent dix ans en arrière et investis, grâce à un privilège infiniment rare alors, du droit de pénétrer partout, et jusque dans les plus mystérieuses parties de l'édifice.

A l'extrémité de la rue Saint-Antoine, à droite, après avoir dépassé le couvent de la Visitation, on trouvait l'entrée de la Bastille [1]. Rien de rébarbatif, ni qui annonçât le sombre accès d'une prison : un portail architectural, celui que les dames de la Visitation avaient fait construire en 1643, se présentait d'abord. D'après les estampes qui nous le montrent, il était dans le style de ces portes monumentales de la ville, qui ne furent détruites que peu d'années avant la Révolution, la porte Saint-Bernard ou la porte Saint-Antoine, par exemple. Au-dessus, une construction de la même époque, haute d'un étage et qui servait en même temps de musée d'armes anciennes et de magasin de fusils pour la garnison du château. Dans les derniers temps, ce magasin d'armes fut transformé en musée et devint assez comparable, toutes proportions gardées, à ce qu'est aujourd'hui notre musée d'artillerie. Les différents guides des étrangers ou des amateurs le mentionnent en cette qualité; mais, comme pour donner un regret, ils ajoutent que personne n'y est admis sans être muni d'une permission. Thiéry, dans son *Guide*, de 1787, dit [2] « qu'au milieu est une coulevrine à deux coups, que l'on prétend avoir été faite pour le Grand Dauphin; cette pièce est remarquable en ce que l'intérieur du canon est cannelé, et qu'elle se charge par la culasse. » Il existe plusieurs estampes représentant l'intérieur de ce curieux magasin d'armes [2]. Le rez-de-chaussée de cette construction était percé d'une baie, formant passage voûté, dans l'encadrement duquel une grille [3] était ouverte à tout venant, dès 5 heures du matin, pour ne se fermer, suivant les saisons, qu'à 9 ou 10 heures du soir. Sous la voûte, s'ouvrait une salle située au rez-de-chaussée du magasin d'armes; elle était affectée au corps de garde de la grille, dont nous publions le règlement aux *Pièces justificatives* [4].

Cour des casernes.

Après avoir franchi le passage, on se trouvait dans la première cour, appelée

[1] On a dit plus haut (p. 7, note 2) que cette entrée correspond à l'emplacement de la maison portant le numéro 232 de la rue Saint-Antoine.

[2] Tome I, p. 674.

[3] Dès 1750, la solide porte en menuiserie, qu'avaient eu à construire les dames de la Visitation, avait fait place à cette grille, qui devait avoir une valeur considérable, car, le 27 novembre 1787, une voiture l'ayant accrochée et endommagée, la réparation ne coûta pas moins de 280 livres.

[4] *Pièces justificatives*, ms. 12205, n° XX.

LA BASTILLE

PLAN DE LA BASTILLE AU XVIIIE SIÈCLE AQUARELLE

avant-cour, ou cour des casernes. Là, en effet, du côté droit, s'élevaient les casernes de la compagnie des invalides ou bas officiers. Cette compagnie, nous le dirons en étudiant le personnel du château, fut constituée en 1749 seulement; c'est précisément en cette année-là que furent construites ses casernes. Dans les archives de la Bastille, qu'a recueillies la bibliothèque de l'Arsenal, se trouve le mémoire des dépenses de leur construction: il s'élève à 2,279$^{lt}$ 9 s., qui furent réglées, le 1$^{er}$ juillet 1750, à 1939$^{lt}$ 6 s.[1]. Ce n'est pas d'hier, on le voit, que date l'usage ou plutôt l'obligation, de modérer à de sages proportions les comptes des entrepreneurs. Le travail, si coûteux qu'il ait paru, n'en était pas pour cela mieux fait, car trente-cinq ans plus tard, en 1785, il fallut réparer de fond en comble les casernes, et, cette fois, la dépense, ordonnée par M. de Breteuil, atteignit 2,373$^{lt}$ 12 s. 5 d., c'est-à-dire plus que n'avait coûté l'œuvre primitive[2].

En face de ce bâtiment, dans la même cour, c'est-à-dire le long du fossé intérieur de la Bastille, s'élevaient une série de boutiques ou *échoppes*. Leur histoire est curieuse: nous en avons dit quelques mots déjà, à propos de la concession qu'en avaient obtenue, en 1643, les dames de la Visitation; celles qui furent construites alors ne firent que s'ajouter à d'autres qui existaient déjà, au moins depuis le commencement du siècle. En effet, le voisinage d'une grande entrée de Paris avait de bonne heure attiré des marchands tout autour de la Bastille; sans aucun doute, leur installation avait été d'abord libre, mais, par la suite, les gouverneurs du château songèrent à en tirer une source de profits, et exigèrent un loyer pour les emplacements occupés sur la contrescarpe du fossé. Cela n'éloigna pas les marchands, et, dès le milieu du xvii$^e$ siècle, des échoppes nouvelles se construisaient à l'entrée de la porte Saint-Antoine et même au delà, jusqu'à la demi-lune.

Échoppes.

La Ville, qui entrait volontiers en conflit avec les représentants de l'autorité royale, protesta contre cette invasion sur un terrain qu'elle considérait comme lui appartenant, et, le 6 mars 1681, M. de Pommereu, prévôt des marchands, publiait une ordonnance, aux termes de laquelle «toutes les boutiques ou échoppes installées aux environs de la porte Saint-Antoine, tant en dehors qu'au dedans de la ville et sur le pont dormant de ladite porte» seraient enlevées dans les vingt-quatre heures. M. de Besmaux était alors gouverneur de la Bastille. Il se plaignit vivement au roi, alléguant que «de tout temps», le gouvernement de la Bastille avait joui de la location de ces échoppes, dont la présence là, avait, disait-il, le double avantage, d'empêcher que le fossé de la Bastille ne devînt le réceptacle de toutes les immondices du quartier et de faciliter la surveillance des prisonniers, les locataires étant des soldats de la Bastille ou des gens à la dévotion du gouverneur.

---

[1] Bibl. de l'Arsenal, ms. 12605. — [2] *Ibid.*

Le roi ordonna de surseoir à l'ordonnance du prévôt des marchands, mais, le 12 avril suivant, un arrêt du Conseil n'en prescrivait pas moins la suppression de toutes les échoppes [1].

La procédure a des mystères que la disparition de certains documents rend plus obscurs encore : au siècle suivant, nous retrouvons des boutiques installées tout le long du fossé de la Bastille. Ce fut d'abord, en 1720, un sieur Jean Jacquet, maître sculpteur en bois, demeurant au Bel-Air, qui demandait au Régent, en raison de sa pauvreté, d'être maintenu dans la jouissance d'un «engarre qui est une espèce de baraque faite avec des planches, avec un petit grenier au-dessus, de la longueur environ de trente six pieds de longueur et d'environ dix pieds de hauteur sur le devant, et dix huit pieds sur le derrière », qu'il avait commencé de construire sur le fossé de la Bastille. Le gouverneur s'y était d'abord opposé: consulté par le ministre, il répondit de sa propre main :

«Monseigneur,

«J'ay, suivant vos ordres, examiné pour voir sy ce que l'on vous a exposé sur ce plaset est vray; il y a quelque chose qui n'est pas: il n'est pas à deux cent toises de la Bastille; il n'y en a pas cent sinquante; il dit estre à plus de soixante toises du bor du fossé, il n'y en a pas quinze. Au reste, je ne void pas grand inconvenian à luy donner la permission d'achever ce hangar, qui sera en moins de deux heures par terre, s'il est besoin. J'ay creu, Monseigneur, estre obligé d'empescher de construire ce batiman sans permission. Si l'on n'y tiens pas la main, la Bastille vat estre entièrement couverte de maisons le long du fossé à sept à huit toizes du bor du fossé sur le glassit.

«J'ai l'honneur d'estre avec un très profond respect, Monseigneur, vostre très humble et très obeisan serviteur.

«JOURDAN DE LAUNAY.

«A la Bastille, ce premier août 1720 [2]».

Le gouverneur, on le voit, était bien éloigné des sentiments de ses prédécesseurs, et surtout de ses successeurs, en faveur du maintien des échoppes. Celle de Jean Jacquet fut donc achevée : elle n'y fut pas longtemps seule. Dans une déclaration de leurs revenus, que firent, en 1732, les dames de la Visitation, nous trouvons cette mention : «23 petites boutiques ou maisons bâties sur les places que le roi nous a données par ses lettres pattentes du mois de septembre 1643... tenant depuis la porte de notre église jusqu'au corps de garde de la Bastille, louées à plusieurs locataires [3]». Et ce ne furent pas les seules, non plus, car l'administration de la Bastille eut les siennes, dont le loyer appartenait en commun aux officiers de l'état-major; à la bibliothèque de l'Arsenal, dans le dossier des bâtiments, il existe toute une série de baux passés au nom du gouverneur avec

---

[1] Nous extrayons tous ces renseignements d'une liasse contenue dans le carton Q¹ 1269 (titres domaniaux de la Ville) des Archives nationales.

[2] Archives nationales, carton Q¹ 1269 (titres domaniaux de la Ville.)

[3] Arch. nat., S. 4776.

des marchands de produits très divers. Les loyers les moins élevés sont de 130 livres par an; il y en a qui atteignent 1000 livres. Nous y voyons que ces maisons se composent, uniformément, d'une boutique avec arrière-boutique, surmontée d'un étage formé de deux chambres.

Les échoppes de la Bastille devaient subir une dernière crise : au mois de mai 1777, la ville de Paris fut autorisée, par lettres patentes, à supprimer la porte Saint-Antoine, à démolir ce qui restait du mur d'enceinte et du bastion, depuis ladite porte jusqu'à la rue du Calvaire, et à faire combler les fossés pour le prolongement et l'alignement de la rue Amelot. Les échoppes étaient condamnées à disparaître du même coup; en vain, les marchands qui les occupaient protestèrent, alléguant leur misère; en vain, l'état-major du château réclama une indemnité de 20,000 livres pour la cession des fossés que nécessitait l'alignement de la voie nouvelle. Un plan fut dressé, des jurisconsultes rédigèrent une consultation où les prétentions de l'état-major étaient qualifiées d'exorbitantes et où la preuve était faite, sans peine, que le terrain de la Bastille appartenait au roi et non à ses officiers[1]. Finalement, un arrêt du Conseil, signé d'Amelot, en date du 29 avril 1780, ordonna la démolition des échoppes «construites sur la chaussée, le long des fossés du château, depuis l'endroit où étoit ci-devant située la porte Saint-Antoine jusques et compris le retour de la contrescarpe en longeant le chemin de Bercy». Le gouverneur fut autorisé à reconstruire à ses frais «d'autres boutiques uniformes en dedans des dits fossés, à la charge, toutefois, que lesdites boutiques n'auront aucun jour sur lesdits fossés, et ce suivant le plan approuvé par S. M.»[2].

Donc, une fois de plus, les échoppes reparurent. Celles de l'avant-cour étaient reconstruites en 1785, ainsi que nous l'apprend un tableau conservé dans les papiers de la Bastille[3]. Elles étaient occupées, à cette date, par un perruquier, un parfumeur, deux merciers, un confiseur et le cabaretier-cantinier de la compagnie. Au dehors, en allant vers l'ancienne porte Saint-Antoine, on trouvait successivement un tripier, un marchand de poudre (occupant trois boutiques), un mercier, un orfèvre, trois savetiers, voisins les uns des autres, un potier d'étain, encore un savetier, un marchand de tabac et un cafetier. L'ensemble des locations, au profit de l'état-major, atteignait près de 10,000 livres par an. La plupart des baux avaient été renouvelés en 1785 pour six ans; l'événement du 14 juillet 1789 vint les résilier *de plano*.

Si l'on n'avait pu prévoir dans les baux une aussi brusque interruption à la jouissance des locaux, il s'en fallait cependant que cette jouissance fût absolument sans entraves. Les règlements que l'on trouvera aux *Pièces justificatives* sont là pour le prouver : il y avait, dans la cour des casernes, une sentinelle dont la consigne

---

[1] Arch. nat., Q¹ 1269. — [2] *Ibid.*, et O¹ 491, p. 240. — [3] Bibl. de l'Arsenal, ms. 12605.

était de faire circuler les curieux et les indiscrets; en cas d'alerte, d'incendie, ou même d'affluence trop grande de monde, la grille était immédiatement fermée; enfin, lorsque les ordres du Roi arrivaient au château dans la journée, les sentinelles faisaient, de même, rentrer les marchands dans leurs boutiques, avec défense de chercher à regarder [1].

La première cour de la Bastille ne donnait pas seulement accès au château; elle servait aussi de principale communication entre la ville, le jardin public et la série des cours de l'Arsenal, dont l'autre issue était sur le quai des Célestins. Ce passage n'existait pas depuis fort longtemps; nous avons vu (p. 21) qu'à la date de 1700 le lieutenant du roi Du Junca en parlait comme d'une chose nouvelle et fort avantageuse au service de la prison. Ce ne fut plus qu'une servitude, après la suppression de la juridiction de l'Arsenal et de la grande maîtrise de l'artillerie de France, et son maintien compliqua les difficultés de la surveillance, au lieu de les diminuer, sans compter que des conflits fréquents s'élevaient entre le gouverneur de la Bastille et la ville de Paris, à propos de l'entretien du pavé de l'avant-cour, que l'administration municipale se refusait, avec toute raison, à assimiler à une rue de la ville [2]. La porte de l'Arsenal est presque toujours appelée la porte de bois, et les consignes qui y ont trait sont identiques à celles qui concernent la grille.

Dans les derniers temps au moins, cette avant-cour fut éclairée durant la nuit, puisqu'elle servait de passage au public, par des réverbères. Le 23 avril 1766, le ministre de la maison du Roi approuva le payement d'une somme de 72 livres «au nommé Rubiqueau, pour ouvrages faits en entretien des lampes optiques qui éclairent l'avant-cour du château» [3]. Par la suite, ces lampes prirent le nom de l'industriel qui les avait fournies et peut-être inventées. Nous lisons, en effet, dans l'état des frais du gouverneur, vers 1783, qu'«il éclaire par des *rabicots* les cours extérieures et intérieures de la Bastille» [4].

*Porte de l'avancée.*   A l'extrémité de l'avant-cour, à gauche, en suivant la ligne courbe des échoppes bordant le fossé, on se trouvait en présence d'une porte que précédait un double

---

[1] Voici une ordonnance du lieutenant de police, de 1750 environ, qui fait connaître quelles restrictions étaient apportées à la liberté des habitants de l'avant-cour:

«Monsieur de Berryer, conseiller d'Etat, lieutenant general de police de Paris, deffend à tous les locataires des maisons et logements qui sont situez dans l'avant-cour du château de la Bastille, de loger ou retirer chez eux aucuns etrangers ou particuliers de quelque etat et condition qu'ils soient, autres que leurs enfants, domestiques, aprentifs ou ouvriers de leur profession, sous quelque pretexte que ce puisse estre, à peine contre les contrevenants de subir les paines portées par les ordonnances de Sa Majesté.» (Bibl. de l'Arsenal, ms. 12605.)

[2] Le 1er mai 1787, M. de Breteuil autorisa le sieur Poyet, architecte de la Bastille, à faire réparer le pavé «tant des trois cours de la Bastille que du passage de la cour de l'Orme, au prix de 1,339# 10 s. 9 d.» (Archives nationales, O¹ 498, p. 353.)

[3] Arch. nat., O¹ 408, fol. 293.

[4] *Pièces justificatives*, n° XXIX.

pont-levis, dont le plus petit, réservé aux piétons, était seul habituellement baissé[1]. Là était la vraie entrée de la Bastille et quand le peuple vint l'assiéger, le 14 juillet 1789, c'est là qu'il trouva la première résistance, en face de ces deux ponts-levis que le gouverneur avait eu la précaution de faire lever dès la veille; mais l'obstacle ne résista pas longtemps, car deux hardis compagnons, qui avaient réussi à pénétrer par escalade, brisèrent les chaînes des ponts à coups de haches et livrèrent ainsi passage à la foule.

Il fallait avoir affaire à la Bastille pour avoir le droit de s'engager sur le pont de l'avancée; au bout des quelques mètres qui formaient toute sa longueur, on se trouvait arrêté par une sentinelle qui demandait des explications et renvoyait les badauds[1]. Si l'on avait donné des raisons plausibles de pouvoir passer outre, on mettait le pied dans une cour, d'assez grandes dimensions, qui s'appelait cour du Gouvernement. En examinant les plans qui nous sont restés du château durant le xviiie siècle, on y distingue d'abord, à gauche après avoir franchi le pont, le corps de garde de l'avancée; et plus loin, de l'autre côté, un corps de logis haut de trois étages : c'est l'hôtel du Gouvernement.

Cour du Gouvernement.

Nous avons des renseignements précis sur la date où fut bâti cet édifice, dans un mémoire par lequel le gouverneur Bernaville demandait au Régent, en 1716, d'être remboursé de 6,886 livres qu'il avait payées en avance pour cette construction[2]. Il y est dit que, jusqu'à la nomination de Bernaville, les gouverneurs avaient logé dans un corps de garde voisin de la première cour (sans doute celui dont nous venons de parler), et que ce logement ne consistait qu'en «une petite salle, une chambre dessus, en galletas, et un petit cabinet», et que les domestiques couchaient à l'autre bout de la cour, dans «un petit logement de bois». Ces faits sont exacts et se vérifient encore par le passage du registre de Du Junca[3], où, à la date du 22 mai 1693, il est question d'un prisonnier anglais, M. de Jones, qu'on a mis hors du château, dans une petite chambre où M. de Besmaux tient sa bibliothèque, au-dessus de son office.

Nous savons aussi, par les dossiers de l'administration de la Bastille[4], que la construction du nouveau logement du gouverneur avait été adjugée, le 31 mai 1712, au prix de 8,600 livres; en 1761, on dut y faire d'assez importantes réparations, car elles coûtèrent 1,992[ll] 4 s. 2 d., réglées, en 1785 par le major Chevalier.

Le plan que Cathala, architecte de la démolition, a dressé pour la *Bastille dévoilée* montre, au fond de la cour du Gouvernement, le jardin, orné d'un belvédère

---

[1] Les pont-levis, aussi bien que la porte, s'appelaient ponts-levis de l'avancée, porte de l'avancée, nom très simple et qui indique une première entrée destinée à en couvrir une autre, définitive.

[1] *Pièces justificatives*, n° XVIII.
[2] *Pièces justificatives*, n° XI.
[3] *Loc. cit.*, t. I, fol. 16 v°.
[4] Bibl. de l'Arsenal, mss. 12603.

4.

28 LA BASTILLE.

et de terrasses, qui constituait la promenade réservée du gouverneur; il était séparé par une grille des jardins de l'Arsenal, dont il était, en réalité, un démembrement. Nous avouons ne savoir rien de plus à en dire; dans les mémoires de travaux, terminés, comme on vient de le voir, en 1765, il est plusieurs fois question des serres de M. le Gouverneur et des embellissements qu'on y fit alors.

A gauche de ce jardin, s'apercevait, soigneusement close, la porte du bastion dont nous avons mentionné la construction en 1553, et auquel nous reviendrons tout à l'heure. Enfin, plus en avant, et précisément vis-à-vis de l'hôtel du gouverneur[1], le fameux pont de pierre, long de trente toises, fait de trois arches, et par où l'on accédait à la forteresse.

*Pont dormant du château.*

A quelle époque avait-il été construit? Certes, il serait intéressant de le connaître; ce fut, sans aucun doute, au temps où la Bastille cessa d'être une entrée de la ville pour devenir un château fort; au temps où les deux portes ouvertes dans l'axe de la rue Saint-Antoine furent murées pour toujours; mais si l'on veut bien se reporter à ce que nous avons déjà dit (p. 6), de la création d'une nouvelle porte Saint-Antoine, on verra qu'il nous a bien fallu confesser nos incertitudes à ce sujet. Il n'est pas téméraire, du moins, d'affirmer que le pont dormant que nous décrivons existait en 1430. On ne trouve pas, depuis, la preuve qu'il ait été reconstruit; mais s'il ne changea pas, ses abords furent plusieurs fois modifiés, et c'est là maintenant ce qu'il nous faut expliquer.

Sur un plan de la Bastille, non daté, mais qui appartient au commencement du XVIII<sup>e</sup> siècle et que possède la Bibliothèque nationale[2], on distingue, à l'extrémité droite du pont de pierre, un corps de garde et, au-dessus, le logement de l'aumônier. C'est la première indication que nous ayons sur l'existence d'une construction en ce lieu. En examinant ensuite un plan dressé en 1789, celui de Cathala ou de Palloy, par exemple, on y voit figurés, en bordure de la partie droite du pont, outre le corps de garde qui est tout voisin de la forteresse[3], le bâtiment des cuisines et une salle de bains.

Nous ne saurions dire exactement à quelle époque ces nouveaux édifices furent ajoutés, mais il est certain que ce fut pendant l'administration du dernier gouverneur, et postérieurement à l'année 1782. Jusque-là, les cuisines avaient été au delà du pont-levis, et c'était assez incommode pour qu'on ait dû souhaiter depuis

---

[1] Bibl. de l'Arsenal, ms. 12603 — Dans les dessins que Palloy fit faire, sans doute pour Millin, des bâtiments démolis de la Bastille, se trouvent quelques vues et plans de l'hôtel du gouvernement. (Bibl. nat., n. acq. fr. 3242.)

[2] Estampes, top. de la Fr., quart. de l'Arsenal.

[3] Le logement de l'aumônier fut maintenu où il était. On en a la preuve dans les extraits que M. Bégis a publiés du journal du major Delosme : le 20 août 1785, un des inculpés de l'affaire du collier, le baron de Planta fut amené à la Bastille : «L'abbé Georgel l'a vu descendre de voiture *dans la cour du gouvernement*... Le gouverneur lui a demandé sa parole d'honneur de n'en pas parler à M. le Cardinal.» (A. Bégis, *Le registre d'écrou de la Bastille*, p. 19.)

longtemps leur déplacement[1]. Quant à la salle de bains, les *Mémoires de Linguet*, écrits après 1782, la placent de même dans l'intérieur du château, et ce qu'il en a dit ne dut pas peu contribuer à son changement[2]. Nous aurons, d'ailleurs, d'autres occasions de constater que le second des de Launey modifia de tout son pouvoir l'aspect de la prison, et que beaucoup de ces modifications s'imposaient réellement.

On aura tout dit à propos du pont dormant du château quand on aura signalé, à chacune de ses extrémités les plus voisines de l'hôtel du Gouvernement, l'entrée des chemins de ronde, d'où les factionnaires surveillaient incessamment les tours. Sur l'autre extrémité s'abaissait le pont-levis de la forteresse, double comme celui de l'avancée, c'est-à-dire qu'il y avait le pont-levis des piétons et celui des voitures. Le premier était le seul que l'on baissât régulièrement chaque matin; il était placé à gauche du grand, et présentait cette particularité d'être entouré et surmonté d'un treillis de fil de fer qui le faisait ressembler à une cage; aussi l'appelle-t-on «la cage», même dans les règlements et autres pièces officielles[3]. Dans cette cage, une sentinelle était toujours en faction, chargée d'ouvrir à bon escient et de fermer la porte du château[4], et créant ainsi une relation constante entre le

---

[1] Ce souhait est formulé dans une note, malheureusement sans date et sans signature, qui se trouve parmi les archives de la Bastille, mss. 12603.

[2] Le passage est trop piquant pour ne pas être rapporté, bien qu'il y entre une part évidente de fiction, ou, au moins, d'arrangement littéraire :

«Qu'une femme de gouverneur se lave dans un lieu ou dans un autre, rien ne semble plus indifférent, et rien, en effet, ne devroit l'être davantage; mais à la Bastille tout a des conséquences, et elles sont toujours douloureuses.

«La baignoire de Madame étant placée dans l'intérieur du château, pour y parvenir, il faut traverser la cour, et par conséquent le seul espace qu'aient les prisonniers, comme je l'ai dit, pour se promener. Mais ce sont ses laquais qui portent l'eau; il faut qu'ils entrent et qu'ils sortent; par conséquent. chaque voie entraîne pour le promeneur, comme on l'a vu, un ordre de cabinet.

«Ensuite, viennent les femmes de chambre: il faut porter les chemises, les serviettes et les pantoufles de Madame; tout seroit perdu si le reclus apercevoit le moindre de ces secrets de l'État; chaque importation produit donc encore un cabinet.

«Enfin, arrive Madame elle-même; elle n'est pas légère; sa marche est un peu lente, l'espace à parcourir est assez long; la sentinelle, pour faire sa cour et prouver son exactitude, crie :

«Au cabinet» dès qu'elle l'aperçoit; il faut fuir, il faut rester au cabinet jusqu'à ce qu'elle soit rendue à sa baignoire; et quand elle sort, sa retraite est accompagnée des mêmes formalités en sens contraire. Le reclus a de même à supporter, dans le cabinet, la maîtresse, les femmes de chambre et les laquais.

«De mon temps, la sentinelle, dans un des passages, ayant oublié de hurler le signal de la fuite, la moderne Diane fut vue dans son déshabillé; j'étois l'Actéon du jour : je n'essuyai point de métamorphose, mais le malheureux soldat fut mis en prison pour huit jours. Je ne pus l'ignorer puisque j'en entendis donner l'ordre.

«Ailleurs, les bains donnent de la santé ou préparent les plaisirs; une gouvernante de Bastille n'a point de crise de propreté qui n'en entraîne plusieurs de désespoir.» (*Mémoires de Linguet*, p. 174 de l'édition H. Monin, 1889, in-16.)

[3] Voir aux *Pièces justif.*, n° XXIII, la consigne du château. — Voir aussi, n° XVI, le premier article d'un mémoire du major Chevalier, où il demande «une tringle et des rideaux pour les cabinets de la chapelle, avec un grillage dessus, *de même qu'à la cage*». Comme ce mémoire est sensiblement de l'année 1730, cela prouve que la cage existait dès cette époque.

[4] Voir *Pièces justif.*, n° XXIII.

corps de garde du pont dormant et celui de l'intérieur, qui était situé à droite de l'entrée, au rez-de-chaussée de la tour de la Comté.

Nous voici enfin arrivés dans la cour intérieure de la prison. Si l'on jette un coup d'œil en arrière sur le chemin parcouru pour y atteindre et les obstacles rencontrés en route, on s'apercevra qu'on a franchi une grille, puis deux ponts-levis, passé devant trois corps de garde et autant de factionnaires, dont chacun a sa consigne rigoureuse, et pour qui tout visage inconnu est suspect. Cela explique qu'en quatre cents ans aucune évasion n'ait été tentée (et il y en eut certainement beaucoup de tentées) par la porte, mais bien par la fenêtre, quelque grandes encore que fussent de ce côté-là les difficultés.

Cette cour intérieure ou « grande cour », Linguet l'a décrite sans trop d'exagération : « C'est, dit-il, un carré long de seize toises sur dix. Les murailles qui la ferment ont plus de cent pieds de haut, sans aucune fenêtre, de sorte que, dans la réalité, c'est un large puits où le froid est insupportable l'hiver, parce que la bise s'y engouffre; l'été, le chaud ne l'est pas moins, parce que l'air n'y circulant pas, le soleil en fait un vrai four. C'est là le lycée unique où ceux des prisonniers à qui l'on en accorde la faculté (car tous ne l'ont pas) peuvent chacun à leur tour se dégorger, pendant quelques momens de la journée, de l'air infect de leur habitation [1]. » Seize toises sur dix, soit trente-deux mètres sur vingt, ce sont aussi, ou à peu près, les dimensions qu'a données Charpentier dans la *Bastille dévoilée*[2], car il parle de « 102 pieds de long sur 72 de large »; pour la hauteur des tours, il la dit de « 73 pieds, 3 pouces en dedans »; lorsque Linguet parle de plus de cent pieds, il songe sans doute à la hauteur des tours, prise depuis le fond du fossé, et en cela sa description pèche par hyperbole; mais, même avec ce correctif, la superficie de la grande cour n'était certes pas en rapport avec l'élévation, et Linguet n'est pas le seul à avoir gémi sur cet état de choses.

Bâtiments du Conseil.

Il est vrai qu'il n'en avait pas été toujours ainsi. Pendant longtemps, l'espace circonscrit entre les huit tours ne forma qu'une seule cour, jusqu'à l'époque, difficile à déterminer, où fut construit un bâtiment transversal, joignant d'un côté à la tour de la Chapelle, de l'autre à la tour de la Liberté et partageant ainsi la cour en deux parties inégales dont la plus petite s'appela cour du Puits, comme nous le verrons plus tard. Aux termes de l'arrêt de 1761, qui en prescrivit la reconstruction, ce bâtiment « servait au logement des officiers de l'état-major du château, à la salle du Conseil, aux cuisines des prisonniers et à quelques autres logements particuliers »[3]. Ce que nous en savons, c'est qu'il existait déjà à la fin du XVIIe siècle : en effet, le lieutenant de Roi, Du Junca, parle souvent, vers 1700,

[1] *Mémoires sur la Bastille*, loc. cit., p. 105. — [2] 2e livraison, p. 13 et 17. — [3] *Pièces justif.*, n° XVII.

## HISTOIRE ET DESCRIPTION DES BÂTIMENTS. 31

« du grand appartement vis à vis ma chambre », ou bien de « la segonde chambre du grand appartement, au dessous de la quisinne »[1]. L'aimable conspiratrice, Mlle de Launey, qui n'était pas encore Mme de Staal, fut logée, en 1719, dans le même corps de bâtiment; les pages charmantes qu'elle a consacrées au récit de sa captivité prouvent, à plusieurs reprises, qu'elle demeurait au-dessus des cuisines et de la salle du Conseil, qu'elle avait pour voisin le lieutenant de Roi et que, de ses fenêtres, elle voyait les personnes qui entraient traverser la cour pour se rendre à la salle du Conseil[2].

Nous admettrons donc comme certain que le bâtiment élevé transversalement à la cour de la Bastille datait de la seconde partie du xviie siècle, époque où d'autres travaux considérables furent faits à la forteresse. Son mauvais état fit qu'on eut à le reconstruire totalement en 1761[3]. La date n'est pas douteuse: elle est attestée aussi bien par les textes que nous avons retrouvés[4] que par le témoignage des contemporains. Linguet et Charpentier ont lu l'inscription commémorative où M. de Sartine, par une singulière vanité, fit constater en lettres d'or que cette reconstruction s'était effectuée durant son administration. Le nouvel édifice, dit Charpentier, était une grande bâtisse d'un style assez élégant « et avoit plus l'air de la maison d'un riche particulier que d'un supplément à d'horribles prisons »[5]. Il se composait de trois étages occupés, comme jadis, par les chambres de l'état-major et par des appartements particuliers où l'on installait des prisonniers tout à fait de marque, tels que le cardinal de Rohan. Un perron haut de quelques marches, dont les papiers de Palloy contiennent plusieurs croquis sans grand intérêt[6], donnait accès à un corridor de communication entre les deux cours. A droite de ce corridor, s'ouvrait la salle du Conseil; à gauche, la cuisine qui, comme nous l'avons dit, fut transférée hors du château en 1786. Bien que la destination primitive ne s'y prêtât guère, on y installa alors la bibliothèque des prisonniers[7].

Dans la façade principale de ce bâtiment sur la grande cour était encastrée l'horloge que la description de Linguet a rendue célèbre :

*Horloge du château.*

« C'est une remarque curieuse. L'horloge du château donne sur cette cour; on y a pratiqué un beau cadran, mais devinera-t-on quel en est l'ornement, quelle décoration l'on y a jointe?

---

[1] Bibl. de l'Arsenal, *loc. cit.*, t. I, f° 71 r°.
[2] Il résulte d'une lettre du lieutenant de police Berryer à Bayle qu'au mois de mai 1751, on fit faire « dans l'intérieur du château de la Bastille un logement pour le sieur Chevalier, major, et en même temps faire des réparations à l'appartement de M. Dabadie, lieutenant du roy ». Ces travaux furent achevés dans le courant de 1752 et s'élevèrent à 2,278[#] 6 s. 7 d., réglées à 2,000[#] 2 s.

[3] *OEuvres de Mme de Staal* publiées par M. de Lescure dans la collection Jannet-Picard; voir notamment t. I, p. 190, 192, 194 et 195.
[4] *Pièces justif.*, n° XVII.
[5] *La Bastille dévoilée*, 2e livraison, p. 15-17.
[6] Bibl. nat., mss. fonds franç., nouvelles acq. 3242.
[7] Sur cette bibliothèque, voir plus loin le paragraphe spécial qui lui est consacré.

Des fers parfaitement sculptés. Il a pour support deux figures enchaînées par le col, par les mains, par les pieds, par le milieu du corps; les deux bouts de ces ingénieuses guirlandes, après avoir couru tout autour du cartel, reviennent sur le devant former un nœud énorme, et pour prouver qu'elles menacent également les deux sexes, l'artiste, guidé par le génie du lieu ou par des ordres précis, a eu grand soin de modeler un homme et une femme[1]. Voilà le spectacle dont les yeux d'un prisonnier qui se promène sont récréés. Une grande inscription gravée en lettres d'or sur un marbre noir lui apprend qu'il en est redevable à M. Raymond Gualbert de Sartines, etc.[2] »

Voici, d'autre part, des renseignements plus précis. Cette horloge fameuse était l'œuvre du sieur Quillet, horloger à Paris, qui en reçut commande en 1763. Sa quittance, conservée dans les archives de la Bastille, est du 11 mars 1765; elle s'élève à 3,767$^{ll}$ 5 sols « pour fourniture et pose d'une horloge avec les timbre et accessoire »[3]. Le même horloger s'engagea, en outre, à la remonter tous les jours à partir du 14 mars 1764, moyennant 150 livres par an, ainsi que nous l'apprend une lettre du lieutenant de police au gouverneur Jumilhac[4]. Nous savons encore que le sieur Amyrauld, maître horloger expert, reçut, en mars 1765, la somme de 47 livres pour avoir, par les ordres de Sartine, « vu et visité l'horloge du bâtiment neuf de la Bastille et en avoir fait l'estimation »[5]. Quand le récit de Linguet eut été publié en 1783, M. de Breteuil, ministre de la maison du Roi, de qui dépendait la Bastille, s'émut du passage relatif aux deux figures enchaînées de l'horloge et, si l'on en croit l'auteur de la *Bastille dévoilée*[6], il ordonna que les chaînes disparussent en deux heures. Les contemporains de la démolition déclarent avoir vu les deux figures qui furent alors modelées par un sculpteur[7]. Peu après, elles furent remises au patriote Palloy, ainsi que l'atteste la quittance suivante qui figurait dans la collection Fillon (*Catalogue* rédigé par Ét. Charavay, 2ᵉ partie, p. 47) : « En vertu de l'ordre de M. le Roulx de la Ville, administrateur au département des Travaux publics, je me suis présenté au sʳ Betremois, garde-magasin de la Bastille, qui m'a remis les deux figures modelées représentant l'Esclavage, avec le cadran qui y était adapté. J'ai reçu pareillement les deux colonnes de la chapelle, et quatre figures de saints, qui ne pouvoient être comprises dans la vente comme objets d'art dont la conservation peut être précieuse. PALLOY (patriote). » Depuis lors, nous perdons la trace de ces épaves de la Bastille.

Quant au mécanisme même de l'horloge, nous connaissons mieux ses destinées. L'architecte de la démolition, Palloy, déclare que le marquis de la Salle, membre du Comité permanent, fit enlever l'horloge le 17 juillet 1789, par un sieur Regnault, « maître horloger, vieille rue du Temple, près l'égout », et qu'il lui en

---

[1] C'étaient, en réalité, la Jeunesse et la Vieillesse.
[2] *Mémoires de Linguet,* éd. cit., p. 106.
[3] Bibl. de l'Arsenal.
[4] Bibl. de l'Arsenal, 13 novembre 1766.
[5] *Ibid.*
[6] *Loc. cit.*, p. 18.
[7] *Ibid.* et Millin, *Antiquités nationales.*

donna décharge[1]. Charpentier affirme en avoir vu le mouvement au district de Saint-Louis-la-Culture[2]. Comment, de là, ce mécanisme, rapproché de son cadran, fut-il transporté aux fonderies de cuivre de Romilly-sur-Andelle (Eure)? Nous ne le saurions expliquer, mais le fait est certain, et c'est là qu'on peut voir encore cet appareil. M. l'abbé Valentin Dufour en a récemment fourni la preuve à la Société de l'Histoire de Paris[3].

Ayant parlé du bâtiment qui séparait en deux la grande cour, il nous est possible de décrire, sans interruption, les huit tours qui marquaient le périmètre de la forteresse. Pour s'en faire, tout d'abord, une idée générale, il convient d'évoquer le souvenir d'un château fort encore existant; on peut être assuré d'une très grande analogie. Les huit tours de la Bastille s'élevaient à une hauteur de cinq étages; dans leurs fondations, était ménagée une sorte de cave que le langage administratif de la prison appelait cachot, et où l'on enfermait les prisonniers indisciplinés; c'était une pièce obscure et malsaine, parfois même à demi pleine de l'eau du fossé; tout en haut, immédiatement au-dessous des nervures de la voûte ogivale, était une chambre appelée «calotte», presque aussi peu confortable que le cachot du sous-sol et réservée, de même, aux détenus dont la conduite n'était pas satisfaisante.

Comme nous l'avons dit déjà, il est probable que les tours de la Bastille ne reçurent leurs noms officiels qu'au XVIIe siècle; il n'y en a pas trace auparavant, et Du Junca est le premier, à notre connaissance, qui en ait fait un usage habituel; cinquante ans après lui, seulement, un ordre ministériel prescrivit de désigner les prisonniers exclusivement par le nom de la tour et le numéro de l'étage où ils étaient enfermés. Passons maintenant à la description de chacune d'elles.

La tour de la Bazinière occupait l'angle S. S. O. du rectangle. Il est infiniment probable qu'elle doit son nom à la présence d'un prisonnier qui fut enfermé pendant quatre ans à la Bastille: Macé Bertrand, sieur de la Bazinière, trésorier de l'Épargne. Son père portait les mêmes nom et prénoms que lui, et l'avait précédé dans les mêmes fonctions. Au dire de Tallemant des Réaux, qui lui a consacré une notice, Macé Bertrand, premier du nom, était le fils d'un paysan d'Anjou qui fut d'abord «laquais chez le président Gayan; c'estoit mesme un fort sot

[1] Bibl. nat., n. acq. fr. 2811, p. 37-38.
[2] *Bastille dévoilée*, 2ᵉ livraison, p. 18.
[3] Voir le *Bulletin de la Société de l'Histoire de Paris*, année 1888, p. 130. — Notre confrère, M. H. Omont, a bien voulu nous communiquer, à ce sujet, la note suivante, extraite du *Journal de Rouen* (18 avril 1889): «On nous écrit de Romilly-sur-Andelle (Eure), 16 avril : On sait que les fonderies de cuivre de ce lieu y ont été établies, en 1782, par Lecamus de Limare... Sept ans plus tard, cet établissement, le premier de ce genre qui ait été créé en France, achetait tous les métaux provenant des démolitions de la Bastille; c'est alors que la grande horloge de cette fameuse prison d'État fut transférée au milieu des fonderies de Romilly....»

garçon [1]... » Quant au fils, il fut impliqué dans le procès de Fouquet et, pour ce fait, mis à la Bastille. D'après Ravaisson [2], l'ordre d'entrée est du 8 avril 1663 ; l'ordre de sortie du 14 mai 1667. La Bazinière mourut en 1668.

Si l'on veut bien se reporter à la description que nous avons faite plus haut de la Bastille en 1428, on y verra (page 8) ce qu'était alors la tour de la Bazinière ; elle comprenait la chambre du portier, où étaient les instruments de torture, et d'autres pièces sans intérêt. La première mention officielle de son nom se trouve dans le journal de Du Junca, à propos du prisonnier que son prétendu masque de fer a rendu célèbre ; c'est dans la première chambre (premier étage) de cette tour qu'il fut tout d'abord conduit en arrivant de Pignerol, le 18 septembre 1698 ; mais, le même jour, à la nuit tombée, on le transféra dans la tour voisine dite de la Bertaudière.

Peu avant la Révolution, la tour de la Bazinière se composait d'un cachot, avec deux lits de domestique ; de quatre étages de chambres meublées et pourvues de cheminées et d'une calotte, également pourvue d'une cheminée [3]. C'était l'une de celles qui pouvaient recevoir le plus grand nombre de prisonniers.

Tour de la Bertaudière.

La deuxième tour en façade, sur la rue Saint-Antoine, a été appelée « tour de la Bertaudière, et quelquefois de la Bretaudière ». Malgré toutes nos recherches, il nous est impossible d'expliquer l'origine de ce nom : on supposerait volontiers qu'il est dû à quelque prisonnier appelé Bertaut, ou de la Bertaudière [4] ; mais les listes des détenus de la Bastille n'en indiquent aucun. Quoi qu'il en soit, la dénomination existait dès la fin du XVII<sup>e</sup> siècle, puisque Du Junca rapporte que le prisonnier masqué, venu de Pignerol, fut enfermé, le 18 septembre 1698, à 9 heures du soir, dans la troisième chambre, c'est-à-dire au troisième étage, de la tour de la Bertaudière ; il devait y rester jusqu'à sa mort, en 1703. Ce fut la meilleure, disons mieux, la seule cause de célébrité de cette tour, et lors de la prise de la Bastille, on en fouilla la maçonnerie avec le plus grand soin, pour y trouver quelque vestige du prisonnier mystérieux qu'elle avait abrité quatre-vingt-dix ans plus tôt. Nous reparlerons de ces fouilles en leur lieu.

[1] *Historiettes de Tallemant des Réaux*, édition Monmerqué et P. Pâris, IV, 425-441. Les commentateurs de Tallemant ont ignoré que le second sieur de la Bazinière ait été enfermé à la Bastille. Ils n'ont pas connu non plus deux quittances conservées à la Bibl. nat. (ms. franç. 6219, n<sup>os</sup> 400 et 401), et portant la signature de « Macé Bertrand, sieur de la Bazinière, conseiller du Roy en son conseil d'estat et tresorier de son espargne », aux dates du 16 juillet et de novembre 1628.

[2] *Archives de la Bastille*, t. I, p. 346, 347 ; t. II, p. 125.

[3] Nous empruntons ces renseignements sur le dernier état des tours à un curieux tableau dressé par le major Chevalier, entre 1750 et 1780, et auquel nous renvoyons, une fois pour toutes, aux *Pièces justificatives*, n° XV.

[4] Le *Dictionnaire des Postes* ne contient mention que de deux hameaux de ce nom ; encore, l'un des deux s'appelle-t-il simplement Berthaudière.

## HISTOIRE ET DESCRIPTION DES BÂTIMENTS.

La tour de la Bertaudière constituait, à l'origine, avec sa voisine, la tour de la Liberté, la porte Saint-Antoine de la ville de Paris; aussi se présentaient-elles toutes deux un peu en avant-corps; celle dont nous nous occupons contenait, d'après l'état de Chevalier, un cachot, cinq étages de chambres meublées et une calotte avec un lit de domestique.

Après avoir franchi le massif de maçonnerie par lequel fut bouchée l'ancienne porte Saint-Antoine, nous arrivons à la tour de la Liberté. Son nom, comme celui de la précédente, n'a pas été interprété de façon certaine. On a dit qu'elle avait été ainsi dénommée par une cruelle antithèse, sans s'apercevoir que l'ironie aurait pu aussi bien s'appliquer aux sept autres tours de la forterese. Peut-être aimera-t-on mieux admettre qu'elle servit à une évasion heureuse, mais aucun fait à notre connaissance ne confirme cette supposition; il est même notoire que les évasions, accomplies ou non, furent presque toujours tentées du côté opposé, du côté de la campagne, qui, pour les prisonniers, semblait, mieux que la ville, promettre la liberté.

*Tour de la Liberté.*

Ce qui concerne l'aspect de la tour précédente s'applique également à celle-ci: comme elle, en avant-corps et plus élevée que les autres tours, elle se composait, au XVIIIe siècle, d'un cachot, de six étages de chambres habitables et d'une calotte pouvant, de même, recevoir un prisonnier.

Le nom de la tour du Puits s'explique aisément par sa position auprès du puits qui avait aussi, donné son nom à la seconde cour du château, et que nous avons trouvé mentionné dans les représentations du capitaine de la Bastille en 1559[1]. Cette tour occupait l'un des quatre angles du parallélogramme que formait l'édifice, l'angle N. N. O., et faisait ainsi face à la fois à la rue Saint-Antoine et à la ligne des fossés, puis, des boulevards se dirigeant vers le faubourg du Temple. Nous avons dit qu'en 1430, le premier étage seul en était resté debout; un dépôt de poudre conservée dans la seconde chambre, ayant pris feu, l'incendie avait consumé les étages supérieurs. Il faut donc considérer la tour du Puits comme de construction plus récente d'un demi-siècle au moins que les autres tours de la Bastille. D'après l'*état* du major Chevalier, elle était disposée pour recevoir six prisonniers au moins, car elle contenait un cachot, quatre étages de chambres et une calotte.

*Tour du Puits.*

L'accès de cette tour et de celle qui lui faisait pendant, la tour du Coin, sur la cour du Puits, les rendait toutes deux moins nobles, en quelque sorte, que les six tours ayant accès sur la grande cour, et diverses relations font connaître que, sauf exception, on n'y enfermait que des prisonniers d'assez basse extraction.

---

[1] Voir page 17.

5.

## 36  LA BASTILLE.

**Tour du Coin.**  Située à l'angle N. N. E., c'est-à-dire prenant vue en même temps sur le boulevard et le faubourg Saint-Antoine, la tour du Coin devait son nom à cette position. Elle n'a pas d'histoire. Nous savons, par le tableau du major Chevalier, qu'elle contenait un cachot, quatre étages de chambres et deux «entrepôts», l'un meublé, l'autre contenant un lit de domestique, mais nous avouons n'avoir pas découvert ce qui distinguait ces locaux des autres chambres de la prison.

**Tour de la Chapelle.**  La tour de la Chapelle vient ensuite. Elle devait sa dénomination au voisinage de la chapelle de la Bastille qui fut, jusqu'à la fin du xviie siècle, établie dans le massif de maçonnerie surmontant l'ancienne porte du faubourg. Cette chapelle devait dater des origines mêmes de l'édifice : nous l'avons vue mentionnée en 1428, mais considérée alors comme un lieu profane, en dépit de quelques objets du culte qui, d'ailleurs, s'y détérioraient; c'était cependant le quartier noble de la forteresse et que, dans des châteaux construits différemment, l'on eût appelé le *donjon*, car, au temps de la domination anglaise, sans doute plus tard encore, la chambre du Roi et la salle dite «des capitaines» se trouvaient voisines de cette chapelle, installées qu'elles étaient dans la tour qui garda son nom.

Dans un dossier des archives de la Bastille [1] se trouve la note suivante, rédigée au xviie siècle : «La chapelle de Saint-Antoine, desservie dans le chasteau de la Bastille est fondée en l'an 1568, et a le chapelain de ladicte chapelle droit de prendre et recevoir par an sur la recette generale des finances à Paris la somme de 90 livres; ladicte somme est employée dans la despence des morte-payes de ladicte Basti en».

Nous renvoyons à ce qui a été dit plus haut (p. 10 et 20) de cette chapelle ou *Chambre des Saints* pendant le xviie siècle, et à sa translation de l'autre côté de la cour, où nour la retrouverons tout à l'heure.

Dans son dernier état, la tour de la Chapelle n'était faite que pour recevoir trois prisonniers : deux au second et un au troisième étage; le premier étage servait de garde-meuble [2]. Dans une note écrite par le major Chevalier, peu après 1750, il est dit que cette tour, ainsi que celle du Trésor, doivent être pourvues de jalousies à leurs fenêtres [3].

**Tour du Trésor.**  L'origine du nom de la tour du Trésor serait bien ancienne si on la faisoit remonter à l'époque du dépôt à la Bastille d'une partie de la dot de Valentine de Milan [4]. Cela, d'ailleurs, n'aurait rien de surprenant, car personne n'ignore qu'au temps de Charles V, les châteaux royaux possédaient tous une partie du trésor de

---

[1] Bibl. de l'Arsenal, ms. 12485. La liasse renferme en outre quelques quittances, fournies par les chapelains, de leur traitement annuel de 90 livres, aux dates de 1635, 1640 et 1669.

[2] *État* de Chevalier, aux *Pièces justif.*, n° XV.
[3] *Ibid.*, n° XVI, § 6.
[4] Voir Jarry, *La Vie politique de Louis de France, duc d'Orléans*, 1889, in-8°, p. 84.

## HISTOIRE ET DESCRIPTION DES BÂTIMENTS.

la couronne [1]. En 1588, ce trésor portait un nom spécial, du moins à la Bastille : il s'appelait le buffet du roi, et avait un garde spécial, « le garde du buffet de Sa Majesté, estant dans la Bastille de Paris », ainsi que l'atteste une quittance des gages de cet officier [2].

Un peu plus tard, le trésor de la Bastille reçut les sommes considérables qu'Henri IV avait prudemment mises en réserve pour l'accomplissement de son « grand projet ». Ce dépôt n'était pas ignoré du public, car Regnier y fait allusion dans des vers déjà plusieurs fois cités :

> Prenez-moi ces abbez, ces fils de financiers,
> Dont, depuis cinquante ans, les pères usuriers,
> Volans à toutes mains, ont mis en leur famille
> *Plus d'argent que le Roy n'en a dans la Bastille.*

Il fallut y puiser peu après qu'Henri IV fut mort et que son fidèle Sully eut été destitué du pouvoir : le 23 février 1614, on en tirait un million, en vertu de lettres patentes du Roi [3]. L'année suivante, en mai 1615, le Parlement fit connaître dans ses remontrances au Roi que, pendant le règne précédent, il y avait, tant à la Bastille qu'entre les mains des trésoriers de l'épargne, plus de quatorze millions de livres, et que maintenant, deux millions cinq cent mille livres seulement étaient restées à la Bastille [4]. Enfin, M. de Boislisle a révélé plusieurs documents provenant de la Chambre des Comptes, où, de 1611 à 1615, il est fait mention des diverses sommes que l'on dut retirer de la Bastille pour faire face à d'urgents besoins [5].

Pendant la minorité de Louis XIV, la Bastille était encore utilisée comme le lieu le plus sûr où l'on pût mettre de l'argent en épargne [6]. Il se trouve un passage des *Mémoires de Brienne* attestant que Mazarin y avait déposé sept millions,

---

[1] Voir, entre autres, le livre de M. Labarte, déjà cité plus haut, page 7, note.

[2] « Nous, Claude Marcel, conseiller du Roy en son Conseil d'Estat, intendant et controlleur general de ses finances, ayant la charge et garde du buffet de Sa Majesté estant dans la Bastille de Paris, confessons avoir eu et receu comptant de m° Jacques le Roy, aussy conseiller dudict sieur en son Conseil d'Estat et tresorier de son espargne, la somme de trente-trois escus un tiers pour mes gages à cause dudict estat de garde de buffet durant le quartier de juillet, aoust et septembre de la présente année, qui est à raison de vi^{xx} xiii escus un tiers par an; de laquelle somme de xxxiii escus un tiers je me contente et en quitte le Roy et tous autres, tesmoing mon seing manuel cy mis le dernier jour de septembre mil v° quatre vingts huit.

(Et au-dessous) :

« Pour quittance de trente-trois escuz un tiers.

« Marcel. »

(Bibl. nat. Pièces orig. 1836, n° 58.)

[3] Voir *Pièces justificatives*, n° VI.

[4] *Mémoires de Mathieu Molé*, publiés par la Société de l'histoire de France. t. I, p. 45-47.

[5] *Histoire de la maison de Nicolay*; Chambre des Comptes, 1873, in-4°; voir notamment aux pages 292, 294, 298 et 305.

[6] Cité par M. Franklin à la page 8 de ses *Recherches historiques sur le Collège des Quatre-Nations.*

que l'on y retrouva après sa mort. C'est le dernier témoignage que nous ayons de trésors confiés à la garde de la Bastille.

Au xviiie siècle, la tour du Trésor n'était disposée que pour trois prisonniers : deux ensemble au second étage, et un au troisième. Le premier étage servait alors de salle d'archives; nous dirons plus loin que, vers 1782, on aménagea, de l'autre côté de la cour, un local nouveau pour les archives.

Tour de la Comté.
La tour de la Comté formait l'angle S. S. E. du parallélogramme. Son nom est un mystère que n'ont pas pénétré les historiens de la Bastille; nous ne nous chargeons pas davantage de l'expliquer. Les tours des anciens châteaux forts tiraient leurs dénominations de circonstances locales ou accidentelles; si l'on en faisait l'onomastique générale, il n'est pas douteux qu'on trouverait le nom de tour de la Comté employé à plus d'une reprise. D'autre part, il est permis d'admettre que cette tour dut son nom à la dignité féodale que l'on appelait Comté de Paris : l'hypothèse a d'autant plus de poids que les prévôts de Paris s'appelèrent, jusqu'à la fin de l'ancien régime, « prévôts de la Ville et Vicomté de Paris. »

Du temps de Chevalier, la tour de la Comté pouvait recevoir six prisonniers, et son premier étage servit de dépôt pour les imprimés saisis, jusqu'au moment où fut construit un local spécialement affecté aux archives. C'est dans la chambre du quatrième étage de cette tour qu'étaient enfermés Latude et d'Allègre, lorsqu'ils réussirent à s'évader de la Bastille.

Plate-forme des tours.
Il nous reste un mot à dire de la plate-forme qui reliait toutes les tours entre elles. Comme il sera dit dans le chapitre du régime des prisonniers, ce fut une promenade autorisée pour certains détenus; Latude y avait droit chaque jour, et, de là-haut, il trouva moyen de créer des signes d'intelligence avec deux jeunes femmes du voisinage; peu après lui, peut-être à cause de lui, les prisonniers n'y furent plus conduits. Quelques pièces de canon (quinze au moment de la prise) étaient placées dans les embrasures des créneaux, et ce fut toujours pour les Parisiens un sujet d'ennui et de colère que de les voir tournées vers eux. L'événement du 14 juillet 1789 ne se fût peut-être pas produit si l'on eût fait disparaître à temps ces canons inoffensifs, qui n'étaient bons qu'à tonner pour les fêtes officielles.

Nous avons maintenant à décrire les locaux établis dans les massifs de construction qui reliaient les tours entre elles.

Dépôt des archives.
Les plans dressés au moment de la prise de la Bastille indiquent, entre les tours de la Bazinière et de la Bertaudière, le dépôt des archives. Il n'y était que depuis fort peu de temps, certainement pas antérieurement à 1780. En effet, l'état des chambres dressé par Chevalier peu avant cette date désigne encore le premier

étage de la tour du Trésor comme occupé par les archives[1]. Le dernier gouverneur de la Bastille, qui modifia beaucoup l'aménagement de la prison, avait obtenu du ministre de la maison du Roi que les papiers d'administration en fussent retirés et déposés dans un lieu spécial. La bibliothèque de l'Arsenal possède quelques pièces sur les travaux que motiva ce déplacement; on y voit que la dépense de la «nouvelle construction des archives de la Bastille» ne devra pas excéder 12,000 livres[2]. Il faut citer aussi, à la date du 16 mai 1782, une lettre du ministre à de Launey, relative à la demande qu'avait faite Chevalier d'avoir «un pied en quarré dans les archives pour y mettre un carton qui contiendra les papiers à luy appartenans». Tout en trouvant que cette requête n'a rien d'excessif, le ministre déclara s'en rapporter au sentiment du gouverneur[3].

Entre la tour de la Bertaudière et celle de la Liberté, c'est-à-dire sur l'emplacement de l'ancienne porte de ville, murée depuis longtemps, s'élevait la chapelle, transférée à cette place vers la fin du XVIIe siècle[4]. Les prisonniers nous l'ont fait connaître, Linguet surtout, dont la mauvaise humeur tourne si aisément à la mauvaise foi:

*Nouvelle chapelle.*

«Ce que la servitude et les fers ont de plus horrible vous suit, vous accable jusqu'au pied de l'autel. On traite la Divinité, à la Bastille, aussi lestement que ses images. La chapelle est le dessous d'un colombier garni de pigeons, que nourrit le lieutenant du roi; elle peut avoir sept à huit pieds en carré. Sur une des faces, on a construit quatre petites cages, ou niches, qui ne peuvent contenir juste qu'une personne, elles n'ont ni jour ni air que quand la porte est ouverte, ce qui n'arrive qu'au moment où l'on y entre et où l'on en sort. C'est là qu'on serre le malheureux dévot; au moment du sacrifice, on tire un petit rideau qui couvre une lucarne grillée, par laquelle il peut, comme par le tuyau d'une lunette, découvrir le célébrant. Cette manière de participer aux cérémonies de l'Église m'a paru si honteuse et si affligeante que je n'ai pas succombé deux fois à la tentation d'en avoir le spectacle[5]».

Nous ne traitons ici que des bâtiments. Plus tard, on pourra faire quelques réserves sur l'indignation de Linguet, et ne pas être trop surpris que la chapelle d'une prison, surtout quand cette prison est la Bastille, fût disposée tout autrement qu'une église ordinaire. A la vérité, c'était un édifice de fort petites dimensions, d'abord bâti en bois et que de Launey fit construire en pierre, peu d'années avant 1789[6]. Il est vrai aussi qu'il était surmonté, «au mépris de la décence», du colombier du gouverneur, mais si l'on en croit Charpentier, la pu-

---

[1] Nous avons expliqué dans l'introduction que ces archives étaient non seulement celles de la prison, mais qu'elles se composaient encore de toutes les pièces reçues ou expédiées (en minute) par la lieutenance générale de police.
[2] Bibl. de l'Arsenal, ms. 12603.
[3] Arch. nat., O¹ 493, p. 240.
[4] Voir plus haut, pages 10 et 20.
[5] *Mémoires sur la Bastille*, de Linguet, éd. citée, p. 119.
[6] *Bastille dévoilée*, 2ᵉ livraison, note 5 de la page 14.

blication des *Mémoires* de Linguet eut, entre autres résultats, celui de faire licencier les pigeons [1].

Il est vrai encore que les *cabinets* de la chapelle étaient aussi peu confortables que le dit Linguet [2]; mais, nous le répétons, il ne faut pas s'étonner qu'on se soit prémuni contre les indiscrétions, et, d'ailleurs, la permission d'entendre la messe était une faveur que tous n'avaient pas, et qui nécessitait toujours l'autorisation écrite du ministre.

M$^{me}$ de Launey était une femme pieuse, qui s'employa, aux frais du roi, pour l'embellissement de la chapelle. Le 16 mars 1787, M. de Breteuil écrivit au gouverneur pour approuver une dépense de 616 livres en achat de linges et ornements destinés à cette chapelle, et le prier de remercier M$^{me}$ de Launey d'avoir bien voulu diriger ces emplettes [3]. Le 16 septembre suivant, mêmes formules de remerciements pour le même objet, à propos d'une dépense de 545$^{tt}$ 1 s. 6 d. [4]. Entre temps, le 22 mars, avait été réglé, à 1,297$^{tt}$ 5 s. 3 d., le mémoire d'un sieur Auguste pour fourniture d'argenterie à la chapelle de la Bastille [5].

Ce sont ces objets, sans doute, qui furent remis au curé de Saint-Paul, le 15 juillet 1789 et dont on trouvera l'énumération dans le curieux livre de M. G. Lecocq [6]. Nous y ajouterons la mention d'un tableau de saint Pierre-aux-Liens, que signale M. Monin sans indication de source [7] et d'une *Crucifixion* qui, après avoir été conservée à l'Arsenal dans les bureaux de l'administration des poudres et salpêtres, fut remise en 1816 à l'église Saint-Paul-Saint-Louis, où elle se trouve encore, dans la deuxième travée de la sacristie.

Cour du Puits.

Dans le massif reliant la tour du Puits à celle du Coin étaient ménagées, d'après la *Bastille dévoilée* [8], des chambres occupées par les gens de cuisine, et quelques cellules dont on ne se servait qu'au besoin; ce sont peut-être les entrepôts, dont nous avons dit un mot tout à l'heure. Rappelons encore que, dans les dix dernières années, les cuisines avaient été placées hors du château sur le pont dormant.

Dépôt des livres saisis.

Entre les tours de la Chapelle et du Trésor, au-dessus de l'ancienne sortie de la ville, se trouvait, on le sait, la chapelle primitive de la Bastille; entre les tours du Trésor et de la Comté, au-dessus d'un ancien passage communiquant avec le bastion, était le dépôt des livres saisis. En effet, on embastilla les livres comme

---

[1] *Bastille dévoilée*, 2ᵉ livraison, p. 18.
[2] Voir aux *Pièces justificatives* le «Mémoire» de Chevalier, dont le premier article est ainsi conçu: «Une tringle et des rideaux pour les cabinets de la chapelle, avec un grillage dessus, de même qu'à la cage».
[3] Arch. nat. O¹ 498, p. 183-184.
[4] Arch. nat. O¹ 498, p. 643-644.
[5] *Ibid.*, p. 195-196.
[6] *La prise de la Bastille et ses anniversaires*, Paris, 1881, in-12, p. 311-315.
[7] *Mémoires sur la Bastille*, de Linguet, note de la page 119.
[8] 2ᵉ livraison, p. 16-17.

# HISTOIRE ET DESCRIPTION DES BÂTIMENTS.

les hommes, lorsqu'ils paraissaient dangereux, et, pour eux aussi, il fallait une lettre de cachet. En voici un exemple :

De par le Roy,

Il est ordonné à M. Levasseur, de faire conduire et de remettre au château de la Bastille, différents ballots de livres saisis à Versailles, savoir :

Un ballot : Extrait du journal [du] comte d'Estaing :
Un autre : La Ligue;
Un autre : P. N. l'Espion anglois ;
5 autres imprimés relatifs à la république de Genève ;
1 ballot : Exemplaires de l'Espion françois à Londres ;
1 ballot : Exemplaires collection Necker.

Fait à Versailles, le 14 septembre 1782.

Louis.

Et au-dessous, la main du major, sans doute, écrivit : «Arrivé à la Bastille et receu le lundi 23 septembre 1782, à midy [1]».

*Bastion.*

En dehors de l'enceinte des tours, au delà du fossé où elles baignaient leurs pieds, était le bastion. Nous en avons déjà parlé à propos de sa construction au XVIᵉ siècle (voir pages 14 et suivantes) et des difficultés qu'elle fit naître. Il suffit d'avoir vu un plan de la Bastille pour se rappeler sa forme triangulaire, dont la pointe regardait le faubourg Saint-Antoine. Bâti pour la défense de la ville et pour le renforcement de la forteresse, il était muni de casemates ou souterrains dont l'appareil était, paraît-il, un modèle du genre [2]. On n'eut jamais à l'utiliser militairement. En revanche, il fut affecté pendant longtemps à la promenade des prisonniers privilégiés. Au XVIIᵉ siècle, à l'époque surtout où la détention à la Bastille comportait la liberté d'errer à toute heure du jour dans le château et ses dépendances, l'ancien bastion était le lieu de rendez-vous préféré [3]. Lorsque, vers 1750,

---

[1] Bibl. de l'Arsenal, dossier *Correspondance* (à la date). — Voir aussi dans le *Registre d'écrou de la Bastille*, publié par M. Bégis, de fort intéressants extraits du registre de de Losme, sur le même sujet, p. 25-26.

[2] Il existe une coupe du bastion de la Bastille dans le deuxième état du plan de Cathala. (Voir la planche ci-jointe.)

[3] Il paraît qu'en 1717 il y avait un hangar sur le bastion, ainsi que l'atteste cette lettre, adressée au gouverneur Bernaville, et où sa démolition est demandée :

«A Paris, le 3 janvier 1717.

«Le sʳ Mazin, ingénieur chargé de la conduite des réparations qui se font au chasteau de la Bastille, a proposé, Monsieur, de demolir le hangard sur le bastion, qu'il pretend n'estre d'aucune utilité, et dont les bois serviroient à payer les frais et à faire trois chevalets aux ponts levis, qu'il juge absolument nécessaires ; je vous prie de vouloir bien me mander vostre sentiment sur cette proposition, afin que j'en puisse rendre compte au conseil de la guerre. Je suis, Monsieur, etc.

«D'Asfeld.»

(Bibl. de l'Arsenal. — Dossier *Correspondance*.)

Dans le même dossier, est une autre lettre du 19 janvier 1717, informant Bernaville que le conseil de guerre a autorisé les travaux.

la prison reçut ses règlements définitifs, on y prévit encore l'usage de cette promenade, mais désormais le bastion se nomma jardin :

« Lorsque le caporal de garde sera commandé pour aller au jardin ou sur les tours pour y accompagner un prisonnier, il luy est deffendu de n'avoir aucun entretien avec luy ; il est seulement pour prendre garde à ses actions et qu'il ne fasse aucun signal au dehors, et faire rentrer le prisonnier à l'heure qui luy est consignée, et le ramener à un officier de l'etat-major, ou entre les mains d'un porte-clefs. [1]. »

Ce nom de bastion, déjà à demi oublié en 1759, donna lieu à une amusante méprise. Le maréchal de Belle-Isle, ministre de la guerre, avait autorisé un prisonnier, M. de Larnage, à se promener sur le *donjon*. Le lieutenant de police, Bertin, fit remarquer l'erreur, en transmettant cet ordre au gouverneur : il n'y a pas de donjon à la Bastille, dit-il ; il n'y a que la plate-forme des tours et le bastion, « jardin du gouverneur » ; et il ajoute « qu'il conviendroit mieux qu'il se promenât sur le bastion avec un garde, ainsi que cela se pratique quelques fois, plutôt que dessus la plate-forme des tours, qui est une promenade prohibée depuis longtemps, et trop à la vue du public [2]. »

L'ancien bastion était devenu, en effet, le jardin du gouverneur. Le second des de Launey y fit des frais, le transforma en potager, puis, de peur que les prisonniers ne détériorassent ses plantations, le leur interdit complètement. Du moins, c'est Linguet qui le dit, avec son amertume ordinaire : « Le gouverneur actuel, nommé de Launey, est un homme ingénieux qui tire parti de tout : il a réfléchi que le jardin pouvoit être pour lui un objet d'économie intéressant ; il l'a loué à un jardinier qui en vend les légumes et les fruits, et lui en paye une somme fixe par an ; mais, pour n'être pas gêné dans son marché, il a cru qu'il falloit en exclure les prisonniers ; en conséquence, il est venu une lettre signée Amelot, qui défend le jardin aux prisonniers » [3].

Comme toujours, il y a là beaucoup d'exagération et un peu de mauvaise foi.

En 1790, les ouvriers occupés à démolir le bastion annoncèrent avoir trouvé dans les casemates les ossements de plusieurs cadavres. L'occasion était belle pour dire bien haut qu'à la Bastille on avait fait disparaître un grand nombre de prisonniers, inhumés mystérieusement : on en profita, et une délégation du comité de Saint-Louis-la-Culture se rendit officiellement au milieu des décombres, le 8 mai 1790. M. Lecocq a publié les très curieux procès-verbaux de cette visite [4], qui amenèrent la découverte de deux cadavres. Nous n'en retiendrons que ceci : on trouva ces ossements au pied « d'un escalier double en pierre de liais, dont

---

[1] Consigne du château aux *Pièces justificat.*, n° XXIII.

[2] Recueil de lettres des magistrats, à la Bibl. Mazarine, mss. 1452, f° 29.

[3] *Mémoires de la Bastille*, de Linguet, éd. citée, p. 104.

[4] *La prise de la Bastille et ses anniversaires*, p. 94 et suiv.

# LA BASTILLE

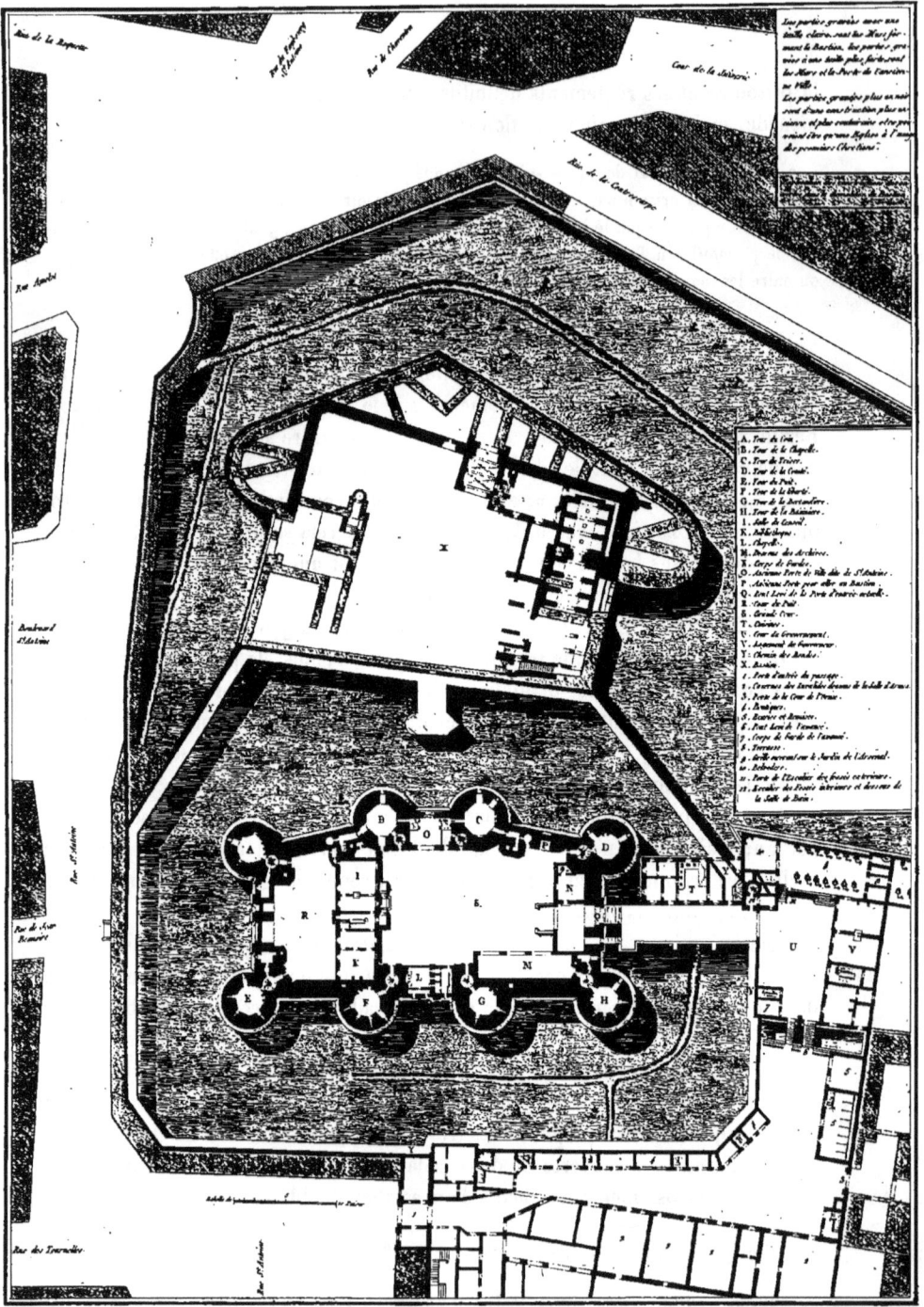

PLAN DE LA BASTILLE, AVEC LE DÉTAIL DES CONSTRUCTIONS DU BASTION, DRESSÉ PAR CATHALA EN 1789
(Musée Carnavalet)

## HISTOIRE ET DESCRIPTION DES BÂTIMENTS.

chaque branche étoit large d'environ quatre pieds, mais rompues en différents endroits, et par lesquelles on descend dans différens caveaux ». C'est une indication précieuse sur la disposition et l'état des souterrains. Quant aux sépultures qu'ils avaient reçues, nous nous en expliquerons clairement plus tard, et l'on verra que l'émotion du comité de Saint-Louis-la-Culture était bien peu fondée, car le bastion de la Bastille servait en réalité à l'inhumation de tous les prisonniers morts en dehors de la religion catholique.

Le bastion était isolé de la forteresse par le fossé, dit « intérieur », qui entourait le périmètre dessiné par les tours, et isolé de la campagne par un autre fossé, dit « grand fossé », qui était celui même de l'enceinte de Paris. Nous présenterons quelques réflexions sur chacun d'eux.

Fossé intérieur et chemin des rondes.

Suivant toutes vraisemblances, le fossé de la Bastille était de quelques années antérieur à l'édifice même, car il appartenait à l'enceinte de la ville commencée sous Étienne Marcel et achevée par Hugues Aubriot. Une fois la Bastille complètement bâtie, on dut le creuser sur trois côtés du quadrilatère afin qu'il entourât entièrement la forteresse. L'eau de la rivière venait le remplir, surtout en hiver, assez profondément pour qu'un bateau pût accéder jusqu'au pied des tours, et c'est de cette façon qu'Antoine de Chabannes s'évada en 1464. Quand, au xvii° siècle, le nouveau fossé eut été creusé au delà du bastion, un mur fut construit, qui sépara les deux fossés : pour le franchir, Latude et d'Allègre eurent à y pratiquer une brèche de trois pieds de largeur et de profondeur, et durant ce travail, qui d'après eux les retint neuf heures, ils avaient de l'eau jusqu'aux aisselles [1].

Nous savons encore, par les procès-verbaux de l'enquête qui suivit cette célèbre évasion [2], qu'en été, le petit fossé était envahi par des herbes qu'il fallait faucher chaque année, et que les ouvriers chargés de ce travail étaient assez peu scrupuleux pour entrer en communication avec les prisonniers et leur offrir leurs services. Le major Chevalier, qui déposa dans ce sens, pensait alors que les deux fugitifs avaient pu se procurer ainsi des cordes et des couteaux; il ignorait que tous les instruments de l'évasion avaient été fabriqués dans la prison même.

Adossée en encorbellement à la contrescarpe et régnant tout autour du fossé intérieur, une étroite galerie servait de chemin des rondes. Nous ne savons pas, à vrai dire, précisément quand elle fut construite; mais il est certain qu'elle datait du xvii° siècle au moins. Cela résulte d'un passage des doléances qu'exprime le lieutenant du Junca; au nombre des corvées quotidiennes qu'il doit accomplir, il

---

[1] *Mémoires de Latude*, publiés par M. G. Bertin, p. 35-37.
[2] Ils ont été publiés par M. A. Longnon au tome III des *Mémoires de la Société de l'histoire de Paris*, sous ce titre : Latude et son évasion; voir notamment les pages 373-374.

mentionne celle-ci : « Aler plusieurs fois par jour *sur les planches en dehors du chasteau* pour contenir les prisonniers qu'ils ne se parlent les uns aux autres d'une tour à l'autre... »[1].

Il est plusieurs fois question du chemin des rondes dans les règlements et consignes de la compagnie des bas-officiers qui fut créée pour le service de la Bastille en 1749; grâce à ces textes, que l'on trouvera aux *Pièces justificatives*, nous savons qu'on y accédait par des escaliers, des «pas de souris», dit l'auteur de la *Bastille dévoilée*[2], situés chacun d'un côté du grand pont de pierre et qui figurent d'ailleurs sur le plan de Cathala, annexé à la même publication[3]. Nous savons encore qu'il y avait sur le chemin des rondes trois guérites où s'abritaient parfois les factionnaires : l'une en face de la tour du Coin, l'autre vis-à-vis de la tour de la Comté, et la troisième «au-dessus du cul-de-lampe vis à vis l'ancienne porte masquée de la rue Saint-Antoine». Par cul-de-lampe, il faut évidemment entendre une sorte d'échauguette que formait, sur ce point, le parapet de la contrescarpe. Ces renseignements topographiques sont confirmés dans l'enquête faite à la suite de l'évasion de Latude, et dont M. Longnon a publié les pièces principales[4].

On se préoccupa, au mois d'avril 1788, des «réparations urgentes» qu'il y avait lieu de faire au chemin des rondes. Poyet, l'architecte du château, fit un devis, qui s'élevait à 4,734$^{tt}$ 7 sols 2 deniers, et que le ministre approuva en ordonnant d'entreprendre immédiatement le travail et de répartir la dépense, à raison d'un tiers par mois, sur les états de la Bastille[5].

Grand fossé.

Il ne nous reste plus qu'à dire un mot du grand fossé, extérieur au bastion, entre la porte Saint-Antoine et la Seine. Bien que faisant partie de la fortification même de Paris, il appartient à la topographie de la Bastille, car, au dernier siècle pour le moins[6], les gouverneurs avaient sur lui une sorte de juridiction, et y prélevaient des redevances, dont nous dirons le détail en traitant du budget de la prison. Le droit de pêche y était affermé, et aussi le droit de passage

---

[1] *Pièces justificatives*, n° X.

[2] 2ᵉ livraison, p. 19.

[3] Par une série de lettres conservées à la Bibliothèque de l'Arsenal, ms. 12,603 on voit que ce parapet n'existait pas encore en 1713; il était arrivé à plusieurs personnes de tomber dans le fossé de la Bastille, et, à cette date, le ministre prescrivit de construire une palissade pour empêcher le retour de pareils accidents.

[4] *Ouv. cité*; voir notamment pages 377, 379 et 380.

[5] Archives nat., O¹ 499, p. 213.

[6] Au XVIIᵉ siècle encore, le fossé appartient à la ville qui l'afferme à des particuliers. Le 6 mai 1622, Guillaume de Villaine, marchand de bois flotté, bourgeois de Paris, renouvelle le bail du «canal et fossé de la ville estant hors de la porte Saint-Anthoine, depuis icelle porte jusques à la rivière, ensemble le passaige dudict fossé et la pesche à poisson d'icelluy, pour par lui s'en servir à mettre ses trains de bois et les tirer et defflotter et passer par ledict passaige, tant ses facteurs et tireurs que de toutes aultres personnes pour la commodité du publicq... moiennant le pris et somme de vingt livres tournois de loyer qu'il sera tenu de payer, par chacun an, à la recepte du domaine de la Ville...» (Arch. nat. Q¹ 1270.) Le même carton contient d'autres baux, sensiblement analogues.

d'eau établi tout au bout, près de la rivière, et qui était, moyennant trois deniers, le seul mode de communication entre l'extrémité des cours de l'Arsenal et le chemin de Bercy. Voici, au surplus, un curieux règlement sur ce droit, édicté par le gouverneur Baisle, et que nous tirons des archives de la Bastille [1] :

« De par le Roy,

Deffenses sont faites à toutes personnes, de quelque qualité ou condition qu'elles soyent, de passer par ce passage sans payer à raison de trois deniers pour chaque personne, tant à l'aller qu'au revenir.

Deffenses aussi sont faites à toutes personnes d'inquietter, troubler, insulter, battre ni maltraiter le receveur du passage, ni ceux qui seront par lui commis à la recette dudit droit, sous peine de prison.

Pareilles deffenses sont faittes à touts les batelliers et passeurs, sous quelque pretexte que ce soit, de passer aucune personne, tant à l'aller qu'au revenir, et ce, depuis et au droit du pavillon de l'Arcenal jusqu'au port au Plâtre, sous les mêmes peines, et des plus grandes s'il y echoit.

Semblablement, deffenses sont faites à touts pescheurs ou autres d'entrer ni de pescher, en quelque tems que ce soit, dans le fossé, depuis son entrée jusqu'à la porte Saint-Antoine, sans permission du fermier, à peine de confiscation des bachots, filets et autres equipages, et de cinquante livres d'amande.

Et deffenses sont pareillement faites aux voituriers par eau d'approcher leurs batteaux du bateau de passage, plus près au dessus et au dessous que de trois toises, sous pareilles peines.

Baisle. »

[1] Bibl. de l'Arsenal, ms. 12,603.

# DEUXIÈME PARTIE.

## ADMINISTRATION.

Considérations générales. — Budgets. — Traitement des gouverneurs. — Leurs attributions. Lieutenant de roi. — Major, aide-major et major adjoint. — Ingénieur en chef. — Médecin du Roi. — Chirurgien-major et apothicaire. — Sage-femme. — Chapelains et confesseurs. — Gardes des archives. — Commissaire du Châtelet. — Porte-clefs. — Garnison de la Bastille. — Notes biographiques sur les gouverneurs, lieutenants de roi, majors et aides-majors.

## I

L'*Almanach royal* pour 1789 contient, au chapitre de la Bastille, les indications suivantes :

*Considérations générales.*

*Gouvernement du château royal de la Bastille en 1789.*

1776 [1]. M. le marquis de Launey, *Capitaine-Gouverneur.*

1785. M. le chevalier du Puget, *lieutenant de Roi.*

1782. M. de Losme-Salbray, *major.*

1787. M. de Miray, *aide-major.*

1765. M. Larcher d'Aubancourt, *ingénieur en chef et directeur des fortifications*, rue Belle-Chasse, au coin de celle de Bourbon.

1768. M. Delon de Lassaigne, *médecin de Roi*, rue des Marais, faubourg Saint-Germain.

1787. M. Hurel, *chirurgien-major.*

1786. M<sup>e</sup> Choppin, *maîtresse sage-femme*, rue du Dauphin.

1783. M. l'abbé de Faverly, *chapelain du château.*

1782. M. l'abbé Duquesne, *confesseur*, vicaire général de Soissons, rue du Foin, au Marais.

M. l'abbé Macmahon, *honoraire.*

M. l'abbé Fosserier, vicaire de Saint-Leu, *honoraire.*

[1] Ces dates sont celles de la nomination aux emplois.

1784. M. Duval, rue Portefoin  } *gardes des Archives.*
1782. M. Martin, rue Neuve-de-Luxembourg

1774. M. Chenon père, pensionnaire du Roi, commissaire au Châtelet, ayant le département de la Bastille, rue Baillette.

1785. M. Poyet, *architecte*, rue Saint-Thomas du Louvre.

1755. M. Le Faivre, *entrepreneur des bâtimens du Roi*, rue Martel, vis-à-vis les Petites écuries du Roi [1].

Il est bien entendu que la forteresse n'avait pas toujours eu un aussi nombreux personnel administratif, et parmi les fonctions qu'énumère cette liste, la plupart étaient de création relativement récente; les plus anciennes, du moins sous leur dernier titre officiel, ne remontaient pas au delà du xvii° siècle.

A l'origine, la Bastide Saint-Antoine, lorsqu'elle n'était que simple porte de ville, n'avait dû avoir, pour la garder, que quelques hommes d'armes et un portier; peu après, dès 1386, nous la voyons entre les mains d'un capitaine, dont la compagnie se compose d'un chevalier, de huit écuyers et de dix arbalétriers; il en est encore ainsi pendant longtemps, au moins jusqu'à la fin de la domination anglaise [2]. Il semble bien qu'alors la Bastille était à la fois forteresse et prison. Cela s'infère de ce curieux passage du *Journal d'un Bourgeois de Paris* à la date de 1430, déjà mentionné plus haut [3], et où apparaît, croyons-nous, la première mention d'un geôlier préposé à la garde des prisonniers :

« Item, la sepmaine de may, avoit à la porte Sainct-Antoine prinsonniers, dont l'un avoit payé sa rançon et estoit eslargy, et alloit avec les gens du chastel à son plaisir. Si trouva un jour que cellui qui gardoit les prisons s'endormy après disner sur ung banc, comme on fait en esté; si lui osta les clefs ainsi comme il dormoit, et ouvry la prison, et en deslia trois avec lui, et vindrent où cil dormoit encore, et autres, l'un çà, l'autre là, frappèrent sur eulx pour les tuer et en navrèrent à mort deux ou trois, avant que les gens qui estoient du chastel en peussent rien ouyr. Quand ilz sorent comment lesdiz prisonniers avoient ouvré, si accoururent à l'aide de leurs compagnons hastivement, et le signeur de l'Isle-Adam qui ceans estoit, qui en estoit cappitaine et de la ville de Paris, vint tost où cilz estoient. Si les escrie et fiert, d'une hache qu'il tenoit, le premier qu'il trouve; si l'abat mort; les autres ne porent fuir; si furent tretous prins,

---

[1] Dans la collection de l'*Almanach royal*, ces mentions ne figurent qu'à partir de 1750. Avant cette date, on ne trouve aucune indication relative à la Bastille. De 1750 à 1767, les noms du gouverneur, du lieutenant du roi, du major et de l'aide-major sont seuls donnés. A dater de 1767, la liste devient chaque année plus complète. A moins d'y faire figurer les noms des porte-clefs et de quelques autres employés inférieurs, elle ne pouvait être plus étendue que celle de 1789. Antérieurement à la publication de l'*Almanach royal*, existaient les *États de la France*, paraissant dès la seconde moitié du xvii° siècle, à des dates variables, — à peu près tous les trois ans, — et où les officiers de la Bastille sont mentionnés avec détail. Nous en avons, plusieurs fois, fait notre profit.

[2] Nous ne faisons, dans ces observations préliminaires, que résumer brièvement des renseignements qu'on trouvera, plus loin, aussi complets qu'il a été possible, dans la liste des gouverneurs.

[3] Note 1 de la page 7.

et recongnurent qu'ilz avoient eu pensée de tuer tous ceulx qui estoient dedens le chastel et de livrer le chastel aux Arminalx pour prendre Paris par traïson ou autrement. Et tantost qu'ilz oront ce dit, si les fist le cappitaine tous tuer et trayner en la rivière».

Les Anglais partis, et surtout à dater de Louis XI, la Bastille perdit beaucoup de son caractère de château fort, et commença, pour un temps, de devenir la prison d'État qu'elle devait être définitivement deux siècles plus tard. Nous n'y trouvons plus de prisonniers de guerre, comme tout à l'heure, mais seulement des sujets rebelles, complotant contre la sûreté du royaume : le comte de Dammartin, l'évêque de Verdun, le duc de Nemours, le connétable d'Armagnac. Ceux qui y commandent alors sont ou ne sont pas des hommes d'armes : leur qualité, avant tout, est celle d'officiers, de *fonctionnaires* royaux; ils sont choisis, tantôt parmi les maîtres de l'hôtel ou les chambellans, tantôt parmi les personnages qui possèdent une riche seigneurie, gage de leur incorruptibilité.

Au xvi$^e$ siècle, l'emploi se relève encore : il se transmet, de droit, croyons-nous, entre les mains des chefs de la maison de Montmorency, puis du célèbre amiral Coligny; mais, à la vérité, ce sont des lieutenants qui l'exercent. Pendant les guerres de la fin du siècle, et, plus tard, au temps de la Fronde, lorsque la possession de la Bastille équivaudra, bien à tort, à la possession de la ville même, la garde de la citadelle sera confiée à des hommes énergiques, capables surtout d'un coup de force et passablement aventuriers; mais, dans les périodes calmes elle revient toujours aux hommes le plus en vue de l'État, à Sully, à Luynes, à Bassompierre, à Châteauvieux.

Louis XIV, enfin, régla les prérogatives des capitaines, en leur donnant le titre de gouverneurs (mais les deux titres furent maintenus jusqu'au bout), fixa leur traitement et leurs attributions; mais il n'en confia plus l'exercice à des ministres d'État, comme Sully, ou à de grands-officiers de la couronne, comme les Montmorency. Devenue tout à fait prison d'État, la Bastille allait être commandée par des hommes de petite noblesse ou même des roturiers, dont les fonctions, assez semblables, par bien des côtés, à celles de geôliers-pourvoyeurs, auraient pu être la tache d'un grand nom; de nouveau, on en revint aux gouverneurs militaires, aux soldats qui avaient fait leurs preuves d'énergie dans le service, de souplesse absolue, et il en fut ainsi jusqu'à la fin.

Une fois organisée administrativement, la Bastille figura dans le budget de l'État, non, comme on pourrait le croire, au chapitre des prisons, mais parmi les gouvernements, à côté de quelques châteaux royaux, tels que le Louvre, Versailles, Marly, qui avaient au budget un article spécial. Nous aurions voulu remonter plus haut que le règne de Louis XIV dans l'examen de ces budgets, mais l'absence de textes ne nous l'a pas permis. A partir de la fin du xvii$^e$ siècle, les renseignements suffisent pour qu'on puisse se former une opinion sur les dépenses an-

Budgets.

nuelles de la Bastille. Elles étaient toujours fort considérables, en dépit d'écarts assez grands, motivés par le plus ou moins grand nombre de prisonniers. Dans le projet de budget de 1680, préparé par Colbert, la Bastille est inscrite pour 100,000 livres, mais dans l'état des dépenses effectives, la somme réelle atteint 189,830 livres [1].

Dans les tableaux comparatifs qu'a publiés M. de Boislisle [2] de l'administration financière des contrôleurs généraux Le Peletier, Pontchartrain et Chamillart, se trouvent pour la Bastille des indications qu'il nous paraît utile de reproduire ici :

*7 années du ministère de Le Peletier :*

| | |
|---|---|
| 1683 | 56,672 livres. |
| 1684 | 59,271 |
| 1685 | 50,956 |
| 1686 | 140,211 |
| 1687 | 146,517 |
| 1688 | 195,962 |
| 1689 | 112,251 |

*10 années du ministère de Pontchartrain :*

| | |
|---|---|
| 1690 | 171,050 livres. |
| 1691 | 232,818 |
| 1692 | 162,087 |
| 1693 | 81,568 |
| 1694 | 169,671 |
| 1695 | 220,388 |
| 1696 | 148,181 |
| 1697 | 155,232 |
| 1698 | 73,124 |
| 1699 | 95,131 |

*8 années du ministère de Chamillart :*

| | |
|---|---|
| 1700 | 129,136 livres. |
| 1701 | 126,099 |
| 1702 | 142,166 |
| 1703 | 160,000 |
| 1704 | Manque. |
| 1705 | 140,000 |
| 1706 | Manque. |
| 1707 | 255,144 |

Les mandats justificatifs de ces comptes ont été, malheureusement, perdus pour

[1] *Lettres et instructions de Colbert*, publiées par P. Clément, t. II, appendice, p. 773 et 782.

[2] *Correspondance des contrôleurs généraux*, I, 598-599; II, 600, 604.

la plupart, mais il est possible d'y suppléer en partie : ainsi, le brusque accroissement de dépenses que l'on remarque à partir de l'année 1685 s'explique sans peine par la recrudescence de prisonniers que reçut la Bastille à la suite de la révocation de l'édit de Nantes. Il est moins facile de rendre compte du chiffre de 220,388 livres qui fut atteint en 1695, et surtout des 255,144 livres de 1707, la plus forte somme qui ait été dépensée pendant ce laps de vingt-cinq ans; peut-être était-ce le moment des reconstructions importantes que nous avons signalées pour le commencement du xviiie siècle, — celui aussi des poursuites très rigoureuses et très fréquentes contre les Jansénistes, — et puis, il ne faut pas oublier que les archives de la Bastille ne nous ont pas livré tous leurs secrets.

Que si l'on compare ces totaux à ceux des dernières années, on verra que leur moyenne est sensiblement identique. Dans le curieux projet de suppression de la Bastille qu'écrivit le lieutenant de roi du Puget, en 1788, il est dit que le château «coûte, annuellement, de 120,000 à 140,000 livres» et que c'est là un objet énorme [1]. Nous savons par un dossier des archives de la Bastille [2] qu'en 1787, le total des «dépenses» avait été de 46,972 livres, celui «des charges» de 68,246ᴸ 2 s.; en tout, 115,217ᴸ 2 s. D'une lettre de Villedeuil, ministre de la maison du Roi, à l'intendant du trésor royal [3], il résulte que les dépenses de la Bastille pour le mois de juin 1789, le dernier, furent arrêtées et ordonnancées à 14,237ᴸ 7 s. 8 d., ce qui eût produit, pour l'année entière, un total un peu supérieur à celui des exercices précédents, mais on sait de reste que l'année 1789 fut, à tous égards, exceptionnelle.

Arrivons maintenant à parler du traitement des capitaines, appelés plus tard *gouverneurs*. Pour les plus anciens, on n'a que bien peu de renseignements : gens de guerre, ils étaient rétribués, eux et leur compagnie, sur les aides affectées au payement des troupes, et la Bastille n'était pour eux qu'une place forte dont la garde leur était rétribuée comme l'eût été celle de toute autre garnison. Il n'en est plus de même à dater de Louis XI. Avec Philippe de Melun qui fut capitaine de la forteresse depuis 1462, s'introduit un autre régime : les fonctions cessent d'être militaires et sont spécialement rétribuées, au prix de 1,200 livres par an, sans compter des profits importants sur l'entretien des prisonniers, comme on le dira plus loin, à propos de Philippe Luillier. Ce chiffre sera maintenu longtemps; ce fut celui des gages des Montmorency, qui eurent la capitainerie de la Bastille pendant la

Traitement des gouverneurs.

---

[1] *Pièces justificatives*, n° XXXV.
[2] Bibl. de l'Arsenal, ms. 22,599.
[3] Arch. nat., O¹ 500, p. 547. Si l'on compare ces chiffres à l'état qui fut dressé par le major pour le budget de juin 1789, et que nous donnons aux *Pièces justificatives*, n° XXXVII, on pourra être surpris de ne pas les trouver conformes, mais, comme on vient de le dire, il faut distinguer entre le budget des *dépenses*, nécessairement occasionnelles, et celui des *charges*, qui variait fort peu. Or le texte que nous donnons ici ne comprend que ces dernières.

plus grande partie du xvi$^e$ siècle, mais il est à noter que, sous Louis XI, les émoluments étaient payés sur les fonds de la généralité de Languedoïl ou bien d'Outre-Seine; ils furent pris sur le budget du domaine royal à dater des Valois[1].

Quand l'organisation de la prison devint définitive, au temps de Louis XIV, le traitement des gouverneurs fut également fixé, et à un taux considérable. C'est là un point sur lequel l'incertitude n'est pas permise, car les documents officiels et les relations d'anciens prisonniers l'éclairent largement; la seule difficulté est de dégager la vérité, au milieu d'affirmations que l'intérêt ou la haine rendent contradictoires.

La première mention que nous en ayons se trouve dans la lettre suivante, par laquelle le marquis de Barbezieux, ministre de la guerre, offre à Saint-Mars, en 1698, le gouvernement de la Bastille[2] :

> Comme Dufresnoy vous avoit écrit sur la proposition d'échanger votre gouvernement des îles Sainte-Marguerite contre celui de la Bastille, la réponse que vous lui avez faite m'a été remise depuis sa mort; le revenu de ce gouvernement consiste, sur les états du Roi, en quinze mille cent soixante-huit livres, outre six mille livres que M. de Besmaus retiroit des boutiques qui sont autour de la Bastille, des fossés du dehors et des bateaux du passage, qui dépend du gouverneur. Il est vrai que, sur cela, M. de Besmaus étoit obligé de payer un nombre de sergents et de soldats pour la garde des prisonniers et le service; mais vous savez, par ce que vous retirez de votre compagnie, à quoi ces dépenses montent; après vous avoir fait une énumération de ce que vaut le gouvernement, je vous dirai que c'est à vous à connaître vos intérêts, que le Roi vous force point à l'accepter s'il ne vous convient pas, et, en même temps, je ne doute point que vous ne regardiez, sans compter, le profit qui se fait ordinairement sur ce qu'il en donne pour l'entretien des prisonniers, qui est tel que l'on sait, ce qui ne laisse pas d'être considérable; enfin, le plaisir d'être à Paris, assemblé avec sa famille et ses amis, au lieu que vous êtes confiné au bout du royaume. Si je puis vous dire mon sentiment, cela me paraît avantageux, et je crois que vous ne perdrez pas à l'échange pour toutes les raisons ci-dessus. Je vous prie, cependant, de me mander sur cela naturellement votre avis.

On sait que Saint-Mars se laissa déterminer, puisque, le 18 septembre suivant, il prenait possession du gouvernement de la Bastille. Quelques années plus tard il n'eût pas été nécessaire à un ministre de se mettre tant en frais d'arguments pour vanter les avantages de la place, car les compétiteurs n'y manquaient pas.

Si intéressante que soit la lettre qu'on vient de lire, nous la voudrions plus précise encore. On aimerait que Barbezieux se fût mieux expliqué sur le profit à retirer de l'entretien des prisonniers, et qu'il ne se fût pas borné à le dire « considérable ». C'est probablement ce qui faisait hésiter Saint-Mars, déjà renseigné sans doute sur les chiffres fixes des émoluments. On retrouve le décompte de ces

---

[1] Nous devons cette intéressante remarque, ainsi que plusieurs autres sur la Bastille du xv$^e$ siècle, à l'obligeante érudition de notre confrère A. Spont.

[2] Elle a été publiée, d'après les archives du ministère de la guerre, par M. Th. Iung, dans son livre : *La Vérité sur le Masque de fer*, p. 177.

derniers dans un état qui doit dater du gouvernement de Saint-Mars lui-même, et qui est, à coup sûr antérieur à 1711 [1] :

| | | |
|---|---|---:|
| C'est Monsieur le gouverneur qui touche ces sommes. | A soixante hommes de guerre à pied, françois, à raison de 1,075 livres par mois et pour douze mois.................... | 12,900ᵗᵗ |
| | Au gouverneur....................... | 600 |
| | Au lieutenant de ladite compagnie......... | 600 |
| M. Davignon........ | Au lieutenant au gouvernement............ | 3,000 |
| C'est Monsieur le gouverneur qui touche. | Au chapelain..................... | 180 |
| M. Fresquières..... | Au médecin..................... | 1,200 |
| M Faussières...... | A l'apothicaire.................... | 300 |
| M. le gouverneur touche........ | Au chirurgien.................... | 180 |
| | Audit gouverneur, pour les bois et chandelles des corps de garde................ | 900 |
| Il y a un commissaire qui touche...... | Au commissaire................... | 120 |
| Il y a un controlleur qui touche...... | Au controlleur.................... | 90 |
| | | 20,070 |

Les 15,168 livres annoncées à Saint-Mars se retrouvent là, ou à peu près, puisque le gouverneur est indiqué comme recevant 15,360 livres, à la charge, il est vrai, d'entretenir un chapelain et un chirurgien, mais, si nous en croyons du Junca [2], la charge de ce dernier était exercée par le valet de chambre de M. de Besmaux, et c'est ainsi qu'on s'explique pourquoi le gouverneur en touchait le traitement [3].

---

[1] Bibl. de l'Arsenal, ms. 12,602. Nous le disons antérieur à 1711, car on y trouve le nom du lieutenant Davignon qui mourut en 1710.

[2] Voir *Pièces justificatives*, n° X.

[3] Le budget de la Bastille est détaillé pour la première fois dans l'*État de la France* de 1687, au chapitre des maisons royales :

« A 60 hommes de guerre ou morte-paies à pié, François, par mois............. 1,075ᵗᵗ "'
Au Gouverneur, aussi par mois.. 100 "
Au lieutenant............. 100 "
Au chapelain............ 30 "
Au médecin, M. Vezon et son fils en survivance............. 200 "
A l'apothicaire Guillaume Colomès 50 "
Cette charge a été créée le 17 février 1647, laquelle a droit *de committimus* au grand sceau.
Au chirurgien........... 30ᵗᵗ "'
Pour le bois et la chandelle du corps de garde................ 150 "
Pour les taxations d'un commissaire et d'un contrôleur......... 35 "
Somme par mois........ 1,770 "
Et pour douze mois desdits hommes et six mois de rente de la garnison, la somme de............. 1,070 "
Pour les taxations du thrésorier general Prov¹, à raison de quatre deniers par livre............. 284 10
Somme totale du premier état... 17,354 10
païée sur la Recette de Paris. »

Pour la même époque encore, le commencement du xviiie siècle, il existe dans les archives de la Bastille[(1)] la requête non signée d'un gouverneur, Bernaville ou le premier de Launey, qui réclame les bontés du Roi en invoquant sa misère. Il a, dit-il, à payer «indispensablement» chaque année 3,000 livres de gages de domestiques et une foule d'autres frais; autrefois, la Bastille recevait assez de prisonniers pour qu'il pût être indemnisé, mais maintenant qu'on y en envoie fort peu, il est «en avance» de plus de 20,000 livres, et cependant il n'a pour tout traitement que 600 livres, et une pension de 600 livres soumise à une retenue de 350 livres. Ces plaintes, à coup sûr, sont fort exagérées et les gouverneurs étaient loin d'être si malheureux qu'ils le prétendaient; au reste, nous retrouverons tout à l'heure les mêmes réclamations formulées à un moment où elles étaient certainement moins fondées encore.

Le meilleur bénéfice du gouvernement fut toujours celui qui se réalisait sur les prisonniers. A l'origine, il devait être arbitraire; par la suite, on le régularisa de façon qu'il constituât une rente fixe au gouverneur.

Qu'il y eût à la Bastille ou qu'il n'y eût pas de prisonniers, il devint admis qu'on en ferait en tout temps figurer dix, à 10 livres par jour, sur les états de dépenses, c'est-à-dire, que le gouverneur serait assuré de 36,500 livres par an, rien que pour cet article. Même, en 1765, Jumilhac obtint que ce chiffre de dix prisonniers, fictifs ou réels, serait élevé à douze, ainsi qu'en fait foi la lettre suivante du lieutenant de police, de Sartine[(2)] :

Paris, 31 may 1765.

J'ay l'honneur de vous informer, Monsieur, que M. le comte de Saint-Florentin, en considération de vos frais extraordinaires pour les prisonniers du château de la Bastille, vous a fait accorder par le Roy deux places d'augmentation de prisonniers, à dix livres chacun par jour, à commencer du 1er juin prochain, en sorte qu'au lieu de dix prisonniers, employés jusqu'à présent sur vos états de mois, à raison d'une pistole par jour pour chacun, vous employerez douze prisonniers chaque jour, sur ce même prix de dix livres par jour pour chacun.

Charmé de vous annoncer cette nouvelle...

DE SARTINE.

La rente sur les prisonniers s'éleva donc à 43,800 livres.

Ce n'est pas tout : quand il y avait, par hasard, plus de douze prisonniers en même temps à la Bastille (ce fut très rare dans les derniers temps), le gouverneur percevait, en plus, 3 livres par jour pour chacun des prisonniers en excédent de douze.

Qu'on tienne compte aussi que, parmi les détenus, beaucoup étaient riches et refusaient la nourriture de la prison, pour se faire servir à leurs frais, d'où une notable économie sur le budget du gouverneur.

---

[(1)] Bibl. de l'Arsenal, ms. 12,609. — [(2)] Bibl. de l'Arsenal, dossier *Budget* (ancienne cote).

ADMINISTRATION.     55

Écoutons maintenant les dires des prisonniers. Constantin de Renneville ne mérite pas créance, les calomnies lui sont trop habituelles, mais il faut faire cas des affirmations de Linguet, d'autant plus qu'elles offrent un caractère de précision fait pour séduire. Voici donc ce que dit Linguet :

> Le ministère a fondé à la Bastille quinze places, qui sont payées, occupées ou non, sur le pied de 10 livres de France, ou à peu près 5 florins de Brabant ou 8 shellings d'Angleterre par jour, ce qui fait au gouverneur un revenu de près de 2,500 louis par an.
>
> Ce n'est pas tout : en fabriquant une lettre de cachet qui lui donne un commensal, on ajoute à la fondation primitive une somme par tête, proportionnée à sa qualité. Ainsi un colporteur, un homme de bas étage, apporte à la marmite commune, outre la pistole fondée, un écu d'extraordinaire par jour; un bourgeois, un légiste de la classe inférieure, 100 sols; un prêtre, un financier, un juge ordinaire, 10 l. t.; un conseiller au Parlement, 15 l. t.; un lieutenant général des armées 24 l. t.; un maréchal de France, 36 l. t. J'ignore quel est, dans ce cadastre ministériel, le taux d'un prince du sang [1].

La première proposition est fausse; nous venons de montrer que les gouverneurs n'avaient eu que 10, puis 12 livres par jour, assurées. Quant à la seconde, elle est au moins très exagérée, et ce n'est pas la confirmation qu'en donne, en la reproduisant, la *Bastille dévoilée* qui nous persuadera [2]. Aux termes d'un rapport de de Losme, que l'on trouvera aux *Pièces justificatives* [3], et dont la véracité n'est pas douteuse, ces tarifs exceptionnels étaient fort rarement accordés, et de Launey n'en profita qu'une fois pendant les neuf premières années de sa charge. En vain, depuis, le réclama-t-il en bénéfice à plusieurs reprises; il ne l'obtint que deux fois encore : quand on lui envoya le cardinal de Rohan et sa suite, le roi lui alloua un crédit supplémentaire de 120 livres par jour, ce qui était considérable; trois ans plus tard, lorsqu'il reçut en bloc les douze gentilshommes bretons qui avaient apporté au roi les récriminations un peu hardies des États de leur pays, pour chacun d'eux 15 livres par jour de supplément lui furent accordées [4].

Les 43,800 livres garanties annuellement au gouverneur constituaient, semble-t-il, un profit déjà suffisant, pour ne parler que de celui-là. Cependant, peu d'années avant la prise de la Bastille, de Launey présentait au ministre un état détaillé du budget de l'état-major; le but et la conclusion de ce document apparaissent clairement; il s'agissait d'obtenir pour le gouverneur une augmentation de traitement [5]. Ce mémoire est écrit de la main du major Chevalier; aussi, sommes-nous surpris d'y trouver si peu de bonne foi. Le profit des douze premières places y est à peine mentionné, et le rédacteur ajoute aussitôt : « On jugera ce qu'il peut être, vu le prix actuel des denrées ». La fourniture des objets nécessaires aux

---

[1] *Mémoires*, etc., p. 96-97.
[2] 2ᵉ livraison, p. 40. Nous avons eu tort d'y ajouter foi dans notre notice rédigée pour la *Grande Encyclopédie*.
[3] Nº XXXII.
[4] Arch. nat., O¹ 499, p. 421.
[5] *Pièces justificatives*, nº XXIX.

prisonniers est indiquée comme incombant tout entière au gouverneur, alors qu'il est certain que le trésor en payait une bonne part[1]; de même, pour l'entretien des ornements et du luminaire de la chapelle; de même encore, pour les frais de nettoyage du château, qui étaient payés sur un crédit spécial. Nous n'avons pas le texte même de la demande d'augmentation que formulait de Launey, mais nous le connaissons par la lettre qu'écrivit le ministre au lieutenant de police pour lui en demander son avis[2]. On y voit qu'il était question d'élever à 12 livres le profit des douze premières places, ce qui eût fait une somme annuelle de 52,560 livres, au lieu de 43,800. D'ailleurs, la requête ne fut pas accordée[3], ainsi qu'il appert des comptes de la prison au mois de juin 1789; les états y sont toujours établis sur le pied de 10 livres par jour.

Avec les 4,500 livres environ que le gouverneur recevait du ministère de la guerre, en raison sans doute du commandement qu'il exerçait sur la compagnie militaire de la Bastille, son traitement fixe s'élevait à plus de 50,000 livres. Il faut y ajouter d'autres bénéfices, dignes de ne pas être négligés.

Et d'abord, le produit de la location des échoppes. Nous avons parlé précédemment de cette suite de maisons basses qui bordaient le fossé du château; le revenu qu'en tirait l'état-major était de 8,156ᴸ 10 s. en 1785, c'est-à-dire à une date où plusieurs des échoppes venant d'être reconstruites aux frais du Roi, leurs loyers appartenaient au trésor royal jusqu'à complet payement des frais de reconstruction. Il devait être presque doublé en 1789.

Nous avons parlé aussi du fermage, fait à un particulier, du bac établi à l'extrémité du grand fossé; vers 1780, ce droit rapportait 300 livres par trimestre au gouvernement. La coupe des herbages des deux fossés lui valait encore un profit annuel de quelques centaines de livres.

Ce qu'on désigne sous le nom de « droit des muids de vin » est plus considérable. Laissons encore parler l'impitoyable Linguet : « Enfin, de plus, on a accordé au gouverneur le privilège de faire entrer dans ses caves près de cent pièces de vin, franches de tous droits, ce qui fait encore un objet considérable, qui devroit sans doute faciliter et assurer le service de ses tables. Que fait-il? Il vend son droit d'entrée à un cabaretier de Paris, nommé Joli, qui lui en rend 2,000 écus;

---

[1] Le mémoire parle, notamment, des « matelats » des prisonniers, dont le gouverneur a l'entretien. Cette question des fournitures de la literie est une de celles que de Launey avait le plus à cœur. En 1777, il voulut établir que le matériel de literie appartenait aux gouverneurs comme se transmettant de l'un à l'autre, par voie d'acquisition, mais cette prétention ne fut pas admise. Il réussit mieux en 1783, et obtint que le roi payerait 24 nouveaux lits complets, ainsi que 24 « chaises de comodités ».

Voir aux *Pièces justif.*, nᵒˢ XXVI et XXX, les deux dépêches ministérielles se rapportant à cette affaire.

[2] *Pièces justificatives*, nᵒ XXXIV.

[3] Jumilhac avait été plus heureux. Le 31 janvier 1771, il avait été avisé par Sartine que le roi, ayant égard à ses représentations « sur la cherté des vivres relativement à la nourriture des prisonniers de la Bastille », lui accordait une gratification extraordinaire de 1,500 livres (Bibl. de l'Arsenal, ms. 12,609).

il lui prend, en échange, du vin du plus bas prix pour l'usage des prisonniers, et ce vin, comme on s'en doute bien, n'est que du vinaigre... [1] »

Même en tenant compte de l'exagération familière à Linguet, il est certain que ce privilège était lucratif. Pour être exact, on doit noter qu'il n'appartenait pas au seul gouverneur : le lieutenant du roi, le major et l'adjoint au major en revendiquaient une part. En 1777, ces officiers demandèrent qu'elle portât solidairement sur trente muids, ainsi que nous l'apprend une dépêche du ministre au lieutenant général de police [2]; mais ils n'obtinrent que l'exemption de vingt muids ainsi répartis : 9 pour le lieutenant de roi, 6 pour le major, 3 pour l'adjoint et 2 pour le chirurgien-major [3].

Un dernier privilège, dont les gouverneurs devaient faire grand cas, était celui du droit de *committimus*. On sait qu'il conférait le bénéfice, pour ceux qui en jouissaient, de porter la connaissance de leurs affaires litigieuses devant la Chambre des requêtes du palais. Le *committimus* «au grand et petit sceau» fut accordé à Jourdan de Launey et à ses successeurs du gouvernement de la Bastille par un arrêt du Conseil d'État, en date du 14 août 1723 [4].

Un mot encore pour en finir avec cette question des profits du gouverneur. Linguet a donné à entendre que le second de Launey et ses prédécesseurs avaient acheté fort cher leur charge; il en dit autant des lieutenants de roi [5], et les auteurs de la *Bastille dévoilée*, décidément trop confiants en ses dires, ont rapporté la même affirmation en l'appuyant par des chiffres et ils y trouvent un puissant argument «contre la vénalité des charges» [6]. Or il n'en est rien, car aucun des emplois de l'état-major n'était vénal. Il put arriver, comme le montreront les notes biographiques données à la suite de ce chapitre, que tel ou tel officier de la Bastille se fit céder un emploi ou une survivance, mais c'était affaire entre lui et celui qu'il désirait remplacer : rien ne ressemble moins à ce qui a constitué sous l'ancien régime la vénalité des charges. L'état-major de la Bastille, nous le répétons, se recrutait au dernier siècle dans l'armée; l'avancement s'y effectuait ensuite suivant les grades de chacun, de sorte que le major pût prétendre à de-

---

[1] *Mémoires*, etc., p. 98.

[2] Versailles, le 29 mai 1777.

«J'ai, Mⁱ, l'honneur de vous envoyer une lettre qui m'a été écrite par M. le Controlleur général au sujet de l'exemption des droits d'entrée que le lieutenant de Roi et les majors de la Bastille sollicitent sur 30 muids de vin. Vous y verrés les motifs qui déterminent ce ministre à penser que l'exemption accordée sur 100 muids au gouverneur de ce château doit être commune au gouverneur et aux autres officiers de l'état-major. Je n'ai, dans mes bureaux, aucun renseignement sur cette difficulté; je vous serai obligé de vouloir bien en prendre connoissance et de me marquer ce que vous pensés que je puisse ou repondre à M. le Controlleur général, ou proposer au Roi pour la terminer». (Arch. nat., O¹ 488, p. 319.)

[3] *Mémoires*, etc., p. 465.

[4] La copie s'en trouve à la Bibliothèque de l'Arsenal, ms. 12,609.

[5] *Mémoires*, p. 171.

[6] Deuxième livraison, p. 32 et note : «La place de lieutenant du roi coûtoit 60,000 livres...»

venir un jour gouverneur; mais il y eut des majors qui ne furent jamais en état, on en verra plus loin la preuve, d'acquérir leur place au prix de 40,000 ou 60,000 livres. La meilleure certitude, au demeurant, que l'on puisse en donner, c'est qu'il n'y a jamais la moindre mention de droits à acquitter, dans les lettres officielles de provision, qui existent encore en grand nombre.

*Attributions des gouverneurs.*   Si l'on met en parallèle les bénéfices considérables que nous venons de dire et le poids des fonctions qui incombaient aux gouverneurs, il faut bien convenir que ce parallèle est tout en faveur des bénéfices. Dans les premiers temps, peut-être, ceux que le roi avait préposés à la garde de la forteresse eurent un rôle difficile et une tâche assez lourde : l'un et l'autre tendent à s'alléger à mesure qu'on avance dans l'histoire de la Bastille; vers la fin, les gouverneurs n'ont plus, avec le souci, ou plutôt, la signature de la correspondance ministérielle, qu'une direction générale du service qui leur est confié et la responsabilité morale, seulement morale, de l'inexécution de ce service. Entrons un peu dans le détail. Pour le xviie siècle, les prisonniers attestent qu'ils sont en fréquentes relations avec le gouverneur en personne; souvent ils s'asseyent à sa table; ils reçoivent sa visite tous les jours, ou à peu près; certains, même, sont logés dans son propre hôtel, tel ce prisonnier anglais dont nous parle du Junca, à la date de 1693 [1]. A la même époque, c'est le gouverneur qui s'occupe personnellement des prisonniers qui lui sont recommandés plus spécialement de la part du Roi. Si l'un d'eux vient à s'enfuir, comme un certain Boselli, qui y réussit en 1701, le gouverneur, — c'était alors Saint-Mars, — se désole et écrit au ministre pour le supplier de l'épargner [2].

Il n'en fut plus ainsi, peu après, et de plus en plus, les gouverneurs s'affranchirent de ce rôle de geôlier. Ils trouvèrent dans le major l'auxiliaire précieux sur qui retombait toute la charge de l'administration intérieure, des rapports avec les prisonniers aussi bien qu'avec le lieutenant de police; ils lui laissèrent, même, la responsabilité des événements les plus graves qui pouvaient se produire dans le château, si bien que lorsque Latude et d'Allègre se furent enfuis, Bayle ne paraît pas avoir été même inquiété; c'est le major Chevalier qui eut à répondre aux interrogatoires du commissaire Rochebrune. La stabilité du poste de gouverneur défiait, dès lors, tout changement ministériel, et il n'y a pas d'exemple qu'un seul

[1] *Journal*, mss. de l'Arsenal, 5133, fol. 16 v°.

[2] Nous n'avons pas le texte de sa lettre, mais celui de la réponse de Pontchartrain : « . . . Vous ne devez pas prendre si fort à cœur l'évasion du sieur Bozelly. C'est un malheur, mais ce n'est pas la première fois que pareille chose est arrivée à la Bastille. S. M. est trop persuadée de vostre fidélité et de vostre zèle pour croire que cet accident soit l'effet de vostre negligence, puisque tout autre y auroit pu estre pris comme vous. Ainsy, il faut vous tranquiliser et vous pouvez venir voir le Roy quand il vous plaira. Il vous recevra avec sa bonté ordinai e». (Arch. nat., O¹ 362, f° 306. Cf. Ravaisson, *Archives de la Bastille*, t. X, p. 199, où l'on trouvera tout le dossier de ce Boselli.)

ADMINISTRATION.

de ces officiers ait jamais encouru la moindre disgrâce, à peine une légère réprimande, tempérée par les formules courtoises du langage administratif.

En résumé, les attributions du gouverneur étaient surtout décoratives, s'il est permis de s'exprimer ainsi. A partir de la seconde moitié du siècle dernier, nous ne les voyons plus s'exercer réellement que dans des circonstances tout à fait exceptionnelles : lorsque le ministre ou quelque grand personnage vient à la Bastille, le gouverneur se trouve là pour le recevoir et lui donner à dîner (de Launey se plaint amèrement des frais qu'entraîne cette obligation); c'est lui aussi qui ira chercher dans son carrosse le cardinal de Rohan et l'installera avec les formes les plus parfaites du cérémonial; mais ce sont là des cas tout à fait rares. En lisant les règlements relatifs au château [1], on se persuade que les seules obligations imposées au gouverneur étaient de ne pas «découcher» sans la permission du ministre, de se faire rendre compte de tout ce qui passait de grave dans la prison, pour le rapporter au secrétaire d'État chargé de la Bastille [2]; enfin, de recevoir le serment des officiers placés sous ses ordres et de nommer aux emplois tout à fait inférieurs.

Dans la hiérarchie de l'état-major de la Bastille, le lieutenant de roi était le second du gouverneur. L'usage de ce titre n'apparaît pas dans les documents les plus anciens qui nous ont été conservés, puisqu'on ne le trouve pas avant le XVIIIe siècle, mais la fonction remontait à l'origine même de la prison. On s'explique, en effet, que les premiers capitaines de la forteresse aient eu besoin d'être secondés, et les textes mentionnent réellement leurs lieutenants.

Lieutenant de roi.

Du Junca est le premier à avoir été nommé lieutenant de roi; encore, ne se désigne-t-il lui-même que sous le nom de «lieutenant du roi à la Bastille», ce qui est un peu différent. Par les doléances qu'il a écrites et que nous avons déjà plusieurs fois invoquées [3], on a une idée complète des attributions du lieutenant de roi vers la fin du règne de Louis XIV; elles étaient multiples, ou, pour mieux dire, elles embrassaient tout le service et toute la surveillance de la prison. Résumons-les rapidement d'après lui : être le premier levé et le dernier couché; con-

[1] Nous les publions tous aux *Pièces justificatives*.
[2] On sait que le contrôle de la Bastille appartenait au ministre ayant Paris dans les attributions de son département, et que, sauf à de rares époques, la ville de Paris dépendit toujours du ministère de la maison du roi. Elle en avait été détachée sous le règne de Louis XV et y fut réunie de nouveau au commencement de l'année 1757, ainsi qu'en fait foi la lettre suivante de Saint-Florentin à Bayle :

«A Versailles, le 2 février 1757.

«Le Roi ayant jugé à propos, Monsieur, de réunir à mon département celui de la ville de Paris, vous voudrez bien m'informer de ce qui pourra concerner la Bastille, ainsi que vous en usiez cy-devant. Je serai fort aise que nos plus fréquentes relations me mettent à portée de vous marquer que je suis très parfaitement, Monsieur, vostre très humble et très obéissant serviteur,

SAINT-FLORENTIN».
(Bibl. de l'Arsenal, ms. 12.609.)

[3] *Pièces justificatives*, n° X.

duire les prisonniers à la salle du Conseil lorsqu'ils y sont mandés et les attendre « *dehors, à la porte, jusque à des huit heures de temps* »; assister aux visites que les prisonniers reçoivent de leurs parents et amis; faire de fréquentes tournées dans les cachots; fouiller les nouveaux détenus et ceux qui sont mis en liberté; se rendre, plusieurs fois par jour, sur le chemin de ronde hors du château; exercer, enfin, un contrôle de tous les instants sur le personnel inférieur, les pourvoyeurs de la cuisine, les ouvriers qui travaillent aux réparations.

Ou bien du Junca était un officier éminemment consciencieux (à moins qu'il n'ait un peu exagéré), ou bien ses successeurs furent affranchis régulièrement de la plus grosse partie de toute cette besogne; ce qui est certain, c'est que, dans les derniers temps, le lieutenant de roi paraît, au contraire, avoir été le plus oisif des fonctionnaires de la Bastille. Nous ne parlons ici que pour mémoire de Maisonrouge, qui tenait l'emploi en 1720 : on verra tout à l'heure qu'il fut plus préoccupé de sa spirituelle prisonnière, M$^{me}$ de Staal, que de ses fonctions de surveillance; mais les derniers lieutenants de roi, s'ils furent moins frivoles, ne semblent pas avoir eu un rôle beaucoup plus actif; presque jamais, ils ne figurent dans les rapports avec les prisonniers; ce n'est pas eux, non plus, qui correspondent avec le ministre ni le lieutenant de police, tous ces soins appartenant au major; en résumé, leurs fonctions, mal définies par les règlements, ressemblent beaucoup à celles des gouverneurs, auxquels ils succèdent le plus ordinairement, dans le cours du xviii$^e$ siècle.

Le traitement de ces officiers était, suivant *l'État de la France*, de 1,200 livres par an, en 1687; de 4,000 livres, en 1708, et seulement de 3,000 livres en 1725; il paraît n'avoir pas été fixé définitivement avant l'année 1751; il y a, en effet, dans les papiers de la Bastille [1], une lettre du lieutenant de police Berryer à M. de l'Abadie, lieutenant de roi à la Bastille, pour l'informer que le roi a réglé ainsi ses honoraires : « savoir 3,000 livres sur l'extraordinaire des guerres, et 9 livres par jour, qui seront portées sur l'état des dépenses de la Bastille, lesquelles vous seront payées chaque mois par M. le Gouverneur ». A ces 6,285 livres s'ajoutaient, comme nous l'avons déjà dit, quelques profits importants : le quart des bénéfices résultant de la location des échoppes, etc., soit environ 2,050 livres, et le droit d'exemption d'impôt sur neuf muids de vin par an. Enfin le lieutenant de roi avait son appartement à la Bastille et recevait, pour le chauffage, une indemnité annuelle de 192 livres.

A la fin de l'année 1785, un règlement intervint qui réserva la lieutenance de roi à un officier pourvu du grade de major, et la majorité à un officier ayant le grade de capitaine [2]. C'est à la suite de cette décision que du Puget, le dernier lieutenant de roi de la Bastille, reçut ses lettres de commission. Nous les avons

---

[1] Bibl. de l'Arsenal, ms. 12 609. — [2] *Ibid.*

retrouvées dans ses papiers personnels [1], et il nous paraît intéressant d'en donner ici le texte :

Louis, par la grace de Dieu, roi de France et de Navarre, à notre très cher et bien aimé le sieur Pierre-François de Rivière du Pujet, chevalier de l'ordre royal et militaire de Saint-Louis, ancien capitaine de grenadiers au régiment de garnison du Roi, et actuellement major dudit régiment, salut. La charge de notre lieutenant au gouvernement de notre château de la Bastille étant vacante par la retraite du sʳ de Saint-Sauveur, nous avons cru ne pouvoir faire un meilleur choix que de votre personne pour remplir cet emploi; la connoissance que nous avons de votre bonne conduite et du zèle que vous avés fait paroître pour notre service nous assure que vous vous conduirés d'une manière conforme à la confiance dont nous vous honorons. A ces causes...

Donné à Versailles, le vingt septiesme jour du mois de novembre, l'an de grace mil sept cent quatre vingt cinq, et de notre regne le douziesme.

Louis.

Par le Roi,<br>le Bᵒⁿ DE BRETEUIL.

Si le poste de lieutenant de roi ne comporta plus, du moins vers la fin, un très grand labeur, il n'en était pas de même de celui du major. Par tous les documents, relations des prisonniers ou papiers officiels dont on dispose pour l'histoire de la Bastille, il est facile de se faire une opinion sur le rôle du major dans l'administration de la prison et de voir combien ce rôle était considérable. Nous pourrions, dès maintenant, en fournir comme preuve le témoignage des prisonniers, où le major est incessamment mentionné, mais il vaut mieux réserver ce genre de faits pour le chapitre consacré au régime des détenus et n'envisager ici que les choses de l'administration. Ce que du Junca écrivait sur la multiplicité de ses fonctions s'applique à merveille aux majors du dernier siècle; et il faut y ajouter encore la correspondance avec le lieutenant de police, qui, à elle seule, suffisait à occuper quotidiennement plusieurs heures.

Chaque jour, en effet, et souvent plusieurs fois par jour, le major adresse un rapport à ce magistrat sur les événements qui se produisent dans la prison. Cette correspondance nous a été presque entièrement conservée, répartie en plusieurs dépôts [2], et elle constitue ce qu'on pourrait appeler, en réalité, les éphémérides de la Bastille. Elle est tout entière écrite de la main même de l'officier, et il n'y a pas d'exemple qu'il y ait employé un scribe. Quelquefois, il est vrai, la lettre est très sommaire, comme celle-ci prise au hasard [3] :

3 juillet 1728.

Monsieur,

J'ay l'honneur de vous informer que nous n'avons rien de nouveau au château. J'ai l'honneur

*Major, aide major et major adjoint.*

---

[1] Bibl. de l'Arsenal, ms. 12,673; original sur parchemin. — [2] Voir, dans l'introduction, les indications bibliographiques données à ce sujet. — [3] Bibl. de l'Arsenal, ms. 12,495, fol. 11.

d'estre, avec un très profond respet (*sic*) Monsieur, vostre tres humble et tres obeissant serviteur.

ANQUETIL.

Il n'est guère de jour où un fait ne se soit produit qui motive un rapport : tantôt, c'est un prisonnier arrivé ou parti, malade ou en rébellion, tantôt, la demande d'une autorisation ou d'un refus de promenade, en un mot l'un quelconque de ces mille incidents que chaque jour pouvait faire naître. Une lettre du major de Losme au lieutenant de police nous en donnera un assez plaisant exemple :

31 décembre 1787.

Le feu a pris ce soir dans la cheminée de la 1ʳᵉ chambre de la tour du Trésor. Cela ne nous inquiette pas, car c'est de cette manière que se ramonent nos cheminées[1].

Les règlements qui nous sont restés de la Bastille portent que les officiers de l'état-major doivent se tenir constamment en rapport avec les prisonniers. Dans la pratique, ce soin était laissé tout entier au major, et l'on devine aisément quelles plaintes cet officier recueillait, parfois même quels mauvais propos, lorsqu'il avait affaire à un fou de l'espèce du marquis de Sade. A cet égard, la correspondance de de Losme est significative.

Au major incombait encore la comptabilité de la prison, sous la responsabilité du gouverneur, et nous savons que ce n'était pas un mince souci. Outre les états mensuels, qu'il fallait dresser en plusieurs expéditions, il y avait la tenue des comptes des prisonniers, pour les sommes qu'ils recevaient de leur famille, ou l'argent dont on leur avait laissé la libre disposition. Les archives de la Bastille conservées à l'Arsenal contiennent un grand nombre de liasses de comptes de cette nature, tous rédigés par le major, ou du moins visés par lui.

La fonction dont nous parlons n'apparaît, nettement déterminée, qu'assez tard, et pas avant 1715. Vers cette époque, même, on emploie indifféremment, pour la désigner, le titre de major ou de lieutenant de la compagnie de la Bastille. En effet, jusqu'au moment de l'organisation d'une milice spéciale pour la garde du château, le major fut en même temps le lieutenant de la compagnie franche dont le gouverneur était le capitaine et qu'il entretenait de ses deniers. Cette milice ayant été créée avec des officiers qui lui étaient propres, le major ne conserva plus que ses fonctions administratives; on a vu, cependant, que l'emploi ne pouvait être donné qu'à un officier ayant grade de capitaine.

Dans la dernière phase du régime de la Bastille, le major a un traitement de 600 livres sur le budget de la guerre, et de 5 livres par jour, soit 1,800 livres par an, sur le budget de la prison. Il est logé au château et reçoit une indemnité

---

[1] Arch. de la Préfecture de police, 1ᵉʳ carton, contenant toute la correspondance de de Losme.

de 185ᴧ7s. pour le chauffage et l'éclairage de son appartement. De plus, il bénéficie de l'exemption d'octroi de 6 muids de vin par an et du sixième des profits divers répartis entre tout l'état-major, soit, en moyenne, de 1,360 livres par an. Enfin, il fait figurer à son compte dans les états mensuels une somme de 60 ou 70 livres sous la rubrique : «dépenses extraordinaires pour le mois aux prisonniers», et une somme de 50 livres sous la rubrique «dépenses extraordinaires de la salle du Conseil». Cette dernière est peu claire; quant à la première, la note suivante écrite par de Losme en explique très précisément la destination :

État venant de M. Anquetil, qui a été donné par M. Chevalier à M. de Losme le 15 février 1786.

Les 60 ou 70 livres (quand il y a plus de 20 prisonniers) portées sur les états de dépenses de mois de la Bastille obligent le major, qui de tous tems les a perçues, à :
Faire frotter la chapelle, ainsy que la salle du Conseil;
Fournir aux prisonniers qui n'ont pas les moyens de s'en procurer, du tabac, des peignes de corne ou de buys;
Faire poudrer leurs perruques ou leur donner de la poudre pour dégraisser leurs cheveux;
Fournir tout le papier que consomme la salle du Conseil et ce qui en est nécessaire aux prisonniers à qui il est permis d'écrire aux ministres, magistrats, etc., pour ce faire;
Fournir les plumes, l'encre et la cire d'Espagne;
Faire nettoyer la cour intérieure du château [1].

Pour alléger la tâche du major, on créa, suivant les époques, des emplois d'aide-major, de major adjoint, d'officier adjoint à l'état-major. Nous ne pourrions dire positivement à quelle date, mais ce ne fut certainement pas avant 1749, époque où la prison reçut son organisation complète. En 1776, l'aide-major Farconnet étant mort, le ministre décida de ne pas le remplacer, et de faire remplir ses fonctions par le major adjoint Bailly. L'aide-major avait un traitement de «50 sous» par jour, soit 900 livres par an, et jouissait «du tiers dans le produit du quart des dépendances du château». A la suite d'une correspondance échangée entre le ministre et le gouverneur[2], il fut décidé que Bailly, jusque-là sans traitement, aurait une allocation de 25 sous par jour et participerait aux mêmes bénéfices que l'officier qu'il remplaçait[3], soit : environ 680 livres par an, l'exemption d'entrée de 3 muids de vin et 48 livres pour le chauffage.

La place d'aide-major fut cependant rétablie, en 1787, sur les instances de de Launey. Bailly avait été mis à la retraite deux ans auparavant, et le gouverneur proposait au ministre pour le remplacer, avec le titre d'aide-major, un sieur Hugot[4], auquel on préféra Joseph Miray, «officier invalide et ancien fourrier des gardes françaises», dont le traitement fut fixé à 100 livres par mois[5].

[1] Bibl. de l'Arsenal, ms. 12,602.
[2] Pièces justificatives, n° XXV.
[3] Arch. nat., O¹ 487, p. 830.
[4] Arch. nat., O¹ 498, p. 147.
[5] Voir aux Pièces justificatives, n° XXV, le texte de la dépêche ministérielle.

64                                    LA BASTILLE.

De Losme est le seul qui ait porté le titre d'« officier adjoint à l'État-major ». Il entra à la Bastille en cette qualité, au mois de mai 1782, avec un traitement de 25 sous par jour, puis obtint une indemnité annuelle de 1,260 livres « pour lui tenir lieu de logement que le local de la Bastille n'a pas permis de lui procurer[1] », et, quoique dernier arrivé, s'éleva rapidement au grade de major. Nous donnerons plus loin quelques autres détails sur cet officier, dont on sait la fin tragique.

*Ingénieur en chef.* La surveillance et l'entretien des fortifications du château étaient confiés à un « ingénieur en chef et directeur des fortifications de la Bastille ». La plus ancienne mention que nous ayons rencontrée d'un fonctionnaire de cet ordre ne remonte pas plus haut que l'année 1734. Une concession, accordée à cette date par le bureau de la Ville, « de huit lignes d'eau en superficie à prendre par bassinet au regard du petit hôtel de Lesdiguières, rue Saint-Antoine, pour être conduit par un tuyau particulier aux frais et depens de S. M. depuis ledit regard jusqu'au château de la Bastille, pour l'usage et commodité d'iceluy », porte le visa de « l'ingénieur, directeur des plans du Roy, ayant la direction des fortifications de la Bastille », appelé Mazin [2].

Nous trouvons ensuite la mention du sieur Defferant ou Defferend qui fut chargé de cet emploi et, en même temps, des fonctions de lieutenant de roi; après lui, M. Larcher d'Aubancourt, qui, nommé au mois de mai 1765 [3], exerçait encore la charge lors de la prise de la Bastille. Il avait le titre d'officier du génie civil. Une lettre de Saint-Florentin, ministre de la maison du Roi, à Jumilhac, gouverneur de la Bastille, atteste que ce personnage eut mission, en 1767, de lever un plan général de la forteresse, sur la demande du duc de Choiseul [4],

---

[1] Arch. nat., O¹ 494, p. 299.

[2] Arch. nat., Q¹ 1267¹.

[3] De Marly, le 17 may 1765.

« M. Larcher d'Aubancourt, l'un des officiers du corps du génie civil, vient, Monsieur, d'être nommé par le Roy pour remplir au château de la Bastille les fonctions d'ingénieur en chef, dont etoit cydevant chargé feu M. Defferant. J'ai l'honneur de vous en informer, afin que vous vouliés bien donner les ordres convenables pour que cet officier ait la liberté d'entrer à la Bastille toutes les fois qu'il y croira sa presence necessaire pour diriger les travaux que Sa Majesté jugera à propos d'y faire exécuter.

« Je suis, etc.

« Le duc de Choiseul ».

(Bibl. de la ville de Paris, ms. 15,592, in-fol., à la date.) Cette dépêche du ministre de la guerre est confirmée par une lettre d'avis du ministre de la maison du Roi au gouverneur, en date du 24 mai. Il est singulier que, dans celle-ci (Arch. nat., O¹ 407, f° 187 v°), M. Defferant soit mentionné comme contraint à quitter son poste pour raisons de santé, alors que dans la lettre qu'on vient de lire, antérieure de huit jours, il est appelé *feu* M. Defferant. Vraisemblablement, l'erreur est dans cette dernière appellation. La veuve de M. Defferant reçut du roi une pension de 1,800 livres qui figure encore sur le dernier état de dépenses de la Bastille.

[4] « 30 juillet 1767.

« Je ne vois, Monsieur, nul inconvenient à ce que vous permettiés au sieur L'Archer d'Ausencourt (*sic*), ingénieur de l'Arsenal, de lever en masse le plan de la Bastille, ainsy que Monsieur le duc de Choiseul le desire. Ainsy, vous pouvés lui laisser faire son travail, en prenant neanmoins les precautions d'usage et que la prudence vous dictera ». (Arch. nat., O¹ 409, p. 523).

Le célèbre Verniquet ayant sollicité, vingt ans plus tard, l'autorisation de faire la même opération, se vit répondre par le ministre de la maison du Roi «qu'il seroit plus simple de lui communiquer le plan exact qui est entre les mains de M. Larché d'Aubencour, ingénieur chargé des fortifications de ce château»[1].

Il semblera surprenant que, dans cette multiplicité de fonctionnaires, ne figure pas un emploi de médecin de la Bastille. C'est ainsi pourtant, et les prisonniers malades n'avaient, pour leur porter les premiers secours, qu'un chirurgien en résidence au château, comme on le verra tout à l'heure. Le médecin qui avait le titre de «médecin du Roi et de la Bastille», était forcé de partager son temps entre la Cour, Paris et le château. Aussi, les plaintes étaient-elles nombreuses; Linguet y joint naturellement les siennes[2] et il faut convenir que, pour cette fois, il n'a pas tout à fait tort.

<sub>Médecin.</sub>

Le premier médecin de ce genre dont nous ayons rencontré la trace s'appelait Vezon. Il figure dans l'*État de la France* de 1687, avec son fils comme survivancier. Ils ont à eux deux 200 livres de traitement mensuel (voir la note 3 de la page 53). Douze ans plus tard, le 3 mars 1699, le ministre informe Saint-Mars que le sieur Alliot, «médecin du Roy et de la Bastille», a été appelé à Versailles auprès de la marquise de la Vallière, et que, pendant son absence, si le gouverneur a besoin d'un médecin pour les prisonniers, il devra envoyer chercher «le sieur Maurin, médecin, qui loge à Saint-Victor»[3].

Nous trouvons ensuite, à la date du 22 novembre 1712, un brevet de médecin pour «le sieur Herment, médecin ordinaire des écuries du Roi», pour voir les malades en l'absence du sieur de la Carlière que le Roi entend toujours garder comme médecin ordinaire du château, mais que sa charge auprès du duc de Berry retient souvent[4].

Après eux apparaît le sieur Royer, mort en 1768 et remplacé alors par Delon de Lassaigne[5]. De lui, nous ne savons, par Linguet, que ce détail, c'est qu'il demeurait «aux Tuileries, c'est-à-dire à trois milles de la Bastille». Ce personnage figure encore sur l'*Almanach national* de 1789, mais il mourut au mois de janvier de cette année-là. Il fut remplacé par «le sieur Read, médecin de la Faculté de Montpellier, et ancien médecin en chef de l'hôpital militaire de Metz»[6], que la prise de la Bastille trouva encore en charge.

[1] Arch. nat., O¹ 498, p. 462.
[2] *Mémoires*, p. 113-117.
[3] Arch. nat., O¹ 43, f° 74 v°.
[4] Bibl. de l'Arsenal, ms. 12,609. Ce M. Herment apparaît dans les *Mémoires de M<sup>me</sup> de Staal*, qui rapportent sur son excès de circonspection une amusante anecdote. (Voir t I, p. 246-247 de l'édition de M. de Lescure.) L'*État de la France* de 1712 indique, en effet, comme médecin de la Bastille, le sieur Nicolas Brunel de la Carlière.
[5] Lettre d'avis de la nomination de Delon de Lassaigne à l'emploi de médecin de la Bastille, adressée le 9 avril 1768, par Saint-Florentin à Jumilhac, ap. O¹ 410, p. 215.
[6] Lettre d'avis du ministre en date du 18 janvier 1789, ap. O¹ 500, p. 37.

Les médecins du roi, ayant été, dans les derniers temps, rétribués sur un article spécial du budget royal, nous ne saurions dire quels émoluments leur revenaient du chef de leurs fonctions à la Bastille.

*Chirurgien-major.*  Dans la hiérarchie de l'état-major de la Bastille, le chirurgien vient ensuite. A la différence du médecin, il résidait au château et ne devait s'en absenter qu'après avoir prévenu le gouverneur et indiqué le lieu où l'on pourrait aller le chercher en cas d'urgence [1]. Raser et saigner étaient son principal emploi, comme, au reste, celui de tous les chirurgiens d'alors, car la connaissance plus délicate de la thérapeutique n'appartenait qu'au seul médecin. Bien que faisant partie de l'état-major, le chirurgien n'avait, de par ses fonctions, aucune autorité. Il ne pouvait causer avec les prisonniers qu'au sujet «de leurs infirmitez», et toujours en présence d'un des officiers, voire même d'un porte-clefs. Il devait même ignorer leur nom et ne les désigner, dans ses rapports, qu'en ces termes, donnés pour exemple : «La calotte de la Bazinière a craché le sang», ou : «La 3e Comté a eu des tranchées toute la nuit, d'un cours de ventre» [2]. Une grande prudence lui était recommandée, et notamment à propos des rasoirs, qu'il lui fallait mettre toujours hors de la portée du prisonnier. Parfois un chirurgien consultant était appelé du dehors pour des opérations difficiles, ce qui laisse entendre que celui de la Bastille n'était pas choisi parmi les plus habiles praticiens, et en effet la charge n'était pas très enviable.

Le traitement de cet officier était de 1,200 livres [3]. Il est vrai qu'il s'augmentait par la vente de médicaments; même, il arriva en 1781 que le profit ainsi réalisé pendant les années précédentes parut excessif au ministre, qui décida d'apporter en cette matière une réglementation rigoureuse [4].

---

[1] Sur le chirurgien-barbier et son rôle auprès des prisonniers, voir aux pages 89-90 et 113-117 des *Mémoires* de Linguet d'amères observations, dont, cette fois, nous ne contesterons pas la vérité.

[2] Voir, aux *Pièces justificatives*, n° XIV, les instructions données au chirurgien-major en 1750.

[3] Lettre de M. de Breteuil au sujet de la nomination du sieur Hurel, aux *Pièces justif.*, n° XXXIII.

[4]        *Lettre à M. de Launey.*

«25 janvier 1781.

«Vous trouverez ci-joint, M., un relevé que j'ai fait faire des memoires de medicamens fournis tant aux officiers et bas-officiers qu'aux prisonniers de la Bastille, pendant les années 1778 et 1779, et les six premiers [mois] de 1780. Je vous avoue que cette depense me paroit excessive, eu egard au petit nombre de prisonniers qu'il y a eu dans ce château, et je ne puis me persuader qu'il n'y ait pas quelques abus dans cette partie. Je vous prie de vouloir bien tâcher de les decouvrir et de me marquer quels moyens on pourroit employer, soit pour diminuer le montant de ce qu'il y a à payer, soit pour s'assurer par la suite, d'une manière exacte, de ce qui aura veritablement été fourni.» (Arch. nat., O¹ 492, p. 32.)

Une lettre semblable fut adressée le même jour à M. de Rougemont, commandant à Vincennes.

Dans une lettre du ministre au lieutenant général de police, datée du 1er février suivant (*Ibid.*, p. 52), est annoncé le parti pris désormais de faire régler les mémoires des chirurgiens de la Bastille et de Vincennes dans les bureaux du ministre :

19 juillet 1781.

«J'ai, M., l'honneur de vous renvoyer toutes les

Le premier chirurgien de la Bastille sur qui nous ayons quelques renseignements est celui dont il est question dans les *Mémoires de M^me de Staal* : « Le comte de L...., dit-elle d'un de ses compagnons de captivité, s'aida du chirurgien qui faisait aussi la fonction d'apothicaire. Il établit, pour avoir occasion de le voir souvent, qu'il lui falloit deux lavemens par jour. Le Régent, qui entroit dans les derniers détails de ce qui nous concernoit, examinant les memoires de notre pharmacie avec ses ministres, l'abbé Dubois se récria sur cette quantité de lavements. Le duc d'Orléans lui dit : Abbé, puisqu'ils n'ont que ce divertissement-là, ne le leur ôtons pas » [1].

Ce chirurgien si dévoué était, sans doute, Raimond Fournier qui, d'après Carra [2], fut à son tour embastillé, le 27 mars 1721, pour avoir témoigné de trop d'humanité envers ceux qu'il avait à soigner.

Après lui, nous rencontrons le nom du sieur Lecocq, « chirurgien et apothicaire-major », nommé au mois d'avril 1750; il eut d'abord un traitement de 600 livres, élevé à 1,200 livres, à dater du 1^er juillet 1785; il fut mis à la retraite avec une pension de 1,200 livres [3] et remplacé en février 1787 par le sieur Hurel.

Au XVII^e siècle, la charge principale avait été occupée par un apothicaire. L'*État de la France* de 1687 donne le nom de Guillaume Colomès, — payé 50 livres par mois, tandis que le chirurgien n'en touche que 30, — et ajoute : « Cette charge a été créée le 17 février 1647, laquelle a droit de *committimus* au grand sceau. » Plus tard, le chirurgien cumula les deux emplois. Dans les derniers temps, enfin, il se fit assister d'un apothicaire qui, au mois de juin 1789, obtint un brevet de commission. Son titre ne lui appartint donc que quinze jours [4]. C'était un nommé Laborie, attaché depuis 1783 au service de la pharmacie.

On peut être surpris, au premier abord, qu'une sage-femme ait été attachée

Sage femme.

feuilles que vous m'avez remises, il y a quelques jours, au sujet des états de medicamens des chirurgiens de la Bastille et de Vincennes. J'ai reconnu qu'il s'étoit glissé dans cette partie des abus bien reprehensibles, et que les arrangemens que vous proposés à l'avenir sont très judicieux. J'ai, en consequence, approuvé chacune de ces feuilles et je vous prie de vouloir bien tenir exactement la main à l'execution. Je vais, d'ailleurs, rendre les ordonnances necessaires pour le payement des années 1778, 1779 et 1780 sur le pied de 2,600 livres par an pour le chirurgien de la Bastille, et de 2,000 livres par an pour celui de Vincennes. Vous pouvés prevenir l'un et l'autre que ces ordonnances vont, suivant l'usage, être envoyées en finances où ils en solliciteront le payement. Je vous prie d'observer en même tems au chirurgien de la Bastille que son ordonnance pour 1778 n'est que de 940 livres, attendu qu'il a reçu ou dû recevoir 1660 livres dans l'ordonnance à lui expédiée pour les trois premiers mois de la même année. » (O¹ 492, p. 299.)

[1] Tome I, p. 247-248 de l'édition déjà citée.

[2] *Mémoires historiques et authentiques sur la Bastille*, 1789, 3 in-8°, t. II, p. 198. Le dossier de ce Fournier n'existe pas dans l'ouvrage de Ravaisson.

[3] Bibl. de l'Arsenal, ms. 12,672, dossier *Lecocq*. Ce personnage mourut peu après, car sur le dernier état de dépenses de la Bastille, nous voyons sa veuve figurer pour une pension mensuelle de 33^lt 6^s 8^d.

[4] La lettre d'avis de sa nomination est datée du 29 juin. (Arch. nat., O¹ 500, p. 374.)

à l'état-major de la Bastille, non pas que les détentions de femmes y fussent rares, mais parce qu'il fallait bien admettre encore l'hypothèse de prisonnières enceintes au moment de leur arrestation. Ce fut le cas de la demoiselle d'Oliva, la fausse Marie-Antoinette dans la fameuse affaire du collier de la reine. Incarcérée le 12 septembre 1785, elle se trouva sur le point d'accoucher le 12 mai suivant[1], et l'on envoya chercher « la matrone » Choppin. Nous avons retrouvé dans les papiers de la Bastille[2] la quittance de cet accouchement, ainsi libellée :

> Je reconnois avoir reçu de M. le gouverneur de la Bastille la somme de deux cent quarante livres pour mes honoraires de la couche de la d⁰ d'Oliva, et celle de dix-huit livres pour les frais de batême de son enfant.
> Dont quittance à Paris, ce vingt-huit juin mil sept cent quatre-vingt-six.
> CHOPPIN, sage-femme, rue du Dauphin, près S¹-Roch.

On prévit à ce moment que de pareils faits pourraient se renouveler par la suite, car, le lendemain même, la dame Choppin recevait le titre officiel de sage-femme de la Bastille. La lettre suivante de M. de Breteuil en fait foi[3] :

> Versailles, le 29 juin 1786.
> Le Roi ayant, Monsieur, jugé à propos d'établir une place d'accoucheuse attachée au gouvernement de la Bastille, avec un traitement de 150 livres et d'y nommer la dame Choppin, vous voudrés bien l'employer à raison de 37ᴸ 10ˢ par quartier sur l'état des dépenses de ce château.

Jusque-là, quand des nécessités semblables s'étaient produites, on avait eu recours à un médecin, comme l'atteste cette lettre de Pontchartrain à Saint-Mars, en date du 30 novembre 1701[4] :

> Le Roy trouve bon que vous fassiez donner à là demoiselle irlandaise les hardes qui luy sont necessaires pour ses couches, au meilleur marché qu'il se pourra. Vous ne pouvez mieux faire que d'envoyer avertir Clément, qui est dans vostre voysinage, lorsqu'il sera temps de l'accoucher.

*Chapelains et confesseurs.*

Le salut spirituel était mieux assuré à la Bastille que celui du corps. A la dernière époque, au moins, l'état-major compte quatre ecclésiastiques : le chapelain, le confesseur et deux chapelains honoraires.

Le chapelain avait, sur les états, 75 livres de traitement par mois, et les messes « extraordinaires » qu'il célébrait en des circonstances assez fréquentes[5] lui étaient payées à part, un peu plus d'une livre. Quand la forteresse tomba, la place de

---

[1] *Journal* de de Losme, publié par M. Bégis, *loc. cit.*, p. 21 et 22.
[2] Bibl. de l'Arsenal, ms. 12,609.
[3] Bibl. de l'Arsenal, *ibid.*
[4] *Correspondance administrative de Louis XIV*, publiée par G. Depping, t. II, p. 754.
[5] Sept fois en janvier 1781, onze fois en juin 1789.

chapelain était occupée par l'abbé Bottin des Essarts, nommé honoraire à la place de l'abbé Frigard en avril 1778 [1], et titulaire, en remplacement de l'abbé Eschinard, à partir du mois de février 1779 [2]. Le titre d'honoraire précédait donc la nomination définitive, au lieu de lui succéder comme maintenant, et donnait droit à la survivance. Il était porté, en 1789, par l'abbé Faverly.

Le choix du confesseur des prisonniers de la Bastille fut très important au xvii<sup>e</sup> siècle, et Louis XIV tint à y intervenir personnellement. Voici une lettre signée de lui à propos de cette nomination [3] :

> M<sup>r</sup> de Besmaux, je vous escris cette lettre pour vous dire que mon intention est que vous permettiez au religieux qui vous sera addressé par le supérieur de la maison professe des Jesuites, d'entrer dans mon chasteau de la Bastille pour administrer aux prisonniers les sacremens de penitence et d'eucharistie; et la presente n'estant à autre fin, je prie Dieu qu'il vous ayt, Mons<sup>r</sup> de Besmaux, en sa sainte garde. Escrit à Versailles le xv<sup>e</sup> jour d'avril 1688.
>
> LOUIS.
>
> Et plus bas : COLBERT.

Au xviii<sup>e</sup> siècle, le confesseur avait un traitement de 125 livres par mois. Le dernier titulaire fut l'abbé Duquesne, vicaire général du diocèse de Soissons, nommé en mars 1782 « confesseur des prisonniers des châteaux de la Bastille et de Vincennes », pour remplacer l'abbé Taaf de Gaydon, que son âge et ses infirmités rendaient incapable de remplir ses fonctions, mais auquel le traitement d'activité fut conservé [4]. En 1787, l'abbé Duquesne fut chargé de reconstituer une bibliothèque à l'usage des prisonniers, et un crédit de 50 livres par mois lui fut alloué à cet effet [5].

Le confesseur était secondé par deux « honoraires » qui, lors de la prise, étaient l'abbé de Mac-Mahon, avec un traitement de 40 livres par mois, et l'abbé Fosserier, vicaire de Saint-Leu, avec un traitement de 25 livres.

*Gardes des archives.* Nous avons dit plus haut (page 38) que vers 1782, de Launey avait fait construire dans le massif reliant les tours de la Bazinière et de la Bertaudière un local pour les archives de la lieutenance de police et du château. Les papiers de la Bastille étaient, jusque-là, conservés dans la tour du Trésor; leur garde fut confiée, de 1774 à 1789, au sieur Duval, assisté, de 1774 à 1782, par un commis appelé Boucher, puis, à partir de cette date, par un second garde des archives,

---

[1] Arch. nat., O¹ 489, p. 181.
[2] *Ibid.*, O¹ 490, p. 72.
[3] Bibl. de l'Arsenal, dossier *Correspondance*. Cf., pour la même époque la *Correspondance administrative* publiée par G. Depping, t. II, p. 606 et 754.

[4] Arch. nat., O¹ 493, p. 123 et 127-128. Quand la prison de Vincennes fut supprimée, en avril 1784, l'abbé Duquesne n'eut plus, naturellement, que le service de la Bastille. Les mêmes appointements lui furent maintenus.
[5] Arch. nat., O¹ 498, p. 127.

nommé Martin[1]. Sous leurs ordres avaient été placés, en 1786, deux aides, les sieurs Bouyn et Mariage. Le premier nous est connu par la réintégration qu'il fit en 1787 à la Bibliothèque du Roi des papiers du duc de Vendôme[2]. Son traitement fut alors élevé à 3,000 livres par an, et celui de son collègue à 1,200 livres[3]. Si l'on en croit du Puget[4], tous ces emplois ressemblaient fort à une sinécure : Il faudrait, dit-il, réformer la place de ces « deux gardes-archives qui n'y vont jamais et des deux jeunes gens qui y travaillent à leurs places, et dont les appointemens sont en sus au compte du Roy, n'en laisser subsister qu'un... » En réalité, les archives de la Bastille paraissent, au contraire, avoir été bien classées; c'est le tumulte de la prise qui les jeta dans le désordre où elles sont restées jusqu'au moment où Ravaisson et M. Frantz Funck-Brentano, ces savants successeurs de Duval, y ont enfin remis ordre et clarté.

*Commissaire du Châtelet.*

Le commissaire du Châtelet, ou commissaire de police détaché au département de la Bastille, vient le dernier dans cette longue liste de fonctionnaires. Il était, à proprement parler, le représentant du lieutenant de police et de l'autorité judiciaire, et avait mission de procéder à tous les interrogatoires, à toutes les constatations jugées nécessaires; c'était lui, encore, qui autorisait ou rejetait les emplettes d'objets divers, sollicitées par les prisonniers; aussi le voit-on intervenir sans cesse, et aux termes des règlements, l'entrée du château lui était constamment ouverte. Les deux derniers commissaires furent Rochebrune, qui mourut le 7 juin 1774, et que remplaça Chenon père[5]. L'indemnité accordée à ces magistrats sur les états de la Bastille était de 4 livres par jour.

*Porte-clefs.*

Pour être les moins haut placés dans le rouage administratif de la Bastille, les porte-clefs ne sont pas les moins connus et le moins souvent mentionnés, soit par les relations de captivité, soit dans les règlements officiels de la prison. C'étaient les serviteurs des prisonniers, ceux, en même temps, dont la discrétion, la probité étaient le plus sujettes à caution et à réglementation.

Au milieu du xvii<sup>e</sup> siècle, en 1655, apparaît pour la première fois, par la lettre suivante, l'organisation primitive des porte-clefs. Le roi écrit au gouverneur :

Monsieur..., comme j'ay cru que la garde et nourriture des prisonniers qui sont ou pourront estre en mon chasteau de la Bastille devoient estre commises à quelques personnes qui n'eussent autre occupation que celle-là, j'ay choisy le cappitaine Legay, lieutenant de la prevosté de mon hostel et grande prevosté de France, pour, avec quatre archers de ladicte prevosté, vaquer continuellement à ce soin. Et parce que j'ay une parfaite confiance en sa vigilance et sa fidelité

---

[1] *Almanach royal de 1781.*
[2] Voir l'introduction.
[3] Arch. nat., O¹ 497, p. 13.
[4] *Pièces justificatives*, n° XXXV.
[5] Bibl. de l'Arsenal, mss. 12,629, dossier *Chenon*.

et que je promets qu'il s'aquittera soigneusement de l'ordre que je lui prescris, j'entens aussi que vous lui donniez et ausdicts archers dans mondict chasteau l'entrée et la liberté qui leur sera necessaire pour cet effect. Cette lettre n'estant que pour vous faire sçavoir mon intention sur ce sujet, je la finis en priant Dieu..... etc [1]

Avec cet officier et ses quatre archers, nous sommes loin encore de l'institution définitive des porte-clefs. Elle ne nous est révélée que par des textes postérieurs d'un siècle environ. Il résulte, en effet, d'une lettre du lieutenant de police Berryer à Bayle, en date du 4 avril 1750 [2], qu'à cette époque le service des prisonniers est fait par «trois porte-clefs» dont le traitement est de 25 sous par jour, avec une allocation égale pour leur nourriture; ils logent hors de la prison, où ils ne viennent coucher qu'à tour de rôle.

Peu après, les porte-clefs sont au nombre de quatre, et une consigne très rigoureuse, dont nous donnons le texte aux *Pièces justificatives* [3], leur est édictée par le gouverneur. La première règle qui leur soit prescrite est, tout naturellement, la discrétion la plus absolue et l'obligation d'informer les officiers de l'état-major des offres de tout genre que leur pourraient faire les prisonniers. Dans leurs rapports avec ces derniers, ils doivent parler «seulement de la pluye et du beau temps», mais écouter, cependant, les réclamations qu'on leur fait, afin de les transmettre à qui de droit.

Nous passons plus rapidement sur divers détails de service qui sont purement de sens commun. Voici quelques recommandations dignes d'être notées : les porte-clefs sont tenus à «avoir beaucoup de douceur et de politesse pour les prisonniers», et, toutefois, à ne pas les perdre de vue tant qu'ils sont dans leur chambre, pour «se mettre en garde des accidents»; il leur est défendu de recevoir la moindre gratification des prisonniers pendant leur séjour au château; quand un détenu est mis en liberté, ils ont le droit d'accepter de lui quelque cadeau, mais sans jamais rien demander; il ne leur est pas permis de faire des emplettes pour ceux dont ils ont la garde, sans y être autorisés par un officier de l'état-major; ils doivent examiner avec grand soin la desserte de table qu'on leur abandonne, pour voir si quelque billet n'y serait pas caché; enfin, ils ne peuvent jamais s'absenter tous les quatre en même temps, et deux au moins doivent rester ensemble au château. Plus un règlement est minutieux, moins il a chance d'être strictement observé. On ne peut douter, et nous le montrerons plus tard, que les porte-clefs tiraient un profit pécuniaire de leurs rapports avec les prisonniers; sans parler de la desserte, qui devait être abondante puisque la nourriture était trop copieuse, on a la preuve qu'ils étaient rétribués pour les mille petits achats qu'on leur laissait faire, et qu'ils s'efforçaient de complaire aux détenus, dans l'espérance d'en être récompensés lorsque la détention prenait fin.

---

[1] Arch. nat., O¹ 3, f° 191 r°. — [2] Bibl. de l'Arsenal, dossier *Admin. intér.*, à la date (cote ancienne). — [3] N° XXIV.

Ce qu'il est vrai de dire, c'est que les porte-clefs étaient recrutés parmi les hommes les plus sûrs et les plus scrupuleux qu'on pût trouver; ils étaient à la nomination du roi [1], et une retraite de 20 ou 30 sous par jour leur était accordée lorsqu'ils avaient compromis leur santé à un service assurément fort pénible. Linguet a donc tort, une fois de plus, de dire que « ces bourreaux » étaient choisis parmi les anciens laquais du gouverneur, à charge « de faire, en entrant, ou un présent ou une rente à quelque protégé ou protégée [2] ».

Les quatre porte-clefs avaient chacun le service de deux des huit tours de la Bastille. Ils se le répartissaient de telle façon que les plus anciens eussent, pour « département » les tours les mieux situées, c'est-à-dire celles qui étaient le moins éloignées des cuisines. Il arriva, en 1785, que l'affluence des prisonniers les trouva trop peu nombreux et que le gouverneur fut autorisé à leur adjoindre deux bas-officiers, payés pour ce fait à raison de 25 sous par jour [3].

Garnison de la Bastille.

Jusqu'au milieu du xviii<sup>e</sup> siècle, la garde militaire de la Bastille fut assurée par une compagnie franche que recrutait le gouverneur et dont il payait la solde, à charge d'en être indemnisé sur les états du ministère de la guerre. Vers 1700, nous l'avons vu (page 53), cette compagnie comptait 60 hommes à pied et coûtait 12,900 livres par an, à raison de 1,075 livres par mois. Peu après, elle était ainsi composée : 37 hommes, payés 11<sup>tt</sup> 2 s. par mois; 3 sergents à 15 livres; 3 caporaux à 11<sup>tt</sup> 2 s.; 1 tambour à 12 livres; en tout 47 hommes, commandés par le gouverneur et le major. Ces hommes prenaient rang pour 3 ans dans la compagnie, après avoir signé une formule ainsi conçue :

Nous, capitaine et gouverneur du château royal de la Bastille, certifions avoir engagé dans la compagnie franche que je commande, le nommé         , âgé de         , d'environ         pieds de hauteur, ayant les cheveux         , pour servir en qualité de soldat dans ma compagnie pendant l'espace de trois ans, à commencer du         [4].

---

[1] Voir, dans la collection des dépêches du ministère de la maison du roi, une lettre du ministre au lieutenant de police pour l'informer que la nomination de Lossinot comme porte-clefs est approuvée, 8 mars 1781 (O¹ 492, p. 95). Ce même Lossinot, dit *Saint-Louis*, est mis à la retraite le 20 juillet 1786 avec 30 sous par jour sa durant et remplacé par le nommé Fanfard, « que vous me marquez, dit le ministre, être un homme sûr et bon sujet » (O¹ 497, p. 402). Dans l'état de dépenses de la Bastille pour le mois de juin 1789, Lossinot est porté pour une rente quotidienne de 45 sous. Trois autres anciens porte-clefs, dont Daragon, mis à la retraite en 1766, celui qui avait si mal gardé Latude et d'Allègre, émargent pour 30 sous par jour. Leurs veuves même étaient rentées; dans l'état de janvier 1781, celle de Bourguignon figure pour 25 sous par jour.

[2] *Loc. cit.*, p. 171-172.

[3] Lettre du lieutenant de police au gouverneur, en date du 4 décembre 1785, à la Bibl. de l'Arsenal, ms. 12,609. Le fait n'est pas sans précédents; au mois d'août de la même année, on avait placé, auprès de Cagliostro, pour « le désennuyer et l'empêcher d'effectuer ses idées noires..., un bas officier doux, exact et ferme ». (A. Bégis, *Le registre d'écrou de la Bastille*, loc. cit., p. 21).

[4] La Bibliothèque de l'Arsenal possède, sous la cote 12,613 de ses manuscrits provenant de la Bastille, trois registres d'admission ainsi rédigés, pour les années 1709-1724, 1725-1733, 1734-1748. Les plus anciens ont disparu.

## ADMINISTRATION.

Le plus souvent, la signature était remplacée par une croix. Quelquefois la formule mentionne la profession antérieure du soldat enrôlé; c'est, le plus souvent, celle de cordonnier, de jardinier ou de quincaillier.

Par une ordonnance en date du 31 décembre 1749, Louis XV créa une compagnie « de bas-officiers invalides » destinée à constituer la garnison de la Bastille. Nous donnons cette ordonnance aux *Pièces justificatives* [1], ainsi que deux autres textes qui la complètent. La compagnie se composa d'un capitaine en premier, payé 3ʰ 10 s. par jour, d'un capitaine en second, payé 3 livres, de 3 lieutetenants, payés l'un 50 sous et les deux autres 40; de 4 sergents, à 15 sous, de 4 caporaux, à 12 sous; de 4 anspessades à 11 sous, de 68 fusiliers et 2 tambours, payés à raison de 10 sous par jour. L'effectif complet était ainsi de 82 hommes, non compris les officiers; c'est donc bien à tort que la *Bastille dévoilée* [2] déclare que « la troupe étoit censée consister en une compagnie de 100 invalides, mais jamais elle n'étoit à beaucoup près complette; elle montoit communément à 60 hommes au plus, commandés par 2 capitaines, 1 lieutenant et des sergens ». Le gouverneur du château eut le commandement général de la troupe.

Pour un service aussi important que celui de la Bastille, il est bizarre qu'on ait fait choix de vieux soldats infirmes, ou tout au moins assez peu ingambes, et nous avouons n'en pas comprendre les raisons. L'inconvénient dut s'en faire sentir plusieurs fois, notamment au moment de l'évasion de Latude, qui ne se serait peut-être pas produite si le bas-officier de faction n'eût été incommodé d'une hernie, qui le força à interrompre son service pour rajuster son bandage; telle est, du moins, l'excuse qu'il invoqua devant le commissaire [3]. L'emploi ne paraît pas avoir été très recherché; on peut le supposer d'après ce passage d'une lettre adressée par le gouverneur de l'Hôtel des Invalides à celui de la Bastille, le 9 mars 1755 [4].

... Le porteur de la lettre est un bas-officier de distinction; vous jugerez s'il faut un homme de cette espèce; l'autre est un soldat qui a aussy de la délicatesse, et ny l'un ny l'autre ne feront que ce que peuvent faire de vrais militaires. *Cependant, si quelque chose leur répugne dans l'employ qu'on leur destine*, je tâcherai de vous trouver dès ce soir quelqu'un qui, estant *moins délicat*, n'en sera pas moins sûr.

Et en post-scriptum :

Si vous refusés le bas-officier, donnés une tournure pour ne pas degouster le soldat.

L'uniforme de ces militaires était assez semblable à celui des gardes françaises, bleu foncé et rouge, avec des passementeries blanches. Si l'on voulait s'en faire une idée, on pourrait examiner à la bibliothèque de l'Arsenal des échantillons du

---

[1] Nº XII.
[2] 2ᵉ livraison, p. 31.
[3] Voir les pièces publiées par M. Longnon, *apud* *Mémoires de la Société de l'histoire de Paris*, t. III, p. 379-389.
[4] Bibl. de l'Arsenal, ms. 12,611.

drap dont il était fait, fournis par le tailleur Hemery [1]. Un tableau de Thévenin, conservé au Musée Carnavalet : « *Arrestation de M. Delauney* », représente le gouverneur et plusieurs de ses bas-officiers en uniforme très exactement détaillé.

L'habillement de la troupe coûtait environ 9,000 livres par an, dont le ministère de la guerre payait, en chiffres ronds, les deux tiers.

Une fois régulièrement constituée, à partir du 1er janvier 1750, la compagnie des bas-officiers reçut des règlements de service intérieur, édictés par le gouverneur lui-même. Nous en produisons le texte dans les *Pièces justificatives* qui terminent ce volume [2], et il ne faut ici qu'en signaler quelques détails.

La compagnie était logée, on le sait, dans les casernes de l'avant-cour, construites expressément pour la recevoir. Elle avait à desservir les trois postes ou corps de garde de la grille, de l'avancé et du château; en outre, un factionnaire, placé devant le quartier, avait mission d'en surveiller les abords, d'écarter les curieux et de garder l'accès du magasin d'armes.

Il est très certain que les bas-officiers de la Bastille étaient moins des militaires que des geôliers, c'est-à-dire qu'ils avaient une part considérable dans la surveillance directe des prisonniers. Un des articles importants de leurs consignes est qu'ils doivent connaître la figure et le nom de toutes les personnes qui fréquentent au château et se rappeler aussi la dénomination spéciale à chaque tour. Tant que dura l'usage de la promenade du jardin, ce fut un bas-officier que l'on chargea d'accompagner le prisonnier, qu'il recevait des mains d'un porte-clefs et à qui il le rendait, la promenade finie.

La troupe prenait les armes et se mettait en haie lorsque venait au château quelque grand personnage, et le tambour battait aux champs; de même quand on y apportait le Saint-Sacrement. Lors de l'arrivée d'un prisonnier, — ce qu'on appelait les *ordres du roi*, — tout un cérémonial était prescrit, que nous décrirons en parlant du régime des détenus. Dans certaines circonstances, et surtout en cas d'alerte, les ordres étaient transmis à l'aide du sifflet, comme le prouve cette note de service, rédigée par le major de Losme :

*Du 6 juin 1788.*

Au coup de sifflet de l'intérieur, le caporal et deux bas-officiers du corps de garde du châ-

---

[1] Bibl. de l'Arsenal, ms. 12,611. Dans la même liasse se trouve le devis suivant pour la confection d'une capote :

| | |
|---|---|
| 3 aulnes 3/4 drap bleu berry teint en drap, à 10ʰ 10ˢ fait...... | 39ʰ 7ˢ 6ᵈ |
| 6 aulnes 1/2 serge rouge aumale 7 1/2 à 2ʰ 6ˢ............ | 14 1 " |
| 6 aulnes tire-botte à 6ˢ......... | 1 16 " |
| A reporter........ | 54 42 6 |

| | |
|---|---|
| Report.......... | 54ʰ 42ˢ 6ᵈ |
| Agraffes, portes, autres fournitures et façon................ | 5 " " |
| | 61 2 6 |
| Fournitures de 5 capotes...... | 305 12 6 |

C'est depuis le mois de juillet 1785 que le sieur Hemery, maître tailleur, avait la fourniture de l'habillement de la compagnie (Bibl. de l'Ars., ms. 12,611).

[2] Nᵒˢ XVIII-XXIII.

## ADMINISTRATION.

teau entreront dans la cage pour se porter dans l'intérieur, s'il est nécessaire. En même tems, la sentinelle de la porte rouge donnera un coup de sifflet pour avertir le corps de garde de l'avancé de faire partir tout de suite un caporal et deux bas-officiers, qui se rendront à la cage pour servir au besoin.

Attention que ce soit des hommes les plus forts et en etat de defense. (*Ce paragraphe a été barré.*)

Bellerose estant toujours dans l'intérieur ne doit pas être mis au poste.

Ce Bellerose était, sans aucun doute, un des hommes le plus valides de la troupe, sur l'énergie duquel on pouvait compter.

Les rondes étaient organisées avec un soin extrême, que l'on comprendra. Elles avaient lieu incessamment, jour et nuit, sur la galerie que nous avons décrite et qui paraissait accrochée à la contrescarpe du fossé, tout autour du château, lui faisant face. Une sentinelle l'arpentait dans toute sa longueur; trois autres n'en parcouraient que des sections. Le bas-officier placé dans la partie voisine de la rue Saint-Antoine était chargé de prévenir le corps de garde, lorsque, pendant la nuit, survenaient «les ordres du Roi»; il indiquait sa présence en sonnant sur une cloche toutes les heures, tous les quarts d'heure et toutes les demi-heures, depuis 10 heures du soir jusqu'à 6 heures du matin. Dans la journée, cette formalité était remplie par la sentinelle placée dans la «cage». Par l'interrogatoire que subirent les bas-officiers de service pendant la nuit de l'évasion de Latude [1], nous voyons que la durée de la faction était de trois heures. Des tournées de vérification étaient faites par les officiers, d'heure et demie en heure et demie; par un caporal, toutes les heures. Il nous est resté une grosse liasse des feuilles de présence ainsi pointées. A partir de 1782, ces feuilles portent des en-tête imprimés [2].

La compagnie était très disciplinée, et l'on ne trouve guère de faits d'insubordination à lui reprocher. Nous nous rappelons avoir lu dans les dépêches du ministre de la maison du roi l'ordre de mettre au cachot un bas-officier qui avait tenu de mauvais propos contre la comptabilité du gouverneur, mais ces faits étaient extrêmement rares.

En 1786, il fut décidé que les soldats qui, sans permission avaient manqué l'appel, seraient «appointés», suivant la durée du retard, de trois gardes de quartier (sans doute ce que nous nommons «la salle de police») et même de huit jours de prison [3]. Lors de l'effervescence qui précéda la réunion des États généraux de 1789, le gouverneur donna à la troupe une consigne plus sévère, que l'on trouvera aux *Pièces justificatives* [4]. Le 13 mai, le ministre Villedeuil, en raison de ce surcroît de rigueur, autorisa 2 sous d'indemnité par jour pour chaque bas-officier «jusques à ce que la tranquillité soit retablie dans Paris [5]». Cette somme,

---

[1] Pièces publiées par M. Longnon; voir la note 2 de la page 43.
[2] Bibl. de l'Arsenal, ms. 12,615.
[3] Bibl. de l'Arsenal, ms. 12,602.
[4] N° XXXVI.
[5] *Ibid.*, dossier *Comptabilité*.

s'élevant pour un mois, à 246 livres (8ᴸ 4 s. par jour), figure encore sur l'état du mois de juin, le dernier qui ait été dressé.

Nous n'avons pas connaissance qu'un incendie de quelque importance ait jamais éclaté à la Bastille. On conçoit que des mesures rigoureuses aient été prises en prévision d'un sinistre. Le tableau ci-dessous reproduit fidèlement, d'après l'original conservé dans les archives de la Bastille, la distribution de la compagnie aux divers postes.

EN CAS DE FEU.

| NOMS DES POSTES. | CAPITAINES. | LIEUTENANTS. | SERGENTS. | TAMBOURS. | CAPORAUX. | ANSPESSADES. | BAS-OFFICIERS. | TOTAL. |
|---|---|---|---|---|---|---|---|---|
| Aux pompes............... | " | " | 1 | " | " | 1 | 3 | 5 |
| Au feu.................... | 1 | 1 | 1 | 1 | 1 | " | 11 | 14 |
| A la grille............... | " | " | 1 | " | " | 1 | 5 | 7 |
| Porte de l'Arsenal........ | " | " | 1 | " | " | " | 4 | 5 |
| L'avancé................. | " | " | " | " | 1 | " | 4 | 5 |
| Le château............... | " | 1 | " | " | " | 1 | 12 | 13 |
| La terrasse.............. | 1 | " | " | 1 | 1 | " | 17 | 19 |
| Le quartier.............. | " | " | " | " | 1 | " | 6 | 7 |
| Le donjon............... | " | " | " | " | " | 1 | 6 | 7 |
| Totaux............ | 2 | 2 | 4 | 2 | 4 | 4 | 68 | 82 |

## II

Une liste complète des capitaines-gouverneurs de la Bastille et des principaux officiers de l'état-major n'a pas encore été présentée jusqu'ici. Celle que l'on va lire n'est pas absolument sans lacunes; mais, telle qu'elle est, nous espérons qu'elle offrira encore de l'intérêt et que l'on nous tiendra compte des recherches qu'elle a exigées [1].

### § 1. Capitaines-Gouverneurs.

1. LA PERSONNE (Jean), vicomte d'Acy, chevalier, fut probablement le premier capitaine de la Bastille. Dans les montres et quittances des gens de guerre son nom se rencontre fréquemment, de 1386 à 1392, avec la qualité de «capi-

---

[1] Dans notre article «Bastille» de la *Grande Encyclopédie*, nous avions donné la nomenclature de vingt et un gouverneurs. Celle-ci comporte quarante-deux noms. M. H. Monin, qui, dans son édition de Linguet, avait bien voulu renvoyer ses lecteurs à celle de notre premier travail, tout en la trouvant bien incomplète (préface de l'édition des *Mémoires de Linguet et Dusaulx*, note 2 de la page 14), nous saura gré, sans doute, d'être ainsi en progrès.

taine du fort et bastide Saint-Anthoine lez Paris». Le nombre d'hommes de sa compagnie varie plusieurs fois entre ces deux dates : tantôt il est de trois écuyers, tantôt de six, tantôt de huit; à partir de 1392, il n'est plus que de cinq arbalétriers, au lieu de dix[2], auquel il s'élevait antérieurement. Suivant une note du volume 121 (fol. 149 r°) de la collection Duchesne conservée parmi les manuscrits de la Bibliothèque nationale, «messire Jean la Personne, chevalier, vicomte d'Acy, seigneur de Beu et de Nesle en Tardenois, chambellan du Roy, qui decedda l'an 1400», fut inhumé au couvent des Célestins d'Amiens.

2. SAINT-GEORGES (Le seigneur DE). Ce personnage nous est peu connu et l'on ignore la date à laquelle il fut investi de la garde de la Bastille. Peut-être succéda-t-il immédiatement à La Personne; d'après Millin qui, dans l'espèce, ne saurait faire autorité, il avait la charge du château en 1404[3]; le chroniqueur anonyme que l'on nomme le religieux de Saint-Denis déclare qu'en 1405 elle lui fut donnée pour remplacer Jean de Montaigu[4]; mais, comme nous allons le dire dans un instant, c'est très probablement le contraire qui eut lieu; il est donc certain que le sire de Saint-Georges fut, pendant quelque temps, capitaine de la Bastille, mais là s'arrête notre certitude.

3. MONTAIGU (Jean DE). Au contraire de ce qu'avance le religieux de Saint-Denis, Monstrelet affirme que Jean de Montaigu fut nommé capitaine de la Bastille en 1405, en lieu et place du sire de Saint-Georges, et ce qui nous fait préférer, avec Douet d'Arcq, cette version à l'autre, ce sont les paroles mêmes que Monstrelet prête à Montaigu : il «jura et fist serment qu'il ne mestroit hommes

---

[1] «Sachent tuit que nous Jehan La Personne, vicomte d'Acy, chevalier, capitaine du fort et bastide de Saint Anthoine lez Paris, confessons avoir eu et receu de Jehan Le Flamenc, tresorier des guerres du Roy nostre sire, la somme de trois cens quatre vins frans d'or en prest sur l'estat et gaiges de nous capitaine, 1 autre chevalier, VIII escuiers et x arbalestriers ordenés à la garde et deffense de la bastide Saint Anthoine de Paris, deserviz à ladicte garde et deffense. De laquelle somme de III° IIII^xx frans d'or dessusdicte nous nous tenons pour contens et bien paiez. Donné soubz nostre scel, le XIII° jour de mars l'an mil CCC IIII^xx et cinq». (Bibl. nat., mss. Clairambault, Titres scellés, reg. 76, pièce 46.) — Les pièces 47-65 sont des quittances analogues.

«Sachent tuit que nous, Jehan La Personne, vicomte d'Acy, chevalier, capitaine du fort et bastide de Saint-Anthoine lez Paris, confessons avoir eu et receu de Jehan Le Flament, tresorier des guerres du Roy nostre sire, la somme de deux cens soixante livres tournois en prest sur l'estat et gaiges de nous capitaine dessusdict et vi escuiers et x arballestriers de pié de nostre compaignie, desserviz et à deservir en ces presentes guerres à la garde, seurté et deffense dudit fort et bastide Saint-Anthoine; de laquelle somme de II° LX livres tournois nous nous tenons pour contens et bien paiez. Donné soubz nostre scel, le XII° jour de decembre, l'an mil CCC IIII^xx et sept». (Bibl. nat., fonds franç. 26022, n° 1110.) — Dans le catalogue d'une vente d'autographes faite le 26 novembre 1888 par l'expert Eugène Charavay, a figuré une montre de Jean La Personne en date du 1^er février 1386 (n. s.). Sa compagnie, «en garnison à la Bastide Saint-Anthoine», se composait alors d'un bachelier, de 8 écuyers et de 10 arbalétriers.

[2] Antiquités nationales, t. I, p. 3.

[3] Loc. cit., t. III, p 308.

dedens, sinon seulement ceulx du Conseil du Roy là estans ⁊ [1]. La vie du grand-maître de l'hôtel du Roi a été étudiée par M. L. Merlet [2] d'une façon fort intéressante, mais il n'y est pas fait mention de son passage à la capitainerie de la Bastille. Plus haut, nous avons parlé de la chapelle où les commissaires du roi d'Angleterre lurent, en 1430, le nom de Montaigu inscrit comme fondateur de l'autel qui s'y trouvait [3]. En 1406, le grand-maître figure, dans une quittance, comme capitaine de la Bastille avec quatre hommes d'armes et six arbalétriers seulement [4]. Depuis cette date, nous ne trouvons plus mention de lui. On sait qu'il fut mis à mort, le 17 octobre 1409. Conserva-t-il jusqu'alors le gouvernement de la forteresse? Il serait téméraire de se prononcer.

4. LOUIS duc DE BAVIÈRE, frère de la reine Isabeau, fut, d'après Monstrelet [5], nommé capitaine de la Bastille en septembre 1413. Le *Journal d'un bourgeois de Paris* s'exprime, à ce sujet, en termes qui prêtent à l'amphibologie : parlant du duc de Guyenne et de ceux de son parti, « ilz firent, dit-il, les deux ducz devant dis, de Bavière et de Bar, cappitaines l'un de Sainct Anthoine et l'autre du Louvre ⁊ [6].

5. ÉDOUARD, duc DE BAR. Si nous donnons une place à ce personnage dans la liste des capitaines de la Bastille, c'est qu'il est mentionné comme tel par le Religieux de Saint-Denis pour la même année 1413 [7]; on vient de voir, par l'article précédent, que ce chroniqueur a peut-être fait confusion avec la capitainerie du Louvre.

6. BAYER (Conrad). Il ne nous est connu que par une quittance du 30 juin 1414, où il figure comme capitaine de la Bastille, avec trois écuyers et trois arbalétriers [8].

---

[1] Édition de Douet d'Arcq pour la Société de l'histoire de France, t. I, p. 113.

[2] *Bibl. de l'École des chartes*, 3ᵉ série, t. III, (1852), p. 248-283.

[3] Ci-dessus, p. 10.

[4] « Sachent tuit que nous Jehan, seigneur de Montagu, chevalier banneret, souverain maistre d'ostel du Roy, capitaine du chastel de Saint-Anthoine de Paris, confessons avoir eu et receu de Hemon Raguier, tresorier des guerres du Roy nostredit seigneur, la somme de deux cens onze livres, onze sols, huit deniers tournois, qui deuz nous estoient, tant pour nostre estat comme pour les gaiges de nous, de quatre hommes d'armes, six arbalestriers dont l'un est artilleur, d'un canonnier et de son varlet de nostre compaignie, desserviz à la garde, seurté et deffense dudit chastel en cest present mois d'avril, de laquelle somme de IIᶜ XI l. XI s. VIII d. t., nous nous tenons pour contens et bien paiez, et en quittons le Roy nostredit seigneur, ledit tresorier et tous autres à qui quittance en appartient. Donné à Paris soubz nostre scel, le derrenier jour dudit mois d'avril l'an mil cccc et six ⁊. (Bibl. nat., mss. Clairambault, *Titres scellés*, reg. 76, pièce 12.)

[5] *Loc. cit.*, t. II, p. 398.

[6] Édition de M. A. Tuetey, p. 42.

[7] *Loc. cit.*, t. V, p. 130.

[8] « Sachent tuit que je Corat Bayer, chevalier, confesse avoir eu et receu de Hemon Raguier, tresorier des guerres du Roy nostre sire, la somme de soixante-dix livres tournois, en prest et paiement sur les gaiges de trois escuiers et de trois arbalestriers de ma compaignie desserviz et à desservir au service du Roy nostredit seigneur à la garde et

## ADMINISTRATION.

7. BEAUMONT (Thomas DE) est mentionné en qualité de capitaine par Millin[1] pour l'année 1416, mais nous n'avons que ce témoignage, assez faible, à invoquer. On sait que Thomas de Beaumont appartenait au parti anglo-bourguignon et, vu l'année qu'indique Millin, il n'est nullement surprenant que le commandement de la Bastille lui ait été alors confié par le duc de Bourgogne, en ce moment maître de Paris. Il vivait encore vingt ans plus tard et, toujours au service de l'Angleterre, il fut fait prisonnier par le connétable de Richemont au combat d'Épinay-sur-Seine, le 10 avril 1436[2].

8. JACQUEVILLE (Hélyon DE), un autre bourguignon, était capitaine de la Bastille en 1418. Pendant son administration, le duc de Bourgogne vint plusieurs fois loger et dîner au château[3]. Le religieux de Saint-Denis en parle, à la date de 1413, sous le nom de *Leo de Jaquevilla*, comme d'un séditieux bourguignon[4].

9. CHAUNY (Le sire DE) fut fait capitaine de la Bastille lorsque cette forteresse fut prise par le duc de Bourgogne, le 11 juin 1418. Monstrelet, qui nous l'apprend[5], rapporte que ce personnage y était détenu prisonnier depuis un an[6].

10. FASTOLF (John). Il fut nommé capitaine de la Bastille par Henri V, roi d'Angleterre, au commencement de l'année 1421. Le fait nous est révélé par un document imprimé dans les mémoires de la Société des antiquaires de Londres et dont le *Bulletin de la Société de l'histoire de Paris* a reproduit le texte[7] : « ... Et aura ledit Jehan continuellement demourantz avesque lui, sur la saufgarde de la susdicte Bastille, vingt hommes d'armes, lui mesmes accontez, et sessante archers, durant ledit an... » L'acte porte, en effet, que la place ne lui est confiée que pour un an[8].

11. MIDELSTRET (John) succéda sans doute à Fastolf sans intermédiaire, mais ses fonctions durèrent plus longtemps, car en 1424 nous le trouvons encore, comme capitaine de la Bastille, chargé de la *montre* de Jean Handford[9].

---

seurté de la ville de Paris et de la bastide Saint-Anthoine, et par tout ailleurs où il plaira au Roy nostredit seigneur donner, en la compaingnie et soubz le gouvernement du Roy de Jherusalem et de Secille. De laquelle somme de LXX l. t. je me tien pour content et bien paié, et en quitte ledict tresorier et tous autres. Donné en tesmoing de ce soubz mon scel, le derrenier jour de juing l'an mil CCCC et quatorze.» (Bibl. nat., mss. Clairambault Titres scellés, reg. 9, pièce 42).

[1] *Loc. cit.*, p. 3.

[2] Voir le livre de M. E. Cosneau : *Le connétable de Richemont*, Paris, 1886, p. 244.

[3] E. Petit, *Itinéraires de Philippe le Hardi et de Jean sans Peur*, loc. cit.

[4] *Loc. cit.*, t V, p. 12.

[5] *Loc. cit.*, t. III, p. 266.

[6] *Ibid.*, p. 207.

[7] Année 1874, p. 39-41.

[8] Sur Fastolf, dont Shakespeare a popularisé le nom, en le défigurant, voir encore l'article de Vallet de Viriville, dans la *Biographie Didot*.

[9] «Johannes, regens regnum Francie, dux Bedfordie, dilecto armigero nostro Johanni *Midelstrete*, capitaneo bastelli situato in vico sancti Antonii Parisius, salutem. Sciatis quod nos, de fide-

12. BOUTEILLER (Raoul Le) appartient, sans doute à la puissante famille des Le Bouteiller de Senlis qui possédait tant de domaines dans l'Ile-de-France. Il était capitaine de la Bastille pour le roi d'Angleterre au mois d'octobre 1428, lorsque les commissaires de la Chambre des comptes vinrent faire l'inventaire des meubles et de l'artillerie du château [1].

13. L'ISLE-ADAM (Jean de Villiers, seigneur de) était, au dire du *Journal d'un bourgeois de Paris* et des inventaires que nous publions aux *Pièces justificatives* [2], capitaine de la Bastille au mois de mai 1430. La vie de ce personnage est fort connue, et nous n'avons pas à y insister davantage.

14. SALVAIN (Jean), maître d'hôtel du duc de Bedford, est, à la fin de février 1431 (n. s.) commis par Bedford à la garde de la Bastille, lorsque les commissaires de la Chambre des comptes viennent, pour la seconde fois, faire l'inventaire de la forteresse [3]. C'est la seule mention que nous ayons de Jean Salvain, évidemment sujet anglais, et dont le nom a dû, bien probablement, être défiguré par les scribes français.

15. IVYER (Antoine d'). Quand, en 1436, Paris eut été repris sur les Anglais par le connétable de Richemont et que la Bastille se fut rendue au roi de France, après un simulacre de siège que nous raconterons ailleurs, le duc Charles de Bourbon, cousin du roi, en reçut le commandement supérieur. Il était dès lors convenu qu'au 1er janvier suivant (1437), la forteresse serait remise aux mains du roi, qui y commettrait un homme de son choix; le 4 janvier, cette remise n'ayant pas été faite, le bureau de la Chambre des comptes fut saisi de la question, et en présence du capitaine de la Bastille, Antoine d'Ivyer, il fut décidé que des gages seraient alloués au duc de Bourbon si, dans un délai de trois semaines au plus, le roi n'avait pourvu à la garde du château [4].

litate et circumspectione vestris plenarie confidentes, assignavimus vos ad monstra sive monstraciones predilecti militis nostri Johannis Handford, capitanci de sancto Germano *en Lay et de Montjoye*, nec non hominum ad arma armatorum et sagittariorum qui sunt de retinencia sua. . . . . . . . . . . .
Datum sub sigillo nostro Parisius, vicesimo die mensis Marcii, anno domini millesimo quadringentesimo vicesimo tercio ». (Bibl. nat., fonds fr. 26,047, n° 223).

[1] *Pièces justificatives*, n° II.

[2] *Loc. cit.*, p. 254. — *Pièces justificatives*, n° II. — Voir plus haut, p. 48.

[3] *Pièces justificatives*, n° II.

[4] «Du vendredy IIII janvier mil IIIIc xxxvi, fol. 39 v°, presents nos seigneurs au bureau, mes Jean des Landes, Jean Le Vavasseur, Jean Conquet, mes Guillaume Baslart, P. de Canteleu, R. de Boulongny, mes de Parceval de Boulainvilliers, chevalier, Robert Parent, bailly de Dieppe, mes Robert Andry, chevalier et Antoine d'Ivyer, capitaine de la bastide Saint-Antoine, ont dit et exposé à nosdits seigneurs, par la bouche dudit Robert Parent, comment ils ont entendu qu'entre le Roy et mgr de Bourbon n'aguères esté faict un appointement tel : c'est assavoir que ladicte bastide seroit ou debvoit estre, dès le premier jour de ce present mois de janvier, mise en la main du Roy ou de celuy que

## ADMINISTRATION.

**16. CISSAY** (Guichart de) fut capitaine de la Bastille sans interruption, de 1443 à 1458, aux gages de 1,200 livres par an [1]. Il était maître d'hôtel du roi et seigneur de Romilly, en Normandie, ainsi que l'atteste une quittance de l'année 1458 [2]. On sait encore que ce personnage fut l'un des négociateurs de la trêve conclue en 1444 entre la France et l'Angleterre [3].

**17. LA ROCHETTE** (Louis de Behan ou Behene, dit de), chevalier, maître d'hôtel du roi, succéda, en 1458, à Guichart de Cissay, décédé sans doute. Ses gages étaient de 1,200 livres, comme ceux de son prédécesseur [4]. Il était encore capitaine de la Bastille lorsqu'en 1460, il acquit les seigneuries de Servon et de la Borde-Grappin [5]. Il mourut en 1471 et fut inhumé dans l'église de Bruyères-le-Châtel, autre seigneurie lui appartenant. Ses armoiries, que l'abbé Lebeuf put distinguer sur sa sépulture, étaient : *d'argent, à trois pals de gueules* [6].

---

par ses lettres il y voudroit commettre ; mais eux dessus nommez qui, pour ledit monseigneur de Bourbon en avoient la garde, n'en avoient encore eu mandement du Roy, ny n'estoit venu d'entre eux aucun de par le Roy pour en prendre la garde et possession. Ont dit encore qu'ils estoient tout prests d'obeir au mandement du Roy si tost qu'aucun [seroit] venu de par luy pour ladicte cause, et bien tenoient que, pour six ou huit jours qui pourroient escheoir depuis ledit premier jour de janvier, ledit monseigneur de Bourbon ny ceux qui avoient la garde de ladicte bastide ne demanderoit aucuns gages ou salaires, mais s'ils y estoient encore quinze jours ou trois sepmaines, raison seroit qu'ilz en fussent contentez et salariez ". (Extrait des journaux de la Chambre des comptes de Paris. Arch. des Affaires étrangères, fonds franç., t. XX, fol. 114 v°-115.) — Nous devons l'indication de cette pièce au livre déjà cité de M. Cosneau, p. 264, note 4.

[1] Bibl. nat., Cab. des titres, 685, fol. 83 v°, 99 v°, 110 v°, 122 r°. 147 v°, 149 v°, 151 v°, 169 v°, 194 r°, 197 r°. Ce précieux volume contient le dépouillement, fait avant 1737, de documents originaux de la Chambre des comptes. Nous sommes redevable à notre confrère M. A. Spont, d'avoir bien voulu y relever et nous communiquer les mentions relatives à Guichart de Cissay et à quelques-uns de ses successeurs comme capitaines de la Bastille jusqu'à la fin du xv° siècle.

[2] "Je Guichart de Cissay, escuier, maistre d'hotel du Roy nostre sire, cappitaine de la bastille Saint-Anthoine à Paris, et seigneur de Romilly, confesse avoir eu et receu de honnourable homme et sage Mathieu Henry, vicomte de Conches et de Bretheuil, la somme de 40 liv. t., en deduccion et paiement de la somme de 48 liv. t. 1 s. 4 d. obole, pour moitié de 96 liv. 2 s. 7 d t. que j'ay droit de prendre et avoir par chascun an, aux termes de Pasques et Saint-Michel, par moitié, à cause de madite seigneurie de Romilly, au droit de ma femme, sur la prevosté et moulins de la Ferière appartenant au Roy, de laquelle somme de 40 livres, qui deubz m'estoit au droit et tiltre que dessus pour le terme de Pasques dernier passé, je me tiens pour content et bien paié, et en quitte pour le Roy notredit seigneur, ledit vicomte et tous autres à qui quittance en appartient. En tesmoing de ce, j'ay fait metre à ces presentes lettres le scel de mes armes, le 22° jour de may l'an 1458". (Bibl. nat., fonds franç. 22,389, pièce 9.)

[3] E. Cosneau, *ouv. cité*, p. 347, note 2. — Guichart de Cissay est indiqué encore (sous le nom de Guichart de Sissé) comme ayant apposé son sceau au bas d'une pièce de l'année 1449, dans une note anonyme sur la sigillographie parisienne, publiée dans le *Bulletin de la Société de l'Histoire de Paris*, année 1874, p. 48, — et sous le nom de Guichard de Chissé, dans une quittance du 1er août 1449 (Clairambault, *Titres scellés*, vol. 32, pièce 231).

[4] Bibl. nat., Cab. des titres, vol. 685, fol. 200 r°.

[5] L'abbé Lebeuf, *Histoire de la ville et du diocèse de Paris*, t. V, p. 251 de l'édition de 1883.

[6] *Ibid.*, t. III, p. 474. — Cf. de Guilhermy, *Inscriptions du diocèse de Paris*, t. III, p. 487.

18. MELUN (Philippe DE), chevalier, conseiller du roi, seigneur de la Borde, fut capitaine de la Bastille, aux gages de 1,200 livres par an, depuis 1462 jusqu'en 1466, époque de sa mort[1]. Il est mentionné dans les termes suivants par Commines, à la date de 1465 : « Il (Louis XI) m'a aultresfois dict qu'il trouva une nuict la Bastille Sainct-Antoine ouverte, par la porte des champs, qui luy donna grant suspection de messire Charles de Meleun, pour ce que son pere tenoit la place. Je ne dis aultre chose dudict messire Charles que ce que j'en ay dict; mais meilleur serviteur n'eut point le Roy pour ceste année-là »[2]. Ce n'est que plus tard en effet, en 1468, que Charles de Melun eut la tête tranchée pour crime de trahison envers l'État; quant à son père, il ne pouvait guère être suspect d'infidélité au roi à cette époque, et s'il laissa s'évader de la forteresse dont il avait la garde Antoine de Chabannes, comte de Dammartin, ce ne fut, apparemment, pas par sa faute; un de ses fils se trouvait alors en procès avec le comte pour la seigneurie de Dammartin, et était, nous dit Jean Le Clerc, « annemy capital dudit conte »[3].

19. CHAUVIGNY (Hugues DE), « chevalier, seigneur de Blot, conseiller et chambellan du Roy, capitaine de la Bastille Saint-Antoine depuis le mois de juin 1466, au lieu du sieur de la Borde, 1700 livres »[4]. Il reçut 1,200 livres de traitement pour chacune des années 1467 et 1468[5].

20. LUILLIER (Philippe) fut, pour la garde de la Bastille, l'homme de confiance de Louis XI. C'est à lui que le roi confia la surveillance des prisonniers célèbres de ce règne, le duc de Nemours, l'évêque de Verdun, d'autres encore, et nous retrouverons son nom à leur propos. Nous le voyons mentionné comme capitaine de la Bastille, de 1468 à 1492[6]; en cette dernière année, le 17 juillet, il maria sa fille, Charlotte, avec Louis Picart, seigneur de Boucachart. Sa femme, Anne de Morvilliers, était alors défunte[7]. Son traitement fut invariablement de 1,200 livres; toutefois, en 1473-1474, il reçut un supplément de 600 livres « pour entretenir son estat »[8].

Avec Philippe Luillier, et pour une longue période, près de cent cinquante ans, s'interrompt la série des capitaines de la Bastille que l'on peut appeler des fonc-

---

[1] Bibl. nat., Cab. des titres, vol. 685, fol. 233 v°, 236 r° et 238 v°.

[2] *Mémoires de Commines* publiés par M¹ˡᵉ Dupont pour la Soc. de l'Hist. de France, t. I, p. 87.

[3] *Un manuscrit interpolé de la chronique scandaleuse*, loc. cit., p. 269.

[4] Bibl. nat., Cabinet des titres, vol. 685, fol. 239 v°.

[5] *Ibid.*, fol. 285 v°.

[6] Bibl. nat., Cabinet des titres, vol. 685, fol. 289 v°, 291 v°, 294 v°, 305 v°, 336 v°, 339 v°, 362 r°, 364 v°, 372 v°.

[7] *Ibid.*, Pièces orig., 1261, dossier 51,220, n° 50. Philippe Luillier y est qualifié d'« escuier, chambellan du Roy, nostre sire, seigneur de Galardon et capitaine de la bastide Saint-Anthoine à Paris ».

[8] *Ibid.*, Cab. des titres, vol. 685, fol. 345 r°.

tionnaires purement administratifs ou militaires. Désormais la forteresse va être considérée comme un gouvernement, et ceux qui l'obtiendront vont être des personnages considérables de l'État, connétables ou premiers ministres, qui, sauf exception, feront exercer la surveillance par un lieutenant et ne garderont que les prérogatives du titre.

21. MONTMORENCY (Guillaume DE) nous paraît avoir succédé directement à Philippe Luillier, bien qu'on ne le voie mentionné en cette qualité que pour l'année 1504. A cette date, il donna quittance de son traitement de 1,200 livres « pour la garde et cappitainerie dudit lieu de la Bastille » [1] et, comme nous l'avons dit plus haut, pour la première fois cette somme fut payée sur les fonds du domaine royal, et non plus sur le budget de la généralité d'Outre-Seine.

22. MONTMORENCY (Anne de), fils du précédent, connétable de France, gouverneur de Paris, figure dans l'état de dépenses de 1523 pour 1,200 livres comme capitaine de la Bastille [2], et pour une somme égale comme capitaine de Vincennes. Plus tard, entre 1548 et 1556, nous le retrouvons avec les mêmes titres et le même salaire. Nous pensons, — mais sans pouvoir en fournir la preuve, — que les fonctions de gouverneur de Paris se réunirent alors, entre les mains de Montmorency, à celles de capitaine de la Bastille, et il est au moins certain que le connétable fit exercer réellement ces dernières par un lieutenant, Christophe Cargory, aux gages de 400 livres par an [3]. C'est vraisemblablement ce Cargory qui, en novembre 1559, adressait au prévôt des marchands, à propos du *renforcement* de la Bastille, les vertes remontrances que nous avons analysées plus haut [4] et dont on trouvera le texte aux *Pièces justificatives*.

23. MONTMORENCY (François de), fils du précédent, maréchal de France, fut nommé gouverneur de Paris, en vertu de lettres patentes du 17 août 1556 [5]. C'est sans doute à cette date qu'il devint capitaine de la Bastille. En cette qualité, il reçut plusieurs fois des instructions de Catherine de Médicis, sur lesquelles nous aurons à revenir. Il mourut en 1579.

TESTU (Laurent), que les textes appellent capitaine de la Bastille, ne nous paraît pas cependant devoir figurer dans la liste des gouverneurs tout à fait au même titre que son prédécesseur [6]. Il se fût mieux appelé lieutenant de roi (si le titre

---

[1] Bibl. nat., fonds franç., 2930, fol. 125 r°.
[2] Bibl. nat., coll⁰⁰ Dupuy, vol. 486, fol. 170 v°.
[3] Bibl. nat., ms. franç., 4523, fol. 34 r°.
[4] Voir page 17.
[5] *Registres des délibérations du bureau de la Ville*, t. IV, p. 452. — Sur François de Montmorency, voir un article de M. de Ruble, au tome VI, p. 200-289 des *Mémoires de la Société de l'Histoire de Paris*.
[6] Ce qui nous le ferait penser encore davantage,

avait existé déjà), en même temps qu'il était chevalier du guet. Il apparaît pour la première fois, avec ce double grade au mois de mai 1583 [1]. La journée des Barricades l'en destitua cinq ans plus tard; L'Estoile fait, à ce sujet, des réflexions qu'il faut citer : « En ce mois d'aoust (1588), le Roy voulust remettre Testu en ses estats de chevalier du guet et capitaine de la Bastille (desquels ceux de la Ligue l'avoient déposé); mais les Prevost des marchans et eschevins l'empeschèrent, comme le tenant pour suspect et mal affectionné au parti, et y demeurèrent Congi et Le Clerc qu'ils y avoient establis, nonobstant la prière et commandement du Roy, le duc de Guise faisant sous main jouer ce jeu au peuple, congnoissant de quelle importance pour lui estoit ce restablissement. Car, encores que ledit Testu fust plus propre à garder un jambon et une bouteille qu'une telle place que la Bastille (ce qu'il avoit fait assez paroistre), toutefois le Roy s'en vouloit servir pour la tirer des mains de maistre Jean Le Clerc, archiligueur, ce qu'il ne lui fust jamais possible de faire, non plus que des quatre mil escus qu'il demanda aux Parisiens pour la recompense dudit Testu » [2].

Pour ce dernier trait, L'Estoile se trompe : ce fut seulement 4,000 livres, et non 4,000 écus que le roi fit allouer à Testu; un passage des registres de la Ville, en date du 31 août 1588, ne laisse subsister aucun doute à cet égard [3].

24. BUSSY LE CLERC (Jean), cet « archiligueur » dont on vient de lire le nom, est bien connu dans l'histoire de la Ligue; il en fut un des plus tristes héros. Simple procureur au Parlement, il se montra tout dévoué au duc de Guise, et c'est ce qui fit sa fortune, car la journée des Barricades lui valut le gouvernement de la Bastille. Nous dirons, dans un chapitre spécial [4], quelle conduite il y eut, comment il y emprisonna le Parlement, comment, enfin, il en fut chassé par Mayenne, au mois de novembre 1591. Sa lâcheté en cette circonstance devait le perdre pour toujours; il s'enfuit à Bruxelles et y mourut vers 1635 sans avoir revu la France.

25. DU BOURG lui fut donné pour successeur par le duc de Mayenne et, quoique ligueur, sut mériter l'éloge d'historiens tels que de Thou ou L'Estoile, tout dévoués au parti royal. Après la prise de Paris par Henri IV, il remit dignement au roi la place qui lui avait été confiée [5], et en sortit, le 27 mars 1594, avec l'écharpe noire. L'Estoile ajoute : « Il ne voulust jamais prendre d'argent pour la reddition de cette place, monstrant par là sa generosité et valeur.

c'est que Fr. Ravaisson, dans son excellente introduction aux *Archives de la Bastille*, a nommé le duc de Guise parmi les gouverneurs du château; malheureusement, il n'en apporte aucune preuve et, de notre côté, nous n'en avons pas trouvé qui confirme son assertion.

[1] *Mémoires journaux* de Pierre de L'Estoile, t. II, p. 124 de l'édition Jouaust.
[2] *Ibid.*, t. III, p. 185.
[3] Félibien, *Histoire de la Ville de Paris*, V, 448.
[4] 4ᵉ partie, Événements historiques.
[5] *Ibid.*, pour plus de détails.

Estant sollicité de reconnoistre le Roy et que c'estoit un bon prince, respondit qu'il n'en doutoit point, mais qu'il estoit serviteur de M. de Maienne... »[1].

26. SULLY (Maximilien DE BÉTHUNE, duc DE). Une fois la Bastille reconquise par le roi, une certaine obscurité s'étend sur son histoire, et la nomenclature de ses gouverneurs s'en ressent. Nous n'avons pu combler, dans la rédaction de cette liste, une lacune de huit années, de 1594 à 1602. A vrai dire, plusieurs historiens[2] ont mis en avant pour cette période les noms de de Vic et du sieur de la Chevallerie, comme prédécesseurs de Sully; mais nous n'avons rencontré aucune confirmation authentique de leurs assertions. Pour l'époque où nous en sommes arrivés, de Vic est plusieurs fois mentionné comme gouverneur de Saint-Denis, puis de Calais, mais nullement de la Bastille. Quant au sieur de la Chevallerie, l'extrait qu'on va lire quelques lignes plus bas, prouve qu'il faillit être élevé à cette dignité, mais qu'en réalité il n'y parvint pas.

C'est en 1602 que Sully, déjà grand-maître de l'artillerie et installé à l'Arsenal depuis 1599, fut choisi par Henri IV pour gouverner la Bastille. Dans ses *Œconomies royales*, le célèbre ministre a fait figurer la lettre par laquelle le roi l'informait de sa décision :

... Et pour vous tesmoigner que je me fie en vous plus que jamais, et le faire croire aussi aux autres, je veux que les lettres de provision de capitaine de la Bastille, que pour certaines considérations j'avois voulu estre mises sous le nom du sieur de la Chevallerie, soient maintenant mises sous le vostre, afin que, si j'ay des oyseaux à mettre en cage et tenir seurement, je m'en repose sur vostre prevoyance, diligence et loyauté. Car, pour vous en dire la verité, voyant tant de gens enveloppez dans ces practiques et menées, je ne voy que vous qui ayt toutes les parties requises pour me bien servir en une tant importante occasion; et dès ce soir, je commanderay au sieur de Villeroy de vous en faire les expeditions.

Et les secrétaires de Sully, qui, par une fiction, semblent raconter au grand ministre l'histoire de sa vie, ajoutent : «Lesquelles vous eustes quelques jours après, que nous ne transcrirons point icy, pour eviter prolixité, n'y ayant rien d'extraordinaire en icelles[3].

27. CHATEAUVIEUX (Joachim DE), né le 27 janvier 1545, mort le 13 janvier 1615, succéda à Sully, dont la disgrâce suivit de près la mort de Henri IV. Il fut nommé capitaine de la Bastille, avec le titre de «lieutenant de Sa Majesté», par Marie de Médicis au commencement de l'année 1611, et garda sans doute l'emploi jusqu'à sa mort[4].

---

[1] *Mémoires journaux* de Pierre de L'Estoile, t. VI, p. 196.

[2] Notamment, M. Couret qui a, le plus souvent, consulté de fort exacts témoignages.

[3] *Œconomies royales,* dans la collection Michaud et Poujoulat, t. II, p. 389.

[4] *Mém.* de Bassompierre, t. I, p. 285 de l'édition de la Société de l'Histoire de France.

28. LUYNES (Charles, marquis d'Albert, duc de), né en 1578, remplaça Châteauvieux, ainsi que l'atteste Bassompierre. Il choisit pour lieutenants les deux frères, Jean de Vaudetar, seigneur de Bournonville, et Henri de Vaudetar, baron de Persan; il semble que la forteresse ait eu, en même temps, un commandant militaire, car il existe une quittance donnée, le 2 avril 1615, par Allain de Vauzé « commandant pour le service du Roy au chasteau de la Bastille », où il justifie d'une somme de 603 livres qu'il a dépensées pour la nourriture de trois prisonniers, à raison de 3 livres par jour pour chacun »[1].

29. BASSOMPIERRE (François de), maréchal de France, né en 1579, a raconté dans ses *Mémoires*[2] comment il reçut l'ordre du Roi d'occuper le gouvernement de la Bastille, au mois de septembre 1617, après la découverte d'un complot tramé par les deux frères de Vaudetar. Il n'y resta que dix jours, avec 60 Suisses, après quoi il lui fut prescrit de rendre la place « entre les mains de M. de Brante, frère de M. de Luynes », ce qui revient à dire que Luynes redevint gouverneur, avec son frère pour lieutenant. Quant à Bassompierre, il devait rentrer à la Bastille, quatorze ans plus tard, mais, cette fois, comme prisonnier et pour n'y pas rester moins de douze ans.

30. TREMBLAY (Charles Le Clerc du) était fils de Jean Le Clerc du Tremblay, premier président des requêtes du Palais, et de Marie de Lafayette. Son frère aîné, François Le Clerc du Tremblay, est célèbre dans l'histoire sous le nom du P. Joseph, et il n'est pas douteux qu'il dut à la faveur de ce frère auprès de Richelieu l'emploi de gouverneur de la Bastille[3]. En 1614, du Tremblay était gentilhomme du duc de Bourbon[4]. A la fin de l'année 1629, nous le trouvons pour la première fois mentionné comme gouverneur de la Bastille, dans un acte par lequel le roi mande aux gens de ses comptes d'enregistrer le don d'une pension de 3,000 livres par an « au sieur du Tremblay, capitaine et gouverneur de notre château de la Bastille »[5]. Vingt ans plus tard, il était encore gouverneur de la Bastille; c'est lui qui rendit la forteresse, assez lâchement, dès la première menace des Frondeurs, ainsi que nous le raconterons plus tard[6]. Quand le pouvoir royal eut reconquis Paris, du Tremblay ne fut pas réintégré dans les fonctions qu'en somme il n'avait pas su garder. On ignore la date de sa mort.

31. BROUSSEL (Pierre), conseiller au Parlement, figure dans la série des

---

[1] Catalogue d'une vente d'autographes ayant eu lieu le 12 mars 1889, publié par Eug. Charavay.

[2] *Loc. cit.*, t. II, p. 131-132.

[3] Sur le P. Joseph, voir les articles publiés par M. Fagniez dans la *Rev. histor.* de 1887 et 1888.

[4] Articles publiés par M. Fagniez dans la *Revue historique* de 1887 et 1888.

[5] Arch. nat., P. 2357, p. 703, acte du 27 novembre 1629.

[6] Dans la quatrième partie de ce volume.

gouverneurs de la Bastille au même titre, sinon avec les mêmes défauts, que Bussy-Leclerc. C'est la faveur populaire qui l'y fit entrer, au mois de janvier 1649, après que la forteresse se fut rendue sans résistance devant l'armée des Frondeurs [1]. Il prit pour lieutenant son fils, le sieur de la Louvière. Lors de la trêve signée à Rueil entre la Cour et le Parlement, le 1ᵉʳ avril 1649, Broussel fut maintenu dans son gouvernement, car il «s'etoit beaucoup ralenti», nous dit Goulas, entendant par là qu'il n'était plus, déjà, le farouche tribun d'autrefois [2].

32. LA LOUVIÈRE. Nous dirons plus loin la part que prit la Bastille aux événements de 1652, à ce qu'on a appelé le combat du faubourg Saint-Antoine, et le revirement inattendu qui rendit Paris au roi. Soit que son père fût mort (on n'est pas fixé à ce sujet), soit qu'il lui eût cédé sa charge, La Louvière occupait alors la Bastille, en qualité de commandant de place; un simple exempt fut chargé de l'en faire sortir et, comme on va le voir, l'ordre du roi ne devait pas souffrir de retard :

De par le Roy.

Il est très expressement enjoint au sʳ de la Louvière, commandant dans le chasteau de la Bastille, de remettre presentement cette place au pouvoir de.. cappitaine.. exempt des gardes du corps de Sa Majesté qu'elle y a envoyé exprès pour la recevoir de luy et pour y commander, et de n'apporter aucun retardement à l'execution de cet ordre, à peine de la vie; Sa Majesté declarant [que] la certiffication que ledit exempt donnera, au bas de la presente, de l'obeissance que ledit sieur de la Louvière aura rendue à ce qu'il contient, luy servira de valable descharge de la garde dudit chasteau. Faict à Sainct Germain en Laye le 20ᵉ octobre 1652 [3].

33. VENNES (de) succéda à La Louvière, d'octobre 1652 à août 1653. On n'avait pas, jusqu'ici, fait mention de cet officier, et la lettre du roi, qui fait connaître sa nomination à la capitainerie de la Bastille, est celle aussi qui nous apprend son remplacement dans ce poste :

Monsieur de Vennes, le voiage que j'ay resolu de faire en Champagne me donnant sujet de vous deschargcr de la garde de mon chasteau de la Bastille et de me servir de vous ailleurs, j'ay commis ce soing au sʳ de la Bachellerie, en attendant que j'aye autrement pourveu au gouvernement de cette place. Comme je lui ay faict expedier la commission necessaire pour y commander et qu'il est necessaire, qu'avec les hommes que je luy ay donnez (*sic*) d'y mettre en garnison, il s'y establisse promptement, j'attends aussy, qu'incontinent cette lettre receue, vous en fassiez sortir la compagnie de mon regiment des gardes françoises que vous commandez, que vous mettiez en son pouvoir le chasteau, les prisonniers, l'artillerie, les armes et les mu-

---

[1] Voir la quatrième partie.

[2] *Mémoires de Nicolas Goulas* publiés par la Société de l'histoire de France, t. III, p. 43. Un peu avant (p. 13), Goulas appelait Broussel ironiquement Caton, et déclarait qu'à la Bastille «il s'accommode sans scrupule du vin, des provisions et des hardes de son prédécesseur».

[3] Arch. nat., O¹ 8, fol. 252, v°.

nitions qui sont dedans, et qu'en vertu de la certiffication que mettra ledit s$^r$ de la Bachellerie au bas de l'inventaire qui en a esté faict ou que vous en ferez et de la presente, vous en demeuriez vallablement deschargé. Cependant, je vous asseure que vos soings, vos assiduitez et les services que vous m'avez renduz pendant que vous avez commandé dans mondit chasteau de la Bastille m'ont esté fort agreables, et que je prendray plaisir de vous en donner des marques aux occasions de vous gratifier. C'est ce que j'avois à vous dire sur ce sujet, et prie Dieu qu'il vous ait, etc. [1].

34. BACHELLERIE (Le sieur DE LA). Les registres du secrétariat de la maison du roi contiennent, à la date du 28 août 1653, le texte de la commission qui lui fut donnée par le roi «pour commander dans nostre chasteau de la Bastille aux gens de guerre qui y sont à present, et que nous y establirons en garnison..., pour veiller à la seureté de nostredict chasteau et des prisonniers qui y sont à present ou qui pourront y estre à l'advenir...»[2].

Les auteurs de la *Bastille dévoilée* rapportent, en outre que, le 20 juin 1656, «M. de la Bachelerie eut ordre de M. le Chancelier de se porter à l'assemblée du clergé aux Augustins avec plusieurs gardes, pour y prendre un inconnu qui se qualifiait d'abbé de Saint-Jean[3]».

35. BESMAUX ou BEZEMAUX ou BAISEMAUX (François DE MONTLESUN, seigneur DE) commence la nouvelle série, que nous avons déjà caractérisée, des gouverneurs-fonctionnaires, placés directement sous les ordres du roi et des ministres, dont ils devront docilement exécuter toutes les prescriptions. Cette série s'ouvre au moment même où la forteresse prend son caractère définitif de prison d'État, et elle ne se fermera que par la chute même de l'institution.

Besmaux était simple capitaine des gardes de Mazarin quand il fut choisi par le roi, le 10 avril 1658. Voici, au surplus, le texte de ses lettres de provision :

Louis, etc., à tous ceux, etc., salut. La prudence au gouvernement de nostre chasteau de la Bastille n'estant pas moins necessaire pour le repos de nostre bonne ville de Paris que pour la garde de ceux que l'infidellité ou la mauvaise conduite nous rendent suspects, il est aussy de nostre soin de choisir pour cet employ un subjet dont la conduite, l'experience dans les armes et l'affection pour notre service luy aient fait meriter nostre confiance : comme touttes ces quallitez se trouvent advantageusement en la personne de nostre cher et bien amé le sieur de Besmaux, que sa valleur et sa vigilance l'ont souvent signalé dans les diverses occasions où nous l'avons occuppé, que cette charge de cappitaine et gouverneur de nostre chasteau de la Bastille vacque il y a long temps, tant par la mort du sieur Dutremblay (*sic*), qui en avoit esté pourveu que par la demission que nous en fit le sieur de Louvières au mois d'octobre 1652, moyennant la recompense que nous luy en donnasmes, pour quelques considerations qui le requeroient alors, et que nous n'avons differé d'y pourvoir que dans la creance que nul ne pourroit l'exercer plus dignement que ledit sieur de Besmaux.

---

[1] Arch. nat., O$^1$ 7 (année 1653), fol. 194 v°. — [2] *Ibid.*, fol. 193 v°. — [3] 3$^e$ livraison, p. 149.

## ADMINISTRATION.

Nous, pour ces causes et autres bonnes considerations à ce nous mouvans, luy avons donné et octroyé, donnons et octroyons par ces presentes signées, etc., ladicte charge de cappitaine et gouverneur de nostre chasteau de la Bastille, vaccante comme dit est tant par la mort que par la demission de ceux qui l'ont exercée, pour par ledit de Besmaux la tenir et exercer, en jouir et user aux honneurs, auctoritez, prerogatives, preeminences, franchises, libertez, gages, appointemens, droicts, profficts, revenus et esmolumens accoustumez et y appartenans, tels et semblables que en ont bien et deuement jouy ou deub jouir ledit feu sieur du Tremblay, ledit sieur de Louvières et ceux qui l'ont tenue avant eux, avec le pouvoir de commander aux gens de guerre et autres, estans et qui seront à l'advenir dans la place, ce qu'ils auront à faire pour nostre service, de les faire vivre dans le bon ordre, la police et la discipline portées par nos règlemens et ordonnances, de faire chastier ceux qui se trouveront y contrevenir, et generallement de faire par ledit sieur de Besmaux tout ce qui deppendra du debvoir de cette charge de capitaine et gouverneur de nostre chasteau de la Bastille et ce tant qu'il nous plaira. Mandons à nostre très cher et feal le s⁺ Seguier, chancellier de France que..., etc.

Donné à Paris le x⁺ avril 1658 [1].

L'infidélité, la mauvaise conduite des sujets du roi, ce sont, on l'aura remarqué, les deux ordres de fautes qui, d'après les lettres royales, motivent une détention à la Bastille; il eût mieux valu ne parler que d'infidélité, ou préciser davantage ce qu'on doit entendre par mauvaise conduite, car, à ce compte, toutes les prisons du royaume recevaient les gens de mauvaise conduite; or nous savons de reste que la Bastille ne saurait être comparée à une prison ordinaire.

Il est à noter encore que, dans le document qu'on vient de lire, la charge de gouverneur est dite vacante depuis longtemps déjà, par la mort de du Tremblay et la démission, en 1652, du sieur de la Louvière; les deux officiers dont nous avons parlé, de Vennes et de la Bachellerie, n'étaient donc pas, à proprement parler, gouverneurs, mais seulement commandants de la garnison du château, chargés intérimairement de l'administration de la prison.

Besmaux se trouva être gouverneur de la Bastille à l'époque où la dévotion de Louis XIV fut le plus intolérante aux jansénistes, à l'époque où de Saci et tant d'autres penseurs distingués furent enfermés dans les mêmes cachots que les empoisonneurs, les espions, et ceux qui conspiraient contre la sûreté de l'État; aussi Sainte-Beuve a-t-il eu à s'occuper de lui dans son *Port-Royal;* il le traite de « très grossier gouverneur »[2], puis, revenant un peu plus tard sur ce premier jugement, il se borne à le trouver « sec, dur et désagréable, mais non pas précisément grossier »[3]. En réalité, c'est assez l'opinion qu'on doit se former d'un pareil fonctionnaire, et c'était aussi l'avis, un peu partial, sans doute, de du Junca[4].

Besmaux mourut dans la nuit du 17 au 18 décembre 1697, à l'âge de 88 ans; il fut enterré aux Carmes déchaussés de la rue de Vaugirard[5]; Jal a publié son

---

[1] Arch. nat., O¹ 7, fol. 192-193.
[2] *Port-Royal*, t. II, p. 349 de l'édition in-12.
[3] *Ibid.*, t. III, p. 630.
[4] Vo.r *Pièces justificatives*, n° X.
[5] Bibl. de l'Arsenal, ms. 12,609, note de Chevalier, et le procès-verbal suivant : «Le 19 décembre

90 LA BASTILLE.

acte d'inhumation et fourni quelques renseignements sur sa femme, Marguerite de Peyrolz, et d'autres personnes de sa famille [1].

36. SAINT-MARS (Bénigne d'Auvergne de), seigneur de Dimon et Balleteau, chevalier de Saint-Louis, bailli et gouverneur de Sens, né en 1626, mort en 1708. De tous les gouverneurs de la Bastille, c'est celui dont la vie a été le plus minutieusement étudiée, grâce à cette circonstance qu'il eut, pendant une grande partie de sa carrière, la garde du personnage connu sous le nom d'homme au masque de fer. Les trois historiens contemporains qui ont si curieusement recherché, sans la trouver avec certitude, l'énigme vivante que cachait ce masque, MM. Topin, Iung et Loiseleur, ont été amenés à retracer la biographie du geôlier de leur héros, et, par suite, à singulièrement faciliter la tâche de l'historiographe de la Bastille pour cette période de son administration. Voici, d'après M. Iung, les états de services de Saint-Mars, tels qu'il a pu les reconstituer :

Enfant de troupe en 1638.

Mousquetaire à la première compagnie (1650).

Brigadier des mousquetaires (1660).

Maréchal des logis (1664).

Maréchal des logis, commandant le donjon de Pignerol, et capitaine d'une compagnie franche (1665-1681).

Gouverneur du fort de Pérouse (1665-1687).

Sous-lieutenant de mousquetaires en 1679.

Commandant la citadelle de Pignerol, pendant l'absence de M. de Rissan, le 26 septembre 1680.

Gouverneur titulaire de la citadelle, 25 avril 1681.

Gouverneur du château d'Exiles, 12 mai 1681.

Gouverneur des îles Sainte-Marguerite et Saint-Honorat, 1687.

Gouverneur du château de la Bastille, 1698 [2]-1708 (26 septembre) [3].

A ces détails si précis MM. Topin et Iung [4] en ajoutent quelques autres non

---

1697, a esté apporté en carosse (au couvent des Carmes) dans un cercueil de plomb, sur les 8 heures du soir, présenté par M. le vicaire de Saint-Paul le corps de haut et puissant seigneur messire François de Monteron, chevalier, seigneur de Besmaux et de Pifons, gouverneur pour le Roy de son château de la Bastille, décédé le 16, âgé de plus de 80 ans, et inhumé dans le caveau de la chapelle de Sainte Thérèse, du côté de l'épître».

[1] *Dictionnaire critique de biographie et d'histoire*, v° Besmaus. Voir aussi, sur Besmaux, une note intéressante de M. de Boislisle au tome VI,

p. 366 (note 9), de son édition de Saint-Simon.

[2] Cette date de 1698, donnée par M. Iung comme celle de l'arrivée de Saint-Mars à la Bastille, peut être précisée à l'aide du registre de du Junca (fol. 37 v°) : «A la date du jeudi 18 septembre 1698, 3 heures de l'après-midi, M. de Saint-Mars, gouverneur de la Bastille, est arrivé pour sa première entrée......»

[3] *La vérité sur le masque de fer...*, par Ch. Iung, Paris, 1873. in-8°, p. 127.

[4] *L'homme au masque de fer,* par Marius Topin. Paris, 1870, in-8°. Voir p. 207 et suiv.

moins intéressants : Saint-Mars débuta dans ses fonctions administratives par l'arrestation de Pellisson, qu'il conduisit à Angers, en 1661. Trois ans plus tard, il fut choisi comme gardien de Fouquet, qu'il ne quitta plus désormais. Il avait épousé une demoiselle Damozeran, dont la sœur, mariée au sieur Dufresnoy, fut longtemps la maîtresse de Louvois, et c'est ce qui peut expliquer, en partie, la faveur toujours croissante de Saint-Mars auprès du ministre de la guerre[1]. Les deux historiens s'accordent à lui voir un caractère scrupuleux, timoré, et une grande âpreté au gain[2]. Constantin de Renneville, qui fut enfermé de son temps à la Bastille, l'accuse «d'un emportement terrible, jurant et blasphêmant continuellement et paroissant toujours en colère, dur, inexorable et cruel au dernier point...»[3]; mais Renneville incarne la mauvaise foi et l'exagération; au reste, — et nous avons déjà eu l'occasion de le dire, — une pareille allure attribuée à un gouverneur de prison n'aurait rien encore de trop extraordinaire.

En 1704, le correct Saint-Mars reçut une réprimande qui dut lui être fort désagréable. Il avait envoyé à M. de Torcy quelques renseignements sur un prisonnier, au lieu de les adresser au ministre de la maison du roi, Pontchartrain. Ce dernier lui en marqua ainsi son mécontentement : «Il faut que vous n'y ayez pas fait réflexion, car vous sçavez que la police de la Bastille est de mon departement et que, pour cette raison, je dois prendre connaissance de tous les incidens qui peuvent y arriver. J'espère qu'à l'avenir vous y ferez plus d'attention et que vous m'informerez plus soigneusement de tous les incidens qui surviendront à la Bastille»[4].

Saint-Mars dut n'y plus manquer, en effet, mais son principal mérite, aux yeux de l'histoire, sera d'avoir si bien su garder le secret du nom et du visage de «son prisonnier», que les enquêtes les plus approfondies faites à ce sujet n'aient abouti, jusqu'à présent, qu'à un point de doute. Il mourut le 26 septembre 1708, à l'âge de 82 ans et fut enterré, deux jours plus tard, à Saint-Paul, tout près de l'homme au masque de fer, comme si son rôle de geôlier devait se continuer même au delà de la vie.

37. BERNAVILLE (Charles DE FOURNIÈRE, écuyer, sieur DE) fut, d'après les notes de Chevalier[5], nommé gouverneur le 12 novembre suivant. Il était, aupa-

[1] On a lu (page 52) la lettre, bien plus amicale qu'officielle, où Barbezieux conseille à Saint-Mars d'accepter le gouvernement de la Bastille.

[2] Le 10 juin 1699, Saint-Mars fut gratifié d'une pension de 5,000 livres «en considération des services qu'il rend depuis longues années, tant dans les troupes que dans les gouvernements de la citadelle de Pignerolles et des places d'Exilles et des isles de Sainte-Marguerite, et pour luy donner moyen de les continuer avec la mesme fidelité dans le gouvernement de la Bastille...» (Arch. nat., O¹ 43, fol. 169 r°).

[3] Voir l'*Inquisition française*, passim.

[4] Arch. nat., O¹ 365, fol. 238 v°.

[5] Bibl. de l'Arsenal, ms. 12,629, et la *Bastille dévoilée*, 3ᵉ livraison, p. 150.

ravant, gouverneur de Vincennes, et cela au moins depuis 1701 [1]. Six mois à peine après son arrivée à la Bastille, un de ses prisonniers, le comte du Bucquoy, réussissait à s'évader. Bernaville écrivit aussitôt à Pontchartrain : «Je ne puis vous dire l'affliction des officiers et la mienne. Nous sommes tous au désespoir; pour moi, j'ai été deux nuits sans dormir et quasi sans manger, et à marcher tout le jour... Je souhaite à tous moments n'avoir pas mis le pied à la Bastille, je mettrais tout mon bien, avec le revenu de la Bastille, pour trouver cet homme-là; je vous supplie de m'accorder la continuation de votre protection» [2]. Elle lui fut continuée, en effet, au prix d'une réprimande assez sévère que le gouverneur méritait moins, en somme, que ses subalternes. Nous trouvons, en février 1717, Bernaville mentionné comme bienfaiteur de l'Hôtel-Dieu de Paris [3]. Il mourut le 8 décembre 1718 à l'âge de 74 ans, et fut enterré le même jour au couvent des Minimes de la place Royale [4].

38. LAUNEY (René Jourdan de), seigneur de la Bretonnière (en Normandie), avait succédé, comme lieutenant de roi de la Bastille, à Laurent d'Avignon, mort au mois d'août 1710 [5]. Il fut nommé gouverneur, le lendemain même de la mort de Bernaville. Le 28 février 1736, il devint veuf de Catherine-Charlotte Sevin de Quincy, morte au couvent des Hospitalières de la Roquette. Peu après, il épousa Charlotte-Renée Aubry d'Armanville, dont il eut deux fils, Bernard-René, le dernier gouverneur du château, et Adrien-Jean-Charles Jourdan de Launey [6]. Pour lui, il mourut subitement, le 6 août 1749, laissant ses deux fils encore mineurs.

39. BAISLE (Pierre) fut nommé gouverneur le 8 août suivant, et prêta serment le 24 août [7]. «Il estoit cy-devant capitaine dans le régiment de Champagne, ensuitte exempt des gardes du corps pour les ceremonies, et en après, lieutenant pour le Roy du château royal de Vincennes. Mort le mardi 5 décembre 1758 à 5 heures 35 minutes du soir. Enterré à Saint-Pol, le mercredy 6 décembre 1758 entre 7 et 8 heures du soir» [8]. D'autre part, il existe dans les papiers de la Bas-

---

[1] Arch. nat., O¹ 362, *passim*. Le 19 octobre 1701, il fut frappé d'une pierre par Jean Crosnier que l'on mit, pour cela, à la Bastille (Carra, t. I, p. 371).

[2] Ravaisson, *Archives de la Bastille*, t. XI, p. 343-344.

[3] Arch. nat., LL, 217, p. 206.

[4] *Bastille dévoilée*, 3ᵉ livraison, p. 150. Cocheris, dans les notes très étendues sur ce couvent qu'il a ajoutées à son édition de l'abbé Lebeuf, *Histoire de la ville et du diocèse de Paris*, t. III, p. 498-528, n'a pas fait mention de cette sépulture.

[5] Voir plus loin, page 97.

[6] Bibl. de l'Arsenal, mss. 12,630-12,688, contenant les papiers de la famille de Launey.

[7] Archives nationales, P. 2461, fol. 140 r°, ordre du roi de faire payer les gages «du sieur Baisle, gouverneur de notre chasteau de la Bastille, à partir du 8 août 1749, date de ses lettres de provision, bien qu'il n'ait pu prêter serment que le 24 août de la même année», Fontainebleau, 13 octobre 1750.

[8] Notes du major Chevalier, à la Bibl. de l'Arsenal, ms. 12,629.

tille, une lettre non signée, mais qui ne peut avoir été écrite que par d'Abadie, et dont voici le texte :

Monseigneur,

M. Baisle, gouverneur de la Bastille, est mort aujourd'hui 1ᵉʳ du présent mois; l'État-major perd en lui son ami commun. Je vous supplie très humblement, Monseigneur, de vouloir bien m'accorder le gouvernement du château de la Bastille. Je serai attentif à vos ordres et vigilant pour le service du Roy. Accordez, s'il vous plaît, Monseigneur, la lieutenance de roy et la majorité aux sieurs Chevalier, major, et Farconnet, aide-major, tous deux assidus à leur devoir. Je vous fais ma cour pour le moment en gardant le château.

Je suis avec le plus profond respect, Monseigneur, etc. [1].

D'Abadie fut en effet nommé gouverneur, mais Chevalier n'obtint pas la lieutenance de roi, ni Farconnet la place de major.

40. ABADIE (François-Jérôme d'), que les textes appellent quelquefois de l'Abadie, fut d'abord lieutenant de roi. Il exerçait cette fonction lors de l'évasion de Daury et d'Allègre, et l'on peut juger, par la lettre suivante qu'il adressa à Berryer, lieutenant de police, aussitôt après l'événement, des ennuis que cette évasion lui fit craindre : « . . . Il me reste à dire : montagnes tombent sur moi ! Ce funeste évènement me met au comble de la douleur, et par surcroît, Monsieur, je dois 20,000 francs que j'ai été pour ainsi dire obligé de manger honorablement, sans donner un sou ni au spectacle, ni au jeu, ni aux femmes » (26 février 1756) [2].

D'Abadie ne fut pourtant pas révoqué, ni même inquiété; deux ans plus tard, le 8 décembre 1758, il recevait du ministre de la maison du roi l'avis de sa nomination au gouvernement de la Bastille, en remplacement de Baisle : « Je vous donne avis, Monsieur, avec beaucoup de plaisir, que le Roy vous a accordé le gouvernement du château de la Bastille. Je serai toujours fort aise d'avoir des occasions de vous marquer les sentimens avec lesquels je vous suis, Monsieur, plus parfaitement dévoué que personne du monde [3] ». Il prêta serment le 4 janvier suivant, mais obtint que ses appointements lui fussent comptés, depuis la date même des lettres de provision, c'est-à-dire depuis le 8 décembre précédent [4].

---

[1] Notes de Chevalier, ms. 12,629, dossier *Baisle*.

[2] *Archives de la Bastille*, publiées par Fr. Ravaisson, t. XVI, p. 51.

[3] Arch. nat., O¹ 400, fol. 661 r°.

[4] « Louis, par la grâce de Dieu, roy de France et de Navarre, à nos amés et féaux conseillers les gens tenants nostre chambre des Comptes à Paris, salut. Notre cher et bien amé le sieur François-Jerome d'Abadie, capitaine et gouverneur de notre château de la Bastille, nous a fait representer que par nos lettres de provision du huit decembre mil sept cent cinquante huit, nous l'aurions pourvu de ladite charge, au lieu du sieur Baisle, mais que, comme il n'a pu en prêter le serment qu'il nous devoit, que le quatre janvier présents mois et an, il auroit lieu de craindre que les tresoriers generaux de l'extraordinaire des guerres, et autres comptables sur les états desquels sont assignés les gages, appointemens et droits attribués à ladite charge, ne fissent difficulté de les lui payer depuis ledit jour huit decembre. . . . . » Le roi ordonne, en conséquence, que les appointements dateront de ce jour :

Le 18 mai 1761, à 10 heures du matin, au moment où il passait devant l'église des Jésuites, rue Saint-Antoine, d'Abadie fut pris d'une subite syncope. Transporté aussitôt à la Bastille, il y mourut le même jour, à 4 heures. Le lendemain, son autopsie était faite par le chirurgien du château, le sieur Lecocq; elle révéla que les « parties essentielles du corps étaient démesurément engorgées de sang »[1]; il avait donc succombé à une attaque d'apoplexie.

41. JUMILHAC DE CUBJAC (Antoine-Joseph-Marie, comte DE), chevalier de Saint-Louis, était capitaine de cavalerie lorsqu'il fut nommé lieutenant de roi à la Bastille, poste vacant par la promotion de d'Abadie au gouvernement, le 29 décembre 1758[2]. Il remplaça de même d'Abadie comme gouverneur, à la mort de celui-ci; ses lettres de provision sont du 29 mai 1761; il prêta serment le 10 juin[3]. Une lettre du ministre de la maison du roi, en date du 25 août 1768, l'autorise à porter l'ordre étranger ainsi dénommé : « le cordon de l'ordre du lion d'argent », que le duc des Deux-Ponts a demandé pour lui à l'électeur palatin[4]. D'après la *Bastille dévoilée*, Jumilhac donna sa démission de gouverneur en octobre 1776 (ce fut en réalité au mois de septembre) au profit de Bernard-René de Launey, fils de l'ancien gouverneur[5]. Linguet commente ce marché par des réflexions dont la perfidie ne fait pas oublier la vérité :

Il (de Launey) regarde comme son bien propre, comme un vrai patrimoine, les soixante mille livres de rente attachées à son emploi, et il en a quelque raison, car il les a achetées et même assez chèrement. Il en a obtenu la survivance du temps du comte de Jumilhac; mais celui-ci, pour se déterminer à accepter un coadjuteur, a exigé six cent mille écus comptant, qui lui ont été payés, et de plus, le mariage de son fils avec la fille de M. de Launey, regardée comme une riche héritière, ce qui a eu lieu.

M. de Launey, malgré cet accord, n'ayant pour lui ni nom, ni services, ni agremens, ni même de protections, aurait encore pu essuyer un refus; heureusement, il avoit un frère au service de M. le prince de Conti; le frère a obtenu l'intervention du prince, qui a obtenu le consentement du ministre, dont les commis ont expédié les patentes, signées Amelot, et pour payer la recommandation de son cadet, l'heureux aîné lui a accordé une pension de dix mille francs par an sur les revenus de la place. Ce marché est tout public à la Bastille; il n'y a pas un des marmitons qui n'en soit instruit... [6].

42. LAUNEY (Bernard-René JOURDAN DE) était né à la Bastille même, dont son père était gouverneur, en 1740. Nous adoptons cette date avec tous les historiens, sans pouvoir la confirmer par un texte précis; du moins, elle a pour elle

---

8 décembre 1758. Versailles, 1759. Enregistrées à la Chambre des comptes le 19 février 1759 (Arch. nat., P. 2477, Mémoriaux de la Chambre des comptes, fol. 187, v°).

[1] Procès-verbal de l'« ouverture du corps » de d'Abadie, à la Bibl. de l'Arsenal, ms. 12,629.

[2] Arch. nat., O¹ 400, fol. 700 r°.
[3] Notes de Chevalier, à la Bibl. de l'Arsenal, ms. 12,629.
[4] Arch. nat., O¹ 410.
[5] *Bastille dévoilée*, 3ᵉ livraison, p. 151.
[6] *Mémoires* de Linguet, p. 171.

à la Bastille ce 19. Xbre 1778. Sept heures
du Soir

M. Le M.is de Launay
R. Le 21. Xbre 1778. –
La réponse n'a pas eu lieu

Monseigneur

J'ai l'honneur de vous faire part que n'ayant reçu
aucun ordre que j'attendois suivant l'usage pour faire
tirer le Canon, je n'ai pas crû devoir prendre sur moy de
le faire tirer et j'attendrai vos ordres
Je suis avec le plus profond respect.

Monseigneur

Votre très humble et
très obéissant serviteur
Launey.

toutes les vraisemblances; en 1753, Bernard-René et son frère cadet (Adrien-Jean-Charles), que Linguet vient de mettre en scène, étaient encore mineurs[1]. Nous les trouvons tous deux mentionnés, avec le titre d'officiers aux gardes, dans un acte du 25 juin 1758 [2].

Celui qui devait être le dernier gouverneur de la Bastille fut nommé en cette qualité le 21 septembre 1776, grâce à l'alliance que le mariage de sa sœur consanguine avec le fils de Jumilhac avait créée entre les deux familles. Nous réservons, pour le chapitre consacré à la journée du 14 juillet, le récit de la mort dramatique de de Launey.

§ 2. LIEUTENANTS DE ROI.

La charge de lieutenant de roi de la Bastille ne s'exerça avec régularité qu'à partir des dernières années du XVIIe siècle. Aussi est-ce à tort que Ravaisson en a donné le titre à l'officier qualifié «commandant de la Bastille» en 1659, et qui s'appelait DE BARAIL [3]. Il était bien, en réalité, lieutenant du capitaine-gouverneur, mais non lieutenant de roi. Sainte-Beuve qui, pour écrire son *Port-Royal*, avait consulté beaucoup de papiers, authentiques à l'égal de documents d'archives, l'appelle major et affirme qu'il fut «très bon» dans ses rapports avec de Saci [4].

Il s'en faut, d'ailleurs, que nous ayons la série complète de ces lieutenants, prédécesseurs ou successeurs de de Barail, mais nous n'en avons qu'un médiocre regret, car ils étaient surtout commandants de troupe, et non fonctionnaires de la prison tels que le furent par la suite les véritables lieutenants de roi.

Du JUNCA ou DE JUNCA (Étienne) se donne, le premier, la qualité de «lieutenant de roi», dans l'état des prisonniers de la Bastille qu'il rédigeait au jour le jour. En tête du premier de ses deux registres, on lit, en effet : «État de prisoniers qui sont envoyés par ordre du Roy à la Bastille, à commencer du mercredi 11 du mois d'octobre, que je suis entré en possession de la charge de lieutenant du Roy, en l'année 1690». Une biographie complète de du Junca pourrait s'écrire à l'aide de ses papiers, que les archives de la Bastille nous ont presque entièrement conservés, et ce travail serait tout à fait désirable. Les historiens de l'«homme au masque de fer» [5] l'ont déjà esquissée à grand trait; nous-même avons analysé plus haut ses réflexions sur la rigueur de son service [6]; voici, pour compléter ces renseignements, quelques autres faits, inconnus jusqu'ici. Le 30 novembre 1693, le ministre Pontchartrain envoya la dépêche suivante au lieutenant de

---

[1] Papiers de la famille de Launey, à la Bibl. de l'Arsenal, ms. 12,688.
[2] *Ibid.*, ms. 12,632.
[3] *Archives de la Bastille*, t. I, p. 183.
[4] *Port-Royal*, t. II, p. 349.
[5] Voir notes 3 et 4 de la page 90.
[6] Voir pages 59-60, et *Pièces justificatives*, n° X.

police La Reynie : « J'escris au sieur du Junca sur les entretiens qu'il a avec les prisonniers, luy mandant, sans luy dire que l'avis vienne de vous, que le Roy n'approuve pas sur cela sa conduitte » [1]. Du Junca manquait donc un peu de discrétion; au surplus, il n'est besoin que de feuilleter les deux registres où il inscrivait l'entrée et la sortie des prisonniers pour y recueillir maints détails, d'autant plus curieux pour nous qu'on ne pouvait s'attendre à les trouver en pareil endroit. Il était ambitieux aussi, peut-être même par simple cupidité; sa requête au roi le prouve, et, mieux encore, un placet qu'il rédigea en vue de cumuler avec ses fonctions celles de commissaire des guerres pour la revue des troupes de la Bastille et de Vincennes. Les raisons d'utilité invoquées dans cette requête ne suffisent pas à dissimuler le motif d'intérêt personnel; il s'agissait d'obtenir 1,500 livres par an, plus 300 livres par mois pour l'exercice de la charge, soit en tout 5,100 livres à ajouter à ses appointements de lieutenant de roi [2].

Du Junca arrêta son registre au 26 août 1705, et il est infiniment probable que sa mort ou son remplacement suivit de près cette date.

---

[1] Depping, *Correspondance admin. de Louis XIV*, t. II, p. 615. La leçon de discrétion que du Junca avait ainsi reçue dut porter ses fruits. Au mois d'août 1703, Mme de Coulanges écrit à Mme de Grignon qu'elle a fait tout son possible pour voir à la Bastille un nommé Chambon (accusé de complot); « jamais mon ami Junca n'y voulut consentir » (*Lettres de Mme de Sévigné*, dans la collection des Grands Écrivains, t. X, p. 498-499).

[2] AU ROY.
SIRE,

« Du Junca, lieutenant de vostre Majesté au château de la Bastille, vous represente qu'il y doit avoir dans ce château une compagnie d'infanterie de soixante hommes, et à Vincennes une autre compagnie de soixante et dix hommes, avec outre cela, une morte-paye. Il n'y a ni dans l'une ni dans l'autre de ces deux places aucun commissaire de guerre pour y faire les revues necessaires à pratiquer pour le service de Votre Majesté.

« Par edit du mois de decembre 1691, Votre Majesté a supprimé generalement toutes les charges des anciens commissaires ordinaires de guerre et en a créé cent quatre vingts de nouveaux, aux gages de quinze cents livres par an, et outre ce, trois cents livres par mois pour leur exercice actuel et continuel, sans qu'il y soit parlé ni de la Bastille, ni de Vincennes, ni qu'aucun commissaire de guerre y soit departi. Il importe à votre service, Sire, que Votre Majesté creast par augmentation une de ces charges de commissaire de guerre, exprès pour ces deux châteaux de Bastille et de Vincennes, aux mesmes gages, appointemens, fonctions et privilèges accordés et attribués à ceux qui ont esté créés par le susdit edit du mois de decembre 1691.

« Ce seroit une nouvelle charge dont les trois cents livres par mois pour l'actuel et continuel service pourroit estre assigné sur les fonds ordinaires et revenant bons de ces deux garnisons de la Bastille et de Vincennes, en sorte, qu'à l'égard de ces trois cents livres par mois, il n'en coûteroit rien de cette façon à Votre Majesté qui n'auroit qu'à faire seulement le fonds dans ses états que des quinze cents livres de gages.

« Cette nouvelle charge, Sire, n'auroit rien d'incompatible avec celle de lieutenant de roy de la Bastille dont il vous a pleu d'honorer du Junca, qui n'a aucune utilité aux payemens de la garnison de la Bastille ni de celle de Vincennes, mais beaucoup de zèle que le service de Votre Majesté soit exactement et fidellement fait.

« Il supplie très humblement Vostre Majesté d'avoir la bonté de lui faire le don de cette nouvelle charge de commissaire ordinaire de guerre de la Bastille, par gratification aux susdits gages et appointemens, pour la pouvoir exercer luy mesme, si Votre Majesté le juge à propos, ou qu'il ait la liberté d'en disposer par vente avec l'agrement de Vostre Majesté, et il continuera à prier Dieu pour la conservation de la santé de sa sacrée personne ».

(Bibl. de l'Arsenal, ms. 12,611.)

## ADMINISTRATION.

AVIGNON (Laurent d') succéda, suivant toutes vraisemblances, à du Junca, mais nous ne connaissons cet officier que par la date de sa mort qui survint le 7 août 1710 [1].

LAUNEY (René JOURDAN DE) le remplaça, à partir du 10 août suivant; il demeura lieutenant de roi jusqu'au moment de sa nomination au gouvernement en 1718. (Voir plus haut, page 92.)

MAISONROUGE. Il est fort probable que, sans Madame de Staal, le nom de Maisonrouge serait demeuré bien obscur, sinon complètement inconnu. Grâce à elle, grâce à ces *Mémoires* dont le charme explique et justifie à nos yeux la faute grave que commit Maisonrouge en s'éprenant de sa prisonnière, ce nom a la bonne fortune d'appartenir à la littérature, mieux encore qu'à l'histoire de la Bastille. Plus loin, nous raconterons en quelques lignes ce joli roman, le seul peut être qu'aient abrité les murs de la sombre forteresse. Bornons-nous ici au peu que l'on sait de la biographie du personnage. Voici le portrait qu'en trace M$^{me}$ de Staal : « ... Ce lieutenant de roi, nommé M. de Maisonrouge, tout nouvellement dans cette place, ci-devant capitaine-major de cavalerie, n'avoit jamais vu que son régiment. C'étoit un bon et franc militaire, plein de vertus naturelles, qu'un peu de brusquerie et de rusticité accompagnoient et ne defiguroient pas [2]. » Puis de longues pages que l'on serait bien tenté de transcrire, tant la grâce en est exquise; mais ici elles seraient trop en hors-d'œuvre, et il nous faut, sans transition, arriver à la mort de Maisonrouge, que M$^{me}$ de Staal a consignée avec tristesse, mais sans en préciser la date : « Quelques idées que j'avois eues de recompenser le fidèle attachement du pauvre Maisonrouge et d'unir mon sort au sien, furent déconcertées par sa mort. Une maladie de langueur qui lui prit, peu après notre séparation, l'obligea, l'année suivante, d'aller prendre l'air et les eaux de son pays, où il mourut. Je le regrettai infiniment plus que je n'avois su le priser [3]. » L'époque de la mort de Maisonrouge ne nous est donc pas connue; on peut la placer approximativement en 1721; au reste, un tel rêve de mariage ne pourrait se concilier avec une époque moins ancienne, car, en 1721, M$^{me}$ de Staal avait 37 ans, et l'on jugera que c'est à peu près la limite où une femme peut songer à « récompenser » par le mariage un fidèle attachement [4].

---

[1] Inventaire des biens de Laurent d'Avignon, lieutenant de roi, à la Bibl. de l'Arsenal, ms. 12,629.
[2] *Mémoires* de M$^{me}$ de Staal, édition citée, t. I, p. 196.
[3] *Ibid.*, t. II, p. 63.
[4] Il est à remarquer que Fr. Ravaisson, dans son introduction (p. xxiv), et d'après lui M. Funck-Brentano, ont changé en Rougemont le nom de Maisonrouge. Cette confusion, singulière de la part de ces excellents historiens, provient du fait qu'il y eut, un peu plus tard, un M. de Rougemont, lieutenant de roi à Vincennes; Ravaisson pensa, sans doute, que M$^{me}$ de Staal avait, volontairement ou non, débaptisé le nom de Maisonrouge. Nous aurions pu le croire aussi si nous n'avions rencontré dans les papiers de la Bastille (ms. 12,672) une pièce,

Longpré (Gilles Jourdan de). Il n'est pas certain que cet officier ait succédé directement au précédent, car nous n'avons trouvé son nom dans les archives de la Bastille qu'à partir de 1738. Il exerça ses fonctions jusqu'au 1ᵉʳ novembre 1749, époque où il fut mis à la retraite avec 1,200 livres de pension, plus les 3 livres de traitement quotidien qu'il recevait jusque-là [1]. Longpré était cousin paternel du gouverneur alors en exercice, Jourdan de Launey, et il figure en cette qualité dans les papiers de la succession de ce dernier, en 1753 [2].

Anquetil (Jean) lui succéda. Il était major de la Bastille depuis au moins 1716, et mourut en novembre 1750. Une lettre de d'Argenson (14 novembre 1750) fait connaître qu'à partir de l'année 1751, sa veuve est inscrite pour une pension de 1,500 livres sur le trésor royal, « en considération des services de son mary [3] ».

Abadie (François-Jérôme d'). D'après la *Bastille dévoilée* [4], il fut nommé lieutenant de roi le 1ᵉʳ décembre 1750 et le demeura jusqu'au 8 décembre 1758, époque de sa nomination comme gouverneur. (Voir plus haut, page 93.) Le 2 février 1751, il reçut avis de Berryer, lieutenant de police, que le roi avait réglé son traitement : « savoir 3,000 livres sur l'extraordinaire des guerres, et 9 livres par jour qui seront portées sur l'état des dépenses de la Bastille, lesquelles vous seront payées chaque mois par M. le gouverneur [5]. »

Jumilhac (de), lieutenant de roi à dater du 29 décembre 1758, jusqu'au 29 mai 1761, jour de sa nomination comme gouverneur. (Voir plus haut, page 94.)

Defferend (Claude-Nicolas Balon de), que nous avons déjà rencontré comme ingénieur de la Bastille, fut lieutenant de roi après Jumilhac, jusqu'à sa mort, qui survint le 27 avril 1765. Il résulte des documents de son dossier dans les archives de la Bastille [6] que sa veuve reçut alors une pension annuelle de 500 livres, payée par le lieutenant de roi Saint-Sauveur. A partir du 1ᵉʳ avril 1772, cette pension fut augmentée de 300 livres, puis, à une date ultérieure, élevée à 1,000 livres payables sur les états de la Bastille.

Monaldi (de). On a fort peu de renseignements sur ce personnage, et les textes ne le mentionnent qu'indirectement. On va voir plus loin qu'il était remplacé

---

insignifiante d'ailleurs, mais où le nom du lieutenant de roi «M. de Maisonrouge» est très exactement écrit.

[1] Lettre de d'Argenson à Baisle, à la Bibl. de l'Arsenal, mss. 12,672, dossier *Longpré*.

[2] *Ibid.*, ms. 6733 (ancien).

[3] Lettre de d'Argenson à Baisle, à la Bibl. de l'Arsenal, ms. 12,672, dossier *Anquetil*.

[4] 3ᵉ livraison, p. 150.

[5] Bibl. de l'Arsenal, ms. 12,629, dossier *Abadie*.

[6] Bibl. de l'Arsenal, ms. 12,629.

en 1768, quoique vivant encore. Il n'existait plus à la fin de l'année 1785, puisqu'à cette époque le lieutenant de roi du Puget sert à sa veuve une rente de 1,200 livres.

Saint-Sauveur (de), chevalier de Saint-Louis, figure dans l'*Almanach royal* de 1781 avec la date 1768 indiquée comme celle de sa promotion à la lieutenance de roi de la Bastille; sa nomination est, en effet, du 27 juin. A dater du 1er mars 1779, son traitement fut augmenté de 600 livres par an, «cette augmentation ne devant avoir lieu que pendant la vie de M. de Monaldi[1]». Une dépêche ministérielle, du 17 février 1781, explique qu'on faisait une retenue du huitième du traitement de cet officier pour le payement des arrérages dus à Monaldi. Cette dette étant éteinte, le ministre décide qu'on maintiendra la même retenue «en faveur du sieur Lignon, marchand de vin, jusqu'à payement d'une somme de 1719# 10 s.[2]» Bien que sa situation fût, sans aucun doute, besoigneuse, Saint-Sauveur fut mis à la retraite, avec une indemnité de 4,000 livres par an, le 23 novembre 1785, en vertu de la décision nouvelle d'après laquelle la lieutenance de roi ne pouvait désormais appartenir qu'à un officier-major, et la majorité à un capitaine[3]. Saint-Sauveur y dut peut-être de ne pas subir le sort de plusieurs des officiers de la Bastille, le 14 juillet 1789; il était encore vivant à cette date et put fournir aux auteurs de la *Bastille dévoilée* quelques explications sur les registres de la prison[4].

Puget ou Pujet (du) était «major du bataillon de garnison du regiment du Roy» quand il fut nommé lieutenant de roi, le 23 novembre 1785[5]. Déjà, nous avons eu occasion de parler de ce fonctionnaire; c'est lui qui, peu avant la journée du 14 juillet, rédigeait deux rapports sur les avantages de la suppression de la Bastille et du rétablissement de la prison de Vincennes, théories singulières sous la plume d'un officier de la Bastille, mais qui peuvent s'expliquer par l'espoir où il était d'obtenir le commandement supérieur de la nouvelle prison; c'est lui que nous montrerons, sortant de la Bastille, le 14 juillet, sans être inquiété, grâce à un déguisement; c'est lui encore qui donna, en 1792, à l'auteur de l'*Histoire autentique et suivie de la Révolution de France* un mémoire sur ces événements du 14 juillet dont il pouvait dire en les racontant : *quorum pars magna fui*[6].

---

[1] Arch. nat., O¹ 490, p 93. Lettre du ministre de la maison du roi à de Launey, en date du 27 février 1779.

[2] *Ibid.*, O¹ 492, p. 77.

[3] Bibl. de l'Arsenal, ms. 12672.

[4] *Bastille dévoilée*, 3e livraison, p. 151.

[5] Bibl. de l'Arsenal, dossier *Etat-major;* lettre du baron de Breteuil au duc du Châtelet.

[6] La Bibliothèque de l'Arsenal possède les papiers personnels de du Puget, classés parmi les manuscrits de la Bastille sous la cote 12,673-12,682.

### § 3. Majors.

Les majors de la Bastille apparaissent, du moins avec ce titre, plus tard encore que les lieutenants de roi. Si l'on ne fait pas figurer dans cette catégorie, du Barail, mentionné en 1659, et dont il a été question plus haut, nous n'en trouvons aucun autre à nommer pour le xvii<sup>e</sup> siècle que ce M. de Rosarges, amené par Saint-Mars pour la garde du « prisonnier masqué », et que les historiens de l'homme au masque de fer ont mentionné à ce propos.

Anquetil ouvre la série des majors, au xviii<sup>e</sup> siècle. Nous n'avons pas trouvé son nom avant l'année 1716; encore est-il presque invariablement appelé « lieutenant de la compagnie de la Bastille ». En 1728, il est qualifié major. Les archives de la Bastille, qui fournissent ces renseignements, contiennent plusieurs dossiers des lettres que cet officier adressait chaque jour au lieutenant de police. Il en est peu qui offrent un réel intérêt; beaucoup sont ainsi conçues :

Monsieur,

J'ay l'honneur de vous informer que nous n'avons rien de nouveau au château. J'ay l'honneur d'estre avec un très profond respet (sic), Monsieur, vostre très humble et très obéissant serviteur,

Anquetil.

3 juillet 1728.

Nous avons dit plus haut (p. 98) qu'il fut nommé lieutenant de roi en 1749 et qu'il mourut l'année suivante.

Beauval (de) nous est connu par le témoignage de l'abbé de Roquette, détenu à la Bastille en 1743. « C'était, dit-il, un gentilhomme d'un cœur droit et sincère, qui aimait les gens de bien. » Et il ajoute qu'en 1736, Beauval, étant déjà major, avait voulu quitter son poste « pour n'être plus obligé de prêter son ministère à la persécution que souffraient les amis de la vérité, enfermés dans ce château », mais qu'on l'en avait empêché, dans l'intérêt même de ceux qui lui inspiraient une si louable compassion. Cette date, 1736, se concilierait mal avec celles que nous venons d'indiquer pour la durée du majorat d'Anquetil; mais l'abbé de Roquette résout lui-même la difficulté en nous apprenant qu'Anquetil avait été, avant Beauval, major de la Bastille pendant vingt ans, et qu'il lui succéda de nouveau dans ce poste en 1743, lorsque ce dernier quitta définitivement le château pour obtenir « une place d'officier aux Invalides[1] ». Il mourut le 4 mai 1746 et fut inhumé le lendemain à l'église Saint-Sulpice[2].

---

[1] Relation de l'abbé de Roquette, publiée par M. Gazier dans les *Mémoires de la Société de l'Histoire de Paris*, t. VII, p. 11-36, sous ce titre : *La Bastille en 1743*. Le passage concernant Beauval se trouve à la page 24.

[2] « M. Jean Hervé Le Roux, s<sup>r</sup> de Beauval,

ADMINISTRATION. 101

Chevalier (Henry Godillon-), nommé le 29 octobre 1749, fut major en exercice pendant trente-sept ans, jusqu'à sa mort. C'est le type le plus accompli du fonctionnaire dévoué, laborieux et qui n'ambitionne pas de sortir d'un rang un peu subalterne. On ne saurait dire tout ce que l'administration de la Bastille a dû à son zèle, et à sa parfaite connaissance d'un service difficile entre tous. Sans doute eût-il pu s'élever dans la hiérarchie et devenir, lui aussi, gouverneur, mais il semble que son peu de fortune ou, pour mieux dire, de véritables embarras d'argent l'en aient empêché. En 1763, le ministre de la maison du roi répond au gouverneur Jumilhac, qui lui avait recommandé son major : «On est très difficile au Conseil sur les surséances...; les poursuites qu'on exerce contre le sieur Chevalier sont pour des lettres de change acceptées, et en vertu de sentences de la Conservation de Lyon... Il fera plus sagement d'assembler ses créanciers et de prendre avec eux les mesures que la situation de ses affaires lui permettra...»[1].

Chevalier fut chargé par M. de Malesherbes d'une enquête complète sur les archives de la Bastille, l'historique de la prison et surtout de ses prisonniers, dossier par dossier. Nous croyons savoir que ce travail considérable est aujourd'hui entre les mains de M. Bégis, qui en tirera le meilleur profit; les tableaux statistiques qui avaient été dressés pour l'établir sont restés parmi les archives de la Bastille, ainsi que beaucoup de notes biographiques, écrites par Chevalier sur des feuilles volantes, et que nous avons plusieurs fois citées. Cet officier mourut, à la Bastille même, le 21 février 1787[2].

Losme-Salbray (de) était officier adjoint à l'État-major depuis le 15 mai 1782, lorsque la mort de Chevalier le fit devenir major. Aussi laborieux que son prédécesseur, il avait, en outre, une extrême affabilité, à laquelle les derniers prisonniers ont tous rendu hommage. Depuis le jour de son entrée à la Bastille, il tint registre des événements quotidiens qui se produisaient au château, et continua ce mémorandum jusqu'au dernier jour, transcrivant ainsi ou analysant pour lui-même les lettres quotidiennes qu'il était obligé par ses fonctions d'adresser au lieutenant de police, et que les archives de la Préfecture de police possèdent actuellement. Quant au registre même, après des vicissitudes ignorées, il a été acheté

entré le 20 février 1743, âgé de 55 ans, natif de Sainte-Colombe près de Valogne en Basse-Normandie, major de la compagnie franche de la garde du château de la Bastille, où il a servi huit ans en cette qualité, auparavant cinq mois capitaine dans les milices de la Normandie, quatre ans cadet dans Royal-Roussillon, trois ans et demy lieutenant dans Lannois, et six ans dans les cadets gentilshommes de Normandie. Mort, le 4 du mois de may 1746, sur la paroisse Saint Sulpice à Paris. Enterré le lendemain, 5 dudit mois à ladite église. — Extrait des registres de l'hôtel royal des Invalides à Paris».

(Note de Chevalier. Bibl. de l'Arsenal, ms. 12629, dossier Beauval.) Dans le même dossier, se trouve l'extrait mortuaire de cet officier, mort «la veille, rue des Fossoyeurs, chez madame la veuve Rocher, âgé d'environ cinquante-huit ans...».

[1] Arch. nat., O¹ 405, fol. 34 v°.
[2] Ibid., O¹ 498; lettre du 24 février 1787, adressée par le baron de Breteuil à de Launey pour lui accuser réception de la nouvelle de cette mort.

en vente publique à Londres pour le compte de M. Bégis, qui en a publié les plus intéressants passages [1].

De Losme fut une des plus déplorables victimes de la journée du 14 juillet 1789; nous raconterons sa mort tragique en faisant le récit de cette journée.

## III

### ADMINISTRATION DE LA PRISON DE VINCENNES.

En regard du tableau que nous venons de présenter de l'administration de la Bastille, il nous paraît utile de donner quelques notes sur l'administration du château de Vincennes. Bien souvent, les mémorialistes et les historiens ont confondu les deux prisons dans leurs critiques, ou simplement même dans l'exposé des événements; le régime en était distinct cependant, et quelques indications suffiront à faire apercevoir les différences.

Le donjon de Vincennes fut, à proprement parler, une succursale de la Bastille, et cette expression comporte l'idée d'infériorité. Sauf au moment où, pour plus de précautions sans doute, et afin de les éloigner un peu plus de Paris, on y enferma, en 1650, le prince de Condé, son frère le prince de Conti, et le duc de Longueville, qu'on ne put y garder, d'ailleurs, Vincennes ne reçut que des prisonniers médiocres, dont la culpabilité était peu retentissante. Au reste, la prison, perdue dans les bois, était, malgré ses remparts et tout l'appareil stratégique d'un château fort, d'une garde malaisée; mieux encore qu'à la Bastille, les prisonniers pouvaient s'en évader, et Latude en fit la preuve avec une singulière facilité, puisqu'il lui suffit d'avoir le brouillard pour seul complice.

Nous ne nous occuperons, d'ailleurs, de l'administration de la prison, que pour la dernière époque et d'après des documents postérieurs à 1750; c'est le seul temps où elle ait été réglementée avec quelque contrôle.

Le personnel du château [2] se composait d'un lieutenant de roi (en sa qualité de château royal, Vincennes avait un gouverneur, dégagé de toute responsabilité au point de vue des prisonniers), dont le traitement était de 900 livres par mois, sans qu'il paraisse avoir pu tirer, au moins officiellement, quelque autre profit de son administration; d'un capitaine des gardes, payé à raison de 400 livres par an; d'un chapelain et d'un confesseur, dont le traitement annuel était de 900 livres, et de trois porte-clefs, qui recevaient chacun 16 s. 8 d. par jour pour leurs gages, et autant pour leur nourriture. Ajoutons-y un concierge, à la nomination du roi, dont la fonction, mentionnée vers 1750 [3], ne semble plus exister postérieurement, au moins comme fonction salariée.

On le voit : par comparaison avec l'état-major de la Bastille, si nombreux et si largement rétribué, ce personnel est infiniment modeste et grève fort peu le budget, puisque les états mensuels atteignent en moyenne 1,500 livres, alors qu'à la Bastille ils sont, pour les seules dépenses de cette forteresse, de dix fois environ plus élevés. Tout y est à l'avenant; les prisonniers ne coûtent au roi que 4 livres par jour, uniformément, puis, mais seulement dans les derniers

---

[1] *Nouvelle Revue* du 1ᵉʳ décembre 1880, sous ce titre : *Le registre d'écrou de la Bastille de 1782 à 1789* (tiré à part).

[2] Voir, aux *Pièces justificatives*, n° XXXI, le dernier état de la prison, en avril 1784.

[3] Bibl. de l'Arsenal, ms. 12,696.

temps, 6 livres [1]; il est vrai qu'à la différence des prisonniers de la Bastille, ceux de Vincennes sont fournis de tabac aux frais du trésor royal : la dépense en est réglée sur un état spécial du commissaire délégué (le même que pour la Bastille), et l'on apprend que, de novembre 1782 à février 1784, trois prisonniers ont consommé 32 livres de tabac, dont le prix est de 128 livres; en outre, on a remis à chacun d'eux un pot à tabac coûtant 4 sols [2].

Lorsqu'un détenu vient à mourir, voici, d'après une lettre du lieutenant de police [3], le cérémonial usité :

«On s'adresse pour l'enterrement à M. le trésorier de la Sainte Chapelle [du château de Vincennes], qui envoye chercher le corps sans ceremonie, pour être inhumé dans le cimetière de cette eglise, qui est la paroisse du château, et on inscrit sur le registre de l'eglise le nom et l'âge du prisonnier.»

La prison de Vincennes fut officiellement supprimée en février 1784, et il faut confesser que l'on ignore les véritables motifs de cette suppression. Le mouvement d'opinion contre les prisons d'État devenait, sans doute, de plus en plus vif, et la Bastille suffisait abondamment à recevoir les détenus politiques ou autres qui, jusque-là, avaient été répartis entre les deux châteaux; on y transféra les trois prisonniers qui restaient encore à Vincennes et dont l'existence ne pouvait, certes, nuire à la tranquillité du royaume, car c'étaient le comte de Solages, le sieur de Whyte et le marquis de Sade, trois fous sur le compte desquels nous avons des renseignements significatifs [4].

Quatre ans après cette suppression, le lieutenant de roi de la Bastille, du Puget, écrivait un mémoire [5], dans lequel il proposait, tout au contraire de ce qui avait été fait, de démolir la Bastille et d'affecter à nouveau le donjon de Vincennes à la garde des prisonniers. Rien n'est plus curieux que ce mémoire. Du Puget commence par signaler les abus pécuniaires qui se sont introduits dans l'administration de la Bastille, et l'avantage immense qu'il y aurait, au point de vue financier, à vendre les terrains qu'elle occupe et dont on tirerait facilement, dit-il, de douze à quinze cent mille livres. Il ne serait pas plus malaisé de transférer les prisonniers de la Bastille à Vincennes qu'il ne l'a été inversement. Vincennes peut contenir 25 prisonniers; l'air y est beaucoup plus sain, la surveillance aussi facile. L'état-major se composerait d'un lieutenant de roi, aux appointements de 10,000 livres, d'un major, payé 5,000 livres; d'un chirurgien, payé 2,000 livres; de quatre porte-clefs, dont le traitement atteindrait en tout 3,650 livres. Le traitement des prisonniers, évalué uniformément à 6 livres par jour, serait toujours aux frais du roi, et le lieutenant de roi n'y aurait nul profit; au total, le budget de la prison serait annuellement de 54,740 livres, somme correspondant à l'intérêt du capital fourni par la vente des terrains de la Bastille.

Le projet était séduisant, sans doute avantageux, à coup sûr profitable à du Puget, qui n'aurait pas manqué d'obtenir une place aussi habilement sollicitée. Peut-être eût-il été réalisé sans la journée du 14 juillet qui, nous y reviendrons plus loin avec détails, surprit le Gouvernement au milieu de combinaisons de réforme tout près d'aboutir.

---

[1] Bibl. de l'Ars., mss. 12,697-12,706, passim.
[2] Pièces justificatives, n° XXXI.
[3] Bibl. de l'Arsenal, ms. 12,696; lettre du 14 janvier 1755.

[4] Voir notamment Bastille dévoilée, 3° livraison, p. 61-65, et plus loin notre chapitre sur la prise de la Bastille.
[5] Pièces justificatives, n° XXXV.

# TROISIÈME PARTIE.

## RÉGIME DE LA PRISON.

Les premiers prisonniers. — Une évasion au xv° siècle. — Les prisonniers de Louis XI. — Les prisonniers du xvi° siècle. — La Bastille sous Henri IV. — Examen des diverses catégories de prisonniers. — Les protestants, les jansénistes et les convulsionnaires. — Les empoisonneurs. — Les espions. — Les courtisans. — Les prisonniers de famille. — Les séditieux. — Les femmes à la Bastille. — Les gens de lettres et les artistes. — Les prisonniers oubliés. — Caractère et durée de la détention. — L'écrou des prisonniers. — Régime intérieur au xvii° siècle. — Visites aux prisonniers. — Promenades. — L'ameublement des chambres. — L'habillement. — Les repas. — Le droit de lire et d'écrire. — Les soins aux malades. — Les décès. — La tradition du mystère.

## I

La Bastille primitive n'était pas une prison; mais elle le devint de bonne heure, et dès le règne de Charles VI. Si nous avons fait justice[1] de la légende qui veut que Hugues Aubriot l'ait « inaugurée » comme magistrat d'abord, comme détenu ensuite, il n'en est pas moins certain que, peu de temps après, on y enferma des prisonniers. Voici, à la date du 17 mai 1403, une lettre de rémission en faveur de « Richart Baillet et de Cardine, sa femme, et de Jehannette, femme Symonnet Pinguet, *povres gens prisonniers en nostre Chastellet de Saint-Anthoine lès Paris. . . . . . ».* La *Chronique du religieux de Saint-Denis* mentionne aussi, à plusieurs reprises des gens détenus au « chastel Saint-Antoine », notamment ces deux sorciers, qui y furent reçus pour guérir le roi de sa folie, et peu après incarcérés pour ne l'avoir pas guéri[2].

Au plus fort de la guerre civile entre Armagnacs et Bourguignons, la Bastille ne reçut guère de prisonniers : on ne l'utilisait que pour la défense de la ville; toutefois, en 1416, nous y trouvons enfermé Nicolas d'Orgemont[3], et ce n'est

---

[1] Voir plus haut, page 6.

[2] Trésor des Chartes, JJ 158, p. 62, cité dans le manuscrit de la Bibl. nat., fonds Moreau, fol. 270.

[3] Il semble cependant que la Bastille, à cette époque, ne servait qu'exceptionnellement de prison.

Le livre rouge du Châtelet (*Arch. nat.*, Y 2, fol. 171 v°) contient une ordonnance de Charles VI, datée du 24 décembre 1398, où il est dit qu'il y a trop de prisonniers au Grand-Châtelet et que, désormais, on en gardera le plus grand nombre au

peut-être pas un cas unique. Après que les Anglais se furent rendus maîtres de Paris, la Bastille, sous Bedford et Fastolf qui en étaient gouverneurs, redevint une prison. On a vu plus haut[1] qu'en 1428 les commissaires de la Chambre des Comptes y signalèrent la présence de seize prisonniers répartis, on pourrait dire entassés, dans trois chambres des tours; c'étaient soit des otages fournis par le roi de France, soit des détenus de droit commun, Français ou Anglais. On a vu aussi[2] que, deux ans plus tard, ces prisonniers, ou d'autres qui leur avaient succédé, tentèrent de recouvrer la liberté et même de livrer le château aux *Arminalx* (c'est-à-dire aux partisans du roi national) en tuant deux ou trois de leurs gardiens.

A partir de la seconde moitié du xve siècle, et jusqu'à la fin de son existence, l'histoire de notre forteresse va devenir un peu l'image de celle de la royauté; ses destinées, sa fortune seront liées à celles du gouvernement lui-même. C'est pour cela que sous Louis XI, le premier des rois absolus, la Bastille fut, pendant un temps, prison d'État, comme elle le devint définitivement deux siècles plus tard, lors de la toute puissance de la royauté absolue.

La Ligue du Bien public, et la lutte incessante que Louis XI dut soutenir contre la noblesse du royaume, eurent pour résultat final de faire entrer à la Bastille plusieurs personnages, célèbres soit par eux-mêmes, soit par les circonstances de leur détention; l'histoire a gardé les noms des plus fameux : Antoine de Chabannes, Guillaume de Haraucourt, le connétable de Saint-Pol, le duc de Nemours, et pour certains, la légende s'est exercée, en exagérant encore la rigueur de cruautés trop réelles.

Une évasion au xve siècle.

Ce n'est pas le cas, cependant, pour le comte de Dammartin. Les historiens n'ont guère fait que mentionner son emprisonnement, omettant de relater les détails de son évasion qui se trouvent en abondance dans un texte interpolé de la Chronique dite scandaleuse[3], et l'on va voir, par ce que nous en citons, combien il importe à notre sujet que nous nous y arrêtions quelque temps.

Pendant les quatre siècles de son existence, la Bastille fut, à coup sûr, le théâtre de beaucoup d'évasions; la plus populaire restera toujours celle de Danry,

Petit-Châtelet, qui contient plusieurs prisons, les unes «fortes, convenables, seures et competamment aereez, où, creature humaine, sans péril de mort ou meshaing, peut estre et souffrir penitence de prison, et trois chartres basses et non aereez, esquelles homme mortel, par faulte d'aer, ne pourroit vivre longuement...» Vers 1420, le *Journal d'un bourgeois de Paris* ne mentionne pour Paris que les prisons suivantes : «Saint-Éloi, le Petit-Châtelet, le Grand-Châtelet, le For l'Evêque, Saint-Magloire, Saint-Martin des Champs, le Temple.»

(p. 97). Un peu plus haut (p. 94), il a cité encore le Palais et Tiron.

[1] Pages 9 et 10.
[2] Note 1 de la page 7, et p. 48.
[3] *Bibliothèque de l'École des Chartes*, 4e série, t. I et II (années 1855-1856). Suivant Jules Quicherat, qui l'a publiée, l'auteur est Jean Le Clerc, secrétaire du Roi et familier d'Antoine de Chabannes. Cette chronique a d'ailleurs pour objet presque exclusif le récit des faits qui concernent le comte de Dammartin. L'auteur a pris soin d'en

dit Latude, et de son compagnon, d'Allègre; mais il s'en faut que ce soit la seule. On n'en saura jamais le nombre, car la royauté avait trop grand intérêt à ce que le public ignorât les défaillances, les manquements possibles à la discipline de sa plus sûre prison : aussi, lorsqu'il s'en produisait, exigeait-elle toujours un absolu silence de ceux qui auraient pu les divulguer. C'est donc une bonne fortune que d'avoir le récit complet de l'une d'elles, la plus ancienne de toutes, et non la moins dramatique.

Antoine de Chabannes avait été un serviteur dévoué de Charles VII, et, comme il arrive souvent, sa faveur ne dura pas plus que la vie du roi qui le protégeait. Le jour même de son sacre, on fit à Louis XI de mauvais rapports sur le comte de Dammartin, qui les justifiait d'ailleurs par son alliance avec le duc de Nemours et les autres mécontents du royaume; aussi, le 20 août 1463, un arrêt du Parlement le condamna-t-il à la prison et à la confiscation de ses biens; il fut aussitôt transféré de la conciergerie du Palais, où il attendait sa sentence, à la Bastille. Le prisonnier y était depuis plus d'un an, et rien ne faisait croire que sa détention fût près de prendre fin, quand sa femme, Marguerite de Nanteuil, songea à lui fournir les moyens de s'échapper. Elle s'entendit à cet effet avec un neveu de Chabannes, appelé Guinot Vigier, et le frère bâtard de celui-ci, que notre texte nomme communément le bâtard Vigier, et qu'elle manda auprès d'elle :

Bastard, mon amy, lui dit-elle, je suis esbahye, veu que Monseigneur a nourri tant de gens de bien, qu'il n'y a quelqu'un qui se essaiast de le getter dehors de la captivité où il est par l'injustice et tort qu'on luy fait, veu que je sçay bien que une femme de Paris a bien trouvé moyen de tyrer hors du Louvre monseigneur de Ponts. Alors le bastard répondit : «Le Louvre et la Bastide, ce sont deux.» Sur quoy elle dist audit bastard, «Si cet homme peult ungne foys sortir dehors, c'est la ressource de toute sa lignée et des vostres.» Et ledit bastard luy dist : «Mon corps et mes biens ne seront point espargnez à le mettre hors.» Et exprima lors en son couraige les moyens comment il l'en pourroit faire sortir.

Cela se passait le 15 octobre 1464. Le bâtard Vigier se mit aussitôt en rapport avec quelques-uns des serviteurs du comte qui lui étaient restés fidèles, Jean de Harmes, Voyau d'Imonville, dont le concours était indispensable à la réussite de son projet. Puis il se rendit à la Bastille, dont l'accès n'était pas alors aussi difficile qu'il le devint depuis, et y vit le comte. Rendons maintenant la parole à notre chroniqueur :

Lequel conte mena icelluy bastard en sa chambre; auquel lieu ledit bastard dist à icelluy conte ce que sa femme, la contesse, luy avoit dit, de quoy il fut bien joieulx, disant que c'estoit une bonne femme, mais de luy qu'il n'avoit point d'envye de sortir, pour ce qu'il ne faisoit

---

agrandir l'authenticité en ces termes : «Et scey ces choses estre vrayes, parceque, quant le conte de Dammartin fut retourner en la bonne grace du Roy, il en fut assermenté, et estoye present quant li nomma au Roy les dessusditz qui lui avoient fait servire après son eschappement.» (4ᵉ série, t. I, p. 274.)

nulle doubte que le roy ne le fist mettre dehors, à cause qu'il pensoit qu'il ne avoit point mis en oubly les services qu'il avoit faits à feu son père et à luy. Mais par les dessusdits luy furent faictes tant de remonstrances qu'il se acorda et leur donna par propices oreilles à entendre touchant son eschappement.

Et alors appella Voyau et le mena sur le hault des murs de la Bastide, et là estant, en parlant de plusieurs moiens par lesquieulx il pourroit sortir, sy fut dit par Voyau audit conte les oppinions qu'avoient deliberé ung chacun de ses secretaires touchant sa sortie; mais l'oppinion dudit bastard et de Harmes estoit qu'il falloit avoir des lymes sourdes pour lymer cinq ou six barreaux du treilliz de fer d'une fenestre. Et eulx estans en ce propos, Voyau regarda à la main destre ung huys ouvert ou plus hault estaige de la Bastide, et entra dedans pour regarder une grant fenestre où il n'y avoit ne fer ne bois, qui estoit toute ouverte, laquelle il montra au conte en luy disant : « Monseigneur, Dieu est pour vous. » Et après cela descendirent et s'en allèrent à la basse-court, où ils demandèrent à ceulx de la maison une ligne pour peschier ès fossez de laditte Bastide; et avoit ledit Voyau du plomb et ung bout de chandelle; et affin qu'on ne s'en apperceust de ce qu'ilz vouloyent faire, le conte demanda du fourmage, feignant de vouloir prendre du poisson. Et quant ilz furent en la fenestre sur le bord du fossé, le conte dit à Voyau qu'il ne craignoit qu'ung paillardeau (domestique) de la Bastide, lequel il fit appeler, et affin qu'il ne se doubtast de leur fait, l'envoya à Saincte Geneviefve dire au prieur qu'il luy envoyast sa bible pour lire.

Deux siècles plus tard, les geôliers de M. de Besmaux ou de M. de Saint-Mars n'eussent pas été dupes de pareilles ruses.

Le « paillardeau » éloigné, les amis du comte mesurent avec leur prétendue ligne la hauteur qui sépare la fenêtre où ils se trouvent du fond du fossé. Ils sont déjà assurés du succès de l'entreprise et déclarent à Chabannes que, s'il le veut, il pourra sortir en plein midi. Comme celui-ci s'en étonne et ne le veut croire : « Monseigneur, lui dit le bâtard, vous estes bien servy et traicté du cappitaine, car il laisse aller et venir tous ceulx qu'il vous plaist, sans aulcune chose leur demander; et si y a des gens de Lymosin en ceste ville que je congnois bien, et qui nous feront du service; et Jean de Harmes et moi turons bien le portier et sa femme, et d'autres qui nous pourroient nuyre; et, ce fait, monterons à cheval et nous en yrons. » Mais le comte n'accepte pas l'idée de ce crime, disant qu'il mettrait Dieu contre lui, et l'on s'en tient au projet de l'évasion pure et simple.

Pour plus de mystère, les conjurés firent fabriquer à Reims la corde, longue de trente trois toises, qui leur était nécessaire, et lorsqu'elle fut prête, on l'apporta à la Bastille, où elle fut cachée « soubz une grant pierre dessoubz des retraictz ». Quelque temps s'écoula encore, employé à chercher quelle serait la plus favorable retraite pour Chabannes à sa sortie de la Bastille; enfin, Voyau d'Imonville déclara qu'une fois le pont de Charenton passé, il n'y avait plus rien à craindre, et c'est à cela qu'on s'en tint.

L'évasion fut fixée au 12 mars 1465. Dans l'après-midi de ce jour-là, de Harmes se rendit à la Bastille, où il attendit avec Chabannes le moment convenu, tandis que Guinot Vigier, son père et Voyau sortaient de Paris par la porte Saint-Denis, comme pour aller à Louvres, puis, tournant à droite vers Montfaucon et l'abbaye de Saint-Antoine, venaient se poster en face de la Bastille, au bord du fossé des remparts. La nuit était venue : ils restèrent là, couchés à terre, regardant la fenêtre par où le comte devait sortir, pour voir s'il n'y paraîtrait pas de lumière.

Et ne furent guerez là que [virent] Jehan de Harmes, qui estoit natif de Beauvoys, qui estoit bon, hardi homme d'armes autant que nul pour ce temps se peust trouver, lequel ouvrit une grant voerrière. Et lesditz bastard et Voyau se levèrent lors debout ou milieu du chemin, affin que ledit Jehan de Harmes les peult veoir et appercevoir, ce qu'il fist. Et après ce, referma laditte voerrière, et ne demoura guères après qu'il ne rouvrist laditte fenestre de rechief, et fist le signe qui estoit conclud entre eulx; et incontinant qu'ilz apparceurent ledit signe, icelluy Jehan de Harmes referma laditte fenestre, et ledit Bastard et Voyau s'en allèrent à l'entour de la Bastide. Auquel bastard Voyau demanda s'il n'avoit point pourveu d'une sentyne (un bateau) et il fit responce que non. Et eulx estans sur les fossés virent une sentyne qui estoit de l'autre costé des fossez de laditte ville, enchaînée et fermée d'une serreure lyée à ung gros pyeu.

Et durant lequel temps il neigeoit, gresloit et faisoit grant froit; et nonobstant, ledit Voyau se dépouilla tout nud et se getta dedans lesdits fossez pour recouvrer laditte sentyne, et tellement fist hocher et branler ledit pieu qu'il l'arracha; et luy estant près d'avoir icelle sentyne, survint quelque ung des serviteurs du chasteau à une voirière du portail de la Bastide pour puyser de l'eau, dont ledit Voyau eut grant paour pour ce qu'il faisoit cler de lune, et se cacha dessoubz le bout de laditte sentyne, affin qu'on ne le peust appercevoir.

Et tantost après que laditte voirière fut fermée, Voyau poussa devant luy la sentyne jusques à l'eau vive, tant qu'il ne povoit plus prandre fons, par quoy il se getta sur le bort de laditte sentyne, et fist tant qu'il passa icelle du costé où estoit ledit bastard Vigier, qui se mist dedans icelle sentyne avec les habillemens dudit Voyau, qui se rabilla; et avoient deux grandes javelines dedans laditte sentyne, et menèrent icelle dedans lesdits fossez de laditte Bastide par une brèche par où l'eau des fossez de la ville entroit dedans ceulx de la Bastide. Et après ce, menèrent laditte sentyne dessoubz le pont de la basse-court, où ils se tindrent ung peu de temps, jusques ad ce que ledit de Harmes ouvrist la fenestre (qui estoit la troisiesme foys), et regarda en bas et les vit.

Et tantost après, ledit de Harmes getta une grant corde par laditte fenestre, dont l'un des bouts tumba en la sentine qui estoit au pied de la tour. Et ce faisant, ledit Bastard et Voyau se recommandèrent de bon cueur à monseigneur Saint Nicolas; et la corde gettée, ledit conte descendit par laditte corde, ayant ung baston entre ses jambes; et si tost qu'il fut descendu en la sentyne, ledit de Harmes getta par laditte fenestre ung pacquet d'habillemens dedans laditte sentyne, et puis après descendit par autres cordes que icelluy de Harmes avoit fait des couvertures et draps de lyt où couchoit ledit conte; et eulx descendus, s'en allèrent tous dehors par laditte sentyne jusques là où estoit Guynot Vigier, assés près, qui gardoit les chevaulx. Lequel conte arrivé, ledit Guynot et autres firent diligence de monter à cheval, et s'en allèrent droit au pont de Charenton.....

De là, Chabannes et ses compagnons gagnèrent Corbeil dont ils traversèrent les faubourgs par la rive droite, faute d'avoir pu passer la Seine au-dessus du pont de Charenton, puis ils atteignirent Nemours, où ils se trouvèrent à l'abri de tout danger. Au reste, le comte de Dammartin rentra en grâce dès le mois d'octobre suivant, en vertu d'un article du traité de Saint-Maur.

Voilà, certes, un épisode dramatique dans l'histoire des évasions célèbres; son intérêt s'accroît encore et gagne en saveur par la langue si pittoresque qui nous l'a transmis; mais, il faut en convenir, il n'aurait pas pu se produire dans des conditions analogues deux cents ans après. Des circonstances mêmes de l'évasion, il résulte, d'une part, que la Bastille était alors très mal gardée[1], et d'autre part, que le complot avait été fort imparfaitement ourdi. On avait oublié de se munir d'un bateau, et c'est le seul hasard qui le procura; on avait choisi une nuit où la lune brillait, lorsqu'il était si simple, après six mois d'attente, de différer le départ de quelques jours pour attendre un temps sombre. Que le « paillardeau » dont il est question eût vu s'agiter une ombre dans la vase du fossé, et c'en était fait de la tentative. Les complices du comte n'ignoraient certainement pas l'enjeu de la partie et savaient que Louis XI n'eût pas pardonné; ils ne compromettaient pas seulement la liberté future de leur maître; ils risquaient leur vie à eux, en même temps que la sienne. Il est vrai qu'en tout temps la soif de la délivrance a produit des miracles de confiance et de témérité.

*Les prisonniers de Louis XI.*

La Bastille de Louis XI a pour caractéristique les célèbres cages de fer, et, à leur sujet, l'histoire se trouve être d'accord avec la fiction. Voici ce qu'en dit Commines : « ... Il est vray qu'il (Louis XI) avait fait de rigoureuses prisons, comme cages de fer et autres de bois, couvertes de pates de fer par le dehors et par le dedans, avec terribles fermures, de quelque huict pieds de large, de la hauteur d'un homme et un pied plus. Le premier qui les devisa fut l'evesque de Verdun qui, en la première qui fut faite, fut mis incontinent et y a couché quatorze ans. Plusieurs, depuis, l'ont maudit, et moy aussi qui en ay tasté, soubs le Roy de present, huict mois. Autresfois, avoit fait faire à des Allemans des fers très pesans et terribles pour mettre aux pieds, et y estoit un anneau pour mettre au pied, fort malaisé à ouvrir, comme à un carquan, la chaîne grosse et pesante, et une grosse boule de fer au bout, beaucoup plus pesante que de raison, et les appeloit-on les *Fillettes du Roy* »[2].

Ce passage de Commines est, pour bien des points, intéressant à noter. D'abord il nous prouve que les « fillettes du Roi » étaient non les cages de fer,

---

[1] On a remarqué avec quelle facilité les conjurés avaient pu pénétrer dans la forteresse et même la visiter, conduits par le prisonnier lui-même, qui obtient, dès qu'il la demande, l'autorisation de pêcher à la ligne. Les fenêtres sont garnies de barreaux de fer : c'est la seule précaution, ou à peu près; encore celle qui a servi à l'évasion en est-elle dépourvue.

[2] *Mémoires* de Commines, édit. de Godefroy, 1649, p. 262.

comme on l'a souvent dit, mais les carcans qui entravaient les pieds des prisonniers; puis il nous confirme dans la certitude que la Bastille n'eut pas le monopole des cages de fer (c'est, en effet, dans une autre prison que Commines fut enfermé) [1], et il nous révèle enfin le nom de l'inventeur de ces cages, Guillaume de Haraucourt, évêque de Verdun, qui y fut détenu douze ans (et non quatorze) à partir de 1469, pour avoir voulu, de concert avec le cardinal Balue, livrer Louis XI au duc de Bourgogne.

Sauval, au surplus, a trouvé, dans un compte de la prévôté de Paris pour 1475, le détail de la construction de cette cage qu'avait inventée l'évêque de Verdun pour la Bastille, et dans laquelle il dut tant de fois maudire son œuvre :

Pour avoir fait de neuf une grande cage de bois de grosses solives, membreuses et sablières, contenant neuf pieds de long sur huit pieds de lé, et de hauteur sept pieds, entre deux planchers lissée et boujonnée à gros boujons de fer, laquelle a été assise en une chambre etant en l'une des tours de la Bastide Saint-Anthoine à Paris, par devers la porte dudit Saint-Anthoine, en laquelle cage est mis et detenu prisonnier, par le commandement du Roi notredit seigneur l'evesque de Verdun (*Guillaume de Haraucourt*). Fut employé à ladite cage quatre vingt seize solives de couche et cinquante deux solives debout, dix sablières, de trois toises de long, et furent occupés dix neuf charpentiers pour écarir, ouvrer et tailler tout ledit bois en la cour de la Bastille, pendant vingt jours. Il y avoit à cette cage deux cens vingt gros boujons de fer, les uns de neuf pieds de long, les autres de huit, et les autres moyens, avec les rouelles, pommelles et contrebandes servans ausdits boujons, pesant tout ledit fer trois mille sept cens trente cinq livres, outre huit grosses équieres de fer servant à attacher à ladite cage, avec les crampons et cloux, pesans ensemble deux cent dix huit livres de fer, sans compter le fer des treillis des fenestres de la chambre où elle fut posée, des barres de fer de la porte de la chambre et autres choses, revient à trois cens dix sept livres, cinq sols, sept deniers. Et fut payé, outre cela, à un maçon pour le plancher de la chambre où étoit la cage, vingt sept livres quatorze sols parisis, parce que le plancher n'eust pu porter cette cage à cause de sa pesanteur, et pour faire des trous pour poser les grilles des fenestres; et à un menuisier la somme de vingt livres deux sols parisis pour portes, fenestres, couches, selle percée et autres choses; plus, quarante six sols, huit deniers parisis à un vitrier pour les vitres de ladite chambre. Ainsi monte la dépense, tant de la chambre que de la cage à la somme de trois cens soixante sept livres, huit sols, trois deniers parisis, qui étoit une somme considerable alors, puisque le muid de plâtre n'est compté qu'à vingt sols parisis, qui aujourd'hui vaut sept livres tournois [2].

C'était peu de chose pourtant que cette somme, si on la compare à celle que coûta la subsistance de l'évêque de Verdun pendant ses douze ans de captivité.

---

[1] C'est lui-même qui nous l'apprend, en disant que sa détention, au commencement du règne de Charles VIII, dura vingt mois «en son palais, où je voyoie de mes fenestres arriver ce qui montoit contrement la rivière de Seine du costé de Normandie». Cet emplacement ne peut s'appliquer qu'à une tour du Louvre ou du Palais de la Cité.

[2] Sauval, t. III, p. 428. Nous nous rencontrons, dans la transcription de ce curieux texte, avec Victor Hugo qui, dans *Notre-Dame-de-Paris*, l'a intégralement reproduit, en le coupant de dialogues, pour le mieux dramatiser.

Dans une lettre adressée à Louis XI par Martin Le Roy, receveur général des finances d'Outre-Seine, on voit que le capitaine de la Bastille — c'était alors Philippe Luillier, — avait réclamé plus de cinq mille francs pour cette dépense, alors qu'on ne lui en offrait que deux mille cinq cents. Nous ne saurions dire quelle fut la décision du Roi; ce qu'il est important de constater, c'est que, sous Louis XI comme sous Louis XIV, les prisonniers d'État furent entretenus aux frais du trésor royal. Louis XI fit mieux encore, puisqu'il ordonna qu'on remît à l'évêque de Verdun une somme de cinq cents francs, au moment de sa délivrance [1].

En même temps que Guillaume de Haraucourt, la Bastille garda deux prisonniers dont le nom est illustre, Louis de Luxembourg, et Jacques d'Armagnac, duc de Nemours, coupables aussi tous les deux de complot contre l'autorité royale. Le premier subit la peine capitale sur la place de Grève, en vertu d'un arrêt du 16 décembre 1475. Quant au duc de Nemours, il fut décapité aux Halles le 4 août 1477. Voici, d'après un recueil manuscrit dont nous avons déjà fourni plusieurs extraits, quelques mentions intéressantes sur son séjour à la Bastille :

La déclaration des personnes ausquelles et pour les causes contenues cy après, M. Pierre de Leully, receveur general des finances sur et deçà les rivières de Seine et Yonne, a payé, de par l'ordonnance de monseigneur le Chancellier de France, et autres commissaires deputez à faire le procez du duc de Nemours et d'aucuns de ses gens et officiers, qui ont esté prisonniers en la Bastille Saint Anthoine à Paris :

Jacques Hemon, verrier de Paris, pour trois panneaux de verre blanc mis en la chambre de la question à la Bastille Saint-Anthoine....... xiv s.

Jehan Marchant, demeurant à Paris, pour 34 toises de nates employeez à natter à l'entour de la chambre en laquelle estoit le duc de Nemours, et pour 29 aunes et demie de drap bureau pour tendre à l'entour de la cage par dedans où couche ledict duc, à viii s. ix d. l'aune...... xxxvi l. vii d.

André du Cabas, pour ce qu'il a payé aux maçons et charpentiers qui ont remis à point la chambre de la question en la Bastille Saint-Anthoine, et pour les choses nécessaires......... ...xxxii s. v d. [2].

N'y a-t-il pas un contraste saisissant dans le rapprochement de ces dépenses

[1] «Sire, je me recommande à vostre bonne grace, tant et si humblement comme je puis. Sire, j'ay receu voz lettres faisans mention de contenter le capitaine de la Bastille de la despence de monseigneur de Verdun. Sire, comme pourrez estre adverty par monseigneur du Sollyer, me suis tiré devers luy, et mon general aussi, et avons parlé audict cappitaine, lequel demande pour ladicte despense cinq mil francs et mieulx. On luy a offert deux mil cinq cents francs pour toutes choses, ce qu'il n'a voulu faire, et demande plus de v<sup>m</sup> francs. Vostre plaisir soit sur ce mander vostre vouloir, et touchant lesdits v<sup>e</sup> francs que avez mandé estre delivrez audict de Verdun, il n'y aura point de faulte. Sire, je prie à Dieu et à Nostre Dame qu'il vous doint bonne, saine et longue vie. Escript à Paris, le xv<sup>e</sup> jour d'octobre [1482].

Vostre très humble et obeissant subject et serviteur.

Martin Le Roy.

(Bibl. nat. ms. fonds français 15540, fol. 38. Orig).

[2] Bibl. nat. Cabinet des titres, vol. 685, fol. 367-369.

## RÉGIME DE LA PRISON.

de si différente nature? On orne de nattes et de tentures la chambre du duc, mais cette chambre est une cage, comme celle de l'évêque de Verdun; on mande des vitriers, des maçons et des charpentiers, mais c'est pour rendre mieux close et en plus parfait état la salle où le prisonnier subissait la question.

Après Louis XI, le régime de la prison devient moins rigoureux; le xvi° siècle est, dans l'histoire de ce régime, une période de transition. Le château ne cessera pas de recevoir des prisonniers, mais il ne semble pas que les règlements aient à leur égard la férocité du siècle précédent, ni la rigueur des deux derniers.

*Les prisonniers du xvi° siècle.*

Nous ne songeons à dresser la statistique complète des détenus de la Bastille, ni pour le xvi° siècle, ni pour d'autres époques; qu'il nous suffise donc de rappeler les noms les plus saillants et les faits particulièrement caractéristiques.

Beaune de Samblançay y fut enfermé au commencement de l'année 1527; il n'était pas prisonnier d'État au même titre que Louis de Luxembourg ou Jacques d'Armagnac; son crime, la concussion, était plus vulgaire. Au reste, il demeura sept mois à peine à la Bastille et n'en sortit que pour aller subir le dernier supplice à Montfaucon [1].

Voici, le 14 juin 1559, Anne du Bourg emprisonné pour crime de libre pensée; on lui tranche la tête, deux mois plus tard. L'année suivante, la Bastille reçoit François de Vendôme, vidame de Chartres, accusé d'une vague conspiration ourdie avec le prince de Condé contre le roi.

La correspondance de Catherine de Médicis nous fournira quelques détails d'un vif intérêt sur le genre de prisonniers qu'elle envoyait à la Bastille et le traitement qu'elle désirait qu'on leur fît subir :

8 novembre 1564.

*A mom cousin Monsieur de Montmorency, maréchal de France.*

Mon cousin, le Roy monsieur mon fils escript presentement au sieur de Carrouges qui est à Rouen, faire prendre là un galland qui est le directeur de tous les faulx-monnoyeurs du pays, et l'envoyer secrettement à Paris, pour estre serré dedans la Bastille et en lieu où il ne puisse estre nouvelles de luy, vous pryant donner ordre que, arrivé qu'il sera là, il y soit mis et tenu si secrettement que aucun ne le puisse descouvrir, advertissant le lieutenant de la Bastille qu'il ne face difficulté de le recevoir et mettre en lieu seur, si tant est que ne fussiez à Paris lorsque les gens dudict sieur de Carrouges le y amèneront, et me faictes incontinent sçavoir son arrivée, pour après vous advertir de ce que vous en devez faire; pryant Dieu, mon cousin, vous donner ce que desirez. D'Arles, le...jour de novembre 1564.

Vostre bonne cousine,          CATERINE [2].

---

[1] Sur le procès de Samblançay, voir le livre de M. Pierre Clément : *Enguerrand de Marigny, Beaune de Samblançay*, ....., 1859, in-8°.

[2] *Lettres de Catherine de Médicis*, publiées par M. H de la Ferrière dans la Collection des documents inédits, t. II, p. 235.

Le 6 décembre 1565, Catherine, envoyant au même gouverneur de la Bastille un prisonnier (financier accusé de malversations), ajoute ces recommandations : « Vous commanderez bien expressement au lieutenant de la Bastille qu'il ne luy permecte d'escrire, ny parler à personne, ny de faire aultre acte qui donne cognoissance qu'il soyt là dedans. Je vous envoye une ordonnance pour faire bailler audict lieutenant dix sols par jour pour sa nourriture jusques à ce que aultrement en ayt esté ordonné. Et quant au marchant qui a esté mené de Rouen audict lieu de la Bastille, je sçay qu'il est homme riche et aysé, et fault qu'il fournisse à sa despense comme il a faict jusques à present... »

Mais, le 27 décembre, elle adresse l'ordre au receveur général de Paris de fournir 10 sous par jour également pour ce dernier prisonnier, « ayant entendu qu'il n'a plus moyen de se norrir; si nous avoyt-on asseuré qu'il estoyt homme riche..... » [1].

On désigne sous le nom de *Conspiration des politiques*, le complot tramé par quelques personnages considérables en vue d'écarter de la succession au trône Henri III, alors roi de Pologne, au profit du duc d'Alençon. La tentative fut découverte au mois de mai 1574, et deux de ses principaux organisateurs furent mis à la Bastille; c'étaient François de Montmorency, l'ancien capitaine du château, et le duc de Cossé, tous deux maréchaux de France. Voici le texte de la lettre royale ordonnant leur arrestation :

Aujourd'huy, 1ᵉʳ jour de may mil cinq cens soixante quatorze, le Roy estant au boys de Vincennes, ayant pour aucunes grandes occasions faict mener prisonniers en la Bastide à Paris, messeigneurs le duc de Montmorency pair, et de Cossé, mareschaulx de France, et ordonné le sieur de Sommière, lieutenant du vicomte d'Auchy, l'un des capitaines de ses gardes, avec quelque nombre d'archés pour la garde de leurs personnes, a commandé et ordonné très expressément audict de Sommière de ne permettre auxdicts sieurs mareschaulx de parler ny avoir communication l'un à l'autre, ne pareillement à ceulx qui sont destinez pour leur service, qui entrent et sortent de ladicte Bastide, ains seullement aux deux serviteurs et vallets de chambre qui sont ordonnez à chacun d'eulx, lesquelz deux serviteurs ne pourront aussy avoir aucune communication aux autres, ains demourront près les personnes de leurs maistres, ce que Sa Majesté enjoinct audict sieur de Sommière d'observer, à peyne de luy respondre en sa propre personne de sa contravention, si aucune en estoyt faicte. Et pour n'en pretendre cause d'ignorance, Sa Majesté a commandé luy en estre baillé le present escrit, qu'elle a voullu signer de sa propre main.

Charles [2].

Les deux maréchaux ne furent rendus à la liberté que le 2 octobre de l'année suivante [3].

---

[1] *Lettres de Catherine de Médicis*, publiées par M. H. de la Ferrière dans la Collection des documents inédits, t. II, pp. 332 et 336.

[2] Ce document a fait partie d'une collection d'autographes vendue le 5 mars 1890 par M. Eugène Charavay.

[3] *Mémoires journaux* de Pierre de L'Estoile, t. I, p. 90.

Vers le 15 octobre 1583, nous dit L'Estoile, un gentilhomme gascon, appelé du Mesnil, tua et dépouilla un courrier qui portait en Italie trente mille écus en perles et en argent; ses complices, deux simples soldats, furent pendus aux Halles le 5 novembre; quant à du Mesnil, « le plus coupable de tous, il fut envoié à la Bastille avec charge au capitaine de lui faire bon traitement »[1]. Si bien traité qu'il fût, la liberté lui était encore préférable, car, dès le 28 novembre, il tentait une évasion. L'Estoile en raconte les péripéties : «..... Deplaisant de tenir si longue et estroicte prison, brula la nuit avec la paille de son lit et ce qui peust recouvrer de bois la porte de son cachot; duquel sorti, print la corde du puis estant à la cour, monta dessus la terrasse de la Bastille au plus haut, attacha le bout de ceste corde à une roue d'artillerie, et l'alongea d'une autre forme de corde, faite de ses draps, de sa coitte, de sa paillasse et de la couverture de son lit, et se dévallant dans le fossé, la corde se trouvant courte, se laissa tomber en bas et demeura accroché par l'épaule à la pointe d'un barreau du treillis d'une fenestre, d'où criant, fut secouru et remis en la prison, où il fut, depuis, plus soigneusement gardé[2]. »

L'un des premiers actes de la Ligue, victorieuse après la journée des Barricades, fut d'envoyer à la Bastille le prévôt des marchands, Perreuse, qui était resté dévoué au roi; on ne l'y laissa d'abord que deux jours, du 4 au 6 juin 1588; mais des mutins l'y reconduisirent à main armée, et cette fois, il y demeura jusqu'au 13 juillet[3].

A la même époque, un vieillard illustre entre tous, coupable seulement d'être protestant, Bernard Palissy, était enfermé à la Bastille. Il y mourut en 1590, âgé de quatre-vingts ans, « de misère, necessité et mauvais traitement », dit L'Estoile, qui ajoute ce souvenir personnel et touchant : « Ce bon homme, en mourant, me laissa une pierre qu'il appeloit sa pierre philosophale, qu'il asseuroit estre une teste de mort que la longueur du temps avoit convertie en pierre, avec une autre qui lui servoit à travailler en ses ouvrages : lesquelles deux pierres sont en mon cabinet, que j'aime et garde soigneusement, en memoire de ce bon vieillard, que j'ai aimé et soulagé en sa necessité, non comme j'eusse bien voulu, mais comme j'ai peu. La tante de ce bon homme, qui m'apporta lesdites pierres, y estant retournée le lendemain, voir comment il se portoit, trouva qu'il estoit mort. Et lui dit Bussi (le capitaine de la Bastille) que, si elle le vouloit voir, qu'elle le trouveroit avec ses chiens sur le rempart, où il l'avoit fait traisner comme un chien qu'il estoit[4]. »

Parlerons-nous enfin de cette incarcération à la Bastille, — unique dans les an-

---

[1] *Mémoires* de Pierre de L'Estoile, t. II, p. 136-138.
[2] *Ibid.*, t. II, p. 141.
[3] *Mémoires* de Pierre de L'Estoile, t. III, pp. 158 et 171.
[4] *Ibid.*, t. V, p. 67.

nales de la forteresse, — de tout le Parlement qui y suit volontairement ses chefs mis en état d'arrestation par Bussy Le Clerc, « ung de ses valets »? Certes, ce fut un spectacle surprenant que ce troupeau de magistrats conduits par Le Clerc et « menés en la Bastille Saint-Anthoine, tout au travers des rues plaines de peuple qui, espandu par icelles, les armes au poing et les boutiques fermées pour les voir passer, les lardoient de mille brocards et vilanies ». Et L'Estoile, indigné à bon droit, ajoute : « Voilà comme par un juste jugement de Dieu, la première cour de l'Europe fust, ce jour, emmenée en triomphe et emprisonnée par un petit procureur armé, accompagné de vingt cinq maraux qui, entrant en la Chambre des Pairs de ce royaume où les plus grands laissent leur espée à la porte, par reverence de justice, porte l'espée à la gorge au Parlement de France, l'emmène, le retient et l'enferme en sa Bastille où il est fort rudement et chèrement par lui traicté, les uns plus longtemps, les autres plus court, selon qu'ils trouvèrent les moiens et occasions d'en pouvoir sortir. »[1] Rarement le chroniqueur a écrit une page meilleure; ce que nous en retiendrons encore, c'est ce qu'il dit de la contribution d'argent imposée aux gens du Parlement pour leur séjour à la Bastille; cela surprendra peu, d'ailleurs; longtemps encore après, la prison devait atteindre dans leurs biens autant que dans leur liberté ceux qui y étaient conduits.

*La Bastille sous Henri IV.*

Il ne paraît pas que Henri IV, devenu réellement roi, ait beaucoup usé de représailles contre les Parisiens qui l'avaient si ardemment combattu, et ait, à son tour, rempli la Bastille de prisonniers. Comme quelques uns de ses prédécesseurs, comme Louis XI surtout, il avait eu de la forteresse une autre conception, et ce fut l'épargne du trésor royal qu'il mit à l'abri de ses épaisses murailles plutôt que des criminels, ou bien alors des criminels de marque, tels que le maréchal de Biron, convaincu d'avoir voulu vendre à l'Espagne la couronne de France. Le procès fut instruit à la Bastille même, où Biron avait été conduit mystérieusement, par la rivière, le 15 juin 1602. Le jugement ayant été rendu le 29 juillet, le prisonnier en entendit lecture le surlendemain dans son cachot (c'était, nous l'avons dit, l'ancienne Chambre du Roi, près de la première chapelle); il était condamné à avoir la tête tranchée, le jour même, sur la place de Grève, et tous ses biens étaient confisqués au profit du roi. La famille de Biron eut assez de crédit au Louvre pour empêcher le scandale d'une exécution publique, et l'échafaud fut dressé dans la prison, « au coing de la court, vers la porte par où on va au jardin », c'est-à-dire dans l'angle de droite, entre les tours de la Comté et du Trésor; « il estoit de cinq pieds de haut, sans aucune parure, et l'eschelle mise au pied ». Soixante-dix personnes environ assistèrent au supplice, où Biron fit fort mauvaise contenance; il suppliait, pleurait et se révoltait tour à tour, si bien

---

[1] L'Estoile, t. III, p. 235-236.

qu'on eut beaucoup de peine à lui bander les yeux; enfin, le bourreau lui trancha la tête d'un seul coup et avec beaucoup de dextérité, tandis qu'il récitait son *in manus* [1].

C'est, croyons-nous, la première exécution qui ait eu lieu dans l'enceinte des tours de la Bastille; c'est, à coup sûr, la dernière. De la date où l'on est en possession de ses archives jusqu'à la fin, on n'en trouve plus trace : la prison devint trop mystérieuse pour qu'il fût possible d'y ajouter un pareil et si sérieux élément de mystère [2].

## II

Nous sommes arrivé à l'époque où l'histoire des prisonniers n'a plus guère de secrets, sauf pour les écrivains qui n'ont pas voulu l'étudier dans les documents, ou pour ceux qui, malgré tout, ont apporté dans cette étude des idées préconçues. Avec le règne de Louis XIII ou, plus exactement, de Richelieu, la Bastille perd définitivement son caractère de château fort doublé d'une prison et demeure exclusivement prison d'État. Il n'est pas inutile de définir ce terme, si souvent employé et si vague encore. Par prison d'État, au moins lorsqu'il s'agit de la Bastille, nous voulons entendre la prison de ceux qui ont commis un crime ou délit autre que de droit commun, de ceux qui, à tort ou à raison, ont paru dangereux à la sûreté de l'État, qu'il s'agisse de la nation même, de son chef, ou d'un groupe plus ou moins important de citoyens, groupe parfois restreint à celui que forme une famille. Si l'on ajoute à ce genre de prisonniers quelques personnages trop en vue pour être punis d'un crime de droit commun à l'égal du malfaiteur vulgaire, et à qui une prison exceptionnelle paraissait devoir être réservée, nous croyons n'avoir négligé aucune des espèces de délits qui furent, en si grand nombre, expiés à la Bastille à partir de 1630 et jusqu'en 1789.

Nous avons eu l'heureuse chance de retrouver aux archives du ministère des affaires étrangères un « estat des prisonniers qui sont au chasteau de la Bastille » du temps de Richelieu. Cette liste de cinquante-trois noms est vraisemblablement la plus ancienne que l'on doive désormais rencontrer des détenus de la Bastille, et ce qui augmente son intérêt est que, devant la plupart des noms, a été mise une

*Examen des diverses catégories de prisonniers.*

---

[1] Nous avons emprunté le détail de tous ces faits au très curieux récit du supplice de Biron, réimprimé par A. Bonnardot dans son livre déjà cité : *Les rues et églises de Paris*, etc. 1876, in-8°.

[2] Voici cependant un fait qui donne à réfléchir : en 1703, un nommé Perrot, de Neufchâtel, enfermé à la Bastille comme espion, tua son compagnon de cachot, sous prétexte que celui-ci parlait mal des protestants. Le ministre d'Argenson en réfère au contrôleur général et lui expose que l'assassin est un fanatique, qu'il pourrait prêcher le peuple jusque sur l'échafaud; aussi serait-il d'avis « de le faire juger par la Chambre de l'Arsenal et exécuter dans la cour même de la Bastille »; mais d'autre part, ajoute-t-il, on croira peut-être que son crime est plus grave encore qu'il ne l'est. (*Correspondance des contrôleurs généraux des finances*, publiée par M. de Boislisle, t. II, p. 151-152.)

brève mention du motif de la détention. La date 1643 qu'on lui a donnée de nos jours n'est pas absolument certaine, mais, par le rapprochement de certains détails, on peut être assuré que la pièce en question fut rédigée vers ce temps-là et fort peu avant la mort de Richelieu. On la lira aux *Pièces justificatives*[1]; nous nous bornerons à en extraire ici quelques renseignements instructifs. Parmi les prisonniers, plusieurs sont convaincus ou soupçonnés «de mauvais desseins contre M. le C[ardinal]»; quelques-uns «de vouloir entreprendre», c'est-à-dire conspirer contre le trône, ou d'être espions; il y a un «prestre extravagant», et un moine «qui s'est opposé à l'élection de Cluni»; trois «thermites»; trois faux monnayeurs; le marquis d'Assigny, dont la peine de mort a été changée en prison perpétuelle, une vingtaine de seigneurs qualifiés fous, croquants, méchants diables ou accusés d'un crime réel, vol ou assassinat; enfin ceux dont le nom est suivi de cette simple indication : «Reine-mère» ou «Monsieur», ce qui prouve que le rédacteur n'était bien informé que sur les prisonniers du cardinal même.

Quelques années plus tard, en 1661, Besmaux, gouverneur de la Bastille, adressait à Colbert une liste de ses prisonniers[2]; ils étaient à ce moment au nombre de quarante-deux, c'est-à-dire que tous les cachots de la prison étaient occupés en même temps. En lisant cette liste, on est surpris de la variété des raisons qui ont motivé la détention; il en est même de plaisantes, si peu graves que plus tard elles n'auraient pas mérité la Bastille, mais Charenton, — qui existait déjà; — tel le cas du vicaire de Clichy «fol et extravagant qui crioit dans les rues pour exciter sedition», ou d'un nommé Didier qui «tourmentoit le roi et l'appeloit son compère», ou même de M. de Bernier «mechant à sa mère et à ses frères, et qui veut tout tuer». En revanche, nous trouvons plusieurs séries de criminels pour la répression desquels la Bastille s'ouvrait naturellement : ceux qui ont voulu faire mourir le roi ou le duc d'Orléans ou feu le cardinal Mazarin, et les concessionnaires[3], et ceux qui ont fait des faux ou «mille friponneries» analogues. S'il paraît étrange d'y rencontrer M. de Cluzelles parce qu'il a épousé trois femmes (ce qui lui vaut la recommandation de la reine mère), on ne s'étonnera pas d'y trouver plusieurs prêtres coupables d'impiété, car les délits contre la religion fourniront, sous Louis XIV surtout, une nombreuse clientèle à la prison. Viennent enfin les *gazetiers* «qui ne trouvent personne qui veuille répondre d'eux», et par gazetiers il faut entendre les faiseurs de fausses nouvelles et tous ceux qui, par la plume, ont voulu nuire à la sûreté ou à la dignité du gouver-

---

[1] *Pièces justificatives*, n° VIII.
[2] *Pièces justificatives*, n° IX.
[3] Dans la nuit du 5 juin 1648, on avait enfermé à la Bastille sept trésoriers généraux de France, dont le seul crime était d'avoir voulu, par l'envoi d'une lettre circulaire, se concerter avec leurs confrères à propos des frais de leurs charges. (*Journal de Dubuisson-Aubenay*, publié par M. Saige pour la Société de l'Histoire de Paris, t. I, p. 25.)

nement. Plus tard ce ne seront plus les fausses nouvelles ou les couplets satiriques que l'on punira de la Bastille, car, au xviiie siècle, tout le monde en aurait couru le risque, mais bien les œuvres de l'esprit que leur indépendance et leur philosophie rendent suspectes aux yeux du ministre. Au moment où nous sommes, il ne s'agit que d'interdire la multiplicité des gazettes, et en 1662 le roi écrit à Besmaux l'ordre de recevoir à la Bastille tous les gazetiers non autorisés que le lieutenant civil lui enverra [1].

L'examen attentif du journal de du Junca nous a permis de reconnaître les catégories suivantes de prisonniers pour la période de 1690 à 1705 : quelques officiers déserteurs, un grand nombre d'espions, plusieurs libraires ayant vendu des livres de contrebande, une femme « fabriquant des livres infâmes », trois autres femmes trafiquant des places ou des mariages, cinq faux monnayeurs ou chercheurs de la pierre philosophale, beaucoup d'impies, un sodomite. Au jour où du Junca commence son registre, le 11 octobre 1690, il a trouvé à la Bastille soixante-douze prisonniers, la plupart pour cause de religion, et douze valets enfermés avec leurs maîtres.

Le moment est venu d'entrer dans quelques explications sur ces différentes catégories de détenus, à l'aide de détails que peuvent fournir leurs dossiers ou leurs propres récits. Nous parlerons d'abord de ceux qui furent incarcérés pour cause de religion, et la série en est nombreuse. Louis XIV, on le sait, n'épargna pas les moyens, même les plus odieux, d'assurer le triomphe de la religion catholique. Peu importait que les conversions fussent sincères; il fallait qu'elles fussent proclamées, et la *contrainte par corps*, dragonnades ou prison, paraissait le procédé le plus sûr pour y arriver. Le 4 août 1690, Cardel, ministre de la religion réformée, entra à la Bastille et y resta jusqu'à sa mort, le 13 juin 1715, c'est-à-dire vingt-cinq ans. Sa détention était donc perpétuelle, et son seul crime, d'après l'observation mise par Chevalier en face de son nom est qu'« il estoit de la religion...; il n'a jamais voulu se convertir; ce prisonnier avoit esté traduit de Vincennes à la Bastille et estoit fort recommandé » [2].

*Les protestants, les jansénistes et les convulsionnaires.*

Le nombre des protestants que reçut ainsi la Bastille, seulement entre 1685 et 1700, est incroyable et même ne sera jamais exactement connu; à une époque où le régime de la prison était doux aux autres prisonniers, ceux-là furent traités avec une extrême rigueur, et la durée de leur détention fut subordonnée à l'obligation de recevoir un confesseur; aussi, beaucoup moururent-ils dans la prison plutôt que d'y consentir. Une fois morts, on les enterrait dans le jardin du château ou sous les casemates du bastion; les tableaux statistiques de Chevalier en

---

[1] Ravaisson, *loc. cit.*, t. III, p. 292.
[2] Tableaux statistiques dressés par Chevalier, à la Bibliothèque de l'Arsenal, mss. 12526-12573, *passim*.

fournissent beaucoup d'exemples : Pierre Baril, chirurgien interné « pour religion. Mort enterré au jardin dudit chasteau, le 29 aoust 1692. Il n'a jamais voulu s'aprocher des sacrements, malgré les exortations du Père des Bordes ». Même observation pour la dame Calloue, entrée le 18 octobre 1694, pour religion, morte le 21 novembre suivant « sans vouloir se confesser, etant protestante. Elle a été enterrée dans les cazemattes du bastion du château ». Pour la même cause, le P. Dehant, jacobin écossais, entré à la Bastille fut enterré au jardin, le 3 décembre 1720, après une détention de trente-quatre ans (car il était entré en 1686), l'une des plus longues que nous connaissions. Durant ce temps, il avait tué un porte-clefs, Saint-Jean, avec une barre de son lit, et depuis « on luy servit à manger par un trou qu'on avoit fait à sa porte » [1].

Il n'y eut pas que des protestants mis à la Bastille pour cause de religion. A l'époque où les célèbres propositions de Jansénius donnaient à la royauté des préoccupations si incompréhensibles aujourd'hui, on jugea que, pour réduire les jansénistes, rien ne vaudrait mieux qu'une détention à la Bastille. De Sacy, l'un des plus célèbres, y demeura longtemps, mais traité avec douceur; on sait qu'il eut le droit d'y traduire la Bible [2]. Près de cent ans après, en 1743, les jansénistes étaient encore envoyés à la Bastille; c'est l'époque où y vint pour six mois l'abbé de Roquette, et sa relation fort intéressante nous apprend qu'il s'y trouva en compagnie de plusieurs autres « amis de la vérité »; c'est ainsi que s'appelaient les dissidents.

On peut rattacher encore à la série des délits contre la religion ceux que les « convulsionnaires du cimetière Saint-Médard » commirent en si grand nombre, aux environs de 1730. En réalité, c'étaient de véritables illuminés qui espéraient guérir leurs maux en venant se livrer à mille contorsions sur la tombe du diacre Pâris; beaucoup furent envoyés à la Bastille, et la lettre suivante, du lieutenant de police Hérault à de Launey, fait foi que plus la répression était vive, plus elle était efficace :

29 octobre 1732.

En parlant ferme, Monsieur, à la Lefebvre que l'on a conduite aujourd'huy à la Bastille, vous verrez que ses convulsions cesseront comme elles ont cessé à tous les autres; mettés autant de monde que vous jugerés à propos auprès de cette particulière; mais, il me semble, plus on marquera d'attention à la soulager, et plus elle se donnera de mouvemens pour en imposer; il faudroit la faire observer quand elle sera seule par quelque fente des portes, affin de ne luy donner du secours que dans un cas d'absolue necessité. Je suis,

HERAULT [3].

[1] Tableaux statistiques dressés par Chevalier, à la Bibl. de l'Arsenal, mss. 12526-12573, passim.
[2] Sur les jansénistes du XVIIᵉ siècle à la Bastille, voir le Port-Royal de Sainte-Beuve, passim, et spécialement pour de Sacy, le tome II, p. 347-353.
[3] Bibl. de l'Arsenal, ms. 12487, fol. 222. Sur

## RÉGIME DE LA PRISON.

Si les convulsionnaires n'inspirent pas de grandes sympathies, les empoisonneurs ne méritent que du dégoût. On connaît à fond aujourd'hui, grâce à la publication des *Archives de la Bastille*, cette ténébreuse affaire des poisons qui vint sinistrement assombrir les plus glorieuses années du règne de Louis XIV. Elle eut son commencement en 1673; du moins, cette année-là, plusieurs confesseurs se crurent autorisés à informer le lieutenant de police qu'un grand nombre de femmes avouaient en confession qu'elles avaient empoisonné leurs maris. Ravaisson a cherché les origines de cette horrible frénésie et a sans doute rencontré juste : «La Fronde, dit-il, en jetant les hommes sur les champs de bataille, avait laissé aux femmes une liberté qu'elles perdirent avec la paix; les maris revinrent chez eux vieillis, brutaux et blasés par la licence des armées et par les amours de passage. En outre, les communications fréquentes avec l'Espagne avaient mis la jalousie à la mode; sans être prisonnières, les femmes étaient très renfermées et fort surveillées... Les habitudes de l'ancienne liberté et la facilité de mœurs qu'avait encouragée Mazarin les avaient mal préparées à cette gêne dont rien ne diminuait l'ennui; les passions comprimées devinrent plus violentes; beaucoup de femmes ne purent se soumettre au joug et employèrent les moyens les plus extrêmes pour le secouer[1].»

Les empoisonneurs.

A ces causes si acceptables il en faut, sans aucun doute, ajouter une autre. La superstition, la magie, cette soif qu'a l'esprit humain de croire au surnaturel et de s'en laisser subjuguer, jouèrent un grand rôle dans l'affaire des poisons. Les criminels ne se bornèrent pas à faire respirer ou avaler de l'arsenic à ceux qu'ils voulaient faire mourir : le dénoûment homicide était précédé et accompagné de cérémonies telles que l'historien ose à peine les raconter, tant l'obscénité s'y mêlait aux parodies les plus burlesques du rite religieux.

Pour réprimer de tels forfaits et empêcher qu'ils ne s'étendissent au point d'amener la dépopulation de la nation même, une juridiction spéciale parut nécessaire, et, le 8 mars 1679, Louis XIV se décida à la fonder à l'Arsenal. Plusieurs années suffirent à peine à enrayer le mal; la Bastille garda, durant ce temps, un très grand nombre de coupables, parmi lesquels les plus célèbres sont restées la Voisin et la Brinvilliers. Nous ne pousserons pas plus loin cet exposé, préférant renvoyer, pour plus de détails, aux quatre volumes des *Archives de la Bastille* que Ravaisson a consacrés aux empoisonneurs, et à l'excellent résumé qu'en a fait, d'après lui, M. Loiseleur[2].

Pendant les deux derniers siècles, la Bastille reçut beaucoup d'espions; c'était

Les espions.

---

les convulsionnaires à la Bastille, voir Ravaisson, *Archives de la Bastille*, passim.
[1] Tome IV, introduction.

[2] Dans le volume intitulé : *Trois énigmes historiques*. Paris, 1883, in-18, et surtout aux pages 135-175.

la prison, en effet, la plus convenable à des individus dont les agissements visaient l'État : incarcérés ailleurs, au Châtelet par exemple, ils eussent pu être en contact avec des prisonniers de droit commun et leur révéler les secrets qui les avaient rendus dangereux. Rarement, croyons-nous, on en fit justice par la mort; lorsque la détention n'était plus nécessaire ou que la peine s'était prolongée, ils recouvraient leur liberté, le plus souvent par un échange. C'est ainsi qu'à la date du 28 octobre 1656, Loret écrit dans sa *Muze historique* [1] :

........................
On a sorty, en ces jours derniers
Le nombre de neuf prizonniers
François (mais tenant pour Castille)
Du fort enclos de la Bastille,
Qu'on a changez de bonne foy
Pour de vrais serviteurs du Roy,
Lesquels, depuis quelques semaines,
L'Espagnol tenoit dans ses chaînes.
O! que les autres sont heureux
De se voir échangés pour eux!

Le 16 avril 1704, Pontchartrain adresse la lettre suivante à Saint-Mars :

Le Roy, Monsieur, en examinant la liste des prisonniers qui sont à la Bastille, m'a ordonné de voir si on pourroit échanger le sieur de Gromis, Piedmontois. Comme personne ne peut mieux que luy ménager cet echange, dites luy, s'il vous plaist, qu'il peut escrire à son pays, et s'il fait sur cela quelques propositions convenables, j'en rendray compte au Roy..... [2].

Les courtisans.

La Bastille ne servit pas toujours, heureusement, à punir des criminels ou bien à arracher un secret d'État à ceux qu'on lui confiait; fort souvent, elle fut la punition légère d'une faute légère. Une querelle un peu vive survenait-elle à la cour, un manquement au cérémonial s'y produisait-il, le coupable l'expiait au château par une détention aussi douce et aussi courte que possible.

La *Muze historique* de Loret en fournit un piquant exemple dans sa lettre du 12 mai 1657 [3] :

Deux des puissans de notre cour
Ayant ensemble eu, l'autre jour,
Dans le Louvre quelque castille,
Furent conduits à la Bastille.
Mais, comme ce lieu là n'a pas
Assez d'agremens ny d'apas
Pour divertir ceux qu'on y loge,
N'y fût-on qu'une heure d'orloge,
De tous les rois le plus humain
Les fit sortir le lendemain.

---

[1] Tome II, p. 254. — [2] Arch. nat. O¹ 365, fol. 86 v°. — [3] Tome II, p. 332.

## RÉGIME DE LA PRISON.

Au mois de décembre 1661, le duc de Créquy et le comte de Saint-Aignan avaient eu une dispute et échangé dans les salons du Roi «des paroles vives et mordantes»; ordre fut donné de les conduire tous deux à la Bastille; Louis XIV les punissait ainsi d'avoir «manqué de respect à ses appartements». Ils n'y restèrent que quelques jours [1]. Dangeau lui-même, l'exact chroniqueur, l'homme le plus soucieux de l'étiquette, apprit à connaître la Bastille en 1677. Il était grand joueur comme on sait, et joueur si heureux que M$^{me}$ de Sévigné et beaucoup d'autres en enrageaient; une querelle de jeu, qu'il eut un jour avec le sieur Langlée, s'envenima tellement que, presque sous les yeux du roi, les deux adversaires se battirent «à coups de poing et de canne». Deux jours de Bastille punirent cet emportement [2]. Des exemples analogues pourraient être multipliés, à l'aide de Saint-Simon.

Les détentions «pour affaires de famille» furent de tout temps fort nombreuses; déjà nous en avons fourni quelques exemples. Lorsqu'un personnage de marque avait une conduite si déplorable qu'elle désespérât sa famille, celle-ci avait toujours assez de crédit pour obtenir une lettre de cachet; on faisait conduire à la Bastille, aussi secrètement que possible, le coupable, et on l'y gardait, souvent sous un nom supposé, afin que le public ignorât, sinon sa disparition, du moins le lieu de son séjour. De même s'il s'agissait d'un crime de droit commun, pour le châtiment duquel une prison ordinaire eût été trop infamante. La Bastille, en effet, ne déshonorait pas, ou plutôt on lui attribuait cette vertu, et c'était l'essentiel. Roger de Pardaillan, marquis de Termes, y fut plusieurs fois enfermé dans ces conditions : en 1663, après avoir tué son adversaire en duel [3], puis en 1692, ayant été impliqué dans l'affaire des poisons [4]. Deux ans plus tard, on y amena un de ses bâtards «fort méchant et libertin», mais ici il faut laisser la parole à du Junca :

Les prisonniers de famille.

Du jeudi 4° fevrier (1694) à l'heure de midy et trois quars, un offisier inconeu, dont je ne peu savoir le nom, a amené ysi un inconeu prisonnier, abillé de brun, aiant ces cheveux, que Monsieur de Besmaux a receu de seluy qui l'a mesné, et, sans auqun des offisiers present, il l'a mesné lui-mesme dans la cinquiesme chambre à la calotte de la tour de la Basinière, devant estre tout seul, Monsieur de Besmaux m'aiant dit qu'il ne falet pas que personne le vit ni s'an aprochat, estant moi mesme du nombre.

Du mercredy 27° de fevrier, sur le huit heures du soir, estant dans la chambre de Monsieur de Besmaux au suget du mesme prisonnier si desus, arrivé du quatriesme de se mois, il a creu me devoir dire et advertir que se prisonnier con doit tenir si quaché est un batart du marquis de Termes, fort mechant et libertin, con a osté des cadés de Charlemon, en aiant demandé la permission au Roy pour le renfermé en ce lieu, Monsieur de Pontchartrain en aiant envoié les hordres pour le recevoir..... [5].

[1] *Archives de la Bastille*, t. I, p. 343.
[2] *Ibid.*, t. VIII, p. 159.
[3] *Ibid.*, t. III, p. 407-408.
[4] *Lettres de M$^{me}$ de Sévigné*, édit. citée, t. I, p. 515 (note).
[5] *Registre* de du Junca, *loc. cit.*, t. I, fol. 21 r°.

16.

Ces quelques lignes, d'une orthographe si bizarre, éclairent d'un jour singulier le point le plus sombre peut-être de l'histoire de la Bastille. Après s'être demandé pourquoi tant de mystère à propos d'un individu si peu important en somme, si peu digne d'intérêt, la seule explication qui puisse s'offrir à l'esprit est qu'il y avait nécessité de se débarrasser de lui et que la Bastille était faite pour rendre aussi ce genre de services. Au reste, on ne trouve plus trace ensuite, ni dans le registre de du Junca ni ailleurs, du prisonnier de la 5ᵉ Bazinière, et tout fait supposer qu'il ne revit plus désormais la lumière du jour. C'est l'époque de « l'Homme au masque de fer », et, à propos de ce dernier, nous aurons encore à revenir sur ces mystérieux internements.

Au xviiiᵉ siècle, d'ailleurs, il n'en est plus ainsi. Les prisonniers de famille sont moins nombreux qu'à l'époque précédente, mais ceux que l'on rencontre sont fort connus, on n'a rien fait pour cacher leur nom et leur situation. Tel est le cas surtout du marquis de Sade, qui a eu le triste honneur de donner son nom à un genre de folie répugnant entre tous; il entra à la Bastille le 29 février 1784, sortant du donjon de Vincennes qui, on le sait, venait d'être récemment désaffecté, et, pendant les cinq années qu'il passa au château, il fut traité avec de singuliers égards, qu'il ne méritait pas, recevant plusieurs fois par mois la visite de sa femme et choyé de mille douceurs. Cela ne l'empêchait pas, au reste, de crier « par sa fenêtre, à diverses reprises, qu'on égorgeait les prisonniers de la Bastille et qu'il fallait venir le délivrer [1] ». Finalement, il fut conduit à Charenton, le 4 juillet 1789. Les vainqueurs de la Bastille n'eurent donc pas à lui rendre la liberté, dix jours plus tard, et réellement on ne saurait le regretter.

Les séditieux.

Sous le titre de séditieux, nous voulons désigner une catégorie très nombreuse d'individus enfermés exclusivement à la Bastille, ceux qui étaient convaincus ou seulement soupçonnés d'un complot, simplement même de quelque mauvais propos contre le pouvoir royal. A cette catégorie appartiennent des gens de toutes les classes de la société, et l'on ne faisait pas difficulté de jeter à la Bastille des cabaretiers, des colporteurs, des femmes du peuple, dès que la sûreté intérieure de l'État paraissait menacée. Il s'agissait encore moins de les punir que de leur arracher toute la vérité. Voici à cet égard des textes concluants :

Le 25 juin 1666.

Monsieur,

J'ay receu une lettre du sieur de Tuly, detenu prisonnier au chasteau de la Bastille, par

---

Plus loin, du Junca écrit que le 21 mars suivant Besmaux lui révéla le nom de ce mystérieux prisonnier : « Henry de Bereuil ou de Bail, valet de M. le marquis de Termes. »

[1] A. Bégis, *Le registre d'écrou*, livre cité. Les extraits concernant le marquis de Sade occupent les pages 15-17.

laquelle il demande sa liberté. J'en ay parlé au Roy, et Sa Majesté est bien disposée à luy faire cette grace, mais auparavant que de la luy accorder, Sa Majesté voullant estre esclairée par lui d'une lettre en chiffre qui s'adresse à M. le Cardinal de Retz, dont ledit de Tully a connaissance, vous aurez agreable, Monsieur, de luy faire cette proposition et luy faire entendre que le seul moyen d'avoir sa liberté est de dire ce qu'il sçait de cette affaire, et en cas qu'il soit disposé à en donner l'esclaircissement que l'on desire, vous me le ferez, s'il vous plaist, sçavoir et me croirez touijours, Monsieur, vostre très humble et très affectionné serviteur,

Le Tellier.

Fontainebleau, le 25<sup>e</sup> juin 1666.

(Au bas) : M. de Bezemaux [1].

La pièce qui suit est plus probante encore :

Le roy envoye au chasteau de la Bastille un homme dont le seul crime est de m'avoir adverty qu'il a une chose très importante à descouvrir concernant la personne du roy et l'Estat, et qu'il ne veut la déclarer qu'à S. M. J'ay inutilement essayé de le faire parler, ce qui me fait croire, quoy qu'il s'en deffende en de bons termes, que la pauvreté et le mauvais estat de ses affaires l'auront obligé à inventer ce pretendu advis, dans l'esperance de quelque récompense. On n'a pas trouvé de meilleur party que de l'envoyer à la Bastille, *affin de l'y faire souffrir*, et de l'obliger à déclarer son advis ou son imposture. Il m'est difficile de vous déterminer quel genre de souffrance, car si vous le mortifiez par la faim, vous pourriez luy alterer l'esprit, et par ce moyen le rendre moins capable de raison. Vous en confererez, s'il vous plaist, avec M. d'Argenson à qui je mande de l'aller entendre touttes les fois que vous le jugerez à propos [2].

Ce fait rappelle le cas du célèbre Danry, dit Latude. Nous savons maintenant, grâce à une excellente biographie du personnage écrite par M. Fr. Funck-Brentano [3], que si l'on retint longtemps dans les prisons de l'État ce vulgaire ambitieux, simple garçon chirurgien de l'armée du Languedoc, s'il fut soigné à la Bastille à l'égal de prisonniers très considérables, c'est qu'on avait cru à la vérité de son mensonge; on s'était imaginé réellement qu'il avait connaissance d'un complot ourdi à l'instigation de M. de Maurepas contre la marquise de Pompadour, et il y avait un capital intérêt à lui en arracher le secret. Il n'eût tenu qu'à lui de dire tout simplement la vérité, pour s'épargner les trente-cinq ans de détention dont il sut tirer par la suite un bien meilleur profit que s'il ne les avait pas subis. Qu'il suffise de l'avoir nommé; nous ne nous arrêterons pas davantage à parler de cet aventurier, ni à raconter, après tant d'autres, ses évasions multiples; leur vrai mérite, à nos yeux, sera dans les éclaircissements qu'elles nous ont valus sur le régime et la topographie de la Bastille.

Lorsqu'il est question de femmes mises à la Bastille, le premier nom, le seul

Les femmes à la Bastille.

[1] Bibl. de l'Arsenal, ms. 12472, p. 35.
[2] Depping, *Correspondance administrative de Louis XIV*, t. II, p. 755.
[3] *Revue des Deux-Mondes*, livraison du 1<sup>er</sup> octobre 1889, article intitulé : *Latude*, p. 636-676.

qui s'impose à la pensée, est celui de M^me de Staal ; mais, malgré la grâce qui s'y attache, il faut ne pas voir que lui, et ne l'appeler qu'à son tour. La plus ancienne prisonnière dont nous ayons connaissance est une demoiselle de Vezilli, qui passa un an au château, de 1659 à 1660. Ravaisson a publié son dossier [1]. On y voit que c'était une femme de fort bonne famille, à qui d'interminables et injustes procès avaient tourné la tête. Elle en devint folle au point de frapper au visage le président de Mesmes ; de là, son incarcération. Elle fut traitée doucement, avec une femme de chambre pour la servir ; mais les interrogatoires qu'elle subit prouvèrent sa folie complète ; elle ne sortit de la Bastille que pour être écrouée à la Conciergerie, et ensuite aux Petites-Maisons.

Du Junca a noté en son registre plusieurs « entrées » de femmes, avec les causes de leur arrestation. En voici quelques extraits : « Du dimanche 7^e octobre (1703), sur les dix heures du matin, M. de Chantepie, exampt du guet, [a] amené et remis la dame Fauconnier, vieille et grosse fame qu'on dit avoir esté une grande pledeuse fort intriguante, laquelle fame Monsieur le Gouverneur a reseu sur une lettre de Monsieur d'Argenson, en atendant les hordres du Roy envoyés par Monsieur de Chamillard, laquelle fame est accusée de se mêler de beaucoup d'afaires pour de grens emplois, jusque à faire donner des plasses de fermier general pour de l'argent [2]. »

Un peu plus tard, c'est une M^me de Gombault, Normande, que du Junca déclare « jeune et assez bien faite ». Elle est convaincue d'être « une bonne intriguante pour faire des gros mariages pour de l'argent ».

La veuve Calloue dont le nom a été déjà cité, était une libraire de Rouen, coupable d'avoir vendu des livres de contrebande. Étant fort vieille et infirme, elle avait amené avec elle sa fille, Marianne, « pour la servir, aient ofert de payer la depense, au quas que le Roy ne la paie pas ». Toutes deux furent mises à la première chambre de la tour de la Chapelle [3].

Quand il le fallait, on emprisonnait toute une famille, y compris les enfants. C'est ainsi que la dame de Petrefeu, de Gand, fut conduite à la Bastille, le 22 juillet 1691, avec sa fille « et un petit enfant de l'âge de six ans ». Elles avaient été arrêtées en même temps qu'un sieur de Lambert, chanoine de Gand, on ne sait pour quel forfait. Le chanoine fut mis à la 1^re Bertaudière ; les deux femmes et le petit enfant, à la 1^re du Coin, par ordre de Pontchartrain [4].

Parlons enfin de celle qui devait s'appeler plus tard M^me de Staal. On sait son crime, car c'en était réellement un. Secrétaire de la duchesse du Maine, elle avait rédigé une partie du projet de complot de Cellamare, qui, s'il avait réussi, eût

---

[1] *Archives de la Bastille*, t. I, p. 63-80.
[2] *Registre*, etc., t. I, fol. 92, r°.
[3] *Registre*, etc., t. I, fol. 26 r°.
[4] *Ibid.*, fol. 7, r°.

élevé le roi d'Espagne au trône de France. Le régent l'envoya à la Bastille, avec plusieurs de ses complices, le 10 décembre 1718, moins encore pour la punir d'avoir conspiré contre l'État que pour arracher d'elle des aveux complets sur la conspiration, et s'assurer si ses révélations seraient, ou non, d'accord avec celles des autres. On aurait pu la traiter rigoureusement, car, surtout à ce moment de sa vie, ce n'était qu'une pauvre femme, de condition relativement humble. Il n'en fut rien, bien au contraire. Sa gouvernante, Rondel, fut autorisée à rester avec elle; on l'installa dans un appartement, et non dans une tour; elle s'y plaignait des souris : on lui donna une chatte pour les chasser et la distraire; elle dînait chez le gouverneur et passait ses journées à jouer et à écrire. Ceci n'est rien encore : le lieutenant de roi, Maisonrouge, dont l'appartement était tout voisin, devint amoureux d'elle et lui déclara qu'il n'aurait pas de plus grand bonheur que celui de l'épouser. Mais l'amour est aveugle, même en prison, même à la Bastille. La chambre proche de celles de M$^{me}$ de Staal et de Maisonrouge était occupée par un chevalier de Ménil, également impliqué dans l'affaire de Cellamare. La prisonnière ne le connaissait pas, cependant; Maisonrouge lui en parla; il eut le double tort, au point de vue de ses fonctions, comme de son amour, de lui communiquer des vers qu'avait écrits Ménil en l'honneur de sa voisine inconnue, et de transmettre à celui-ci une réponse spirituellement tournée, comme tout ce qu'écrivait M$^{me}$ de Staal; enfin, de ménager une entrevue entre les deux captifs. La sympathie n'avait pas attendu ce moment pour naître; l'amour tarda moins encore; les prisonniers s'étaient vus et parlé, d'abord en présence du lieutenant de roi; bientôt, ils s'arrangèrent à mettre à profit son absence, et l'on ne peut guère douter, d'après l'aveu de M$^{me}$ de Staal, que cette idylle ait eu, dans la prison même, le dénoûment que l'on devine. Le gouverneur (c'était le premier des de Launcy) fut assez vite informé de cette entente entre ses deux prisonniers, et l'on ne peut le blâmer d'y avoir mis bon ordre. Ménil fut transféré dans une tour éloignée, M$^{me}$ de Staal se lamenta et, qui le croirait ? Maisonrouge se lamentait avec elle, tout en redoublant d'attention à lui plaire, jusqu'à lui ménager quelques brèves entrevues avec le galant chevalier. M$^{me}$ de Staal quitta la prison au printemps de 1720, après avoir adressé au régent, sur les faits de la conspiration, un mémoire détaillé qu'elle avait jusque-là refusé de fournir. On sait qu'une fois libre, elle exigea vainement du chevalier de Ménil la réparation qu'il lui devait peut-être en effet; on sait aussi que Maisonrouge mourut l'année suivante, de chagrin, dit la coquette femme, de n'avoir pu obtenir d'elle la promesse d'un mariage qu'elle paraissait maintenant disposée à accepter.

La Bastille ne devait pas avoir, par la suite, de prisonnière aussi peu vulgaire. Les dernières qu'on y ait internées furent la comtesse de la Motte et la demoiselle Oliva, ces deux aventurières si connues par l'histoire du Collier de la Reine. Nous avons eu plus haut occasion de dire que la fille Oliva, étant entrée enceinte au château, y accoucha au mois de mai 1786. Le registre de de Losme a noté tous ces faits; nous y renvoyons pour plus de détails [1].

<small>Les gens de lettres et les artistes.</small>

Les « gazetiers » à qui Louis XIV ouvrait si libéralement la Bastille y eurent pour successeurs, dans la deuxième moitié du XVIII° siècle, des écrivains d'un genre plus élevé; ce furent, nous l'avons déjà dit, ceux dont l'indépendance de pensée avait pour objectif la destruction de l'autocratie monarchique, ceux qui s'efforçaient de convertir les esprits aux idées d'affranchissement et d'émancipation. Les nommer tous serait inutile; rappelons seulement les principaux : Voltaire, Marmontel, l'abbé Morellet, Linguet [2]. Les libraires ne furent pas davantage épargnés, et il suffit, pour retrouver leurs noms, de feuilleter les trois volumes de la *Bastille dévoilée*.

Les livres eux-mêmes, on l'a vu plus haut [3], étaient embastillés : en 1733, un commissaire de police en transporta une quantité innombrable de ballots [4]; la même année, le Lieutenant de police invitait le gouverneur de la Bastille à recevoir au château «tous les ustensiles d'une imprimerie clandestine qui a été saisie dans une chambre de l'abbaye Saint-Victor, lesquels vous ferés mettre, s'il vous plaît, dans le depost de la Bastille... » [5]. L'*Encyclopédie* de Diderot y fut, de même enfermée; elle y « pourrissait encore », au dire de Mercier, fort peu de temps avant la Révolution.

Il n'est pas à notre connaissance que les artistes aient été, en grand nombre, enfermés à la Bastille. M. Natalis Rondot en a toutefois signalé quelques-uns, pendant la période de 1704 à 1741 [6] : c'étaient un peintre, Michel Boucheix, accusé de rechercher la pierre philosophale, et quelques graveurs ou dessinateurs, coupables d'avoir exécuté des estampes jansénistes ou contraires aux mœurs. Là encore, on voit que la Bastille s'ouvrait à des privilégiés d'un certain rang; il est vrai qu'en agissant ainsi pour eux, on avait surtout souci de découvrir quelque complot, quelque affiliation, qui, le plus souvent, n'existaient pas.

<small>Les prisonniers oubliés.</small>

Si bien administrée que fût la prison, quelque soin que l'on apportât à tenir au courant le ministère et la lieutenance de police des moindres faits qui s'y passaient,

---

[1] A. Bégis, *loc. cit.*, p. 21-23.

[2] C'est en vain, croyons-nous, que M. Funck-Brentano, prenant à partie un passage de notre article sur la Bastille publié dans la *Grande Encyclopédie*, a établi que ces écrivains n'étaient pas seulement coupables d'indépendance littéraire. (*Revue bleue* du 14 juillet 1889.) Nous persistons à affirmer que seule la qualité d'hommes de lettres leur valut d'être enfermés à la Bastille, et que, pour des délits de droit commun, ils n'eussent mérité que le Châtelet, la Conciergerie, la Force, le For-l'Evêque ou même Bicêtre.

[3] Voir pages 40-41.

[4] Cf. les documents inédits sur Voltaire, publiés par M. Campardon dans le *Moniteur du Bibliophile* de 1880, tirage à part.

[5] Bibl. de l'Arsenal, registres de correspondance des magistrats, à la date du 29 avril 1733.

[6] *Nouvelles Archives de l'Art français*, 2° série, t. III, 1882, p. 270-272.

## RÉGIME DE LA PRISON.

— tout ce qui nous est resté des archives de la Bastille en fait foi, — il y eut, à plusieurs reprises des prisonniers oubliés dans les tours, ou ignorés, et l'on a lieu d'en être surpris. Ces négligences se produisirent, à vrai dire, surtout au xviie siècle. Le 13 mars 1679, Louvois écrivait au gouverneur du château : «Monsieur, ce mot n'est que pour vous prier de me mander qui est Piat de la Fontaine, qu'il y a cinq ans qu'il est à la Bastille, et si vous ne vous souvenez point pourquoi il y a été mis[(1)].» Le même Louvois écrit à la date du 17 novembre 1680 : «Je vous adresse une lettre du sieur Coquet, sur laquelle le Roy m'a commandé de vous demander de qui est signé l'ordre en vertu duquel il a esté mis à la Bastille, et si vous ne sçavez point le sujet pour lequel il y a esté envoyé[(2)].» Voici encore une lettre de Seignelay, datée du 18 février 1684 : «Le Roy m'a donné ordre de vous escrire (à Besmaux) pour vous demander qui est un nommé Mesnil, prisonnier à la Bastille, combien il y a de temps qu'il y est, et le sujet pour lequel il y a esté mis[(3)].»

Même au siècle suivant, à l'époque où le château eut ses règlements définitifs et son meilleur major, Chevalier écrivait cette lettre au lieutenant de police, le 6 février 1751 : «... A l'égard du sieur de Berville, pour lequel il est venu un ordre de liberté, il n'a jamais esté question de luy à la Bastille. Je me suis informé de luy, et l'on m'a dit qu'il avoit esté decretez seulement d'ajournement personnelle à la Chambre royalle de l'Arsenal[(4)]....» De telles méprises étaient certainement fort rares et tout à fait exceptionnelles; elles n'en laissent pas moins une fâcheuse impression, et l'on aimerait n'avoir pas eu à les signaler.

Par tout ce qui précède, il a été possible de se faire une opinion sur le caractère de la détention à la Bastille; cependant quelques traits sont encore nécessaires; ils permettront de mieux préciser, en résumant les divers faits que nous avons énoncés jusqu'ici. On sait déjà que la Bastille ne déshonorait pas : nul ne rougissait d'y avoir été, et beaucoup même en tiraient quelque vanité, s'estimant heureux d'avoir été jugés dignes de ses cachots, de préférence à ceux du Châtelet et de Bicêtre, où l'on envoyait les vulgaires malfaiteurs. C'était là du moins le sentiment de gens redevenus libres, et soulagés d'une grande angoisse; on pensait autrement en y entrant, et tout donne à croire que l'idée d'un séjour à la Bastille inspirait les plus vives appréhensions.

Outre que rien ne devait être si insupportable que l'ignorance où on laissait le prisonnier de l'époque de sa mise en liberté, il y a des textes qui montrent que le régime savait y devenir, à l'occasion, singulièrement répressif. Nous croyons en

Caractère et durée de la détention

---

[(1)] Ravaisson, *loc. cit.*, t. V, p. 248.
[(2)] Fr. Funck-Brentano, ap. *Revue historique* de janvier 1890, p. 47.
[(3)] Fr. Funck-Brentano, ap. *Revue historique* de janvier 1890.
[(4)] Bibl. de l'Arsenal, ms. 12,495.

trouver une preuve dans ces quelques lignes signées de Colbert (13 mai 1675) : « A l'égard de M. Perrot, comme les dix mois de prison qu'il a soufferts, *et celle de trois semaines dans la Bastille* doivent suffire pour expier sa faute [1]....»

Il nous paraît bien, sauf erreur, que ces trois semaines passées à la Bastille comptent autant, sinon plus, dans l'esprit du ministre, que les dix mois de prison subis antérieurement. Et l'on se demande, au reste, pourquoi aurait eu lieu ce transfert d'une prison quelconque à la Bastille, si ce n'avait été pour aggraver la punition. En voici un autre exemple : le 12 avril 1769, le ministre de la maison du roi écrit au lieutenant de police : «Ayant été informé, Monsieur, que la jeune fille detenue à Sainte-Pelagie ne s'y conduisait pas mieux, j'ai cru devoir la faire transferer à la Bastille, où elle est actuellement, et où il sera plus facile de tirer d'elle la vérité [2]....»

Sans même ajouter foi au prétendu document trouvé par Palloy et que nous reproduisons dans nos *Pièces justificatives* (n° XXXIX), — il nous inspire plus que de la défiance, — on est assuré que le secret absolu était souvent employé à la Bastille comme un sûr moyen de réduire la mauvaise volonté de certains détenus, ceux surtout que l'on voulait faire parler. Le 13 novembre 1759, un certain Pierre Barbu, déserteur, fut conduit au château; la lettre de cachet le concernant spécifiait «qu'il devra se trouver sans communication avec qui que ce soit, de vive voix ou par écrit [3]». Nous pourrions multiplier ces citations.

Quant à la durée de la détention, elle était fort variable. Les trente-cinq années de captivité de Latude, dit Danry, ne se sont pas écoulées exclusivement à la Bastille; en revanche, nous parlerons plus loin d'un prisonnier qui, d'après Barbier, subit réellement une détention de trente-cinq ans; déjà il a été question [4] d'un protestant qui fut retenu au château durant trente-quatre ans, et que la mort seule délivra. Tavernier, l'un des sept auxquels la journée du 14 juillet rendit la liberté, était l'hôte de la Bastille depuis le 4 août 1759, c'est-à-dire depuis trente ans. D'aussi longs séjours ne se constatent que très rarement, sauf lorsqu'il s'agit de fous, non criminels, mais dangereux. La durée moyenne était de quelques mois, comme il appert des tableaux conservés parmi les archives de la forteresse et de ceux que contient la *Bastille dévoilée* [5]; très souvent elle ne fut que de deux ou trois jours, et dans ce cas, la détention n'avait d'autre caractère que celui d'un avertissement et d'une menace.

[1] *Lettres et instructions de Colbert*, publiées par M. Pierre Clément, t III, 2ᵉ partie, p. 590.
[2] Arch. nat. O¹ 411, p. 265.
[3] Bibl. Mazarine, ms. 1452, fol. 12.
[4] Voir plus haut, p. 120.
[5] 4ᵉ livraison, p. 7-20.

LETTRE DE CACHET DE L'INCARCÉRATION D'AURIN EN 1659

## III

Un prisonnier n'entrait à la Bastille qu'en vertu d'une lettre de cachet; personne n'ignore ce qu'ont été les lettres de cachet; elles correspondaient, pour le résultat, à ce que nous nommons aujourd'hui un mandat d'amener, mais avec cette différence considérable qu'émanées du roi, signées d'avance en blanc par un secrétaire de la main, elles étaient en réalité à la disposition absolue des ministres, et de ceux qui jouissaient de leur crédit. De là, des abus possibles, et même certains, car les protestations ont été extrêmement vives, non seulement dans les écrits des philosophes, mais encore dans les cahiers présentés par la noblesse pour les États généraux de 1789, alors que les lettres de cachet étaient, en fait, déjà abolies.

*L'écrou des prisonniers.*

La formule même des lettres de cachet est bien connue. Voici celle qui fut délivrée en 1749 pour l'incarcération de Latude, dit Danry, et de son compagnon Bengué :

Monsieur de Launey, je vous fais cette lettre pour vous dire de recevoir en mon château de la Bastille les nommés Danry, garçon chirurgien, et Bengué, garçon apoticaire, et de les y detenir jusqu'à nouvel ordre de ma part. Sur ce, je prie Dieu qu'il vous ait, Monsieur de Launey, en sa s<sup>te</sup> garde. Écrit à Marly le 1<sup>er</sup> may 1749.

Louis.<br>De Voyer d'Argenson.

(*Au dos*) : A Monsieur de Launey, gouverneur de mon château de la Bastille, et en son absence, à celuy qui y commande [1].

Les règlements du xviii<sup>e</sup> siècle prévoyaient aussi et admettaient ce qu'on a appelé les *lettres d'anticipation*, expédiées par un ministre, ou même par le lieutenant de

---

[1] Bibl. de l'Arsenal, ms. 11,692, n° 34. — Cette lettre est complètement manuscrite, et si nous la reproduisons, c'est à cause de la célébrité dont jouit celui qui en était l'objet; mais, pour la plupart des lettres de cachet, les formules étaient imprimées; seuls, les noms du gouverneur, du château, du détenu, ainsi que les dates de lieu et de temps, étaient écrits à la main. Ces formules, au reste, n'apparaissent qu'au xviii<sup>e</sup> siècle. Cent ans plus tôt, les lettres de cachet étaient toujours manuscrites et rédigées un peu différemment. En voici une de l'année 1666 :

«Le 12 février 1666.

«Monsieur de Bezemaux, envoyant en mon chasteau de la Bastille les nommez Gentil, père et fils, imprimeurs, je vous faict cette lettre pour vous dire que vous ayez à les recevoir dans mondict chasteau et à les y tenir sous bonne et seure garde, sans permettre qu'ilz ayent communication avec qui que ce soit, de vive voix ny par escrit. Et la presente n'estant pour autre fin, je prie Dieu qu'il vous ayt, Monsieur de Bezemaux, en sa sainte garde.

Escrit à Saint-Germain en Laye le xii<sup>e</sup> février 1666.

«Louis.
«Le Tellier.»
(Bibl. de l'Arsenal, ms. 12,472, p. 6.)

police, et ayant force de loi jusqu'à l'arrivée de la lettre de cachet proprement dite, qui suivait de très près. Voici, par exemple, la lettre d'anticipation en vertu de laquelle Voltaire fut mis à la Bastille pour la seconde fois, en 1726 :

> Monsieur, je vous adresse les ordres du Roy pour faire conduire et recevoir à la Bastille le s<sup>r</sup> Arouet de Voltaire. Vous aurés soin, s'il vous plaist, de tenir la main à leur execution et de m'en donner avis. Je suis toujours très-parfaitement, Monsieur, votre très-humble et affectionné serviteur.
>
> A Versailles, le 18 mars 1726.
> DE MAUREPAS [1].

L'ordre royal était exécuté par un des inspecteurs ou un exempt de la lieutenance de police. L'arrestation avait lieu presque toujours après la chute du jour, pour plus de mystère, et le carrosse, aux volets clos, suivait parfois des chemins assez détournés pour que le prisonnier pût ignorer où il était conduit.

Les règlements sont très précis sur les formalités à observer lors de l'arrivée au château [2]. La grille d'entrée, sur la rue Saint-Antoine, s'ouvrait pour laisser passage à la voiture et se refermait aussitôt. La sentinelle du chemin des rondes, informée de « l'arrivée des ordres du roi » par le son d'une cloche, criait : « on y va! » et allait prévenir le corps de garde de l'avancée. L'officier de service se rendait à l'hôtel du gouverneur pour prendre les clefs du petit pont-levis de l'avancée, qu'il faisait baisser en y plaçant quatre soldats, la baïonnette au fusil. L'exempt et son prisonnier pénétraient chez le gouverneur, et le pont-levis était aussitôt relevé. On le rabaissait pour laisser sortir l'exempt; une sonnette avertissait le corps de garde intérieur d'abaisser le pont-levis du château, et le prisonnier pénétrait dans l'enceinte des tours. Les formalités se simplifiaient lorsque les ordres du roi arrivaient dans le jour, car les deux ponts-levis étaient baissés; mais les soldats devaient se détourner sur le passage du prisonnier, ou cacher leur visage de leurs mains; il leur était interdit d'apercevoir ses traits. Telle était la règle, mais il arriva souvent que des prisonniers vinrent d'eux-mêmes au château, précédant la lettre de cachet lancée contre eux, ou bien la remettant eux-mêmes au gouverneur. Ce fut le cas, en 1695, d'un M. de Villars, lieutenant-colonel, qui vint seul, de Grenoble, se constituer prisonnier [3], ou encore, de cet autre officier dont parle ainsi du Junca : « Du mercredy 26<sup>e</sup> janvier (1695), à six heures du soir, en arrivant de Versailles, je trouve Monsieur de Corlendon, colonel de cavalerie, dans la chambre de Monsieur Besmaux, lequel est venu, de lui mesme, se remettre prisonier dans la liberté de la cour, suivant les ordres qu'il en a reseu de Monsieur le marquis de Barbezieux; et comme Monsieur de Besmaux n'avet pas

---

[1] Bibliothèque de l'Arsenal, dossier *Voltaire*, n° 10,948.

[2] Voir aux *Pièces justificatives*, n°<sup>s</sup> XVIII-XXIV.

[3] *Registre* de du Junca, cité par M. Fr. Funck-Brentano, ap. *Revue historique* du mois de janvier 1890, p. 54.

Mons. de Launay je vous fais cette
Lettre pour vous dire de recevoir en
mon chateau de la Bastille les nommés
Pouzy Baron chirurgien et Berqué
garçon apothicaire et de les y detenir jusqu'a
nouvel ordre de ma part, sur ce je prie
Dieu qu'il vous ait en sa garde. Ecrit a marly le 1.er may
1749.

Louis

De Voyer D'argenson

de chambre mublée dans le chasteau, il a dit à Monsieur de Corlendon d'aler coucher en ville pour une nuit, à *la Couronne*, dans un cabaret dans le voisinage de la Bastille, et de revenir le lendemain au chasteau ; à coy Monsieur de Courlandon n'a pas manqué de venir, sur les honsures du matin... ; il est entré dans le chatteau et on luy a donné la chambre près de la mienne et n'aiant point aporté d'ordre du Roy [1]. »

Le dernier cas de détention volontaire et l'un des plus caractéristiques est celui du sieur Réveillon, ce fabricant de papiers peints du faubourg Saint-Antoine, dont une bande d'émeutiers avait saccagé le magasin et qui obtint lui-même des lettres du roi afin d'être enfermé à la Bastille « pour sa sûreté ». Il y vint le 1er mai 1789, et y resta jusqu'au 28, ayant le droit de recevoir toutes les visites qu'il lui plairait, et de correspondre librement [2].

Ce sont là des cas tout à fait exceptionnels, et le nombre est infiniment petit de ceux qui vinrent ainsi spontanément se livrer au gouverneur de la Bastille. Une fois le prisonnier entré dans le château, il était conduit à la salle du Conseil, où on l'invitait à vider ses poches et, au besoin, on l'y aidait. M. Funck-Brentano affirme, sur la foi de la *Bastille dévoilée*, que « l'on ne fouillait que les vauriens [3] » ; mais cela n'est pas certain. Du Junca déclare, dans ses Doléances si souvent citées, qu'« il faut avoir le mesme soin de fouiller le prisonnier qu'estant renfermé, pour le mettre dans la liberté de la cour [4] ». Cela justifierait l'indignation de Linguet à s'être vu, en arrivant à la Bastille « livré aux recherches, aux tâtonnements de quatre hommes dont l'apparence semble démentir les fonctions, et ne les rend que plus honteuses; de quatre hommes décorés d'un uniforme qui autorise à en attendre des égards, et d'un signe d'honneur qui suppose, il faut le répéter, un service sans tache ». On sait que Linguet est enclin à exagérer ; il faut bien admettre, cependant, la nécessité où l'on devait être de brusquer quelque peu la lenteur des récalcitrants. Voici, au surplus, comment s'exprime, à ce sujet, le règlement de la prison, vers 1750 :

Lorsque l'on fait l'entrée d'un prisonnier, on luy fait mettre tout ce qu'il y a dans ses posches et goussets sur la table, et on luy fait retourner touttes ses posches. S'il se trouve des papiers, l'on commence part en faire un paquet que l'on cachette avec le cachet du prisonnier, s'il en a un, qu'on luy laisse, sinon avec celuy de la salle, et l'on fait écrire au prisonnier dessus : ce paquet m'appartient, — et son nom.

Si le prisonnier a de l'or et de l'argent, l'on en fait la description, ainsy que d'autres effets que l'on veut garder, comme couteau, sizeaux et autres ferrements: l'on met le tout dans un sac avec un etiquet : apartenant à un telle.

On ne laise point ny or ny argent audit prisonnier [5].

---

[1] *Registre* de du Junca, t. II, p. 27 v°.
[2] A. Bégis, *Le Registre d'écrou de la Bastille*, ouv. cité, p. 28.
[3] *Loc. cit.*, p. 55.
[4] *Pièces justificatives*, n° X.
[5] Bibl. de l'Arsenal, ms. 12,602.

Cette première opération faite, l'écrou du prisonnier était rédigé suivant la formule suivante :

Ce jour d'hui, ..... le sieur ..... est entré à la Bastille par ordre du Roi, conduit par le sieur .....

Le sieur ..... avoit sur lui, tant en or qu'en argent, bijoux, etc., et à l'égard des papiers, les avons mis sous enveloppe, scellés du cachet du château (ou sous le sien, s'il en a un); lequel paquet il a étiqueté autour de son cachet et signé de sa main. (A l'égard de son épée, il est désigné de quelle matière elle est. Le sieur ..... n'ayant d'autres effets sur lui et a signé ladite entrée jour, mois et an que dessus. — Si l'officier a mis un scellé ou plusieurs, on en fait mention au bas de ladite entrée [1].

Ne séparons pas ce qui concerne la mise en liberté de ce qui a trait à l'écrou. De même qu'il avait fallu une lettre de cachet pour motiver celui-ci, de même une lettre de cachet était nécessaire à déterminer la délivrance. Les formules employées sont sensiblement les mêmes dans les deux cas [2] :

Mons. de l'Abbadie, je vous fais cette lettre pour vous dire de laisser sortir de mon château de la Bastille le s. de Marmontel que vous y retenés par mes ordres. Sur ce, je prie Dieu qu'il vous ait, Mons. de l'Abadie, en sa s$^{te}$ garde. Écrit à Versailles, le 5 janvier 1760.

Louis.

(Au-dessous) : Marmontel.

(Au bas) : Phelippeaux.

(Au dos : deux notes). 1° suscription. A Mons. d'Abadie, gouverneur de mon château de la Bastille;

2° Le sieur de Marmontel, mis en liberté le 7 janvier 1760, à 8 h. 1/2 du soir.

(Bibl. de la Ville de Paris, recueil de la série 155, document autographié.)

Le prisonnier, immédiatement informé de l'heureuse nouvelle, descendait à la salle du Conseil, où lui étaient restitués les objets retenus lors de son entrée. Parfois le gouverneur lui offrait un dernier repas, celui là à sa table, acte de courtoisie dont M. Funck-Brentano a cité quelques exemples [3], mais que l'on ne saurait considérer comme une prescription administrative. En revanche, la règle inva-

---

[1] *Bastille dévoilée*, 1re livraison, p. 31, et Archives de la Bastille à la Bibl. de l'Arsenal, *passim*.

[2] Comme pour l'entrée, les lettres de cachet de sortie expédiées au xvii° siècle présentent une rédaction un peu différente, et sont toujours manuscrites. Voici le texte de l'une d'elles :

«Le 11 février 1666.

«Monsieur de Bezemaux, je vous fais cette lettre pour vous dire que mon intention est qu'aussy tost que vous l'aurez receue, vous mettiez hors de mon chasteau de la Bastille le nommé Rambaud que j'avois commis à vostre garde, de laquelle vous demeurerez valablement deschargé en vertu de la presente lettre, laquelle n'estant à autre fin, je prie Dieu qu'il vous ayt, Monsieur de Besmaux, en sa s$^{te}$ garde. Escrit à S$^t$ Germain en Laye, le xi° février 1666.

«Louis.
«de Lionne.»

(Bibl de l'Arsenal, ms. 2,472, page 5.)

[3] *Revue historique*, mars 1890, p. 282-283.

riable était que le libéré signât, avant de quitter le château, la déclaration suivante :

> Etant en liberté, je promets, conformément aux ordres du roy, de ne parler à qui que ce soit, ny en aucune manière que ce puisse être, des prisonniers ny d'autres choses concernant le château de la Bastille, qui auroient pu parvenir à ma connoissance. Je reconnois de plus que l'on m'a rendu l'or, l'argent, papiers effets et bijoux que j'ay aporté ou fait aporter audit château pendant ma detention. En foi de quoy, j'ai signé le present pour servir et valoir ce que de raison.
> Fait au château de la Bastille, ce ..... [1].

Cela explique pourquoi les historiens de Paris ont été toujours si brefs d'appréciations sur la Bastille. A en donner, ils se seraient exposés à ne pas obtenir le privilège, et l'on répétait, à ce sujet, une phrase devenue, pour ainsi dire, proverbiale : « Il est plus sûr de s'en taire que d'en parler. » Dans ses *Essais historiques sur Paris*, Sainte-Foix avait dit de même : « La Bastille est un château qui, sans être fort, est un des plus redoutables de l'Europe et dont je ne dirai rien. » Il faut arriver aux années qui précèdent immédiatement la Révolution pour trouver moins de contrainte et encore l'*Encyclopédie* est-elle, au mot *Bastille*, d'une sobriété surprenante. Diderot savait pourtant à quoi s'en tenir sur les prisons d'État.

La promesse de discrétion que l'on vient de lire était exigée du plus grand nombre des prisonniers; dans certains cas, on en faisait signer une autre, plus précise et se rapportant moins au passé qu'à l'avenir. Au mois d'octobre 1759, le lieutenant de police Bertin invite le gouverneur de la Bastille à rendre la liberté au sieur Jorry, imprimeur-libraire, mais pas avant qu'il ait signé cette déclaration, dont il lui fournit le texte :

> Je soussigné, Sébastien Jorry, imprimeur-libraire à Paris, promets à Monsieur Bertin, Lieutenant-général de police, de ne plus retomber en contravention aux arrests, edits et reglemens concernant la librairie, me soumettant d'être réenfermé si j'y contreviens à l'avenir. Fait au château de la Bastille le 19 octobre 1759 [2].

## VI

Il faut bien se garder de croire que le régime des prisonniers fut constamment le même à la Bastille, pendant les deux derniers siècles, les seuls sur lesquels

*Régime intérieur au XVIIe siècle.*

---

[1] Bibl. de l'Arsenal, ms. 12,602. — Cf. A. Bégis, *Registre d'écrou*, etc., p. 9. De 1728 à 1750, ces déclarations furent consignées sur un registre qui nous a été conservé dans les archives de la Bastille. La formule y est un peu différente :

« Etant en liberté je promets, selon l'ordre du Roy, de ne donner ny ecrire aucunes nouvelles à qui que ce soit, ny parents ny amis, des prisonniers avec lesquels j'ay été enfermé à la Bastille, sous les peines accoutumées. Je reconnois aussy qu'il m'a été rendu tout l'or, l'argent, papiers et effets que j'ay aporté au dit château. Fait à la Bastille, le ..... ».

[2] Registre de correspondance du Lieutenant de police avec le gouverneur de la Bastille, à la Bibl. Mazarine, ms. 1452, fol. 67-68.

nous ayons des renseignements précis. Au contraire, il varia d'une surprenante façon, non seulement suivant les temps, mais aussi suivant les personnes. C'est pour cela que, faute de s'en être donné une idée d'ensemble par la comparaison attentive de beaucoup de textes, certains écrivains ont porté sur ce régime un jugement tout à fait inexact, tantôt trop favorable et tantôt trop sévère, selon qu'ils s'en étaient tenus à telle ou telle relation, et même à telle ou telle série de textes.

Écoutons Bassompierre qui, de gouverneur du château, en devint pensionnaire le 25 février 1631, et y écrivit ses mémoires, ce qui est une bonne garantie d'exactitude. Quand il y arriva, le gouverneur, du Tremblay, lui apprit que «le Roy luy avoit commandé de me laisser toute liberté, hormis celle de sortir; que je pouvois prendre avec moy tels de mes gens que je voudrois et me promener par toute la Bastille. Il adjousta encore à mon logement une autre chambre auprès de la mienne, pour mes gens. Je ne pris que deux vallets et un cuisinier, et fus plus de deux mois sans sortir de ma chambre..... [1]. »

Pellisson, le complice si peu coupable de Fouquet, a, de même, la faculté «d'être visité de mille gens de qualité». M<sup>lle</sup> de Scudéry vient souvent le voir. Cependant sa chambre est très triste; elle n'a «qu'une seule fenêtre à double grille, dans une muraille de six pieds d'épaisseur [2] ».

Du Junca note, à la date du 13 octobre 1692, que M. de Courtenay, envoyé par Pontchartrain, a été mis «dans la grande chambre du grand apartement, estant dans la liberté de voir tous ses amis et dammes, autant qu'il le desirera [3] ».

C'est le temps où la plupart des prisonniers jouissent de la «liberté de la cour», sur laquelle il faut s'expliquer. A plusieurs reprises, du Junca distingue deux catégories de détenus : ceux qui ont la liberté de la cour, et ceux qui sont renfermés. Les premiers ont la faculté de descendre de leur chambre quand ils le veulent, ou d'y demeurer, comme Bassompierre, durant deux mois sans en sortir, ou de se promener sur les tours et sur la plate-forme du bastion; ils se connaissent, se parlent entre eux, et, nous dit La Porte, se rangent curieusement sur le passage d'un nouvel arrivant. Pour ceux-là, toutes les portes sont ouvertes, sauf celle de la prison même. Les renfermés, au contraire, sont les véritables prisonniers, internés jour et nuit dans leur cellule, et n'ayant pas même la faveur, qui devint générale plus tard, d'une heure de promenade chaque jour. Ce fut, pendant quelque temps au moins, le cas de Bussy-Rabutin : «J'étais tenu de fort court, dit-il; je ne sortois point de ma chambre et je n'avois de commerce avec personne. » Mais, aussitôt après, il avoue que tous ses amis venaient le voir sur le fossé, qu'il s'entretenait avec eux pendant un quart d'heure, en dépit du gouver-

---

[1] *Mémoires* de Bassompierre, Cologne, 1665, in-12, t. III, p. 343 et suiv.

[2] Ravaisson, *loc. cit.*, t. III, p. 1-2.

[3] *Registre*, t. I, fol. 8 v°.

neur et des sentinelles, qui faisaient semblant de tirer sur les carrosses s'ils ne se retiraient, mais lui leur criait «de ne pas bouger et que ce n'étoit que des menaces». Aussi est-on surpris de le voir conclure : «On me donnait mille autres dégoûts que je souffrois impatiemment [1].» Nous avons cité plus haut, d'après du Junca, le cas de ce M. de Corlendon qui, venant de lui-même s'incarcérer à la Bastille et n'y trouvant pas de chambre meublée, va, sur l'avis du gouverneur, passer la nuit dans une autre hôtellerie, — on ne saurait trouver un mot plus exact — et revient fidèlement le lendemain au matin. M. Funck-Brentano nous en fournit d'autres exemples non moins probants : «Le lundy 28ᵉ juillet (1692), à huit heures du matin, le marquis de Secac aiant porté son ordre du Roi pour sortir quand il lui plairoit de la Bastille, il est sorti pour aller coucher chez lui et est revenu le lendemain mardy 29ᵉ, à sept heures du matin.» Cela est emprunté à du Junca; un dossier de 1691, retrouvé par le même historien, atteste que deux frères mis ensemble à la Bastille avaient la permission de sortir alternativement, de façon que l'un d'eux fût toujours au château [2].

En 1679, Louis XIV recommande lui-même au gouverneur de laisser d'amples libertés à l'un de ses prisonniers, le sieur de Fresnes :

Monsieur de Besmaus, je vous ay cy-devant [3] escrit de laisser au sʳ de Fresnes la liberté du jardin de mon chasteau de la Bastille, et voulant luy donner la mesme liberté pour ceux qui l'iront voir, je vous fais cette lettre pour vous dire de permettre au sieur de Fresnes et à ceux qui l'iront voir, d'entrer dans le dit jardin et d'y demeurer ensemble pendant le temps accoutumé. Sur ce, je prie Dieu . . . . .

Escrit à Sᵗ Germain en Laye le dernier jour de Juillet 1679.

LOUIS.

(Et plus bas) : COLBERT [4].

Parmi les notes rédigées par Chevalier pour servir à l'histoire de la prison, se lit celle-ci :

«Vers 1684, il y avoit à la Bastille un M. de Languet de Gergy qui étoit marié et n'avoit pas d'enfants; il luy étoit important d'avoir postérité. Il demande la permission que sa femme vînt le voir; elle fut accordée pour une fois. Il vit sa femme, qui devint grosse de deux garçons, dont l'un l'archevêque de Sens, l'autre le curé de Saint-Sulpice [5].» On peut difficilement imaginer plus de liberté, et aussi une liberté mieux mise à profit.

---

[1] *Mémoires* de Roger de Rabutin, comte de Bussy, publiés par M. L. Lalanne, t. II, p. 227.

[2] Fr. Funck-Brentano, ap. *Revue historique*, janvier 1890, p. 63.

[3] Arch. nat. O¹ 23, fol. 197 v°; lettre du 28 juin 1679.

[4] *Ibid.*, fol. 246 v°.

[5] Bibl. de l'Arsenal, dossier *Histoire*.

Que l'on s'en tienne à ces quelques faits ou à d'autres analogues, et il sera injuste de ne pas proclamer la Bastille du xvii<sup>e</sup> siècle une prison aimable et hospitalière entre toutes; mais prenons d'autres témoignages du même temps et opposons-les aux premiers.

Au mois d'août 1659, on mit à la Bastille un sieur Hache, bourgeois et banquier de Paris, qui devait au cardinal Mazarin des sommes assez importantes. Le cas n'était pas pendable et le prisonnier fit lui-même remarquer «que la Bastille n'était pas lieu pour dettes [1]». On l'y garda, cependant, et avec une rigueur extrême. Il y était depuis six mois quand un de ses amis, Toussaint Fournival, épicier, obtint la permission de le voir dans la chambre du major. Hache était «en très mauvais état» et n'avait pas changé de linge depuis deux mois. Il se plaignit aussi d'être «dans un cachot où on ne voyoit goutte, et n'avoit pour se coucher qu'une botte de paille qu'il avoit achetée [2]». Dix-huit mois plus tard, le 16 juillet 1661, Hache était encore à la Bastille; son frère, l'un des étuvistes-barbiers-chirurgiens de la maison du roi, déposa devant le Parlement de ce qu'il savait à ce sujet; il rapporta surtout que «son frère lui a dit que l'on lui avoit fait de très-mauvais traitements et que l'on l'avait mis dans la basse-fosse, même rompu un doigt de la main, que l'on l'avait battu et excédé, même endommagé un test..., que l'on l'avoit voulu obliger à signer un billet de 15,000 livres, et qu'un jour, étant aux basses-fosses, la rivière croissante, il eut de l'eau jusqu'aux parties honteuses, et que si l'eau eût crû le soir comme elle fit le matin, il auroit été noyé sans secours, qu'on lui avoit fait mettre les fers, et même menacé qu'on l'alloit pendre en la place de Grève, que l'on lui avoit pris ses papiers» [3].

Voilà, à coup sûr, un régime bien différent de celui que connaissaient vers le même temps, Pellisson et tous ceux que nous avons nommés; mais, à cette époque surtout, rien n'était plus arbitraire que le régime de la Bastille. Au moment même où Bassompierre, La Porte et tant d'autres se promenaient en toute liberté dans l'enceinte du château, le roi écrivait au gouverneur une lettre impérative pour lui enjoindre de faire cesser cette licence [4], mais il n'est pas douteux que l'ordre fut

---

[1] Ravaisson, *Archives de la Bastille*, t. I, p. 182. Tout ce dossier de Hache est infiniment intéressant. Il occupe, dans l'ouvrage de Ravaisson, les pages 180-199.

[2] *Ibid.*, p. 184-185.

[3] *Ibid.*, p. 187-188.

[4] «Monsieur de la Bachellerie, j'apprens que la liberté qu'ont les prisonniers de mon chasteau de la Bastille de se promener hors de leurs chambres et de parler à toute heure à ceux qui demandent à les visiter n'est pas moins contraire à mon intention qu'à mon service. Et pour ce qu'il est nécessaire de remedier à ce desordre et de prevenir les inconveniens qui en pourroient arriver, je veux et entends que, sans mes ordres exprès, nul ne parle désormais aux personnes qui sont en vostre garde, que ceux qui sont destinez pour les interroger et pour connoistre la cause de leur detention. Et pour la promenade dans la cour ou sur la terrasse dudit chasteau, vous ne leur donnerez que deux heures le matin et autant le soir. C'est ce que vous ferez exactement observer et ce que je me promets de vostre obeissance. Cependant, je prie Dieu. etc.» (Arch. nat., O¹ 3, f° 190 v°.)

## RÉGIME DE LA PRISON.

sans effet, puisque quelque temps après, comme on l'a dit, « la liberté de la cour » existait plus que jamais dans la prison. A peu près dans le temps où les amis de Bussy venaient sur le fossé pour causer librement avec lui, les gardes de la Bastille arrêtaient et mettaient au cachot un valet nommé Pierot « aient esté surpris qu'il feset plusieurs signes aux prisonnniers de deceus le boulevar [1] ».

Alors que la plupart des prisonniers étaient traités avec une foule d'égards et nourris (nous le prouverons plus tard) d'une façon irréprochable, certains y mouraient presque de faim et manquaient de bois aussi bien que de lumière, ainsi qu'en fait foi de cette lettre de Pontchartrain à Besmaux :

29 décembre 1693.

J'ay receu un placet du nommé Despesels, prisonnier à la Bastille, qui me demande d'estre deschargé de payer deux escus par mois pour son lict, et demande du bois et de la chandelle qu'on ne luy donne point, adjoustant qu'une livre de pain bis par jour est insuffisante. Je vous advoue que je ne m'accoustume point à entendre parler de telles duretez pour des prisonniers pour lesquels le Roy paie 50 sols par jour, et s'ils sont de cette manière, je ne les trouve pas mieux que ceux qui sont dans les prisons ordinaires au pain du roy, qui est de 4 sols par jour. Je vous prie de donner ordre à cet abus, qui ne peut venir que de l'avidité de quelques officiers sur qui vous vous remettez apparemment de ce soin [2].

Faut-il enfin parler de la torture, de la question, cette pratique odieuse des tribunaux d'autrefois? Elle existait, nous l'avons dit, dans la Bastille de Charles VI, mais la Bastille du XVIIe siècle la possédait encore. A cet égard, le témoignage de La Porte est d'autant plus précieux que ce prisonnier n'eut guère à se plaindre de sa détention à la Bastille : « Comme il (Laffemas) vit que toutes ces belles paroles ne l'ébranloient pas, il changea tout d'un coup de ton et me dit que puisque je me voulois perdre, il m'alloit apprendre bien d'autres nouvelles que je ne savois pas. En même temps, il tira un papier de son sac, et en me le montrant : « Voilà, dit-il, un arrêt par lequel vous êtes condamné à la question ordinaire et extraordinaire; voyez où vous en êtes et où vous jette votre opiniâtreté. » Il me fit descendre dans la chambre de la question, avec le sergent La Brière, et là, ils m'en firent voir tous les instrumens, me les présentèrent et me firent un grand sermon sur les ais, les coins, les cordages, exagérant le plus qu'ils pouvoient les douleurs que cela causoit, et comme cette question aplatissoit les genoux; ce qui veritablement m'auroit étonné si je n'eusse été résolu à quelque chose de pis, et si je n'eusse tenu la paix dans mes mains en disant à propos ce que j'avois ordre de dire. Je lui dis que le Roy était le maître de ma vie, qu'il pouvoit me l'ôter et qu'à plus forte raison il pouvoit me faire aplatir les genoux, mais que je savois qu'il étoit juste, et que je ne pouvois croire qu'il consentît qu'on me traitât de la sorte sans l'avoir merité [3]. »

---

[1] *Registre* de du Junca, t. I, fol. 4 r°.
[2] Depping, *Correspondance administrative sous le règne de Louis XIV*, collection des Documents inédits sur l'histoire de France, t. II, p. 272.
[3] *Mémoires* de La Porte, dans la collection Michaud et Poujoulat, 3e série, t. VIII.

Cela se passait en 1637. Plus de cinquante ans après, en 1691, on torturait encore à la Bastille, comme l'atteste cet extrait d'un procès-verbal publié par Ravaisson [1]. Il s'agit d'un chanoine de Beauvais, appelé Foy, accusé d'avoir participé à un complot contre la vie de Louis XIV :

« ..... Foy a été mis entre les mains du questionnaire et a été mis sur la sellette de la question ; a été lié par les bras et après avoir été déchaussé et qu'il lui a été passé les brodequins, exhorté de dire la vérité. Il l'a dite, et les lettres en chiffres ont été composées par lui.....

« En serrant les brodequins, s'est écrié : Je me meurs.

« A passé le premier coin de l'ordinaire, s'est écrié : Je me meurs. Ce qu'il nous a dit contient vérité; s'est écrié de toute sa force qu'il n'en peut plus, qu'il a dit la vérité, et tout a été par lui et Heron faussement inventé, et personne n'y a eu de part.

« Et MM. Lallier, médecin et Terrat, chirurgien de la Bastille presents, ayant dit que Foy etait delicat, et Foy s'est écrié et dit qu'il avoit dit la vérité, l'avons fait relâcher et ôter les brodequins, n'ayant été passé à plus ample et forte question et après avoir été rechaussé et repris un peu sur ses forces, et qu'il a eu pris un peu de vin et s'être mis sur le matelas..... »

La question était alors de règle dans les procès criminels, et nous n'aurions pas cité les détails de cet odieux supplice si la Bastille n'en avait pas été le théâtre. On en trouverait d'autres, rapportés par Ravaisson, et cela jusqu'en 1720 au moins. Au moment de la Révolution, la torture n'existait plus nulle part; on a prétendu que, le soir du 14 juillet, le peuple avait trouvé à la Bastille des appareils de torture; rien n'est moins prouvé, mais quoi qu'il en soit, la rouille — une rouille vieille de près d'un siècle — en aurait expliqué et excusé l'oubli dans ce lieu.

Les variations, les incertitudes de régime que nous venons de signaler pour le XVIIe siècle persistent encore pendant la première moitié du siècle suivant. Nous n'invoquerons pas un meilleur témoignage que celui de Mme de Staal, car on a vu plus haut quelles libertés lui furent laissées, et jusqu'à quel point elle en put user. La Bastille, nous le répétons encore, ne reçut ses véritables règlements qu'à partir de 1750. C'est de ce moment que date la période la mieux connue de son histoire, période bien courte, car, à peine commencée, on constate de nouveaux changements au bénéfice des idées nouvelles et généreuses de tolérance et de liberté, période la plus intéressante en réalité, puisque c'est celle des Latude, des Linguet, des hommes enfin dont les attaques finirent par faire écrouler le

---

[1] *Archives de la Bastille*, t. IX. p. 215.

vieil édifice, et avec lui l'ancien régime tout entier. Etudions-la donc en détail et à la clarté des documents les plus authentiques.

Nous parlerons d'abord des deux privilèges que recherchent le plus les détenus de tout temps, de toute prison, et qui peuvent le mieux donner l'illusion de la liberté : le droit de recevoir des visites, et celui de sortir, ne fût-ce que quelques instants, de la cellule. Pour les visites, le ministre de la maison du roi en était l'unique dispensateur, au nom du souverain. Nul ne pouvait approcher d'un prisonnier sans son autorisation écrite, et il nous est resté des registres entiers de ces autorisations, ce qui prouve qu'elles étaient accordées assez largement; mais la liberté de causer était singulièrement plus restreinte que jadis; le règlement est formel à cet égard : un officier de l'état-major devait toujours être présent et empêcher les communications confidentielles. Voici, au surplus, le texte du règlement écrit, si nous ne nous trompons, par Chevalier :

*Visites aux prisonniers.*

*Ordre concernant les visites.*

Extrait des ordres donnés par le Ministre à MM. de l'État-major de la Bastille pour la police intérieure qu'ils doivent observer avec les prisonniers de ce château, lesquels sont conformes à l'ancien règlement.

Savoir :

Lorsqu'un prisonnier recevra une visite du dehors, l'officier qui sera présent aura soin de faire asseoir à un des bouts du bureau de la salle du Conseil la personne qui viendra faire visite, et il fera placer le prisonnier à l'autre extrémité de ce bureau. L'officier se mettra entre eux deux, afin d'intercepter toute communication, et ne permettra sous aucun prétexte, soit en entrant, soit en sortant, que les deux personnes s'approchent d'assez près pour se donner la main.

Cette règle sera observée pour tout le monde sans aucune exception [1].

Comme on le voit, c'est dans la salle du Conseil qu'était amené le prisonnier pour l'entrevue. Presque jamais un étranger n'eut le droit d'aller visiter un détenu dans sa chambre, même en cas de décès imminent. En revanche, on se départissait de certaines rigueurs dans des cas exceptionnels; c'est ainsi que, le 6 janvier 1733, le gouverneur est invité par Hérault, lieutenant de police, à «permettre au comte de Baujon, qui est détenu, de l'ordre du Roy, au château de la Bastille, de parler deux fois à Monsieur son fils sans prendre les précautions ordinaires». C'était, sans doute un jeune enfant, car une lettre du 10 janvier suivant accorde la même autorisation à M$^{me}$ de Baujon « en prenant les précautions ordinaires [2] ».

Certains prisonniers, cependant, étaient tenus au secret et ne pouvaient

---

[1] Bibl. de l'Arsenal, ms. 12,602. — [2] *Ibid.*, Lettres de MM. les magistrats, à la date.

recevoir aucune visite. Si quelqu'un sollicitait la permission de les aller voir, une lettre était écrite par le Ministre pour être mise sous les yeux du demandeur, lui faisant croire que le refus n'avait rien de personnel.

En voici un exemple, entre beaucoup d'autres :

*A Monsieur de Sartine.*

29 juillet 1763.

Monsieur,

Le Roy ayant donné des ordres pour qu'aucuns prisonniers (*sic*) de la Bastille n'y puisse recevoir de visites, la permission que demandent les dames Alen et Constant d'y aller voir M. Alen ne peut leur estre accordée. Vous voudrés bien les en faire avertir. Je suis, Monsieur, etc. [1].

Dans les derniers temps, cependant, les visites devinrent de plus en plus nombreuses. Nous avons eu déjà occasion de mentionner celles que l'indigne marquis de Sade recevait de sa femme [2]. En même temps que lui, se trouvait à la Bastille un sieur La Corrège, qui prétendit avoir besoin de conférer fréquemment avec son avocat, et obtint, en effet, la permission de le recevoir à peu près chaque fois qu'il le jugeait à propos [3]. Cet avocat, nous le retrouverons lors de la journée du 14 juillet : il s'appelait Thuriot de la Rozière.

En dépit des précautions prises et de la surveillance, il pouvait arriver que le prisonnier mît à profit un moment d'inattention de l'officier pour glisser à son visiteur quelque note secrète; la lettre suivante du major de Losme au lieutenant de police le prouve clairement :

29 avril 1788.

..... M. de Miray a soupçonné avec assés de vraisemblance que le sieur Pelleport a glissé un petit papier roulé à la dame son épouse, à sa visite d'hier; en la reconduisant, il a employé toute l'honnêteté possible pour l'engager à le déchirer devant luy, ce qu'elle n'a jamais voulu faire. Aujourd'huy, les deux mesmes officiers et prisonnier se promenant sur les tours, le dernier y a ramassé un petit paquet qu'il a refusé de rendre, mais l'a déchiré; il a été reconnu, par quelques morceaux, que c'est de l'écriture du sieur Evrard à la dame Dubuisson. Il n'est pas trop possible de savoir comment ce paquet s'est trouvé sur les tours, le sieur Evrard n'y allant pas, et personne autre n'y montant que le sieur comte de Sade avec un bas officier, les mercredis..... [4].

---

[1] Arch. nat., O¹ 407, fol. 305 r°

[2] Le 24 novembre 1788, de Losme écrit à ce propos au lieutenant de police : «...Quant à la permission qu'elle (votre lettre) lui donne de voir la dame son épouse, tous les huit jours, il ne paraît pas disposé à en profiter; d'après les remarques que je lui ait fait que ses visites étant multipliées, elles seroient, suivant l'usage, d'une heure, et qu'au reste, nous lui laissions le choix d'une heure tous les huit jours, ou deux tous les quinze, il a choisi ce dernier parti avec la dame son épouse jusqu'à ce qu'elle ait obtenu de vous davantage.» (Arch. de la Préfecture de Police, correspondance de de Losme, à la date.)

[3] *Ibid., passim*, de juin 1787 à mai 1789.

[4] *Ibid.*, à la date du 29 avril 1788.

On a montré tout à l'heure jusqu'à quel point la liberté de la promenade dans l'intérieur du château avait été grande pendant le xvii<sup>e</sup> siècle; elle fut beaucoup moindre au siècle suivant et restreinte par de sévères règlements, mais elle ne fut jamais supprimée, sauf pour les prisonniers indisciplinés, que l'on voulait réduire par cette privation.

Promenades.

La promenade le plus habituellement accordée était celle de la cour intérieure, sous l'œil de la sentinelle placée en faction dans la cage, devant le corps de garde de l'entrée. Cette distraction n'avait, au dire des prisonniers, rien de réjouissant : la vue se heurtait de tous côtés aux hautes murailles de la prison, et le solitaire promeneur n'avait même pas la satisfaction d'échanger un mot ou un regard avec qui que ce fût :

M., lorsque l'on accorde la permission de se promener dans la cour du château, il est deffendu de parler à qui que ce soit pendant la promenade que aux officiers du gouvernement, ny de donner ny jetter de papiers et lettres, et faute de ne pas se comporter selon les règles de la Bastille, on est sequestré de se promener davantage, et l'on en informe le Ministère. Voilà les status etablis pour le dict château, qu'on est obligé de suivre, et les promenades ne peuvent s'accorder que quelques fois dans la semaine, s'il n'y a pas d'empeschement [1]. »

Si peu attrayante qu'elle fût, la promenade de la cour était très recherchée de la plupart des détenus; c'était le lieutenant de police qui l'accordait, suivant une formule invariable, fort laconique :

Je veux bien accorder au sieur de Fourcroy, prisonnier à la Bastille, de prendre l'air; ainsi, M. Chevalier, major, le fera promener dans la cour intérieure du château.

Ce 17 avril 1763.

DE SARTINE [2]. »

Une faveur plus sollicitée, mais bien moins rarement accordée, était la promenade sur la plate-forme des tours. En avouant qu'il l'avait obtenue, Latude condamne lui-même toutes ses accusations contre le régime qu'on lui faisait subir, car aucun privilège ne pouvait lui être plus précieux. Il en abusa, on le sait, en dépit de la surveillance du bas officier qui l'accompagnait, pour correspondre par signes avec deux jeunes filles habitant une maison voisine. Nous avons eu déjà à parler d'une lettre où le lieutenant de police, Bertin, fait remarquer qu'il n'y a pas de donjon à la Bastille, mais seulement le bastion et la terrasse des tours, et il ajoute que cette dernière « est une promenade prohibée depuis longtemps et trop à la vue du public [3] ». C'est encore là une erreur.

La promenade des tours ne cessa jamais d'être permise, mais comme la plus insigne des faveurs. Pendant l'année qui précéda la chute de la Bastille, le marquis de Sade en bénéficiait encore. « Ce prisonnier, écrit de Losme au lieutenant de

---

[1] Bibl. de l'Arsenal, ms. 12,602. Écrit vers 1760.

[2] Bibl. de la Ville de Paris, ms. 18,381, in-4°.
[3] Bibl. Mazarine, ms. 1452, fol. 29.

police, jouit, depuis votre lettre, de la promenade qu'elle lui a accordée d'une heure tous les jours sur les tours, indépendamment de la promenade de la cour [1]. »

La promenade des plus favorisés avait été celle du jardin ou bastion, construit sur l'emplacement de l'ancienne avant-cour du château. Le second des deux de Launey la supprima, nous l'avons dit, pour transformer ce terrain en jardin de culture et d'agrément, à son usage exclusif. La mesure est critiquable assurément, et ce n'est pas nous qui excuserons les excès de rigueur de de Launey. Voici, en tous cas, une lettre du major pour en confirmer la réalité :

> Monsieur, j'aurai celui de vous observer, relativement à la promenade du jardin demandée par M. de La Marnière, deux fois la semaine, pour ce prisonnier, à l'effet d'y respirer un air plus pur que celui de la cour, qu'il lui sera donné, sous votre bon plaisir, celle des tours, de deux jours l'un ; ainsy, tous nos prisonniers qui ont vue sur ce jardin n'auront pas l'agrément d'y voir un particulier pendant qu'il leur est refusé. C'est vous éviter et à nous de nouvelles plaintes et sollicitations pour cette promenade, et l'objet de respirer l'air pur est rempli [2].

A vrai dire, la promenade de la cour fut la seule réellement habituelle. Le major Chevalier, homme fort minutieux, avait dressé, pour le mois de novembre 1765, un tableau des heures de promenade, qui nous est heureusement parvenu et qui mérite d'être fidèlement reproduit [3] :

Le 1er novembre 1765.

PROMENADES.

*Sur les tours :* depuis neuf heures du matin jusqu'à quatre heures après midi     1re Comté.

*Jardin :*

Matin.........
- de 9 à 11............................... 3e du Puys.
- de 11 à 12, 2 jours l'un............... 4e Bazinière.

Après midi.....
- de 12 à 1................................ 1re Liberté.
- de 1 à 3................................. 6e Liberté.
- de 4 à 4 1/2............................ 1re Chapelle.

*Cour intérieure :*

Matin.........
- de 8 à 9................................. 1re du Coin
                                                    fêtes et dimanches.
- de 9 à 11, 2 jours l'un................ 4e Bazinière. / 3e Liberté.
- de 11 à 12............................... 4e du Puys.

Après midi.....
- de 12 à 1................................ 1re Chapelle.
- de 1 à 2................................. 3e Bertaudière.
- de 2 à 3................................. 3e Comté.
- de 3 à 4................................. 2e Comté.
- de 4 à 5................................. 1re Liberté.

---

[1] Archives de la Préfecture de Police, lettres du major, 24 novembre 1788.
[2] Arch. Préf. Pol., lettre du 28 mai 1787.
[3] Bibl. de l'Arsenal, ms. 12609.

## RÉGIME DE LA PRISON.

Cette triste promenade d'une heure entraînait avec elle une singulière vexation, que nos mœurs ont peine à admettre : nous voulons parler de ce qu'on appelait *le cabinet*. Linguet n'a pas manqué de la signaler, et il faut reconnaître qu'il n'eut pas tort de s'en indigner. Comme il était interdit, — par la tradition surtout, — qu'un prisonnier fût vu de toute autre personne que de ses gardiens, dès qu'un étranger quelconque, pourvoyeur des cuisines, valet ou autre, traversait la cour, le promeneur devait se réfugier dans une petite cellule creusée dans le mur, au rez-de-chaussée de la tour de la Liberté. Le texte du règlement confirme, à cet égard, le dire de Linguet :

> Lorsque Monsieur le Lieutenant général de police entre au château, le faxionnaire de la cage fait retirer la promenade de la cour dans les cabinets, en luy disant : Monsieur, retirez vous, s'il vous plaît, aux cabinets, et fermez la porte [1].

Pénétrons enfin dans l'intérieur de ces chambres de prisonniers dont nous n'avons encore décrit que l'aspect général, la charpente, pour ainsi dire. Le mobilier en était rudimentaire, comme bien on pense, mais en réalité, suffisant. Il s'augmentait d'ailleurs, par privilège, pour certains détenus, et M. Funck-Brentano a réuni à ce sujet plusieurs citations fort probantes [2]. Le lit en était le principal meuble; nous avons eu déjà à dire qu'en janvier 1783 on en avait pourvu à neuf toutes les chambres et que chacun d'eux, avec la literie, ne coûtait pas moins de 248 livres 6 sols [3]. En 1788, M. de Breteuil autorisa de Launey à faire, aux frais du roi, de nouvelles acquisitions : « 2 douzaines de couvertures de coton, 18 matelas, 15 fauteuils et 2 douzaines de petites tables [4]. » On avait en effet reconnu le danger des fournitures de meubles, lits ou fauteuils, vendus directement aux prisonniers par un tapissier quelconque, et, déjà en 1724, l'usage était que tous les meubles de ce genre fussent défaits avant d'être livrés, pour que l'on pût s'assurer qu'ils ne renfermaient aucune correspondance.

Avec le lit, une table et quelques chaises complétaient l'ameublement; la table était fort légère, pliante le plus souvent, et c'est avec l'une des fiches de fer articulant celle de Daury, que cet industrieux personnage réussit à se faire un couteau et une lime, deux instruments indispensables à son évasion. A presque toutes les chambres du château était annexé, dans l'épaisseur du mur, un réduit servant de garde-robe; cette sorte de luxe n'existait pas encore sous Louis XIII, car La Porte nous parle, avec une répugnance légitime, de la terrine unique qu'on

*L'ameublement des chambres.*

---

[1] Bibl. de l'Arsenal, ms. 12,602; écrit vers 1750.

[2] *Revue historique* de janvier 1890, p. 58. Il y est question de tapisseries qui ornaient les chambres de M<sup>me</sup> de Staal et du marquis de Sade, de tableaux de famille, apportés par les prisonniers ou que leurs parents envoyaient pour eux.

[3] Voir *Pièces justificatives*, n° XXX.

[4] Arch. nat., O¹ 499, p. 428, lettres du 24 juillet 1788.

avait mise à sa disposition, à lui et au soldat qui le gardait, « pour leurs besoins naturels ».

La fenêtre qui éclairait la cellule était pourvue de barreaux de fer paraissant défier toute tentative de fuite de ce côté. Voici, du reste, la description de celle de la 4ᵉ Comté, qu'occupaient Latude et d'Allègre : « ... A la croisée qui éclaire ladite chambre et percée dans un mur de six pieds d'épaisseur, il y a, du côté du fossé, trois grilles de fer, distantes l'une de l'autre de trois pouces ou environ, la première et seconde à barreaux aplomb, savoir : la première à trois traverses sur la hauteur, la seconde avec deux traverses et la troisième maillée de quatre pouces en quatre pouces, le tout scellé dans les tableaux de ladite croisée, partagée par un laiton de pierre, au-dessus duquel sont deux grilles de fer, la première à barreaux aplomb avec deux traverses, et la deuxième maillée de quatre pouces en quatre pouces; et du côté de ladite chambre, en dedans de l'épaisseur du mur, est une grille dans toute la hauteur, composée de cinq barreaux de fer distants de quatre pouces en quatre pouces, et garnis de trois traverses, au devant de laquelle grille est un châssis en deux parties, garni de carreaux de verre [1]. »

Les cheminées étaient également pourvues de barreaux de fer, et le même procès-verbal nous apprend que celle de la 4ᵉ Comté en avait deux, dont l'une « a été ôtée par lesdits d'Allègre et Danry, afin de pouvoir passer dans la cheminée et parvenir au comble [2]. » L'architecte du château en avait la surveillance; il devait faire visiter attentivement toutes les cheminées et y ordonner les réparations nécessaires [3]. Qu'un feu de cheminée vînt à s'y déclarer, les murs étaient trop épais pour que l'on en prît alarme, et nous savons déjà ce que le major de Losme écrivait à ce propos : « Cela ne nous inquiète pas, car c'est de cette manière que se ramonent nos cheminées. »

L'habillement.

En ce qui concerne l'habillement des prisonniers, le régime de la Bastille alla toujours s'améliorant, et à cet égard le siècle de Louis XV et de Louis XVI fut singulièrement plus clément que ne l'avait été celui de Louis XIV. Nous avons montré le banquier Hache, débiteur de Mazarin, déclarant en 1660 qu'on l'avait laissé deux mois sans le changer de linge. Quarante ans plus tard, aucun détenu n'aurait pu se plaindre d'une semblable cruauté. En 1699, Pontchartrain annonce à Saint-Mars que « le roi trouve bon qu'il fasse donner les hardes nécessaires aux prisonniers qui ne peuvent avoir de secours d'ailleurs [4] ». Cinq ans plus tard,

---

[1] *Latude et son évasion.* Documents publiés par M. Longnon, *loc. cit.* p. 374.
[2] *Ibid.*, p. 375.
[3] Arch. nat., O¹ 498, p. 353. Lettre du Ministre de la maison du roi au sieur Poyet, en date du 1ᵉʳ mai 1787.
[4] Arch. nat., O¹ 43, n° 1519. Lettre du 25 novembre 1699.

avis à peu près analogue : «Le Roy trouve bon que vous fassiez fournir les choses necessaires et indispensables aux prisonniers de la Bastille, et au meilleur marché qu'il se pourra[1].» A ceux qui avaient des ressources, on tolérait tous les envois du dehors, même les plus étranges. En 1746, le major Chevalier reçoit la lettre suivante : «Permettez, Monsieur, que je vous adresse pour mon miserable fils deux paires de bas drapé, dix coiffes de nuit, quatre paires de chaussons, les quatre premiers volumes de l'histoire d'Espagne et cinq louis. Je vous seray bien obligé de faire en sorte qu'il fasse bon usage de l'argent[2].»

On fit mieux encore : un magasin d'habillements fut fondé à la Bastille. Le 28 juillet 1774, Chevalier annonçait au lieutenant de police l'arrivée de quatre prisonniers et il ajoutait :

«Nota. Ces quatre prisonniers sont comme tous les autres; ils n'ont rien pris avec eux et il faudra, sous votre bon plaisir, Monsieur, que vous leur donniez tous leurs besoins en linge de toute espèce des magasins du château[3].»

Il est vrai que, vers la fin, au moins, cette institution si utile était à peu près réduite à rien. A chaque instant, de Losme adresse au lieutenant de police des notes comme celle-ci : «Le magasin des hardes du château est épuisé, faute d'entretien annuel[4].»

Si, par bien des côtés, le régime de la Bastille offre prise à la critique, ce n'est pas au sujet de la nourriture qu'on l'attaquera. Les relations des prisonniers sont, pour ainsi dire, unanimes à cet égard, et rapporter ici ce qu'elles en disent serait se répéter inutilement. Pour être logique avec lui-même, Linguet essaye de prétendre qu'on voulut l'empoisonner, et il en prend texte pour discourir sur les empoisonneurs du siècle passé, mais il se contredit ailleurs en avouant qu'on lui soumettait chaque jour une liste de mets, où il pouvait choisir ceux de son goût. Renneville, Danry se déclarent satisfaits de la nourriture, et certes, leur témoignage n'est pas suspect. L'abbé de Roquette, qui s'était juré de ne manger que des aliments maigres, en fut vivement blâmé par le major : on redoutait qu'il ne se laissât mourir de faim, et il obtint aisément qu'on lui fît donner simplement une portion de soupe chaque jour.

*Les repas.*

---

[1] Arch. nat., O¹ 365, fol. 263 v°. Lettre du 12 novembre 1704.

[2] Bibliothèque de l'Arsenal, Ms. 12,521. Cf. Funck-Brentano, ap. *Revue historique* de janvier 1890, pour d'intéressantes mentions sur l'habillement des prisonniers, pages 68-69.

[3] Archives de la Bastille conservées à Saint-Pétersbourg. Copie de M. Hovyn de la Tranchère, à la Bibliothèque de l'Arsenal, ms. 12,727.

[4] Archives de la Préfecture de police, correspondance du major de Losme, *passim*. — Sur l'emplacement qui était occupé par le magasin d'habillements à la Bastille, voir *Pièces justificatives*, n° XV.

Au moment où la prison reçut ses nouveaux règlements, on n'oublia pas le service de la table, qui fut ainsi ordonné :

1750.

SERVICE DU MAÎTRE D'HÔTEL.

| | LE MATIN. | LE SOIR. |
|---|---|---|
| Dimanche.. | Petit pâté. | Langue de bœuf en ragoût, ou foix de veau piqué ou lardé. |
| Lundy.... | Collet de mouton. | Ragoût de veau ou de mouton. |
| Mardy.... | Petit salé. | Ragoût de mouton ou de veau. |
| Mercredy.. | Tourte. | Bœuf à la mode. |
| Jeudy.... | Collet de veau ou de mouton. | Poulet, volaille, gibier, pigeons ou ragoût. |
| Vendredy.. | Maigre ordinairement. | |
| Samedy, quand on fait gras. | Des saucisses. | Ragoût de veau ou de mouton. |

OBSERVATION. Quand le roty est en mouton, l'autre est en veau. Idem, quand le roty est en veau, l'autre est en mouton. — Le mercredy, jour de bœuf à la mode, le roty est en veau.

L'intention de Mr le Gouverneur est que tout soit pour le mieux [1].

Il ne s'agissait là, comme on le voit, que du plat principal de chaque repas;

[1] Bibl. de l'Arsenal, ms. 12,610. — Il n'est pas sans intérêt de comparer ce menu avec celui qu'indique un ouvrage malintentionné, car il est inspiré surtout de Linguet : les *Remarques historiques et Anecdotes sur la Bastille*, Londres 1789, in-12. L'auteur connaissait bien la Bastille, et beaucoup de ses observations sont d'un homme qui y a vécu, moins en prisonnier qu'en fonctionnaire; on remarquera combien de commentaires malveillants peuvent dénaturer une information relativement exacte :

«Le dimanche à dîner, une soupe de bouillon de corps de garde, une tranche de vache bouillie et deux petits pâtés dont la cuisson n'est pas assez soignée pour qu'ils puissent être bons; le soir, une tranche de rôti, veau ou mouton, un petit haricot où les navets abondent, et une salade. L'huile est ordinairement de la plus mauvaise qualité; elle fait soulever le cœur et seroit tout au plus bonne pour les réverbères. Tous les soupers en gras sont uniformes.

«Le lundi, au lieu des petits pâtés, à midi, ce sont deux côtelettes ou un haricot.

«Le mardi, une saucisse, ou un pied de cochon, ou une légère grillade de porc prétendu frais.

«Le mercredi, une petite tourte dont le dessus est rempli de restes de cuisine et dont le dessous est presque toujours brûlé ou à moitié cuit.

«Le jeudi, des tripes en ragoût, ou quelques vieilles bribes de volailles qu'on ne pourroit pas garder jusqu'au dimanche suivant.

«Le vendredi, à dîner, une petite carpe frite, de la raie puante, de la morue ou quelque friture desséchée, accompagnée d'un plat d'œufs. A souper, des épinars, ou autres légumes, et deux œufs à la coque.

«Le samedi, la répétition de la veille, et le cercle invariable recommence le lendemain sans aucun changement pendant les 52 semaines qui composent l'année.....

«Chaque prisonnier a, par jour, une livre de pain et une bouteille de vin qui, comme nous l'avons observé plus haut, est toujours mauvais et aussi aigre que du vinaigre. Le dessert consiste en une pomme qui, certes, n'est pas choisie, quelques amandes ou raisins secs, semés légèrement sur le fond d'une assiette. Rarement y a-t-on des cerises dans la saison ou des groseilles; cela seroit beaucoup trop délicat.»

mais il en était servi d'autres, en nombre trop abondant, nous le répétons, pour des gens dont l'appétit était forcément si peu éveillé. Cela n'empêche que les prisonniers riches avaient la faculté de se faire acheter par leur porte-clefs ou même d'obtenir de l'état-major mille douceurs supplémentaires. Le premier commis de la lieutenance de police, Duval, écrit un jour à son chef, M. de Sartine : « Madame Seichepine vient de m'envoyer dire, Monsieur, que son mari est sujet à la gravelle et retention et que, de tems en tems, il buvoit du vin blanc à cause de cela. Ne pourroit-on pas lui changer son vin rouge en blanc? Ce ne seroit pas un aussi grand miracle qu'aux noces de Cana. J'ay promis que j'aurois l'honneur de vous en écrire; voilà une mission faite. Je suis toujours, etc.

« Duval.

« Ce 16 juin 1760 [1]. »

Quand il est question de faveurs et de libertés accordées, l'exemple du marquis de Sade se présente toujours. Le 20 janvier 1787, de Losme consigne sur son registre la mention suivante : « Ecrit à M$^{me}$ la marquise de Sade pour la prier, de la part de M. le Gouverneur, d'envoyer une pièce de vin pareil à celui dont elle boit, pour le sieur marquis de Sade, son mari, sous condition expresse d'en payer le prix, et que cette condescendance est pour faire chose agréable audit sieur marquis de Sade, et pour satisfaire au désir qu'il a de boire d'un vin auquel il était accoutumé. M. le lieutenant de Roy était présent à l'invitation que M. le Gouverneur m'a faite d'écrire cette lettre [2]. »

Tavernier, l'un des sept prisonniers que délivra le 14 juillet, et qui était un personnage peu intéressant, ayant été impliqué dans le crime de Damiens, n'était pas moins bien choyé; qu'on en juge par la note de ses dépenses pour le mois de mai 1789 :

Depenses faittes pour M*** [Tavernier], de la première Bazinière, pendant le mois de may 1789.

Savoir :

| | | |
|---|---:|---:|
| 1 livre 1/4 de tabac............................. | 5$^{tt}$ | 0$^{s}$ |
| 4 bouteilles d'eau de vie........................ | 6 | 8 |
| 62 — de vin............................... | 37 | 4 |
| 31 — de bière............................. | 9 | 6 |
| 30 livres pain de seigle......................... | 4 | 10 |
| 3 livres de chandelles........................... | 2 | 8 |
| Pigeons aux pois................................ | 2 | 5 |
| 2 livres caffé................................... | 3 | 8 |

[1] Bibl. de l'Arsenal, ms. 12,500, à la date. — [2] A. Bégis, *loc. cit.*, p. 16-17.

| | | |
|---|---:|---:|
| 3 livres sucre .................................. | 3ᵗᵗ | 9ˢ |
| Fromage................................................ | 1 | 10 |
| Papier gris........................................... | 0 | 7 |
| Et deux petites notes pour veste, gilet et raccommodage... | 33 | 4 |
| Gratification......................................... | 6 | 0 |
| Total..................... | 114 | 9 |

Je prie M. le Major de remettre à mon porte-clef la somme de cent quatorze livres neuf sols.

A la Bastille, ce 7 mai 1787 [mai, par erreur pour juin] [1].

TAVERNIER.

Enfin il arrivait très fréquemment que tel ou tel prisonnier vînt s'asseoir à la table du gouverneur, à la seule condition que le lieutenant de police l'y eût autorisé. En 1778, Boucher, commis de la lieutenance de police, écrit à Chevalier :

M. Lenoir m'a chargé, Monsieur et bon amy, de vous marquer qu'il ne trouvoit aucun inconvénient à ce que M. le Gouverneur donne à dîner à M. de Montazcain, aussi souvent qu'il le desirera. J'en ai prévenu M. de Launey.....

BOUCHER.

Ce 24 avril 1778 [2].

*Le droit de lire et d'écrire.*

Les heures s'écoulaient lentement, on le devine, à la Bastille comme dans toute autre prison, et le temps du sommeil, des repas, de la promenade quand elle était accordée, ne suffisait pas à les occuper. Les prisonniers se sont toujours ingéniés à tromper l'ennui terrible, invincible, qui pesait sur eux; malheureusement, ils n'en avaient guère les moyens. Si ceux du xvııᵉ siècle étaient plus favorisés et pouvaient, comme Bassompierre, écrire leurs mémoires, comme de Sacy traduire la Bible, il n'en fut plus de même au siècle dernier. Tous eurent toujours le droit d'écrire leurs plaintes au Ministre ou au lieutenant de police, et à cet effet on ne leur refusa jamais une feuille de papier qu'ils devaient représenter aussitôt écrite, mais c'était tout. L'abbé de Roquette, qui n'était coupable que de jansénisme, se vit refuser le droit à l'encre et au papier. «J'aurais donné, ce me semble, dit-il, un louis d'une main de papier, et je me serais trouvé bien content de l'avoir à ce prix.» Il eut enfin l'heureuse chance de trouver sur une petite planche, dans un coin obscur de sa prison, de l'encre et quelques plumes, oubliées là depuis longtemps, et l'heureuse idée de se procurer du papier en faisant acheter des bougies pour utiliser le papier qui les enveloppait.

Latude, si ingénieux qu'il fût, n'avait pas songé à cet expédient, et il en était réduit à écrire ses interminables récriminations sur son linge, avec des gouttes

---

[1] Bibl. de l'Arsenal, ms. 12,524, à la date.
[2] Bibl. nat., fonds fr. 14,060. Sur ce genre de privilèges, cf. Funck-Brentano, la Bastille d'après ses Archives, *loc. cit.*, p. 67.

de son sang : la Bibliothèque de l'Arsenal possède quelques spécimens de cette sorte de graphie, et ce ne sont pas les moins curieuses des pièces du dossier.

La lecture n'était pas prohibée, en revanche, et, dès les premières années du xvIII<sup>e</sup> siècle, il y eut au château une sorte de bibliothèque à l'usage des prisonniers[1]; elle avait été fondée, nous dit Constantin de Renneville[2], par un généreux Napolitain, nommé Vinache. Dans les derniers temps, ce fut l'administration même qui se préoccupa d'augmenter cette dotation. Voici la lettre que, le 26 décembre 1786, le lieutenant de police écrivait au gouverneur :

> M. le baron de Breteuil, Monsieur, d'après les propositions que je lui en ai faittes, consent à ce qu'il soit employé chaque mois une somme de cinquante livres pour contribuer à la formation d'une bibliothèque à l'usage des prisonniers de la Bastille. Vous pouvez en conséquence faire employ de cette somme dans les états de dépense de chaque mois, à compter de janvier 1787.
> J'ai l'honneur d'être.....
> DE CROSNE[3].

Un règlement fut, vers le même temps, rédigé par le major :

*Règlement pour les livres.*

1.

On ne peut garder dans sa chambre plus de quatre volumes.

2.

Il est deffendu d'écrire dans les livres et sur les marges. Quiconque contrevient à cet article est privé pour toujours de lecture; en redescendant, les livres sont soigneusement examinés, feuillet par feuillet; il est aussi deffendu de les sallir et de les déchirer.

3.

Les dictionnaires, qui sont des livres seulement à consulter, ne pourront être retenus plus de deux jours; on n'en donne qu'un volume à la fois, rarement deux.

4.

On exhorte à faire attention de ne point laisser en sortant, ni dans sa malle ni sur soi, aucun livre de la Bastille. On est exactement fouillé, et M. le Lieutenant général est instruit à toute contravention à cet article du règlement[4].

Ce fut l'abbé Duquesne, l'un des aumôniers du château, que l'on chargea de la nouvelle bibliothèque, installée, nous l'avons dit, au rez-de-chaussée du bâtiment

---

[1] *L'Inquisition française*, t. I, p. 271. — [2] Bibl. de l'Arsenal, dossier 12,604. — [3] *Ibid.*

de l'état-major. Un catalogue dressé par lui fait connaître que les livres étaient classés méthodiquement dans douze armoires, dont quatre demeurèrent vides jusqu'en 1787. Citons les principaux ouvrages :

Parmi les livres de voyages, l'*Histoire des Voyages*, par l'abbé Prevost, 76 volumes, et les *Lettres édifiantes et curieuses* écrites des missions étrangères, avec les *Nouveaux Mémoires des missions*, 38 volumes. En jurisprudence, les *Causes célèbres et intéressantes*, 20 volumes in-12, et les trois codes : Louis XV, militaire, et des tailles. Parmi les poètes, Boileau, Molière, Tibulle, et les œuvres de Mme Deshoulières : en tout 18 volumes; 21 romans, dont les titres mêmes sont bien oubliés aujourd'hui. Pour l'histoire, quelques volumes de *Mémoires*, les *Lettres de Henri IV*, l'*Histoire des guerres de l'Inde depuis 1745*. La série des belles-lettres est plus nombreuse : elle forme une cinquantaine de volumes, parmi lesquels la *Bibliothèque française*, de l'abbé Goujet, 9 volumes; le *Traité des études* de Rollin, 1741, 4 in-12; les *Pensées* de Pascal, un *Traité du suicide*, etc. L'histoire profane est représentée par 63 volumes, dont l'*Histoire ancienne* de Rollin, l'*Histoire de France* du P. Daniel. Enfin, l'histoire sacrée comprend 64 volumes, dont l'*Histoire ecclésiastique* de Fleury, le *Recueil des ouvrages de M. Papin en faveur de la religion*, et les *Réflexions du voyageur éloigné de sa chère patrie*[1].

L'usage du couteau était presque aussi sévèrement proscrit que celui de la plume. Pour en accorder un, vieux ou neuf, il fallait l'autorisation du lieutenant de police. Le 20 mars 1767, Sartine écrit au major : « Vous voudrez bien, Monsieur, donner un couteau neuf au sieur de Cambernon pour couper son pain et sa viande[2]. » Linguet ne put jamais en obtenir un que pendant le temps de ses repas. On craignait que les prisonniers ne s'en servissent pour se couper la gorge, car cela était arrivé plusieurs fois. Si l'on en croit les *Mélanges historiques* de Bois-Jourdain[3], on avait fabriqué un couteau spécial appelé *bastille*, « fait comme ceux dont les vitriers se servent pour garnir les vitres de plomb, qui ne coupent absolument point et qui sont arrondis par le bout ».

C'est sans doute à l'aide de cette lame peu dangereuse que les prisonniers occupaient leurs loisirs à charger d'inscriptions les murs de leur cellule. On put les recueillir, lors de la démolition du château, et, dans son curieux livre, *La Prise de la Bastille*, M. G. Lecocq en a cité un grand nombre[4], d'après les *Révolutions de Paris*; nous lui en empruntons quelques-unes, sans en garantir au reste, l'authenticité : « M. Riollay, de Rennes en Bretagne, renfermé le 14 juillet 1788, pour s'être entretenu avec un particulier de cette ville des affaires des

[1] Bibl. de l'Arsenal, dossier 12,604.
[2] *Ibid.*, ms. 12,509.
[3] Paris, 1807, tome II, p. 336, texte cité par les *Archives de l'Art français*, 1re série, tome V, p. 92.
[4] Ouvrage cité, p. 125-134.

## RÉGIME DE LA PRISON. 153

Parlements dont on avait juré la destruction; encore détenu le 27 et le 3 août et le 16. J'y serai, selon les apparences, trois mois.ʺ — « Simeon Marin, predicant très impie et se disant le fils de Dieu, après dix-huit ans de captivité fut brûlé vif. Ses disciples, Remellus, fut envoyé aux galères, et Janbert Hubart au gibet de la Bastille pour avoir falsifié. Ils eurent ce sort à cause de l'incarcération de Nicolas Fouquet, ministre d'État. Celui qui vous atteste ce fait est votre serviteur Blaise, chevalier, prêtre de Falaise; indifferent sur la vue du ciel et sur la longue détention de la Bastille, l'an du Seigneur 1663. ʺ — « Le chevalier de Bellisle est entré ici le 17 mars 1705. ʺ — Et celle-ci signée Durand :

> Sa chère liberté, un sort barbare lui a ravie.
> Le 22 octobre 1709.
> Un jour plus humain lui rendra la vie.

Ayant traité plus haut de l'administration médicale de la prison[1], nous serons bref ici sur ce sujet. « La Bastille-hôpital ʺ, tel est le titre d'un chapitre de l'intéressante étude, si souvent citée déjà, de M. Funck-Brentano[2]; il nous sera permis, cette fois, de ne pas partager l'optimisme de son auteur.

Les soins aux malades

Qu'on ne laissât pas volontairement mourir un prisonnier sans lui porter secours, nous sommes loin d'en douter, assurément; que même on ait organisé aussi bien que possible le régime de ces secours, nous le croyons également. Il n'en est pas moins vrai que le médecin du château, le meilleur de Paris, si l'on veut, demeurait fort loin de la Bastille, et que si, la nuit, un prisonnier devenait subitement malade, l'épaisseur des murs et des portes étaient de terribles obstacles à ce que son appel fût entendu, et la difficulté de pénétrer auprès de lui, lorsque cet appel était enfin entendu, retardait singulièrement le moment de venir à son secours. Linguet, à cet égard, n'a rien exagéré. « La pharmacie de la Bastille était des mieux approvisionnées, et le gouvernement ne lésinait pas sur les médicaments à fournir ʺ, dit M. Funck-Brentano. Nous avons donné une preuve du contraire[3], et il serait possible de citer plusieurs exemples de prisonniers trouvés morts au matin dans leur cellule.

C'était là, en réalité, ce que redoutait surtout le gouvernement, à cause du mauvais effet produit au dehors, et c'est pour cela que le major était tenu d'adresser chaque jour au lieutenant de police un bulletin de la santé des prisonniers. Le 6 octobre 1766, Chevalier écrit : « Vous m'avez demandé des nouvelles du nommé Adam, à quoy j'ai eu l'honneur de vous répondre que ce prisonnier allait de mal en pis, et cela est vrai, parce qu'habituellemet il crie si fort dans sa chambre, en se desespérant, que l'on l'entend de partout dans le

---

[1] Voir ci-dessus p. 65-67, et *Pièces justificatives*, n° XIV.

[2] *Revue historique*, mars 1890, p. 278-280.
[3] Voir p. 66, note 4.

château, et même jusque sur la place de la Bastille. Ce misérable a le cerveau vuide parce qu'il ne prend rien, de plus, parce qu'il rend toute sa nourriture de même que la Brison; son estomac ne pouvant rien garder, il le rend tout de suitte malgré lui et avec des efforts qui font beaucoup de peine à entendre et encore plus à voir. Je me crois obligé de vous rendre compte de tout cela pour que Monsieur prenne un party pour ce prisonnier, seul moyen d'éviter quelques scennes ou fin tragique[1]....» Adam fut mis en liberté le surlendemain; il se croyait perdu et a encore «beaucoup gemi et sangloté[2]».

Pour les prisonniers de marque il n'est pas douteux qu'on avait des attentions particulières, même quand ils étaient d'avance condamnés à mourir, comme l'infortuné Lally-Tollendal, le dernier qui ait quitté la Bastille pour monter à l'échafaud. Le 14 novembre 1765, Jumilhac reçoit cette lettre du Ministre :

«Je vous prie, Monsieur, de vouloir bien me marquer en quel état est Monsieur de Lailly, et si sa santé exige qu'il voye un autre médecin que celuy qui prend ordinairement soin des prisonniers qui sont à la Bastille. On ne peut être plus parfaitement, etc[3].»

Les décès.

Il mourut à la Bastille un très grand nombre de prisonniers. Déjà nous avons rapporté quelles cérémonies avaient lieu lorsque le moribond était catholique et acceptait la visite d'un prêtre, comment on enterrait en terre profane les protestants et tous ceux qui étaient morts en refusant la confession. La paroisse Saint-Paul, contenant la Bastille dans sa circonscription curiale, était celle où se faisait le service funèbre des décédés du château; le cimetière Saint-Paul, celui où on les inhumait.

La sortie du prisonnier mort était mystérieuse comme l'avait été son entrée, c'est-à-dire qu'elle s'effectuait à la nuit close, de façon à attirer l'attention le moins possible, et le cortège ne se composait que d'un officier de l'état-major accompagné d'un porte-clef. Le seul enterrement de ce genre qui ait mérité la curiosité des historiens est celui du célèbre «homme au masque de fer»; nous en parlerons en son lieu, comme de tous les autres faits connus jusqu'ici sur ce personnage; disons simplement que le prix de ses obsèques fut, d'après du Junca, de quarante livres, somme en réalité assez élevée. Il fut inscrit sur le registre mortuaire de l'église sous un nom supposé, Marchialy; mais ce n'était pas là une mesure d'exception absolue. Peu de temps avant lui, en 1701, un prisonnier, appelé François Esliard, avait été inscrit sous le nom de «Massuque»[4], et il y a d'autres exemples, pour les années qui suivent, de la même coutume.

Les funérailles étaient payées, non par les familles, car elles auraient pu les

---

[1] Bibl. de l'Arsenal, ms. 12,507. — [2] Ibid. — [3] Arch. nat. O¹ 407, fol. 446 v°. — [4] Bibl. de l'Arsenal, ms. 12,540.

vouloir trop somptueuses, mais par l'administration du château, ainsi qu'en fait foi la quittance suivante :

> Je soussigné, receveur des convois de la paroisse Saint-Paul, reconnois avoir reçüe de Monsieur Chevalier, major de la Bastille, la somme de dix huit livres pour les frais funéraires de Nicolas-Antoine Le Gay, détenu par ordre du Roy au chateau de la Bastille, dont quittance à Paris, ce 21 mai 1786.
>
> R.-P. AUTREAU

et 15 sols pour l'extrait mortuaire [1].

Si l'on en croit Jal [2], l'usage était de recouvrir d'une feuille de papier, collée sur le feuillet du registre mortuaire, l'acte de sépulture d'un prisonnier; c'est du moins ce qu'il rapporte à propos d'un sieur Bertin, mort à la Bastille le 3 mars 1779. Le major recouvrit l'acte d'une feuille de papier au moyen de huit cachets à la cire rouge d'Espagne avec, en légende : *Château royal de la Bastille.* Voilà des renseignements précis, mais il n'est plus possible de les vérifier, et nous ne pouvons nous défendre de certains doutes. D'autre part, voici un fait qui commande l'attention : le 2 avril 1686, le roi donne ordre au bailli de Versailles de supprimer les feuillets 27 et 28 du registre des baptêmes, mariages et sépultures de la ville de Versailles, parce qu'il est «necessaire et pour bonne considération de les supprimer [3]».

Bon nombre de prisonniers se donnèrent la mort dans leur prison. Exaspérés par l'ennui, la solitude, l'attente d'une délivrance incertaine, ils préféraient en finir avec l'existence; la difficulté était, pour eux, de se procurer l'arme nécessaire, et l'on sait de reste que, pour empêcher les crimes ou les suicides, les règlements avaient proscrit tout ce qui pouvait ressembler à une arme. Il fallait donc user de stratagème : en 1669, un épicier, mis à la Bastille depuis peu, est résolu à se tuer; il demande du tabac à un valet, et son couteau pour le couper; puis il prie ce valet d'aller lui chercher de l'eau à boire, et il profite de sa courte absence pour se couper la gorge avec son couteau. Le roi décide que l'affaire sera assoupie [4]. En effet, on redoutait beaucoup les scandales de ce genre; le 19 mars 1714, un prisonnier appelé Vinache, financier véreux, réussit également à se tuer; d'Argenson écrit à ce propos : «...Je crois toujours que le genre de sa mort est bon à taire et toutes les fois qu'il est arrivé à la Bastille de pareils

---

[1] Bibl. de l'Arsenal, ms. 12,609.

[2] *Dictionnaire critique d'histoire et de biographie,* v° Bertin.

[3] Depping, *Correspondance administr.,* t. II, p. 603. Voir aussi dans la même publication (t. II, p. 604) un ordre du roi au lieutenant du roi du château d'Angers de faire enterrer le corps d'une prisonnière, la veuve Piton, «dans quelque jardin ou autre endroit du chasteau, et que vous teniez cela secret, le plus qu'il se pourra».

[4] Ravaisson, *Archives de la Bastille,* t. VII, p. 330.

malheurs, j'ai proposé d'en ôter la connaissance au public, trop prompt à exagérer les accidents de cette espèce et à les attribuer à une barbarie de gouvernement qu'il ne connaît pas, mais qu'il présuppose[1]...."

La tradition du mystère.

Ceci nous amène à parler des mystères de la Bastille, de cette tradition du silence qu'on y entretenait, de l'ombre impénétrable que le gouvernement avait étendue sur tout ce qui se passait dans le château, et de faire la part, autant qu'il est possible, de la légende et de la vérité.

Nous parlerons, en premier lieu, du fait le plus obscur que fournissent les annales de la Bastille, de « l'homme au masque de fer », mais en nous bornant à un bref résumé, à l'indication de quelques renseignements nouveaux et d'une timide conjecture, car l'exposé complet de la question ne saurait être fait en quelques pages. Personne n'ignore que l'on désigne sous le nom d'« homme au masque de fer » un prisonnier inconnu qui amené, en 1698, à la Bastille par Saint-Mars, depuis longtemps son geôlier dans d'autres prisons, y mourut le 19 novembre 1703. Disons tout de suite que le surnom donné à ce personnage est tout à fait inexact, car c'est un masque de velours noir, non de fer, qui cachait son visage. Voyons maintenant le peu que l'on sait officiellement sur l'inconnu, et d'abord les deux extraits, souvent cités, du Journal de du Junca :

Du judy 18ᵐᵉ de septembre [1698], à trois heures après midy, Monsieur de Saint-Mars, gouverneur du chateau de la Bastille, est arrivé pour sa première entrée, venant de son gouvernement des illes Sainte Marguerite-Honorat, aient mené avec iceluy dans sa litière un ensien prisonnier qu'il avet à Pignerol, lequel il fait tenir toujours masqué, dont le nom ne se dit pas, et l'aient fait metre en desendant de la litière dans la première chambre de la tour de la Basinnière en atendant la nuit pour le metre et mener moy mesme à neuf heures du soir, avec Mʳ de Rosarges, un des sergens que Monsieur le Gouverneur a mené, dans la troisième chambre seul[2] de la tour de la Bretaudière que j'aves fait meubler de touttes choses, quelques jours avant son arrivée, en aient reseu l'hordre de Monsieur de Saint-Mars, lequel prisonnier sera servy et sounié par Mʳ de Rosarge, que Monsieur le Gouverneur norira[3].

. . . . . . . . . . . . . . . . . . . . . . . . . . . . . . . . . . . . . . . . . . . . . . . . . . . . . . . . . . . . . . .

Du mesme jour, lundy 19ᵐᵉ de novembre 1703, le prisonnier inconnu, toujours masqué d'un masque de velours noir que Monsieur de Saint-Mars, gouverneur, a mené avecque luy en venant des illes Sainte-Marguerite, qu'il gardet depuis lontemps, lequel s'etant trouvé hier un peu mal en sortant de la messe, il est mort se jour d'uy, sur les dix heures du soir sans avoir eu une grande maladie; il ne se put pas moins M. Giraut nottre humonier le confessa hier; surpris de sa mort, il n'a point reseu les sacremens et nottre homonier l'a exhorté un moment avend que de mourir, et se prisonnier inconeu, gardé depuis si lontemps, a esté entéré le mardy à quatre heures de l'après midy, 20ᵐᵉ novembre, dans le semetière Saint Paul, nottre paroisse;

---

[1] *Correspondance des contrôleurs généraux des finances avec les intendants des provinces*, publiée par M. de Boislisle, t. II, p. 163.

[2] La plupart des historiens du Masque de fer ont imprimé *sud* et non *seul*.

[3] *Journal* de du Junca, t. I, fol. 37 v°.

sur le registre mortuel, on a donné un nom aussy inconeu, que Monsieur de Rosarge, major et Arreil, sieurgien, qui hont signé sur le registre.

(Et à la marge) :

Je apris du depuis cou l'avet nomé sur le registre Monsieur de Marchiel; que on a paié 40 livres d'enteremant [1].

Les tableaux statistiques des prisonniers, dressés par le major Chevalier, mentionnent aussi le même personnage. Nous reproduisons ces renseignements dans la disposition où ils se trouvent, moins à cause de leur intérêt, car ils n'apportent rien de bien nouveau, que parce qu'ils constituent un texte encore inédit sur l'homme au masque de fer :

| NOMS ET QUALITÉS. | DATE D'ENTRÉE. | DATE DE SORTIE. | MOTIFS DE LA DÉTENTION. | OBSERVATIONS. |
|---|---|---|---|---|
| L'ancien prisonnier de Pignerol dont on ne dit pas le nom. Obligé de porter toujours un masque de velours noir. | Amené par M. de Saint Mars dans sa litière lorsqu'il est venu prendre possession du gouvernement. | Mort le 19 novembre 1703. | On ne l'a jamais sçu, non plus que son nom. | C'est le fameux homme au masque, que personne n'a jamais connu. Il estoit traité avec une grande distinction par M. le Gouverneur, et n'etoit vu que par M. de Rosarges, major du dit château, qui seul en avait soin. Il n'a point esté malade que quelques heures, mort comme subitement, enterré à Saint-Pol, le mardi 30 novembre 1703, à 4 heures après midy, sous le nom de Marchiergues.<br><br>NOTA. Il a esté enseveli dans un drap blanc neuf qu'a donné le gouverneur, et generalement tout ce qui fut trouvé dans sa chambre a été brûlé, comme son lit, chaise, table et autres ustansiles, ou fondu, et le tout jeté dans les latrines [2]. |

En dehors de ces textes, on ne saurait trouver aucune mention certaine relative au séjour du mystérieux prisonnier à la Bastille. Les registres du secrétariat de la maison du roi, attentivement consultés, ne contiennent rien à son sujet [3], et il n'est pas douteux que les instructions le concernant étaient données de vive voix à Saint-Mars.

Trois historiens de talent se sont appliqués à pénétrer le mystère, et leurs efforts, s'ils n'ont pas abouti à une solution incontestable, auront eu du moins le précieux avantage de jeter un jour très vif sur une foule de questions obscures jusque-là, sur les relations d'Anne d'Autriche et de Mazarin, sur la politique extérieure de Louis XIV, sur Fouquet et Lauzun, sur les empoisonneurs et, avant

---

[1] *Journal* de du Junca, t. II, fol. 80 v°.
[2] Bibliothèque de l'Arsenal, ms. 12,541.
[3] Peut-être faut-il reconnaître l'homme au masque de fer dans cette phrase d'une lettre de Pontchartrain à Saint-Mars, lettre datée du 21 avril 1699 : «Le Roy trouve bon que vous fassiez fère les Pasques à vostre dernier prisonnier.....» (Arch. nat. O¹ 43, fol. 132 r°.)

tout, sur le régime des prisons d'État, pendant quarante années du xviie siècle: par les détails que nous leur avons déjà empruntés, on a pu juger de l'intérêt de ces révélations. Pour M. Marius Topin, le prisonnier que Saint-Mars garda successivement à Pignerol, à Saint-Honorat, aux îles Sainte-Marguerite et à la Bastille n'est autre que Ercole-Antonio Matthioli, ministre du duc de Mantoue, qui, ayant trahi le Gouvernement français dans une négociation secrète relative au Montferrat, fut jeté en prison par Louis XIV et réellement détenu pendant de longues années à Pignerol. Pour M. Th. Iung, l'homme au masque de fer aurait expié d'une prison perpétuelle le crime d'empoisonnement, si fréquent à cette époque; enfin M. Loiseleur s'est efforcé de réfuter ces deux hypothèses, et il paraît y avoir victorieusement réussi, au moins en ce qui concerne Matthioli, mais il n'a pu présenter aucun nom à substituer à tous ceux qui ont été jusqu'ici mis en avant [1].

[1] Il est à peine utile de rappeler ici que, suivant Voltaire, «l'homme au masque de fer» était un fils illégitime d'Anne d'Autriche, né avant Louis XIV, et que ce dernier avait, par suite, grand intérêt à supprimer. Cette hypothèse a été réfutée par les historiens que nous venons de nommer. De même, la critique a fait justice de l'opinion d'après laquelle Louis de Bourbon, comte de Vermandois, aurait eu l'honneur du «masque de fer»; il est prouvé que ce personnage, fils naturel de Louis XIV et de mademoiselle de la Vallière, décéda très réellement le 18 novembre 1683. Ce qui n'empêche qu'au lendemain de la chute de la Bastille, un placard intitulé : *Recueil fidelle de plusieurs manuscrits trouvés à la Bastille, dont un concerne spécialement l'homme au masque de fer* (Paris, 1789, in-8° de 24 pages) et contenant quelques lettres de cachet authentiques, ait répandu dans le public la pièce suivante :

*Copie exacte d'une feuille manuscrite trouvée dans le mur de la tour de la Bertaudière.*

«Au nom de la Sainte Vierge, protectrice des Français, puisqu'il n'y a plus de ressource pour moi, puisse-t-elle obtenir de Dieu que les hommes sachent, un jour, le sort affreux auquel les ordres d'un père barbare m'ont injustement dévoué, et qu'on prend le plus grand soin de cacher.

«Je suis Louis de Bourbon, Comte de Vermandois, nommé grand amiral de France. Une étourderie m'a fait enfermer au château de Pignerol, puis aux Isles Sainte-Marguerite et enfin à la Bastille, où je finirai probablement le cours de ma triste vie : j'ai déjà tenté plusieurs fois de me faire connoître de mon vivant; toutefois je n'ai pu y réussir; ainsi, j'écris ce peu de mots, que je cache dans un trou du mur de ma chambre, espérant que par la suite le hasard le fera peut-être connoître aux hommes. J'ai écrit et caché ce papier le 2 octobre 1701, à six heures du soir, jour qui repond à celui de ma naissance. On doit me changer de chambre; ainsi fasse le Ciel que mes vœux soit [*sic*] accomplis.

«Signé : Louis de Bourbon, comte de Vermandois, le plus chagrin et le plus innocent.»

Il suffirait du style, trahissant trop visiblement «l'époque des cœurs sensibles» pour reconnaître la fausseté du document.

En 1855, quelques journaux annoncèrent sérieusement que le masque de fer authentique venait d'être découvert à Langres dans un lot de ferrailles. Il était accompagné de ce fragment d'inscription : «Anno præsenti 1703, ferream mors avulsit personam quam postnato geminus imponi jusserat fra.....» (Voir, à ce sujet, la *Revue universelle des Arts*, 1855, p. 467.)

Tout récemment, de nouvelles conjectures se sont produites, mais qui, jusqu'ici, n'offrent encore, malheureusement, que le mérite de l'ingéniosité. Dans son bel ouvrage, *Nicolas Fouquet* (Plon, 1890, 2 vol. in-8°), M. Jules Lair a exposé en grands détails (pages 475-486 du tome II) les raisons qui lui faisaient supposer que l'homme au masque de fer pouvait avoir été un nommé Eustache Dauger qu'on donna pour valet de chambre

S'il nous est permis de dire maintenant notre sentiment, nous croirions volontiers que le mystérieux prisonnier de la 3ᵉ Bertaudière dut être simplement quelque fils de grande famille, ou de médiocre origine, coupable d'on ne sait quel crime, monstrueux au point de ne pouvoir être révélé, qui eût mérité la mort, et à qui on laissa la vie, ou plutôt l'apparence de la vie dans des conditions où beaucoup eussent mieux aimé la perdre. Ce fut à peu près le cas de Fouquet, condamné à l'exil, que Louis XIV aima mieux faire enfermer pour la vie à Pignerol.

L'ardente curiosité qui s'est manifestée parmi les historiens, depuis Voltaire, à découvrir le nom du prisonnier de Saint-Mars eût été d'ailleurs moins vive, sans doute, si l'on avait pu établir que, vers le même temps, la Bastille reçut d'autres hommes masqués. Or le Registre de du Junca contient pour l'année 1695 la mention suivante : « Du mardy 15ᵉ de fevrier, à dix heures du matin, un lieutenant et un commissaire des gallères avec trois hauquetons, hont amené un prisonnier [qui] est transféré de Marseille par ordre du Roy, envoié par Monsieur de Pontchartrain; lequel prisonnier se nomme M. Gesnon Fillibert dans l'ordre du Roy, et con a amené dans une litière, *et le visage quaché*[1]. » Pourquoi, dès lors, tant s'étonner au sujet de l'autre prisonnier masqué? Dans un temps où la liberté de la cour régnait à la Bastille, où les détenus, — nous l'avons déjà dit d'après La Porte, — se rangeaient sur le passage d'un nouveau venant, il n'y a rien d'étonnant à ce que l'usage du masque ait été indispensable pour ceux qui devaient ne pas être reconnus, — et, en dernière analyse, nous osons penser que « l'homme au masque de fer » était un personnage quelconque, qui sait? plus obscur même peut-être que ce Gesnon Fillibert dont parle du Junca.

Faut-il d'ailleurs donner d'autres preuves du soin que l'on apportait à rendre certaines détentions mystérieuses? Le même du Junca note, en 1693, qu'un prisonnier anglais a été mis « dans le dehors du château, dans une petite chambre où M. de Besmaux tient sa bibliothèque au dessus de son offisse, lequel ne doit

à Fouquet. La thèse est présentée avec habileté, mais nous ne tenons pas pour démontré que les secrets, quelle que fût leur importance, dont cet homme était devenu dépositaire, pussent motiver tant et de si subtiles précautions.

Plus récemment encore, dans le courant du mois d'août 1891, M. le capitaine Bazeries a fait connaître, par la voie des journaux, qu'il était parvenu à traduire les dépêches chiffrées de Louvois, et que cette lecture lui aurait révélé le nom si mystérieux : il s'agirait d'un officier, appelé de Bulonde, coupable de lâcheté. On ne peut qu'attendre, pour se prononcer, la publication des documents, que ne manquera sans doute pas de faire M. Bazeries.

Un carton des Archives nationales, coté M 747, contient exclusivement des pièces relatives à l'histoire du Masque de fer, mais qui n'offrent pas un très vif intérêt, si ce n'est que toutes ont trait à la biographie de Matthioli, réunies à la fin du siècle dernier par Reth, « organisateur de la loterie nationale dans la 27ᵉ division militaire » (région du Sud-Est). Elles ne paraissent pas avoir été consultées par ceux qui ont cru reconnaître l'ambassadeur du duc de Mantoue sous le masque du prisonnier de Saint-Mars.

[1] *Journal*, etc., t. I, fol. 20 v°.

pas parestre de quelques jours pour raison et duquel on doit avoir grand soing [1] »·

Cettte lettre de Pontchartrain est plus probante encore :

*A M. Le Peletier.*

2 may (1699) Versailles.

M. de Saint-Mars m'escrit que Elie, qui est à la Bastille sous le nom de Dubois, y est fort soigneusement et fort secretement gardé; qu'il a offert 50 louis à un de ses officiers s'il vouloit luy dire en quel lieu il est, car il ne sait pas qu'il est à la Bastille; que ce prisonnier a refusé de faire ce que M. de Favières lui proposoit, mais M. de Saint-Mars se fait fort de luy faire faire ce qu'on voudra avec secret; ainsy, vous n'avez qu'à voir ce que vous pouvez désirer. Je vous prie de vous souvenir de donner ordre aux reparations à faire à la Bastille [2].

Huit jours plus tard, nouvelle lettre du Ministre, mais cette fois à Saint-Mars :

L'expédient de discipline que vous proposez pour obliger le nommé Dubois à escrire ce qu'on desire de luy ne convient pas; il suffit que vous le mettiez dans le cachot pour l'y obliger [3].

On aurait aimé à savoir quel était cet expédient proposé par Saint-Mars, expédient plus énergique que le cachot, et quel secret il s'agissait donc d'arracher au malheureux. Trois mois s'écoulent, et le Ministre écrit :

Le Roy n'ordonnera point à M. l'Archevêque d'aller à la Bastille pour entendre le secret que le nommé Elie veut luy révéler. Ainsi, S. M. veut que vous ordonniez de sa part à cet homme de vous révéler ce qu'il a à dire, afin que vous me le fassiez sçavoir pour en rendre compte à S. M... [4].

Linguet déclare que, pendant sa détention, le gouverneur avait affirmé à plusieurs de ses amis, « sur sa parole d'honneur et foi de gentilhomme », qu'il n'était pas à la Bastille, qu'il n'y était pas resté huit jours. De prime abord, nous pourrions croire à une exagération, à un mensonge même; mais voici un fait qui donne à réfléchir : en 1767, d'Allègre, le fameux complice d'évasion de Danry, était à la Bastille; sa mère écrit à M. de Sartine pour lui demander où est son fils, et, sur la lettre même, le secrétaire du lieutenant de police met cette note : « Se garder de dire même si ce prisonnier existe ou non [5]. » A la date du 10 décembre 1722, le Journal de Barbier rapporte la mort du doyen des prisonniers de la Bastille. Il y était, paraît-il, depuis trente-cinq ans, inculpé d'avoir voulu empoisonner Louvois. Il ne parlait aucune langue connue des interprètes, on n'a jamais su ni son nom, ni son pays, « et il a ainsi passé 35 ans, sans livres ni papiers [6] ».

---

[1] *Journal*, etc., t. 1, fol. 16 v°.
[2] Arch. nat. O¹ 43, fol. 139 r°.
[3] *Ibid.*, fol. 147 v°.
[4] *Ibid.*, fol. 305 r°.
[5] Ravaisson, *Archives de la Bastille*, tome XVI, pages 81-82.
[6] *Journal* de Barbier, t. I, p. 158 de l'édition de la Société de l'histoire de France.

## RÉGIME DE LA PRISON.

L'obligation du mystère était la première et la plus importante des consignes du château; aussi la curiosité était-elle d'autant plus vive et le désir plus grand de franchir, en visiteur, ce seuil si impénétrable; mais les autorisations n'étaient accordées que très rarement et avec maintes restrictions. Le 1er avril 1715, Pontchartrain écrit à Bernaville :

J'ay receu, Monsieur, la lettre que vous avez pris la peine de m'escrire au sujet de la proposition que M. le Comte de Lusasse vous a fait faire de luy faire voir la Bastille. J'en ay rendu compte au Roy, qui a approuvé la reponse que vous luy avez faite. Cependant, Sa Majesté m'a ordonné de vous escrire que vous pouvez luy faire voir ce chasteau; mais elle souhaite en même temps qu'il ne soit accompagné que d'une ou deux personnes. Je suis persuadé que M. le Palatin de Livonie qui, selon les apparences, ira avec luy, conviendra que M. le comte de Lusasse ne peut estre accompagné dans un lieu pareil d'un plus grand nombre de personnes. Je suis, Monsieur, entièrement à vous.

PONTCHARTRAIN [1].

Vers la même époque, le czar Pierre Ier s'était vu refuser tout net l'entrée de la Bastille, et on ne lui avait laissé visiter que le magasin d'armes [2]. Dans les derniers temps, on ne se relâcha nullement de cette rigueur. Le baron de Breteuil écrit à de Launey : « Le roi n'accorde point la permission de voir l'intérieur de la Bastille, et vous devez sentir mieux que personne combien il serait d'une dangereuse conséquence de s'écarter de la sévérité des règles qu'on s'est prescrites à cet égard [3]. »

M. Funck-Brentano a eu grandement raison de dire que cette règle du mystère « a eu des conséquences terribles ». Ceux mêmes qui n'avaient jamais été à la Bastille colportaient à son sujet des propos effrayants, qui faisaient écrire à Chevalier : « Quoique très faux, je les crois dangereux par la répétition qui s'en fait depuis plusieurs années dans le royaume [4]. » A ce moment, les *Mémoires* de Latude et de Linguet n'avaient pas encore paru; lorsqu'ils eurent été publiés, ils mirent le comble à l'effroi, à la haine qu'inspirait le vieux château : ce sont réellement eux qui l'ont renversé.

---

[1] Bibl. de l'Arsenal, ms. 12,602.
[2] Voir *La Bastille dévoilée*, 1re livraison, p. 25.
[3] H. Monin, *l'État de Paris en 1789*, p. 379. — Cette mesure était également en vigueur au château de Vincennes. C'est sans doute pour l'avoir méconnue, que M. de Rougemont, lieutenant de roi et commandant de ce château, s'attira la réprimande suivante du Ministre de la maison du roi :

« Paris le 14 janvier 1777

« D'après les éclaircissements que j'ai pris, M. sur les usages des prisons d'État, je ne puis que desapprouver la complaisance que vous avés eue de laisser voir le donjon de Vincennes à Madame la duchesse de Chartres et à Madame la princesse de Lamballe. Vous ne devés pas ignorer que vous ne devés y laisser entrer qui que ce soit qu'en vertu d'un ordre du Roi qui vous soit représenté. Je vous recommande très expressément de ne point vous écarter de cette règle à l'avenir. » (Arch. nat. O¹ 488, p. 17.)

[4] *Revue historique* du 1er mars 1890, p. 298.

# QUATRIÈME PARTIE.

## ÉVÉNEMENTS HISTORIQUES.

Événements au xv° siècle; les premiers sièges. — Fêtes sous François Ier. — Sièges de la Bastille pendant les guerres de religion. — Complot du cardinal de Retz. — Siège de 1649. — Combat du faubourg Saint-Antoine. — Tentative d'émeute en 1709. — Le canon de la Bastille. — Premiers symptômes du renversement de la Bastille. — La veille du 14 juillet. — La prise de la Bastille.

### I

L'histoire d'une prison se confond d'ordinaire avec celle de ses prisonniers et le tableau du régime ou des régimes différents qu'ils y ont subis; mais la Bastille n'a pas été une prison ordinaire : par ses origines, l'importance stratégique de son emplacement, par la réputation surtout qu'elle avait acquise, peut-être à tort, de se dresser comme le symbole du despotisme royal, elle fut appelée à jouer dans l'histoire un rôle considérable. C'est pour cela que nous avons voulu consacrer un chapitre spécial aux principaux événements dont la forteresse fut le théâtre, et arriver ainsi à terminer cet ouvrage par le récit de l'événement qui a fait oublier tous les autres, celui qui constitue le dénoûment suprême de l'institution et qui doit être la dernière page du livre, par la journée du 14 juillet 1789.

On a déjà montré, au début, que la destination primitive du monument fut incertaine; tour à tour château fort ou prison, le plus souvent les deux à la fois, il ne paraît pas avoir été jamais une résidence royale, bien qu'il fût assimilé aux autres châteaux royaux [1]. Cependant la garnison n'était pas seule à l'habiter; une quittance, datée du 10 août 1410, atteste qu'un armurier y avait sa

Événements au xv° siècle; les premiers sièges

---

[1] Voir, dans Douët d'Arcq, *Choix de pièces inédites relatives au règne de Charles VI*, t. II, p. 281, un mandement du roi aux gens de ses comptes de faire faire l'inventaire des joyaux qui peuvent se trouver «es chasteaux du Louvre, Saint-Germain-en-Laye, Meleun et la Bastide Saint-Anthoine, et partout ailleurs où l'on pourra trouver et savoir aucun des dis joyaulx».

Un registre de compte de l'écurie pour les années 1409-1413. (Arch. nat. KK 35, fol. 109 v°, 111 r°.)

demeure[1]. On sait aussi, par la chronique dite *du Religieux de Saint-Denis*, que deux sorciers de Guyenne, fort habiles en médecine, ayant été appelés à Paris pour guérir la folie de Charles VI, furent installés au château royal de Saint-Antoine et qu'ils y étaient nourris aux frais du roi; il est vrai que cette résidence s'y convertit pour eux en prison, faute d'avoir fait réussir leurs sortilèges[2].

A peine achevée de construire, la Bastille devient le point de mire des partis qui se divisent la France pendant les vingt premières années du XVe siècle, et sa possession équivaut pour eux à celle même de Paris. De là, tant de coups de force tentés contre ses murs. Le premier siège qu'elle subit fut au mois de mai 1413; le prévôt des marchands, André d'Épernon, qui appartenait au parti bourguignon, y fut assiégé et promptement fait prisonnier, car, au dire du *Bourgeois de Paris*, il y avait bien vingt-quatre mille assiégeants au pied de la forteresse[3]. La paix s'établit au mois d'août, ou plutôt une trêve bien éphémère, et c'est à la Bastille que l'on déposa les chaînes qui, en temps de troubles, barraient les rues de Paris[4]. Elles n'y restèrent pas longtemps, puisque nous voyons que, le 8 mai 1416, on les y rapporte de nouveau[5]. Il semblait alors qu'on voulût tout à fait désarmer, car, le 11 mai, «fut crié parmy Paris, sus peine d'estre repputé vray traistre, que tout homme, prestre, clerc ou lay, portast ou envoiast

---

mentionne que «le XIXe jour de janvier mil[e] XI (1412 n. s.) par nous, Nicolas des Prés, furent trouvez au chastel de la Bastide Saint Anthoine» des bassinets, targettes, garde-bras, riches épées, coiffettes, coffres de cuir, cottes d'armes, couverture de cheval, étendards, arcs de Turquie, carquois», etc.

Dans l'inventaire des joyaux de la couronne dressé au mois de septembre 1418 (Arch. nat. KK 39), il est aussi fait mention des «grans aulmoires du chasteau de la Bastide Saint Anthoine» (fol. 9 v° et 11 r°).

[1] «Aubertin Boullefeves, orfèvre et varlet de chambre de monseigneur le duc d'Orléans, confesse avoir eu et receu de honnourable homme et saige mestre Pierre Sauvaige, secretaire et garde des coffres de mondit seigneur le duc d'Orleans, la somme de cinquante deux livres, six sols, huit deniers tournois, en laquelle mondit seigneur le duc luy estoit tenuz pour les parties cy après declairées, par luy bailliées et delivrées par marchié à luy faict par Pierre de Saillant, premier escuyer d'escurie de mondit seigneur, tout pour ledit seigneur en la manière qui s'ensuit : c'est assavoir, le XXVIe jour d'avril derrenier passé, pour neuf aulnes de tissu noir de soye qu'il a baillé et delivré à ung nommé maistre Richart, armurier demourant à la Bastille Saint Anthoine à Paris, pour servir au harnois de mondit seigneur... » 11 août 1410. — (Bibl. nat. ms. nouv. acq. franç., 3641, pièce 562, orig.)

Nous devons à l'obligeance de notre confrère M. Morel-Fatio d'avoir eu connaissance d'une lettre de Ramon de Caldès au roi d'Aragon, écrite le 18 juin 1416, et où il est question de l'armurier que le roi de France loge à la Bastille : « .. lo bacinet et l'almet fa un armer del Rey de Francia, loqual obre dins la bastida de Sant-Antoni..» (*Revista de ciencias historicas*, Barcelone, t. V, 1887, p. 58.)

[2] *Chronique du religieux de Saint-Denis*, t. II, p. 542 et suiv.

[3] *Loc. cit.*, p. 29.

[4] *Ibid.*, p. 42, note 3.

[5] Cf. Monstrelet, t. II, p. 457, et *Bourgeois de Paris*, p. 72. Le 10 mai 1416, le roi donne l'ordre au prévôt de Paris, Tanneguy du Châtel, de faire vendre ces chaînes «pour icelles estre tournées et converties au profit des fortifications, empavement et decoration d'icelle ville, pourvu que desdites chaisnes ou de l'argent qui en proviendra lesdits prevost des marchans et eschevins soient tenus d'en rendre compte à qui il appartiendra.» (Bibl. nat., fonds Moreau, vol. 1066, fol. 14.)

ÉVÉNEMENTS HISTORIQUES. 165

toutes ses armeures, quelles qu'elles fussent, ou espées ou badelaires ou hachetes ou quelque armeure qu'il eust, au chastel Sainct-Anthoine [1] ».

En 1418, les Bourguignons pénètrent dans Paris. Sans la Bastille, sans cette porte des champs dont nous avons parlé, qui permettait d'entrer dans la ville ou d'en sortir mystérieusement, les destinées de la France auraient été sans doute profondément modifiées : personne n'ignore que c'est par là que s'enfuit Tanneguy du Châtel, le prévôt de Paris, entraînant avec lui le dauphin qui devait être Charles VII. Au mois d'août de la même année, les Armagnacs avaient repris le dessus; il y eut alors une terrible collision des deux partis, et ce fut encore pour la possession de la Bastille. Les Bourguignons voulaient obtenir la délivrance de huit des leurs; ils déclarèrent que, si cette satisfaction ne leur était donnée, «ilz assauldroient la place, et de fait, commencèrent à desmaçonner la porte» [2]. Le *Bourgeois de Paris* est plus explicite encore; les Parisiens, dit-il, «assaillirent le château à force, et percèrent portes et tout à pierres qu'ilz gectoient encontre, et nul si hardy de en hault qui s'osast monstrer, car ilz leur envoyoient sajettes et canons si très dru que merveilles [3] ». Les assiégés se rendirent, sous condition qu'ils auraient la vie sauve, mais il n'en fut rien, et l'on en massacra un grand nombre.

Pendant les seize années de la domination anglaise, la Bastille n'a pas d'histoire; ses bâtiments, à moitié ruinés, sont occupés militairement par des capitaines anglais que nous avons nommés ailleurs [4]. La reprise de Paris pour le roi de France par le connétable de Richemont, au mois d'avril 1436, va lui donner occasion de jouer le rôle auquel il semble que la fatalité l'ait vouée, celui de capituler dès qu'on l'assiège. Ces événements de 1436 ont été maintes fois racontés par les historiens; le mieux est, puisqu'il nous faut en parler aussi, d'en emprunter le récit à un document encore inédit, dont l'authenticité égale l'intérêt, à la relation qu'en fit, sur ses registres mêmes, le greffier du Parlement, Claude de Fauquembergue [5] :

Venredy, xiii° jour du mois d'avril ensuivant, entre sept et huit heures du matin, par les bons bourgois et habitans de ceste ville de Paris fu faicte ouverture de la porte Saint Jaques à monseigneur Arthur de Bretaigne, conte de Richemont, connestable de France, messire Jehan, bastard d'Orleans, messire Philippe, seigneur de Ternant, messire Jehan de Villiers, seigneur de l'Ille Adam, messire Simon de Lalain, chevaliers, et à bien ii^m, que chevaliers, escuiers et gens de guerre estans en leur compaignie, ordonnez par le Roy nostre sire, Charles vii°, roy de France, nostre souverain seigneur, pour mettre icelle ville en son obeissance; et tellement et si noblement procedèrent et se conduisirent les bons bourgois et habitans qu'ilz reboutèrent

---

[1] *Bourgeois de Paris*, p. 73.
[2] Monstrelet, t. III, p. 289.
[3] *Bourgeois de Paris*, p. 108.
[4] Voir p. 79 et 80.
[5] Arch. nat. X¹ᵃ 1481, fol. 120 v°. Ce texte a été connu de M. Cosneau qui l'a utilisé pour son livre, déjà cité, *Le connétable de Richemont*, et de M. Tuetey, qui n'en a cité que les dernières lignes dans son édition du *Journal d'un bourgeois de Paris*, p. 318, note 2.

messire Loys de Luxembourg, evesque de Therouenne, chancellier pour le roy d'Angleterre, gouvernant ceste dicte ville à sa singulière voulenté, le seigneur de Villubi, chevalier anglois, lieutenant des gens de guerre anglois estans à Paris, messire Simon Morhier, chevalier, occupant la prevosté de Paris, monsieur Jehan Larchier, lieutenant criminel d'icelle prevosté, Jehan de Saint-Yon, maistre des bouchiers de la grant boucherie et grenetiers de Paris, Jacquet de Roye, espicier demourant devant l'ours à la porte Baudoyer et plusieurs autres, tant habitans de ceste dicte ville comme Anglois, en nombre de bien v$^e$, prisonniers au chastel de la Bastille Saint Anthoine, où ils furent incontinent assegiez, et tantost après alèrent messeigneurs devant nommez et lesdits bons bourgois en moult grant nombre en l'eglise Notre Dame de Paris rendre graces au doulx Jhésus, la benoiste Vierge Marie, sa mère, et à tous sains et saintes de la benoiste court de Paradis de la clemance et doulceur que par sa misericorde il avoit huy faicte et monstrée en ceste dicte ville, de la doulceur, union et concorde eue entre les seigneurs dessus nommez et les bons bourgeois et habitans, qui fu telle que par les previsions incontinent avisées, effusion de sang, prises ne autres inconveniens ne s'ensuirent, au moins très peu, ce que toute creature doit reputer plus euvre divine que humaine, et cedit jour fu le seigneur de Ternant ordonné prevost de Paris, et les abolicions publiées.

..............................................................................

Et le dimanche xv$^e$ jour dudit mois ensuivant, fu fait traictié de la reddition dudit chastel de la Bastille par monseigneur le connestable avecque ledit evesque de Therouenne.

Il faut maintenant laisser passer de longues années avant que les annales de la Bastille offrent quelque fait digne de remarque. Au commencement de l'année 1504, le roi ayant ordonné un récolement général, par le trésorier des guerres, des « bastons » qui se trouvaient dans les maisons de Paris, on constata la présence à la Bastille de « trois mille six cens bonnes picques; plus, en ladicte Bastille, furent trouvées mil soixantes picques de nulle valeur. Item, illec furent trouvés deux mil fers bons, dont le bois est de nulle valeur[1] ».

*Fêtes sous François I$^{er}$.*

Un événement plus important et moins attendu fut cette fête que François I$^{er}$ imagina d'y donner à quatre ambassadeurs du roi d'Angleterre, le 22 décembre 1518. Le « livret » en fut aussitôt imprimé en français et en latin, pour qu'il pût être lu plus généralement, et Alfred Bonnardot l'a réimprimé dans un volume que nous avons plusieurs fois déjà mentionné. On y verra la description de toutes ces splendeurs, et nous y renvoyons le lecteur. Bornons-nous donc à citer cet extrait du *Journal d'un bourgeois de Paris sous François I$^{er}$* qui corrobore la relation officielle : « Le Roy leur refit son bancquet au lieu de la Bastille, le mercredy vingt-deuxiesme jour de decembre ensuyvant, qui fut la chose la plus solennelle et magnifique qu'on vit jamays; car premierement, ladicte Bastille estoit toute tendue par terre de draps de layne à la livrée du Roy, assavoir blanc tanné et noir, et le hault à troys estaiges où il y avoit tant de luminaires, de torches de cyre ardantes qu'il sembloit qu'il fust jour clair, car on estimoit plus de douze

---

[1] *Registres des délibérations du Bureau de la Ville*, t. I, p. 89.

cents torches. Et fut ce banquet faict de nuit à torches ardantes. Briefvement on ne sçauroit exposer le triomphe fait tant en viandes que en parementz. Item, ladicte Bastille estoit tendue, tant à la court que aultres lieux, et il y avoit à la court du lyerre et des assiettes, et dura ce banquet jusques à passé mynuict. Puys, il y eut moresques d'hommes et femmes, habillez tout de drap d'or et d'argent; en après, y vindrent des masques habillez en hommes et femmes, qui dansèrent. » Il faut convenir que le lieu était singulièrement choisi pour ces réjouissances, et, même à supposer que, derrière ces tentures dont les tours étaient parées, il n'y eût pas de prisonniers, le cadre était peu fait pour le tableau, mais on sait de reste que François Iᵉʳ fut toujours friand de contrastes et de coups de théâtre.

De nouvelles fêtes, plus prolongées, eurent lieu à Paris lorsque Charles-Quint fit son fameux voyage à travers la France. C'est le 1ᵉʳ janvier 1540 que la Bastille salua l'empereur de son canon :

> ........ l'air encore respond
> A mil canons dont la noble Bastille
> L'avoit entrant salué pour la ville

nous dit le chroniqueur de ce voyage, René Macé[1].

Les Registres du Bureau de la Ville l'attestent de même : « Et quand led. empereur feust party dudict Sainct-Anthoine des Champs, on ne le povoit à peyne veoir, pour l'impetuosité des coups d'artillerye qui sans cesse tiroient depuis son partement dud. Sainct-Anthoine jusques à lad. porte, qu'on estimoit bien à huit cens coups de canon[2]. »

La forteresse allait bientôt avoir à jouer un rôle moins frivole. On conçoit aisément quelles convoitises excita sa possession durant les guerres de religion; elle était considérée, sans grandes raisons, d'ailleurs, comme la clef de Paris, et les grands travaux de « renforcement » de 1553, dont nous avons longuement parlé dans la première partie de ce livre, avaient eu pour objet de la mettre en garde contre les ennemis du dedans, bien plus encore que contre ceux du dehors. Au mois de février 1565, le prince de Condé, suivi de trois cents gentilshommes, réussit cependant à y pénétrer, bien que le maréchal de Montmorency, gouverneur de Paris et, par suite, de la Bastille, lui en eût refusé l'entrée. L'affaire est, au reste, assez obscure et ne nous est connue qu'incidemment, par une allusion qu'y fait Catherine de Médicis[3] et quelques mots d'une relation de l'ambassadeur d'Espagne, Francis d'Alava[4] : elle produisit une émotion populaire

*Sièges de la Bastille pendant les guerres de religion.*

---

[1] *Voyage de Charles-Quint par la France*, poème historique de René Macé, publié par G. Raynaud, 1879, in-16, vers 682-684.

[2] *Registres*, etc., t. III, p. 9.

[3] *Lettres de Catherine de Médicis*, publiées par M. H. de la Ferrière dans la *Collection des documents inédits*, t. II, p. 263 (note).

[4] Cf. *François de Montmorency, gouverneur de*

qui coûta la vie au prévôt de Paris, et Condé jugea prudent de regagner aussitôt la Picardie.

Tant que dura la Ligue, les factions tour à tour maîtresses de Paris se disputèrent l'occupation de la Bastille. Aux mains de Bussy-Leclerc, elle se rendit sans combat, le 18 novembre 1591, devant les soldats du duc de Mayenne, qui en confia la garde à du Bourg [1]. Ce fut un heureux choix, car du Bourg a mérité d'être estimé même de ses ennemis.

Au commencement de l'année 1594, il réussit à déjouer le complot, préparé par un prêtre, nommé de Merle, qui aurait fait pénétrer par ruse, dans la forteresse, des troupes espagnoles [2]. Peu après, c'est à l'armée même de Henri IV qu'il avait affaire. Le 22 mars 1594, un corps d'armée commandé par le maréchal de Matignon vint mettre le siège devant la Bastille. Du Bourg, dit Chevalier dans ses notes, « fit contenance de vouloir se défendre, mais comme tout s'aprêtoit pour forcer le château, et qu'il n'avoit presque plus de vivres, il la rendit trois jours après la réduction de la ville, et en sortit bagues et vie sauves [3] ».

Voici le texte du procès-verbal de cette capitulation [4] :

Le vingt sixiesme jour de mars m. v° quatre vingtz quatorze, le s' Du Bourg commandant en la Bastille de cette ville de Paris, tant pour luy que pour les cappitaines commissaires et soldats y estans, a promis et promect remettre entre les mains du Roy, dans demain dimanche, troys heures après midy, ladicte Bastille, l'artillerye et les munitions de guerre qui y sont à present.

Et moyennant ce, Sa Majesté leur permect de sortir dans ledict jour de demain, pareille heure, avecq leurs armes, chevaulx, meubles et tout aultre equipage à eulx appartenant, sans que cependant il puisse estre tiré, ny faict aucun acte d'hostilité, d'une part ny d'aultre.

Lesdicts cappitaines et soldatz pourront retirer ce qu'ilz ont dedans la ville.

Sortiront tous par ung batteau, le tambour sonnant, la mêche allumée et la balle en bouche, et seront conduictz en toute seureté, jusques à la Ferté Millon, *par le s' de Saint-Geran* (autre écriture). Leur sera donné ung charriot ou charrette attelée de quatre chevaulx pour mettre leurs armes et bagages.

Sera demandé à Monsieur de Brissac les six mil escuz qu'ilz disent qu'il a receuz du duc de

*Paris et de l'Ile de France*, par M. le baron de Ruble, ap. *Mémoires de la Société de l'Histoire de Paris*, t. VI, p. 263.

[1] Sur Bussy-Leclerc, voir les quelques détails biographiques donnés plus haut, p. 84.

[2] *Histoire universelle*, par de Thou, t. XII, p. 137 et 142.

[3] Bibl. de l'Arsenal, ms. 12,723.

[4] Nous avons transcrit ce précieux document encore inédit, d'après l'original conservé aux archives de la Principauté de Monaco, grâce à l'extrême obligeance de leur conservateur, notre confrère, M. Gustave Saige, qui a bien voulu aussi, avec l'autorisation du prince de Monaco, en laisser prendre une reproduction photographique pour l'illustration du présent ouvrage. On sait que la famille des Matignon a possédé la principauté de Monaco par son alliance avec les Grimaldi : c'est ce qui explique l'existence en ce lieu des papiers de l'un des meilleurs lieutenants de Henri IV.

Le vingtsixme jour de Mars ap[rès] l'quatre vingts quatorze, [Pierre?]
Dubourg Commandant de La Bastille de cette ville de Varin, [accorde?]
Luy que pour Les Cap[itai]nes Commis[saire] et soldats y estans a promis de
Remettre [livrer?] soubz Les mains du Roy dans demain Jusqu'aux trois
heures apres midy Ladicte Bastille Lartillerye et les munitions de
guerre qui y sont dedans

Et moyennant ce sa Ma[jes]té Leur permet de sortir dans Lesd[its] demain
par[ti]e avec leurs armes Chevaulx meubles et tous aultres
equipages a eulx appartenans Sans que ce pendant Il puysse estre
tiré ny fait aucun acte d'hostilité d'une part ny d'aulx[tre]

Les s[eigneu]rs Cap[itai]nes et soldats pourront retirer aquels une dedans Laville
Sortiront hors par ung batteau Le Tambour sonnant La mesche
allumée et La balle en bouche et s'en iront aultant qu'il leur plaist
Jusques a la feste milloy pan le S[ieu]r de S[ain]t Gian

Leur sera donné Ung Courrier ou Charrette attelée de quatre
Chevaulx pour mettre Leurs armes et Bagages

Sera Renvoyé a Monsieur de Buissac La somme de six mil escus que le Roy Luy doib[t]
qu'il a reçeu du Duc de Mayenne pour leur solde[?] que puis moyen de
Mars audit La fin Desegage d[e] leur seig[neur]

fait à Varin Les jours au dessus[dits]

[signature]

CAPITULATION DE LA BASTILLE LE 26 MARS 1594

Mayenne pour leur solde du present mois de mars, ou bien la lettre d'eschange et blanc signé.

Faict à Paris les jour et an dessusdictz.

Du Bourg.

Dans les derniers mois de l'année 1640, fut tramé contre la Bastille un complot dont on ignorerait peut-être encore aujourd'hui l'existence, si son principal auteur, le cardinal de Retz, n'avait cru pouvoir en révéler le détail, longtemps après l'événement.

*Complot du cardinal de Retz.*

La conspiration organisée par le comte de Soissons contre Richelieu devait avoir pour résultat la mort du premier ministre; les conjurés avaient d'abord songé au poignard, mais, à plusieurs reprises, le guet-apens échoua; cette fois, il s'agissait, dix ans avant la Fronde et avant Mazarin, de faire naître une émeute dans Paris, une nouvelle journée des Barricades et, avant tout, de s'emparer de la Bastille. Retz s'en chargea : il n'eut pas de peine à pénétrer dans la prison, et à faire entendre son dessein à deux prisonniers politiques sur lesquels il devait compter : le maréchal de Vitry et le comte de Cramail. Ils répondirent du succès de l'entreprise, affirmant que toute la garnison était pour eux. On convint que la première bataille livrée par le comte de Soissons, qui guerroyait alors dans les Ardennes contre l'armée royale, serait le signal de l'attaque. Laissons maintenant parler Retz :

> Aussitôt que nous aurions reçu la nouvelle du gain de la bataille, nous devions la publier dans Paris avec toutes les figures[1]. MM. de Vitry et de Cramail devoient s'ouvrir, en même temps, aux autres prisonniers, se rendre maîtres de la Bastille, arrêter le gouverneur, sortir dans la rue Saint-Antoine avec une troupe de noblesse dont M. le maréchal de Vitry étoit assuré, crier : *Vive le Roi et Monsieur le Comte.* M. d'Estampes devoit, à l'heure donnée, faire battre le tambour par toute sa colonelle, joindre le maréchal de Vitry au cimetière Saint-Jean et marcher au Palais pour rendre des lettres de Monsieur le Comte au Parlement, et l'obliger à donner arrêt en sa faveur. Je devois, de mon côté, me mettre à la tête des compagnies de Parmentier et de Guerin, de laquelle l'Espinai me répondoit, avec vingt-cinq gentilshommes que j'avois engagés par differents pretextes, sans qu'ils sussent eux-mêmes précisément ce que c'étoit. Mon bon homme de gouverneur, qui croyoit lui-même que je voulois enlever M$^{lle}$ de Rohan, m'en avoit amené douze de son pays..... [2].

Il s'agissait de faire des barricades, de remuer Paris. L'entreprise échoua parce que le comte de Soissons, tout en ayant été vainqueur à la Marfée, y périt, et Retz ajoute que le plus sage parti fut de se taire; le secret, que six personnes seulement possédaient, fut scrupuleusement gardé : « Ce secret, dit-il en manière de conclu-

---

[1] L'éditeur de Retz explique qu'il doit s'agir de grandes images représentant deux armées aux prises, et que l'on vendait à Paris les lendemains de victoires.

[2] Tout le récit de cette conspiration se trouve dans les *OEuvres du cardinal de Retz*, au tome I, pages 158-176 de l'édition des Grands Écrivain de la France.

170 LA BASTILLE.

sion philosophique, n'est pas si rare que l'on le croit, entre les gens qui ont accoutumé de se mêler de grandes affaires. »

*Siège de 1649.*

Après la journée des Barricades et lorsque la Fronde devint véritablement une révolte à main armée, les Parisiens songèrent tout naturellement à s'assurer de la Bastille; la forteresse ne mentit pas à sa tradition : ses canons, si menaçants qu'ils parussent, n'étaient faits pour effrayer personne. Le 6 janvier 1649, commission fut donnée à un président et à un conseiller au Parlement, très populaires tous deux, de Novion et Payen-Deslandes, d'aller « se saisir du chasteau de la Bastille [1] ». Quelques jours s'écoulent : le gouverneur — c'était du Tremblay — ne paraissait pas disposé à se rendre, et il avait refusé 40,000 écus, qu'on lui promettait s'il livrait la place. Alors, raconte Nicolas Goulas, « on l'assiégea dans les formes, avec canon et tranchées, mais le Cardinal se soucia si peu de luy et de sa place, quand il luy eut fait savoir l'état où elle étoit, et le peu de gens et munitions qu'il avoit, qu'il luy manda tout cruement qu'il n'avoit que faire de la Bastille. Il sortit donc après quinze volées de canon, et vous savez qu'il n'y eut guère de sang repandu dans ce siège; aussi étoit-il dangereux de foudroyer la rue Saint-Antoine, étant sans esperance de secours [2]. »

Cette piteuse capitulation eut lieu le 12 janvier. D'après les Registres de l'Hôtel de ville, six canons y avaient suffi. Les clefs de la place furent remises au duc d'Elbeuf, et le lendemain, Broussel et Louvières en furent nommés, comme nous l'avons dit, l'un capitaine, l'autre lieutenant [3].

*Combat du faubourg Saint-Antoine.*

Le 2 juillet 1652, la Bastille eut à jouer un rôle qui aurait pu être décisif dans notre histoire, si toute cette guerre de la Fronde n'avait été surtout une guerre d'escarmouches, où le pamphlet, — on l'a dit bien souvent déjà, — eut plus de part que le mousquet.

Ce rôle fut considérable, cependant, et toutes les histoires générales de la France en ont tenu compte. Il s'agit du combat du faubourg Saint-Antoine.

On sait les faits : l'armée royale, celle d'Anne d'Autriche et *du Mazarin* avait pris position à l'extrémité du faubourg Saint-Antoine, du côté de la campagne; celle des princes frondeurs, commandée par le grand Condé, l'y rejoignit, venant des faubourgs du nord et de la plaine Saint-Denis. Le combat s'engagea, vers midi, dans la rue du faubourg même. A l'Hôtel de Ville, on était fort perplexe. Le gouverneur de Paris, qui était le maréchal de l'Hôpital, et Antoine Lefèvre, prévôt des marchands, avaient, en toute occurrence, donné l'ordre de fermer les portes de la ville, et surtout la porte Saint-Antoine, au devant de laquelle se

---

[1] *Registres de l'Hôtel de ville pendant la Fronde*, publiés par Leroux de Lincy et Douët d'Arcq, t. I, p. 102.

[2] *Mémoires* de Nicolas Goulas, publiés pour la Société de l'Hist. de France, t. III, p. 13.

[3] *Registres*, etc., t. I, p. 130.

livrait l'action, lorsque arriva Mademoiselle de Montpensier, la grande Mademoiselle, petite-fille de Henri IV, et par suite cousine du jeune roi Louis XIV, auquel il était question de la fiancer.

Il a été dans la destinée de Mademoiselle d'aimer ou d'admirer ceux qu'elle ne devait ou ne pouvait pas épouser. En ce moment, insouciante des brillantes espérances d'un mariage royal, elle s'était jetée dans la Fronde avec passion, une passion dont le vainqueur de Rocroy était le principal objet. C'est ce qui la rendit éloquente en présence des officiers municipaux :

Je leur dis....... qu'ils seroient ravis de tirer M. le Prince du péril où il était exposé, et que sa personne devoit être chère à tous les bons Français, et que je croyois qu'il n'y en avoit pas un qui n'exposât sa vie pour sauver la sienne. Je leur demandai quatre cents hommes pour mettre dans la place Royale, ce qu'ils accordèrent. Je gardai la grande demande pour la fin, qui étoit de donner passage à notre armée. Là dessus, ils se regardèrent tous. Je leur dis : «Il me semble que vous n'avez guère à délibérer. Monsieur a toujours témoigné tant de bonté à la ville de Paris qu'il est bien juste qu'en cette rencontre où il y va du salut de tous deux, l'on lui en témoigne de la reconnoissance; car il ne faut pas vous persuader que si le malheur vouloit que les troupes ennemies battissent M. le Prince, elles fissent de quartier à Paris, non plus qu'aux gens de guerre. Le cardinal Mazarin est persuadé que l'on ne l'aime pas, et à la vérité l'on lui en a donné assez de marques; c'est pourquoi, ayant la vengeance en main, l'on ne doit pas douter qu'il se satisfasse. C'est à nous à l'éviter par nos soins, et nous ne saurions rendre un plus grand service au Roi que de lui conserver la plus grande et la plus belle ville de son royaume, et celle qui a toujours eu le plus de fidélité pour son service [1].

Rien de plus habile et de plus persuasif que cette petite harangue, et Mademoiselle n'eut pas de peine à vaincre les derniers scrupules de ceux qui l'écoutaient. La grande demande, pour reprendre son expression, était d'obtenir les clefs de la porte Saint-Antoine. Ce n'était pas tout, cependant, quoique ce fût beaucoup. Le trait d'audace fut d'utiliser la Bastille, de retourner contre l'armée du roi les canons de la forteresse royale, et cela, elle l'obtint aussi.

«Le gouverneur de la Bastille, dit-elle, nommé Louvière, fils de M. de Broussel, me manda que, pourvu qu'il eût un ordre de Monsieur par écrit, il étoit à lui et qu'il feroit tout ce que l'on commanderoit [2]».

Cet ordre du duc d'Orléans, nous avons eu la bonne fortune d'en retrouver l'original. En voici le texte [3] :

De par Monseigneur fils de France, oncle du roy, duc d'Orléans,
Il est ordonné au s' de Louvières, gouverneur du chasteau de la Bastille, de favoriser en tout

---

[1] *Mémoires* de Mademoiselle de Montpensier, édit. Chéruel, t. II, pages 94-95.
[2] *Mémoires*, etc., t. II, p. 106.
[3] Bibl. nat., mss. Baluze, vol. 208, fol. 59.

ce qui luy sera possible les troupes de Son Altesse royale, et de faire tirer sur celles des ennemis qui parroistront à la veue dudit chasteau.

Faict à Paris le deuxiesme juillet mil six cens cinquante deux.   GASTON.

Et plus bas :   GOULAS [1].

Mademoiselle se rendit donc à la Bastille, forte de cet ordre ; elle « se promena longtemps sur les tours, et fit changer le canon qui étoit tout pointé du côté de la ville ». Il n'y avait plus dès lors qu'à attendre le moment décisif. Au moment où les troupes de Condé, refoulées par celles de Turenne, allaient se trouver acculées entre l'ennemi et le fossé et être inévitablement massacrées, « l'on tira de la Bastille deux ou trois volées de canon » qui jetèrent la stupeur et le désarroi dans les rangs de l'armée royale. En même temps, la porte Saint-Antoine s'ouvrait, livrant passage à Condé et à ses hommes [2].

Tous les historiens, ou à peu près, avaient dit jusqu'ici que la responsabilité de ce *canon de la Bastille* appartenait tout entière à Mademoiselle qui, « par ce coup de canon, avait tué son mari ». On voit maintenant qu'il n'en a pas été tout à fait ainsi, et que l'initiative en revient surtout à Monsieur. Il est vrai de dire que plus tard, moins de trois mois après, le duc d'Orléans la rejetait sur sa fille en la lui reprochant, de même que son rôle à Orléans ; mais elle lui répondit fièrement : « Je ne crois pas vous avoir plus mal servi à la porte Saint-Antoine qu'à Orléans. J'ai fait l'une et l'autre de ces deux choses si reprochables, par votre ordre ; et si c'étoit encore à recommencer, je le ferois, puisque c'étoit de mon devoir de vous obéir et de vous servir... [3] ».

Tentative d'émeute en 1709.

Au commencement du siècle suivant, en 1709, année de détresse et de misère, la Bastille faillit être l'objet d'une attaque populaire qui, si elle avait réussi, aurait peut-être avancé de quatre-vingts ans ses destinées, mais elle fut entravée grâce à d'énergiques précautions. M. Funck-Brentano a eu le mérite de les mettre pour la première fois en lumière [4]. Nous lui emprunterons cette curieuse lettre du ministre de la guerre, Voysin, à Bernaville, en date du 23 août 1709 :

[1] Bien que l'acte soit indubitable, nous en avons voulu chercher une confirmation dans les chroniques contemporaines. Malheureusement, les Mémoires de ce même Goulas, secrétaire des commandements de Gaston d'Orléans, s'arrêtent à la date de 1651, quoique leur auteur soit mort seulement en 1683. (Ils ont été publiés par la Société de l'Histoire de France). De même, le «Journal d'Olivier Le Fèvre d'Ormesson», publié par M. Chéruel dans la *Collection des Documents inédits de l'Histoire de France*, présente une regrettable lacune pour cette période.

[2] Dans les relations qui ont été écrites de cette journée, on ne voit pas que l'armée de Turenne ait riposté à coups de canon contre la Bastille ; aussi les boulets que l'on trouva, le 16 août 1789, encastrés dans la tour de la Comté, découverte dont nous parlons plus loin, pourraient plus vraisemblablement provenir des «quinze volées de canon» du 12 janvier 1649.

[3] *Mémoires*, etc., t. II, p. 197.

[4] *Revue rétrospective* du 1ᵉʳ juillet 1889.

# ÉVÉNEMENTS HISTORIQUES.

« Quoy qu'il paraisse que la petite emotion qui est arrivée à Paris ne puisse avoir aucune suite, plusieurs personnes ont fait reflexion à cette occasion que le magasin royal des armes seroit beaucoup mieux à la Bastille qu'à l'Arsenal; j'écris au sieur Titon de vous aller trouver pour voir ensemble les lieux que l'on pourroit destiner à cet usage, quelle dépense il y aurait à faire pour cela, et de m'en envoyer un mémoire [1]. »

A dater de cette époque et jusqu'au dénoûment, la forteresse ne fait plus parler d'elle, et ne rappelle aux Parisiens qu'elle existe que par son canon, dont les détonations annoncent et fêtent les événements de quelque importance : victoires, naissances d'enfants royaux, venue à Paris du roi, de la reine, et même du comte et de la comtesse d'Artois, ces courts voyages ne fussent-ils que pour aller à la Comédie Française ou Italienne [2].

On peut penser que ce canon fut bien des fois maudit par les prisonniers,

*Le canon de la Bastille.*

---

[1] Il ne fut donné suite à ce projet qu'à la veille de la chute de la Bastille, et seulement en ce qui concernait les poudres ; elles furent apportées de l'Arsenal à l'intérieur du château dans la nuit du 12 au 13 juillet 1789.

[2] On pourrait faire un curieux recueil des lettres adressées ainsi au gouverneur de la Bastille pour l'inviter à faire tirer le canon. En voici quelques-unes :

« 3 janvier 1667.

« M. de Besmaux, ne voulant rien obmettre de tout ce qui peut contribuer aux rejouissances publiques que j'ay ordonné estre faites en ma bonne ville de Paris à cause de la naissance d'une fille dont la Reyne, mon espouse et compagne, fut hier heureusement dellivrée, je vous fais cette lettre pour vous dire que mon intention est, qu'à l'issue du *Te Deum* que j'ay ordonné d'estre chanté en l'eglise cathedrale de ma bonne ville de Paris, mercredy prochain, cinq° jour du present mois, vous ayez à faire tirer l'artillerie de mon chasteau de la Bastille, ainsy qu'il est accoustumé en pareilles occasions. Et me promettant que vous satisferez ponctuellement à ce que je desire de vous en cette occasion, je ne vous feray la presente plus expresse, priant Dieu qu'il vous ayt, Monsieur de Besmaux, en sa sainte garde. Escrit à St Germain en Laye, le troisiesme jour de janvier 1667. Louis. »

(Bibl. de l'Arsenal, ms. 12,472, p. 79.)

« Mons. Baisle, ayant resolu d'aller, le treize de ce mois, en mon Parlement pour y tenir mon lit de justice, je vous fais cette lettre pour vous dire que mon intention est que vous fassiez tirer le canon de mon chateau de la Bastille lorsque j'entrerai dans ma bonne ville de Paris et lorsque j'en sortirai. — — Sur ce je prie Dieu... — Ecrit à Versailles le 10 décembre 1756. Louis. »

(Bibl. de l'Arsenal, ms. 12,608.)

« Monsieur de Bernaville, ayant résolu d'aller demain, deuxième de ce mois, à l'hostel de Lesdiguières, je vous escris cette lettre de l'avis de mon oncle le duc d'Orleans, regent, pour vous dire que mon intention est que vous fassiez tirer le canon de mon chateau de la Bastille en y arrivant et en sortant. — Sur ce je prie Dieu... — Ecrit à Paris, le p$^r$ may 1717. Louis. »

Et plus bas : Phelypeaux. »

(Bibl. de l'Arsenal, ibid.)

*A M. de Saint Mars.*

22 juin 1701.

« Le Roy a trouvé bon, les années passées, que vous fassiez tirer le canon de la Bastille pour la feste de la Saint-Jean. S. M. aprouve que vous en usiez de mesme, cette année, et les autres qui suivront, que je vous souhaite en grand nombre. »

(Arch. nat. O$^1$ 362, fol. 220 v°, lettre de Pontchartrain.)

Le 19 décembre 1778, jour de la naissance de Madame Royale, de Launey s'étonne de n'avoir pas

qu'il faisait tressaillir, en leur rappelant, en outre, les joies du dehors. La secousse en était si violente que souvent les vitres du château se brisaient : en 1716, un mémoire de réparations indique le remplacement des vitres cassées par les prisonniers et de celles «qui se cassent quand on tire le canon, ce qui, depuis bien des années, monte à 125 livres[1]». Pendant l'année 1746, la quantité de poudre allouée par le ministre de la guerre au gouverneur ne fut pas moindre de 1,850 livres[2].

## II

Premiers symptômes du renversement de la Bastille.

Si l'on ne tient pas compte de l'ouvrage de Constantin de Renneville, *L'Inquisition française*, paru dès 1715 et trop violent pour avoir été pris entièrement au sérieux, il faut reconnaître que la première attaque contre la Bastille date de l'année 1767 et vient de Voltaire. *L'Ingénu* eut un succès prodigieux, autant à cause du nom de son auteur que parce qu'il mettait en scène, avec des noms fictifs, des personnages vivants et connus de tous. Saint-Florentin surtout, le ministre de la maison du roi, y était peint sous le nom de Saint-Pouange, et Voltaire s'était appliqué à le rendre odieux. Le héros du roman, l'Ingénu, victime d'une plaisante méprise, devenait prisonnier

De cet affreux château, palais de la vengeance,
Qui renferma souvent le crime et l'innocence,

et, pour obtenir sa liberté, sa maîtresse était dans la nécessité de se prostituer au ministre : la lettre de cachet était à ce prix.

Quand Malesherbes succéda à Saint-Florentin, en 1775, il se rendit aisément compte du discrédit où était tombée la Bastille dans l'opinion publique, et ses premiers soins furent pour combattre ce mauvais effet. L'année même de son arrivée aux affaires, il donnait des instructions dans ce sens au gouverneur de Vincennes, et l'on devine qu'elles devaient s'appliquer encore mieux au château de la porte Saint-Antoine : «Il ne faut refuser à aucun détenu de quoi lire et écrire. Le prétendu abus qu'ils en peuvent faire ne peut être dangereux, étant enfermés

été avisé, et il écrit au ministre la lettre suivante :

A la Bastille, ce 19 x^{bre} 1778.

M. *le marquis de Launey.*

R[ecue] le 21 x^{bre} 1778.

Monseigneur,

J'ai l'honneur de vous faire part que n'ayant reçu aucun ordre que j'attendois suivant l'usage pour faire tirer le canon, je n'ai pas cru devoir prendre sur moy de le faire tirer, et j'attendrai vos ordres.

Je suis avec le plus profond respect, votre très humble et très obéissant serviteur.

LAUNEY.

(Musée Carnavalet. Autographes de la collection de Liesville.)

[1] Bibl. de l'Arsenal, ms. 12,603.
[2] *Ibid.*, ms. 12,608.

aussi étroitement qu'ils le sont. Il ne faut point se refuser non plus aux désirs de ceux qui voudraient se livrer à d'autres genres d'occupations, pourvu qu'elles n'exigent pas qu'on laisse entre leurs mains des instruments dont ils pourraient se servir pour s'évader. S'il y en a quelqu'un qui veuille écrire à sa famille ou à ses amis, il faut le permettre, en lisant leurs lettres. Il faut leur permettre de recevoir des réponses et les leur faire parvenir après les avoir lues; sur tout cela, c'est à votre prudence et à votre humanité qu'il faut s'en rapporter[1]. ”

Au reste, il était déjà question de supprimer des prisons, plutôt encore que d'adoucir le régime de celles qui subsisteraient. La prison de Saint-Éloi, rue Saint-Paul, fut fermée en 1780. Le 30 août de la même année, le roi signa une déclaration aux termes de laquelle la Conciergerie et le Grand-Châtelet seraient, à l'avenir, les deux seuls lieux d'incarcération des criminels; l'Hôtel de la Force serait réservé à tous les autres détenus[2]. N'est-ce pas là un acheminement visible vers la suppression de la Bastille même? Les *Mémoires* de Linguet parurent en 1783; bien des fois, au cours de ce travail, nous avons dit ce que nous pensions de leurs exagérations, de leur mauvaise foi, mais ce qu'il faut constater ici, c'est qu'ils eurent un retentissement prodigieux; la Bastille en fut ébranlée jusqu'au plus profond de ses puissantes fondations. Très habilement d'ailleurs, dans une péroraison émue, Linguet s'adressait au « cœur pur et sensible » du roi. « Parlez, lui disait-il. A votre voix on verra s'écrouler les murailles de cette moderne Jéricho, plus digne mille fois que l'ancienne, des foudres du ciel et de l'anathème des hommes. Le prix de ce noble effort sera la gloire de votre règne, un redoublement d'amour des peuples pour votre personne et votre maison, et la bénédiction universelle des siècles les plus reculés, comme du siècle présent[3]”. Et pour renforcer l'accent de cette prière, une mauvaise image mise en tête du volume représentait la Bastille frappée par la foudre, et une statue de Louis XVI s'élevant sur les ruines de la forteresse.

Le gouvernement se préoccupa, et à bon droit, de cette publication. M. de Breteuil, nous l'avons déjà dit[4], fit aussitôt enlever la décoration, d'un symbolisme trop brutal, qui entourait l'horloge du château; il n'est pas douteux qu'il songea même, dès lors, à faire disparaître l'édifice tout entier. L'année qui suivit la publication des *Mémoires* de Linguet, en 1784, le sieur Corbet, « architecte-inspecteur des bâtiments de la ville de Paris », fit graver un plan intitulé : « Projet d'une place publique à la gloire de Louis XVI sur l'emplacement de la Bastille, ses

---

[1] Ces instructions ont été publiées, d'après le texte des Arch. nat., par M. Bord dans la *Revue de la Révolution française*, 1885, p. 140. Nous avons emprunté l'extrait qu'on vient de lire à M. Funck-Brentano, *Revue historique*, mars 1890, p. 289-90.
[2] Arch. nat., Q¹ 1269.
[3] *Mémoires*, p. 138-9.
[4] Voir p. 31-32.

fossés et dependances⁽¹⁾ ». Comment ne pas croire que Corbet avait reçu une mission officielle? Jamais un fonctionnaire n'eût osé, sans un ordre exprès, supprimer ainsi d'un trait de crayon la forteresse de Charles V et de Louis XIV.

En même temps, on s'efforçait de prodiguer aux quelques prisonniers encore retenus à la Bastille tous les adoucissements possibles; en 1787, le lieutenant de police écrit à de Launey : « L'intention de M. le maréchal de Castries, Monsieur, étant que le sieur Guillotin, detenu à la Bastille, y jouisse de tous les adoucissemens qui seront conciliables avec la sûreté de sa personne, je vous prie de faire donner à ce prisonnier des livres, du papier, de l'encre et des plumes et de lui permettre l'usage de la promenade ⁽²⁾. » Une bibliothèque était créée; les douze gentilshommes bretons étaient, à la Bastille, moins dans une prison que dans un château; les officiers de l'état-major avaient abandonné pour eux leurs appartements, et l'on avait mis un billard à leur disposition ⁽³⁾. On en était même arrivé à pensionner les femmes des prisonniers. C'est ainsi qu'en 1786, l'une d'elles, M^me de Pelleport, reçut du roi un secours annuel de 300 livres⁽⁴⁾, dont elle touchait encore la rente mensuelle au mois de juin 1789 ⁽⁵⁾.

Tout concourt à prouver que la Bastille devait disparaître à bref délai, par voie administrative. On n'y envoyait plus de prisonniers; ceux qu'elle aurait dû recevoir étaient conduits à Saint-Lazare, où il y eut jusqu'à 48 pensionnaires en 1788⁽⁶⁾. En faut-il une dernière preuve? Ce sera le rapport que rédigeait l'un de ses officiers, du Puget, en 1788, et où il démontrait, par une foule de raisons fort plausibles, la nécessité de raser le vieux château, d'en vendre les terrains et de réaffecter Vincennes à l'usage des prisonniers ⁽⁷⁾.

Ces projets n'étaient pas répandus dans le public. Aussi, lorsque, au commencement de l'année 1789, il s'agit de rédiger les cahiers des états généraux, presque partout le tiers état inscrivit la démolition de la Bastille au premier rang de ses revendications. Quelques extraits en feront juger :

*Cahier du district des Mathurins :*

Que la Bastille sera démolie, et qu'il sera élevé sur son emplacement un monument avec la statue du Roi, et au bas cette inscription : *A Louis XVI, roi d'un peuple libre*⁽⁸⁾.

*Théatins :*

Les cachots et les bastilles seront à jamais démolis, et cet acte de justice célébré par des réjouis-

---

⁽¹⁾ Nous en connaissons deux exemplaires originaux, l'un aux Estampes de la Bibliothèque Nationale, l'autre dans les cartons de la bibliothèque de la Ville de Paris.
⁽²⁾ Bibl. de l'Arsenal, ms. 12,517, à la date.
⁽³⁾ Ils furent mis en liberté le 12 septembre 1788.

Voir leurs noms, Arch. nat., O¹ 484, fol. 444 v°.
⁽⁴⁾ Bibl. de l'Arsenal, ms. 12,610.
⁽⁵⁾ Voir *Pièces justificatives*, n° XXXVII.
⁽⁶⁾ Arch. nat., X^{1a} 1335.
⁽⁷⁾ *Pièces justificatives*, n° XXXV.
⁽⁸⁾ Chassin, *Les Cahiers de Paris*, t. II, p. 427.

LA BASTILLE

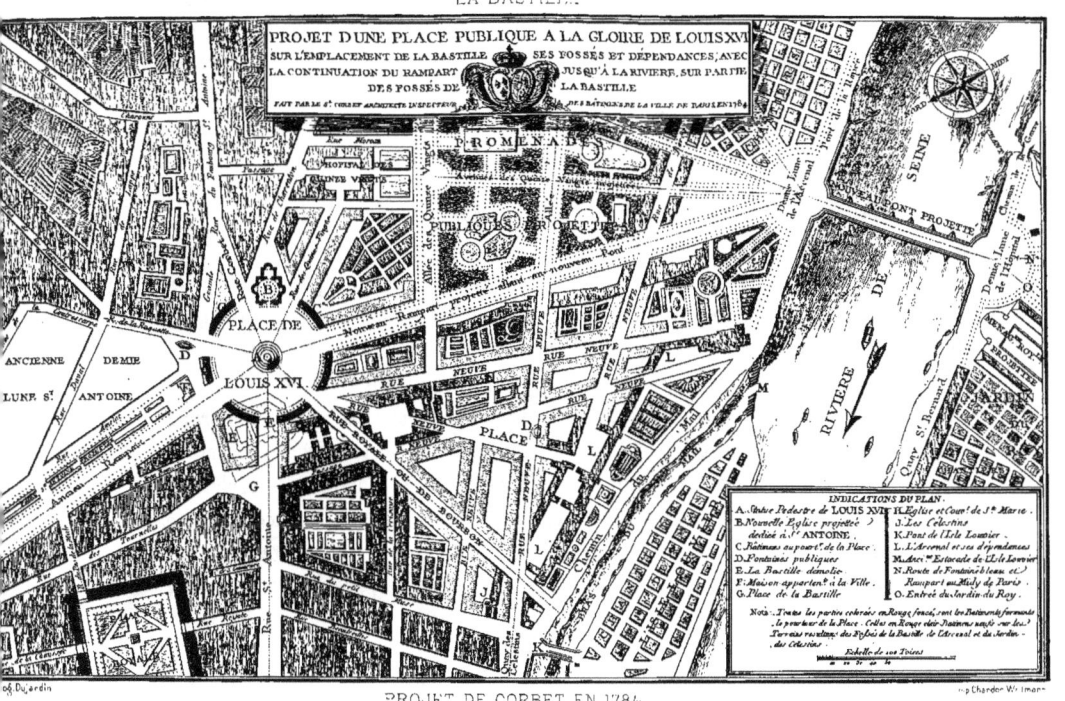

PROJET DE CORBET EN 1784
(Musée Carnavalet.)

sances publiques; les lettres de cachet ne seront valables que pendant vingt quatre heures...; et plus loin :

On fera construire à Paris une ou plusieurs prisons spacieuses, éclairées, salubres autant que peuvent l'être des lieux où l'on perd le premier des biens.... [1].

*District de Saint-Joseph :*

Que la Bastille s'écroule et s'abîme; que ce même sol, arrosé des pleurs des victimes du pouvoir arbitraire, ne le soit plus que des larmes d'allégresse et de reconnaissance; que la place flétrie par la durée de ce sépulcre vivant soit désormais ennoblie par un monument national, élevé à la gloire de notre bon roi, et qui retrace à la postérité la mémoire de ses vertus et de son amour pour les Français, dont il est le père; que les démolitions de ce vaste tombeau servent elles-mêmes à jeter les fondements d'un Temple à la Liberté par un monument aux États Généraux; et comme ces braves Américains qui transformèrent en armes défensives la statue de leur oppresseur, transformons ce séjour de la tyrannie et des larmes en celui de la liberté et de la concorde : soyons Français, en un mot, c'est à dire libres, et les soutiens du Trône et de la Patrie [2].

De pareilles revendications sont formulées dans le cahier du district de Saint-Louis-la-Culture [3], par la section des Récollets [4] et par le district de Notre-Dame [5].

Les cahiers de la noblesse sont moins explicites; la plupart, cependant, réclament en termes identiques la liberté individuelle des citoyens [6]. Le vingtième département précise davantage; il exprime l'avis « que la liberté individuelle appartenant à l'homme, nul ne pourra en être privé sans un jugement légal, et que toutes lettres de cachet et prisons d'état seront supprimées, sauf aux États-Généraux à aviser à l'honneur des familles et à la sûreté de l'État [7] ». De même, le cahier du clergé pour la paroisse Saint-Paul — celle même de la Bastille — réclamait « qu'aucun citoyen ne puisse être arrêté en vertu d'une lettre de cachet ou de quelque ordre que ce soit, sans être remis dans les vingt-quatre heures entre les mains de ses juges naturels.....; qu'on surveille de plus près l'administration des prisons..... [8] ».

Nous signalerons enfin une dernière manifestation, qui n'est pas la moins caractéristique de l'état d'esprit dans lequel se trouvaient, à propos de la Bastille, des hommes mêmes qui n'avaient rien à redouter d'elle.

Cinq semaines avant la journée du 14 juillet, parut une brochure dans laquelle la destruction de la forteresse était plus hardiment et librement réclamée que jamais; elle portait pour titre : « Projet d'un monument sur l'emplacement de la Bastille, à décerner par les États-Généraux à Louis XVI, restaurateur de la

---

[1] Chassin, *Les Cahiers de Paris*, p. 437.
[2] *Ibid.*, p. 449-50.
[3] *Ibid.*, p. 469-70.
[4] *Ibid.*, p. 486.
[5] Chassin, *Les Cahiers de Paris*, p. 496.
[6] *Ibid.*, p. 258.
[7] *Ibid.*, p. 290.
[8] *Ibid.*, p. 53.

liberté publique et à consacrer à la *Patrie*, à la *Liberté*, à la *Concorde* et à la *Loi*, présenté à l'Académie royale d'architecture, en sa séance du lundi 8 juin 1789, par M. Davy de Chavigné, conseiller du Roi, auditeur ordinaire en sa Chambre des Comptes de Paris», — et au-dessous, sans indication de libraire, la simple date : 1789 [1].

On le voit : l'auteur, fonctionnaire, magistrat même, ne redoutait, ni pour sa personne, ni pour sa situation, les conséquences graves d'une pareille motion : c'est qu'à la vérité tout le monde pouvait parler sans crainte du renversement de la Bastille, et cela même en des termes très suffisamment violents. Qu'on en juge par ceux dont se sert Davy de Chavigné : «..... J'ai pensé que le monument de la reconnoissance d'un peuple libre, élevé sur l'emplacement même de la Bastille, devoit surpasser en élévation *le monument de despotisme et de servitude qu'il auroit remplacé*...» Et plus loin : «... ce monument redouté du pouvoir arbitraire, dont aucun étranger n'entend prononcer le nom sans frémir, *et qui rappelle avec horreur à tous les François les abus d'autorité sans nombre dont le despotisme ministériel a souillé les annales de notre histoire*. Sans parler des abus d'autorité du cardinal de Richelieu et des victimes de la haine et de la jalousie de ce ministre-roi, ni de celles du fanatisme de Louvois et du Jésuite le Tellier, il suffit de rappeler que la Bastille n'a cessé d'être remplie, pendant la douce administration du cardinal de Fleury, et que plus de cinquante mille lettres de cachet ont été expédiées pour la seule affaire de la bulle *Unigenitus*. Elle n'a cessé de l'être pendant le règne de la marquise de Pompadour et sous le ministère du chancelier Maupeou...» Plus loin encore, et comme en appendice, l'auteur se livre à une série de réflexions sur le traitement des prisonniers, l'aspect des cachots et la mise en liberté de «M. de Latude, ingénieur», où il témoigne de toute sa haine contre la Bastille.

Certes, ces appréciations étaient fort exagérées et même quelques-unes tout à fait injustes, mais peu importe, ou plutôt il est bon d'apprendre avec quelle liberté on pouvait alors parler de la Bastille et envisager, comme une prochaine certitude, l'idée de sa complète démolition. A coup sûr, un écrivain qui, vingt ans plus tôt, se serait ainsi exprimé, n'eût pas tardé à être lui-même embastillé, et les écrits de Linguet n'avaient rien eu de plus subversif.

Quant au projet de Davy de Chavigné, il consistait à élever sur l'emplacement de la Bastille une colonne à peu près semblable à la colonne Trajane, surmontée de la statue du roi, chargée de bas-reliefs destinés à célébrer la liberté, entourée des quatre statues de la Liberté, de la Patrie, de la Concorde et de la Loi; la hauteur totale du monument principal devait être de 170 pieds. Ajoutons, pour être exact, que «l'horreur du despotisme» n'était pas le seul mobile de l'auteur

---

[1] *1789*, in-12 de 24 pages. (Bibl. nat., Lb[39], 1825.)

de ce projet. Comme pour Corbet, le renversement de la Bastille se rattachait à une question de voirie et d'embellissements de Paris, et Davy de Chavigné rappelle, de même, que son projet permettrait l'accomplissement d'un vœu formulé depuis longtemps par les Parisiens, à savoir la construction d'un pont dans l'alignement des boulevards et vis-à-vis du Jardin du Roi.

Le ministère consentait, sans doute, à la suppression de la Bastille, mais il ne voulait pas que cette suppression lui fût imposée, et surtout que le peuple parisien pût l'accomplir lui-même. Aussi, après l'échauffourée dirigée contre la manufacture de Réveillon, dans le faubourg Saint-Antoine[1], de nombreuses précautions furent prises afin de pourvoir à la sécurité de la Bastille. Le 26 novembre 1788, le ministre de la maison du roi, M. de Villedeuil invitait de Launey à faire mettre en état 90 fusils «destinés au renouvellement des fusils de la garnison[2]». Le 23 avril suivant, il lui écrivait : «Je vous previens, Monsieur, que M. d'Angenoust, colonel au corps royal de l'artillerie, doit faire transporter au château de la Bastille, d'après les ordres qu'il en a reçus de M. le comte de Puységur, 1,100 sabres, 1,800 pistolets et 100 pertuisannes environ, qui se trouvent encore dans les magazins de l'Arsenal. Vous voudrés bien donner les ordres necessaires pour que ces armes soient reçues et placées à la Bastille[3].»

Les événements se précipitent après la convocation des états généraux. Le 13 mai 1789, Villedeuil approuve la proposition faite par de Launey d'accorder deux sous de haute paye à la compagnie d'invalides «et ce jusqu'à ce que la tranquillité soit retablie dans Paris[4]». Le 8 juin, il autorise une dépense de 217$^{lt}$ 7 s., nécessaire pour mettre l'artillerie du château en état de service[5]. Enfin, le 7 juillet, de Losme écrit au lieutenant de police :

Monsieur,

J'ai l'honneur de vous informer qu'il est arrivé ce matin à quatre heures au château, un lieutenant et trente hommes du regiment de Salis-Samade, pour renforcer notre garde. Je suis avec respect, Monsieur, votre très humble et très obeissant serviteur,

De Losme[6].

---

[1] Voir, dans l'*Annuaire-Bulletin de la Société de l'histoire de France*, 1876, p. 48, le curieux document publié par M. de Boislisle sur la suite administrative donnée à cette affaire.

[2] Arch. nat. O¹ 499, p. 534.

[3] *Ibid.*, O¹ 500, p. 246. — L'Arsenal venait d'être supprimé, en vertu d'un édit d'avril 1788, mais l'article 4 de cet édit prescrivait que «les armes conservées à l'Arsenal, les pièces d'artillerie qui sont dans le jardin ou autres lieux en dependant seront transportées à l'Hôtel Royal des Invalides... et la poudre qui est dans le magasin construit dans le fossé dudit jardin sera conduite ... dans un fort qui sera construit à cet effet dans la plaine de Grenelle...» (Arch. nat. Q¹ 1268). On remarquera que le ministre modifia ces clauses pour assurer la défense de la Bastille.

[4] Arch. nat. O¹ 500, p. 278.

[5] *Ibid.*, p. 329. Cette somme est en effet inscrite dans l'état des dépenses du mois de juin. (Voir *Pièces justificatives*, n° XXXVII. — Sur les préparatifs de défense de la Bastille, cf. les extraits du registre de de Losme donnés par M. Bégis, pages 26 et suiv.)

[6] Arch. de la Préfecture de police. — Dans le registre d'écrou, publié par M. Bégis, le nom du

## III

*La veille du 14 juillet.*

Les causes qui amenèrent la révolution du 14 juillet 1789 ont été si souvent exposées, et parfois avec tant de talent qu'il nous suffira de les rappeler ici et de n'insister que sur ce qui est notre objet même. Depuis la réunion des états-généraux, Paris était en effervescence. Il ne semble pas que le Gouvernement ait rien fait pour calmer les esprits. Soit aveuglément, soit en raison de craintes assez fondées, il avait effrayé et exaspéré la population en mettant la capitale en état de siège. Aux portes de la ville, étaient massés de nombreux régiments, au Champ de Mars, à Charenton, à Sèvres, à Saint-Denis, prêts à marcher au premier signal[1]. La rigueur de l'hiver précédent, une famine trop réelle, mais dont certains savaient exploiter l'horreur, la charge écrasante du logement des gens de guerre, avaient ruiné presque tous les habitants des villages voisins, et, comme il arrive toujours en temps de misère, Paris se trouvait infesté d'une foule d'hôtes redoutables, vagabonds qui ne rêvent qu'émeutes et vengeances. Des événements particuliers vinrent encore accroître l'irritabilité des Parisiens : l'emprisonnement à l'Abbaye de quelques gardes françaises que le peuple vint délivrer, puis promener en triomphe, l'éloignement de Necker, une charge brutale et meurtrière de dragons contre un attroupement qui transportait dans les rues le buste du ministre populaire, l'enthousiasme de Camille Desmoulins, si communicatif à un pareil moment. L'émotion à Paris est à son comble : le 13 juillet, dès 6 heures du matin, l'Assemblée des électeurs se réunit à l'Hôtel de Ville, et, pressée par la foule de prendre des mesures décisives, elle arrête que tous les citoyens devront se retirer dans leurs districts respectifs; qu'un comité permanent sera constitué sur-le-champ; que, dans chaque district, les hommes se réuniront en corps de milice parisienne; qu'au moment de la publication du présent arrêté, « tout particulier qui se trouveroit muni de fusils, pistolets, sabres, épées ou autres armes, seroit tenu de les porter sur-le-champ dans les differens districts dont il faisoit partie, pour les remettre aux chefs desdits districts, y être rassemblés et ensuite distribués suivant l'ordre qui seroit établi aux differens citoyens qui devoient former la milice parisienne, etc.[2] »

C'est pour se conformer à cet ordre, qui fut aussitôt affiché[3], que, le même

---

lieutenant est donné : Deflue; nous aurons encore occasion de parler de cet officier. La lettre que l'on vient de lire est l'avant-dernière qu'ait écrite de Losme, massacré comme on sait le 14 juillet. Sa dernière lettre au lieutenant de police est du 12, pour l'informer que le sieur «La Corrège a eu la visite de la fille Geneviève Chevalier».

[1] Voir au tome I du *Répertoire général des sources manuscrites de l'Hist. de Paris pendant la Révolution franç.*, par M. A. Tuetey, n°° 79 et s., d'intéressantes indications sur ces mouvements de troupes.

[2] *Procès-verbal des séances et délibérations de l'Assemblée des électeurs de Paris*, revisé par Bailly et Duveyrier, t. I, p. 187-191.

[3] Le Musée Carnavalet possède un exemplaire en parfait état de cette affiche.

jour, un millier de citoyens environ se rassembla dans l'église du Petit Saint-Antoine, et décida de constituer, pour le district qui tenait son nom de cette église, une milice bourgeoise divisée en seize compagnies, chacune de vingt-trois hommes; « chacun portera, lorsqu'il sera de service, les armes *qu'il pourra se procurer*, à l'exception néanmoins du pistolet, qui est interdit comme arme dangereuse [1]. »

Cette phrase mérite attention : ordonner aux bourgeois miliciens de porter les armes qu'ils pourront se procurer, en en exceptant le pistolet, n'est-ce pas leur conseiller en quelque sorte de se procurer fusils et sabres par n'importe quel moyen? Car on devait bien penser que le Gouvernement n'armerait pas spontanément les Parisiens. En fait, les administrateurs du district des Blancs-Manteaux le comprirent bien ainsi, et ils réquisitionnèrent au Mont-de-Piété toutes les armes qui y étaient déposées [2].

Avoir des armes! Tel était, en effet, l'unique souci de la population parisienne, surtout de la population bourgeoise, et, nous le répétons, elle n'en réclamait si impérieusement que pour se défendre, nullement pour attaquer; l'assemblée du Petit Saint-Antoine s'exprime à cet égard, d'une façon fort nette : « ...considérant aussi que déjà la prison de l'hôtel de la Force a été brisée et ouverte aux prisonniers, que la menace serait de forcer pareillement les prisons qui renferment les vagabonds, gens sans aveu, même les gens repris pour crimes; craignant avec raison que le mal n'aille en croissant et ne compromette à la fois et la sûreté publique et la tranquillité de la patrie... [3]. » N'est-il pas tout à fait remarquable que des mesures prises uniquement en vue de protéger les prisons contre les attaques des vagabonds, aient abouti, par un complet revirement, à l'attaque de la prison qui se défendait le mieux par elle-même, et paraissait inexpugnable?

La décision prise par les habitants du district du Petit Saint-Antoine fut aussitôt adoptée dans un très grand nombre d'assemblées analogues. Pendant la journée et la soirée du 13 juillet, des procès-verbaux semblables furent rédigés dans les districts du Saint-Sépulcre, de l'Oratoire, de Saint-Louis en l'Île, de Saint-Magloire, des Feuillants, des Enfants-Rouges, de Sainte-Élisabeth, des Prémontrés, de Saint-Leu; dans les paroisses de Saint-Germain-le-Vieux, de Saint-Pierre-des-Arcis, de Saint-Séverin, de Notre-Dame de Bonne-Nouvelle, de la Madeleine de la Cité [4]; tous affirment la volonté de constituer une milice bourgeoise et d'armer les citoyens afin de défendre le quartier et la ville.

Le même jour, le Comité permanent de la milice parisienne délivra plusieurs ordres autorisant différents districts à se procurer des hallebardes [5]. On avait

---

[1] On peut lire le texte entier du procès-verbal de cette assemblée : il a été publié par M. Georges Lecocq, dans son livre intitulé : *La prise de la Bastille*, p. 261-291.

[2] Cf. un intéressant document à cet égard, dans le *Bulletin de la Société de l'histoire de Paris*, 1881, p. 118-119.

[3] G. Lecocq, *loc. cit.*, p. 275-276.

[4] Arch. nat., C 134, *passim*.

[5] *Ibid.*

apporté à l'Hôtel de Ville quatre barils de poudre; un électeur, l'abbé Lefèvre, rapporte, dans une curieuse relation qui nous a été conservée, qu'il s'efforça vainement de les défendre contre la foule; cédant enfin à la violence, il finit par distribuer cette provision. Quatre-vingts nouveaux barils subirent le même sort; il en délivrait encore à trois heures de l'après-midi le lendemain, c'est-à-dire le 14, lorsque des gardes françaises et d'autres citoyens vinrent lui en réclamer d'une façon plus urgente encore : c'était, cette fois, pour l'attaque de la Bastille[1].

Cependant, le dépôt d'armes le plus considérable qui fût à Paris se trouvait dans les souterrains de l'Hôtel des Invalides, sous la garde du gouverneur de cet établissement, M. de Sombreuil. Il y avait là 32,000 fusils, au moins; c'est Besenval qui nous l'apprend, et nous le croirons sans peine lorsqu'il ajoute que Sombreuil employa une partie de la soirée du 13 juillet à les faire mettre hors de service en enlevant chiens et baguettes; mais les invalides y apportaient un réel mauvais vouloir, car, en six heures, vingt d'entre eux n'avaient réussi qu'à désarmer vingt fusils[2]. On va voir comment, le lendemain matin, le peuple vint interrompre leur tâche.

## IV

La prise de la Bastille.

Les événements les plus importants dépendent bien souvent des plus petites causes : si la journée du mardi 14 juillet eût été pluvieuse, les Parisiens seraient sans doute demeurés chez eux, et un répit de vingt-quatre heures aurait permis à la Cour de prendre des dispositions sérieuses en face d'une effervescence si inattendue; du moins, le gouverneur de la Bastille, qui depuis quelques jours déjà se sentait menacé, aurait eu le temps de demander des instructions précises; soit qu'on lui eût ordonné la résistance, en l'assurant qu'il serait soutenu, soit qu'on lui eût conseillé de se mettre d'accord avec l'Hôtel de Ville, les faits auraient été tout autres; mais un soleil radieux brilla dès l'aube, et la population, qui était, en grande partie, restée sur pied durant la nuit, retrouva avec le jour ses préoccupations et ses ardeurs de la veille à se procurer des armes.

On se rendit aux Invalides, et ce fut le premier acte violent de la journée que d'y pénétrer de vive force. Il nous est resté un intéressant récit de la part qu'y prirent les habitants du district de l'Oratoire : «Un détachement, dit-il, composé de deux cents citoyens environ de ce district, et de trente soldats, a contraint Sombreuil de céder, s'est emparé de tous les fusils très nombreux qu'il a pu trouver et de «quatorze canons chargés à mitrail», et les a fait conduire à l'Oratoire[3].» On voit que même les entreprises à main armée recevaient en quelque sorte une sanction administrative, et que l'insurrection devenait légale.

[1] Arch. nat., C 124, liasse du 18 juillet 1789.
[2] *Mémoires relatifs à la Révolution française*, collection Barrière, t. II, pages 362 et suiv.

[3] Arch. nat., C 134. L'auteur de cette relation est Trudon, alors président du district. Il se nomme lui-même dans une lettre du 26 mars 1790, con-

Au reste, c'était le procureur du Roi et de la Ville, Ethys de Corny, qui avait pris la direction de la marche contre les Invalides, et invité le gouverneur à ouvrir les grilles de l'hôtel; on s'attendait à son refus, mais il est plus surprenant que les vétérans aient eux-mêmes introduit la foule et l'aient mise en possession des armes tant désirées. On estime qu'il fut ainsi enlevé vingt-huit mille fusils environ, et vingt-quatre canons.

Ce n'était pas assez encore, et l'on songea que la Bastille elle aussi, devait contenir des munitions, alors qu'en réalité elle ne possédait guère qu'un musée rétrospectif — comme on dirait aujourd'hui — d'armes anciennes et tout à fait inoffensives. — Il est bon de rapporter ici l'opinion de M. V. Fournel qui, dans un livre très bien fait, mais d'esprit réellement hostile au mouvement du 14 juillet, note l'impression de la foule en ce moment : « Il était tout naturel que, après avoir crié : *Aux Invalides!* le peuple, mis en goût par une victoire si facile, et désireux de la compléter, criât : *A la Bastille!* La première idée qui le poussa vers la forteresse paraît bien avoir été simplement l'idée fixe qui possédait alors toutes les cervelles, qui s'était exaspérée par les recherches, souvent inutiles, de la veille, et qui avait pris un nouvel élan dans l'expédition des Invalides. La plupart des historiens contemporains sont d'accord sur ce point qu'il ne s'agissait d'abord pour le peuple et les bourgeois que de compléter leur provision d'armes et de munitions[1]. »

Au même moment, la Bastille inspirait, à l'Hôtel de Ville, des préoccupations d'une autre nature :

> Sur les huit heures du matin, quelques particuliers sont venus annoncer que la rue Saint-Antoine étoit menacée d'un côté par les hussards qui déjà avoient paru dans le fauxbourg, et de l'autre par les canons de la Bastille, qui étoient braqués sur cette rue.
>
> Le Comité permanent a voulu prévenir le carnage que ces dispositions hostiles paroissoient annoncer, et sur le champ il a chargé MM. Bellon, officier de l'Arquebuse, Billefod, Sergent-Major d'Artillerie, Pensionnaire du Roi, et Chaton, ancien Sergent des Gardes Françoises, aussi Pensionnaire du Roi, de se rendre à la Bastille pour parler à M. Delaunay, commandant de cette Forteresse, l'engager à retirer ses canons et à donner parole de ne commettre aucune hostilité, l'assurant de leur côté que le peuple du Fauxbourg Saint-Antoine et des environs ne se porteroit à aucune entreprise funeste contre lui et contre la Place qu'il commandoit.
>
> MM. Bellon, Billefod et Chaton sont partis sur le champ pour exécuter cette commission[2].

---

servée dans le même dossier, et où il demande que les mots «chargés à mitraille» soient remplacés par ceux-ci : «chargés à poudre».

[1] *Les Hommes du 14 juillet*, Paris, 1890, in-12, p. 66. — Ce n'est pas à dire, cependant, que le caractère de ces revendications, jusque-là pacifiques, n'ait été modifié par quelques manifestations plus violentes. Dans la soirée du 13 juillet, sept coups de feu avaient été tirés dans la direction des factionnaires de la Bastille. De Launey s'en était alarmé à bon droit, et avait fait une ronde sur les tours, mais toute agression ayant cessé, il était redescendu peu après. Le fait est attesté par toutes les relations.

[2] *Procès-verbal des séances et délibérations de l'Assemblée générale des Électeurs de Paris . . .*, t. I, p. 279-280.

Le même procès-verbal ajoute, un peu plus loin, que le gouverneur reçut avec beaucoup de courtoisie les délégués de la Ville, qu'il leur offrit à déjeuner; qu'il donna devant eux l'ordre de retirer les canons, et qu'un moment après on vint, en effet, toujours en leur présence, lui dire que les canons étaient reculés [1]. Le *Mémoire des faits authentiques*, que nous reproduisons dans nos *Pièces justificatives*, en dit autant, mais il ne faut voir dans ce déjeuner qu'une simple collation matinale, achevée en peu d'instants [2]. Les diverses relations sont unanimes à déclarer que la foule, déjà hostile, ou du moins très méfiante, avait exigé des otages au moment où les délégués entraient dans la forteresse, et que de Launey avait fait sortir quatre invalides de la garnison.

Cette première députation, dont la mission était assez vague, d'ailleurs, quitta bientôt la Bastille. Elle se rencontra, sur le seuil du château, avec Thuriot de la Rozière, premier électeur du district de Saint-Louis-la-Culture. Il était avocat, et nous avons eu occasion de le montrer admis à la Bastille avec toute facilité lorsqu'il y était appelé par son client La Corrège, l'un des prisonniers qui furent délivrés ce jour-là [3]. On n'ignorait pas, sans doute, qu'il jouît de ce privilège, et c'est pour cela que les habitants du district le désignèrent, ainsi que « MM. Bourlier et Toulouse, soldats-citoyens » du même quartier.

Rien n'était plus incorrect que cette démarche de trois personnages qui, sans aucun mandat de l'autorité municipale, vinrent trouver le gouverneur de la Bastille « au nom de la nation et de la patrie ». C'est, en effet, sur ce ton solennel et arrogant que Thuriot s'adressa à de Launey, pour lui représenter que les canons braqués sur les tours de la Bastille, dans la direction de la rue Saint-Antoine, alarmaient les Parisiens, et le sommer de les faire enlever. Comme le gouverneur se bornait à déclarer qu'il ne pouvait que les reculer hors des embrasures, Thuriot insista et voulut pénétrer dans l'intérieur de la forteresse (car ces pourparlers avaient eu lieu à l'hôtel du gouvernement); de Launey y consentit, mais « avec peine », et seulement sur l'avis du major de Losme. Là, le député harangua la garnison avec plus d'emphase encore, parlant encore « au nom de l'honneur, de la nation et de la patrie ». La troupe, dont l'esprit de soumission était déjà bien ébranlé, jura de ne pas faire feu, et de ne se servir de ses armes que si on l'attaquait. Thuriot fit plus encore : il voulut monter sur les tours (et sans doute c'était la curiosité qui l'y poussait) « pour voir chaque chose par lui-même », et, après s'être montré au peuple, qui déjà le réclamait impatiemment, sortit en exprimant sa satisfaction. De là, il se rendit à l'Hôtel de Ville pour y rendre compte de ce qu'il appelait sa mission. Il n'était encore que 10 heures du matin,

---

[1] *Procès-verbal des séances et délibérations de l'Assemblée générale des Électeurs de Paris . . . .*, t. I, p. 312.

[2] *Pièces justif.*, n° XXXVIII. Le récit de la journée du 14 juillet, que donne *La Bastille dévoilée* (2ᵉ livraison, p. 90, note), emploie l'expression « se rafraîchir ».

[3] Voir plus haut, p. 142.

ou environ, car le *Procès-Verbal de l'Assemblée des Électeurs* atteste qu'il s'y présenta « plus de deux heures » après le départ de la première députation [1].

Le Comité permanent avait évidemment, mieux que Thuriot, qualité pour parlementer avec le gouvernement de la Bastille, puisqu'il s'était donné mission d'assurer la tranquillité de Paris, et qu'il considérait — l'événement lui donna raison — que la vieille forteresse pouvait être une cause de désordres, sinon d'alarme.

Les hommes qui composaient le comité ont eu, pendant toute cette matinée, le constant souci d'éviter un choc sanglant, et s'il se produisit, on ne saurait les en rendre responsables. Après avoir entendu Thuriot, ils jugèrent opportun d'envoyer une nouvelle députation à de Launey; le *Procès-Verbal de l'Assemblée des Électeurs* [2] nous a conservé le texte de la délibération prise dans ce but :

> Le parti le plus sage a paru être d'envoyer à M. Delaunay, gouverneur de cette Forteresse, des députés qui le sommeroient, au nom de la Ville, de ne point employer contre les citoyens les armes dont il pouvoit disposer, et, au contraire, de les joindre aux armes de la Commune, et de n'en faire usage que pour la défense et la conservation publique.
>
> En conséquence, MM. Delavigne, président des Électeurs, Chignard et Abbé Fauchet, électeurs, auxquels s'est joint volontairement M. Ledeist de Boutidoux, député-suppléant des communes de Bretagne à l'Assemblée Nationale, ont été chargés de porter à M. Delaunay l'arrêté suivant :
>
> «Le Comité permanent de la Milice Parisienne, considérant qu'il ne doit y avoir à Paris aucune force militaire qui ne soit sous la main de la Ville, charge les députés qu'il adresse à M. le marquis Delaunay, commandant de la Bastille, de lui demander s'il est disposé à recevoir dans cette Place les troupes de la Milice Parisienne, qui la garderont de concert avec les troupes qui s'y trouvent actuellement, et qui seront aux ordres de la Ville.
>
> « Fait à l'Hôtel de Ville, le 14 juillet 1789... »

Le départ de cette seconde délégation dut avoir lieu vers 11 heures. Les relations les plus exactes de la journée du 14 juillet n'en parlent pas, bien qu'elle ait eu lieu certainement. De Launey ne pouvait, d'ailleurs, accepter la proposition de l'Hôtel de Ville, quelque prudente qu'elle fût; mais elle était trop contraire à son devoir de gouverneur, et c'est plus tard seulement qu'il commit des fautes, si ce n'en était une déjà que d'être entré en pourparlers avec Thuriot de la Rozière.

L'insuccès de ces négociations ne fut pour rien, au reste, dans l'attaque du château, qui commença peu après; la foule armée, et très nombreuse, qui se pré-

---

[1] C'est ce *Procès-Verbal* de Bailly et Duveyrier, qui contient (t. I, pages 307 et 311) la relation la plus complète de la démarche de Thuriot de la Rozière; il est fidèlement résumé dans le *Mémoire des faits autentiques* que nous publions en *Pièces justificatives*, et dans les autres récits dignes de foi de la prise de la Bastille. — La fortune politique de Thuriot date de ce jour-là; il fut membre de l'Assemblée Législative et présidait la Convention le 9 thermidor. Il fut exilé par Louis XVIII, comme régicide, et mourut à Liège en 1829.

[2] *Loc. cit.*, t. I, p. 317-318

senta devant ses murs vers midi et demi, ignorait certainement les démarches qui avaient été déjà faites; mais les esprits étaient surexcités au delà de toute expression, et, comme l'a si bien dit M. Fournel, la victoire remportée aux Invalides avait tout naturellement fait naître le désir de cette autre conquête que les Parisiens tentaient chaque fois aux heures de révolution.

Quels étaient, cependant, les moyens de résistance de la Bastille? A vrai dire, elle se défendait surtout par elle-même, par ses ponts-levis et l'épaisseur de ses murs, car les quinze canons placés sur les tours ne méritaient pas l'effroi qu'ils avaient inspiré aux habitants des quartiers voisins; on ne les chargeait jamais qu'à poudre, pour les cérémonies officielles, et il est prouvé que s'il y eut quelques boulets trouvés à côté d'eux, ces munitions n'étaient pas du calibre des pièces [1]. Il est vrai que de Launey avait fait monter sur les tours un certain nombre de pavés, et ordonné d'abattre les cheminées afin de pouvoir en «jeter les décombres sur les assiegeans». Le lieutenant de Flue l'affirme et il ajoute que, dans la nuit du 12 au 13, on avait apporté de l'Arsenal dans l'intérieur de la Bastille de grands approvisionnements de poudres.

La garnison, composée comme on sait d'invalides, avait l'effectif suivant lors de son dernier contrôle, en date du 7 mars 1789 [2]:

«Le sieur de Monsigny, capitaine en pied [3]; — le sieur Hérault, capitaine en second [4]; — le sieur Chénaux, premier lieutenant [5]; — le sieur Caron, second lieutenant [6]; — le sieur Person [7]; — sergents, quatre; caporaux, quatre; appointés, quatre; bas-officiers, fusiliers, soixante-huit; tambours, deux; total, quatre-vingt-deux [8].»

---

[1] Le fait est affirmé dans la *Relation ... de la défense de la Bastille*, par l'invalide Guiot de Fléville, publiée en dernier lieu par la *Revue rétrospective* (juillet-décembre 1884, p. 18), et tirée à part avec la même pagination. — Ce récit, publié dès 1789, et reproduit dans la deuxième livraison de *La Bastille dévoilée*, p. 87-113, est un de ceux qui doivent inspirer le plus de confiance.

[2] Bibl. de l'Arsenal, ms. 12,611.

[3] «Claude-Simonin de Monsigny, 60 ans, capitaine du 28 août 1776, venant de Cette et de Dieppe», commandant de la compagnie de la Bastille depuis le 26 septembre 1777. (Contrôle de 1787, à la Bibl. de l'Arsenal.) En 1787, il avait sollicité sans succès la croix de Saint-Louis. (Arch. nat. O¹ 491, p. 125 et 198.)

[4] Jean-François Hérault, 63 ans, lieutenant du 28 août 1776. (Contrôle de 1787, à la Bibl. de l'Arsenal.)

[5] Pierre Chénaux, 59 ans. (*Ibid.*)

[6] Pierre Caron, lieutenant, 58 ans. (*Ibid.*)

[7] «Nicolas-Joseph Person, capitaine d'infanterie, lieutenant de la compagnie d'invalides de la Bastille..... âgé de soixante-six ans environ.....» (Arch. nat. Y 10,614.) Voir plus loin les textes que nous donnons sur sa mort tragique.

[8] Nous publions ici, d'après le dernier contrôle de la compagnie qui nous soit parvenu, daté de novembre-décembre 1787 (Bibl. de l'Arsenal, ms. 12,611), la liste des bas-officiers invalides de la Bastille. On y retrouvera plusieurs noms que la journée du 14 juillet a rendus historiques:

*Sergens*: Charles-Nicolas Henriet, dit Eustache. — Antoine Mille. — Jean-François Tardif. — Charles Guyot, dit Saint-Charles.

*Caporaux*: Jean-Baptiste Renard. — Claude-Antoine Lenoble. — Louis Vide, dit Villeroy. — Jean-Pierre Guillard.

*Appointés*: Nicolas Montreuil. — Jean-Noël Pocot. — Michel Fouin. — Jacques-Léonard Cheidner, dit Saint-Jacques.

*Fifre*: Jean-Baptiste-François Bourgoin.

En outre, dès le 1er juillet, cette troupe avait été renforcée d'un sergent et de douze bas-officiers envoyés par l'Hôtel des Invalides, et, nous l'avons dit, le 7 juillet, à 4 heures du matin, était arrivé le détachement de Salis-Samade, composé de trente hommes commandés par le lieutenant de Flue [1]. La garnison de la Bastille comprenait donc, au matin du 14 juillet, sans compter l'état-major ni les officiers, quatre-vingt-quinze invalides et trente soldats suisses, soit cent vingt-cinq hommes.

Il n'est pas possible d'évaluer avec autant de précision le nombre de ceux qui vinrent assiéger la Bastille; il fut, au reste, très variable durant les quatre ou cinq heures que dura l'engagement : relativement faible, au commencement, grossi considérablement peu après, mais diminué promptement lorsque les coups de feu éclatèrent, il peut être fixé à mille hommes au plus; c'est d'ailleurs au chiffre de 863 que s'arrête la liste des «vainqueurs», sur laquelle nous reviendrons [2]. En revanche, il est plus aisé d'apprécier les éléments divers qui composaient cette foule : c'étaient, tout d'abord, les gardes françaises, troupe remuante et toujours indisciplinée (on l'avait bien vu le 30 juin précédent, lors

*Tambours* : Jean-Nicolas de Brême. — Louis Dambonel.

*Fusilliers* : Charles Lempereur. — Jean Venard. — Claude Fourquin. — Étienne Bernard. — Nicolas La Verdure. — Mensuy Remy. — Pierre Parmentier. — Georges Mongenot. — Jean-Guillaume Arnault. — Jean-Nicolas Semain. — Jean-Pierre Hérin. — Jean-François Couteau. — Nicolas Vautrin. — Mathieu Belon. — Jean-Baptiste Buigny. — Louis Dory. — Jean-Fiacre Réglé. — Jean-Arnaud Maurice. — Antoine-Denis Brequin. — Henry Hennessan. — Étienne Voisin. — Nicolas Langlois. — Guillaume-Gautier Roulard. — Marcel Marceau. — Pierre Lonnoy. — Pierre Laporte. — Louis Deleau. — Pierre-Joseph Guérin. — François Rousse. — Mathieu Le Roy. — Barthélemy Hulot. — Médard Cauchet. — Marcelin Marcault. — Simon La Fontaine. — Claude Piroux. — Augustin Argaut. — Léopold Mesterheim. — Jean Postel. — François Lucas. — Claude Lenteigne. — Jean Adam Munich. — Jean-Baptiste Le Petit, dit Brin-d'amour. — Grégoire Châtel. — Pierre Dumont. — Marie-Jean Martin. — Pierre La Cour. — Thomas Ruelle. — Edme-Simon Rozier. — Jacques Férand. — Nicolas-François Milet. — Jean-Baptiste Bécard. — Jean Monet, dit la Victoire. — Antoine Enselme. — Jacques Gueudin, dit Bellerose. — Pierre Taneron. — Michel Jean. — Jacques Prou. — Jean Lesmaker. — Pierre Mérigot. — Nicolas Chopin.

— Nicolas-Joseph Josselin. — Claude Bierre, dit Beau-Soleil. — Louis Grosbois. — Jean-Hiacinthe Asselin. — Nicolas Félix. — Jean Schnop. — Michel Belair.»

[1] Louis de Flue a rédigé une exacte «Relation de la prise de la Bastille le 14 juillet 1789, par un de ses défenseurs», qui a été publiée par J. Taschereau, dans la *Revue rétrospective*, 1re série, 1834, t. III, p. 284-298.

M. Théodore de Saussure a, sur cet officier, envoyé à *l'Intermédiaire des Chercheurs et des Curieux* (1885, col. 588) l'excellente notice biographique qui suit : «Louis de Flue était le fils de Jean-Wolgang de Flue, capitaine dans Salis-Samade. Il est né à Saxeln, canton d'Unterwald, le 10 mai 1752. Entré comme sous-lieutenant dans la compagnie de son père, le 13 avril 1766, il fut promu lieutenant le 2 mai 1779, reçut une commission de capitaine (c'est-à-dire fut provisoirement chargé des fonctions de ce grade) le 1er juin 1789, nommé capitaine effectif le 5 mai 1791, créé chevalier de Saint-Louis la même année, licencié le 25 septembre 1792. Le 9 décembre 1794, il entra en qualité de capitaine dans le régiment suisse de Roll, au service d'Angleterre, commandé alors par le lieutenant-colonel Dürler, de Lucerne. Il est mort à Saxeln, le 1er avril 1817..... Les renseignements qui précèdent sont empruntés aux archives de la famille de Flue.»

[2] Voir plus loin, p. 216 et suiv.

24.

de l'insurrection qui se produisit à l'Abbaye), mais chère aux Parisiens, qui la suivaient partout avec enthousiasme; puis, en très grand nombre, des bourgeois et des commerçants, armés de la veille, et dont l'humeur belliqueuse se révéla subitement[1], et enfin — il faut bien le dire — une certaine catégorie d'individus qui apparaissent aux heures de troubles avec le seul souci d'y trouver satisfaction à leurs mauvais instincts, et qui doivent porter devant l'histoire la responsabilité des actes odieux qui furent commis ce jour-là.

Nous avons dit qu'il était midi et demi environ lorsque le premier groupe d'assaillants apparut à l'extrémité de la rue Saint-Antoine en poussant des cris menaçants : «Nous voulons la Bastille! En bas la troupe!» L'entrée de la première cour, celle des casernes, était libre, mais de Launey avait fait rentrer la garnison dans l'enceinte des tours et relever le pont-levis de l'avancée, par lequel on passait dans la cour du gouvernement et qui, en temps ordinaire, était abaissé durant le jour. Deux hommes intrépides, tels qu'ils s'en rencontre toujours en de pareilles circonstances, s'élancèrent par escalade sur le toit du corps de garde de l'avancée : l'un s'appelait Louis Tournay, soldat au régiment *Dauphin-Infanterie*; les relations laissent ignorer le nom de l'autre[2]. Ils brisèrent à coups de hache les chaînes du pont-levis, et la foule qui les suivait pénétra dans la seconde cour.

D'où partirent les premiers coups de feu? Il est peu important de le déterminer. A supposer qu'ils soient venus du château, de Launey était assurément dans son droit, — car l'attaque était manifeste — et l'on s'étonnerait plutôt qu'il n'ait pas fait tirer sur ceux qui brisaient les chaînes du pont-levis. Le *Mémoire des faits autentiques*, inspiré, comme on sait, par du Puget, est de ce sentiment, et blâme «la faiblesse du gouverneur et de la garnison» en cette occurrence. Le combat s'engageait donc; les assiégeants étaient, on le croit sans peine, fort mal organisés; il semble que ce soit dès ce moment qu'ils aient reconnu spontanément pour leurs chefs deux personnages que cette journée-là rendit désormais célèbres : Élie, sous-lieutenant au régiment de la Reine, qui avait revêtu son uniforme, et Hullin, simple civil, ancien domestique du marquis de Conflans, et alors à la tête d'une buanderie à la Briche, paroisse d'Épinay[3].

---

[1] Citons entre autres : l'horloger Humbert, le marchand de vins Cholat, qui nous ont laissé des relations de la journée; le brasseur Santerre, le mercier Réole, etc. Voir, pour plus de détails, la liste officielle des vainqueurs, que nous publions plus loin.

[2] Dans un petit livre, *Études historiques Saumuroises* (Saumur, 1869, in-8°), qui malheureusement ne s'appuie sur aucun document certain, Eugène Bonnemère a déclaré que ce second «héros» était Aubin Bonnemère, son aïeul, que nous allons retrouver tout à l'heure, mais pour un fait plus authentique et non moins courageux, d'ailleurs.

[3] La curiosité s'est tellement exercée sur Élie et Hullin que l'on n'a plus, aujourd'hui, rien de nouveau à apprendre sur leur compte. Rappelons seulement qu'Élie devint promptement capitaine

ÉVÉNEMENTS HISTORIQUES.   189

Le premier engagement, inoffensif pour la garnison, avait abattu plusieurs hommes dans les rangs du peuple[1]; quelques-uns rentrèrent prudemment chez eux; le plus grand nombre resta, grisé par l'odeur de la poudre et la furie des représailles.

Dès lors, tous les moyens parurent bons pour réduire la forteresse. Un sieur Cholat, marchand de vins, rue des Noyers, a raconté comment il s'était, à ce moment, improvisé artilleur; avec l'aide d'un nommé Baron, dit la Giroflée, soldat au régiment de Provence et d'un autre individu qu'il ne nomme pas, il installa une pièce de canon dans la grande allée de l'Arsenal et fit feu à plusieurs reprises; il est vrai que le recul de la pièce blessa assez gravement, dès le premier coup, ses deux servants, qui furent ainsi les seules victimes de l'entreprise[2].

Une jeune fille avait été rencontrée dans la cour des casernes; on la prit pour Mlle de Launey; c'était Mlle de Monsigny, fille du capitaine de la compagnie d'invalides. Quelques forcenés l'amenèrent sur le bord du fossé, et, par gestes, firent comprendre à la garnison qu'ils allaient la brûler vive si la place ne se rendait pas. Ce crime atroce n'eut pas, heureusement, à se produire; un soldat, appelé

---

et fit campagne dans toutes les guerres de la Révolution. Il mourut le 5 février 1825, à Varennes, où il s'était retiré en 1797 avec le grade de général de division en retraite. (Voir, pour plus de détails, une note de M. Fournel dans l'*Intermédiaire* du 10 janvier 1891, col. 21-24.) La fortune d'Hullin fut plus grande : l'Empire le nomma général, et c'est en cette qualité qu'il présida au jugement du duc d'Enghien. Il mourut aveugle à Paris, rue du Cherche-Midi, 73, en 1840.

[1] On a, sur ce point, quelques témoignages intéressants : dans la soirée de ce jour, à 9 heures, le commissaire Duchauffour reçut la déclaration de Jacques-François Colinet, chapelier, rue Saint-Martin; de Giles Droix, chapelier, rue des Filles-Dieu, et de Jean Varenn (*sic*), imprimeur, petite rue de Reuilly, d'après laquelle «étant entrés dans la cour de la Bastille après que les ponts-levis en ont été rompus par l'affluence, ils ont vu tomber à côté d'eux deux particuliers qui faisoient partie de ceux qui s'étoient introduits dans ladite cour de la Bastille, lesquels deux particuliers sont morts après avoir reçu chacun un coup de fusil; qu'ils ont d'abord porté ces deux cadavres à l'Hôtel de Ville; qu'on leur a dit de les apporter au Châtelet, où nous sommes, ce qu'ils ont fait.....» L'un des deux fut reconnu pour être celui de Jean Falaise, garçon cordonnier (Arch. nat. Y 12,697).

Le 1er avril 1790, le même commissaire Duchauffour recevait la déposition suivante de Pierre-Joseph Dumont, sabotier, rue de la Clef, au sujet de la mort du sieur Rousseau, allumeur de réverbères :

«Depose que, le quatorze juillet dernier, il est parti à onze heures et demie avec le nommé Rousseau, allumeur, pour se rendre au faubourg Saint-Antoine; qu'ils sont arrivés à l'instant où le public s'occupoit à jetter en bas les ponts-levis de la Bastille; qu'après que le premier pont a été baissé, plusieurs personnes sont entrées dans la première cour; qu'alors le déposant n'a plus revu ledit Rousseau qui, sans doute, avoit suivi la foule; que, comme de la Bastille on a fait feu sur ceux qui y étoient entrés, le déposant s'est retiré, ne voulant pas s'exposer à être blessé; qu'il n'a plus retrouvé ledit Rousseau, qui depuis n'a pas reparu.....» (Y 12,698, 1er avril 1790.) — Cf. 31 mai, même liasse.

[2] La relation de Cholat a été réimprimée d'après une rare plaquette parue en 1789, par M. Jules Cousin, dans le *Bulletin de la Société de l'Histoire de Paris et de l'Ile-de-France*, t. II (1875), p. 50-57. Elle est naïve, mais paraît sincère, au fond, bien que le narrateur s'attribue constamment un rôle héroïque dans l'attaque du château et l'arrestation du gouverneur.

Aubin Bonnemère, s'interposa courageusement et réussit à enlever la jeune fille aux mains de ces misérables [1].

Il était environ trois heures lorsque apparut une troisième députation envoyée de l'Hôtel de Ville. Nous savons par le *Procès-Verbal de l'Assemblée des Électeurs* les noms de ceux qui la composaient : Éthys de Corny, le procureur du Roi et de la Ville, qui déjà le matin s'était trouvé à la tête de la délégation envoyée aux Invalides; de la Fleurie, de Milly, de Beaubourg, comte Piquot de Sainte-Honorine, Boucheron, représentants de district; Contans, commissaire de police, Joannon, Six, architecte. Ces délégués qui, pour être mieux reconnaissables, se faisaient précéder d'un tambour, et dont l'un d'eux portait le drapeau blanc des parlementaires, arrivèrent en vue de la Bastille par l'Arsenal, — car du côté de la rue Saint-Antoine, la fusillade était trop vive, — et une fois dans la cour de l'Orme, firent signe à la garnison de cesser le feu. Un malentendu assez long se produisit : les relations qui nous sont parvenues des assiégés s'accordent à dire que, du haut des tours, de Launey fit arborer un pavillon blanc et ordonna aux soldats de mettre la crosse du fusil en l'air; d'autre part, les députés ont affirmé que ces signaux avaient pu être faits, mais nullement respectés, car presque au même moment qu'ils se produisaient, une décharge de mousqueterie éclata qui renversa trois assiégeants sous leurs yeux. Ce qui est probable, c'est que dans le tumulte qui régnait au pied des tours, les signaux ne furent pas aperçus, que le peuple continua de tirer et que la troupe suisse riposta, tandis que l'état-major et les invalides, massés sur la plate-forme des tours, s'efforçaient en vain de manifester leur désir d'une trêve. Quoi qu'il en soit, les délégués, fort effrayés du tour que prenait leur rôle de pacificateurs, retournèrent à l'Hôtel de Ville pour y rendre compte de l'insuccès de leur démarche et des dangers qu'ils avaient courus. En les voyant s'éloigner, de Launey se persuada qu'ils n'avaient pas en

---

[1] Cette belle action eut sa récompense. Le 3 février 1790, Aubin Bonnemère en fut félicité publiquement à l'Hôtel de Ville. En outre, il reçut une pierre de la Bastille provenant, disait-on, du cachot du prétendu comte de Lorges (voir plus loin, p. 193, note 2), et sur laquelle furent gravées les inscriptions suivantes :

LA COMMUNE DE PARIS A AUBIN BONNEMER
POUR AVOIR SAUVÉ DEUX FOIS LA VIE A M<sup>lle</sup> DE MONSIGNY
LORS DU SIÈGE DE LA BASTILLE, 1789.

DANS L'HORREUR DES CACHOTS, SOUS DES MONCEAUX DE FERS,
J'AI VU LE DESPOTISME IMMOLER SES VICTIMES,
AUJOURD'HUI, DANS SAUMUR, J'ANNONCE A L'UNIVERS
AVEC LA VÉRITÉ, CE FLÉAU DES PERVERS,
LE RÈGNE DES VERTUS ET LE TOMBEAU DES CRIMES.

C'est, on le comprend, la pierre qui s'exprime ainsi, mais le troisième vers demande une explication.

Bonnemère était né à Saumur et fit don de cette pierre à sa ville natale. Elle y fut longtemps oubliée dans les greniers de l'hôtel de ville; plus tard, on la déposa au musée, où M. de Montaiglon la vit et la signala aux historiens de la Bastille. (*Bulletin de la Société de l'Histoire de Paris*, 1874, p. 68.)

Enfin, le 14 juillet 1880, elle fut solennellement encastrée dans le mur extérieur de l'hôtel de ville. (Cf. l'*Intermédiaire* du 10 juin 1888, et V. Fournel, *Les Hommes du 14 Juillet*, ouvrage cité, p. 227-228.)

réalité une mission officielle et conclut en disant : « Ce sont des gens qui cherchent à nous surprendre et à nous piller. »

Chaque minute augmentait l'exaspération du peuple en face de cette lutte si inégale, où les coups de feu ne faisaient de victimes que de son côté. Il imagina d'incendier, sinon le château, du moins ses dépendances extérieures, c'est-à-dire les casernes, les corps-de-garde et l'hôtel du gouverneur; trois voitures de paille furent traînées à cet effet dans les cours, et bientôt une épaisse fumée révéla aux assiégés l'entreprise nouvelle qui était tentée contre eux. Cet attentat, non plus à leurs personnes, mais à leurs biens, à leurs « butins », comme on disait alors, les irrita plus encore que les boulets et les balles, qui n'avaient atteint personne, et la fusillade reprit, très meurtrière encore pour la foule. C'est même alors qu'un coup de canon, ou, pour mieux dire, de fusil de rempart — le seul, paraît-il, qui ait pu être tiré — partit de la Bastille. La fumée de l'incendie nuisait, d'ailleurs, à l'attaque en dérobant la forteresse à la vue, et en rendant intolérable la chaleur. Elie le comprit, et, avec l'aide du mercier Réole et de quelques autres, il fit reculer les voitures encore en flammes.

En même temps, survint un détachement de gardes françaises, traînant deux pièces de canon que l'Hôtel de Ville avait laissé emmener, et que l'on braqua aussitôt sur la Bastille. Il aurait fallu bien des boulets pour entamer de pareils murs, et cependant il semble que ces deux canons aient causé la plus vive alarme à la garnison. Nous savons, par le témoignage de Guiot de Fléville, du lieutenant de Flue et par le *Mémoire des faits autentiques*, que de Launey affolé, mais brave néanmoins, s'élança vers le magasin à poudres pour faire sauter la forteresse et ensevelir sous ses ruines assiégeants et assiégés. Deux bas-officiers, Férand et Bécard[1], arrêtèrent sa main. On voit par là quel était l'esprit de la garnison. Le gouverneur — il ne l'était déjà plus que de nom — consulta ses officiers et toute la troupe pour savoir ce qu'il y avait lieu de faire; il était, lui, partisan de la résistance, et parla encore de mettre le feu aux poudres plutôt que d'être « égorgé par la populace »; mais son autorité ne prévalut pas : la troupe (c'est la relation même des bas-officiers qui le déclare) répondit « qu'il n'étoit pas possible de se battre plus longtemps, les pièces de dessus les tours n'étant plus maniables et n'ayant point de boulets de calibre; eux-mêmes étant sur le point de manquer de balles et de vivres. On préféroit être livré à la fureur du peuple plutôt que de faire périr une grande partie des citoyens de la ville. On disoit qu'il était plus à propos de faire monter le tambour sur les tours pour appeler, et arborer le drapeau blanc en demandant de capituler[2]. » Il fallut

---

[1] Jacques Férand, âgé de 48 ans, né à Nogent-sur-Seine, sortant du régiment de Rouergue, entré à la compagnie en 1785. — Jean-Baptiste Bécard, âgé de 44 ans, né à Paris, sortant du régiment de Touraine, entré à la compagnie en 1786. (Contrôle de la compagnie, déjà cité, à la Bibl. de l'Arsenal.)

[2] Relation de la défense de la Bastille par

que de Launey prêtât son mouchoir, qui tint lieu de drapeau et que deux bas-officiers brandirent au haut des tours, tout en faisant des gestes et en battant du tambour.

Cet appel ne fut-il pas aperçu, ou plutôt était-il possible d'imposer soudainement le calme à une multitude à ce point exaspérée? On ne sait, mais le feu des assiégeants ne se ralentit qu'au bout d'une demi-heure, bien qu'il n'y fût plus répondu de la Bastille.

Ce que voulait le peuple, c'était pénétrer dans la forteresse. Depuis qu'il n'en essuyait plus la mitraille, il avait envahi le pont de pierre aboutissant au pont-levis des tours et criait : « Abaissez le pont! Abaissez le pont! » Par une fente de ce pont-levis, le lieutenant de Flue parlementa pendant quelques instants, offrant de cesser définitivement les hostilités, et demandant que la garnison pût sortir avec les honneurs de la guerre. Des voix furieuses le lui refusèrent. Il fit alors passer par cette même fente un billet sur lequel étaient écrits ces mots : « Nous avons vingt milliers de poudre; nous ferons sauter le quartier et la garnison si vous n'acceptez pas la capitulation. — Signé : de Launey. — De la Bastille, 5 heures du soir, 14 juillet 1789 [1]. »

Encore fallait-il pouvoir faire parvenir cette déclaration aux mains qui se tendaient de l'autre côté du fossé : une planche est apportée et un homme hardi, resté inconnu [2], s'approche, mais il perd l'équilibre et se tue dans sa chute; un autre, sur l'identité duquel on n'est pas mieux fixé, est plus heureux; Elie fait entendre qu'il accepte ces conditions, sur sa « foi d'officier », et les deux ponts-levis s'abaissent. Elie et Hullin pénétrèrent les premiers [3], et l'on doit croire

Guiot de Fléville, loc. cit. p. 19. — On a souvent cité, pour accabler de Launey et justifier dans une certaine mesure son assassinat, ces quelques lignes qui auraient été trouvées sur lui au moment de son arrestation : « Monsieur de Launey tiendra jusqu'à la dernière extrémité. Je lui ai envoyé des forces suffisantes. — Ce 14 juillet 1789. Signé : le baron de Bezenval. — Je vous envoie, Monsieur Dupuget, l'ordre que vous croiés nécessaire. Vous le remettrez. Ce 14 juillet 1789. Signé : Bezenval. » Or la rédaction même de ce document, dont il existe réellement une copie aux Archives nationales (C. 35, n° 298⁵), prouve qu'il ne s'agit pas là d'un ordre de résister, donné au gouverneur, mais, bien plutôt, d'une note informant de la situation la Cour, ou peut-être même seulement le gouverneur des Invalides, et qui ne sera pas parvenue. — Au reste du Puget, qui a inspiré le Mémoire des faits autentiques, ne dit rien de ce fait.

[1] L'authenticité de ce fait ne paraît pas douteuse, car elle est affirmée par tous les récits qui émanent des assiégés. Il en existe une copie dans les papiers de Palloy (Bibl. nat. nouv. acq. franç. 1822, p. 16), accompagnée de cette déclaration : « Je certiffie avoir reçu cette capitulation par un trou oval du grand pont-levis, après avoir fait passer une planche pour la recevoir, laquelle planche traversoit le fossé, et que j'ai donné ma parolle d'honneur, foi d'officier, que je l'acceptois. Signé : Elie, officier au régiment d'infanterie de la Reine. » Le Catalogue de la collection Fillon (2ᵉ partie, p. 46) en mentionne une copie analogue.

[2] Peut-être est-ce un nommé Jean-Marie Sylvain Gomy, garçon brasseur, âgé de dix-sept ans, attaché au service du sieur Santerre, et dont le corps fut reconnu, le surlendemain, en présence du commissaire Le Bas; au dire des médecins, sa mort paraissait provenir d'une chute d'un lieu élevé. (Arch. nat. Y 9999, 16 juillet 1789.)

[3] L'honneur d'être entré le premier à la Bas-

qu'ils s'efforcèrent d'éviter une nouvelle collision sanglante, mais est-il au pouvoir de quelques hommes d'arrêter un torrent? C'en fut un, véritablement, qui se rua dans la cour intérieure de la Bastille. Les bas-officiers s'étaient rangés dans une attitude militaire, devant leurs armes qui étaient appuyées contre le mur de droite; les soldats suisses se trouvaient de l'autre côté, vêtus de blouses en toile. Ce costume les fit prendre pour des prisonniers, et ils ne furent pas maltraités, tandis que la foule s'attaqua aux invalides, qu'elle malmena de toutes façons avec leurs propres armes, et en blessa un bon nombre; puis elle se répandit dans les bâtiments de l'état-major, situés en face de l'entrée du château et les mit au pillage. La soif de tuer était telle que les derniers arrivants tirèrent à plusieurs reprises sur ceux qu'ils apercevaient ainsi dans l'intérieur du château, croyant avoir affaire à d'autres troupes de la garnison [1].

Le souci de délivrer les prisonniers n'était entré pour rien dans l'attaque de la Bastille : peu s'en fallut même qu'on ne les oubliât complètement. Ils étaient alors au nombre de sept seulement : Tavernier, complice de Damiens, détenu depuis le 4 août 1759 (c'est-à-dire depuis trente ans); le comte de Whyte de Malleville, atteint de folie, et à qui sa famille avait voulu éviter Charenton; le comte de Solages qui avait commis des crimes odieux, méritant la mort; il était venu de Vincennes en 1784; enfin quatre faussaires, incarcérés depuis le commencement de l'année 1787 : Jean La Corrège, Jean Bechade, Jean-Antoine Pujade et Bernard Laroche [2]. Aucun d'eux, on le voit, ne méritait cette sympathie que Linguet et Latude avaient su faire naître en faveur des «victimes du despotisme». Nous dirons tout à l'heure ce qu'ils devinrent.

C'est de Launey que l'on cherchait; c'est lui que le peuple rendait responsable des victimes de la journée, et dont il voulait la mort. Il fut aisément reconnu, bien qu'il portât simplement «un petit frac gris-blanc, point de chapeau, point de

---

tille a été disputé par plusieurs. Peut-être revient-il à Arné, grenadier aux gardes françaises, qui revendiqua encore la gloire d'avoir, le premier aussi, arrêté de Launey. (Cf. *La Prise de la Bastille* de G. Lecocq, p. 299-304.)

[1] Guiot de Fléville l'affirme, et son dire est plus exact que celui du marchand de vin Cholat, qui prétend qu'en «fonçant» dans le fort, les gardes françaises firent trois décharges de fusil.

[2] Cf. une excellente note de M. A. Bégis (*Intermédiaire* du 10 avril 1889, col. 216-220), où il est, de plus, démontré que le comte de Lorges, ce vieillard délivré si à propos le 14 juillet, n'a jamais existé. — L'état des dépenses de la Bastille pour le mois de juin 1789, que nous publions sous le numéro XXXVII des *Pièces justificatives*, contient, outre ces sept noms, ceux du «comte»

de Sade, qui avait été conduit à Charenton le 4 juillet, et de Jacquet (Jean-Claude Jacquet de la Douay), mis en liberté le 9 juillet.

M. Bégis a également publié dans l'*Intermédiaire* du 10 juillet 1892 (col. 34-40) l'interrogatoire auquel on soumit, le 18 juillet 1789, les porte-clefs de la Bastille, sur le sort et le nombre des prisonniers dont ils avaient eu la garde. Le Comité du district de Saint-Louis-la-Culture avait craint, en effet, que certains des détenus n'eussent été oubliés dans le tumulte de la victoire. Les réponses unanimes des porte-clefs attestent que la Bastille ne renfermait alors que sept prisonniers, — ceux dont nous donnons les noms — et c'est une preuve de plus que le comte de Lorges est un personnage absolument légendaire.

croix de Saint-Louis, mais seulement un ruban ponceau, comme les militaires en négligé[1]». Est-ce Arné, est-ce Cholat qui se saisit de lui le premier? Arné le fait affirmer par plusieurs témoins qui lui en fournissent certificat[2]; Cholat s'en attribue le mérite dans sa propre relation, mais il a avoué aussi que, le matin même, il avait déjà arrêté Clouet, directeur des poudres, croyant avoir affaire à de Launey, et cela prouve qu'il ne le connaissait pas. Ce qui est certain, c'est que de nombreuses mains s'emparèrent du gouverneur et le remirent à Elie et à Hullin. Il allait se frapper d'un poignard[3]; on l'en empêcha. Pour le conduire jusqu'à l'Hôtel de Ville, il fallait se frayer un passage à travers une foule singulièrement hostile, et c'était, a dit Michelet, «plus que les douze travaux d'Hercule». Il faut rendre hommage à la conduite d'Hullin, qui fit l'impossible pour protéger son prisonnier; il s'exposa lui-même à la fureur du peuple en couvrant de Launey de son propre chapeau, mais rien n'y fit et il n'est pas de blessures ou d'outrages que l'infortuné n'ait subis; avant même d'être sorti de la Bastille, un «bourgeois» l'avait blessé d'un coup d'épée à l'épaule droite; un autre forcené lui avait arraché «la bourse de ses cheveux». Cholat recevait une partie des coups et dut s'arrêter en chemin, à demi évanoui. Lorsqu'il put reprendre sa route et qu'il arriva à l'Hôtel de Ville, la tête du gouverneur était portée au haut d'une pique; un garçon cuisinier, du nom de Desnot, venait de la couper, achevant ainsi un martyre physique qui durait depuis près d'une heure[4].

Au même moment et au même lieu, c'est-à-dire sur la place de Grève, le major de Losme était également massacré et décapité. Dans l'*OEuvre des sept Jours*[5], Dusaulx, témoin digne de foi, raconte qu'un ancien prisonnier, le marquis de Pelleport, tenta vainement de protéger cet officier et de lui faire un rempart de son corps; il aurait été tué aussi si on ne l'eût éloigné. Ces deux meurtres étaient chose accomplie vers 5 heures et demie; on le sait avec précision, car «à six heures moins un quart» les sieurs Pinard, marchand-bijoutier, André Jonas, soldat aux

---

[1] *Précis exact de la prise de la Bastille*, par le cousin Jacques.

[2] Voir la note 3 de la page 192.

[3] Certains disent que c'était une canne à épée; Cholat proteste avec force et affirme que c'était bien «un poignard large de deux doigts, affilé des deux côtés».

[4] Ces faits nous sont connus par la déposition de ce Desnot, faite devant un commissaire du Châtelet, le 12 janvier 1790, et qu'a publiée M. J. Guiffrey (*Revue historique*, 1876, t. I, p. 497-507). Desnot, qui ne fut qu'interrogé et nullement mis en accusation, relate l'événement avec un grand cynisme; il s'était d'abord opposé à ce que l'on massacrât de Launey, qui était déjà fort blessé; mais celui-ci le frappa d'un coup de pied «dans les parties», et aussitôt après, un individu resté inconnu donna au gouverneur un coup de baïonnette dans le ventre, en même temps que, de plusieurs côtés, on tirait sur lui des coups de pistolet. C'est alors que Desnot lui coupa la tête, avec un sabre, d'abord, puis avec un «petit couteau à manche noir». Il affirme, d'ailleurs, que de Launey était déjà mort à ce moment.

[5] *L'OEuvre des sept Jours* par Dusaulx, représentant de la Commune de Paris, réimprimée par M. H. Monin à la suite des *Mémoires* de Linguet, p. 221-222.

gardes françaises, et Joseph Cuel, tapissier, vinrent remettre au commissaire Fontaine quelques bijoux (montres et chaînes, clefs, etc.) trouvés par eux sur les cadavres du gouverneur et de son major[1]. Miray, aide-major, et Person, lieutenant de la compagnie des invalides, furent massacrés en même temps, le premier rue des Tournelles, le second sur le Port-au-Blé, et, comme si c'eût été un mot d'ordre donné à la foule déchaînée, tous deux furent également décapités[2]. Bécard, le bas-officier qui avait empêché de Launey de mettre le feu aux poudres de la Bastille, fut tué dans la rue Saint-Antoine; on lui coupa la main droite, et son corps fut traîné sur la place de Grève; un soldat suisse reçut la mort sur les marches de l'Église des Visitandines, et, de même, son cadavre, lorsqu'il fut apporté à la basse-geôle du Châtelet, était mutilé du poignet droit[3]. De Flue n'en parle pas cependant, mais il déclare avoir vu pendre sur la place de Grève un officier et deux simples invalides; c'étaient, sans doute, Person, Bécard et un autre bas-officier dont l'identité n'a pas été encore établie.

De tous les officiers de l'état-major, le lieutenant du roi, du Puget, seul, échappa à la mort. On lira dans le *Mémoire des faits autentiques* que nous publions aux *Pièces justificatives* comment deux soldats qui l'avaient reconnu facilitèrent son évasion en lui fournissant un déguisement, malgré lequel il fut forcé «d'errer toute la nuit dans le faubourg Saint-Marceau».

Dix-huit des bas-officiers coururent de réels dangers. Sur le chemin de l'Hôtel de Ville, où ils avaient été conduits aussitôt après la reddition de la place, la foule voulait «les pendre, les rompre, les brûler». Un «officier de ville» décida aussi qu'ils avaient mérité d'être pendus, et qu'ils le seraient sur-le-champ; mais les gardes françaises implorèrent leur grâce, et le peuple, consulté, cria «d'une voix unanime : Grâce pour les prisonniers!» Dès lors, ils étaient sauvés; on leur offrit des «raffraîchissements» qu'ils n'étaient guère en état de prendre, puis ils furent hébergés dans la caserne même des gardes françaises, à la Nouvelle-France, d'où le lendemain matin, ils partirent pour se réfugier à l'Hôtel des Invalides[4].

L'officier suisse, de Flue, fut également emmené à l'Hôtel de Ville, et, en arrivant sur la place, il put apercevoir la tête du gouverneur, au haut d'une pique. Lui-même a raconté que la perspective était peu rassurante, d'autant plus que, devant le Comité permanent, il fut accusé d'être un de ceux qui avaient contribué à la résistance de la Bastille, et, par suite, d'avoir fait couler le sang du peuple. Sa seule justification fut qu'il n'y était qu'en sous-ordre et avait dû obéir. Par un

---

[1] Arch. nat. Y 13,142, à la date du 14 juillet 1789. Au procès-verbal sont annexées une décision de La Fayette, datée du 4 août suivant, aux termes de laquelle ces objets doivent être attribués au sieur Jonas, et l'acte de remise effectué le même jour.

[2] Voir plus loin les procès-verbaux de la reconnaissance de leurs cadavres.

[3] Arch. nat. Y 12,697, 14 juillet 1789, commissaire Ducbauffour.

[4] Relation de Guiot de Fléville, *loc. cit.*

revirement soudain, et peut-être parce que « l'on étoit lassé de tuer », ces paroles furent acclamées, et de Flue fut conduit au Palais-Royal pour y être montré au peuple, avec quelques-uns de ses soldats. La foule les prit pour des prisonniers délivrés et organisa même en leur faveur une quête qui produisit dix écus. Mais le lendemain, les amis de l'officier craignirent pour lui à juste titre qu'on ne se ravisât à nouveau, et ils s'employèrent à le cacher dans Paris. Il n'en sortit que le 30 juillet, pour aller rejoindre son régiment à Pontoise [1].

Nous avons nommé les sept prisonniers que la capitulation de la Bastille avait délivrés d'une façon si inattendue. Les quatre faussaires prirent le meilleur parti : ils se perdirent dans la foule, et disparurent pour toujours, peu soucieux d'un triomphe qu'ils avaient lieu de juger éphémère; près d'un an plus tard, le 17 avril 1790, un décret de l'Assemblée nationale ordonna au Châtelet de continuer contre eux la procédure, mais cette juridiction allait disparaître le 11 septembre suivant, et tout porte à croire qu'ils ne furent pas poursuivis [2].

Les trois autres prisonniers furent promenés à travers les rues de la ville, avec mille marques de respect : à 7 heures un quart du soir, les députés du district de l'Oratoire virent arriver devant eux « un gentilhomme de Languedoc, d'une figure noble et imposante, mais couverts d'habits qui annoncent la captivité ». C'était le comte de Solages. Il leur tint ce discours : « Messieurs, mon nom est Solanges (sic), marquis de Carmond. J'ai langui pendant quatorze ans dans les prisons de Pierre-Ancise, Vincennes et la Bastille. Les cachots de la dernière viennent de s'ouvrir par votre ouvrage et aux dépens de vos jours. Je consacrerai les miens à en prouver ma reconnaissance à tous mes libérateurs et particulièrement à cette assemblée dont je réclame la protection [3] ». La relation qui nous donne ces détails ajoute qu'on lui fit fête et qu'on l'emmena à l'hôtel de Rouen, rue d'Angivilliers, « pour y être logé, habillé et nourri aux dépens du district, jusqu'au moment où sa famille le réclameroit ». M. Bégis [4] est en mesure d'affirmer que Solages retourna ensuite dans son pays, aux environs d'Albi, où il mourut vers 1825.

Tavernier et de Whyte ne jouirent pas longtemps de la liberté. D'ailleurs, ils étaient fous l'un et l'autre, et l'on dut les conduire à l'hospice de Charenton. De Whyte y entra dès le lendemain de sa délivrance, ainsi que l'atteste ce certificat :

Je soussigné, prieur de la maison de la Charité de Charenton, reconnais avoir reçu dans cette maison, d'ordre de Messieurs du district de Saint-Honoré, un inconnu sorti de la Bastille,

---

[1] Relation de la prise de la Bastille... loc. cit., p 292-296. — [2] A. Bégis, note de l'*Intermédiaire* de 1889, déjà citée. — [3] Arch. nat. C 134, original. — [4] Note de l'*Intermédiaire* de 1889, déjà citée.

conduit par M. de Lubert, inspecteur général des fermes, pour prendre soin du susdit inconnu. A Charenton, le quinze juillet 1789.

Frère Eusèbe Boyer [1].

Cet inconnu ne peut être que de Whyte, car Tavernier — on le sait par un certificat analogue, où il est nommé — ne fut amené à Charenton que le 20 juillet, par M. de La Chaise, garde du duc d'Orléans [2]. Depuis la soirée du 14 juillet, il était resté sous la garde du district de Saint-Roch, et exhibé chaque jour en public par un nommé Tauré, commandant du poste de la Bibliothèque. Il sortit de Charenton le 22 messidor an III; de Whyte y resta quelques jours de plus, jusqu'au 13 thermidor de la même année; on ignore ce qu'ils devinrent par la suite [3].

Les sept cadavres des officiers ou soldats de la Bastille étaient restés gisants sur la place de Grève; un peu après minuit, une patrouille bourgeoise, les apercevant comme par hasard, les transporta à la basse-geôle du Châtelet, qui était la Morgue d'alors. Quant aux têtes sanglantes, la populace les avait promenées triomphalement par les rues durant toute cette soirée, et apportées vers 11 heures à cette même basse-geôle; mais, par un raffinement inouï de cruauté, elle ne s'en était dessaisie qu'à la condition de les pouvoir reprendre quand le jour reparaîtrait; en effet, dès le lendemain matin, elle était venue les chercher, et ce n'est que le surlendemain 16 juillet, que ces débris informes avaient trouvé la sépulture dans un caveau de l'église Saint-Roch.

On a peine à croire à tant de barbarie; il nous en reste cependant des témoignages certains, inédits encore [4]. Si lugubres qu'ils soient, en dépit de leur sécheresse de procès-verbaux, il faut les citer, car ils appartiennent à l'histoire :

<blockquote>
L'an mil sept cent quatre-vingt-neuf, le mercredy quinze juillet, heure de minuit et demi [le greffier avait d'abord écrit minuit un quart], en notre Chambre du Châtelet de Paris, est comparu par devant nous, Gabriel Lucotte, avocat au Parlement, et François Beauvalet, tous deux conseillers du Roy, commissaires au Châtelet de Paris, Pierre-Nicolas Houdan, bourgeois et secrétaire de la Compagnie de l'arc de Paris, demeurant rue du Mouton, conduisant la patrouille bourgeoise du district de Saint-Jean en Grève, lequel nous a dit que, passant avec sa section à la place de Grève, ils ont apperçu au milieu de ladite place [5] sept cadavres, dont
</blockquote>

---

[1] Arch. nat. C 134, dossier 3.

[2] Ibid., dossier 5. A cet acte est jointe une lettre écrite sous la dictée de Tavernier, et qui n'est qu'un amas d'incohérences.

[3] A. Bégis, loc. cit.

[4] Il serait tout à fait injuste de ne pas dire que l'existence de ces témoignages nous a été révélée grâce à l'excellent *Répertoire général des sources manuscrites de l'histoire de Paris pendant la Révolution française* publié par M. A. Tuetey pour la Ville de Paris.

[5] D'après un autre document, également authentique, le corps de de Launey aurait été trouvé sur les marches de l'Hôtel de Ville : «Le 17 juillet 1789, un cadavre d'un particulier dépourvu de sa tête, trouvé mort sur les marches de l'Hôtel de Ville de Paris, et déposé le 14 dudit mois à la basse-geôle du Châtelet de Paris, ainsi qu'il appert

plusieurs sans tête, qu'il a engagé divers particuliers qui se trouvoient alors sur ladite place d'apporter lesdits cadavres au Châtelet; qu'ils viennent effectivement de les apporter sous son escorte dans la cour du Châtelet, à l'effet d'être statué ce qu'il appartiendroit, et a signé : HOUDAN.

Sur quoi, Nous, conseillers du Roy, commissaires susdits, avons donné acte audit sieur Houdan de sa déclaration, et étant ensuite descendus dans la cour du Châtelet, nous y avons trouvé sept cadavres du sexe masculin, le premier sans tête, vêtu d'un habit, veste, culote et bas de soye noire, avec chemise fine, n'ayant point de souliers; le second aussi sans tête, vêtu d'une veste de drap rouge, culote de nankin à boutons d'uniforme et bas de soye fond bleu et petites mouches noires; le troisième aussi sans tête, vêtu d'une chemise, une culote et des bas de fil blanc; dans l'intérieur de sa culote, sur le devant, se sont trouvées dix-sept pièces qui sont lettres missives dont partie sont adressées à M. Person, chevalier de l'ordre royal et militaire de Saint-Louis, capitaine d'invalides de la première classe, détaché à la Bastille, rue Saint-Antoine, n° 136, à Paris; copie de la lettre de M. Necker écrite à M. Reveillon, le premier juin dernier, et deux imprimés de ce qui s'est passé à deux séances aux États-Généraux; le quatrième aussi sans tête, vêtu d'une chemise ensanglantée, culote et bas noirs; le cinquième, vêtu d'une chemise, d'une culote bleue et de guêtres blanches, portant cheveux bruns, paraissant âgé de quarante ans et ayant le poignet en partie coupé et de fortes contusions à la gorge; le sixième, vêtu d'une culotte et de guêtres blanches, ayant de fortes contusions à la gorge, et le septième vêtu d'une chemise, culotte et bas de soye noire, entièrement défiguré.

Nous avons ensuite fait déposer lesdits cadavres à la basse-geôle du Châtelet pour y rester exposés suivant l'usage, et nous avons coté et paraphé lesdits papiers par première et dernière, lesquels sont restés ès-mains de M° Lucotte, l'un de nous, et avons signé ces présentes.....
LUCOTTE. — BEAUVALLET.

Et le seize dudit mois de juillet, audit an mil sept cent quatre-vingt-neuf, heure de midi, en l'hôtel et par devant nous, conseiller du Roi, commissaire susdit, est comparu Louis Perrin, domestique au service de M. Antoine-Jerosme de Losme de Salbray, capitaine de cavalerie, chevalier de l'ordre royal et militaire de Saint-Louis, ancien brigadier des gardes du corps du Roi, compagnie écossaise, et major de la Bastille. Lequel nous a dit que, s'étant rendu hier à la basse-geôle du Châtelet, il y a reconnu, à la basse-geôle, l'un des cadavres qui y sont déposés, vêtu d'une culotte de tricot de soie et bas de soie aussi noirs, ayant le visage fracturé et le corps couvert de coups de baillonnettes, pour être celui dudit sieur de Losme de Salbray, major de la Bastille, requérant que la remise lui en soit faite pour être enterré. Dont et de quoy il nous a fait la présente declaration, dont il nous a requis acte, à luy octroyé pour lui servir et valloir ce que de raison et a signé avec nous commissaire : Louis PERIN. — LUCOTTE. (Arch. nat. Y 14,604.)

Du 16 juillet 1789.

Sont comparus au greffe, M° Nicolas-Étienne-Édouard Evin de Princé, capitaine de cavalerie, par l'ordonnance de M. le lieutenant-criminel dattée comme dessus et signé Thory. — Le cadavre, dont l'extrait mortuaire est cy-dessus, est celui de M. Bernard-René Jourdan Delaunay, marquis de Launay, gouverneur de la Bastille. La presente mention faite par nous, avocat au Parlement, greffier de la chambre criminelle du Châtelet, en vertu de l'ordonnance de M. le lieutenant-criminel, de ce jourd'hui 28 mai 1790, rendue sur les conclusions du procureur du Roy. Signé : THORY. » (Bibl. nat. nouv. acq. franç. 3619, n° 5190, d'après les registres de l'hôpital Sainte-Catherine de Paris.)

officier de maréchaussée de l'Ile-de-France, demeurant à Bondy, et M° Jean-Nicolas Guillebert, ancien greffier de ladite maréchaussée; lesquels ont dit qu'ils viennent de parfaitement reconnaître cejourd'huy, à la basse-geôle du Châtelet, une tête, la première accrochée à droite, pour être celle du sieur Nicolas-Joseph Person, capitaine d'infanterie et lieutenant de la compagnie d'Invalides de la Bastille, chevalier de l'ordre royal militaire de Saint-Louis, demeurant rue Saint-Antoine, maison du sieur Moreau, marchand de fer, n° 136, dont le cadavre est désigné le troisième par le procès-verbal dressé par le commissaire Lucotte, le jourd'huy, et être l'un de ceux trouvés place de Grève; déclarant que ledit sieur Person était âgé de soixante-six ans ou environ, natif de Sommesous en Champagne, diocèse de Chalons [1]. De laquelle reconnoissance ils ont requis acte et ont signé [2].

Du 20 juillet 1789.

Sont comparus au greffe M. Louis Darcy, bourgeois de Paris, y demeurant, rue et paroisse Saint-André-des-Arts, sieur Laurent Jacquemet, chirurgien, demeurant rue du Temple, paroisse Saint-Nicolas-des-Champs, et sieur Thomas Malville, marchand tailleur, demeurant susdite rue du Temple, même paroisse; lesquels ont dit et déclaré que le jeudi 16 de ce mois, s'étant transportés à la basse-geôle de cette cour, ils y ont parfaitement reconnu, parmi les cadavres y déposés le quatorze dudit present mois, un cadavre et une tête pour être ceux de sieur Pierre-Joseph Miray, aide-major du château de la Bastille; qu'il étoit âgé de cinquante ans ou environ, natif d'Avignon, paroisse Saint-Agricole, demeurant audit château. Dont ils ont requis acte et ont signé [3].

Au commencement de l'année 1790, on l'a déjà vu [4], une procédure fut ouverte afin de rechercher les auteurs du meurtre des officiers de la Bastille; elle ne paraît avoir conclu à aucune poursuite, même contre Desnot; il nous en est, du moins, resté une trace précieuse dans les dépositions suivantes, recueillies le 21 avril 1790, par le commissaire au Châtelet, Adrien-Louis Carré :

Michel-Louis Nekare, âgé de quarante-trois ans, guichetier de la prison du Grand-Châtelet, y demeurant rue de l'Haumerie, paroisse Saint-Jacques de la Boucherie, lequel, après serment par luy fait de dire et de deposer vérité et nous avoir déclaré n'être parent, allié, serviteur ny domestique des parties et fait apparoir de l'exploit d'assignation à luy donné le jour d'hier par Fayel, huissier à verge audit Châtelet, lecture faite des procès-verbaux des faits y contenus, depose que, le mercredy quinze juillet dernier, il a vu apporter à la Basse-Geôle du Châtelet sept cadavres de sexe masculin, dont un sans tête, vêtu d'habit, veste et culotte et bas de soye noire; un second aussi sans tête, vêtu d'une veste de drap rouge; un troisième aussi sans tête, n'ayant qu'une chemise et une culotte; un quatrième aussi sans tête, en chemise ensanglantée, culotte et bas noirs; un cinquième, vêtu d'une chemise, culotte bleue et guêtres blanches; un

---

[1] Marne, arr. de Vitry-le-François.
[2] Arch. nat. Y 10,614, comparutions au Châtelet, à la date.
[3] Ibid., à la date.
[4] Notes 1 de la page 189 et 5 de la page 197. Un collaborateur de l'Intermédiaire s'est préoccupé de savoir s'il «a existé une procédure ordonnée par Louis XVI contre les auteurs de la prise de la Bastille», et il ajoute, mais sans indiquer ses références, que «le 28 août 1790, Mirabeau écrit à Lieutaud, commandant de la garde nationale de Marseille, que le Châtelet a commencé une information contre le 14 juillet». (Intermédiaire du 29 février 1892, col. 208.)

Ce renseignement confirme ceux que nous apportons ici sur le même sujet.

sixième de même et le septième défiguré, en chemise, culotte et bas de soye noire. Que celuy ayant culotte de nankin, dans laquelle le déposant a trouvé des papiers, a été annoncé être le cadavre de M. de Launay, gouverneur de la Bastille; un autre être celuy du sieur de Flesselles, prévôt des marchands; qu'un des camarades du déposant luy a dit avoir reçu deux têtes, qu'on a annoncé être celles des sieurs de Launay et de Flesselles; que, le lendemain, la populace est venue s'en emparer, et il a été dit au déposant que ces têtes avoient été mises au cimetière de Saint-Roch. Qui est tout ce qu'il a dit savoir. Lecture faite de sa déposition, a dit icelle contenir vérité, y a persisté, a requis salaire à luy taxé à trois livres, et a signé.

Antoine-Jacques Ancé, âgé de quarante-sept ans, fossoyeur des dames Sainte-Catherine, demeurant à Paris, rue des Lombards, paroisse Saint-Jacques de la Boucherie, lequel après serment..... depose que, le mercredy quinze juillet dernier, étant à la basse-geôle du Châtelet, il a reçu sept cadavres [du sexe] masculin, que la populace apportoit de la place de Grève; que quatre étoient sans tête, et l'un de ces quatre, vêtu d'une culotte de nankin, a été reconnu être le cadavre du sieur de Launay, gouverneur de la Bastille; un autre, vêtu de noir, celuy du sieur de Flesselles; qu'il a aussi vu apporter deux têtes vers les onze heures du soir, qu'on a dit être celles desdits sieurs de Launay et Flesselles, qu'on a aussi deposé, et que, le lendemain dès le matin, il a vu la même populace venir rechercher les têtes et les promener dans la ville; qui est tout ce qu'il a dit savoir.....

Jacques-Joseph Delsart, âgé de trente-sept ans, fossoyeur de Saint-Roch, demeurant à Paris, rue et paroisse Saint-Roch, lequel après serment..... depose que, le jeudy seize juillet dernier, vers sept heures du soir, il a vu des particuliers à luy inconnus, apporter dans un torchon enfilé dans un bâton, deux testes en l'église de Saint-Roch, à l'assemblée du district; que ces particuliers ont dénoué le paquet, ont pris ces deux testes par les cheveux et les ont montrées au public; qu'on annonça que ces têtes étoient celles des sieurs de Launay et de Flesselles; qu'on a dit qu'elles avoient été retirées de la basse-geôle et promenées dans les rues de Paris et dans différens districts et notamment dans celuy de Saint-Eustache; qu'aussitôt, le deposant a reçu les ordres de renfermer ces têtes, qu'il a mises dans une petite serre sur la tour du clocher de Saint-Roch; que la visitte de ces têtes a été faite, d'après notre ordonnance, par le chirurgien du Châtelet, et ensuitte le deposant les a enterrées dans le caveau de l'église Saint-Roch. Qui est tout ce qu'il a dit savoir.....

Jacques Le Rade, âgé de trente-quatre ans, garçon fossoyeur de Saint-Roch, demeurant rue des Moineaux, paroisse Saint-Roch, lequel après serment..... depose que, le jeudy seize juillet dernier, dans l'après midy, il a vu apporter dans l'église Saint-Roch deux testes qu'on avoit promené par la ville; qu'on annonça que ces deux testes étoient celles de M. de Launay, gouverneur de la Bastille, et l'autre celle de M. de Flesselles, prévôt des marchands; que les habitans qui etoient assemblés dans l'église demandèrent qu'on renfermât ces testes affin qu'on ne les promenast plus; qu'il les a deposées, avec le nommé Delsart, son camarade, dans une tour de l'église où elles ont été visitées par M. Salin, médecin du Châtelet, et ensuite enterrées dans le caveau de Saint-Roch. Qui est tout ce qu'il a dit savoir.....

Jean-Baptiste Martin, âgé de trente-huit ans, guichetier de la prison du Grand-Châtelet, demeurant rue du Marché Saint-Martin, paroisse Saint-Nicolas des Champs; lequel, après serment..... depose que, le mercredy quinze juillet dernier, vers huit heures du soir, il a vu apporter au guichet de la prison du Grand-Châtelet, par un grand nombre de populace, deux testes ensanglantées, dont l'une, au bout d'une fourche à trois piquants, luy a été déclarée être celle de M. de Launay, gouverneur de la Bastille, et l'autre, aussi au bout d'une pique, qu'on luy a dit être celle du major de la Bastille; que ces particuliers luy ont recommandé de les garder jusqu'au lendemain matin, disant qu'ils reviendroient les chercher, et l'un d'entre eux fit donner un reçu de ces testes au deposant, avec menaces que dans le cas où le deposant se refusoit à leur rendre le lendemain matin, ils prendroient la sienne à leur place; qu'effectivement, le lendemain vers les dix heures du matin, cette même populace revint avec le particulier qui luy avoit fait donner un reçu, et emportèrent ces testes à la basse-geôle du Châtelet, où ils les accrochèrent à des crampons de fer étant dans ladite basse-geôle. Qui est tout ce qu'il a dit savoir.....

Du mardy onze may mil sept cent quatre-vingt-dix, heure de midy, Nicolas Houdan, âgé de trente-neuf ans, receveur du bureau des ventilateurs, demeurant à Paris, rue du Mouton, paroisse Saint-Jean en Grève, dépose que, le quinze juillet de l'année dernière, étant à la tête d'une patrouille de la garde bourgeoise et passant sur la place de Grève et y ayant apperçu sept cadavres, dont plusieurs sans tête, il a engagé divers particuliers à les transporter à la basse-geôle du Châtelet; que ces particuliers s'y prêtèrent, et il les accompagna jusqu'au Châtelet, où il les fit deposer à ladite basse-geôle; qu'on dit qu'un de ces cadavres étoit celuy du sieur de Launay, gouverneur de la Bastille; un autre celuy du sieur de Flesselle, prevôt des marchands, et deux autres ceux de deux canonniers de la Bastille. Qui est tout ce qu'il a dit savoir..... [1].

Si l'on sait avec précision combien les assiégés avaient eu de morts pendant la journée du 14 juillet, il n'est pas moins intéressant d'établir le nombre de ceux qui périrent du côté des assaillants. Dans les éclaircissements qui accompagnent ses *Mémoires* [2], Dusaulx nous renseigne par les chiffres suivants :

    Morts sur la place.................................... 83
    Morts des suites de leurs blessures...................... 15
    Blessés................................................ 60
    Veuves................................................. 19
    Orphelins.............................................. 5

Mais aucun document officiel, si ce n'est pour les veuves et les orphelins, dont les noms figurent à la suite du tableau des vainqueurs de la Bastille [3], ne nous permet de contrôler cette assertion, et il faut se borner à l'enregistrer. Il semble bien, au reste, qu'on ait à peu près complètement oublié de rendre les derniers honneurs à ces quatre-vingt-dix-huit morts, sans doute fort obscurs. Le district des Minimes paraît être le seul à y avoir songé, assez tard d'ailleurs, car c'est le 27 août qu'il émit le vœu, et que les religieux du couvent des Minimes de la place Royale décidèrent de célébrer «sans exiger aucun honoraire, un service solennel en faveur des citoyens qui avoient perdu la vie à la prise de la Bastille [4]».

[1] Arch. nat. Y 11,286, 21 avril 1790.
[2] Page 447 de l'édition Berville et Barrière.
[3] Voir plus loin, p. 223.
[4] Arch. nat., LL 1566, fol. 237 r°.

Une indemnité matérielle était due aux défenseurs de la place, car tous avaient été victimes des événements de la journée, eux et leurs familles. Le 13 août, le Ministre de la maison du roi écrivait à quelques-uns d'entre eux d'attendre le moment prochain où le roi prendrait une décision [1] ; le 6 septembre, il les recommandait à la bienveillance de Necker, et plus spécialement du Puget, pour lequel il proposait une gratification de 3,000 livres destinée à l'indemniser de la perte de tous ses biens [2]. Le 1er novembre, le roi alloua aux officiers et employés de la Bastille (il ne s'agit que des officiers de la garnison, et non de l'état-major) une gratification de 12,000 livres [3], et, le 26 du même mois, M. de Sombreuil, gouverneur de l'Hôtel des Invalides, fut informé par le Ministre que les quatre-vingt-deux bas-officiers de la Bastille allaient recevoir la solde de haute-paye depuis le 1er mai jusqu'au 14 juillet [4]. Comme on le voit, Louis XVI ne tenait pas rigueur à la garnison d'avoir capitulé si aisément.

M$^{me}$ de Launey reçut une pension de 3,000 livres. Elle en fut informée le 11 décembre 1789, par la lettre suivante du comte de Saint-Priest, ministre de la maison du roi :

J'ai l'honneur, Madame, de vous informer que le Roi, instruit de vos malheurs et des pertes que vous avez éprouvées le 14 juillet dernier, a eu la bonté de vous accorder une pension de 3,000 livres, reversible par trois sur la tête de madame la baronne de Jumilhac, de madame d'Agay et de mademoiselle votre fille. Il sera nécessaire que vous fassiez informer au bureau de M. Jurieu, l'un des premiers commis de mon département, des formalités à remplir pour l'expédition des brevets qui doivent vous assurer, et à Mesdames vos filles, le payement de cette pension.

J'ay l'honneur, etc..... [5].

---

[1] Arch. nat. O$^1$ 500, p. 425.

[2] *Ibid.*, p. 485.

[3] *Extrait d'une décision du Roy en datte du 1er novembre 1789.*

«Sur les représentations faites au Roy par différens officiers ou employés du château de la Bastille pour obtenir une gratification à titre d'indemnité de la perte de leurs effets lors de l'événement du 14 juillet, Sa Majesté a eu la bonté de leur accorder une somme de 12,000#, laquelle a été distribuée entre eux au prorata de leurs pertes.

«Au bas de la feuille mise sous les yeux du Roy par M. Guignard, est écrit de la main de Sa Majesté, approuvé :

«Certifflé pour extrait de la decision du Roy, dont l'original est au bureau du département de l'intérieur. Signé : Delessart». (Arch. nat. C$^{35}$, n° 298$^6$.)

[4] Arch. nat. O$^1$ 500, p. 568.

[5] *Ibid.*, p. 595-596. — On aurait dû, sans aucun doute, restituer à M$^{me}$ de Launey les objets appartenant personnellement à son mari, tels que sa croix, son épée, son testament et ses papiers privés. Il n'en fut rien : le Comité de l'Hôtel de Ville les retint, pour un examen futur, qui ne fut pas fait, d'ailleurs; les bijoux furent transmis au Comité de police, et les papiers, fort nombreux, réunis aux archives de la Bastille, où ils sont encore.(N°$^s$ 319, 321-327 du tome I du *Répertoire général des sources manuscrites de l'Histoire de Paris pendant la Révolution française*, de M. A. Tuetey, et 12,630-12,671 du *Catalogue des Archives de la Bastille*, de M. Funck-Brentano.)

D'autre part, notre savant confrère, M. Étienne

ÉVÉNEMENTS HISTORIQUES. 203

Le même jour, des lettres aux formules à peu près identiques furent adressées : à du Puget, pour lui annoncer l'inscription à son nom d'une pension de 4,000 livres; à M^me Miray, veuve de l'ancien aide-major, gratifiée d'une pension de 600 livres; à l'abbé Faverly, chapelain ordinaire, pour la même somme, et enfin aux abbés Duquesne, Mac-Mahon et Fosserier, aumôniers, à chacun desquels était allouée une pension de 500 livres[1].

Du Puget paraît être le seul à n'avoir pas été satisfait de l'indemnité qu'il recevait. Bien qu'il lui ait été remis en outre, le 9 décembre 1789, une gratification spéciale de 4,000 livres[2], il insistait, au mois d'avril suivant, devant les Commissaires du Châtelet, sur «sa triste situation», sa place perdue, ses effets pillés, 50,000 francs en argent volés, et réclamait le remboursement de son cautionnement, s'élevant à 26,803 livres[3]. Mais le Châtelet fut supprimé peu de mois après, et il ne paraît pas qu'aucune autre suite ait été donnée aux réclamations du dernier lieutenant de roi de la Bastille.

Charavay, a bien voulu nous laisser prendre copie de la pièce suivante, qui fait partie de sa collection particulière :

«*Déclaration du s^r Fanfar, relatif à l'argent de Delaunay.*

«Je soussigné, l'un des porte-clefs du château de la Bastille, m'étant transporté aujourd'hui au bureau établi au Comité de la Culture-Sainte-Catherine pour la direction de la Bastille, sur le requisitoire de messieurs composant ledit bureau, pour leur donner connaissance de l'argent qu'ils ont apris avoir été transporté de la Bastille, aussitôt sa prise, et qui appartenoient à M. Delaunay,

Declare qu'aussitôt la prise de la Bastille et celle de M. Delaunay, j'ai fait conduire et porter au greffe de la Ville plusieurs sacs d'argent que m'avait confié M. Delaunay et qui, suivant lui, devoient renfermer huit mille livres, lesquels sacs j'ai accompagné au greffe, que present à l'ouverture desdits sacs, il en a été tiré une montre d'or qui m'a paru enrichie de diamants, que le tout est resté en dépôt au greffe du Bureau de l'Hôtel de Ville. — En foi de quoi j'ai signé le present certificat. — Paris, le 29 juillet 1789. Signé Fanfart. — Pour copie sur l'original confié à la commission du 13 frimaire par le Comité civil, le 17 ventôse an III de la République.» *(Suivent six signatures.)*

[1] Arch. nat. O^1 500, p. 596-597.
[2] *Ibid.*, p. 599.
[3] A. Tuetey, *Répertoire général des sources manuscrites de l'Histoire de Paris*......, ouv. cité, t. I, n^os 303 et 304.

# APPENDICES.

## I

### JOURNÉES DES 15 ET 16 JUILLET.

La soirée du 14 juillet s'acheva dans le vertige de la victoire populaire. Durant la nuit seulement, l'Assemblée des Électeurs prit des mesures pour la garde de la forteresse abandonnée, et le marquis de La Salle, qui avait été institué, le jour même, commandant en chef de la milice parisienne, nomma Soulès, l'un des Électeurs[1], commandant de la Bastille. C'est à minuit environ que Soulès quitta l'Hôtel de Ville pour se rendre à son poste, et nous allons résumer la longue relation qu'il fit, trois jours après, à l'Assemblée, des obstacles auxquels il allait se heurter dans l'accomplissement de son mandat[2]. En passant au siège du district de Saint-Paul, il fut informé que la Bastille était déjà occupée par cent cinquante gardes françaises, ayant à leur tête le «chevalier de Laizert»[3], officier aux gardes; il s'y rendit aussitôt et montra sa commission au chevalier; mais celui-ci refusa de se retirer, déclarant d'ailleurs «qu'il n'avoit pas de commission, qu'il tenoit la Place pour lui et pour le bien public, et qu'il la défendroit jusqu'à la dernière extrémité». Soulès attendit jusqu'à 3 heures du matin, au petit jour, pour faire une nouvelle sommation, qui fut suivie du même refus; alors, il fit battre la générale, et après avoir lu à haute voix sa commission, il demanda aux soldats s'ils entendaient obéir à la Commune ou au chevalier de Laizer; ils répondirent «unanimement qu'ils étaient aux ordres de la Ville et le reconnaissaient, lui, M. Soulès, pour commandant du fort...» Soulès aurait pu, dès lors, faire expulser Laizer; sûr désormais de son autorité, il le garda avec lui et l'entente aurait duré si, peu d'instants après, le nouveau commandant n'eût rencontré, «sortant des souterrains», un homme dont l'attitude a été bien singulière et peu honorable pendant ces journées, nous voulons parler de Beaumarchais. L'illustre écrivain avait été introduit dans la place par le chevalier de Laizer, et l'on est assuré qu'il n'y était venu que pour choisir à son aise parmi les papiers de la Bastille ceux qui étaient le plus à sa convenance[4]. Une explication en résulta entre Soulès et Laizer, et elle fut si vive que ce dernier se vit expulsé du château par ses propres soldats.

L'autorité de Soulès allait être encore une fois méconnue. Dans cette même matinée du 15 juillet, apparut un certain «M. de Bottetidou[5], suppléant de Bretagne à l'Assemblée natio-

---

[1] Soulès figure sur la liste des Électeurs parmi les représentants du district des Minimes et est qualifié «bourgeois de Paris».

[2] Cette relation, datée du 18 juillet, occupe les pages 137-148 du tome II du *Procès-verbal de l'Assemblée des Électeurs*.

[3] Telles sont l'orthographe et la qualité fournies par la relation; le nom de ce personnage s'écrit plus habituellement Laizer; l'*État militaire de la France* pour l'année 1789 mentionne (p. 119) le «marquis de Laizer» parmi les lieutenants en second.

[4] Le fait est d'autant plus certain que Beaumarchais dut plus tard avouer son vol et le restituer. Cf. l'introduction au *Catalogue des Archives de la Bastille*, par M. Funck-Brentano, p. 41.

[5] Ledeist de Boutidoux, voir p. 185.

nale et se disant aide de camp du marquis de la Salle», qui se présentait avec l'autorisation de «s'emparer de la Bastille». De La Salle avait oublié, en lui donnant cette mission, qu'il l'avait déjà confiée à un autre. Il fallut de nouveaux pourparlers, au cours desquels le château fut envahi par la populace : «dix mille âmes pillant et saccageant tout», dit naïvement Soulès. On plaça en toute hâte des sentinelles pour protéger les papiers, mais beaucoup d'entre eux furent à ce moment-là détruits ou dérobés. Bien plus, «un nommé M. Danton, se disant capitaine d'une garde bourgeoise du district des Cordeliers», fit à son tour invasion; il mit la main sur Soulès, le conduisit à son district, puis à l'Hôtel de Ville, proclamant qu'il venait d'arrêter le «gouverneur de la Bastille». C'est la première fois que Danton joue un rôle dans les événements de la Révolution, et il faut convenir que c'était mal débuter. Il fallut l'intervention la plus énergique de La Fayette et du marquis de La Salle pour que Soulès ne subît pas alors le même sort que de Launey. Il n'y eut plus, dès lors, de «commandant de la Bastille», et pendant ces deux jours le château n'en fut que mieux gardé par les chevaliers de l'Arquebuse et les clercs de la Basoche[1]. Le 18 juillet, l'Assemblée des Électeurs décida que cette garde serait faite désormais par soixante-dix hommes : dix gardes françaises et soixante citoyens fournis par tous les districts, et qu'on la relèverait chaque jour, mais déjà la démolition était ordonnée et, comme nous allons le dire, entreprise.

## II

### DÉMOLITION DE LA BASTILLE.

Dès que le Comité permanent siégeant à l'Hôtel de Ville eut appris que le peuple parisien s'était rendu maître de la Bastille, il jugea que l'édifice et tout ce qu'il pouvait renfermer lui appartenait. De Versailles, ni la Cour, ni le ministère de la maison du roi n'élevèrent la moindre objection et ne songèrent en aucune façon à revendiquer la possession d'un monument qui, cependant, avait été construit et toujours entretenu aux frais du trésor royal. Aussi est-ce en toute légalité et par voie administrative que l'Assemblée des Électeurs prit, au matin du 16 juillet, les dispositions suivantes :

La Bastille sera démolie sans perte de tems, après une visite par deux architectes chargés de diriger l'opération de la démolition, sous le commandement de M. le marquis Delasalle, chargé des mesures nécessaires pour prevenir les accidens.

Et pour la notification de la presente ordonnance, quatre electeurs auxquels les deputés à l'Assemblée nationale actuellement presens à l'Hôtel de Ville seront invités de se joindre, se transporteront sur le champ à la Bastille. Et sera la presente ordonnance lue, publiée et affichée [2].

La notification fut faite aussitôt, ainsi que l'atteste ce procès-verbal :

Nous soussignés, électeurs de la Ville de Paris, certifions que, ce jourd'hui seize juillet 1789, onze heures du matin, en exécution de l'ordonnance rendue une heure auparavant, nous avons procédé à la proclamation de ladite ordonnance dans les différentes rues et carrefours de la ville, autour du château de la Bastille, et nottamment à la place de l'ancienne porte et dans les carrefours du faubourg Saint-Antoine, le tout fait en présence et accompagnés des tambours de la ville et d'une escorte de la milice citoyenne. Fait ledit jour et an. Signé : Thuriot de la Rosière, 1ᵉʳ électeur du district de Saint-Louis-la-Culture; Picard, 1ᵉʳ électeur du district des Blancs-Manteaux; Pluvinet, député suppléant et président du district Sᵗᵉ Elizabeth; Lefebvre de Corbinières, électeur du district des Petits Pères [3].

[1] Dusaulx, l'*Œuvre des sept Jours*, ouvrage cité. — [2] Archives nationales, musée, n° 1111, provenant de C, S 3, 4. — [3] *Ibid.*, C 134.

**DEMOLITION DE LA BASTILLE**

le Vendredi 17 Juillet 1789; jour à jamais mémorable, par l'Auguste confiance de Louis XVI envers sa bonne Ville de Paris. M.rs les Députés de la Noblesse du nombre desquels était M.r le M.is de Lusignan se transporterent sur les plattes formes de la Bastille dont on avoit demoli les Creneaux des Tours, ainsi que les petites Cahutes. Ces généreux Citoyens souleverent eux mêmes plusieurs pierres et secondés par les ouvriers ils les jetterent dans les Decombres, en invitant le peuple Français a continuer la Demolition de cette horrible prison, qui fut commencée sous Charles V en 1369, achevée en 1383, prise le 14 Juillet 1789; et Demolie aussitot aprés sa prise.

A Paris chez Demy Graveur rue des Noyers prés celle S.t Jacques N.o 34.

# APPENDICES.

Le lendemain 17 juillet, le Comité permanent nomma les commissaires chargés de diriger les travaux de la démolition :

Nous constituons architectes du Comité, à l'effet de procéder à la démolition de la Bastille et d'en diriger les travaux : Messieurs Poyet, architecte de la ville, de la Poize, architecte, Jallier de Savault, architecte pensionné du Roy et de Montizon, architecte, électeurs. Fait à l'Hôtel de Ville pour duplicata de l'ordonnance du 16 juillet 1789. Ce 17 du mois. Signé : La Fayette, Dumangin, membre du Comité, Vermeil, Hion, membre du Comité, Fauchet, Deleutre, Samon, membre du Comité, Sageret, échevin, Lagrené, membre du Comité, Boucher, Chignard, Bailly, maire, le chevalier de Caussidière, major général de la milice parisienne, Gouilly, membre du Comité, Brohon, et M. le marquis de la Salle. Visé par le Comité militaire : le marquis de la Salle [1].

On est surpris de n'avoir pas encore rencontré le seul nom que l'on s'attende à trouver à propos de la démolition de la Bastille, celui du «patriote» Palloy, maître maçon de son état. Nous consacrons plus loin une note spéciale à ce personnage singulier et à son existence si mouvementée ; il ne s'agit ici que de la destruction de la forteresse, et si, le surlendemain de la victoire, il ne figure pas encore dans les actes officiels, on n'en a pas moins la certitude qu'il les avait déjà devancés et, en réalité, provoqués. Voici, en effet, la lettre qu'il adressait, le 16 juillet au matin, au corps électoral siégeant à la Ville :

Messieurs,

C'est au corps des Électeurs assemblés, c'est à M. Dussault à qui je m'adresse pour qu'il se rappelle que je lui ai dit qu'il n'y avoit pas besoin de catapulte pour prendre la Bastille, et encore moins d'instruments pour machiner sa destruction ; il ne faut que des bras pour continuer à mettre bas ce colosse. J'ose assurer l'Assemblée que les traits [sic, pour traîtres] ne tarderont pas à disparaître, que tout le monde s'empresse d'y mettre la main, bourgeois, artistes, ouvriers, mais je les préviens que je vois aussi beaucoup de scelerats et de nos ennemis : je vois ceux qui ont demoli les creneaux pour baisser l'affut des canons ; j'y ai vu l'architecte de la Ville, qui n'y a pas nui, car il n'a eut que le tems de paraître et disparaître, le soupçonnant un traitre ; peu s'en fallu que M. La Tour ne luy fasse passer le goût du pain, sans l'interruption par la proclamation que vous avez envoyé annoncer par M. de la Poize, un de vos membres, électeur, en habit rouge, le même qui est venu pour faire enlever des poudres ; il profita de ce moment pour echaper.

Je vous peux assurer, Messieurs, que mon intention est de ne pas quitter jusqu'à ce que j'ais la satisfaction de voir la dernière pierre arrachée, et tel est le vœu général du peuple, car ils sont après comme des acharnés. J'ai plus d'ouvriers que je n'en veux, ce qui me fait craindre d'avoir des contestations lorsque je ferai la paye.

Je vous prie donc, Messieurs, de vouloir bien joindre à votre proclamation un ordre de continuer la demolition. Si vous me croyez capable d'exercer mon courage, je vous puis assurer de mon exactitude, de ma fermeté et de mon dévouement que je mettrai à cette besogne, la regardant en ce moment comme le chef-d'œuvre de notre conquête, et soyez assuré que je serai toujours ferme et inébranlable, et pour la vie je m'engage à ne signer que : PALLOY, patriote [2].

L'animosité dont Palloy fait preuve contre Poyet, architecte de la ville, préposé, comme nous l'avons vu, à la surveillance de la démolition, éclatera encore à plusieurs reprises. Le 22 juillet suivant, il protestera de nouveau contre ce choix, par une lettre adressée à Bailly : c'est, dit-il, «un ancien agent de Breteuil,... un espion;... il avait le mot du guet avec les ministres ; il est même payé, j'en répondrais volontiers, pour nous trahir, car la dernière fois

---

[1] Arch. nat., musée, n° 1111, provenant de C 134.
[2] Bibl. nat. ms. nouv. acq. franç. 2811, fol. 21 r°. Ce recueil, comme plusieurs autres des nouvelles acquisitions françaises de la Bibliothèque nationale, que nous aurons occasion de citer, a été formé par Palloy avec les papiers officiels de la démolition.

qu'il vint sur les tours de la Bastille, il étoit si bien connu pour être un traître, ayant été aperçu lors de l'attaque de ce fort, qu'il faisoit baisser les créneaux pour faciliter l'effet des canons et les disposer à tirer sur le peuple; aussi, sans moi, il aurait été pendu, et sa tête auroit satisfait la juste fureur du peuple.....[1]» Il est vrai que Poyet avait exercé les fonctions d'architecte du château depuis l'année 1785 jusqu'à la fin[2], mais rien ne confirme les autres accusations, et Palloy dut se résigner à subir un contrôle qui lui déplaisait tant, pendant toute la durée des travaux.

Le même élan qui avait si bien servi pour la prise de la Bastille se continua, au moins les premiers jours, pour sa destruction. Une estampe, datée du 17 juillet, représente des membres du clergé et de la noblesse se mêlant à la bourgeoisie et aux ouvriers pour jeter bas les tours de la vieille forteresse[3], et il ne faut peut-être pas y voir seulement l'image d'un symbole.

On imagine aisément quelle devait être l'affluence des curieux : il fallut des ordres pour empêcher qu'on ne laissât entrer «sans permission expresse». Le 19 juillet, Vieillard, premier sergent des gardes, avait adressé le rapport suivant au Comité : «Il seroit nécessaire d'envoyer une garde bourgeoise pour garder les dehors de la grille, afin de pouvoir éloigner la foule qui se présentera. Hier, 18, la garnison que je commande fut forcée par la milice bourgeoise, ce qui occasionna un désordre[4].» Sur le revers de cartes à jouer, on imprima grossièrement des laissez-passer pour les entrepreneurs, inspecteurs, employés et ouvriers de la démolition[5] :

DÉMOLITION DE LA BASTILLE.

MAÇON.

Les ouvriers faisaient le trafic de ces cartes, qu'ils cédaient aux curieux, et Palloy déclare qu'il lui fut impossible de l'en empêcher. «Ils ont dû recevoir ainsi, ajoute-t-il, plus de 40,000[tt], tant la curiosité des citoyens des provinces et de l'étranger étoit grande.» Quant à lui, il se réservait l'exploitation des pierres[6], mais nous verrons qu'il n'y chercha que la gloire, sans pouvoir d'ailleurs l'obtenir.

Le 19 juillet, les architectes chargés de la surveillance demandèrent à l'Assemblée des Électeurs s'il valait mieux procéder à la démolition avec célérité (c'est-à-dire sans doute à l'aide de la mine) ou avec ménagements, c'est-à-dire en détériorant le moins possible les matériaux; l'Assemblée se prononça pour la célérité; elle déclara, d'ailleurs, applaudir à leur zèle et leur donner tous pouvoirs nécessaires[7].

Palloy avait organisé une équipe d'ouvriers au nombre d'environ 600 : le commis d'atelier y était payé 3 livres par jour; le garçon de bureau, 2 livres; les chefs, 45 sous; les sous-chefs,

---

[1] Bibl. nat., ms. nouv. acq. fr. 2811, fol. 41-44.

[2] Voir plus haut, p. 44. On trouvera aux Archives nat., C 35, n° 298¹, la copie du brevet de cette nomination, à la date du 28 septembre 1785.

[3] Bibl. nat. dép. des Estampes, Topogr. de la France, quartier Saint-Antoine, et cartons de la Bibliothèque de la ville de Paris.

[4] Arch. nat., C 134, dossier 7.

[5] Bibl. nat. ms. nouv. acq. franç. 2811, p. 35.

[6] Le 14 août, Palloy obtint un arrêté de l'Assemblée des Électeurs, ordonnant la vente de tous les matériaux de la Bastille, «les pierres exceptées». (Archives nationales, H 1960, d'après le *Répertoire* déjà cité de M. Tuetey, t. I, n° 481.)

[7] Arch. nat. C 134, dossier 7, et *Procès-verbal de l'Assemblée des Électeurs*, t. II, p. 175.

40 sous; les compagnons, 36 sous, et les garçons (manœuvres), 26 sous. Chaque semaine se réglait par une dépense variant entre sept mille et onze mille livres [1].

Dès lors, les travaux se poursuivirent sans interruption. Quelques incidents se produisirent : le 14 août, on découvrit plusieurs boulets encastrés dans l'épaisseur de la tour de la Comté, et ce fut une occasion de les présenter solennellement à La Fayette; on se persuada qu'ils devaient provenir du combat de 1652 entre les troupes de Turenne et celles de Condé [2], mais nous avons dit déjà qu'ils dataient plus vraisemblablement du siège de 1649. Il fut aussi question de rechercher si un passage souterrain ne reliait pas la Bastille au donjon de Vincennes, et l'on se rendit compte qu'il n'en existait pas [3]. En revanche, la découverte d'un certain nombre de squelettes dans les casemates du bastion détermina, au commencement de mai 1790, une grande émotion parmi les membres du Comité de Saint-Louis-la-Culture; ils déclarèrent «qu'il étoit avantageux que le public fût instruit de la tyrannie cruelle qui s'est si souvent exercée dans cette affreuse prison», et qu'il serait envoyé une copie du procès-verbal «à M. le Président de l'Assemblée nationale; une autre à M. le maire pour être déposée dans les archives de l'Hôtel de Ville, et qu'il en seroit imprimé un nombre suffisant pour envoyer aux cinquante-neuf districts, et partout où besoin seroit [4]». Nous avons expliqué qu'il s'agissait des corps de quelques protestants, inhumés là, en terre profane, pour être morts sans avoir accepté la confession catholique.

A la fin de l'année 1789, bien que la démolition fût loin d'être achevée, on licencia un certain nombre d'ouvriers des chantiers de la Bastille; ceux qui étaient venus de la Beauce, et notamment de la région qu'administrait encore le subdélégué d'Étampes, furent reconduits dans leurs foyers avec un passeport et une indemnité correspondant à trois sous par lieue parcourue [5]. L'opération coûtait fort cher [6], et, malgré la vente ou l'emploi par la Ville des matériaux utilisables, on ne savait trop sur quels crédits en régler les frais.

En prenant l'initiative de la démolition de la Bastille, la municipalité n'avait pas entendu supporter la charge de cette dépense, mais seulement en faire l'avance. Au mois d'octobre 1790, elle en réclama le remboursement à l'Assemblée Constituante.

Barère de Vieuzac, député de Bigorre, fut chargé d'étudier la question et présenta le rapport suivant :

La Bastille, ce monument affreux du despotisme, a disparu sous les efforts des mains généreuses des braves Parisiens; son enceinte, souillée par tant de crimes et de forfaits ministériels, a été purifiée par la fête de la Liberté, et l'on a vu avec plaisir les citoyens de toute la France ne faire qu'un peuple de frères. Ce n'étoit pas assez de l'arracher aux tirans; il falloit en renverser jusqu'aux fondements pour leur ôter tout espoir d'en faire encore un jour l'instrument de leur vengeance. C'est sous les yeux de l'Assemblée nationale, c'est sous l'inspection de la municipalité de Paris que sont tombées, sous des mains libres, ces murs orgueilleux, la honte et l'effroi de la France. Des pères de famille, des artistes, des citoyens de tous les états, forcés par la loi impérieuse du besoin et par les circonstances malheureusement inévitables d'une grande révolution, ont travaillé à cette démolition. Ils ont reçu, pour faire subsister leur famille, un salaire

---

[1] On trouvera dans le ms. 11,736 du fonds français de la Bibliothèque nationale les états de ces dépenses jusqu'au mois d'octobre 1790.

[2] Voir p. 172, note 2. La relation de cette découverte a été publiée dans le *Journal de Paris* du 26 août 1789.

[3] Bibl. nat. ms. nouv. acq. franç. 2811, fol. 47.

[4] G. Lecocq, *ouv. cité*, p. 92-105.

[5] Bibl. nat. ms. fonds franç. 11,736.

[6] Dès le 18 août, le «Comité provisoire d'administration générale de la Ville» se préoccupait d'en modérer la dépense : «Sur l'observation faite qu'il seroit nécessaire de s'occuper des moyens d'économie relativement à la démolition de la Bastille et au transport des matériaux qui en proviennent, le Comité a arrêté que M. Palloy seroit invité à se trouver ce jourd'huy à six heures du soir au Comité pour y être entendu, et en conséquence, qu'expédition du présent arrêté sera à l'instant envoyée audit sieur Palloy.» (Bibl. de la Ville de Paris, ms. 10,441, dossier des papiers de Palloy.)

honorable, que la municipalité de Paris a eu soin de leur faire payer avec la plus scrupuleuse exactitude ; et ce zèle généreux mérite les plus grands éloges. Cependant la diminution sensible des revenus de la municipalité, l'augmentation de ses dépenses, la troupe du centre, sa police, la garde même qui veille à la sûreté de l'Assemblée, les secours des atteliers de charité, etc., la mettent dans un état de pénurie extrême ; elle ose réclamer la rentrée des fonds qui ont servi à cette dépense. Des raisons appuyées sur la justice et même sur les decrets de l'Assemblée autorisent les prétentions de la municipalité. Les biens nationaux sont à la Nation ; la Bastille étoit (je n'ose le dire) un bien national ; mais le terrain sur lequel elle étoit placée, ainsi que les matériaux, font une partie du domaine public. Ainsi, c'est à la Nation à porter cette dépense de plus. Ces travaux ont amélioré le fond et en ont facilité la vente. Or, pour aliéner les terrains de la Bastille, il falloit la démolir. Les rapports d'une nécessité évidente viennent à l'appuy de ces considérations : ce n'est pas ici une spéculation, c'est un projet d'économie, c'est une destruction politique, c'est un acte vraiment révolutionnaire puisqu'il a servi à renverser les tyrans ; c'est un évènement national qui est la suite nécessaire de la sainte insurrection du 14 juillet. Ainsi, la démolition de la Bastille tourne au profit de la Nation, à l'honneur de sa liberté, pour laquelle elle a fait les premiers et les plus nobles efforts. Les frais de la démolition montent à 568,143$^{lt}$ 13 s. 3 d. La municipalité a déjà vendu pour 75,243$^{lt}$ en recouvrement ; le reste des matériaux se porte, suivant l'estimation des experts, à 254,999$^{lt}$ ; par conséquent, les frais de la démolition sont réduits à 237,901$^{lt}$ 13 s. 3 d., qu'il sera facile de recouvrer par la vente des terrains, si l'Assemblée n'aime mieux y placer un monument qui porteroit le titre de la place de la Liberté.

L'orateur a soumis ensuite ce projet de décret, qui a été adopté :

*Décret qui ordonne que la démolition de la Bastille sera aux frais de la Nation.*

Du 6 octobre 1790.

L'Assemblée nationale, après avoir entendu ses comités des domaines et des finances, a décrété qu'il sera payé à la municipalité de Paris, pour la caisse chargée de recevoir les revenus et le produit des ventes des biens nationaux situés dans l'étendue du district de Paris, la somme de 568,143$^{lt}$ 13 s. 3 d., en remboursement des dépenses qui ont été faites pour les travaux de la démolition de la Bastille, sur laquelle sera déduite celle de 41,243$^{lt}$ 17 s. qu'elle a reçue pour la vente d'une partie des matériaux provenant de ladite démolition, à la charge de verser successivement dans ladite caisse le prix des matériaux restans, qu'elle est autorisée à vendre au profit de la nation, et le montant des sommes en recouvrement à raison de cette vente. Décrète en outre que la municipalité de Paris fera cesser les travaux de la Bastille huitaine après la publication du présent décret[1].

A ce rapport sont annexées d'intéressantes observations de Vienne, inspecteur des travaux de la Bastille, sur les diverses phases de la démolition :

*Observations de M. Vienne.*

Du 1$^{er}$ novembre 1790.

L'Assemblée nationale a bien pu voir que la Bastille a coûté et coûtera jusqu'à ce jour environ 600,000$^{lt}$, mais on l'a trompée si on lui a dit que des experts ont trouvé que le produit de la vente ira à 330,243$^{lt}$ ; car, suivant le calcul cy-après, il ne peut aller au plus à 172,000$^{lt}$, et suivant les déprédations déclarées par les ouvriers, ce produit n'excédera pas 150,000$^{lt}$.

Le 14 juillet 1789, la Bastille avoit de hauteur 74 assises jusqu'au pavé du pont-levis ; ce qui, en pieds, formoit 73 pieds, 9°,6 lignes, et de profondeur au terrain actuel des fossés, 16 assises faisant

---

[1] Arch. nat. F$^{(1)}$ 1242. Cette liasse, exclusivement composée des papiers relatifs à la démolition de la Bastille, contient, outre ce rapport, des états de payement qui font double emploi avec ceux des manuscrits français 11,736, nouvelles acquisitions 2811, 3241 et 3242 de la Bibliothèque nationale, provenant de Palloy.

LA BASTILLE

MÉDAILLES DE LA PRISE DE LA BASTILLE
(Musée de la Monnaie)

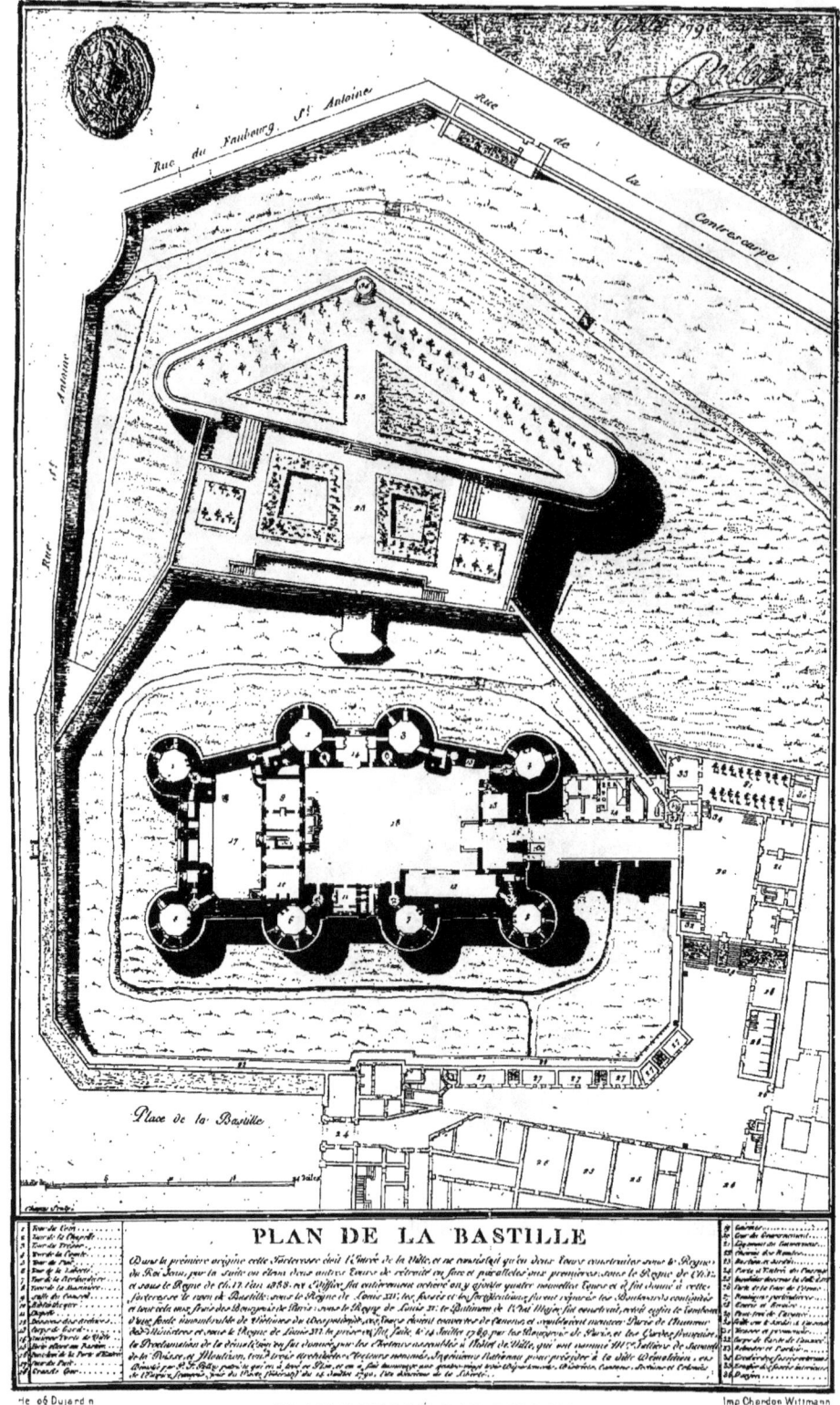

16 pieds, 6°. Le pourtour exterieur des huit tours et de leurs côtés étoit de 160 toises sur 6 pieds, 9 pieds et 12 pieds, ce qui faisoit, en épaisseur moyenne, 1 toise 1/2, ou 9 pieds.

J'ai fait sonder la profondeur des tours, mais je n'ai pu découvrir l'empatement; après avoir fait creuser à 4 pieds en contrebas, on a découvert 4 assises, toujours en pierre dure; l'eau a gagné et on n'a pu aller à plus de profondeur.

En novembre 1789, la Bastille est démolie jusqu'à la soixante neuvième assise réduite, le bastion démoli jusqu'au cordon, quantité de murs en entier, la maison du Gouverneur et les cuisines, en entier, l'état-major aux trois quarts, les petites maisons des particuliers contre les murs de la cour en entier. Enfin, on a fait un fossé à la casematte du magasin à poudre et autres ouvrages de terrasse dans les fossés.

Et la dépense, à cette époque, pour les menuisiers, charpentiers, charrons, couvreurs, serruriers, tant pour journées que pour fournisseurs de masses, coins, pinces, brouettes, camions, cordages, échelles, que d'autres objets, tels que les fossés faits à la casematte du magasin à poudre, etc., montoit à la somme de 24,000$^{tt}$; et pour les journées d'ouvriers employés à la démolition des pierres et moilons et au transport des gravas dans les fossés, y compris les honoraires des inspecteurs, les appointemens des garde et sous-garde magazinier, des commis et sous-commis, des écrivains et sous-écrivains, enfin d'autres personnes placées par recommandation, la dépense montoit à 116,000 livres, ce qui faisoit une dépense totale de 140,000 livres. La vente publique des plombs, fers, thuiles, ardoises, bois de charpente, de menuiserie et autres, etc., a produit en recette 40,000 livres; il y avoit, en plusieurs toisés numérotés en chiffres rouges, y compris ce qui a été fourni à differens entrepreneurs, suivant le mandat à eux délivré par les sieurs Jaillier, Cellerier et autres, la quantité de 1,700 toises cubes dont 1,300 pour la Bastille, et 300 pour les autres démolitions adjacentes, savoir : 700 toises cubes de pierres évaluées à 80 livres... 56,000 livres.
1,000 toises cubes de moilon évaluées à 36 livres............................ 36,000
non compris des dalles, marches d'escalier et autres belles pierres mises de côté et non entoisées; plus 350 voitures de plâtras mêlés de moilons, le tout enlevé, le soir, par les voitures du sieur Palois, commis à la paye.

Total de la dépense.................................. 140,000 livres.
Total du produit à faire........................... 132,000

Le produit, à cette époque, égaloit à peu près la dépense et c'étoit beaucoup en tirer dans ces tems de desordre et de la licence la plus effrénée, où le s$^r$ Vienne a couru risque vingt fois de la vie, pour avoir refusé de donner les mains à des malversations, et pour avoir été soupçonné d'avoir renouvellé le projet suivant de mettre le restant de la démolition en adjudication.

Certifié ce rapport vrai. VIENNE [1].

Vienne proposait, en conséquence, d'adjuger aux ouvriers mêmes, associés pour cette coopération, l'achèvement des travaux de démolition. Il y trouvait l'avantage de réduire le nombre des travailleurs, d'élever leur salaire de 30 sous à deux francs dix sous et d'obtenir une recette de 30,000 livres, égale à la dépense. Ce projet ne fut pas adopté, et la démolition se poursuivit, désormais, aux frais de la Ville jusqu'à l'arrêté de la municipalité, en date du 6 mai 1792, aux termes duquel «à compter de lundi prochain, huit du mois, les differents ateliers établis à la Bastille seront supprimés [2]». A cette date, la dépense totale avait atteint 943,769 livres 1 denier, savoir : 595,787 livres 19 sous 5 deniers, somme payée par le «trésor national» depuis le 15 juillet 1789 jusqu'au 16 octobre 1790, et 347,981 livres, 8 deniers, somme payée par la municipalité depuis le décret du 8 octobre 1790 jusqu'au 21 mai 1791 [3].

Néanmoins la démolition n'était pas encore achevée, puisque, à la séance de l'Assemblée Législative du 16 juin 1792, séance dont nous aurons à reparler, un membre demanda «qu'on achevât de démolir les tours de la Bastille» par les soins de Palloy, sous le contrôle de la municipalité [4].

[1] Arch. nat. F$^{13}$ 1242.
[2] Bibl. de la Ville de Paris, dossier 10,441.
[3] Bibl. nat. ms. nouv. acq. franç. 2811, fol. 34 bis.
[4] *Procès-verbaux du Comité d'instruction publique de l'Assemblée Législative*, publiés et annotés par J. Guillaume; Paris, 1889, in-8$^e$, p. 335.

## III

### UTILISATION DES MATÉRIAUX.

L'immense quantité de matériaux que fournissait la destruction de la Bastille fut utilisée pour des travaux publics ou particuliers, et nous venons de voir, par les rapports de Barère de Vieuzac et de Vienne, que la Ville avait, de ce chef, remboursé à l'État plus de 40,000 livres. Ce n'est pas le lieu de parler des pierres dont Palloy fit, suivant son expression, «de petites Bastilles»; si nombreuses qu'aient été ces reproductions, elles ne comptent réellement pas quand on les compare à ce qui restait, et nous ne voulons nous occuper ici que des constructions importantes dans lesquelles se perpétue, après cent ans écoulés, le souvenir de la Bastille.

A vrai dire, on n'a que peu de documents sur elles, et les papiers officiels, aussi bien que ceux de Palloy, si abondants pourtant, nous renseignent mal à cet égard. On sait, toutefois, que, dès le mois de novembre 1789, le terre-plein du Pont-Neuf fut refait par les ouvriers de Palloy, avec des matériaux de la Bastille, sous la direction de l'architecte Poyet :

MUNICIPALITÉ DE PARIS.

DÉPARTEMENT DES TRAVAUX PUBLICS.

Nous ordonnons au s<sup>r</sup> Pallois, entrepreneur des travaux de la Bastille, de se transporter, sitôt le present ordre reçu, à la place d'Henry quatre pour y dresser des plateformes afin d'y établir une batterie de canons, avec les ouvriers et les matériaux de la Bastille, sous la conduite du sieur Poyet, architecte de la Ville, que nous chargeons de suivre ce travail. Fait au département, le 21 novembre 1789.

JALLIER DE SAVAULT,
conseiller administrateur.

et
QUIN,
conseiller administrateur.

Vu la demande faite par le s<sup>r</sup> Palloy, entrepreneur de bâtimens, du remboursement de ses avances pour le payement des ouvriers employés à la construction de la plateforme de la place de Henri quatre, demandée par M. le commandant général et exécutée en novembre 1789; vu aussi l'état desdites avances, montant à la somme de neuf cent soixante livres, laquelle dépense a été approuvée par le département de l'administration du Domaine, suivant une lettre de M. de la Noraye, en date du 24 novembre 1789, qui en assigne le payement dans le courant de janvier, présent mois, et d'après les vérifications par nous ordonnées et faites, nous avons arrêté que ladite somme de neuf cent soixante livres demandées par ledit sieur Palloy lui seroit allouée. En conséquence, nous prions Messieurs les administrateurs du département du Domaine de vouloir bien faire payer audit sieur Palloy ladite somme de neuf cent soixante livres. Fait au département, ce vingt neuf janvier mil sept cent quatre vingt dix.

CELLERIER.

JALLIER DE SAVAULT,
conseiller administrateur [1].

C'est, malheureusement, la tradition seule qui nous persuaderait que le pont de la Concorde, entrepris en 1787 sous la conduite du célèbre ingénieur Perronet, fut achevé, en 1791, avec des pierres de la Bastille; Dulaure l'affirme, et son témoignage dans ce cas n'est pas sans valeur, mais les preuves authentiques, fournies par des documents, ne se retrouvent pas [2].

---

[1] Bibl. de la Ville de Paris, ms. 10.441 (dossier Palloy).

[2] Nous avons, à cet effet, consulté vainement, aux Archives nationales, les liasses F<sup>4</sup> 2396, F<sup>13</sup> 883 et

APPENDICES. 213

Plusieurs maisons de Paris, encore debout aujourd'hui, ont été, de même, construites avec des pierres de la Bastille : celles qui font l'angle de la rue de Bourgogne et de la place du Palais-Bourbon [1]; celle qui porte le n° 7 de la rue de Tracy [2]; celle enfin qui est située sur le boulevard Bonne-Nouvelle, n° 21 [3].

Les plaques indicatrices du nom de la rue Jean-Jacques-Rousseau auraient pu revendiquer la même origine si elles n'avaient disparu avec les maisons qui les portaient, ou si on ne leur avait substitué des plaques émaillées; en effet, le 17 avril 1791, Palloy avait pris soin d'envoyer à la section des Postes des pierres de la Bastille sur lesquelles il avait fait graver le nouveau nom donné à cette rue, au lieu de celui de rue Plâtrière [4].

## IV

### NOTE SUR PALLOY.

Il est impossible de ne pas consacrer quelques pages au personnage étrange dont on peut dire qu'au lendemain du 14 juillet il conquit une seconde fois la Bastille, car il en fit réellement sa chose, l'exploita sous toutes ses formes durant plusieurs années et s'y ruina finalement sans avoir pu fixer la popularité, qui paraît bien cependant avoir été son seul objectif. Dans un livre récent [5], M. V. Fournel a tracé de Palloy un portrait en pied auquel il n'y a à reprocher que le parti pris trop évident de raillerie et de dénigrement; en recherchant avec son soin habituel tous les documents qui pouvaient éclairer son sujet, M. Fournel paraît avoir eu surtout le souci de les interpréter dans le sens le plus défavorable à celui qui fournissait ainsi, dans ses écrits si naïfs, des armes contre sa mémoire; mais si les appréciations sont sévères, les faits sont exposés avec une grande abondance de détails dont nous profiterons pour cette rapide esquisse, en y ajoutant quelques documents curieux qui la complètent.

Historiquement, Palloy date du 15 juillet 1789 [6]. Bien qu'il ait proclamé maintes fois la part qu'il aurait prise au siège de la Bastille, montrant même sur la pancarte d'une *consigne des sentinelles* la trace d'une balle qui avait d'abord traversé son chapeau, tout fait croire qu'il ne se trouva pas au nombre des assaillants, — car il ne figure pas sur la liste des vainqueurs, et il n'eût pas manqué de s'y faire inscrire, — mais qu'il entra dans la forteresse lorsqu'il n'y eut plus de danger à le faire. Nous avons dit, au paragraphe précédent, comment il devança, dès le lendemain, l'ordre de démolition qu'on attendait de l'Hôtel de Ville; il avait vu sur-le-champ quel parti tirer d'une pareille entreprise, moins comme entrepreneur de

---

1246, H 2159, qui contiennent des documents de comptabilité ou de correspondance relatifs au pont de la Concorde; ces pièces sont fort intéressantes, mais aucune d'elles ne renseigne sur le point spécial qui nous occupe.

[1] Dans le dossier des papiers de Palloy, qui est conservé à la Bibliothèque de la Ville de Paris sous la cote 10,441, se trouvent plusieurs pièces concernant ces maisons; elles n'étaient pas achevées encore en l'an VIII, et la Ville ordonna l'interruption des travaux, parce que Palloy avait, pour l'une d'elles, adopté la forme elliptique, alors qu'elle devait être construite à angles droits.

[2] A. Bonnardot, *Iconographie du Vieux Paris*, apud *Revue universelle des arts*, t. VI, p. 214 (note), d'après la *Gazette des tribunaux* du 25 novembre 1842.

[3] C'est M. de Ménorval qui le déclare, sans preuves à l'appui, dans son ouvrage : *Les Jésuites de la rue Saint-Antoine*, Paris, 1872, in-8°, p. 145, note 1.

[4] Bibl. nat. ms. nouv. acq. franç. 312, fol. 270-271.

[5] *Le patriote Palloy et l'exploitation de la Bastille* (avec un portrait et un fac-similé)... Paris, Champion, 1892, in-8°. Il faut renvoyer aussi aux pages si curieuses que M. G. Lecocq a consacrées à Palloy dans son livre sur *La prise de la Bastille*, p. 111-151.

[6] Il naquit à Paris en 1754 ou en 1755; on n'est pas bien fixé sur ce point, que ni Jal ni Rochebilière n'ont jugé digne d'être éclairci.

travaux publics (c'était sa profession) que comme «patriote», titre qu'il prit lui-même dès ce jour.

La fabrication des «petites Bastilles» fut, à partir de ce moment, sa principale occupation. L'idée était ingénieuse, assurément, d'adresser à chaque nouveau chef-lieu de département une représentation de la Bastille sculptée dans une pierre authentique du monument; Palloy aurait pu y faire fortune; mais il ne songeait qu'à rendre son nom célèbre, et c'est à titre de don que ses envoyés, décorés par lui du titre d'Apôtres de la Liberté, remettaient aux municipalités ces modèles, accompagnés de descriptions minutieuses de la Bastille, et de commentaires, enthousiastes ou indignés, qu'avait dictés Palloy [1]. D'ailleurs, il n'en expédia guère qu'une douzaine de ce genre, et nos musées départementaux n'ont aujourd'hui, pour la plupart, que des moulages du type original.

C'est lui encore qui fournit, avec les marbres de la Bastille, un jeu de dominos que les grenadiers de la garde nationale vinrent offrir, musique en tête, au dauphin, le 1er janvier 1790 [2].

L'industrie de Palloy ne s'en tint pas là : le nombre est incalculable des fragments de pierre ou de fer, provenant de la démolition, qu'il utilisa pour les offrir, sous toutes les formes, à tous ceux qui pouvaient le servir : députés, délégués, électeurs, généraux, forts de la halle, membres du tribunal de commerce, huissiers de l'Assemblée nationale et enfin le plus jeune et le plus vieil invalide; c'étaient des presse-papiers, des chaînes, des médailles, surtout, où il faisait graver tantôt le texte de la déclaration des droits de l'homme, tantôt la formule d'un serment républicain composé par lui [3]. En même temps (14 juillet 1790), il offrait à l'Assemblée Constituante, pour les archives de la Nation, un plan de la Bastille, que nous reproduisons ci-contre [4].

Il y eut un moment où Palloy espéra voir se réaliser tous ses rêves ambitieux; après les différentes fêtes dont les ruines de la Bastille avaient été le théâtre [5], après l'événement de Varennes, où son rôle avait été cependant des plus effacés et plutôt grotesque, il se trouva jouir de la faveur de l'Assemblée Législative; nous parlons plus loin de la colonne de la Liberté qu'il avait réussi à faire adopter, et dont la première pierre fut posée le 14 juillet 1792 sur la place de la Bastille; en l'autorisant à construire ce monument, l'Assemblée, dans sa séance

---

[1] Nous donnons aux *Pièces justificatives* (n° XXXIX) le texte de l'un de ces factums, accompagnant l'envoi fait au département du Mont-Blanc. La naïveté, l'ignorance, mais aussi l'enthousiasme de Palloy apparaissent mieux que partout ailleurs dans ce document.

[2] Ce jeu fut détruit lors de l'invasion des Tuileries, le 10 août 1792; le musée Carnavalet a eu la bonne fortune d'en recueillir le couvercle, également en marbre et portant l'inscription suivante :

De ces cachots affreux, la terreur des Français,
Vous voyez les débris transformés en hochets.
Puissent-ils, en servant aux jeux de votre enfance,
Du peuple vous prouver l'avoir et la puissance!

Par une heureuse coïncidence, la *réintégration* en a eu lieu cent ans, jour pour jour, après la destruction de ce précieux souvenir. (Cf. l'*Intermédiaire* du 10 août 1792, col. 25-27 des *Nouvelles*.)

[3] Le dossier 10,441 de la Bibliothèque de la Ville de Paris contient, en très grand nombre, les lettres d'envoi ou de remerciements écrites à propos de ces dons.

[4] Cf. *Musée des Archives nationales*, n° 1187. — Le 8 juillet 1791, il adressa aux quarante-huit sections de Paris la lettre suivante : «Messieurs, je saisis avec empressement l'apothéose de Voltaire pour faire mon hommage, au département de Paris, du modèle de la Bastille. Je ne puis mieux choisir un plus beau jour, qui est fixé à lundi 11 courant. J'ose me flatter, Messieurs, que vous voudrez bien nommer une députation pour se rendre chez moi, demain à 8 heures du matin, à l'effet d'assister à l'inauguration du modèle de la Bastille, que j'offre au département. Palloy, patriote.» Et en même temps il convoque, dans sa maison de la rue des Fossés-Saint-Bernard, pour la même cérémonie, «le club des Jacobins, les patriotes-piques du faubourg Saint-Antoine, les volontaires de Varennes, les citoyens et citoyennes qui se sont distingués à la prise de la Bastille, les compagnons d'armes du chevalier d'Assas, la société fraternelle des Minimes, les Amis de la Constitution ennemis du despotisme». (Bibl. nat. ms. nouv. acq. franç. 312, fol. 291.)

[5] Voir ci-après, pages 226-228.

du 16 juin 1792, avait voté l'article suivant : «L'Assemblée Nationale, voulant donner à Palloy un témoignage de la reconnaissance publique, lui accorde une portion de terrain qui formait l'emplacement de la Bastille; cette portion sera déterminée par un décret particulier, sur le rapport des Comités réunis des domaines et d'instruction publique. »

Il est vrai que cette donation ne fut jamais effectuée; bien longtemps après, en 1819, Palloy présentait à la Chambre des députés une pétition «pour obtenir l'effet de la concession à lui faite à titre de récompense nationale, par la loi du 27 (sic, pour 16) juin 1792, d'un terrain à prendre dans l'ancien emplacement de la Bastille», et il la reproduisait de nouveau, au mois d'août 1830, sans réussir davantage [1].

Palloy était encore dans la période des jours heureux, lorsque, le 20 vendémiaire an III, il écrivait «aux maires des communes d'Émile, ci-devant Montmorenci, Ermenonville et Groslay», à propos de la translation des cendres de Rousseau, cette lettre autographe, aussi burlesque pour le fond que pour la forme :

Quel beau jour pour les habitants de la commune que celui où la Convention nationale a accordé les honneurs du Panthéon et decerner une statue à J.-J. Rousseau.....

Il n'est pas de fête nationale où mon cœur ne nâge de plaisir; mon enjouement pour les fêtes populaires sera toujours le même; ma générosité n'aura pas de borne; toutes les economies que je fais dans le cours de l'année sur mes vettemens et ma nourriture me facilitent les moyens de faire des hommages à chaque époque des fêtes nationales pour perpétuer à l'infini les heureux évènemens de l'insurrection française. Aimer mon pays, propager ses principes, voilà ma tâche.

Soit mon organe auprès de tes concitoyens. Previent-les que je leur offre la declaration des droits de l'homme incrusté sur l'une des pierres de la Bastille, premier palladium de la liberté. Elle ait chez moi. Je fait le même offre aux communes qui ont accompagné les restes du souvenir du Père de la Nature et de la Vérité.

Je t'attend demain matin pour te la remettre. Reçoit pareillement de moi un plan de la Bastille qui a tombé le 14 juillet, jour de l'aurore de la liberté des Français, et une médaille de fert qui servoit de chaîne à nos frères, qui, purifié par le feu, devient un signe d'aliance et de liberté.....

Tu voudras bien me faire reponse aujourd'hui [2].

Les mauvais jours étaient proches : peu avant le 9 thermidor, Palloy fut incarcéré à la Force, sous l'accusation d'avoir dilapidé les biens de la nation, mais en réalité parce que sa popularité gênait Robespierre; il n'y resta pas longtemps, au reste, et son premier soin, lorsqu'il fut délivré, fut de solliciter «la concession d'une barre de fer de son cachot pour la formation de médailles qui transmettront à la postérité le souvenir de la glorieuse révolution du 9 thermidor [3]».

Tant de préoccupations l'empêchaient de s'acquitter de ses devoirs civiques : le 16 mars de l'an IV, le procureur de la commune de Paris lui rappela qu'il devait payer patente, qu'il s'y était soustrait jusque-là et qu'on le poursuivrait s'il ne s'y résignait; «mais, comme il seroit d'un très mauvais exemple qu'un patriote tel que vous parût se refuser au payement des contributions publiques, et qu'il seroit très affligeant pour moi de diriger des poursuittes contre celui qui a démoli la Bastille, j'ai cru devoir vous prévenir en bon frère [4].....»

Ce prestige d'avoir démoli la Bastille, Palloy ne put le mettre à profit quand la Révolution fut terminée. Retiré à Sceaux, il ne cessa désormais d'implorer les gouvernements qui

---

[1] Cette pétition, qui forme une plaquette de 21 pages in-8°, est précédée d'une note, datée du 20 août 1830, faisant connaître que, rédigée en 1819 par M. Macarel, avocat à la Cour royale de Paris et gendre de M. Champion-Villeneuve, auquel Palloy a sauvé la vie pendant la Révolution de 1789, elle n'a jamais pu devenir l'objet d'un rapport à la Chambre, quoiqu'elle ait été présentée à plusieurs reprises. Palloy ose espérer qu'elle recevra enfin son effet.

[2] Bibl. nat. ms. nouv. acq. franç. 312, fol. 259.
[3] Bibl. de la Ville de Paris, dossier 10,441.
[4] Ibid.

se succédèrent, et la misère réelle dans laquelle il était tombé n'est pas une excuse suffisante aux platitudes dont il fit preuve jusqu'à sa mort. A Barras il écrivait que «tous les 21 janvier, il a contracté l'habitude de manger une tête de cochon farci», en souvenir de l'exécution de Louis XVI. Pour Napoléon Ier, il composa un médaillon symbolique en l'honneur de «l'Incomparable Napoléon Ier, empereur des Français et roi d'Italie», puis de nombreuses lettres ou pièces de vers à l'occasion de la naissance du roi de Rome[1]. En 1823, il envoyait «ses hommages» au duc de Bordeaux, alors âgé de trois ans, et le 25 août de la même année, il écrivait en vers un «bouquet pour la fête du roi de France».

Le 1er janvier 1833, en tête d'une épître à Louis-Philippe, il inscrivait cette dédicace :

> Bon roi, bon père, au Trône
> Longtems Philippe restera,
> Car aux Français il doit sa couronne
> Et sur le peuple il s'appuiera.
> Toujours accessible, il préfère
> A tout la popularité.
> Aussi, pour nous commence une ère
> Et de gloire et de prospérité!

Il mourut à Sceaux, le 19 janvier 1835, ayant mérité seulement à cette date la qualité d'octogénaire qu'il revendiquait, deux ans auparavant, dans la pièce dont nous venons de parler, et qui fut la dernière de ses innombrables supplices au pouvoir.

## V

### VOLONTAIRES ET VAINQUEURS DE LA BASTILLE.

Il faut se garder d'une assimilation quelconque entre les Volontaires et les Vainqueurs de la Bastille. Comme on va le voir, les deux corps eurent une existence très distincte, quoique parrallèle, et c'est la concurrence où ils entrèrent promptement qui fut fatale à l'un et à l'autre. L'histoire de ces rivalités est, cependant, assez difficile à reconstituer, car si les deux institutions étaient dissemblables, les hommes qui les avaient créées étaient les mêmes, ou animés de sentiments pareils.

Les Volontaires apparaissent les premiers en date : dès le 15 juillet, il est question d'une compagnie dite *des Volontaires de la Bastille*, qui assurera la protection de la forteresse menacée du pillage. Aussitôt Hullin, bien que civil et qualifié de «directeur général de la buanderie de la Briche avec cinq mille livres d'appointements», s'en fait nommer le commandant; il a sous ses ordres comme sergents, caporaux ou grenadiers ceux qui se sont le plus signalés à l'attaque de la Bastille : Bonnemer, Tournay, Maillard, que nous retrouverons sur la liste des vainqueurs, et il s'adjoint aussi des gardes françaises ou des assaillants civils, tel ce jeune Gueudin, âgé de dix-sept ans, dont parle Dusaulx, qui pénétra dans la place, dès que les portes en furent ouvertes, pour sauver son père, l'un des bas-officiers de la garnison[2]. Nous avons des détails sur la formation et le développement de la compagnie dans le rapport au Conseil de

---

[1] Bibl. de la Ville de Paris, dossier 10,441.

[2] Cf. Dusaulx, l'*Œuvre des sept jours*, ouv. cité, p. 229. Dans son livre sur *Les Hommes du 14 juillet*, M. V. Fournel a étudié de très près les volontaires et les vainqueurs de la Bastille; d'une façon générale nous y renvoyons le lecteur. Gueudin (que Dusaulx appelle Geudin) avait, en effet, pour père Jacques Gueudin, bas-officier de la Bastille, âgé de 51 ans, entré à la compagnie en 1786. (Bibl. de l'Arsenal, ms. 12,611.)

ville que fit Saint-Martin, chef du département de la garde nationale, le 23 août 1790, pour l'incorporation des Volontaires et autres compagnies particulières à l'ensemble des gardes nationales : il y est dit qu'au lendemain de la prise de la Bastille, Hullin avait gardé le port de la Briche avec sa troupe, composée de «vingt-quatre hommes d'élite», mi-partie gardes françaises et mi-partie citoyens, les premiers payés trente sous par jour, les seconds logés, nourris et entretenus aux frais d'Hullin ; qu'à la fin d'août, la compagnie, grossie de seize volontaires, vint camper à Montmartre pour disperser les ouvriers sans ouvrage qui s'y étaient retirés en grand nombre; qu'elle avait été ensuite plus spécialement affectée à la garde de la Bastille, avec un effectif de 150 hommes, payés trente sous par jour, officiers ou soldats, sauf Hullin, qui n'a jamais reçu aucune indemnité [1]. On employait d'abord, en effet, les Volontaires de la Bastille pour des services divers, et la pacification de Montmartre [2] ne fut pas le seul; le 29 mai 1790, Bailly écrivait à La Fayette pour lui proposer de faire défendre par eux les Champs-Élysées contre les voleurs [3], et cependant la légitimité de leur existence en tant que corps régulier était à peine reconnue, car Hullin s'était, à cet égard, heurté à bien des difficultés [4].

Ils avaient reçu dès l'origine, à la vérité, un insigne aux couleurs bleue et rouge de la Ville, portant pour emblèmes la date du 14 juillet 1789 et une tour renversée, surmontant le vaisseau de Paris, agité par les flots; mais les gardes françaises s'en étaient fait décerner un autre qui rivalisait sans peine avec le leur, car c'était, sur une médaille en forme de losange, un faisceau de chaînes rompues, avec la date de la prise de la Bastille et ces mots : «la Liberté conquise»; de l'autre côté, une épée, la pointe en haut, accompagnée de ce vers de Lucain :

*Ignorantne datos, ne quisquam serviat, enses?*

En même temps que les Volontaires et les gardes françaises se faisaient concéder ces distinctions purement honorifiques, tous ceux (et ils étaient nombreux) qui prétendaient avoir joué un rôle dans la conquête de la Bastille s'efforcèrent de ne pas se faire oublier et réclamèrent pour eux aussi l'attention du Gouvernement sur leur situation précaire, le sang qu'ils avaient versé, le dévouement dont ils avaient fait preuve et qu'ils ne voulaient pas voir rester stérile. C'est alors que la Commune de Paris nomma une commission chargée d'examiner leurs titres et de proclamer, après un contrôle minutieux, les noms de ceux qui avaient des droits réels au titre de «Vainqueurs de la Bastille».

Les procès-verbaux de cette Commission sont conservés aux Archives nationales [5], et le mieux est d'en publier tout ce qui est intéressant :

L'an mil sept cent quatre vingt dix, le vingt deux mars, cinq heures de relevée, nous Dusaulx, de l'Académie des Belles Lettres, Oudart, Thuriot de la Rosière, avocats au Parlement, Bourdon de la Crosnière, ancien avocat aux Conseils, et d'Osmond, avocat au Parlement, représentans de la Commune et par elle nommés commissaires par son arrêté du [la date est en blanc], à l'effet de vérifier 1° les titres des veuves et des orphelins dont les maris ou les frères sont morts au siège de la Bastille ; 2° de toutes les personnes qui ont été blessées ou qui se sont trouvé à l'attaque et à la prise de la Bastille, étant assemblés à la solde des Gouverneurs, nous avons proposé à MM. les vainqueurs de la Bastille de choisir parmi eux huit commissaires pour procéder conjointement avec nous à l'examen et vérification desdits titres. Cette proposition ayant été acceptée, MM. Goisset, avocat, Tournay, bourgeois, Cholat, marchand de vin, Thirion,

---

[1] Ce rapport a été publié par M. Paul Robiquet aux pages 348-352 de son livre sur *Le Personnel municipal de Paris pendant la Révolution*, période constitutionnelle ; Paris, 1890, in-8° (publications de la Ville de Paris sur la période révolutionnaire).

[2] Cf. G. Lecocq, *ouv. cité*, p. 152-153.

[3] *Répertoire général des sources manuscrites de l'Histoire de Paris......*, par M. A. Tuetey, t. I, n° 362.

[4] *Ibid.*, n°* 356-358.

[5] C 35, n° 208.

bourgeois, Rousselet, ébéniste, Elie, capitaine d'une des compagnies du centre, Hullin, commandant des volontaires, Aubin Bonnemer, sergent de ladite compagnie, ont été nommés commissaires et ont accepté.

Il a été de suite procédé par nous, commissaires de la Commune, en présence des commissaires adjoints et de toute l'assemblée des vainqueurs de la Bastille, à l'examen et verification des titres et papiers des veuves dont les maris sont morts au siège de la Bastille, ou des suites des blessures qu'ils y ont reçues.

Il est résulté de cette vérification que les titres des veuves Boutillon, Bertrand, David, Ezard, Cochet, Foullon, Grivallet, Levasseur, Renauld et Sagaud ont été reconnus authentiques.

Il a été arrêté dans ladite Assemblée qu'il seroit procédé par ordre alphabétique à l'examen et vérification des titres des hommes qui ont été blessés ou qui se sont trouvés au siège de la Bastille, et l'Assemblée s'est ajournée à vendredy, 26 du present mois, 5 heures de relevée, et nous, commissaires de la Commune, avons signé avec les commissaires-adjoints (signatures).

Et le vendredy, vingt six mars mil sept cent quatre vingt dix, cinq heures de relevée, nous, commissaires de la Commune, étant assemblés en la salle des gouverneurs en présence des huit commissaires adjoints et de MM. les vainqueurs de la Bastille dont les noms de famille commencent par la lettre A, ont été reconnus pour avoir été blessés ou s'être trouvés au siège de la Bastille : MM. Jean-Baptiste Aloy, Ameliot, Arnold et Arné. Il a été arrêté que les titres des vainqueurs dont les noms commencent par la lettre B seroient vérifiés à la première assemblée.

Avant de lever la séance, les titres des veuves Poirier et Rousseau ont été soumis à l'examen de l'assemblée, qui les a reconnus pour être authentiques.....

Les réunions suivantes des commissaires eurent lieu, dans la même forme, les 29 mars, 2, 8, 9, 10, 11, 15, 16, 21, 22 et 25 avril, afin de vérifier et accepter dans l'ordre alphabétique les noms des vainqueurs de la Bastille. Le 15 juin, après avoir admis encore un certain nombre de noms, la Commission décida «qu'on ne recevrait plus de pièces». Elle se réunit une dernière fois le lendemain, à 9 heures du matin, et rédigea le procès-verbal suivant :

Nous, commissaires représentans de la Commune, en présence des commissaires adjoints soussignés, avons vacqués (*sic*) à la vérification des noms des vainqueurs de la Bastille sur feuilles séparées par ordre alphabétique, pour former un tableau général destiné à être présenté à Messieurs de l'Assemblée nationale. De plus [1], l'Assemblée générale des huit commissaires choisies parmi ces cytoiens reconnus vaincœurs de la Bastille, vingt autres commissaires adjoints tenue (*sic*) le quinze juin mil sept cent quatre vingt dis, quatre heures de relevée, présidée par M. Hullin, il a été représenté que dans l'assemblée général, la reception et reconnaissance de MM. les commissaires électeurs de la ville de Paris qui, depuis le 14 juillet dernié ont toujours été occupés de la verification des interests desdits cytoiens parmi les vaincœurs de la Bastille ayant eté faites, et mesdicts sieurs commissaires n'ayant pas cru devoir, par délicatesse, insérer laditte reconnoissance, qui leur étoit personele, dans lesdits procès-verbaux ; sur quoi il a été arêté de plus qu'ayant été reconu qu'il n'y auroit aucune espèce de distinction entre lesdits commissaires, ils seroient mis indistinctement, suivant l'ordre alphabétique dans l'état général qui sera dressé pour être remis à l'Assemblée National. Cette état ayant été dressé legallement et en pressence de l'Assemblée general des commissaires, il a été areté que l'on préviendroit les commissaires absents, qui sont Messieurs Dussault, Thyrion de la Rosière, Daussemont, Oudas, Maillar, Louvin, de se joindre à nous, demain à quatre heures. pour présenter le tableau au comité des pentions de l'Assemblée National. Fait et clos ce même jour, le 16 juin 1790 (signatures).

On conserve au musée des Archives nationales la pancarte de grande dimension qui fut, le lendemain, portée à l'Assemblée. Elle est intitulée «Tableau des citoyens vainqueurs de la Bastille, reconnus d'après la vérification qui en a été faite par MM. les Commissaires nommés à cet effet parmi les Electeurs de la ville de Paris et par les commissaires adjoints

---

[1] Ce dernier paragraphe, dépourvu de style et d'orthographe, a été écrit par une autre main, qui nous semble, à cause de l'analogie avec la signature, être celle d'Hullin.

# APPENDICES.

choisis parmi les citoyens vainqueurs qui ont été reconnus les prémiers et qui ont tous signés ». Ce tableau, qui contient, au dire de M. Fournel, 871 noms, « plus ceux de 16 veuves avec neuf enfants, et deux orphelins », nous ne le reproduirons pas. Disposé dans un ordre alphabétique fort peu rigoureux, il fourmille d'inexactitudes, de noms répétés ou mal orthographiés ; en outre, aucun de ces noms n'y est accompagné d'une mention quelconque, prénom ou profession, ce qui rend les identifications fort difficiles. Nous lui préférons une autre liste, annexée de même au procès-verbal précédent, et qui fut rédigée un peu plus tard. M. Fournel a eu encore la patience de compter les 954 noms qui la composent. En voici le titre :

## TABLEAU DES VAINQUEURS DE LA BASTILLE

PAR ORDRE ALPHABÉTIQUE, NOMS, SURNOMS, QUALITÉS ET PROFESSIONS, ET OBSERVATIONS, EN RECONNOISSANCE DES TITRES D'APRÈS LE DEPOUILLEMENT DES PROCÈS VERBAUX ET DES DÉCRETS.

Explication des abréviations..........
- *B.* blessé.
- *E.* estropié.
- *V.* volontaire.
- *D.* décret.
- *P. V.* Procès-verbal.

Le cahier de 35 pages qui contient cette liste est divisé en cinq colonnes : 1° pour les noms de famille ; 2° pour les surnoms ; 3° pour les noms de « batême » ; 4° pour les « qualités ou professions » ; 5° pour les observations. Les 2°, 3° et 4° colonnes sont fort souvent dépourvues de mentions ; la colonne des observations a reçu pour chaque nom la date du procès-verbal ou du décret conférant la dignité de vainqueur ; il nous a paru de peu d'intérêt de fournir cette indication, aussi bien que de reproduire la disposition en tableau de ce document, auquel il est, d'ailleurs, facile de se reporter pour une recherche plus approfondie :

Adam. — Adenot, *B.* (Louis-Philippe). — Adnot, *cavalier*[1]. — Alf (Joseph). — Aloix, *E.* (Jean-Baptiste). — Aloy (Jean-Baptiste). — Alte. — Amagac. — Ameillio. — Amellot. — André I<sup>er</sup>. — André 2<sup>me</sup>. — Antoine (Pierre). — Arné[2]. — Arnold. — Arnold, *B.* (Jean-Frédéric). — Arrouard. — Astier *jeune*. — Aubin Bonnemer[3], *sergent de ladite compagnie, commissaire*. — Bachelet (Pierre). — Badault, *soldat du guet*. — Bailly. — Bailly (Pierre-François). — Balanche. — Balle. — Barnon, *v[étéran] soldé*. — Barbier. — Bardin. — Baron, *gazier*. — Baron. — Baron (Jean). — Baron, *D.* (Jean). — Baroton. — Barré. — Barré. — Barrier (Charles-Antoine). — Barrois. — Barruand. — Bartoly. — Bataille. — Baudault, *B, V.* soldé. — Beauche. — Beaudry I<sup>er</sup>. — Beaudry 2<sup>me</sup>. — Beaulieu. — Beaumont *père*. — Beaumont *fils*. — Beaussier. — Becard (Gaspard). — Becasson. — Bechand. — Bellet, *B.* (Jean-Pierre-Augustin). — Bellier. — Belloire. — Bellotte. — Belon. — Beneston. — Benier. — Benoit (Jean-Antoine). — Benoit, *teinturier*. — Benoit. — Benoit, *Delatre*. — Benot. — Bérard. — Bérard, *invalide de marine*. — Berelle (Louis). — Berger. — Bergère. — Bernard (Louis). — Bernard, *E.* (Louis). — Bernard (Pierre). — Berniart. — Bertaut. — Berthelot. — Berthelot, *E.* (Jacques). — Berton *aîné*. — Berton *jeune*. — Bertrand *jeune*. — Bezard, *B.* (Joseph). — Beziers, *E.* (Michel). — Biagel. — Bidault. — Bidois (Pierre-Louis). — Bidois, *tabletier*. — Binet, *serrurier*. — Blamac. — Blanchard. — Blanchet. — Blanchet. — Bleaux. — Boivin (Mathieu). — Bole. — Bondelot, *dit de Bajon*. — Bonneau. — Bonnemer (Aubin)[4]. — Bonneron, *chapelier*. — Bonnet. — Bory (Jean). — Bouard, *fondeur*. — Boucher. Boucher, *garçon-perruquier*. — Boucheron. — Boudry (Ferdinand-Joseph). — Bouffé. — Bouffé. — Bouillat (Antoine-Nicolas). — Bouilly, *dit Beauchêne* (Claude-Louis). — Bourbier. — Bourbonnais (Joseph-

---

[1] Cavalier des gardes françaises.
[2] Voir plus haut, p. 193 et 194.
[3] Nous le retrouverons plus bas, au nom Bonnemer ; il y a donc double emploi pour ce personnage. Voir plus haut, p. 188 et 190.
[4] Voir la note ci-dessus.

220 LA BASTILLE.

Dieux). — Bourbon. — Bourdet. — Bourdon *de la Crosnière, avocat aux conseils, commissaire.* — Bourguignon. — Boulo. — Bourlot. — Boupron. — Bouttemi, *dit Breton.* — Boutteville. — Bouy *dit Valois* (Laurent). — Boyer (Pierre). — Boyer (Jean-François). — Boyer. — Boyer (Étienne-Gabriel). — Bragnard. — Brai (Auguste). — Branchas (Guillaume), *chapelier.* — Breton (J.-B.). — Breton. — Bridel. — Brion. — Briot. — Brogniard. — Broisier, *à revoir.* — Broussuis, *dit Delagrey.* — Bru (Pierre). — Brullard. — Brunet. — Bruno (Étienne). — Bruno, *V. soldé.* — Buisson, *dit Beaudron.* — Bulit, *dit Milor.* — Bureau. — Cabert (Jean). — Cabert (Louis). — Cadet, *dit Labrié.* — Caillou. — Calbrie. — Calmet *de Bonvoisin.* — Camaille, Dourlé 1ᵉʳ. — Camaille, Dourlé 2ᵐᵉ. — Cantagrette. — Canivet. — Canon. — Caqué, *marchand de vin.* — Caqué, *frère du précédent.* — Carcanno (Antoine). — Carcanno (J.-B.). — Cardier. — Cardon (J.-B.). — Cariot. — Carlot. — Caron. — Carré, *marbrier, soldat blessé.* — Carré. — Carteron. — Castric. — Chalat (Jean-Baptiste). — Chambin. — Chambin. — Chanot. — Charlant. — Charpentier, *E.* (Marie), *femme Haucerne.* — Chatel. — Chatenay. — Chatenay. — Chatelain. — Chaudiot. — Chavanne *dit Lapierre* (Pierre). — Chavy. — Chenecourt, *V. soldé.* — Chenèdre. — Cheron. — Cheron. — Chevalier. — Chevreuil. — Choffenet. — Choix. — Cholat. — Cholat, *marchand de vin, commissaire* [1]. — Cholet, *dit Bien aimé.* — Chouquet. — Chrétien. — Crochot. — Cloise. — Clavière. — Clément, *V. soldé.* — Clément, *cloutier.* — Clone. — Collet. — Collet, *E.* (Bernard). — Colliat (François). — Colomb. — Colomba. — Colpe. — Colpin. — Combe, *marbrier.* — Communeau. — Comte (Le), *cordonnier.* — Coquelin, *dit de Rivière.* — Corchaut. — Cossart. — Coste. — Cottin (Bernard). — Cottin (Marie-Bernard) [2]. — Coué, *V. soldé.* — Coudray. — Courtois. — Cousin. — Cousiance. — Cousson. — Conti. — Couture (Charles-Claude). — Couville. — Couvreu. — Couvrot. — Cranpon. — Cras. — Cretaine. — Cretaine, *B.* (Jean-Baptiste). — Croisset. — Cruau, *B.* (Joseph-Anne). — Cruot. — Cuindet. — Curat. — Curtius. — Cuviller. — Dallègre. — Dally. — Dambreville. — Danichaut, *dit Lyonnais.* — Dannevi 1ᵉʳ. — Dannevi 2ᵐᵉ. — Darentières. — Darnault. — Daunay *père.* — Daunay *fils.* — Daunay (Antoine). — Dautriche. — Daval (Philippe). — Davignon. — Debon. — Degain. — Degron. — Dehermes. — Dejean. — Déjon *l'aîné.* — Déjon *le jeune.* — Dejouy. — Dejouy (Noël). — Delahor. — Delaporte. — Delatour, *chirurgien.* — Delâtre. — Delarible. — Delauzier. — Delauzière (Pierre-Joseph). — Delcloche. — Delong. — Delorme. — Delorme, *B.* (Étienne). — Delparques. — Delplanque. — Delplanques, *E.* (Bernard). — Delvallée. — Demay, *B.* (Clément). — Demère, *V. soldé.* — Demilly. — Demontrond. — Denisbelle. — Denot. — Dervillier. — De Sainte-Agathe. — Desbar. — Desjardins. — Desobliaux, *capitaine des pompiers.* — Deville. — Devillette. — Devis, *E.* (Cosme). — Devis. — Dezan. — Diot. — Diot. — Dodé (François). — Dorinet, *dit Antoine.* — Domagé. — Dourlet, *V. soldé.* — Douynot. — Droit. — Drouet, *loueur de carosses.* — Drouet, *B.* (Jacques). — Drailly. — Dubeau. — Dubois *de la Sauvagère.* — Dubois, *dit de la Sauvagère.* — Dubois (Jean-Bernard). — Dubois (Claude), *imprimeur.* — Duboul. — Ducastel. — Duclos, *dit de Marque.* — Dudanjon. — Dufresne. — Duguesnet, *V. soldé.* — Duin (Pierre). — Dumesnil. — Dumoulin. — Dupaix. — Duparc. — Dupont. — Dupont. — Duprat, *dit Baillonnet.* — Duron. — Dusaulx, *de l'Académie des belles-lettres, commissaire.* — Dusautoir (François). — Dusautoir (Étienne). — Duterte (Louis). — Duval (Simon). — Duval (Jacques). — Duvigneau, *E.* (Antoine). — Duvignot. — Egelé, *E.* (Nicolas). — Egelet. — Egron. — Elie, *capitaine d'une compagnie du centre, commissaire.* — Elie. — Erard, *musicien.* — Etienne. — Fabvre. — Fallet (Jacques). — Faigne (Charles). — Faisel (Philippe). — Farois. — Faucher. — Faucher (François-Michel). — Fauchet (*l'abbé*). — Faugère (Pierre). — Favier (Jean). — Favret (Pierre). — Favret (Louis). — Favret (Étienne). — Fenant (François). — Ferrand. — Ferrier (Jean-Baptiste). — Fery. — Filet (Jean). — Filion (Pierre). — Filion. — Fizac (Jean). — Flamant (Jean-Baptiste). — Fleury (Charles-Augustin). — Fleury. — Floriot (Joseph). — Folin (Jean-Pierre). — Folitot. — Follitot (Pierre), *chaudronnier.* — Fontaine. — Forgeat. — Fortin. — Forture (Pierre). — Fossard. — Fossard (Pierre-Jean-François). — Fougerand (Mathieu). — Fouintilliat (Jean). — Fouintilliat, *frère du précédent.* — Fournier. — Fournier (Jean-Baptiste). — Fournier, *Américain* [3]. — François (Martin). — François

---

[1] Voir plus haut, p. 189, 194, 217.

[2] Son brevet de Vainqueur de la Bastille se trouve au musée Carnavalet. Il y est appelé Marie-Joseph Cottin. Voir plus loin, p. 224.

[3] Sur ce personnage qui a joué un rôle important au début de la Révolution, voir ses *Mémoires secrets*, publiés par M. Aulard pour la Société de l'histoire de la Révolution, Paris, 1890.

père. — François *fils*. — Franconville. — Frechtenn 1er. — Frechtenn 2me. — Freget. — Frenière (Barthélemy). — Fressier (François-Marie). — Futier (Antoine-Henry). — Gabert, *E*. (Pierre-Louis). — Gabriel. — Gaché (Nicolas). — Gaillard (Alexandre). — Gagneux, *E*. (Jean-Baptiste). — Gagnot (Jacques). — Galhiard. — Galland. — Gambé, *dit Brunet*. — Garin. — Gaurier (René). — Gavaut. — Gavrey (Nicolas). — Geffe. — Gemini. — Gemond. — Gengenback. — Genty, *serrurier*. — Georges. — Georget. — Georget, *B*. (Étienne). — Gerard. — Geudin. — Gibrat (Jean-Joseph). — Gibert (Jean). — Gilles, *E*. (Thomas). — Gilles (Thomas). — Gillin. — Giot. — Girardière. — Giroust. — Gizzin. — Gobelon. — Gobert. — Godet (Augustin-Édouard). — Goiset (François). — Goisset, *avocat, commissaire*. — Goisset, *avocat*. — Gonore. — Gonnet, *serrurier*. — Gorge. — Gosselain. — Gossin (Noël). — Gotte (Laurent). — Gourguenbach. — Gournay. — Gournet *père* (Jean-Pierre-Étienne). — Goutard. — Goutard, *E*., *marin*. — Goutte. — Grabry (Jean-François). — Grégy, *B*. (Nicolas. — Grifouil. — Grigault, *E*. (Jean-Étienne-Anne). — Grigot. — Groslaire (Toussaint) [1]. — Grossaires, *E*. (Toussaint). — Grosset, *marbrier*. — Gruny, *ciseleur*. — Guedin (Nicolas). — Guenaud, *marchand frippier*. — Guenet. — Guerard (Pierre). — Guerin (Antoine-Marie). — Guerin (Joseph). — Guerin (Philippe). — Gueudem, *serrurier*. — Guignard. — Guignard. — Gueudin, *E*. (Michel-Étienne). — Gueux, *dit Bourbonnais*. — Guigon. — Guillepain 1er. — Guillepain 2me. — Guillot (Jean). — Guindor. — Hanotin. — Hardy, *B*. (Dominique). — Hauzert. — (Marie-Charpentier), *femme* [2]. — Haustère (Jean). — Hebert. — Hebert, *maître boulanger*. — Hemon. — Hendremier. — Henry (Nicolas). — Henry (Jean-Claude). — Henry (Joseph). — Hermand. — Hiquet. — Homacel. — Hubert, *employé aux fermes*. — Hudry. — Hue (Pierre). — Huff. — Huguet. — Hullin. — Hullin, *commandant des volontaires, commissaire*. — Hulot *fils*. — Humbert *père* [3]. — Humbert *fils*. — Humbert. — Hurelle, *polisseur de marbre*. — Hurey *père*. — Hurey (Pierre). — Isaac (Louis). — Isaac (Nicolas). — Jacob. — Jacob (Jean). — Jacob (Pierre-Paschal). — Jadot (Joseph). — Jeallot (Étienne-Julien), *grenadier soldé*. — Jeangou (Charles-François). — Jelbert (Jean-Guillaume). — Jilbert, *chasseur*. — Jobelet. — Jobelet. — Joësson ou *Soissons*. — Joly (Joseph). — Jomenie. — Jonquois *jeune*. — Jouaton. — Jouquoy (François). — Jourdeil. — Jourdel (Joseph). — Julliot. — Jutot (Jean-François). — Kertter. — Kieffer. — Labdant *fils*. — Labdant. — Labille (Pierre). — Lacazin. — Lacoste (Sébastien). — Lacroix (Jean). — Lafond, *B*. (Antoine). — Lafont *père*. — Laforest. — Laforie. — Langlois (Étienne). — Lahoux. — Laina (Pierre). — Lainé. — Lalice (Jean-Nicolas). — Lallemand. — Laloux (Pierre). — Lambert (André). — Lambert (Jean). — Lambert (Pierre-Nicolas). — Lamotte. — Lamoureux (Claude). — Lamoureux (Jean). — Lamy 1er. — Lamy 2me. — Lanoux. — Lapi (Charles). — Lappe (Jean-Michel). — Lardin. — Lareynie. — Laribaux. — Larpenteur. — Larribeau, *B*. (François). — Larue. — Laubert. — Laudet (Louis-Michel). — Laudet (Louis-Vincent). — Launoy (Christophe). — Laurent (Louis). — Laurent (François). — Laurent (Louis). — Lavallée, *E*. (François-Martin). — Lavallée (Eloy). — Lavallée. — Lebègue (Claude). — Leblanc. — Leblanc. — Lechantre (Victor). — Leclerc. — Leduc. — Lefebvre. — Lefèvre (Pierre). — Lefranc (Hermel). — Legard. — Legendre. — Leger. — Legriaux. — Legris. — Léguillier (Florisque). — Léguyer (Charles). — Léguyer (Frédéric-Florisque). — Lechanne (Joseph). — Lejeune (Marie). — Lelièvre. — Leloy (François-Gilbert). — Leloup. — Leloup, *serrurier*. — Leloup (Henry). — Lemagnien. — Lemégnan (Étienne). — Lemoine (Jean-Baptiste). — Lemoine (Pierre). — Lemoine (Claude). — Lemonnier (Joseph-Julien). — Lena (Dominique). — Lenain. — Lenoir. — Lepage. — Leriche. — Leroi (Jean). — Leroi (Pierre). — Leroi (Jean-Baptiste). — Leroux. — Leroux (Jean-Baptiste). — Leroy (Pierre). — Lescadieu. — Lesage. — Lestrait (Bastien). — Letrillard 1er. — Letrillard 2me. — Leux (Pierre), *V. soldé*. — Leval. — Leval. — Lévêque (Claude). — Lévêque. — Leverrier. — Liguage 1er. — Liguage 2me. — Lombert (Nicolas). — Loriaux, *dit Barois* [4]. — Lorier (Frederic *de fondo*). — Lorguin. — Louis (Nicolas). — Loyer. — Luquet (Jean). — Lurin (Pierre). —

---

[1] Le fusil donné à Toussaint Groslaire par la Nation est aujourd'hui conservé au musée Carnavalet. (Voir plus loin, p. 224.)

[2] Elle a déjà été mentionnée au nom Charpentier.

[3] C'est l'horloger Humbert, dont plusieurs relations de la prise de la Bastille citent le nom. Il est représenté, avec Arné, sur une estampe du temps, qui elle-même a été reproduite comme décoration de plaque de cheminée. On peut voir l'une et l'autre au musée Carnavalet.

[4] Voir sur ce Loriaux un acte du 31 décembre 1790, qui est analysé dans le *Répertoire* de M. Tuetey, t. I, n° 407.

Mabile (Jean-Baptiste). — Maet. — Maillard, *commissaire*[1]. — Maillard. — Maillet (Pierre). — Magin. — Magnen. — Magnian (Pierre). — Magnian (Jacques). — Malcause. — Malleret. — Maniot (Jean-François). — Mangourt. — Manpulan (Charles). — Marc *l'aîné*. — Marchand, *pêcheur*. — Maréchal. — Mariette (Pierre). — Marion, *B*. (Jacques). — Martin (François-Auguste), *voiturier*. — Martin, *canonier*. — Martin (Charles). — Martin (François), *cotonier*. — Martin (Charles). — Massic. — Massin (Jean-Antoine). — Masson (Nicolas). — Masson *le jeune*. — Masson (Joseph). — Mathias (Charlot). — Mathieu, *voiturier*. — Maton (Pierre). — Mantois. — Mayer. — Mazarin (Jean-Baptiste). — Melanie, *dit Calcino*. — Melchier. — Menard (Joseph-Benoît). — Menil. — Mennier (Edme). — Mercier. — Mercier, *B. dit Réolle*[2]. — Mercier (Nicolas). — Merlin (Pierre). — Merlin. — Meunier. — Meunier, *imprimeur*. — Meunier (Pierre). — Meunier (Joseph-Jean). — Michel (Théophile). — Michelot (Pierre). — Millet (Pierre). — Millet, *sculpteur*. — Millon (Michel). — Minguet (Pierre-François). — Mion (Georges). — Miroir (Charles). — Mispect. — Molinier (Alexandre). — Molitor (Michel). — Mondon (Jean-Baptiste). — Monier. — Montfourny. — Montlebert. — Moreau. — Moreau (Auguste). — Morin, *boulanger*. — Morin, *cordonnier*. — Morisset. — Morganty *père*. — Morganty *fils*. — Morlat (François). — Motelet (Egnan). — Mouchy. — Moutena (Pierre). — Multon. — Murrine (Olivier). — Musil (François). — Mutel (Jean-David). — Necker, *serrurier*. — Nesser. — Nicaise, *dit Clément* (Louis). — Nicolas (Charles-Léopold)[3]. — Niquet. — Noël (Jacques-André). — Nosier (Jean), *soldé*. — Nouveau (Antoine-Nicolas). — Ocbin. — Ocher (Silvestre). — Olivier. — Ophac. — Orset (Jean). — Osmond, *avocat, commissaire*. — Osselin, *maître maçon*. — Ouasse. — Oudart, *avocat, commissaire*. — Oudin (Jean-Baptiste). — Ouvrard (Jean-Baptiste). — Paffrat (Jean). — Page (Louis). — Paillot. — Palette, *E*. (Éloi-François). — Pallet. — Panh. — Pannettier. — Parent (Jean-Baptiste). — Parnel (Noël-Pierre). — Pauch. — Paul, *dit Saint-Paul*. — Payalh. — Peala. — Peigné. — Peignet, *E*. (Joseph). — Pèlerin. — Pèlerin (Abraham). — Pelletier (Laurent). — Perdue, *dit Payfait*. — Perrin, *B*. (Antoine-Charles). — Perrot (Nicolas), *soldat blessé*. — Pertrand. — Pertrand (Étienne). — Petit (Jean). — Petit, *ébéniste*. — Petit, *cavalier*. — Philipin. — Pichon (Pierre). — Pichon, *chaudronnier*. — Piot. — Piot. — Pierre (Claude). — Pierron. — Pierron (Jean-Baptiste). — Pierson. — Pieterse (Pierre). — Piette. — Piette, *B*. (Ovide-Hippolyte). — Pijot, *sculpteur*. — Player. — Ployer. — Poirion, *E*. (Pierre-Jacques-Nicolas). — Poirrion. — Poissy. — Pougé. — Poupart, *dit de Beaubourg*. — Prax, *chirurgien*. — Prevost, *marchand mercier*. — Prevost (Jean-Baptiste). — Prevostot. — Prévôt, *menuisier*. — Prevots (Nicolas). — Prin. — Prota. — Proté. — Prou. — Prunier. — Quarteron, *E*. (Jean-Baptiste). — Quentin (François). — Quentin (Jean). — Quignon (Christophe). — Quignon, *E*. (Christophe). — Quinaut, *négociant*. — Quitte. — Radouin. — Raguet. — Rahow. — Ravault. — Ravet. — Reignier (Jean). — Reitmager. — Renard. — Renard (Antoine), *gazier*. — Renault. — Renault (Mathias). — René, *tonnelier*. — Renier (Jacques). — Renoult. — Réol[4]. — Retourné. — Retrouvé. — Reyer (François). — Ribeaucourt. — Riblas, *E*. (Nicolas). — Ribb. — Richard. — Richard. — Richard, *canonier*. — Ride. — Ridel. — Rion (Jean). — Rivière. — Robert (Joseph). — Robin. — Rocquemont. — Rodier. — Roger (Louis). — Roger (Pierre). — Rohée. — Rondeau. — Rossignol. — Roubault. — Roubier. — Roulland. — Rouilliard. — Roussel. — Roussel (André). — Rousselet. — Ridelle. — Rousselot, *orfèvre*. — Rousselet, *ébéniste, commissaire*. — Rosier. — Rumini. — Sagault. — Saintmarie. — Sallé. — Salmon. — Santerre. — Santerre *le jeune*. — Santoire. — Sarrazin. — Sartaintre. — Savarie. — Savart. — Savigny (Julien). — Sebron. — Séguin. — Seguin. — Seignot (François). — Selphe. — Semet. — Semeture. — Sendelle. — Sénéchal (J.-Antoine). — Sertaux. — Servet, *E*. (Michel-Ambroise). — Servet. — Sibille. — Sijac. — Simonin *l'aîné*. — Simonin *jeune*. — Sinet. — Six[5]. — Soissons. — Soissons, *B*. — Sob. — Soret. — Souberbielle. — Soubrié. — Soubrié *jeune*. — Soudet. — Soudin. — Souffletat. — Souffletot. — Sourdeuil. — Sourdeuil. — Stafelt. — Tailleur. — Tarron. — Terray. — Tétu. — Thevenin, *E*. — Thirion,

---

[1] Les *Révolutions de Paris*, citées par M. Lecocq (p. 82), signalent Maillard fils comme ayant tenu «le drapeau pendant l'attaque de la Bastille».

[2] Cette mention constitue une erreur évidente, car il s'agit du mercier Réole, dont nous avons parlé p. 191.

[3] Cf. sur Nicolas, le *Répertoire général des sources manuscrites de l'Histoire de Paris*....., de M. A. Tuetey, t. I, n° 408.

[4] Voir la note 2 ci-dessus.

[5] Voir plus haut, p. 190.

*bourgeois, commissaire*. — Thomasset. — Thouroude. — Thouvenin. — Thouvenin. — Thuriot *de la Rosière, avocat, commissaire*. — Thuillier. — Thuillier. — Tignard 1ᵉʳ. — Tignard 2ᵐᵉ. — Tintelier. — Tirion. — Tissier. — Tivet *aîné*. — Tolaire. — Tondu. — Toulouse. — Toulouse. — Tournay. — Tournay, *E*. (Louis)[1]. — Tournoy. — Trebault. — Trippier. — Turpin. — Turpin, *E*. (François). — Vallat. — Vallelot. — Vasse, *B*. (Jean-Baptiste). — Vast. — Vattier, *dit Picard*. — Veber. — Veduie. — Vener, *B*. (Bernard). — Vener, *tabletier*. — Verdier. — Verpeau. — Versigny. — Verseau. — Vervières, *E*. (François). — Véez *père*. — Véez *fils*. — Viard (Pierre). — Viardot. — Vichard. — Vidal. — Vieille, *dit de Varennes*. — Vielit. — Villar. — Villar, *dit commissaire*. — Villars, *E*. (Henri). — Villemenaux. — Villeneuve. — Villette. — Villiard. — Vincent, *chasseur*. — Vinot. — Violet. — Volliot. — Voisin 1ᵉʳ. — Voisin 2ᵐᵉ. — Wagner. — Walseure. — Wouarnier. — Wouasse.

## TABLEAU DES VEUVES

#### DES CITOYENS MORTS AU SIÈGE DE LA BASTILLE.

Begard. — Bertrand. — Blanchard[2]. — Boutillon. — Cochet. — Courança. — David. — Desnous. — Essaras. — Ezard. — Gourni. — Grivallet. — Foullon. — Levasseur. — Poirier[3]. — Provost. — Renauld. — Rousseau. — Sagaud.

C'est le 19 juin 1790 que fut rendu, sur le rapport de Camus[4], le décret consacrant les titres de vainqueurs de la Bastille. Nous en reproduisons les termes d'après la pancarte gravée qui, suivant la volonté du législateur, devait servir de diplôme à chacun d'eux. L'exemplaire dont nous nous sommes servi, délivré au « vainqueur » Marie-Joseph Collin, est conservé à la Bibliothèque de la ville de Paris :

ASSEMBLÉE NATIONALE

Séance du samedi 19 juin 1790.

*Décret en faveur des citoyens qui se sont distingués à la prise de la Bastille.*

## PRÉAMBULE.

L'Assemblée nationale, frappée d'une juste admiration pour l'héroïque intrépidité des vainqueurs de la Bastille, et voulant donner, au nom de la Nation, un témoignage public à ceux qui ont exposé et sacrifié leur vie pour secouer le joug de l'esclavage et rendre leur Patrie libre,

Décrète qu'il sera fourni aux dépens du Trésor public à chacun des vainqueurs de la Bastille en état de porter les armes, un habit et un armement complet suivant l'uniforme de la Nation; que, sur le canon du fusil ainsi que sur la lame du sabre, il sera gravé l'écusson de la Nation avec la mention que ces armes ont été données par la Nation à tel vainqueur de la Bastille, et que sur l'habit il sera appliqué, soit sur le bras

---

[1] Voir plus haut, p. 188 et 217.
[2] Le tableau soumis à l'Assemblée porte en regard de son nom : 5 enfants.
[3] Le tableau porte : 2 enfants. On y trouve en outre la mention de deux orphelins : Quentin aîné et Quentin cadet.
[4] *Moniteur*, du 20 juin 1790.

gauche, soit à côté du revers gauche, une couronne murale; qu'il sera expédié à chacun desdits vainqueurs de la Bastille un brevet honorable pour exprimer leurs services et la reconnaissance de la Nation, et que, dans tous les actes qu'ils passeront, il leur sera permis de prendre le titre de vainqueurs de la Bastille, etc.[1]... Un brevet honorable sera également expédié aux vainqueurs de la Bastille qui ne sont pas en état de porter les armes, aux veuves et aux enfants de ceux qui sont décédés, comme monument public de la reconnaissance et de l'honneur dû à tous ceux qui ont fait triompher la liberté sur le despotisme, etc.[2]... Le tableau remis par les vainqueurs de la Bastille, contenant leur nom et celui des commissaires choisis par les Représentans de la Commune qui ont présidé à leurs opérations et qui sont compris dans le présent décret avec les Vainqueurs, sera déposé aux Archives de la Nation pour y conserver à perpétuité la mémoire de leur nom et pour servir de base à la distribution des récompenses honorables et des gratifications qui leur sont assurées par le présent décret.

Charles LAMETH, président. (Autographe.)

Nous soussigné, Président et Commissaires des Vainqueurs de la Bastille, déclarons et attestons que M<sup>r</sup> *Marie-Joseph Cottin, né en 1770,* natif de *Paris,* département de *Paris*[3], a été reconnu pour l'un des vainqueurs de la Bastille dans une assemblée générale légalement convoquée et présidée par les représentans de la Commune de Paris et par les Commissaires nommés pour la vérification des faits et gestes de la Bastille. Nous certifions que, conformément au décret ci-dessus, son nom, porté sur les procès-verbaux et inscrit sur le tableau, a été déposé aux Archives de l'Assemblée Nationale, et qu'en sa qualité de Vainqueur de la Bastille, il peut et doit jouir des honneurs attachés à ce titre.

PANNETIER,<br>président des Vainqueurs de la Bastille.

BORIE.     CHOLAT.

FOURNIER l'aîné,
secrétaire et commissaire.

Nous n'avons pas de détails sur l'uniforme adopté pour le nouveau corps, mais on sait comment était le fusil, car le musée Carnavalet a reçu celui du vainqueur Groslaire; sur le canon de l'arme est fixé un écusson portant ces mots : ASSEMBLÉE NATIONALE. — LA LOI ET LE ROI. DONNÉ PAR LA NATION, LE 19 JUIN 1790, À TOUSSAINT GROSLAIRE, VAINQUEUR DE LA BASTILLE.

A peine le décret du 19 juin était-il rendu que les protestations les plus violentes éclatèrent de toutes parts : dès le 22, « plusieurs citoyens » réclamaient leur inscription sur la liste, affirmant qu'ils avaient droit d'y figurer[4]; le même jour, la section de Saint-Louis-la-Culture protestait contre « ce titre fastueux de Vainqueurs de la Bastille, pris par une poignée d'individus[5] »; deux jours plus tard, le district de Saint-Germain-l'Auxerrois formulait les mêmes récriminations et s'unissait aux gardes françaises « pour protester contre la formation d'un corps des vainqueurs de la

---

[1] Les points qui se trouvent ici et plus bas correspondent à certaines dispositions qu'on n'avait pas jugé à propos de faire figurer sur le diplôme. En voici le texte, d'après le *Procès-Verbal de l'Assemblée Nationale, imprimé par son ordre,* n° 324 (t. XXII, p. 17-18) :

« Les Vainqueurs de la Bastille en état de porter les armes feront tous partie des Gardes Nationales du Royaume; ils serviront dans la Garde Nationale de Paris : le rang qu'ils doivent y tenir sera réglé lors de l'organisation des Gardes Nationales. »

[2] « Lors de la Fête solennelle de la Confédération du 14 juillet prochain, il sera désigné pour les Vainqueurs de la Bastille une place honorable où la France puisse jouir du spectacle des premiers conquérans de la Liberté.

« L'Assemblée Nationale se réserve de prendre en considération l'état de ceux des Vainqueurs de la Bastille auxquels la Nation doit des gratifications pécuniaires, et elle les leur distribuera aussitôt qu'elle aura fixé les règles d'après lesquelles ces gratifications doivent être accordées à ceux qui ont fait de généreux sacrifices pour la défense des droits et de la liberté de leurs concitoyens. »

[3] Les mots en italique sont écrits à la main.

[4] *Répertoire,* etc., de M. Tuetey, t. I, n° 366.

[5] *Ibid.,* n° 368.

POIGNÉE DE SABRE, INSIGNES CACHET DES VAINQUEURS DE LA BASTILLE
(Musées des Archives Nationales et Carnavalet)

Bastille, ce titre pouvant être revendiqué par tous les citoyens de la capitale, et surtout par les Gardes-Françaises qui, seuls, avaient les munitions et les armes nécessaires pour une attaque aussi hardie[1]»; le district de l'Oratoire faisait entendre que tous les citoyens de Paris avaient mérité le titre de Vainqueurs[2].

Il se produisit alors un fait des plus inattendus: le 25 juin, c'est-à-dire six jours après la promulgation du décret qui leur conférait honneurs et profits, les Vainqueurs vinrent à la barre de l'Assemblée, ayant à leur tête Bailly et Hullin, déclarer qu'ils renonçaient, « si le bien de la Constitution l'exigeait, aux avantages et aux honneurs qui leur avaient été décernés comme un juste témoignage de la reconnaissance de la Nation par le décret de l'Assemblée Nationale du 19 de ce mois », et ils déposèrent en même temps, sur le bureau de l'Assemblée, « la décoration qu'ils avoient toujours portée jusqu'ici comme une marque glorieuse de leur victoire et de leur courage ». Un décret nouveau fut aussitôt rendu dans ce sens: « L'Assemblée Nationale, touchée du noble patriotisme des braves citoyens qui ont contribué à la prise de la Bastille, le 14 juillet, accepte leur renonciation aux distinctions qui leur avoient été accordées par le décret du 19 de ce mois. Elle décrète de plus qu'il sera fait dans le procès-verbal une mention honorable de leur généreux sacrifice[3] ».

Cette renonciation n'eut, d'ailleurs, d'autre effet que celui de grossir le nombre des vainqueurs de tous ceux qui avaient protesté contre sa composition; la liste définitive, avec ses radiations et ses additions, comprenait, à la fin de l'année 1790, huit cent soixante-trois noms; c'est ce qui résulte des documents (que M. Tuetey a si exactement analysés) relatifs à la fourniture de 863 sabres, au prix de 30 livres chacun, et d'un nombre égal de fusils, valant chacun 18 livres, destinés aux vainqueurs de la Bastille[4]. Les dépenses d'armement et d'équipement furent closes le 30 juin 1791, et la pièce suivante[5] en fait connaître le total:

DÉPENSES RELATIVES AUX VAINQUEURS DE LA BASTILLE.

|  | EXERCICE 1790. |
|---|---|
| Dépenses, du 1ᵉʳ mai au 31 décembre 1790, suivant compte rendu par M. Dufresne, lesquelles sont retirées et déduites de l'état des dépenses diverses à ladite époque.................................... | 34,056 |
| *Idem*, du 1ᵉʳ janvier 1791 au 30 juin dit, suivant compte par le même...... | 104,516 |
| TOTAL.................... | 138,572 |

Certifié par nous Commissaires de la Trésorerie nationale. A Paris, le 17 septembre 1791. — (Signatures.)

Peu après, le corps des vainqueurs fut dissous et réparti, suivant l'âge des hommes, dans les troupes de ligne et de gendarmerie ou de police. M. Fournel l'a consciencieusement suivi dans ses nouvelles destinées[6].

Quarante années s'écoulent sans qu'on retrouve mention de ceux qui s'étaient signalés à la prise de la Bastille. Aussitôt après la Révolution de 1830, et lorsqu'il était déjà question d'élever sur l'emplacement de la Bastille, un monument aux victimes des journées de Juillet, les anciens

---

[1] *Répertoire*, etc., de M. Tuetey, t. I, n° 370.
[2] *Ibid.*, n° 371.
[3] *Procès-Verbal de l'Assemblée Nationale*, 7ᵉ livraison, t. XXIII, p. 7-8.
[4] *Répertoire*, etc. Voir notamment les numéros 376, 377, 379, 389, 397, 399, 407. Il faut dire que l'on

avait commandé 870 baudriers et banderoles, mais ces objets étant de moindre valeur et, pouvant plus aisément s'égarer, on avait dû en prendre quelques-uns en excédent, par précaution.
[5] Arch. nat. D. VI, 17, n° 177³⁶.
[6] *Les Hommes du 14 juillet*, ouv. cité, p. 307 et ss.

vainqueurs se liguèrent de nouveau pour obtenir du roi, non plus des honneurs, mais une pension. Ils eurent assez de crédit pour y réussir.

L'ordonnance royale du 8 mai 1832 accorda « un secours annuel de cinq cents francs, à partir du 1er janvier 1832, à tous les citoyens qui justifieront de leur coopération active à la prise de la Bastille ». Elle prescrivit en même temps la nomination d'une commission chargée d'examiner les titres des postulants. 664 demandes furent présentées, mais 401 seulement accueillies. En conséquence, le *Moniteur* du 3 novembre 1832 publiait la liste des quatre cent un citoyens qui jouiraient à l'avenir de la pension annuelle de cinq cents francs. Si l'on était curieux de comparer ces noms avec ceux que nous venons de publier, on aurait la surprise d'en trouver beaucoup de nouveaux, quelque invraisemblable que soit le fait, et de n'y pas rencontrer ceux que la prise de la Bastille avait surtout illustrés, bien qu'encore vivants : Arné, Cholat, Bonnemère, Hullin, Elie, Maillard, Thuriot, Santerre, etc. En revanche Pierre-François Palloy y figure, lui qui n'avait pu se faire inscrire sur la liste de 1790. C'est une preuve de plus que, pour bien des cas, on avait cédé à d'incessantes suppliques ou voulu récompenser d'autres services. Les rivalités entre gardes françaises et civils qui avaient éclaté lors de la confection de la première liste se retrouvèrent vivaces encore pour l'obtention de la pension promise; il existe une pétition autographiée des «Gardes-Françaises vainqueurs de la Bastille», non datée, mais qui ne peut être antérieure à 1832, où ces anciens militaires réclament les mêmes faveurs que les «bourgeois vainqueurs de la Bastille[1]»; il ne paraît pas qu'il y ait été donné suite, mais l'ordonnance de 1832 avait donné lieu à de telles protestations qu'elle subit, l'année suivante, une modification considérable; par la loi du 23 avril 1833, le chiffre de la pension était réduit à 250 francs, et le nombre des vainqueurs définitivement fixé à 93.

## VI

### FÊTES DONNÉES SUR L'EMPLACEMENT DE LA BASTILLE.

Les ruines de la Bastille furent, à plusieurs reprises, le théâtre de fêtes ou de cérémonies dont il convient de dire quelques mots. Palloy était trop ambitieux pour se laisser oublier, lui et *sa* Bastille; aussi n'omit-il aucune occasion d'attirer au pied des tours démantelées de la forteresse les pouvoirs publics et la foule.

Le premier aniversaire du 14 juillet fut, on le sait, la fête de la Fédération; elle eut lieu au Champ-de-Mars, mais tout Paris était en liesse, et d'ailleurs, l'anniversaire que l'on célébrait évoquait trop directement le souvenir de la Bastille pour que l'on pût négliger d'aller voir ce qui en restait. Palloy, donc, y organisa, le 18 juillet, des réjouissances qui eurent grand succès : «...Le terrain de la Bastille, dit le *Journal de Paris*[2], offroit une fête d'un autre genre. On avoit planté sur ce terrain un bosquet artificiel formé de grands arbres, et très bien illuminé. A côté, on avoit enterré des ruines de la Bastille, parmi lesquelles on voyoit, avec des fers et des grilles, le bas-relief trop fameux représentant des esclaves enchaînés, et qui décoroit dignement l'horloge de cette redoutable forteresse. Ces décombres formoient un contraste frappant avec cette inscription, qu'on lisoit à l'entrée du bosquet : ICI L'ON DANSE.»

Cette description est exacte. Il existe un dessin de Palloy du «transparent exécuté le 18 juillet, l'an 2me de la Liberté, à l'occasion du bal donné sur les ruines de la Bastille aux frères fédérés des 83 départements[3]»; le centre du transparent y est occupé par deux pièces

---

[1] Bibl. de la Ville de Paris, recueil annexé à la série 155.

[2] 20 juillet 1790, n° 201.

[3] Bibl. nat., département des Estampes, t. I de la

de vers comme Palloy savait les écrire; de chaque côté, des boucliers, où sont inscrits les noms des 83 départements; et au bas, en guirlande, la fameuse inscription.

L'année suivante, Palloy sut mettre à profit la translation des cendres de Voltaire, de l'église de Romilly à l'abbaye de Sainte-Geneviève, translation décidée par l'Assemblée Nationale le 8 mai 1791. Palloy obtint que le cortège partirait de la Bastille : «Deux motifs, dit le *Journal de Paris*[1], ont déterminé le choix de ce lieu. Il a paru convenable, puisque la cérémonie ne pouvoit avoir lieu le soir, attendu la longueur du temps qui doit y être consacré, de déposer le cercueil sur les ruines de la forteresse où Voltaire fut deux fois enfermé. Ensuite, la proximité du boulevard, sur lequel se rassembleront les divers départemens, le lendemain, a paru mériter de la considération.»

La cérémonie fut célébrée le 11 juillet.

Dès la veille, une délégation de la Municipalité avait été recevoir les restes du philosophe à la barrière de Charenton pour les conduire sur la place de la Bastille, où ils devaient être déposés durant la nuit. Au milieu de l'emplacement orné «de bosquets d'arbres verts, disposés avec goût, s'élevoient des débris de pierre de ce célèbre château sur lesquels on lisoit : «Reçois dans ce lieu où le despotisme t'enchaîna, Voltaire, les honneurs que te rend ta Patrie.» Ceux qui y ont placé le corps de Voltaire, ont tenu le cercueil élevé pour le faire voir au Public qui a témoigné sa satisfaction par de nombreux applaudissemens[2]». Le cortège parcourut les boulevards, traversa la place Louis XV (aujourd'hui place de la Concorde), suivit les quais de la rive gauche, s'arrêta devant la maison faisant l'angle de la rue de Beaune et du quai des Théatins, où Voltaire était mort, et atteignit le Panthéon par les rues Dauphine, de l'Ancienne-Comédie, des Fossés-Monsieur-le-Prince et Saint-Hyacinthe. Palloy était à la tête du groupe de ses Apôtres de la Liberté, suivis des «citoyens du faubourg Saint-Antoine, toujours armés de ces piques devenues assez redoutables depuis qu'elles ont servi à la conquête de la liberté»; on portait sur des brancards un modèle de la Bastille, ainsi que les boulets retirés, peu avant, de l'épaisseur de la tour de la Comté, et «un drapeau, enfin, qui déployoit dans les airs l'image entière de cette odieuse Bastille, image qui désormais ne doit plus faire trembler que les despotes[3]».

Deux mois après, le 18 septembre, une nouvelle fête fut donnée sur l'emplacement de la Bastille en l'honneur de l'acceptation de la Constitution. Ce fut, bien entendu, Palloy qui l'imagina et lui aussi qui en fit les frais. Sur un théâtre improvisé, les acteurs de la salle Molière représentèrent des pièces patriotiques, puis un feu d'artifice fut tiré, mais la populace se montra très turbulente, et Palloy n'éprouva, en cette circonstance, que des déboires[4].

Une cérémonie d'un autre genre ramena la foule, le 5 juin 1792, sur l'emplacement de la Bastille : ce fut lors de la «fête funèbre» ou «fête de la Loi» célébrée pour honorer la mémoire de Simonneau, maire d'Étampes, qui avait été massacré dans une émeute, au mois de mars précédent. Le cortège se forma devant les ruines; Palloy offrit à la veuve de Simonneau une pierre de la Bastille, où il avait fait graver le décret de l'Assemblée, rendu le 18 mars 1792, en l'honneur de son mari; puis il prononça un discours qui a été imprimé; après quoi l'on se rendit

---

collection Destailleurs. La Bibliothèque de la Ville possède de curieuses gravures en couleurs, publiées à l'occasion des anniversaires de 1790 et 1792.

[1] 20 juin 1791, n° 171.

[2] *Journal de Paris*, 11 juillet 1791, n° 192.

[3] *Ibid.*, 13 juillet, n° 194. Voir, dans le livre déjà cité de M. G. Lecocq, p. 372, le mémoire des dépenses de cette fête, en ce qui concerna Palloy : elles s'élevèrent à 3,912 livres 8 sols. Voir aussi le *Répertoire* de M. Tuetey, t. I, p. 272-274.

[4] Voir *Le Patriote Palloy*, de M. Fournel, ouv. cité, p. 82-83. Cf. le ms. 312 des nouv. acq. franç. de la Bibl. nat. où se trouve (fol. 277 et ss.) le mémoire des dépenses de Palloy à l'occasion de cette fête. Voir encore à la même bibliothèque les mss. 308 (fol. 140) et 2811 (p. 359) des nouv. acquisitions françaises.

processionnellement au champ de la Fédération, en portant un modèle de la Bastille, que Palloy appelle la châsse de la Liberté [1].

Nous parlerons, dans le chapitre suivant, de la colonne de la Liberté que Palloy avait imaginé d'élever sur l'emplacement de la Bastille; ici, il ne convient que de mentionner la fête qui eut lieu pour la pose de la première pierre d'un monument de ce genre, cérémonie fixée par l'Assemblée Législative, dans sa séance du 16 juin 1792, au 14 juillet suivant. Cette fête eut le caractère solennel et enthousiaste qu'avaient eu les précédentes; «on plaça, dit M. Lecocq d'après un document du temps, dans une boîte de cèdre: la déclaration des droits, gravée sur une table d'airain; une copie authentique de la Constitution; des médailles fondues avec les fers de la Bastille; des monnaies et des assignats, la liste des patriotes morts au siège de la Bastille, etc. Tous les outils employés pour l'opération sont faits avec les arbres du jardin; le mastic dont on se sert pour sceller est fait avec les cendres des anciens titres de noblesse[2].»

La commémoration de la journée du 14 juillet fut encore fêtée durant les années suivantes jusqu'en 1800 [3], mais chaque fois avec moins d'enthousiasme; au surplus, les ruines avaient enfin disparu complètement, et aucun monument n'en rappelait encore le souvenir. Ni sous le premier Empire, ni sous la Restauration, il ne fut question de la Bastille. Le gouvernement de Louis-Philippe n'en fit revivre même pas la mémoire, lors de la pose de la première pierre, en 1831, et de l'inauguration, en 1840, de la colonne de Juillet[4]. Il était réservé à la troisième République de consacrer définitivement la première grande journée de la Révolution : le 21 mai 1880, Benjamin Raspail, député de la Seine, soumit à la Chambre des députés un projet de loi ainsi conçu : «La République adopte comme jour de fête nationale annuelle la date du 14 juillet.» Le décret de promulgation de cette loi fut rendu le 6 juillet de la même année, et la première fête nationale célébrée le 14 juillet suivant.

## VII

### PROJETS DE DÉCORATION DE LA PLACE DE LA BASTILLE.

On n'avait pas attendu, nous l'avons vu déjà, l'événement du 14 juillet 1789 pour détruire en pensée la Bastille. Le projet de Linguet, en 1783, d'élever sur ses ruines une statue de Louis XVI, père de la liberté, n'était inspiré que par la haine de la forteresse, mais ceux de Corbet en 1784, de du Puget en 1788, de Davy de Chavigné au commencement de l'année 1789, avaient un tout autre but, bien plus pratique : l'embellissement du quartier par le percement de larges voies, et, par suite, la réalisation de bénéfices importants pour l'État et la Ville sur la vente des terrains ainsi dégagés.

Dès le lendemain de la victoire populaire, l'imagination des architectes put se donner libre

---

[1] Sur cette cérémonie on trouvera de précieuses indications dans la *Bibliographie* de M. Tourneux, t. I, p. 264-265. Voir encore les *procès-verbaux du Comité d'Instruction publique de l'Assemblée Législative*, publiés par M. J. Guillaume, p. 279-280.

[2] G. Lecocq, *ouv. cité*, p. 167-168. La Bibl. de la Ville de Paris possède, au tome III, n° 12, de son *Recueil* 12,029, une plaquette de 8 pages, intitulée : «Grand détail de toutes les cérémonies décrétées par l'Assemblée nationale, et qui auront lieu demain, 14 juillet, sur le terrain de la Bastille pour la pose de la première pierre de la colonne de la Liberté, et ensuite au Champ de la Fédération, où l'Assemblée nationale et le Roi assisteront; l'ordre et la marche du cortège, l'arrivée des braves Bretons et de cinquante mille Marseillais, avec leurs équipages et leurs canons.» Dans sa «Pétition présentée à la Chambre des députés» en 1819, brochure déjà citée, Palloy déclare que les frais de cette fête ont été de 18,880 francs, et ne lui ont jamais été remboursés.

[3] Nous disons plus loin (p. 238) un mot de la Fontaine de la Régénération, qui fut élevée sur l'emplacement de la Bastille, le 10 août 1793.

[4] Voir plus loin, p. 234-235.

carrière, et les conceptions les plus diverses furent mises en avant. Nous allons essayer de les exposer dans l'ordre où elles se produisirent.

Au cours de la réception enthousiaste faite à Louis XVI, le 17 juillet, lorsqu'il vint à l'Hôtel de Ville, rassurer par sa présence la population parisienne, Ethys de Corny, le procureur du Roi et de la Ville, que nous avons vu si activement mêlé aux événements de l'avant-veille, demanda que «ce jour mémorable soit consacré par le vœu d'une statue érigée à Louis XVI, régénérateur de la liberté nationale, restaurateur de la prospérité publique et père du peuple françois». Dussaulx, à qui nous empruntons ces lignes, ajoute que «l'érection de la statue du Roi sur l'emplacement de la Bastille fut votée tout d'une voix»[1].

C'est à la même date que Davy de Chavigné remit au jour le projet qu'il avait publié quelques mois auparavant, mais en le mettant en harmonie avec les évènements qui venaient de s'accomplir et, cette fois, en exprimant sa pensée par le dessin. Le musée Carnavalet en possède un exemplaire; la légende qui l'accompagne dispense de toute autre description:

Colonne de la Liberté. — Monument projetté sur l'emplacement de la Bastille, à la gloire de Louis Seize, restaurateur de la Liberté Française. La statue du Roi occupe le sommet de la colonne, dont les bas-reliefs sont destinés à célébrer les actions de Sa Majesté en faveur de la Liberté. Les statues assises de la France, de la Liberté, de la Concorde et de la Loi, sont placées aux quatre côtés de la base. On voit à leurs pieds les principaux fleuves et rivières du Royaume versant également le tribut de leurs eaux, emblème de la contribution proportionnelle de tous les citoyens aux besoins de l'État. La colonne est décorée de couronnes civiques en mémoire du patriotisme des citoyens de tous les ordres, et de la renonciation des deux premiers à tous leurs privilèges, en faveur de l'égalité civile. Les statues des villes et des colonies personnifiées, élevées sur les piédestaux inférieurs, désignent l'accord de la Nation pour décerner un monument de reconnoissance au Roi, le premier ami de son peuple et le restaurateur de sa liberté.

Ce projet de monument a été proposé dans l'Assemblée de la noblesse des bailliages de Provins et de Montereau réunis et dans celle de la Vicomté de Paris pour y être voué à Louis Seize et en demander l'érection aux États-Généraux, sur l'emplacement de la Bastille. — Dédié à la Patrie, à la Liberté, à la Concorde et à la Loi par leur fidèle et zélé serviteur Davy de Chavigné, auditeur des Comptes, soldat citoyen.

Les plan, coupe et élévation de ce monument ont été présentés à l'Académie Royale d'Architecture, le 8 juin 1789, et à l'Assemblée des Représentans de la Commune à l'Hôtel de Ville, les premiers jours de la prise de la Bastille.

L'année 1789 voit aussi éclore le projet d'un architecte de Bordeaux, appelé Combes, «ancien pensionnaire du Roi», d'après lequel, sur l'emplacement de la Bastille se serait élevé «un palais de la Nation pour la tenue de l'Assemblée nationale». Les plans sont au nombre de quatre, et sont datés du 6 novembre 1789; la façade du palais offre de grandes analogies de style avec celle de la Chambre des députés[2].

Le 18 mars 1790, Gatteaux, «graveur du Roi et membre de plusieurs académies,» présentait à la Commune de Paris le projet d'une «colonne majestueuse, de trois cents pieds; cette colonne est un faisceau composé d'autant de lames qu'il y a de départemens dans le Royaume»; elle doit être surmontée d'une statue de la Liberté. «Cette colonne occupe le centre d'une place circulaire de cent toises de diamètre, entourée d'une rue large de quatre vingts pieds.» L'auteur établit qu'à la dépense totale de 9,224,629 livres correspondra un revenu équivalent, par la location des bâtiments qui entoureront la place[3].

---

[1] L'Œuvre des sept jours, ouv. cité, p. 243.
[2] Arch. nat. N⁴ (Seine), 87.
[3] Nous trouvons cet exposé dans une brochure intitulée: *Projet d'un monument consacré à la Révolution*, par M. Gatteaux, graveur du Roi et membre de plusieurs académies; *Paris*, s. d. in-4° (Bibl. de la Ville de Paris).

Moins d'un mois après, le 9 avril, un jeune architecte troyen, appelé Mouillefarine, conçut lui aussi un projet qu'il soumit à l'Assemblée Nationale; la lettre qui accompagnait ses plans mérite d'être reproduite :

*A Monsieur le Président de l'Assemblée Nationale.*

Monsieur le Président,

J'ai l'honneur de vous adresser le plan d'une place nationale à élever en la gloire de la Liberté sur les ruines de la Bastille.

C'est le fruit des premières études d'un jeune homme, envoyé depuis quelque tems de sa province à Paris pour y suivre la carrière de l'architecture.

Témoin chaque jour et souvent ému de l'empressement de tous les bons citoyens à venir déposer leur offrande sur l'autel de la Patrie, je me disois souvent à moi-même et avec amertume : «Je serai donc le seul à ne pouvoir faire le moindre sacrifice! J'ai, il est vrai, un père et une mère, dont la tendresse fait mon bonheur; mais ils n'ont d'autre bien que leur probité, d'autres revenus que leur travail, et ils s'épuisent pour mon éducation! Eh bien, consacrons à la Patrie les premiers essais de nos faibles talens. L'Assemblée nationale a accueilli avec tant de bonté les dons les plus légers des mains mêmes de l'enfance; elle daignera peut-être sourire à mes efforts, encourager un jeune artiste qui n'a d'autre prétention que de lui donner des preuves de zèle, de respect et de patriotisme, et par là, de satisfaire comme Français aux besoins de son cœur.»

Oserois-je espérer, d'après cela, Monsieur le Président, que vous voudrez bien mettre mes plans sous les yeux de l'Assemblée et être auprès d'elle l'interprète de mes sentimens? Ma reconnoissance sera éternelle, autant que le profond respect avec lequel je suis, Monsieur le Président, votre très humble et très obéissant serviteur.

MOUILLEFARINE, le fils, de Troyes en Champagne,
âgé de 23 ans 1/2 [1].

Ce 9 avril 1790.

Assez comparable à celui de Gatteaux pour ce qui est de l'utilisation du terrain, ce projet comportait une place circulaire de 105 toises de diamètre, réduite à 68 toises par la création d'un rang de boutiques basses; au centre, devait s'élever «une statue pédestre de Louis XVI, tenant des tablettes sur lesquelles seroit écrite la Convocation des États-Généraux, au bas de laquelle seroit le génie ministériel qui sonneroit de la trompette, et tenant d'une main des chaînes dont les chaînons seroient cassés pour servir d'allégorie que ce fut sous le règne de Louis le Bienfaisant, restorateur de la liberté françoise...[2]».

Le 24 avril 1790, les habitants du district des Carmélites furent appelés à délibérer, à propos de «deux projets faits sur les terrains de la Bastille et de l'Arsenal, présentés par M. Cathala, architecte, leur concitoyen»; il s'agissait de creuser une gare entre la Bastille et la Seine et de construire, sur l'emplacement de la forteresse, une colonne «à l'imitation de celle que les Romains ont élevée en l'honneur de Trajan». L'assemblée adopta sans réserve ces projets et décida de les envoyer, avec sa délibération, aux cinquante-neuf autres sections [3].

Au mois de mai de la même année, Barère de Vieuzac, le député dont nous avons déjà rencontré le nom, saisit la Commune, au nom de l'Assemblée Nationale, d'un projet de colonne surmontée d'une statue de la Liberté; puis, le 13 juillet suivant, il remplaça, pour raisons d'économie, la colonne par un «obélisque formé des pierres mêmes de la Bastille, sur lequel

---

[1] Arch. nat. C. 105, n° 202.

[2] La série des plans de Mouillefarine est conservée aux Archives nationales sous la cote N^a (Seine), 87.

[3] Le texte de cette délibération et le plan qui l'accompagne sont conservés à la Bibliothèque de la Ville de Paris, n° 7319 A, in-8°.

on verra gravées la déclaration des droits, l'époque de la prise de ce fort, et celle de la Fédération[1]».

C'est aussi à ce moment que Corbet donna une nouvelle édition remaniée du plan qu'il avait publié en 1784, et l'accompagna du titre suivant :

Projet d'une place publique à la gloire de Louis XVI sur l'emplacement de la Bastille, ses fossés et ses dépendances, avec la continuation du rampart jusqu'à la rivière sur la partie des fossés de l'Arsenal, comme aussi d'un Palais National avec ses Caisses et accessoires et différents établissements utiles à l'État; avec un pont en face de l'Hôpital général et du Jardin du Roy. Dédié au Roy, présenté à Sa Majesté et à l'Auguste Assemblée des Députés de la Nation, par le s<sup>r</sup> Corbet, ancien élève des Ponts et Chaussées, Inspecteur des bâtimens de la Ville de Paris en 1789[2].

Les différences avec le plan dont nous avons plus haut donné la reproduction sont assez notables : à la place d'une église dédiée à saint Antoine et qui se serait élevée dans la partie orientale de la place, vers l'extrémité de la rue de Charenton, Corbet propose la construction du Palais National; une salle de spectacle, l'hôtel de la mairie, l'hôtel de ville, qui ne figuraient pas sur le plan primitif, se voient sur celui-ci; mais ce qui, dans l'un et l'autre, est remarquable, c'est la conception de travaux de voirie qui ne se sont accomplis que beaucoup plus tard : le boulevard de la Contrescarpe, le pont d'Austerlitz, le boulevard Henri IV y sont prévus, à très peu de chose près avec leur tracé actuel [3].

Il faut placer vers le même temps, quoique l'œuvre ne porte pas de date, la publication en gravure du projet conçu par Prieur d'un «temple dédié à la Liberté, projetté sur les ruines de la Bastille, proposé par souscription, l'autheur renonçant à toute espèce d'honoraires et contribuant pour sa part de la somme de 300 livres. — Prieur *invenit et sculpsit*[4]». L'édifice eût affecté la forme circulaire avec colonnes, du même goût que certains pavillons des barrières, construits par Ledoux, et eût été surmonté d'une sorte de pyramide assez disgracieuse. Mentionnons encore une estampe signée de «Molinos et Le Grand, 1791», et représentant un «projet de Pritanée à élever sur les ruines de la Bastille».

Les pouvoirs publics n'avaient que l'embarras du choix parmi tant de propositions; il ne paraît pas cependant qu'ils en aient retenu aucune, sauf celle de Barère, qui émanait de l'Assemblée même, et peut-être celle de Davy de Chavigné, à qui Bailly fit officiellement demander quelques modifications [5].

Au commencement de l'année 1792, Palloy — on s'étonne qu'il ait tant tardé — produisit enfin son projet à lui, qui, à vrai dire, ne différait guère des précédents : c'était encore une colonne de la Liberté, haute de 164 pieds, dont le piédestal aurait été fait d'un modèle de la Bastille, et le fût, de pierres de la démolition. Là seulement était l'originalité, car les remaniements des abords de la porte Saint-Antoine, la construction d'un palais pour l'Assemblée et d'un pont en face du jardin du roi, qu'il proposait du même coup sont des

---

[1] *Moniteur* des 7 mai et 14 juillet 1790; cf. la notice de M. H. Jouin sur la Colonne de juillet, dans l'*Inventaire des richesses d'art de la France*, Paris, monuments civils, t. I, p. 329.

[2] Arch. nat. N<sup>4</sup> (Seine), 87. La notice explicative manuscrite est au carton C 105, n° 202.

[3] Il faut dire que ces travaux, au moins les deux premiers, étaient ardemment réclamés par la population; le cahier du tiers état pour le district de Saint-Louis-la-Culture s'exprimait ainsi à cet égard : «que le boulevard Saint-Antoine soit continué et que, pour l'avantage du commerce et la communication des boulevards, avant de s'occuper d'une autre entreprise publique, il soit construit un pont vis-à-vis le Jardin du Roi.» (Chassin, *Les Cahiers de Paris*, ouv. cité, t. II, p. 469.)

[4] Bibl. de la Ville de Paris, Estampes.

[5] Lettre du 3 avril 1790; t. I, n° 563 du *Répertoire* de M. Tuetey.

idées empruntées aux inventeurs précédents. Il fit faire un tableau représentant ces différentes conceptions et le soumit d'abord à l'assemblée municipale, qui en délibéra en ces termes:

*Extrait du registre des délibérations du corps municipal.*

Du douze mars mil sept cent quatre-vingt-douze, l'an quatrième de la Liberté.

M. le Président ayant annoncé que le patriote Palloy avait offert à la municipalité et fait déposer dans la salle de ses séances un tableau représentant le plan général et élévation d'un monument à élever à la gloire de la Liberté sur les terrains de la Bastille, de l'Arsenal et de leur dépendances,

Le Procureur de la Commune entendu,

Le Corps municipal a arrêté qu'il seroit fait dans le procès-verbal mention honorable de l'offre de M. Palloy, que le tableau seroit accepté, placé derrière le bureau sous le buste du Roy, et qu'il seroit délivré à M. Palloy expédition du présent arrêté [1].

L'Assemblée Législative fut, en même temps, saisie de la question; Palloy eut les honneurs de la séance et demanda que si l'exécution de son plan n'était pas entièrement ordonnée, «il fût au moins autorisé à élever une pyramide qui, construite avec des pierres de la Bastille dans une forme simple et majestueuse, causerait peu de dépense [2]».

Le 16 juin suivant, sur le rapport de Pastoret, l'Assemblée décrétait ce qui suit :

ARTICLE PREMIER. Il sera formé sur l'ancien terrain de la Bastille une place qui portera le nom de *place de la Liberté*.

ART. 2. Il sera élevé au milieu de cette place une colonne surmontée de la statue de la Liberté.

ART. 3. La première pierre des fondations sera posée le 14 juillet prochain, par une députation de l'Assemblée nationale, dans le lieu sur lequel la colonne devra être élevée.

ART. 4. Les plans, dessins et devis de Pierre-François Palloy sont renvoyés au pouvoir exécutif pour les examiner, les comparer avec tous les autres que les différents artistes pourraient présenter, et en rendre compte à l'Assemblée dans le plus bref délai possible..... [3].

Palloy n'avait pas tout à fait lieu d'être satisfait, car, si ses plans n'étaient pas écartés, ils n'étaient pas non plus adoptés. Il en écrivit à l'Assemblée, le 5 juillet, estimant avec raison que le temps pressait de prendre une décision; mais sa lettre fut simplement renvoyée aux comités compétents [4], et, le 12 juillet, l'Assemblée ne se prononça pas davantage encore en sa faveur lorsqu'elle décidait qu'« une députation de soixante membres de l'Assemblée nationale se rendra sur les ruines de la Bastille pour poser la première pierre de la colonne de la Liberté [5] ». On a vu plus haut (page 228) ce que fut cette fête, et quels documents furent solennellement enfouis avec la première pierre.

L'idée, poursuivie depuis trois ans, d'élever un monument sur l'emplacement de la Bastille, entrait enfin dans la voie de l'exécution; elle devait, cependant, en rester là longtemps encore, car, les 25 avril et 3 mai 1793, la Convention nationale ordonnait que «le coffre déposé le 14 juillet dans une des pierres fondamentales de la colonne de la Liberté qui doit être élevée sur les ruines de la Bastille en sera retiré, et que les monuments qu'il contient seront brisés comme présentant des caractères contraires au système général de la liberté, de l'égalité, de

---

[1] Bibl. de la Ville de Paris, dossier 10,441.
[2] *Procès-verbaux du Comité d'Instruction publique de l'Assemblée Législative*, ouv. cité, p. 304 et 311.
[3] *Pr.-verb. du Com. d'Inst. publ. de l'Ass. Lég.*, p. 334.
[4] *Ibid.*, p. 357-358.
[5] *Ibid.*, p. 359.

l'unité et de l'indivisibilité de la République». Un décret, rendu le 7 mai suivant, ordonna le dépôt aux Archives nationales du procès-verbal attestant que les dispositions qui précèdent avaient été accomplies [1].

Dès lors, et jusqu'à la fin du siècle, il ne fut plus question d'une décoration quelconque de la place de la Bastille, car nous ne saurions considérer comme telle la fontaine de la Régénération, qui y fut édifiée pour la fête du 10 août 1793, et qui représentait une Isis laissant couler de ses seins l'eau de la régénération. Cette allégorie de mauvais goût était traduite en plâtre et ne dura qu'un jour.

La loi du 29 floréal an x (19 mai 1802), qui ordonnait la création d'un canal de dérivation de la rivière d'Ourcq aboutissant au bassin de la Villette, et l'ouverture d'un autre canal de navigation partant «de la Seine au-dessous du bastion de l'Arsenal», pour rejoindre ce bassin, et, par suite, devant traverser les terrains où s'était élevée la Bastille, attira de nouveau l'attention sur la place déserte où la première pierre seule de la colonne de la Liberté avait été posée. Le 11 frimaire an xii (3 décembre 1803), le Premier Consul signa l'arrêté qui suit :

Le Gouvernement de la République, sur le rapport du Ministère de l'intérieur, arrête ce qui suit :

ARTICLE PREMIER. La loi du 27[2] juin 1792 (v. s.), qui ordonne la formation d'une place sur le terrain de la Bastille, recevra son exécution.

ART. 2. Le plan présenté à ce sujet par le Ministre de l'intérieur, et auquel est annexé celui de la topographie actuelle des terrains de la Bastille, est adopté.

ART. 3. Le plan adopté par l'article 2 comprend les dispositions suivantes :

1° Une grande place circulaire, au milieu de laquelle sera construit un bassin de même forme, orné à son pourtour d'une double rangée d'arbres ;
2° L'entrée de la rue du Faubourg-Saint-Antoine sera reportée de l'est au sud-ouest de sa position actuelle, afin de rectifier le contour qu'elle forme à son ouverture et de la faire arriver symétriquement sur la place, en face de la rue Saint-Antoine, avec laquelle elle ne formera plus qu'une seule rue.

ART. 4. Le canal destiné à la réception des eaux de l'Ourcq sera établi dans le fossé de l'Arsenal, de manière à communiquer du côté du sud avec la Seine, et du côté du nord avec le bassin circulaire. Deux rangées d'arbres orneront chacune des rives du canal.

Par ces dispositions, la grande place circulaire indiquée au premier paragraphe de l'article 3 deviendra le point de réunion des boulevards intérieurs de Paris, celui du canal et des deux allées qui en borderont les rives, ainsi que de plusieurs rues, combinées de manière à former sur cette place des façades circulaires et symétriques de même grandeur.

ART. 5. Les terrains dépendans de l'Arsenal, de l'ancienne Bastille et autres qui se trouveront disponibles par suite des opérations indiquées aux articles précédens et au plan approuvé par l'article 2 seront divisés en lots, de manière à en faciliter la vente par parties.

ART. 6. L'ensemble de ces terrains sera abandonné pour la dépense qu'entraînera l'exécution du plan, et le Ministre des finances est autorisé à en traiter avec celles des compagnies qui pourront se présenter, et dont les offres paraîtront les plus avantageuses au Gouvernement.

ART. 7. La compagnie qui sera chargée de cette opération prendra l'engagement : 1° d'acquérir les cinq mille trois cent soixante quinze mètres quatre centimètres de terrains et bâtimens particuliers qui entrent dans la circonscription du projet ; 2° de faire la construction d'un égout voûté, d'environ neuf cents toises de développement, pour la décharge des eaux d'une partie du faubourg Saint-Antoine.

[1] Pièce imprimée. Cf. le *Répertoire* de M. Tuetey, t. I, n° 2631. — [2] *Sic* pour 16 juin.

Art. 8. Le Ministre de l'intérieur et le Ministre des finances sont chargés, chacun en ce qui le concerne, de l'exécution du présent arrêté.

Le Premier Consul,<br>Signé : BONAPARTE.

Pour ampliation :
Le Ministre de l'intérieur,
Signé : CHAPTAL.

A ce texte est joint un plan représentant : 1° l'état actuel des terrains; 2° « le projet d'une place, d'un bassin et d'un port sur les terrains de la Bastille et de l'Arsenal » [1].

Par décret du 2 février 1810 [2], Napoléon I<sup>er</sup> ordonnait qu'un éléphant en bronze, de proportions colossales, fût placé au-dessus de la fontaine monumentale prévue par l'article 3 de l'arrêté précédent, et dont la première pierre avait été posée, le 2 décembre 1808, par le Ministre de l'intérieur. «L'idée première de ce monument, dit Gourlier, est attribuée par quelques personnes à M. le chevalier Denon, directeur des musées impériaux, comme résultant de ses voyages en Orient, et par d'autres, à l'Empereur lui-même, qui, lors de son entrée à Berlin, aurait été frappé d'une pendule composée sur ce motif, et placée dans le cabinet du roi de Prusse [3].»

L'architecte Alavoine fut chargé de la direction des travaux; il confia au sculpteur Bridan la construction de l'éléphant gigantesque, dont le modèle en plâtre demeura dans la partie sud-est de la place de la Bastille jusqu'en 1865, et que Victor Hugo a fait figurer dans l'un des plus gracieux épisodes des *Misérables*. Les travaux de la fontaine se poursuivirent activement, et, vers 1820, la grande vasque circulaire était complètement achevée [4].

Au lendemain des journées de Juillet 1830, l'idée d'un «obélisque national à élever place de la Bastille, monument commémoratif de la conquête de la liberté par les citoyens de Paris dans les journées du 14 juillet 1789, première époque de la Révolution française, et des 27-28-29 juillet 1830, deuxième époque de la défense des libertés publiques» fut exposée par A. S. M. Bonneville dans une brochure intitulée : *Essai sur quelques monuments nationaux et d'utilité publique, présenté au Roi* (Paris, 1830, in-8°). Peut-être Louis-Philippe s'en était-il inspiré lorsqu'il signa, le 10 décembre 1830, la loi ordonnant «qu'un monument serait élevé sur la place de l'ancienne Bastille en l'honneur des citoyens morts dans les journées des 27, 28 et 29 juillet 1830». Le 27 juillet 1831, le roi posa solennellement la première pierre de ce monument; on avait élevé un simulacre d'obélisque sur le soubassement duquel le peintre Gosse avait figuré quatre bas-reliefs représentant : la prise de la Bastille; la prise de l'Hôtel de Ville; le combat du Louvre; le serment de Louis-Philippe.

Alavoine demeura investi de l'exécution du monument définitif; au lieu d'un obélisque, il fit adopter le projet d'une colonne en bronze, sur le fût de laquelle seraient gravés les noms des

---

[1] Bibl. de la Ville de Paris, n° 18,357, in-4°, n° 4 (imp.).

[2] Rappelons qu'en 1806, Davy de Chavigné, toujours fécond, avait proposé l'érection d'une colonne triomphale à la gloire de Napoléon, sur l'emplacement de la Bastille ou aux abords du pont d'Austerlitz. (Bibl. de la Ville de Paris, 7629, in-8°.) De cette idée est née la colonne Vendôme.

[3] *Choix d'édifices publics, projetés et construits en France depuis le commencement du XIX<sup>e</sup> siècle*, t. II, p. 29, passage rapporté par M. Jouin dans sa notice déjà citée.

[4] On trouvera dans les papiers de l'architecte Norry (Bibl. de la Ville de Paris, ms. 16,086, in-fol., t. III) les dépenses pour la construction de cette fontaine, pendant les années 1816-1818. — Voir aussi l'*Inventaire général des œuvres d'art appartenant à la Ville de Paris*, Édifices civils, t. I, p. 194-195. — Il existe de nombreuses estampes ou images de tout genre représentant la Fontaine de l'Éléphant. On trouvera aux Archives nationales, sous la cote N, 3<sup>e</sup> cl., n<sup>os</sup> 1150 et 1151, les plans ou projets, au nombre de trente et un, qui s'y rapportent, dressés par Alavoine.

citoyens morts pendant les combats de Juillet, et en jeta les fondations, au centre même de la fontaine terminée depuis vingt ans, et qui fut comblée jusqu'au ras du sol[1]. Alavoine étant mort le 14 novembre 1834, Duc, l'inspecteur des travaux, fut chargé de sa succession, et acheva la colonne actuelle. Le 28 août 1839, on installa sur l'édifice le chapiteau, qui avait été construit aux fonderies du Roule, et que, dans son enthousiasme, la foule, se substituant aux chevaux, traîna pendant une partie du trajet. Le 30 avril suivant, fut hissé le Génie de la Liberté, œuvre de Dumont, qui couronne et achève le monument. L'inauguration de l'œuvre eut lieu le 28 juillet 1840, en même temps que le transfert dans les caveaux des cercueils des morts de Juillet. Les descriptions techniques font connaître que la hauteur totale de la colonne est de 50 m. 50; le métal dont elle est faite forme un poids de 184,378 kilogrammes; la dépense a été de 1,303,000 francs[2]. Le fût porte les noms des «504 braves morts pour la Liberté». Sur la face principale du piédestal est gravée l'inscription suivante :

A LA GLOIRE<br>
DES CITOYENS FRANÇAIS<br>
QUI S'ARMÈRENT ET COMBATTIRENT<br>
POUR LA DÉFENSE DES LIBERTÉS PUBLIQUES<br>
DANS LES MÉMORABLES JOURNÉES<br>
DES 27, 28, 29 JUILLET 1830.

La seconde face rappelle les dates (13 décembre 1830 et 9 mars 1833) des deux lois qui ont prescrit l'érection et l'emplacement du monument, et sur deux autres côtés sont gravés, dans l'encadrement d'une guirlande les dates des trois glorieuses journées.

Nous ne saurions nous empêcher, en terminant, de constater et de regretter qu'on ait ainsi complètement oublié d'inscrire au fronton de cet édifice le nom de la vieille forteresse et jusqu'à la date du jour de sa chute. La tradition populaire s'est montrée, heureusement, plus fidèle, car pour elle, la vaste place, tant de fois modifiée en un siècle, a toujours continué à s'appeler et s'appellera toujours «la Bastille».

[1] Arch. nat., N, 3ᵉ classe, n° 1152, rouleau de vingt et un plans signés d'Alavoine, datés de 1832 et 1833.

[2] Gourlier, *Choix d'édifices publics*, t. II, p. 30, et H. Jouin, notice sur la colonne de Juillet, ouv. cit., p. 332.

# PIÈCES JUSTIFICATIVES.

## I

*Bail de la Conciergerie du chastel de la porte Saint Antoyne.*

(1405.)

A tous ceux qui ces presentes lettres verront, Guillaume, seigneur de Tigneville, chevalier, conseiller et chambellan du Roy nostre sire, garde de la prevosté de Paris, salut. Savoir faisons que, par devant Jehan Manessier et Jehan Closier, clercs notaires du Roy nostredit seigneur, de par luy establiz au Chastellet à Paris, furent presens en leurs personnes noble homme monseigneur Jehan, seigneur de Montaigu, vidame de Laonnoiz, chevalier, conseiller et souverain maistre d'ostel du Roy nostredit seigneur, et noble dame madame Jaqueline de la Granche, sa femme, de lui souffisant auctorisée quant à faire, passer et accorder d'elle avecques son dit mary ce qui cy après s'ensuit est : affermèrent en bonne verité, en la presence [des]diz notaires, que par don à eulx fait par le Roy nostre sire, ilz avoient et tenoient à tiltre de vyage une maison, court, appellée la Conciergerie du chastel de la porte Saint Antoyne à Paris, avecques les jardins, rentes, cens, revenues, vignes, terres, possessions et autres choses appartenans et appendans à ycelle maison et conciergerie, assise à Paris en la grant rue Saint Antoyne, près du chastel de la porte Saint Antoyne, tenant d'une part ycelle maison et lesdiz jardins à Gauthier Le Blont, et d'autre part à Guillaume de Herville dit Tetine, escuier, aboutissant par derrières aux jardins des Celestins à Paris, et par devant à ladicte grant rue Saint Antoyne, avecques plusieurs edifices et jardinages et reparacions que le Roy nostredit seigneur a fait faire en ycellui hostel et appartenances...; laquelle maison, court, jardin, cens, rentes, revenues, vignes, terres, heritaiges et possessions dessusdiz à eulx donnez comme dit est et tout le droit que les diz monseigneur le vidame et madame sa femme y ont et peuvent avoir, yceulx monseigneur le vidame et madame Jaqueline, sa femme, de leurs bons grez,... congnurent et confesserent par devant lesdiz notaires comme en jugement par devant nous, avoir donné, cedé, quittié, transporté et delaissé ... à très hault et puissant prince monseigneur Loys, fils de roy de France, duc d'Orleans, conte de Valois, de Bloys et de Beaumont et seigneur de Coucy, pour en joir et en faire les prouffis siens ... ce don fait pour la bonne et vraye amour qu'ilz ont audit monseigneur le duc d'Orleans..........

En tesmoing de ce, nous à la relacion desdiz notaires avons mis à ces lettres le seel de la prevosté de Paris, l'an de grace mil quatre cens et cinq, le samedi xxvie jour de decembre — (Sceau de la prévôté. Double queue.)

(Arch. nat. Q$^1$ 1271.)

## II

*Description et inventaires de la « Bastide Saint-Anthoine. »*

1428-1436.

Inventaire fait l'an mil cccc vint huit, le mardi cinquiesme jour du mois d'octobre, par maistre Guillaume Lamy, clerc du Roy nostre sire en sa Chambre des comptes, et Girart de Conflans, notaire d'icellui seigneur en son Chastellet de Paris, des biens et utensiles estant au chastel de la Bastide Saint-Anthoine à Paris, et en la basse-court d'icellui hostel, par l'ordonnance et commandement à eulx faict[1] par messeigneurs les gens des comptes dudit seigneur, par vertu de certaines lettres royaulx à eulx adreçans, desquelles la teneur s'ensuit :

Henry, par la grace de Dieu roy de France et d'Angleterre, à noz amez et feaulx conseillers les gens de noz comptes à Paris, salut et dilection.

Pour ce que, par l'advis et de deliberation de nostre très cher et très amé oncle Jehan, regent nostredict royaume de France, duc de Bedford, nous avons retenu et ordonné capitaine de nostre chastel de la Bastide Saint-Anthoine à Paris nostre amé et feal conseiller Raoul Le Bouteiller, chevalier, pour et ou lieu de Jehan Mildistret, escuier, il convient bailler par inventaire à nostredit conseiller les ustensilles, artillerie et autres habillemens de guerre estans oudict chastel, nous vous mandons et enjoignons par ces presentes, en commettant, se mestier est que l'un ou deux de vous ou par ung ou deux de nos clers en la chambre de nosdiz comptes ou autres telles personnes que adviserez souffisantes à ce, faictes fere ledict inventaire le plus diligemment que faire le pourrez, en la presence de nostredit conseiller ou de Gervais Clistonne, son lieutenant, appellé à ce ledit Mildistret ou autre pour lui, et, icellui inventaire fait et parfait, retenez par devers vous en baillant le double d'icellui à nostredict conseiller ou à sondit lieutenant, ensemble la garde des dites ustensilles et autres habillemens de guerre estant oudit chastel et appartenans à la garde d'icellui, à ce qu'il en puist et sache respondre en temps et en lieu. Donné à Paris le iiiie jour d'octobre l'an mil quatre cent vint huit, et de nostre regne le sixiesme. Ainsi signé : Par le Roy, à la relation de monseigneur le regent duc de Bedford, J. Milet, — et au dos desdictes lettres estoit escript ce qui s'ensuit : « Camera, ad faciendum inventarium, et cetera de quibus in albo presencium fit mentio, commisit et committit magistrum Guillelmum Amici, clericum regis in dicta camera, et Gerardum de Conflans, notarium

---

[1] « Inventoire[a] fait l'an mil cccc et trente, le mercredi xxviiie et derrenier jour de fevrier, par maistre Guillaume Lami... et Girard de Conflans.

........................................
........................................

par l'ordonnance et commandement à eulx fait de bouche par messeigneurs les gens des comptes du Roy nostredit seigneur auxdictz Lami et Conflans, yceulx biens meubles, ustensilles d'ostel, artilleries et canons monstrez et eshibez par Richart Craqueby, escuier, commis à la garde d'iceulx par noble homme messire Jehan Salvain, chevalier, maistre d'ostel de hault et puissant prince monseigneur le duc de Bedford et commis de par icellui seigneur à la garde desdiz chastel et basse-court, aux dessusdiz Lami et Conflans et à Thomas More, escuier, commis à yceulx recevoir de par noble homme messire Jehan Ffastolff, chevalier, grant-maistre d'ostel dudit monseigneur de Bedford, cappitaine desdiz lieux comme icellui escuier disoit, les diz biens trouvez ès lieux cy après declairez et baillez en garde audit Thomas qui la garde d'iceulx prinst et accepta pour et ou nom du dit messire Jehan Ffastolf, et d'icelle garde se charge. »

[a] Nous n'avons relevé dans cet inventaire de 1431 (n. s.) que les passages par où il est différent de l'inventaire de 1428.

# PIECES JUSTIFICATIVES. 239

regium in Castelleto parisiensi. Scriptum ex ordinatione dominorum a burello : Le Begue. » Iceulx biens et ustensilles monstrez et exhibez par le dessus nommé Jehan Mildistret, escuier, et trouvez ès lieux cy après declairez, et baillez en garde au dessus nommé Gervais Clistonne, qui de la garde d'iceulx biens se chargea pour et ou nom dudict messire Raoul le Bouteillier.

Premièrement :

LA PREMIÈRE VIS ET TOUR du costé de la rue Saint-Anthoine à la main senestre, à commancer du costé des Célestins [a] :

1 [b]. En la première chambre de ladicte vis et tour en montant contremont icelle, appelée la chambre du portier, fu trouvé ung huys fermant à clef à une serrure plate et ung verroul.

2. Item, en ladicte chambre furent trouvez une couche de bois, de cinq piez ou environ.

3. Item, un banc d'environ quatre piez de long sans perche.

4. Item, un buffet faisant dressouer, à deux almoires et serrures sans clefz.

5. Item, deux gros barreaux de fer ausquelz sont atachés deux cheynes de fer pour mettre ung homme en geheyne, avecques les fers et habillemens du col, des piez et de une main [1].

6. Item, ungs autres fers à mettre une personne ès fers par les piez.

7. Item, ung chariot de fer à IIII roes, à mettre du feu de charbon.

8. Item, ung petit cheynet de fer sans crosse.

9. Item, ou retrait joignant de ladicte chambre et qui sert à ycelle et à la chambre de dessus, fu trouvé ung huys sans serrure et sans clef.

10. Item, en la seconde chambre de ladicte vis et tour, fu trouvé ung huys sans serrure et sans clef [2].

11. Item, dedens ladicte chambre furent trouvez environ deux sextiers de seigle, bien mesgre et mal mis [3].

12. Item, en la IIIe chambre de ladicte vis et tour fu trouvé ung huys sans serrure et sans clef [4].

13. Item, dedens ladicte chambre fu trouvé une couche de chesne, de six pied de long ou environ [5].

14. Item, en l'uys du retrait joignant de ladicte chambre, fu trouvé une serrure sans clef [6].

15. Item, en l'uys de la IIIe chambre de ladicte vis et tour, fu trouvé une serrure fermée à

---

[1] . . . . . des piez et des mains.
[2] Ung huys à serrure et clef.
[3] Fu trouvé une couche de chesne, d'environ six piez de long. — Item, un banc sans perche d'environ six piez de long.
[4] Ung huys à serrure et clef.
[5] Item, dedens ladicte chambre fu trouvé ung dressouer. — Item, un banc sans perche d'environ huit piez de long. — Item, une petite couche de boys, d'environ de V à VI piez de long.
[6] Item, en la IIIe chambre de ladicte tour fut trouvé un huys à une serrure sans clef. — Item, dedens ladicte chambre furent trouvez huit vieilles scelles, c'est assavoir quatre à balus, une à male et III à chevauchier. — Item, ou retrait joignant de ladicte chambre, fu trouvé ung huys sans serrure et sans clef.

[a] Tour de la Bazinière.
[b] Nous avons cru devoir donner à chaque paragraphe de l'inventaire un numérotage qui n'existe pas dans l'acte original, afin d'en faciliter la lecture et les renvois.

clef, et n'en fut point fait ouverture ne inventoire des biens estans en ladicte tour, pour ce qu'elle estoit fermée à la clef, et en avoient la clef les gens de Madame de Bedford qui icelle chambre occupoient pour les besoignes de madicte dame.

16. Item, ou retrait joignant de ladicte chambre avoit ung huys sans serrure et clef.

17. Item, ou grenier de ladicte vis et tour fu trouvé ung huys sans serrure, et n'avoit dedens icellui grenier aucuns biens.

18. Item, en la loge joignant de ladicte vis et tour, où se treuvent les compaignons qui gardent la porte dudict chastel, furent trouvez deux bans sans perche, d'environ six piez de long chascun [1].

19. Item, ou cellier joignant de ladicte loge, furent trouvez deux chantiers de boys, de dix piez de long ou environ chascun.

20. Item, en la chambre du four joignant dudict cellier, fu trouvé ung pestrain double, d'environ vi piez de long [2].

21. Item, en une chambre joignant dudict four fu trouvé ung autre pestrin pareil.

La II° viz et tour, à la main senestre [a] :

22. Premièrement, ou cellier de ladicte viz et tour fu trouvé ung huys sans serrure et clef [3].

23. Item, en la première chambre de ladicte vis en montant contremont, fu trouvé ung huys fermant à clef, et dedens ne fu aucune chose trouvé [4].

24. Item, ou retrait joignant de la dicte chambre, fu trouvé ung huys sans serrure.

25. Item, en la II° chambre de ladite vis, fu trouvé un huys à serrure sans clef, et n'avoit aucuns biens dedens [5].

26. Item, en la III° chambre de ladite vis, fu trouvé un huys avec une serrure et une clef [6].

27. Item, dedens ladicte chambre, fu trouvé une couche de bois de chesne, de cinq à vi piez de long.

28. Item, un banc sans perche, de ladicte longueur.

29. Item, ung pavas blanc [7].

30. Item, sur l'uys de ladicte chambre, furent trouvées unes almoires de boys à quatre guichez, garnies de deux serrures [8] sans clefs, et sont assises sur deux poutences de fer.

---

[1] Ung banc sans perche d'environ sept piez de long.

[2] Aucune mention de la chambre du four et de la chambre voisine. Dans le cellier sont indiqués en outre «ung coffre en façon de pestrain, lequel est de six piez de long ou environ, et est le couvescle d'icellui despeicé» et «item, ung dressouer de boys à deux fons, de pareille longueur que le dict coffre et sert à mettre la pate reparer.»

[3] Ung huys à serrure et clef.

[4] Ung huys fermant à clef. — Item, dedens la dicte chambre, fut trouvé deux pommes de cuivre à getter feu. — Item, ung grand chable de chaume.

[5] Ung huys ouquel avoit une serrure et une clef. Dans la même seconde chambre «cinq quaques dont les trois sont plains de pouldre à canon, le quart est environ au trois [quarts] plain d'icelle pouldre et le cinquiesme est tout wit.» — Item, environ deux cens tampons de boys de plusieurs sortes. — Item, environ cent petis tampons de plomb.

[6] ..... Une serrure sans clef.

[7] Manque.

[8] ..... Lesquelles armoires sont assises sur

[a] Tour de la Bertaudière.

# PIÈCES JUSTIFICATIVES. 241

31. Item, en la chambre joingnant de la III° chambre où est à present l'artillerie, fut trouvé un huys fermant à clef et à une serrure plate.

32. Item, dedens ladicte chambre, furent trouvez huit granz pavaz, desquelx huit pavaz les trois sont vermeilz, figurez aux armes de France, et y a deux feuilles de courges, et les autres cinq blans [1].

33. Item, deux petis pavas blans [2].

34. Item, XVII canons à main, dont les deux sont de cuivre et les XV de fer sans chambres.

35. Item, deux vuglaises petiz afustez en boys, chascun garny de deux chambres [3].

36. Item, XIIII chambres de vuglaises [4].

37. Item, six piez de chièvre [5].

38. Item, cinq tours à tandre grosses arbalestes [6].

39. Item, cinq grosses arbalestes à tandre à tour et à vis, et sont très bonnes et bien encordées.

40. Item, VIII moyennes arbalestes, dont les deux sont rompues et les autres sont assez passans [7].

41. Item, une grosse vieille arbaleste à tendre, à present de nulle valeur [8].

42. Item, quatre grans ars de corne, les arbriers separez l'un de l'autre, qui sont de peu de valeur [9].

43. Item, demie XII° de vielz arcs d'arbalestre d'if, avec les arbriers separez l'un de l'autre, et sont de petite valeur [10].

44. Item, XVIII vielles frondes à bastons [11].

45. Item, environ deux cens tampons, que grans que petis [12].

46. Item, une grandes almoirez de boys à six guischez, esquelles ne furent trouvées aucunes serrures.

47. Item, esdites almoires furent trouvez six chables, dont il y en a trois pour getter engins et les autres trois pour tirer boys ou autres choses [13].

---

deux palmes de fer et y a une clef en l'une des dictes serrures.

[1] ..... Trois grans pavas vermeulz, armoiez aux armes de France et à deux feuilles de courges. — Item, deux autres pavas blans tous plains.

[2] Item, six petis canons de fer, dont les cinq sont à main sans chambre et le VI° est enchasillié en bois.

[3] Manque.

[4] Manque.

[5] Item, sept piez de chievre de fer, grans, moyens et petis.

[6] Item, trois grandes et grosses arbalestres à tendre, à vis et à tour, dont l'arbrier de l'une est rompu.

[7] Item, quatre signolles à tendre arbalestres, dont l'une est grande, les deux autres moiennes et l'autre petite est en partie despecée.

[8] Item, quatre arbres d'arbalestres communes.

[9] Item, neuf ars d'arbalestres de plusieurs sortes, de petite valeur.

[10] Item, six arbriers grans pour arbalestres de Turquie. — Item, quatorze arbalestres, que petites que moiennes, dont les sept sont entières et presque neuves et de pareille façon, et les autres cassées.

[11] Item, une autre arbalestre assez grosse, cassée.

[12] Manque.

[13] Manque.

48. Item, en l'estaige d'en hault desdites almoires, fu trouvé ung millier de chauchetrapes, ou environ [1].

49. Item, fu trouvé une grande pince de fer [2].

50. Item, xxviii casses de trait commun ferré [3].

51. Item, environ deux milliers de dondaines, que ferrées que defferrées [4].

52. Item, un miller de trait commun, que ferré que defferré [5].

53. Item, environ v<sup>c</sup> petis gairios en v casses [6].

54. Item, environ deux cens gros garios.

55. Item, deux pommes de cuivre à getter feu [7].

56. Item, cinq lances ferrées.

57. Item, une lance à porter estandart.

58. Item, trois grandes vielles selles à jouster, de nulle valeur.

59. Item, un viel heaume et ung vieil chanffrain [8].

60. Item, un grant collier à cheval pour traire.

61. Item, environ cent plommées.

62. Item, demie xii<sup>e</sup> de hottes, garnies de cordes et de bretelles.

63. Item, en la iiii<sup>e</sup> chambre de ladicte vis et tour, fut trouvé un huys fermant à clef et y avoit une serrure et une clef.

64. Item, dedens ladicte chambre, fu trouvé ung dressouer à fons, et une forme de vi piez de long ou environ [9].

65. Item, en la chambre joignant de ladicte iiii<sup>e</sup> chambre, fu trouvé un huys sans serrure et sans clef [10].

66. Item, dedens ladicte chambre, fu trouvé ung chaalit de blanc boys [11].

67. Item, en la chambre estant dessus la chambre où est à present l'artillerie, fu trouvé ung huys à une serrure sans clef, et dedens ladicte chambre ne fu aucune chose trouvé [12].

68. Item, ou grenier de ladicte vis et tour, furent trouvez huit caques de pouldre à canon tous plains [13].

69. Item, en une autre caque, environ un cent de souffre.

[1] Identique, sauf la mention de l'étage d'en haut.

[2] Dix-sept casses.

[3] Dix casses de moyennes dondaines, ferrées.

[4] Item, environ demie-casse de gros trait en façon de dondaines, ferrées pour grosses arbalestres.

[5] Trois cents.

[6] Manque. — Remplacé par : «Item, plusieurs vielz chables de chanvre à tirer engins.»

[7] Les derniers articles désignés comme étant dans cette salle manquent dans l'inventaire de 1431, qui ne contient que celui-ci : «Item, deux chevalés de boys à mettre à poinct arbalestes.»

[8] Identique. — Manque la forme.

[9] ..... ung huys à une serrure à bosse et une clef.

[10] Manque.

[11] ...... et dedens ycelle chambre n'avoit aucuns biens.

[12] Item, ou grenier de ladicte vis et tour fut trouvé ung huys ou quel avoit une serrure sans clef, et dedens n'avoit aucuns biens.

[13] Manque.

## PIÈCES JUSTIFICATIVES. 243

70. Item, huit casses de trait commun, desquelles les deux ne sont pas plaines.

71. Item, deux vieilz pavas blans de nulle valeur.

72. Item, en l'uys, fu trouvé une serrure sans clef.

73. Item, ou retrait joingnant d'icellui grenier, fu trouvé ung huys sans serrure [1].

74. Item, en une chambre joingnant dudict grenier où soulloit estre l'artillerie, fu trouvé ung huys fermant à une serrure et une clef, et n'avoit aucuns biens dedens, parce que les voultes sont toutes corrompues et pleut dedens quant il pleut [2].

La III<sup>e</sup> vis et tour à ladicte main senestre [a] :

75. Premièrement fu trouvé en l'uys de la cave une serrure et une clef.

76. Item, en la première chambre de ladicte vis et tour, fu trouvé ung huys et deux serrures, dont l'une avoit sa clef [3].

77. Item, dedans ladicte chambre, fu trouvé ung cuvier, ou quel avoit environ ung sextier de sel.

78. Item, en ladicte chambre, fu trouvé ung banc sans perche, de six piez de long ou environ.

79. Item, deux petites tables de chesne et une paire de tresteaulx.

80. Item, ung petit cheynet de fer sans crosse.

81. Item, en la II<sup>e</sup> chambre de ladicte vis et tour, nommé vulgaument le Lardier, fu trouvé un huys et une serrure à clef [4].

82. Item, dedens ladicte chambre, fu trouvé environ la moitié d'une queue de sel.

83. Item, huit flesches de lart.

84. Item, quatre grans pièces de beuf salé, de la longueur d'une flesche de lart chacune.

85. Item, en la III<sup>e</sup> chambre de ladite vis et tour, fu trouvé un huys et une serrure à bosse sans clef.

86. Item, dedens ladicte chambre, fu trouvé une couche de chesne, de VI piez de long ou environ.

---

[1] Dans cette chambre «fut trouvé ung chevalet de boys, rompu, à mettre à poinct arbalestres, et ung vielz colier à cheval».
Item, deux pavas vielz.
Item, dessoubz la porte estant entre la deuxiesme et la III<sup>e</sup> tour dudit costé et faisant front en la rue Saint Anthoine, fut trouvé ce qui s'ensuit :
Premièrement : ung banc sans perche, d'environ six piez de long.
Item, deux canons de cuyvre à long manches de boys, pour getter gairos.

Item, ung vulglaire et huit chambres de vulglaires que moiennes que petites.

[2] Identique, plus cette mention : «et dedens laquelle chambre n'avoit aucuns biens.»

[3] «Item en la seconde chambre d'icelle tour appellée le lardier...» Les objets mentionnés en 1428 comme étant dans cette chambre manquent en 1431. La pièce ne contient que «ung vielz coffre de quatre piez de long ou environ, lequel souloit estre en la despense du corps d'hostel du dict chastel».

[4] Manque.

[a] Tour de la Liberté.

87. Item, ung porche de boys de chesne au devant des fenestres, et n'avoit point de huys en icellui porche [1].

88. Item, en ung huys joignant de ladicte chambre par lequel on va par ladicte iii<sup>e</sup> vis en la chambre où est à present l'artillerie, ne fut point trouvé de serrure, mais, par devers la dicte chambre où est l'artillerie, est fermé à deux verroeils de fer [2].

89. Item, en la iiii<sup>e</sup> chambre de ladicte vis et tour fu trouvé ung huys sans serrure et sans clef, et n'avoit aucune chose dedens la dicte chembre [3].

90. Item, en la v<sup>e</sup> chambre de ladicte vis et tour faisant grenier, fu trouvé ung huys à une serrure sans clef.

91. Item, dedens ladicte chambre fu trouvé ung fer d'un fallot [4].

92. Item, environ cinquante tourteaulx de fallot.

LA IIII<sup>e</sup> VIS ET TOUR de la dicte main senestre [a] :

93. Premièrement, ou premier huys de ladicte vis et tour, fu trouvé une serrure plate, ferment à ung gros verroul et à une clef.

94. Item, en la première chambre de ladicte vis et tour, appellée la chambre aux joyaulx, fu trouvé ung huys à serrure sans clef.

95. Item, dedans ladicte chambre, furent trouvées unes almoires de boys à dix guischés garnis de serrures sans clefs, et par dedens estoient les quatre garnis de boucassin vermeil.

96. Item, dedans le mur d'icelle chambre, furent trouvez trois guichez de boys d'unes almoires, en chascun desquels guichés avoit une serrure sans clef.

97. Et quant au regard de toutes les autres chambres de ladicte vis et tour, elles furent ja pieça arses par feu qui se bouta en la pouldre de canon estant en la seconde chambre de ladicte vis et tour.

LA PREMIÈRE VIS ET TOUR à la main destre à commencier devers la tour de Billy [b] :

98. Premièrement ou cellier de ladicte tour fu trouvé ung huys avec une serrure à bosse sans clef [4].

99. Item, en la première chambre de ladicte vis et tour, fu trouvé ung huys fermant à ung verroul et n'y avoit point de serrure [5].

100. Item, dedens ladicte chambre, fu trouvé un moulin de boys à main, tout garny [6].

---

[1] Identique, plus la mention : «Item, dedens la dicte chambre fu trouvé deux petis chevalés de boys à mettre à poinct arbalestres.»

[2] Identique, moins la mention que contient le dernier membre de phrase.

[3] Manque.

[4] Identique. Plus : «Ou premier huys d'icelle tour, fu trouvé une serrure fermant à.clef.»

..... ung huys despendu ouquel n'avoit point de serrure.

[5] ..... ung huys ouquel avoit ung gros verroul.

[6] ..... ung moulin de boys à tourner à main...

Item, dedens ladicte chambre furent trouvez neuf panneaux de voirre que monseigneur de l'Isle-Adam avoit fait desasseoir de plusieurs lieux de ladicte Bastide, et illec faict apporter pour les faire mettre à poinct, et puis rasseoir en aucuns lieux où il avoit advisé estre necessaires.

[a] Tour du Puits.
[b] Tour de la Comté.

## PIECES JUSTIFICATIVES.

101. Item, en la II<sup>e</sup> chambre de ladicte vis et tour, en montant contremont, fu trouvé ung huys à une serrure, fermé à la clef, de laquelle ne fu faicte aucune overture pour ce que les gens de l'escuierie de monseigneur le regent le royaume de France, duc de Bedford, avoient la clef d'icelle, et estoient dedens, comme on disoit, les besoingnes et choses de ladicte escuierie [1].

102. Item, en la III<sup>e</sup> chambre de ladicte vis et tour, fu trouvé ung huys à une serrure à bosse et à clef [2].

103. Item, dedens ladicte chambre, fu trouvé ung banc à perche enforcé par devant, de six piez de long ou environ.

104. Item, unes almoires de boit d'Illande attachée contre le mur à crampons de fer, èsquelles a deux grans guichés ou fenestres, sans serrures, et ont deux piez et demi de hault et trois piez et demi de large ou environ [3].

105. Item, en la IIII<sup>e</sup> chambre de ladicte vis et tour, fu trouvé ung huys fermant à clef et à une serrure à bosse.

106. Item, dedens ladicte chambre, fu trouvé un chalit de blanc boys [4].

107. Item, ung dressouer enfoncié, de III piez et demi de hault ou environ, ouquel a un guichet sans serrure [5].

108. Item, en la V<sup>e</sup> chambre de ladicte vis et tour, faisant garnier, fut rouvé ung huys à une serrure sans clef, et n'avoit aucune chose dedens.

La II<sup>e</sup> vis et tour de ladicte main destre [*] :

109. Premièrement, ou premier estaige de ladicte vis et tour, appellé la cuisine, ne fut point trouvé de huys, mais dedens furent trouvez deux dressouers de boys à appareiller viande, de cinq piez et de III de long et ung pié et demi de large chascun, et assavoir chascun sur deux tresteaulx [6].

110. Item, ung mortier de pierre double avec ung pescueil, et n'est point enchacillé en boys.

111. Item, en la chambre de dessus ladicte cuisine faisant le II<sup>e</sup> estage de ladicte vis et tour, fu trouvé ung huys sans serrure et clef.

112. Item, dedens fu trouvé ung chalit de blanc boys.

---

[1] Item, en la seconde chambre de ladicte vis et tour, fu trouvé ung huys sans serrure et sans clef.
Item, dedens ladicte chambre, fu trouvé ung porche de boys à deux huys.
Item, ung banc sans perche, de cinq piez de long ou environ.
Item, une couche de chesne, de sept piez de long ou environ.
Item, ung dressouer sans serrure.
Item, une grande palete de fer, close par les costez, à prendre et porter feu.
Item, une petite table de boys à quatre piez.

[2] Item, en la III<sup>e</sup> chambre de ladicte vis et tour, fu trouvé une table de chesne de deux ays.
Item, deux tresteaux communs.
Item, ung banc à perche de six piez de long ou environ.

[3] ..... et ont icelles aulmoires..........
Item, ung chalit de blanc boys.

[4] Manque; probablement celui qui, en 1431, est dans la 3<sup>e</sup> chambre.

[5] Manque.

[6] ..... fu trouvé ung huys fermant à ung verroul.

[*] Tour du Trésor.

113. Item, ung châssis de boys [1].

114. Item, en la III<sup>e</sup> chambre ou estaige de ladite vis et tour, fu trouvé ung huys à une serrure à bosse fermant à clef.

115. Item, dedens ladicte chambre, furent trouvées unes almoires de boys à III estages estant dedens le mur sans serrures [2].

116. Item, une couche de boys enfoncée, à IIII piez, de VI à VII piez de long [3].

117. Item, ung coffre de noyer, de IIII piez de long ou environ, sans serrure [4].

118. Item, ung dressouer de IIII piez de hault, et de pié et demi de large, enfoncié, ouquel n'avoit point de guichet.

119. Item, ung pié de boys d'un tablier à jouer aux tables et eschez [5].

120. Item, en une alée joingnant de ladicte chambre en alant au puys de la tarrasse dudit chastel, fu trouvé une yraine de fer, à IIII montans et VIII courans, de V piez ou environ [6].

121. Item, en la IIII<sup>e</sup> chambre de ladicte vis et tour, fu trouvé ung huys fermant à clef à une serrure à ressort avec la clef.

122. Item, dedens ladicte chambre, fu trouvée une couche de boys enfoncié, à IIII piez, de VII piez de long ou environ [7].

123. Item, ung petit chalit de blanc boys faisant couche [8].

124. Item, unes almoires, de III piez et demi de hault et ung pié et demi de large ou environ, à deux fons, esquelles faut deux guichés [9].

125. Item, ung dressouer, de IIII piez de long et III piez de hault à un guichet ouquel fault la serrure.

126. Item, deux petites fourmes de boys, de IIII piez de long ou environ chascune [10].

127. Item, en la cinquiesme chambre de ladicte vis et tour, fu trouvé ung huys à une serrure à bosse sans clef [11].

128. Item, dedens ladicte chambre furent trouvez trois ays de chesne d'une couche.

129. Item, ou corps d'ostel entre ladicte vis et la IIII<sup>e</sup> vis de ladicte main destre, en une des-

---

[1] Manque.

[2] ..... lesquelles almoyres estoient scellées dedens le mur.

[3] ..... une couche de boys de chesne à quatre piez enfoncée, de boys.....

[4] Manque.

[5] Manque. Voir plus bas, à la 4<sup>e</sup> chambre et à la chapelle.

[6] Manque. La 3<sup>e</sup> chambre contient encore les articles suivants :
Item, ung banc sans perche, d'environ VII piez de long.
Item, une chayère de boys à demi rond.
Item, unes vielles almoires de trois piez et demi de hault et ung pié et demi de large ou environ, ouquel a deux fons et esquelles fault les deux guichés.
Item, une table faicte d'un huys à IIII piez.
Item, une fourme à quatre piez, d'environ cinq piez de long.

[7] ..... une couche de boys de chesne cordée et à quatre piez.

[8] Manque.

[9] C'est celle qui, en 1431, était dans la 3<sup>e</sup> chambre.

[10] Manque. A la place : «Item, ung vielz piez de boys d'un tablier à jouer aux tables et aux eschés»

[11] ..... ung huys ouquel avoit une serrure plate fermant à clef, et dedens n'avoit aucuns biens.

pense appelée le dressouoir de la cuisine, fu trouvé ung huys fermant à une serrure à bosse sans clef [1].

130. Item, dedens fu trouvé ung coffre vielz, à mettre escuelles, et est en partie despecié.

131. Item, une vielle table de chesne.

132. Item, en la seconde chambre dudit corps d'ostel estant au dessus dudict dressouer, nommé la Penneterie, fu trouvé ung huys et une serrure à bosse et deux clefs [2].

133. Item, dedens ladicte chambre, fu trouvé ung coffre de noyer, de six piez de long ou environ, garni de une serrure sans clef [3].

134. Item, en la III<sup>e</sup> chambre de ladicte vis et tour, fu trouvé ung huys à une serrure à bosse sans clef [4].

135. Item, dedens ladicte chambre, ne fut aucune chose trouvé.

136. Item, en la chapelle dudict chastel, fu trouvé un huys sans serrure.

137. Item, dedens ladicte chapelle, fu trouvé ung pié de boys à mettre ung tablier à jouer aux eschez, figuré par dessoubz de trois lyons et III pans vestus de champ et d'avelement [5], et est de petite valeur [6].

138. Item, une petite ymage de saint George, de boys doré [7].

139. Item, une table d'autel painte, où est escript de painture : *C'est maistre de Montaigu, secrétaire du Roy nostre sire, sa femme et ses enfans*, etc. [8].

140. Item, en l'huys de la sale haulte joingnant de ladicte chapelle, estant oudit corps d'ostel entre les II<sup>e</sup> et III<sup>e</sup> vis et tour, et en laquelle les capitaines dudict chastel on[t] accoustumé faire leur sale, fu trouvé une serrure plate fermant à ung verroul et une clef avec ladite clef [9].

141. Item, dedans ladicte sale, fu trouvé ung banc à perche, de VII piez de long ou environ, enfoncié devant [10].

142. Item, ung autre banc enfoncié devant, de dix piez de long ou environ, avec la perche dudict banc [11].

143. Item, une chayère de chesne à doz, de six piez de hault et de quatre piez de large [12].

144. Item, une autre chayère de chesne à doz, de quatre piez de hault, et close aux deux costez [13].

145. Item, une table de boys d'Irlande, très belle, de huit piez de long et trois piez de large ou environ [14].

[1] ..... une serrure à bosse fermant à clef.
[2] ..... ouquel avoit une serrure et une clef.
[3] Il faut sans doute corriger : en la 3<sup>e</sup> chambre dudit corps d'hôtel.
[4] ..... ung huys ouquel avoit une serrure et une clef.
[5] ..... et d'avalement.
[6] Item, dedens ladicte chapelle, fu trouvé ung eaue benoistier de cuivre avecques le guppillon de boys.
[7] Manque.
[8] ..... C'est maistre Girard de Montagu, secretaire du Roy, nostre sire, etc., sa femme et ses enfans.
[9] ..... ung huys ouquel avoit ung gros verroul, sans serrure et sans clef.
[10] ..... ung banc enfoncié devant, de dix piez de long ou environ, avecques la perche dudit banc.
[11] Manque.
[12] Manque.
[13] Identique, moins la mention : «de chesne».
[14] Manque.

146. Item, ung dressouer, de trois piez et demi de hault et trois piez de large et ung guichet ouquel n'a point de serrure.

147. Item, deux grans chiesnes à crosse, l'un de III piez et l'autre de II piez et demi de hault, ou environ, et ne sont pas de pareille façon [1].

La III<sup>e</sup> vis et tour de ladicte main destre [a] :

148. Premièrement, en la chambre au dessus de la chapelle, fu trouvé ung huys à serrure sans clef.

149. Item, dedens ladicte chambre, fu trouvé ung coffre de quatre piez de long et de quatre doys d'espès, fermé aux quatre coins de bandes de fer et à VI anneaux de fer à le porter, et au travers est lié de XIIII liens de fer, et en icellui n'avoit aucune serrure [2].

150. Item, unes almoires à trois estages, esquelles a VI fenestres, et n'y a que une serrure ès fenestres de l'estage du millieu, sans clef.

151. Item, une vielle couche d'ais [3], de six piez de long ou environ, et est de petite valeur.

152. Item, en une autre chambre joingnant, appellée comptouer, fu trouvé ung buffet de IIII piez de long ou environ [4].

153. Item, en la II<sup>e</sup> chambre au dessus de la chappelle, fu trouvé ung huys sans serrure, et dedens ladicte chambre n'avoit que immondices et ordures [5].

154. Item, en la chambre au dessus de la sale du capitaine, laquelle est lambreissiée de boys, et s'appelle la chambre du Roy, fu trouvé un huys ouquel avoit une serrure et une clef [6].

155. Item, dedans ladicte chambre, fu trouvez ung banc sans perche, enfoncié devant, de VII piez de long ou environ [7].

La IIII<sup>e</sup> vis et tour de ladicte main destre [b] :

156. Premièrement : fu trouvé ung huys à une serrure plate et ung verroul fermant à clef.

---

[1] A la place des articles ci-dessus, celui-ci : « Item, ung autre dressouer, de quatre piez de hault ou environ, sans guichés et à deux estages. »

[2] ..... de quatre doys d'espès, ferré .....

[3] Faicte d'ais.

[4] Ung buffet ou comptouer.

[5] ..... ung huys sans serrure et clef, et dedens ladite chambre n'avoit aucuns biens.

[6] Item, en une chambre joingnant estant au dessus de la sale haulte......

[7] Item, une table de boys, de sept à VIII piez de long, et souloit estre en la III<sup>e</sup> chambre de la première vis de la main destre.

Item, une forme de sept à VIII piez de long, et souloit estre en la sale basse où disnent à présent les capitaines.

Item, deux chiennes de fer grans, à crosse, non pareulz, et sont l'un de trois piez de hault et l'autre de deux piez et demi de hault, ou environ.

Item, ladicte chambre estoit toute natée de nates neuves.

Item, en une chambre estant par bas nommée la petite sale, en laquelle les cappitaines disnent et souppent, furent trouvez les biens qui s'ensuivent :
Premièrement :

Ung perche de boys, lequel souloit estre en la III<sup>e</sup> chambre de la III<sup>e</sup> tour de la main senestre.

Item, ung banc sans perche, de sept piez de long ou environ.

Item, une table de boys, de huit piez de long ou environ.

Item, quatre tresteaux, chacun à III piez.

Item, trois formes de plusieurs longueurs, dont plusieurs sont scellées à plastre dedens les murs.

Item, toutes les fenestres de ladicte chambre ou sale estoient verrées ou entières, et les avoit faict mettre à poinct monseigneur de L'Ille-Adam, durant le temps qu'il estoit capitaine dudit chastel.

---

[a] Tour de la Chapelle.
[b] Tour du Coin.

## PIÈCES JUSTIFICATIVES.

157. Item, en la première chambre de ladicte vis et tour, fu trouvé ung huys à deux serrures plates et à deux verroulz fermens à clef, avec les clefz [1].

158. Item, dedens ladicte chambre, furent trouvez deux bancs sans perche, de vi piez de long ou environ, chascun.

159. Item, une table de chesne de deux pièces et deux tresteaulx.

160. Item, ung dressouer et fons sans guichet.

161. Item, ung chesnet sans crosse.

162. Item, ou retrait de ladicte chambre, avoit deux huys, en chascun desquelz avoit une serrure sans clef [2].

163. Item, ou premier huys de la deuxiesme chambre de ladicte vis et tour, avoit une serrure plate et ung verroul fermant à clef, avec la clef.

164. Item, ou second huys de ladicte chambre, avoit deux serrures plates et deux verroulx avec deux clefz.

165. Item, en ladicte chambre, avoit une couche de boys à IIII piez, enfonciée, de vi piez de long ou environ.

166. Item, une petite couche de boys qui se boute dessoubz le lit [3].

167. Item, ung banc à perche à quatre pommeaux, de six piez de long ou environ [4].

168. Item, une petite table de chesne, de cinq piez de long ou environ, avecques deux tresteaux et une scabelle [5].

169. Item, ung coffre de noyer, de trois piez de long ou environ, ouquel avoit une serrure et une clef [6].

170. Item, ung buffet enfoncié à deux guischés, esquelz n'a point de serrures [7].

171. Item, en la III<sup>e</sup> chambre de ladicte vis et tour, fu trouvé ung huys, ung verroul et une serrure à bosse sans clef, non attachée audit huys, et dedens ladicte chambre ne fu aucune chose trouvée [8].

172. Item, en une alée au dessus de ladicte chambre, laquelle est en façon de garde-robe, fu trouvé ung huys auquel avoit une serrure à bosse, sans clef.

173. Item, en l'huys de la III<sup>e</sup> chambre de ladicte vis et tour, n'avoit aucune serrure, et aussi n'avoit aucune chose dedens.

---

[1] ..... ung buys ouquel avoit deux serrures plates, l'une desquelles fermoit à ung verroul et clef, et en l'autre n'avoit point de clef.

Item, ou second huys d'icelle chambre furent trouvées deux serrures plates, fermans à deux verroulx et à clef.

Item, dedens ladicte chambre, fu trouvé ung banc sans perche de six piez de long ou environ.

Item, ung dressouer, à quatre piez et à fons.

Item, une couche de chesne, d'environ six piez de long.

[2] Une serrure plate...

[3] Manque.
[4] Manque.
[5] Manque.
[6] Manque.
[7] Manque.

[8] Item, en la III<sup>e</sup> chambre de ladicte vis et tour, fu trouvé ung huys ouquel avoit ung verroul et une serrure à bosse, sans clef, lesquelz estoient attachés à clos audit huys.

Item, dedens ladicte chambre, fu trouvé une couche de chesne, d'environ six piez de long.

Item, ung gros tresteau à trois piez.

174. Item, en la cinquiesme chambre de ladicte vis et tour, fu trouvé ung huys ouquel avoit une serrure sans clef, et n'avoit autre chose dedens ladicte chambre.

175. Item, ès TERRASSES dudict chastel, ung vuglaise enchacillié en boys, gectant pierre de vi livres pesans ou environ, et à deux chambres [1].

176. Item, un petit vuglaise d'une pièce, à toute sa chambre, gettant vers la porte Saint-Anthoine des Champs, gettant pierre de iiii livres pesans ou environ, enchacillié en boys.

177. Item, ung pareil vuglaise, vers le chemin et chausée de l'église Saint-Anthoine des Champs gettant.

178. Item, ung autre pareil vuglaise, vers la tour de Billy gettant.

179. Item, ung autre pareil vuglaise, gettant vers l'Ostel-Neuf.

180. Item, en la court dudict chastel, fu trouvé ung vuglaise à deux chambres de cuivre [2].

181. Item, souz l'auvent de taille estant ou millieu de ladicte court dudict chastel, fu trouvé ung vuglaise à deux chambres, de cuivre enfusté en boys, gettant xx livres de pierre pesant, ou environ [3].

182. Item, ung autre vuglaise, garny d'une chambre et d'un coing de fer, enfusté en boys, de vi pouces de pierre ou environ, gettant [4].

183. Item, ung autre vuglaise, enfusté en boys sans chambre, de cinq pouces de pierre ou environ, gettant [5].

184. Item, une boite de fer enchasillée en boys, gettant sept plommées à une fois [6].

185. Item, ung coffre de noyer ferré, à vi paires de charnières et de liens tout autour, et quatre cornez et quatre liens aux deux bouts, et à longueur cinq piez ou environ, et estoit fermé à deux serrures plates et à deux clefz de diverses sortes et façons [7].

186. Item, sur la porte de ladicte court faisant front en la rue Saint-Anthoine, fu trouvé ung vuglaise enchasillié en boys, sans chambre, gettant pierre d'environ cinq pouces.

La BASSE-COURT dudict chastel de la Bastide Saint-Anthoine :

187. Premièrement, soubz la porte de ladicte basse-court en alant aux champs, fu trouvé ung vuglaise enchassillé en boys à toute sa chambre, gettant pierre de cinq pouces de tour ou environ [8].

[1] Item, ès terrasses dudit chastel, furent trouvez trois wulglaires enfustez en boys de neuf.
Item, furent trouvées neuf chambres de wulglaires.

[2] Manque.

[3] ..... souz un auvent couvert de treille, estant enmy ladicte court...

[4] Manque.

[5] Manque.

[6] Manque.

[7] Item, dessoubz ycellui auvent, fu trouvé ung coffre, de cinq à six piez de long, ouquel n'avoit point de couvercle, et est entretaillié ycellui coffre.
Item, dedens ycellui coffre, fu trouvé environ trois cens et demi de pierres de canons et de vulglaires de plusieurs sortes et grosseurs.
Item, une table de chesne faicte de deux oys, barrée, et a de ix à dix piez de long ou environ, et souloit estre en la sale basse.
Item, joignant d'icellui auvent, fu trouvé ung banc sans perche, de deux piez de long ou environ.
Les autres articles manquent.

[8] Premièrement :
En ladicte basse-court sur les allées d'icellui, fu trouvé une boete de fer en façon de canon enchassillée en boys, gettant sept plommées à une fois.
Item, ont estez trouvé quatre vulglaires et cinq chambres de vulglaires.
Item, en une chambre estant sur la porte de la-

188. Item, dessus ladicte porte, fu trouvé un autre pareil vuglaise sans chambre, et gette pareille pierre que le prochain precedent.

LAMY.      DE CONFLANS.

Item, le douziesme jour dudit moys d'octobre oudit an mil cccc vint huit, par l'ordonnance et commandement de très-hault et puissant prince monseigneur Jehan, regent le royaume de France, duc de Bedford, relaté à messeigneurs les gens des comptes du Roy nostre sire par honorable homme et sage sire Regnault Doriac, l'un des conseillers et maistre desdiz comptes, les dessus nommez maistre Guillaume Lami et Girard de Conflans se transportèrent au chastel de la bastide de Saint-Anthoine à Paris, pour illec reddiger par escript les noms et surnoms des prisonniers estans ledit jour oudit chastel, desqueulx prisonniers lesdiz noms et surnoms et les lieux où ils estoient s'ensuivent :

Premièrement, la II° VIS ET TOUR dudit chastel, à la main senestre à commencier du costé estant par devers les Celestins : en la seconde chambre et estage de ladicte vis et tour furent trouvez :

Frère Jehan Cartier, de l'ordre des frères Prescheurs du couvent de la Rochelle.
Frère Robert Le Maistre, de l'ordre des frères Prescheurs du couvent de Rouen.
Thomas Bionnet, de l'aage de XVII ans ou environ, natif du royaume d'Angleterre.

LA III° VIS ET TOUR, à la main senestre à commencier par devant les Celestins :

En la cave ou cellier de ladicte vis et tour furent trouvez :

Jacquin Chamin, jeune enfant natif de Saint-Marcel lez Paris, de l'aage de XIII ans ou environ.
Nicolas Damport, natif du païs d'Angleterre, de l'aage de XVII ans ou environ.
Jehan Mormant, natif dudit pays et royaume d'Angleterre.
Guillot Trotin, Mahiet de La Rue, } vignerons.
Messire Estienne Du Pont, prestre, curé du Val-Reffroy, ou diocèse [de] Meaulx, natif de Chastillon de Dombes ou païs de Bresse, ou bailliage de Mascon.
Richard Norton, natif du royaume d'Angleterre.

LA IIII° VIS ET TOUR à la main destre, à commancier du costé de la tour de Billy.

En la première chambre de ladicte vis et tour, contremont, furent trouvez :

Messires Symon David,
Yvonet de Helenvilliers et } chevaliers,
Gilles des Ourmes,
Prigon de Coligny,
Jehan Petit, } Bretons escuiers,
et Jehan Le Boursier,
} tous hostages et admenez d'Yonville en Beausse.

dicte basse-court, fu trouvé ung banc sans perche, de neuf piez de long ou environ.

Item, ung dressouer, de sept piez de hault ou environ, et de quatre à cinq piez de large, auquel n'avoit point de guichet.

Item, unes vieilles almoires de boys à deux estages.

DE CONFLANS.

(Arch. nat., P 1189, orig. sur papier, cahier de 15 feuillets.)

Item, en la seconde chambre de ladicte vis et tour :

Messire Arnault-Guillem de Barbazan, chevalier.

LAMY.      DE CONFLANS.

(Arch. nat., P 1189; orig. sur papier; cahier de 26 feuillets, coté 15 dans le registre.)

---

*Inventaire de la Bastille, dressé le 5 mars 1435.*

(1436, n. s.)

Inventoire fait l'an mil quatre cens trente et cinq, le lundi cinquiesme jour de mars, par sire Regnault Doriac, conseiller et maistre des comptes du Roy nostre sire, et Adam Deschamps, clerc desdiz comptes, des artilleries, habillemens de guerre et autres biens utencilles estans ou chastel et bastide Saint Anthoine à Paris et en la basse court d'icellui, appartenant au Roy nostre Sire, par l'ordonnance et commandement de messeigneurs des comptes du Roy nostredit seigneur à Paris. Iceulx biens montrez par Richard Couyngeston, lieutenant et serviteur de monseigneur de Talbot, chevalier, nagaires cappitaine de ladicte bastide, lesquelx artillerie, biens meubles et habillemens ont esté par nous inventoriez en la manière qui s'ensuit, pour iceulx bailler à noble et puissant seigneur monseigneur Robert, seigneur de Wylluby, conte de Vendosme, à present ordonné cappitaine dudit lieu de la Bastide :

Et premièrement s'ensuit la declaration des artillerie et biens appartenans au Roy nostre sire, qui baillez avoient esté audit monseigneur de Talbot par messire Guillaume Bonegton, chevalier, auparavant capitaine de ladicte Bastide, c'est assavoir :

Trois canons fournis de chambres, c'est assavoir chacun de deux chambres, qui estoient là pour asseoir en hault, dedens le donjon.

Item, deux canons de cuivre espringal.

Item, six piez de chièvre, que grans que petiz.

Item, IIII couleuvres ou canons de fer.

Item, deux arbalestes d'acier.

Item, VIII arbalestes d'if, entières, dont il y en a III grosses, dictes haussepiez.

Item, XII arbalestes rompues.

Item, dix ars d'arbalestes, sans arbrier, rompues.

Item, ung petit canon en boys.

Item, dix arbriers sans ars, que grans que petiz, dont il y en a ung rompu comme de nulle valeur.

Item, cinq engins de bois à tendre arbalestes, dont les trois sont entiers et les autres non.

Item, cinq wuidas de fer, que grans que petiz, à tendre arbalestes.

Item, deux pièces de bois d'un engin à coullart.

Item, deux cros de fer pour une eschelle de corde.

Item, IX pavaiz, que grans que petiz, telz quelz.

Item, xliiii coffres de trait à arbalestes, que grans que petiz, tant à empenner [1] et ferrez et à ferrer.

Item, ung nombre d'espaingalles sans coffres.

Item, une quantité de cordes à coullart pour ung ou deux.

Item, iii engins de cuir à chargier les piés du coullart.

Item, deux douzaines de fondes sans baston.

Item, iii livres de fil d'Anvers, avecques ung nombre de chausse trappes.

Item, iii vielles selles de jouste, avecques ung vieil heaulme.

Item, une grant aumoire à mettre harnois, à six cloaus.

Item, ung baril et demi de pouldre à canon, ou environ.

Item, ung gros canon en fuste, en boys, appellé le canon de la Bastide, à deux chambres de cuivre.

Item, ung autre grant canon ou bombarde de fer, de vi piés de long ou environ, à iii chambres de fer.

Item, deux falloz à esclairier sur les murs.

Item, ung canon à sept trouz, sans chambre, estant en la basse court, d'un espans de long ou environ.

Item, cinq canons, que grans que petiz, dont il y en a trois chacun à deux chambres, seans en la basse-court.

Item, iiii tables, que grandes que petites, avecques iiii treteaux.

Item, xv bans à perche, tant d'uns que d'autres.

Item, xvi, tant aumoires que dressouers.

Item, xii, que couches que chalis.

Item, une grande aumoire estant en la tour rompue, qui souloit estre en la garde-robe.

Item, ung moulin à bras, entier.

Item, en la cuisine, ung grand mortier, avec le pestail, et deux dressouers à despecier chair.

Item, au four, une huche à pestrir, sans couvescle.

Item, deux chaières à doz, avecques ung benoistier à eau benoiste.

Item, ung dressouer estant ou lardier, à despecier chair.

Item, ung long chable.

Item, ung grand coffre, bendé de fer.

Item, deux chaiennes de fer.

Item, une paelle de fer à charbon.

Item, ung chariot à charbon.

Item, une huche pleine de pierre à canon.

Item, iii grosses pierres à bombarde.

[1] *Sic*, pour : tant empennez que à empenner.

Item, s'ensuit la declaration d'autre artillerie estant en ladicte Bastide, appartenant au Roy nostre sire, qui baillée avoit esté audict monseigneur de Talbot, par Guillaume de Troyes, garde des artilleries du Roy nostre sire :

Premièrement, six couleuvres, dont l'une est rompue.

Item, vii quarterons de pierre à vuglères.

Item, vii quarterons de tampons pour lesdictes vuglères.

Item, xii pavaisines.

Item, xx livres de fil d'Anvers.

Item, une forge fournie de deux soufflez, une enclume, une croisie, une bigorne, ung marteau à main, deux marteaux cotterez, iiii paires de tenailles et generalement tout ce qui y appartient, excepté la trière.

Item, ii$^e$ L tourteaux à falloz.

Item, vi treteaux à couleuvres.

Item, deux lances rompues.

Item, vint et cinq maillez de plonc.

Item, xv hoeaux.

Item, dix esquipars.

Item, vi marteaux à maçons.

Item, vi coignies.

Item, xii hottereaux.

       Doriac.      Deschamps.

(Arch. nat., P. 1189; orig. sur papier.)

---

## III

*Inventaire de l'artillerie du Roy et la déclaration des lieux où elle est de present, faict en aoust mil cccc LXIII.*

(1463.)

. . . . . . . . . . . . . . . . . . . . . . . . . . . . . . . . . . . . . . . . . . . . . . . . . . . . . . . . . . . . . . . .

A la Bastille Saint Anthoine :

Deux canons de fer nommez les connilz, garniz de leurs chambres et de pierres.

Huit couleuvrines, les iiii pesans chacune ii$^e$, et les autres quatre chacune LX livres; leurs chevaletz.

Item, trois milliers de grosse pouldre à canon.

Item, ung millier de pouldre à couleuvrine.

Item, une douzaine de pavais et pavaisines.

Item, xii arbalestes d'acier, garnies de signolles, qui furent prinses en l'ostel feu Jehan Aubry et ne furent point paiées.

Item, xii autres arbalestes grosses, d'if de Romemente (??), qui furent gaignées à Rouen.

Item, deux milliers de demi-dondaines et traict commun.

Item, environ ii° livres de plomb à fère plombles (?).

Item, y a, de ce qui y fut laissé par les Anglois, ung gros vuglaire de fer, fuste en boys, aiant deux chambres de fonte.

Item, ung autre vuglaire de fer, moindre et plus court, et sa chambre de mesme en fuste en boys.

Item, encore ung autre vuglaire de fer, moindre mais plus long, aussi en fuste en boys.

Et v autres petits vuglaires de fer.

Au boys de Vinciennes...................................................

(Bibl. nat., mss. fonds français, 20,492, original, fol. 16, r° et v°.)

## IV

*Documents relatifs au « renforcement » de la Bastille.*

(1556-1560.)

Du xiii° jour de may mil v° lvi :

Au jour d'uy, après avoir oy la complaincte et remonstrances faictes au bureau de la ville de Paris par le cappitaine de la Bastille, et en consideration de ce que le duc d'Ascot a rompu les prisons du boys de Vinciennes, dimenche dernier, et s'en est fuy comme ung villain, a esté ordonné que lettres seroient faictes et portées par la poste à Monseigneur l'admiral, dont la teneur ensuit :

Monseigneur, depuis vostre partement, nous avions faict la meilleure dilligence qui nous a esté possible de proceder à la taxe des maisons pour la fortifflcation en ceste année, et sont les astelliers pour les ouvrages si bien encommencez que nous esperons que le Roy et vous en auriez contentement. Au surplus, Monseigneur, ce jour d'uy, le lieutenant de monseigneur le connestable en la Bastille nous a priez, pour la seureté de ses prisonniers, faire faire, au lieu où estoit la courtine du pourtour de la Bastille, qui a esté desmolye par vostre ordonnance, ung pan de mur depuis le coillon de la pointe de ladicte Bastille, traversant le fossé, jusques à l'endroict où doibt finir la courtine de ce costé, tant pour retenir l'eaue dedans le fossé dudict lieu que pour la garde et seureté des prisonniers, ce qui nous semble raisonnable. Toutesfoys, Monseigneur, nous n'en avons riens voullu ordonner sans prealablement vous en advertir, pour nous mander sur ce vostre voulloir, lequel mettrons peyne d'accomplir tant en cest endroict que en tout autre où vous plaira nous commander, Monseigneur, après nous estre très humblement recommandez de vostre bonne grace, nous prirons nostre createur vous donner en santé bonne et longue vie. A Paris, ce xiii° jour de may mil v° lvi. Voz très humbles serviteurs, les prevost des marchans et eschevins de la ville de Paris.

Du xxiii° juillet m v° lvi :

.............................................................

Aujourd'huy a esté apporté par Hardouyn Corrinault le toisé dont la teneur ensuit :

Ensuivent les ouvrages de maçonnerie et pierre de taille faictz au petit boullevert dressé contre le terre-plein et platte-forme de la basse-cour de la Bastille Saint Anthoine, pour la fortiffication que le Roy a entendu et voullu faire pour sa ville de Paris, par Hardouyn Corrinault, maistre maçon tailleur de pierres.

Et premièrement, le mur de circonference au pourtour du coullon du costé du moyneau faict dedans le fossé contient dix neuf toises de pourtour, comprins les deux aelles directes qui se ferment contre ladicte basse court sur ladicte Bastille, sur xII piedz d'espoisseur par le meilleur et rapporté l'espoisseur d'embas à celle d'en hault, et v toises ung pied de hault, comprins le fondement du libage jusques à la haulteur du dessus du cordon, vallent II$^c$IIII toises et demie III pieds.

Les deux esperons derrière le cercle de ladicte circonference, depuis icellui cercle jusques au mur de la basse-court, contient ensemble x toises v pieds de long sur vI piedz de large, et IIII toises III piedz de hault à prendre jusques à la haulteur dessusdicte du cordon, vallent XLIX toises XXVII piedz.

Ung petit massif par bas, entre l'esperon du costé du pont de ladicte Bastille et l'elle du coullon dudict costé, contient xv piedz de long sur vII piedz d'espoisseur et IX piedz de hault, vallant v toises.

Le pan dudict boullevert faict en poincte le long du fossé depuis le coullon dessusdict, du costé de la Bastille, jusques à l'autre poincte tirant vers le coullon du costé de la porte Saint-Anthoine, contient xxxIII toises III pieds III quars de long sur IX piedz de large, et v toises un pied de hault, à prendre à la haulteur du dessus du cordon et comprins la fondation, vallent II$^c$LX toises et demie, xx pieds.

Le massif en forme de triangullaire ou demye lozenge, à l'encongneure de ladicte basse court, du costé de la porte Saint Anthoine, contient xxvI piedz de long sur x piedz demy d'espoisse par le meilleur et xxvII piedz de hault comme dessus, vallent xxxIIII toises xxvII piedz.

Les deux esperons en manière de patte d'oye aux deux costez du gros esperon cornier faict à l'endroict de la poincte contient ensemble v toises II piedz et demi de long sur xxvII piedz de hault et v piedz d'espoisseur, vallent xx toises LXXVII piedz et demi.

Le gros esperon cornier contient xxI piedz de long sur xxvII piedz de hault et vIII piedz d'espoisseur vallent xxI toises.

Les quatre esperons par voye entre le pan de mur le long du fossé et le mur de ladicte basse cour contiennent ensemble xI toises II piedz de long sur xxvII pieds de hault, comme dessus, et vI piedz d'espoisseur, vallent LI toises.

Le massif triangullaire appelé demye-lozenge, à l'encoignure de ladicte basse court du costé du pont de la Bastille sortant aux champs contient IIII toises IIII piedz de long sur vI pieds de large, rapporté la grosse espoisseur à la moindre, et xxvII pieds de hault, à prendre comme dessus à la haulteur du dessus du cordon et depuis la fondation, vallent xxI toises.

Nous, Guillaume Guillain et Charles Le Conte, maistres des euvres de maçonnerye et charpenterye de la ville de Paris, Claude Amauldry et Guillaume Challon, jurez du Roy nostre sire en l'office de maçonnerye, certiffions à qui il appartiendra que, en la presence de maistre Robert de Beauvais, controlleur des deniers communs, dons et octroys de ladicte ville, nous avons veuz et visitez, toisez et mesurez les ouvraiges de maçonnerye et pierre de taille faictz de neuf au petit boullevert dressé contre le terre-plain et plate-forme de la basse-court de la Bastille Saint-Anthoine, pour la fortiffication que le Roy a entendu et voullu faire pour sa ville de Paris, par Hardouyn Corrinault, maistre maçon tailleur de pierres, et avons trouvé lesdictz ouvraiges avoir et contenir les mesures, longueur et espoisseur declairées aux parties cy dessus escriptes, montans ensemble, comme apert par la somme toute d'icelles parties, à la quantité de six cens soixante six toises demye, trente six piedz trois quars, qui, à raison de quatre livres douze sols tournois la toise, vallent la somme de trois mil soixante six livres, treize solz huit deniers tournois; tesmoingz noz seingz manuelz cy mys, le samedy vingtiesme jour de juing l'an mil cinq cens cinquante six.

Du xxiiii° juillet v° LVI :

Ce jour d'huy matin, Monsieur Paluau, eschevin de la ville de Paris, estant sur les astelliers de la fortiffication avec le contrerolleur et maistres des euvres, ensemble m° Baptiste Porsel, ingenieulx du Roy, seroit comparu le cappitaine de la Bastille, lequel a dict et remonstré que plusieurs foiz il a adverty la compaignie suivant ce qui cy devant a esté faict, savoir de la part de messeigneurs les connestable et admiral, que, pour la seureté des prisonniers qu'il a en garde de par le Roy audict lieu de la Bastille, il est de nécessité de faire ung pan de mur traversant le fossé depuis la basse-court de ladicte Bastille jusques au lieu où doibt finir la courtine du costé de ladicte Bastille, de largeur et haulteur suffisante, tant pour arrester les eaues et par le moyen d'icelles empescher que l'on n'entre alentour de ladicte Bastille, que pour retenir les terres de celluy fossé, d'autant que icelle Bastille n'est fondée si bas que les maçonneryes de ladicte fortification et l'aire du grant fossé. Oye laquelle remonstrance, et pour satisfaire au voulloir du Roy et desdicts sieurs connestable et admiral, a esté ordonné que ledict pan de mur se fera le plus promptement qu'il sera possible, et pour ce executer, a esté faict marché par les dessusdicts avec Guillaume Le Biernoys, maçon, entrepreneur de la maçonnerye de ladicte courtine, de faire et parfaire ledict pan de mur selon la largeur, haulteur et structure à luy verballement donné à entendre sur le champ, et qui sera plus amplement declairé par le marché par escript qui en sera faict selon le devis ordonné estre faict par ledict Baptiste et les maistres des euvres, moyennant la somme de xii livres tournois pour chascune toise en carré de peyne d'ouvrier, et en ce faisant, a esté enjoinct audict Le Biernoys de commencer dès ledict jour de lundy prochain venant, et y mettre tel nombre d'ouvriers que l'astelier pourra porter.

Remonstrances du cappitaine de la Bastille :

Estat et memoyre de ce que je requiers à Messieurs de la Ville qu'ilz facent et à quoy ilz sont tenuz pour le service du Roy, conservation de ladicte place et seureté des prisonniers qui y sont et pourront estre par cy après envoyez, et affin que moy ou les autres cappitaines qui viendront par cy après, puissent seurement et sans crainte de la surprinse à la porte, sortir et entrer dedans le fossé pour remedier et surprandre ceulx qui pourront venir, comme jà on a faict, parlementer et donner advertissement aux prisonniers qui sont en ladicte place, et recepvoir quelque prisonnier s'il advenoyt qu'il se sauvast par lesdicts fossez, comme il se prouvera, ont tousjours esté ès mains et soubz la puissance des cappitaines de ceste place, en ayant tousjours joy, et que les deux aisles de mur qu'ilz ont faictes sont si prochaines des deux principalles tours de ceans et plus accoustumées à mettre prisonniers, et si bas que par là on pourra aysément parler et communicquer ausdicts prisonniers. Au moyen de quoy je supply monseigneur le connestable, là où lesdicts sieurs de la Ville ne vouldroyent satisfaire aux articles cy dessoubz en voulloir ordonner, ou bien en advertir le Roy, pour n'avoir estez jamais tous les cappitaines de ceans que soubz l'obeyssance de Sa Majesté, et moy, representant ceans sa personne, ne seroys pas seulement en peyne de garder le dedans de ceste place et les prisonniers, mais fauldroyt que je feusse contrainct à mettre guet dehors, autour du fossé, qui ne s'est jamais acoustumé ; et ayant le fossé comme mes predecesseurs, je pourray aysement y remedyer ; voulant dire encores ce mot davantaige que quant ceulx de la Ville en auroyent joy, ce qu'ilz n'ont point faict, estant, comme je suis, retranché, le Roy m'en doibt donner la pocession, attendu que les mesmes fossez que je demande pour son service et seureté desdits prisonniers, ce sont les fossez d'entour la poincte et basse-court de ceans, par laquelle mes predecesseurs entroyent dedans le fossé et sortoyent hors la ville, et en laquelle basse-court et poincte, fortifiée comme elle est, ilz ne pourroient entrer ne s'en prevalloir que par le dedans de ceste place, et ne peuvent ne feroyent deffendre le fossé que par là, qui est chose assez apparente pour congnoistre que la pocession ne leur en apartient point; et quant la fortune arriveroyt que l'enemy y vînt, comme ilz allèguent, je m'y trouveroys avec les armes pour faire le service du Roy, et comme je luy doibs, sans y espargner ma vye, m'asseurant qu'ilz ne s'empescheront guères d'y venir en ce temps.

Et premièrement :

Le cabinet d'emprès de la porte, que de long temps ilz avoient delibéré et desseingné fère, duquel, depuis quinze jours en ça, ont esté rompues les attentes qu'ilz avoient laissées pour le parachever, par le commandement du contrerolleur de la ville et maistre Charles Le Conte, comme il se prouvera aysément, requerant qu'ilz ayent à faire ledict cabinet et à enfermer dedans la porte du grand fossé, ou bien faire dedans ledict cabinet une allée pour aller dedans ladicte porte à couvert, la nuict, se besoing est, sans ouvrir la porte de la place pour les dangers cy après declarez. Ce qui me faict requerir l'entrée par ceans est, oultre ce que dessus, pour eviter que, la nuict, on ne crochetast ladicte porte pour entrer dedans le fossé, ce qui seroit aizé à faire sans que mon guect les puisse decouvrir, et semblablement ayant ceans dedans prisonniers de consequence, comme ordinairement ils sont, où leurs parens et amis vouldront faire une entreprise pour les sauver ilz le pourront faire aizément, et s'embusquer dedans ladicte montée de fossé et surprendre ma porte par force, ainsy que je viens à l'ouvrir, à raison que ladicte montée est joignant icelle, et enfermée comme je requiers; tous les inconvénients en sont hors, et quant à ce que Messieurs de la Ville demandent l'entrée de ladicte porte pour y mettre les ouvriers quant ilz vouldront faire besongner aux fossez et reparations, combien qu'ilz n'en sçauroient prevalloir de ladicte montée pour passer pierres ne hoster, je leurs ay de long temps offert et offre davantaige que, toutes foys et quantes qu'ilz y auroient affaire et vouldroient entrer pour le faict des fortifflications et aultre chose qui concerneroyt le service du Roy, garde et deffence de la Ville, ainsi que je leur ai donné passage toutes et quantes foys qu'ils veullent entrer en la basse-court de ceans, je leur [ai] baillée au semblable. Et à ce qu'ilz nous dient de condamner ladicte porte, il n'est licite ny raisonnable, pour ce qu'elle est en lieu commode pour le service du Roy et conservation de ceste place. Et pour avoyr la possession de ladicte porte à eulx seulz, pour y entrer à toutes heures qu'il leur plaira et soir, jour et nuict et hors de ma congnesçance, oultre ce que dessus, il n'est raisonnable, par ce qu'advenant il pleust au Roy par cy après envoyer aulcuns d'eulx prisonniers ceans, comme aultrefoys il a pleu au Roy en envoyer, ilz se pourroient prevalloir de ladicte porte, ou bien pour aulcuns de leurs amys ou alliez y pourroient estre sans que y peusse remedier; et mesmement ladicte porte me servira toutes foys et quantes qu'il plaira au Roy vouloir tirer de ceans quelque prisonnier, segrettement, la nuict, et envoyer en aultres lieux hors la ville, comme aultres foys Sa Majesté a faict faire, sans que personne en aict congnoissance de la ville, aultres que ceulx qu'il plaira à Sa Majesté, ou bien en faire amener ceans de dehors, n'ayant aultre entrée ny sortye aulx champs que celle là, pour ce n'avoir par eulx esté condamné l'ancienne.

Item, qu'ilz ayent pareillement à faire parachever la montée pour descendre aux petitz fossez de ceans, à raison de ce que je ne puys ne ne sçauroys entrer dedans sans qu'elle soyt faitte, pour remedier à ceulx qui entrent toutes les nuict dedans, par le petit mur qu'ilz ont

# PIÈCES JUSTIFICATIVES.

faict, pour essayer de parler aux prisonniers qui sont ceans, ne me pouvant ayder d'aultre chose que de les faire assommer à coups de pierres, dont les marques en sont bien souvent apparentes.

Semblablement, je requiers qu'ilz ayent à rendre au devant de la porte de ceans pour empescher et eviter aux grandes pluies et lavaige d'eaulx qui entrent dedans madicte porte, comme elles ne peulvent faillir de faire à cause du rehaussement du rempart qu'ilz ont faict, qui est troys ou quatre piedz plus hault que n'est l'entrée de ladicte porte, et que ladicte eau venant ceans empeschera pas seullement de saillyr, mais gastera et pourrira les arches du pont de l'entrée de ceans, et est chose qui à peu de frais, faisant ledict cabinet, on pourra remedier. Est de besoing aussi y faire ung conduict par lequel s'ecoulle l'eaue de dedans les fossez, affin qu'elle ne croubisse et entre dedans la maçonnerye et revestement du fossé du costé de la ville près ladicte porte.

Plus, j'ay requis qu'ilz ayent à faire faire, devant que les eaulx viennent, la bonde et escluze qu'ilz doibvent faire pour tenir l'eaue dedans le petit fossé, au moyen de laquelle ilz disoient qu'ils me rendront autant d'eaue qu'il en soulloyt avoir, pour la seureté de ceste place, qui estoyt de huit à dix piedz; et combien que je ne m'asseure, comme il se prouvera par gens à ce congnoissans, que à mesure que l'eaue s'en retournera, aussy fera celle dudict fossé, tant pour ce que le grand fossé du Roy est plus bas que le petit de cinq ou six piedz, et comme ilz disent qu'ilz veullent encore baisser d'aultant ou environ, ou pour le moings aussy bas que les deux aisles de mur qu'ilz ont faict, qui sont fondeez sur sable, les continuer par où l'eaue prend son cours. Sy est-ce que pour ne voulloyr les choses, quand juste et raison, je me remettray pour ceste année à voir sy l'eaue demourera dedans ledict fossé, la bonde et escluse faicte, les requerans faire faire ladicte bonde et escluze pour ceste année, et mettre gens dedans les fossez pour remettre la terre qu'ilz ont vidée pour cet esté d'auprès des tours, pour chercher les fondemens d'icelles, et aultres endroictz, affin d'eviter que lesdictes eaues ne facent domaige ausdictz fondemens de ceans; et advenant que ladicte eau, par la bonde et escluze ne peust demourer ceans de la haulteur qui y soulloyt estre, je requiers qu'ilz ayent à faire vuider lesdictz fossez, c'est assavoir contre les murailles de ceans de la haulteur d'ung à deux piedz venant à profondeur jusqu'au milieu des fossez tournant vers le revestement d'iceluy de mesme haulteur, et par ce moyen je pourroys avoir et me demeurcroit en cest endroict l'eau assez profonde pour la seureté de ceste place; aultrement, je n'ay nulle esperance d'y en avoir, pour les causes que dessus, et aultres qui seroyent trop longues à reciter.

Plus, je les requiers, pendant que les eaues sont encores basses, à faire curer et mettre les sièges au puys que leur maistre ès œuvres avoit unne foys commis un maçon à revisiter ledict pavé de la basse-court, affin d'y ravoyr l'eau comme on avoyt de coustume, lequel luy faict raport en ma presence de ce qu'il estoit besoing cy faire, et dont ledict maistre des euvres me promist qu'il seroyt faict, pour estre chose très necessaire ceans et dont je [ne] me puis passer, parce qu'ils ont couppé les sources au moyen des fondemens de l'ediffice[1]; aussy que je n'ay poinct d'eau bonne pour boire, et la me fault toujours achapter, ainsi que j'ay faict voir à messicurs les commissaires de la court, ausquelz les medecins ont dict les maladies survenues estre à cause de l'eau du puys de ceans provenante de celle qui est dedans les tranchées des murailles qu'ilz ont faictes, pour ce qu'ilz ont couppé les sources et de besoing de creuser ledict puis pour y ramener l'eau, requerant qu'il y soit semblablement besoigné, remettant à nous le tresorier ce qui est à faire au Roy et à la ville.

---

[1] Tout ce passage présente évidemment quelques incorrections de transcription, assez fréquentes, au reste, dans tout le registre, mais qui n'altèrent pas le sens général de la requête formulée.

Item, je requiers qu'ilz ayent à faire faire quatre fenestres pour fermer les basses canonnières, affin d'eviter que, la nuict, on n'entre par là, car sans cela il est aysé avec une petite [échelle?] y venir parlementer, la nuict, aulx prisonniers par plusieurs endroictz de ladicte basse-court.

Semblablement, qu'ilz ayent à remedier, comme ce jour d'huy ilz ayent dict qu'ilz feront, aux amas de pluyes qui peuvent entrer dedans les voultes au desoubz et au droict desdictes canonnières, car aultrement l'eau croupiroyt là dedans, qui engenderoit puanteur et maulvays air; semblablement, à faire dresser les passaiges et montée par où il fault aller tant sur la grande plate-forme que sur deux pettites, et les sommer de ce qu'ilz ont ordonné au jour d'huy, present nous, le tresorier Groslier, leur maistre des euvres, de faire vider les pierres quy ne servent de riens sur la platte-forme, et sy ledict maistre [est] aussy songeux de le fère qu'il a esté à faire employer toutes les pierres et bonnes matières qui appartiennent au Roy et au cappitaine de ceste place à leurs reparations, je me tiens pour certain qu'elles seront bien tost vuidées.

Quant au reste de ce qui reste à faire en ladicte basse-court pour le faict de leurs reparations, je les remetz à leur bonne voulenté, ne tendant à autre chose qu'à estre bien cloz et eviter aux fortunes, affin de rendre bon compte [au Roy] et à Monseigneur le connestable de la charge qui leur a pleu me donner, ne pouvant estre par eulx ingnoré que plusieurs foys je n'aye esté en leurs maisons pour les prier de ce faire, et, partout où je les ay trouvez, les ay suppliez bien humblement comme je fais encore, et, combien que mondict seigneur le connestable leur en ayt envoyé ung memoyre pour ce faire, d'abondant il a bien voullu faire cestuy cy, signé de ma main et le bailler à Monsieur le trésorier Groslier comme deputé de mondict seigneur le connestable, pour entendre le differand, affin de le voir et, s'il luy plaist, prendre responce pour l'envoyer à mondict seigneur le connestable avec ces presens articles, pour là dessus me condamner à ce qu'il luy plaist que je face, ou, sy ne luy plaist, en ordonner l'envoyer au Roy pour en ordonner comme il luy plaira, comme estre chose concernant son service et seurté des prisonniers qu'il plaira à Sa Majesté y envoyer, dont je me charge sur ma vie et honneur, desquelz je ne luy pourroys rendre sy bon compte que je desire, sy ceste place, estoyt comme aultre que moy eust pouvoir d'en approcher et eviter aux lieux suspectz de la place qu'il en pourroit advenir inconveniant, à quoy Sa Majesté aura esgard, pour ne pouvoyr estre responsable que des choses qui seront en ma puissance, et non de celles qui seroyent soubz la main d'aultruy, et playra à Sa Majesté avoyr souvenance des previlleges, auctorité et pouvoir qu'il luy plaist de mettre à ces places roialles, et que nul n'a pouvoir commander que Sa Majesté. Faict en son chasteau de la Bastille, le lundy xvi<sup>e</sup> jour de novembre mil cinq cens cinquante neuf.

Responces aulx articles presentés par le lieutenant de monseigneur le connestable sur ce prehembule d'estat.

Dient les prevost des marchans que, de tout temps, les cappitaines de la Bastille ou leurs lieutenants n'ont jamais riens entrepris sur les lymites de l'enclos de la Bastille, separées de l'enclos des fossez de la ville, et ont esté les deux murs servans de closture et faisant separation desdictz fossez de la ville et fossé de la Bastille faictz par ordonnance du Roy et de monsigneur le gouverneur, de la haulteur et distance des tours qu'il leur a pleu commander pour fermer et fere retenue d'eau au pourtour de ladicte Bastille sur les divers lieux pour la nouvelle fortiffication.

Nyent lesdictz prevost des marchans et eschevins avoyr commandé ne ordonné ledict cabinet qui n'est, au faict de ladicte fortiffication, désigné ne commandé par le Roy estre faict, et aussy ledict cabinet seroyt hors du circuit de la Bastille et des fossez d'icelle; se doibt comptenter le lieutenant de ladicte place d'une montée qui a esté faicte aux despens du public pour descendre du bout de son pont et herse dans les fossez de ladicte Bastille, où ne reste seullement que à mettre les marches, que lesdictz prevost et eschevins feront asseoir en continuant ladicte fortiffication, et, au demourant estre vigillant de se garder de surprise, sans taxer lesdictz prevost et eschevins de voulloir faire aulcune entreprise pour saulver les prisonniers par une montée droicte, qu'ilz ont faict fere des deniers levez pour ladicte fortiffication, hors le fossé et pourtour de ladicte Bastille pour entrer dedans le grand fossé de ladicte ville et par là se servir tant aulx ouvraiges de ladicte fortiffication que aultres choses qui pourroient intervenir pour l'utilité d'icelle ville, et, soubz correction, a tort le lieutenant de ladicte place de la Bastille de voulloyr faire entendre par son rescript cy dessus que le Roy se doibt plus fier en luy que ausdictz prevost des marchans et eschevins et habittans de ladicte ville, car ledict seigneur sçait de combien l'ung luy est et importe plus que l'autre, qu'il n'a esté loisible audict lieutenant de s'emparer des clefz de ladicte descente faicte à ladicte fortiffication nouvelle pour descendre ausdictz fossez hors le circuyt et pourtour des fossez de ladicte Bastille, comme de force il a faict, et ne pense que monseigneur le connestable, cappittaine de ladicte place, le voulsist de ce advouer, et dont lesdictz prevost des marchans et eschevins requièrent leur faire restituer ladicte clef. Et a esté faict response cy dessus.

Continuant ladicte fortiffication, sera donné ordre de retirer les eaues qui pourroient venir vers le pont de ladicte Bastille et icelles gecter par les canaulx et gargouilles qui sont jà mises et assises aulx murs de ladicte courtine de ladicte fortiffication, et aultres que l'on y mettra cy après, sy besoing est.

Ne se peult commodement faire bonde pour retenir les eaues des fossez de ladicte ville jusqu'à ce que les grans fossez de ladicte ville soyent parachevez de vider, mais trop bien estouper de terre delaissée au travers du mur pour poser icelle bonde, attendant icelle vidange, et quand à rendre l'eaue dedans ledict fossé de la Bastille de la haulteur portée par l'article, il n'est à la puissance des hommes, parce que croissant ou descroissant la rivière, elle rend le lieu plein ou aride, et quand il y demeure quelque, c'est par le moyen des herbes et lymon qui la retiennent; et au regard de la vidange de terre mentionnée audict article, n'a esté faict de la part de la ville que ung petit trou de deux piedz en carré, au piedz de l'une des tours, pour voir et congnoistre la quantité de sable sur lequel la dicte tour est fondée; aussy, pour le regard de ce qu'il requiert que ladicte ville aict à faire vider et curer ledict fossé de la Bastille de deux piedz de long le long des murs, de v piedz pour son milieu, ce n'est à la ville à faire ceste vidange, et ne sont à ce les deniers destinez.

Le curement et renfoncement dudict puys n'est aux charges de la ville et, comme dict est cy dessus, l'eaue de la rivière faict croistre et dimynuer celle dudict puys quand elle croist ou diminue, et n'ont esté aulcunes sources couppées en faisant les fossez et fortification de ladicte ville, car la Bastille est close de ses fossez auparavant que fere ladicte fortiffication, lesquelz fossez de la Bastille avoient couppé lesdictes sources, joinctes les secheresses qui ont esté ès années passées.

Acordent lesdits prevost et eschevins qu'ilz ayent à parachever ce que reste à parachever aux quasemattes et forteresses de la Bastille, et y faire des fermetures et fenestres.

Et en continuant ladicte fortiffication, sera donné ordre de faire escouller lesdictes eaues et dresser les chemins, ainsin qu'il sera advisé pour le mieulx, et quand aux pierres qui estoyent demourées sur la plate forme, elles ont esté ostées aux despens de la ville.

L'octroy et execution de cest article deppent de la bonne volonté du Roy, et n'y gist aulcune responce de la part desdicts prevost et eschevins, fors qu'ilz supplient humblement la majesté dudict sieur les estimer ses très humbles, obeissans et fidelles subjectz [1].

· · · · · · · · · · · · · · · · · · · · · · · · · · · · · · · · · · · · · · · · · · · · · · · · · · · · · · · · · · · ·

DE PAR LE ROY.

Très chers et bien amez, vous savez ce que dernièrement vous avons escript pour faire achever et rendre parfaict le corps de garde par vous commencé en nostre chasteau de la Bastille, et le besoing qu'il est, pour la seureté dudict chasteau qu'il y soit avisé prompte fin; et pour ce que nous avons sceu que vous en faictes peu de dilligence, voiant le danger qui y pend, nous avons bien voullu vous en escrire de rechef, vous mandant et ordonnant très expressement que sans plus remettre ceste affaire en longueur vous ayez à y faire besoigner le plus dilligemment que faire ce pourra, de sorte que, par la perfection dudict œuvre, ladicte place demeure en la seureté qu'il appartient au bien de nostre service. Donné à Orléans le xv$^e$ jour de novembre, l'an mil cinq cens soixante. Signé FRANCOYS, et au dessoubz, DE L'AUBESPINE.

(Bibl. nat., mss. fonds franç., 11,732, fol 2562 r° et 281 r°; 11733, fol. 24 r°.)

## V

*èglement des dépenses occasionnées par le séjour à Paris des ambassadeurs d'Angleterre et le festin que le Roi leur offrit dans la cour de la Bastille.*

(12 décembre 1518 — 15 janvier 1519.)

Pour les parties de paneterie, eschançonnerie, cuisine, fruiterie, fourrière et autres parties de depenses de bouche et fraiz contenuz et declarez par le menu, en un cayer de pappier signé et arresté par lesdicts maistres d'ostel du Roy nostre sire, auxquelz il en avoit baillé la charge, lesquelles parties ont esté par luy fournies, baillées et délivrées comptant par le commandement et ordonnance verballe du Roy nostredict seigneur aux personnes nommées audit cayer pour les causes y contenues, et ce, pour la despence des ambassadeurs du roy d'Angleterre depuis le douziesme jour de decembre m v$^c$ xviii, qu'ilz viendrent devers le Roy, en son palais royal à Paris luy faire la reverence, jusques au xv$^e$ jour de janvier ensuivant audict an, auquel jour ilz deslogèrent de ceste ville de Paris, en ce comprins ung festin que ledict seigneur leur feist à son devis et progect en la Bastille de Sainct-Anthoine, laquelle despense et fraiz le Roy nostredict seigneur a faict veoir, calculler et getter et arrester par sesdictz maistres d'ostel, et a monté à la somme de sept mil huit cens dix huit livres trois solz huit deniers tournois, en ce non comprins deux cens cinquante livres tournois qui seront couchez cy après ou chapitre des gaiges et sallaires, laquelle somme de sept mil huit cens dix huit livres trois solz huit deniers tournois le Roy nostre sire, par ses lettres patentes signées de sa main et de M$^e$ Nicole de Neufville, secretaire de ses finances, données à Paris le xii$^e$ jour de fevrier oudict an m c$^v$ xviii, verifiées et expediées par messeigneurs les generaulx des finances le xiii$^e$ jour dudict moys, a mandé auxdictz generaulx des finances souffrir, permettre et consentir estre alloué ès comptes et rabatu de la recepte dudict maistre de la chambre aux deniers par nosseigneurs des comptes, auxquelz il a mandé ainsi de faire sans difficulté, en rapportant lesdictes lettres avec ledict cayer y attaché soubz le contreseel de la chancellerie, sans qu'il soit tenu rapporter quittance des parties

---

[1] Ici se trouve un mandement du roi, relatif à la prompte construction du corps de garde avancé du château de Vincennes, et, à peu de mots près, semblable à celui qui a trait à la Bastille.

contenues oudict cayer, que de celles qui montent cent solz tournoiz et au dessus, ainsi qu'il est plus à plain contenu et déclairé en icelles lettres patentes et expedition de mesdicts seigneurs les generaulx cy rendues, par vertu desquelles ce present maistre de la chambre aux deniers reprent cy en despence ladicte somme de vii$^m$ viii$^c$ xviii$^{lt}$, iii$^s$ viii$^{d.t.}$ qu'il a payée, baillée et distribuée aux personnes denommées oudict cayer, et dont il a recouvert les quittances des grosses parties et somme de deniers. Et des autres menues parties au dessoubz de cent solz tournois n'en a recouvert aucunes quittances, pour ce qu'il n'est accoustumé d'en recouvrer pour le fait de ladicte chambre aux deniers, et sont cy rendues lesdictes quittances. Pour ce..... vii$^m$ viii$^c$ xviii$^{lt}$ viii$^{d.t.}$.

(Comptes de l'hôtel. Arch. nat. KK 94, fol. 80 v°-85 v°.)

## VI

*Retrait, par ordre du Roi, d'une somme d'un million déposée à la Bastille.*

(1614.)

Louis, par la grace de Dieu, roy de France et de Navarre, à tous ceux qui ces presentes lettres verront, salut. Le feu roy nostre très honoré seigneur et pere, que Dieu absoille, ayant fait mettre en reserve dans nostre chasteau de la Bastille par son espargne quelque notable somme de deniers, pour y avoir recours lorsqu'il en seroit besoing pour le bien du royaulme, nous n'y aurions voulu toucher depuis son deceds, et la Reyne regente, nostre très honorée dame et mere s'en seroit abstenue, quelques depenses extraordinaires qu'elle ayt été contrainte de supporter pour conserver nostre authorité et l'obeissance qui nous est due, jusques à present que, pour opposer la force aux mouvemens qui se preparent dans le royaume et tendent à exciter une guerre civile, il est necessaire de recourir à ceste epargne : à ces causes nous avons, par l'advis de notreditte dame et mere la reyne regente, resolu et ordonné que des deniers qui sont dans nostredit chasteau de la Bastille il en sera tiré la somme d'un million de livres pour la mettre ès mains du tresorier de nostre espargne, maistre Vincent Poucher..... 23 fevrier 1614.

(Arch. nat. Mémoriaux de la Chambre des comptes, P 2347, p. 753. A la suite est transcrit l'enregistrement par la Chambre.)

## VII

*Lettres patentes par lesquelles Louis XIV accorde aux religieuses de la Visitation certains terrains voisins de la Bastille.*

(Septembre 1643.)

Louis, par la grace de Dieu roy de France et de Navarre, à tous presents et à venir, salut. Voulant gratifier et traiter favorablement nos chères et bien amées les religieuses de la Visitation Sainte Marie, du couvent sis en la rue S$^t$ Antoine de nostre bonne ville de Paris, en consideration de leur bonne vie, piété et devotion, pour ces causes et autres à ce nous mouvant, de l'avis de la reine regente, notre très honorée dame et mere, nous avons, en confirmant notre brevet du douze juin dernier et conformement à l'avis à nous donné par nos amés et feaux conseillers les presidens, tresoriers generaux de France au bureau de nos finances établi à Paris... fait et faisons don, par ces presentes signées de nostre main, auxdites religieuses de deux places qui se rencontrent, l'une à prendre depuis le long et angle proche la porte de l'entrée de la Bastille jusqu'au premier angle faisant corps du portail de l'eglise dudit couvent de Sainte Marie, contenant quarante quatre toises de longueur, compris le derrière du jardin de l'hostel de Lesdiguières, où il y a une porte et la porte de nostre chasteau de la Bastille ; l'autre à prendre à vingt pieds dudit angle de ladite porte se continuant le long du mur bâti de neuf sur la contrescarpe du fossé de notredit château de la Bastille jusqu'au premier corps de garde faisant face sur l'angle de ladicte contrescarpe, contenant aussi vingt trois toises quatre pieds, qui avec les vingt pieds cy dessus font vingt sept toises de longueur; pour en icelles places faire bastir par lesdites religieuses : sçavoir en celle estant le long des murs de ladite Bastille, des maisons d'une même simétrie de trois toises de profondeur seulement et de la longueur de vingt et une toises, le surplus se retressissant en pan coupé, pour recevoir les premières angles dudit corps de garde, sur vingt quatre pieds de hauteur, y compris les combles qui seront couverts en croupe et pavillons en forme basse, sans y pouvoir faire aucuns jours ni ouvertures du côté des fossés dudit château de la Bastille, et en l'autre place faisant retour depuis l'angle de ladite porte de la Bastille de vingt pieds de profondeur pour finir à rien au premier angle faisant corps de l'aile du portail de ladite eglise Sainte Marie, faire pareillement construire par lesdites religieuses des maisons et edifices, ou avancer leurs bastimens sur ladite rue Saint Antoine, et ce d'une même decoration et simetrie, suivant les plans et figures d'eslevations qui en seront arrêtés et paraphés par les commissaires qui seront à ce deputés par lesdits presidens, trésoriers de France..............................................................

à la charge de payer par lesdites religieuses par chacun an, à la recette de notre domaine de Paris, demi écu d'or de rente pour chacune maison qui sera bâtie sur la longueur du mur du fossé dudit château de la Bastille, lesquelles porteront lods et ventes, saisines et amandes quand le cas y échoira, et en outre, de faire rebâtir par lesdites religieuses à leurs frais et depens l'entrée du jardin de l'hôtel de Lesdiguières, comme aussi de faire faire de neuf un portail de belles pierres de taille servant d'entrée et de decoration à notredit château de la Bastille, orné de collonnes et pillastres d'ordre d'architecture dorique, trophées d'artillerie et de guerre avec nos armes, ensemble une porte de menuiserie garnie de ses ferrures, le tout suivant ledit plan, et de retablir la pierre qui aura été arrachée en faisant lesdits bastimens.

Et en outre, du même avis de la Reine regente, notredite dame et mère, nous avons par ces mesmes presentes fait et faisons don auxdites religieuses d'une place contenant vingt trois toises de long à prendre depuis le corps de garde pour y bâtir des boutiques et edifices, de six pieds et demi de profondeur seulement et de vingt pieds de hauteur y compris la couverture d'iceux, qui sera faite en appenty d'une même simétrie et decoration suivant les plans qui en seront pareillement arrêtés et paraphés ainsi qu'il est dit cy-dessus, sans que lesdites religieuses puissent faire aucun jour ni ouverture du côté des fossés de ladite Bastille, ni faire aussi aucuns auvents, saillies, avances, comptoirs, tableau, ni mettre aucunes marches ni bornes le long desdits bâtimens, et à la charge de payer pour chacune desdites boutiques et edifices douze sols parisis de rente annuelle.....................................................

Si donnons en mandement................................................

Donné à Paris au mois de septembre l'an de grace mil six cent quarante trois et de notre regne le premier. Signé : Louis, et sur le repli : Par le Roy, la reine regente sa mère, presente, Le Tellier, et scellées. Le quatorze juillet lesdites lettres ont été enregistrées.

Extrait et collationné par nous, greffier du bureau des finances de la Generalité de Paris... en l'année mil six cent quarante quatre.

(Bibl. de l'Arsenal, ms. 12,603.)

## PIÈCES JUSTIFICATIVES.

### VIII

«*Estat des prisonniers qui sont au chateau de la Bastille.*»

(1643?)

M. le maréchal de Bassompierre, † [1].
M. le marquis d'Assigny, condamné à mort et changé en prison perpetuelle.
Le s<sup>r</sup> de Troie, †.
Boyrenault de Paris, capucin, sorti pour une relacion particulière.
Le s<sup>r</sup> de Goville, †. Monsieur.
Le s<sup>r</sup> des Fontaines Boir (*sic*).
Le s<sup>r</sup> d'Ouaille, garde de Monsieur.
Le s<sup>r</sup> Silvestre, serviteur de la R[eine] m[ere].
Le s<sup>r</sup> de Beaumont-Longueval, accusé de beaucoup de crimes, maison d'Haraucour.
Le s<sup>r</sup> de Montault, prison perpetuelle; religieux; reçue [?].
Le s<sup>r</sup> Reveillon, laquais de Marillac; vouloit tuer M. le Cardinal.
M. le comte de Cramail, †.
M. le chevalier de Lorraine, fol.
Le s<sup>r</sup> de Beauvais. Reyne m.
Le s<sup>r</sup> de Borin, archer des gardes du corps, qui a esté soupçonné par M. de Gerdes de vouloir entreprendre.
Le s<sup>r</sup> Simon. R. m.
Le s<sup>r</sup> de La Pierre, soldat; accusé d'avoir quelques mauvais desseins contre M. le C.
Le s<sup>r</sup> de Pleinville, †, espion double.
Le s<sup>r</sup> de La Ganière, sorti.
Le s<sup>r</sup> de La Roche Bernard, meschant diable.
Le s<sup>r</sup> de La Terrade, prestre extravagant.
Le s<sup>r</sup> de Lezinasque, capitaine de vaisseau qui a piraté; marine.
M. le conte de Vigneul, accusé d'avoir tué sa femme.
Le s<sup>r</sup> Collin, capitaine liegeois; accusé d'avoir voulu prendre (?) avec M. le conte.
Le s<sup>r</sup> de Chatillon, croquant.
M. le maréchal de Vitry, †.
Le s<sup>r</sup> de Fonteine, accusé de faulse monnoie.
(Sortir) le s<sup>r</sup> Simon, valet de deux Allemans sortis.
Le s<sup>r</sup> Gendron, croquant.
Frère Pierre Antoine, hermite, accusé d'avoir attenté sur la personne du duc (?) de Nevers.
Le s<sup>r</sup> de Placi, sorti; chambre de justice.
Le Pere Sequenaut.
Le s<sup>r</sup> Charpentier, sorti par la Chambre de justice.
Cristeman, prisonnier de S<sup>t</sup> (?).
Le s<sup>r</sup> Noiron, fils de M<sup>lle</sup> Noiron.

---

[1] Il est assez difficile d'expliquer pourquoi certains noms de prisonniers sont ainsi suivis d'une croix. On ne peut supposer que ce signe indique le décès des détenus, puisque ni le maréchal de Bassompierre, ni le maréchal de Vitry ne moururent à la Bastille; nous inclinons à penser que la croix désigne le personnage qui a ordonné la détention, — et ce serait sans doute le cardinal — mais cette interprétation n'a rien d'absolument certain.

Le sʳ de Scanevelle.
(Sortir) M. de Beauregard. R. mère.
Frère Louis Alais, hermite, ⎫
Frère Antoine Blaise, hermite, ⎬ Van (*sic*).
Frère Guillaume, hermite, ⎭
Le sʳ de La Rivière, soldat qui garde le chevalier de Lorraine.
(Sortir) le sʳ Du Jardin. R. m.
Le sʳ de La Brière, seigneur de Pontchasteau, volleur. Lafemas luy fait le procès.
Le sʳ de Baignaut, idem.
Le sʳ de Beausoleil.
Le sʳ Jean Baptiste, liegeois.
Pere Marris, moine qui s'est opposé à l'élection de Cluni.
Le sʳ d'Ourche, accusé d'avoir porté les armes avec le duc Charles.
Le sʳ Noury, orfèvre, mis par M. le P.
Le sʳ du Chatelet, fils de Beausoleil.
Le sʳ de Plenevaut, liégeois; espion.
Le sʳ Lamori, fou de Beauvais.
Le sʳ de Moissan, fou que M. le Chancelier a fait mettre.
Le sʳ Bellenger, orphèvre; fausse monnoie.

(Archives des Affaires étrangères, FRANCE, vol. 847, fol. 204, r° et v°. — Rien ne permet d'affirmer que cette liste de cinquante-trois noms se soit arrêtée là à l'origine, et que d'autres noms ne se trouvent pas sur un feuillet suivant celui-là, et qui aurait aujourd'hui disparu. La date 1643, mise en haut du folio 204, est d'une écriture de notre siècle.)

## IX

*Prisonniers de la Bastille en 1661.*

(Paris, 2 septembre 1661.)

Monsieur, puisque vous voulez avoir la bonté d'avoir un peu de soin de mes interets, et que vous avés desiré un rolle des prisonniers, comme le sieur Bareilh m'a dit, je prens la liberté de vous l'envoyer et de tout soubmettre à vos generosités. Je vous attendrai à Fontainebleau avec impatience, estant en estat d'y aller dans sept ou huit jours......

*Mémoire des noms des prisonniers qui sont presentement dans la Bastille.*

Le comte de Pagan, accusé de s'estre vanté qu'il feroit mourir le Roy par magie. M. le duc d'Orleans en donna l'advis.

M. de Laonnière, sous pretexte d'impiété.

M. de La Baumerie, prestre; son procès est fait au Chastelet pour avoir escrit contre la Vierge et contre la religion; dit cent choses contre feu S. Em. qui, pour le scandale, a fait cesser l'execution de sa condamnation.

M. l'abbé Dorat; donna une lettre au clergé de M. le cardinal de Retz.

M. de Gondonvillier, capitaine dans Picardie, oncle de la Haie; fou; demande force pensions et vouloit tuer feu S. Em. s'il ne lui faisait paier ce qu'on en dit.

M. de Besnier, mechant à sa mère et à ses frères, et veut tout tuer.

M. le vicaire de Clichy est fol et extravagant, et crioit dans les rues pour exciter sedition.

M. Jues [1], prestre breton, fol achevé; étoit prisonnier à Pontoise; vouloit tuer feu S. Em. et ne bougeoit de chez Broussel.

Le sieur de Saint Martin, fol; il dit que feu M. de Servien lui vouloit faire tuer M. le duc d'Orleans.

Le sieur Didier, fol; M. de Noailles l'envoia; il tourmentoit le Roi et l'appeloit son compère.

Le sieur Duchesne, complice de Ricous, qui lui avoit donné de l'argent pour tuer feu S. Em.

M. Charpentier, prestre anglois. M. l'abbé de Montaigu l'a fait mettre, pour des intrigues en Angleterre pour descouvrir les prestres et religieux. Il a grand esprit et meschant.

M. de Remuzat. M. le surintendant, pour mille friponneries et affaires de finances, l'a fait mettre.

M. Duchemin; a eu la question pour avoir contrefait les sceaux. M. le Chancelier l'a fait mettre.

Le sieur Pierlon, affaire de famille; la reyne-mère l'a fort recommandé.

M. de Cluzelles, a espousé trois femmes; la reyne-mère l'a fort recommandé.

M. Lefébure et le chevalier Lefébure, deux frères meschans à leur père et mère; le Roy, je croy, les tient prisonniers par charité, à cause des importunités de leur mère.

L'abbé de Gassion, à la prière du confesseur de la reyne-mère, qui couroit risque de la vie à la Conciergerie.

M. de Maluant, gentilhomme de Poitou, pour sa mauvaise conduite et intrigues.

Tous les suivans est le reste des gazettiers qui ne trouvent personne qui veuille respondre d'eux : les sieurs Thevenart, Neruize, Fleury, Bousquet, Desnoyers, Dupruel, Ducaux, Stermy, Caseaux, Léché, libraire; M. de Villars, prestre; le marquis de Saint-Aunays.

M. Hubert. Le chancelier l'a mis; a fait des faulcetés.

M. Bracqhais, l'intendant général de la vicomté de Montiviliers, a contrefait les sceaux; mesme affaire.

M. l'abbé de Sainte-Croix.

M. de Lagrange-Montmor, moine; M. de Lagrange, frère du susnommé; M. Platellet, Me Platellet. Ces quatre sont pour une affaire de M. le comte Charnot, pour le testament de feu l'abbé de Lenoncour.

M. Petit. Je ne sçay pourquoi, si ce n'est qu'il ayt parlé contre M. Ratabon, à ce qu'il dit.

M. de Villarseau et M. Leclerc, affaires de famille; ils paient leur despence, comme il est porté dans l'ordre du Roy.

M. de Saint-Ange. Le Roy donne cela à son père et frère.

M. Bardon a fait mille friponeries aux finances.

(Lettre de Besmaux à Colbert, ap. Depping, *Correspondance administrative de Louis XIV*, t. II, p. 547.)

X

*Doléances de du Junca sur ses fonctions* [2].

Du 11e du mois d'octobre 1690 que je pris possession à la Bastille par ordre du Roy, Mon-

---

[1] Il faut lire : Ives. Cf. Ravaisson, I, 308.

[2] Nous espérons que le lecteur nous pardonnera d'avoir manqué pour une fois à la règle, et d'avoir pris le parti d'élaguer du texte de ce document les innombrables et surprenantes fautes d'orthographe dont du Junca émaillait ses écrits. En

sieur de Besmaux, à mon arrivée, me fit l'honneur de me dire pour ma réception qu'il avoit deux officiers à luy, qui étaient de fort honnestes gens, que je devois bien vivre avec eux en bons camarades ensemble et que je devois prendre de leurs conseils.

Sur ce bon avis on en doit juger que Monsieur de Besmaux a bien voulu me confondre dans le nombre de ces officiers de charge et du service et de rouler avec ces pretendus messieurs, comme il y a paru en toutes les fonctions que j'ai esté obligé de faire par le peu d'application et le mepris qu'ils font de s'attacher au service de la Bastille.

Au surplus je n'ai pas eu de peine [1] à surmonter tous les degouts qu'il a pleu à Monsieur de Besmaux de me donner en favorisant et protegeant en tout messieurs ces officiers contre moy et le service.

Depuis plus d'une année que je suis entré à la Bastille, j'ai esté obligé de faire le service qui s'ensuit :

Comme de se lever tous les matins le premier et le dernier couché ;

Faire monter la garde bien souvent, en l'absence de messieurs les officiers de Monsieur de Besmaux ;

Faire la ronde et la visite tous les soirs, dans l'incertitude que ces messieurs la fassent ;

Fermer les portes fort souvent, ne pouvant compter sur personne ;

Prendre tout le soin de la garde du château, ne pouvant me fier ny reposer sur les deux officiers de Monsieur le gouverneur, lesquels ne font que ce qu'il leur plaist et ne rendent compte de ce qu'il s'y passe qu'à Monsieur de Besmaux ;

Quand Monsieur de la Reynie [2] ou d'autres commissaires viennent pour interroger des prisonniers, il faut les aler prendre dans leur chambre et mener les prisonniers dans la salle de Monsieur de Besmaux en traversant toutes les cours, et il faut attendre dehors, à la porte, le plus souvent jusques à des huit heures de temps pour reprendre et ramener le prisonnier où on l'a pris ;

Les prisonniers auxquels on a permis de voir du monde, il faut aussi les aller prendre dans leur chambre pour les mener, au travers de toutes les cours, dans la salle à l'ordinaire où les parents ou amis les attendent, et il faut, le plus souvent, rester avec eux tout aussi longtemps qu'ils veulent, estant obligé de les garder à veue, et ensuitte les ramener ;

Il faut avoir le mesme soin et application pour quelques gens de la religion, lesquels sont veus et entreteneus par le Père Bordes, Monsieur La Tour d'Allier et M$^{me}$ Chardon pour les convertir ;

Suivre et garder les prisonniers qui ont la permission de s'aller promener au jardin et sur la terrasse de soir à autre ;

A tous les prisonniers malades il faut les aller visiter souvent et en prendre du soin ;

A ceux qui ont besoin du medecin et de l'apothicaire, il faut les aller mener où les malades sont, pour estre plus assuré de ce qui s'y passe, et des remèdes qu'on leur ordonne de prendre ;

Il faut estre present quand on leur apporte ;

Le prisonnier qui se trouve fort mal et en danger de mort, il faut redoubler tous ses soins pour le faire confesser, recevoir tous ses sacremens, et quand il en meurt, il faut satisfaire à tous les devoirs d'un bon chrestien ;

A l'arrivée d'un prisonnier qui doit estre renfermé, il faut commencer à le visiter, le fouiller partout, sur luy et toutes ses hardes, et le mener dans la chambre qu'on luy donne ; au sur-

voici quelques exemples, pris dans les premières lignes : «Monsieur de Besemaux à mon arrivée me fit l'oneur de me dire... qu'il avet deux ofisiers à luy qui estet de fort honestes jeans.... » etc., etc.

[1] *Sic*, bien que la négation ne s'explique guère.
[2] Le lieutenant de police.

plus, il faut prendre le soin de lui faire donner et apporter tout ce qui lui est necessaire pour la garniture de sa chambre, en paiant bien chèrement au tapissier de Monsieur de Besmaux, ou bien à la maistresse d'hostel;

Les prisonniers renfermés qui obtiennent leur liberté entière, il faut aussy les fouiller tous, et visiter leurs hardes avant que de sortir, à cause de la grande communication qu'il y a entre les prisonniers, les uns aux autres;

Il faut aussi avoir le mesme soin de fouiller le prisonnier qu'estant enfermé, pour le mettre dans la liberté de la cour, ce qui arrive assez souvent;

Messieurs de Lausillon et de Gray viennent quelquefois pour parler à des prisonniers renfermés; Monsieur de Besmaux, qui le trouve bon sans aucune precaution, il faut avoir l'honneur et le plaisir de conduire ces Messieurs dans la chambre des prisonniers, et le plus souvent, pour l'interet que le sieur de Gray y trouve, faire des visites dans toutes les chambres et fouiller partout, mesme tous les prisonniers, et dans leurs hardes; comme aussy il faut visiter tout ce qui vient du dehors pour les prisonniers renfermés, et ce qui en sort pour raccommoder ou blanchir leurs hardes;

Dans le nombre qu'il y a de prisonniers, quelques uns, journellement, se trouvent en necessité ou besoin de quelque chose, ou bien pour quelque plainte de leur nourriture ou mauvais traitement du porte-clefs qui les sert; lesquels prisonniers, dans leur malheur, sont obligés de heurter à la porte pour advertir de leurs besoins; ce sont des occasions qui arrivent souvent et d'un grand bruit, où il faut aller rendre de frequentes visites;

Il faut prendre garde à la nourriture que l'on donne aux prisonniers, estant fort souvent mauvaise, du mauvais vin et du vilain linge;

Visiter souvent toute la vaisselle dont on se sert ordinairement pour les prisonniers renfermés, lesquels escrivent sur les plats et les assiettes bien souvent, pour se donner de leurs nouvelles les uns aux autres;

Il y a à prendre garde et de bien observer sur toutes les personnes qui entrent dans la Bastille, surtout pour les femmes et filles, qui viennent pour voir des prisonniers qui sont dans la liberté de la cour;

Aux bonnes festes de l'année, il faut prendre tous les soins de faire confesser, entendre la messe et communier les prisonniers auxquels il est permis, par ordre, de le faire;

Aler plusieurs fois le jour et le soir sur les planches en dehors du chasteau, pour contenir les prisonniers qu'ils ne se parlent les uns aux autres d'une tour à l'autre, et d'envoyer des soldats dans les environs de la Bastille pour prendre des gens qui font des signes aux prisonniers qu'ils connaissent; et bien souvent, ce sont des prisonniers qui ont eu la liberté, voulant rendre service à ceux qui restent, la communication estant partout et [toujours] la cause de tous ces desordres;

On doit aussy aporter un grand soin à prendre garde à tout ce qui se passe dans le dedans du chasteau pour les prisonniers de la liberté, leurs valets et pour tous les domestiques qui servent la maîtresse d'hôtel et d'autres gens qui viennent, estant un grand abord de monde;

Depuis trois mois qu'il y a qu'on travaille aux reparacions, il ne faut pas quitter les ouvriers d'un moment, travaillant dans les tours où il y a des prisonniers au dessus et au dessous, à quoy il faut prendre bien garde où pas un de ces messieurs ne paraissoit;

Dans les saisons où il y tombe de la neige, il faut soigneusement la faire oster de dessus la terrasse et sur les planches du colidor, quoyque le travail ne soit pas approuvé: à tout cela messieurs les officiers de Monsieur le Gouverneur sont dispensés de ces soins, que quand bon leur semble, et approuvés de ce qu'ils font.

On apprendra par d'autres que par moy la conduitte que je tiens à mon obeissance pour le service du Roy.

Le revenu du dehors de la Bastille, en maisons, les herbes des fossés et un bateau pour passer le petit ruisseau, le tout se montant à plus de trois mille livres de revenu, naturellement dans touttes les places les dehors appartiennent au lieutenant du Roy, major et aide-major; s'il plaist à S. M. de faire une augmentation de ces deux officiers, major et aide-major, le revenu fera une partie des appointemens qu'elle voudra leur donner, qui luy servira de recompense, comme aussy pour les trois capitaines des portes.

Il y a encore à representer à Vostre Majesté qu'ayant un medecin et un apothicaire en charge à brevet pour le service de la Bastille, qu'il plaise à Vostre Majesté de faire la mesme chose pour le chirurgien, estant comme les autres sur l'estat de cent quatre vingt livres d'apointemens par an, en la mettant à charge à brevet, aux mesmes honneurs du medecin et de l'apothicaire; il s'y trouvera d'honnestes gens et fort habiles dans le mestier, qui seront bien aises d'en donner quatre à cinq mille livres, laquelle somme je prie Vostre Majesté de m'en faire le don, cette charge estant à present exercée par le valet de chambre de Monsieur de Besmaux sans aucun titre.

Dans toutes les rejouissances que l'on fait, qu'il faut faire tirer du canon, il faut que j'en prenne tous les soins, ces messieurs ne voulant pas s'en donner la peine; du moins, ils croient que je suis obligé de le faire, comme bien d'autres choses.

Par un prompt remède à tous ces abus, il est avantageux pour le service du Roy, et d'un grand bien pour le bon ordre qu'on doit tenir dans la Bastille, que Sa Majesté fasse une creation de deux officiers en charge de major et d'aide-major, faisant le choix de ces deux officiers dans les gardes du Roy, en prenant un brigadier et un sous-brigadier; et de plus, il est très necessaire de creer aussy trois capitaines de portes, par trois gardes du Roy, lesquels seront chargés de toutes les clefs du chasteau et du soin de tous les prisonniers par eux mesmes, en leur donnant sous eux trois bons et fidelles hommes, qui seront soldats, pour servir les prisonniers; lesquels trois capitaines de portes et les trois valets pourront trouver leur nourriture sur la depence et le fonds de tous les prisonniers.

(Bibl. de l'Arsenal, Cahier in-4° annexé au second volume du *Journal* de du Junca, n° 5134.)

## XI

*Bâtiments de l'hôtel du Gouverneur.*

(1716.)

*Mémoire pour le gouverneur du château de la Bastille à S. A. R. M$^{gr}$ le duc d'Orléans, régent du royaume.*

Le gouverneur du château de la Bastille remontre très humblement à V. A. R. que les gouverneurs, ses predecesseurs, ont toujours logé dans un corps de garde proche la porte de la première cour de la Bastille; que ce petit logement consistoit en une petite salle, une chambre dessus en galletas et un petit cabinet, et à l'autre bout de la cour il y avoit un petit logement de bois où couchoient leurs domestiques.

Le Roy ayant fait la grace au s$^r$ de Bernaville de luy donner le gouvernement, il logea pendant deux ou trois ans dans ces deux petittes maisons; mais voyant qu'elles menaçoient ruine, et qu'ils estoient tous en danger d'être ecrasés, il pria M$^r$ le Pelletier, lors directeur des fortifications, de les faire visiter; lequel ordonna à M. de Montagny, commissaire pour la direction des fortifications de la Bastille, et au sr Bullet, architecte du Roy, d'en faire la visite. Ils en dressèrent leur procès-verbal, lequel ayant été porté au feu Roy, S. M. ordonna de faire un bâtiment capable de loger le sr de Bernaville et ses domestiques. L'adjudication en fut faite au rabais à 8,600 livres, mais, s'etant rencontré des difficultés dans l'execution de cet ouvrage, qui en augmentoient la depense, les srs de Montagny et Bullet jugèrent à propos, ainsy qu'il est porté dans leur procès-verbal, que, sans avoir egard à ladite adjudication, on continueroit l'ouvrage suivant les ordres qu'ils en donnoient au sieur Loir, entrepreneur; ce qui a augmenté la depense des batiments jusqu'à 10,886 livres, sur quoy le sr Loir, entrepreneur, n'a reçu du tresorier des fortifications, suivant le certificat du sieur Guichon, que 4,000 livres; le surplus a été avancé par le sr de Bernaville audit Loir, dont il represente la quittance du 13 janvier 1714, sans quoy son batiment n'auroit point été achevé et n'auroit point trouvé à se loger, et pour recevoir les personnes de condition qui viennent voir leurs parents et amis detenus par ordre de S. M. dans le château de la Bastille, où il ne convient pas toujours que les etrangers entrent, à cause des prisonniers qui y sont et à qui on donne quelquefois la liberté de se promener dans la cour, ou de ceux même qui n'en ont aucune.

Je supplie V. A. R. d'ordonner son remboursement de la somme de 6,886 livres, en argent ou en billets d'État, dont il est en avance, n'étant pas juste qu'il fit à ses depens un logement pour ses successeurs.

(Arsenal, ms. 12,603.)

## XII

*Ordonnance du Roy pour la formation d'une compagnie de bas-officiers invalides destinée à servir à la garde du château de la Bastille.*

(31 décembre 1749.)

De par le Roy,

Sa Majesté ayant jugé à propos de faire licencier la compagnie franche qui servoit à la garde du château de la Bastille et voulant qu'elle soit remplacée par une compagnie de bas-officiers, tirée de son hôtel royal des Invalides, Elle a ordonné et ordonne ce qui suit :

#### ARTICLE PREMIER.

Il sera formé une compagnie de bas-officiers invalides pour servir, d'ores en avant, à la garde du château de la Bastille, et remplacer la compagnie franche qui y etoit employée; laquelle compagnie de bas-officiers sera composée d'un capitaine en premier, un capitaine en second, trois lieutenans, quatre sergens, quatre caporaux, quatre anspessades, soixante huit fusiliers et deux tambours, et payée à commencer du premier janvier prochain sur le pied, par jour : de trois livres dix sols au capitaine en premier, trois livres au capitaine en second, cinquante sols à celui des trois lieutenans qui sera chargé du détail et quarante sols à chacun des deux autres, quinze sols à chaque sergent, douze sols à chaque caporal, onze sols à chaque anspessade, et dix sols à chaque fusilier ou tambour, independemment du bois et de la lumière, qui seront fournis en nature, aux frais de Sa Majesté, dans les quantités fixées par les marchés qu'elle en fera passer.

#### ARTICLE 2.

Veut Sa Majesté que cette compagnie soit commandée en chef par le sieur Baisle, gouverneur du château de la Bastille, qu'elle soit directement sous ses ordres et qu'il ait sur elle toutte l'authorité qu'exige le service auquel elle est destinée.

ARTICLE 3.

Les officiers, sergens, hautes payes, fusiliers et tambours de ladite compagnie seront payés de leurs appointemens et soldes sur les revues qui en seront faites par le commissaire des guerres qui y sera preposé; lesquelles revues seront signées, tant par ledit commissaire que par le sieur Baisle, et dressées dans la forme et ainsy qu'il est prescrit par l'ordonnance de Sa Majesté, du premier juillet de cette année, portant règlement sur les revues de son infanterie.

Mande et ordonne Sa Majesté au sieur Baisle, gouverneur du château de la Bastille, commandant en chef de ladite compagnie, de tenir la main à l'execution de la presente ordonnance. Fait à Versailles, le trente un decembre mille sept cent quarante neuf. Signé :

LOUIS.

Et plus bas :　　M. P. DE VOYER D'ARGENSON.

(Bibl. de l'Arsenal, ms. 12,602.)

DE PAR LE ROY,

Sa Majesté ayant jugé à propos de former, par son ordonnance de ce jour, une compagnie de bas officiers tirée de son hotel Royal des Invalides pour la garde du château de la Bastille, et le bien de son service exigeant que le s<sup>r</sup> de Baisle, gouverneur dudit château, ait une autorité immediate sur cette compagnie, Elle a ordonné et ordonne, veut et entend que les officiers et bas-officiers dont elle sera composée luy seront directement subordonnés et luy obeiront en tout ce qui sera de son service pour la sûreté de la garde dudit château et tout ce qui aura raport à cet objet, à l'effet de quoi l'intention de S. M. est que ledit sieur Baisle prenne connaissance en detail des sujets qui la composeront, qu'il ayt attention à ce qu'ils se conforment exactement aux ordres qu'il leur donnera relativement à leur destination, et que, s'il s'y en trouve qui par leurs infirmités ne soient pas en etat de faire le service ou qui, par leur mauvaise conduite meritent d'estre renvoyés, il ayt à en informer aussitôt le secrétaire d'État ayant le departement de la guerre, afin qu'il soit pourvu à leur remplacement. MANDE ET ORDONNE S. M. à tous qu'il appartiendra de tenir la main à l'execution du present ordre. Fait à Versailles le trente un decembre 1749.

LOUIS.

VOYER D'ARGENSON.

(Bibl. de l'Arsenal, ibid.)

*Lettre du ministre de la guerre au gouverneur de la Bastille.*

Versailles, le 7 janvier 1750.

J'ay receu, Monsieur, la lettre que vous avés pris la peine de m'ecrire le 10 de ce mois. J'y vois que vous croiés inutile de faire un règlement, comme vous l'aviés d'abord pensé, pour la police de la compagnie du château de la Bastille. Je crois, en effet, que les ordonnances pour la garde des places et la police generale des troupes y ont sufisamment pourvu. S'il survient quelque cas particulier, vous demanderés des décisions.

L'intention du Roy est, ainsi que vous le demandés, qu'en vostre qualité de Gouverneur du château de la Bastille et de capitaine commandant de la compagnie qui y est attachée, vous aiés, sur les officiers et les bas-officiers qui la composent, une autorité immédiate, et qu'elle ne reçoive des ordres que de vous seul. J'expédieray à cet effet un ordre du Roy. S'il se trouve dans la compagnie des sujets qui, par leurs infirmités, ne soient pas en etat de faire le service ou qui par leur mauvaise conduite meritent d'être renvoyés, vous aurés agreable de m'en informer et je pourvoiray aussitôt au remplacement.

Il sera fait des revues de la compagnie par un commissaire des guerres, et les apointemens et la solde seront paiés sur ces revues. Cette règle, qui est generale pour toutes les troupes, n'est pas susceptible d'exception.

Je suis parfaitement, Monsieur, votre très humble et très obeissant serviteur.

VOYER D'ARGENSON.

(Bibl. de l'Arsenal, ms. 12,602.)

## XIII

*Questions d'administration intérieure. — Lettre du lieutenant de police au gouverneur de la Bastille.*

À Paris, le 4 avril 1750.

J'ay rendu compte à M. d'Argenson, Monsieur, de la lettre que vous m'avez fait l'honneur de m'escrire, le 24 mars dernier, et de l'etat qui y etoit joint, et voici ce que le ministre a décidé sur les quatre articles qui en faisoient l'objet :

1$^{er}$ article, concernant les frais que vous avés faits pour les corps de garde de la Bastille pendant les quatre mois qui ont precedé l'etablissement de la nouvelle compagnie dans les cazernes, montants à trois cent dix neuf livres, quatre sols. Cette somme vous sera remboursée, et vous la porterés en depense dans le 1$^{er}$ etat du mois de mars qui vient de finir.

2$^e$ article, concernant les porte-clefs. Le ministre les a fixés à cinquante sols par jour pour chacun des trois porte-clefs, savoir vingt cinq sols pour ses gages et vingt cinq sols pour sa nourriture, et vous ferés un etat sur ce pied de ce qui leur est dû jusqu'au present mois d'avril, dont vous porterés le montant en depense sur le 1$^{er}$ etat du mois de mars.

3$^e$ article, concernant la recompense à faire au sergent de l'ancienne compagnie, que vous aviés gardé un mois pour instruire les nouveaux gardes. Le Ministre luy passe ce qu'il avoit coutume de retirer pendant un mois de solde ou autrement, lors de l'ancienne compagnie, et en outre, 24$^{tt}$ de gratification, dont vous porterés également le montant sur votre premier etat du mois de mars.

Et à l'egard du 4$^e$ article, concernant le commissionnaire que vous employés pour messager et porter les lettres, le Ministre l'a rayé, tant pour le passé que pour l'avenir, jugeant que cette depense ne doit pas être sur le compte du Roy.

Je suis, avec respect.....

BERRYER.

(Bibl. de l'Arsenal, ms. 12,612.)

## XIV

*Mémoire pour le chirurgien-major de la Bastille.*

(1750.)

Ledit chirurgien ne doit jamais découcher de son logement, lequel logement doit être dans le château.

S'il a besoin de s'absenter dudit château dans le courant de la journée, il doit en avertir M. le gouverneur et les officiers, et laisser à l'officier de garde un billet qui indique l'endroit où on pourra le trouver en cas de pressant besoin.

Il doit avoir dans sa chambre ou dans sa pharmacie les remèdes qui sont les plus nécessaires pour des accidens imprévus.

Le chirurgien ne doit jamais entrer dans la chambre des prisonniers qu'il ne soit accompagné de quelques officiers dudit château, ou tout au moins d'un des porte-clefs, chacun de leur departement, soit pour incommoditez, ou pour raser lesdits prisonniers.

Il ne doit jamais s'entretenir avec les prisonniers que de leurs infirmitez, et le tout en bref, et leur donner les secours dont ils ont besoin.

Ledit chirurgien rendra compte tous les jours à M. le gouverneur et aux officiers du château des maladies desdits prisonniers, et en rendra aussy compte au medecin dudit château, ainsy que des remèdes qui leur conviennent.

Le chirurgien aura beaucoup de circonspection dans ses parolles lorsqu'il sera avec les prisonniers, les écouter et ne point leur répondre que sur ce qui est de son ministère.

Ledit chirurgien ne s'informera point de leurs noms, ni pourquoy ils sont détenus.

Ledit chirurgien ne s'entretiendra jamais des prisonniers avec qui que ce soit d'étranger, en aucune façon, ni même avec ses plus intimes amis.

Si les prisonniers donnoient quelques billets audit chirurgien, ou qu'ils en introduisissent dans sa poche, il les portera sur le champ à M. le gouverneur ou aux officiers; il fera bien, même, quand il sortira de leurs chambres, de regarder dans ses poches.

Lorsque le chirurgien rase ledit prisonnier, il doit estre en garde sur ses rasoirs, n'en avoir qu'un seul dehors, dont il se sert, et avoir la même attention pour le ferrement dont il pourroit se servir.

Ledit chirurgien doit avoir beaucoup de douceur, de politesse et d'honnêteté pour les prisonniers.

Il doit être bien sur ses gardes de ne point se laisser corrompre par les prisonniers ou gens de dehors pour leur favoriser du commerce, soit en dedans ou dehors : il s'ensuivroit de sévères punitions.

Il parlera très posément dans les escaliers des tours, ainsy que dans les chambres des prisonniers.

Ledit chirurgien ne doit point quitter de vue les prisonniers lorsqu'il est avec eux, et être toujours en garde.

Ledit chirurgien aura grande attention que les remèdes qu'il donnera aux prisonniers soient propres, ainsy que le linge à barbe et ce qui sert à raser le soit pareillement.

L'instruction qu'on vient de lire est suivie d'une lettre et de quelques commentaires dont voici le texte :

Monsieur,

J'ay l'honneur de vous envoyer la copie de l'instruction que vous avez trouvé à propos que

# PIÈCES JUSTIFICATIVES.

je fasse au nouveau chirurgien de la Bastille pour le bien du service et secret de la maison. Il m'en a demandé copie, ce que je n'ay pu luy refuser.

J'ay l'honneur d'estre avec beaucoup de respect, Monsieur, votre très humble et très obéissant serviteur : Signé Berryer.

De la Bastille, le 20 avril 1750.

Il faut que M. Le Cocq aprenne le nom des huict tours, et lorsqu'il rendra compte de la maladie d'un prisonnier, qu'il se serve du terme comme cy après, sçavoir :

La 1<sup>re</sup> de la Liberté a eu la fièvre toute la nuit.

La calotte Bazinière a craché le sang.

La 3<sup>e</sup> Comté a eu des tranchées, toute la nuit, d'un cours de ventre.

La 4<sup>e</sup> du Puits vient de prendre une médecine.

La 5<sup>e</sup> du Coin a une retention d'urine, et ainsy des autres. On en usera de même aux apartemens qu'aux tours, le tout comme par caractères.

Il y a eu des occasions que l'on a fait entrer des chirurgiens autres que celuy du château, pour de certaines maladies et incommoditez des prisonniers experimentez, soit pour le scorbut, retentions d'urines, tirer des dents, saignées difficiles, et autres.

Le medecin du château et le chirurgien doivent s'y trouver quand ces cas arrivent.

M. le gouverneur ne laisse point introduire ces personnes du dehors auprès desdits prisonniers, sans des ordres du Ministre ou du magistrat qui est en place.

(Bibl. de l'Arsenal, ms. 12,602.)

---

## XV

### *Description et mobilier de la Bastille.*

(Entre 1750 et 1780.)

Les archives de la Bastille conservées à la Bibliothèque de l'Arsenal contiennent, dans le dossier 12,604, un relevé descriptif dressé par le major Chevalier, entre 1750 et 1780, de l'état des tours de la Bastille et de la destination de chacune des chambres qu'elle renferme. Cet état, informe, car il ne sortait pas des mains du major, porte des abréviations que nous avons eu à deviner sans peine : entre autres, *m* signifiait meublé; *1 lit de d* : un lit de domestique; *1 lit de m* : un lit de maître, etc. Dans le texte ci-après, nous avons restitué tous ces signes de convention.

### Tour de la Liberté.

Un cachot, avec un lit de maître et un lit de domestique.

La 1<sup>re</sup> : une chambre à feu, avec un lit de maître.

La 2<sup>e</sup> : une chambre à feu, avec 2 lits de domestique.

La 3<sup>e</sup> : une chambre à feu, avec un lit de maître.

La 4<sup>e</sup> : une chambre à feu, avec un lit de maître.

La 5<sup>e</sup> : une chambre à feu et 2 lits de maître, et un lit de domestique.

La 6<sup>e</sup> : une chambre à feu, et 2 lits de domestique.

Calotte.

Total : 8.

### Tour de la Bertaudière.

Cachot : 1 lit de domestique.

1<sup>re</sup> : meublée.

2<sup>e</sup> : meublée.

3<sup>e</sup> : à feu; 1 lit de maître.

4<sup>e</sup> : à feu; 2 lits de domestique.

5<sup>e</sup> : meublée.

Calotte : 1 lit de domestique.

Total : 7.

### Tour de la Bazinière.

Cachot : 2 lits de domestique.
1$^{re}$ : à feu; 1 lit de domestique.
2$^e$ : meublée; 1 lit de maître; 2 lits de domestique.
3$^e$ : à feu; 1 lit de maître; 1 lit de domestique.
4$^e$ : à feu.
Calotte : à feu; 2 lits de domestique.
    Total : 6.

### Tour de la Comté.

Cachot.
1$^{re}$ : elle sert à mettre les imprimés saisis.
2$^e$ : 2 lits de domestique.
3$^e$ : à feu; 1 lit de maître; 1 lit de domestique.
4$^e$ : à feu; 1 lit de maître; 1 lit de domestique.
Calotte : 2 lits de domestique.
    Total : 6.

### Tour du Trésor.

1$^{re}$ : pour les archives.
2$^e$ : 2 lits de maître; à feu.
3$^e$ : à feu; 1 lit de maître.
    Total : 3.

### Tour de la Chapelle.

1$^{re}$ : magasin de meuble.
2$^e$ : 2 lits de maître; à feu.
3$^e$ : 1 lit de maître; 1 lit de domestique; à feu.
    Total : 3.

### Tour du Coin.

Cachot : 3 lits de domestique.
1$^{re}$ : à feu.
2$^e$ : 1 lit de maître; 1 lit de domestique; à feu.
3$^e$ : 1 lit de maître; 1 lit de domestique; à feu.
4$^e$ : 1 lit de maître; à feu.
1$^{er}$ entrepôt : meublé.
2$^e$ entrepôt : 1 lit de domestique.
Calotte.
    Total : 8.

### Tour du Puits.

Cachot : 2 lits de domestique.
1$^{re}$ : meublée.
2$^e$ : à feu; 2 lits de domestique.
3$^e$ : 1 lit de maître; 1 lit de domestique; à feu.
4$^e$ : 1 lit de maître; 1 lit de domestique; à feu.
Calotte : 1 lit de domestique.
    Total : 6.
    Total général : 47.

En outre, le corps de logis de la cour du château comprend : au rez de chaussée, la chambre du conseil et la cuisine.

Au 1$^{er}$ étage : deux chambres avec leurs cabinets.

Au 2$^e$ étage : le logement de M. le lieutenant du roy et celuy du major.

Le corps de logis tenant au corps de garde comporte :

Au 1$^{er}$ : le logis du chirurgien.

Au 2$^e$ : le logis des porte-clefs.

Le corps de logis, à gauche en entrant desus la cuisine : un petit corps de logis de 2 chambres, où logent les cuisiniers du château.

## TABLEAU DES PRISONNIERS.

Le 3ᵉ juin 1755.

### Comté.

1ʳᵉ : Dépôt des Archives.
2ᵉ : Cloche.
3ᵉ : Bellerives.
4ᵉ : Danry, Dallègre. [Ces deux noms ont été biffés.]

### Thrésor.

1ʳᵉ : Archives.
2ᵉ : Cormaille, Sᵗ Jean.
3ᵉ : Danry, Dallègre.

### Chapelle.

1ʳᵉ : Garde-meubles.
2ᵉ : La Salle.
3ᵉ : Dardivilliers. Un garde.

### Coin.

1ʳᵉ : Le Père Cazes, cordelier.
2ᵉ :
3ᵉ :
1ᵉʳ entrepôt.
4ᵉ : La Croix. Et un garde.
2ᵉ entrepôt.
Calotte.

### Bazinière.

1ʳᵉ :
2ᵉ :

3ᵉ : Sicard.
4ᵉ : Jamet.
Calotte.

### Bertodière.

1ʳᵉ :
2ᵉ :
3ᵉ : La Sauve. Et un garde.
4ᵉ :
5ᵉ :
Calotte.

### La Liberté.

1ʳᵉ : Girard.
2ᵉ : Vaillant.
3ᵉ : La Rochegerault.
4ᵉ : Brochette, Verd.
5ᵉ : Rocester, dit Chevalier.
6ᵉ :
Calotte : Bertin de Frateaux.

### Puys.

1ʳᵉ :
2ᵉ :
3ᵉ : La Vᵛᵉ Poirier.
4ᵉ : d'Estrées.
Calotte.

### Appartements.

1ᵉʳ :
2ᵉ :

Total des prisonniers : vingt deux, et trois gardes.

(Bibl. de l'Arsenal, ms. 12,573.)

---

## XVI

*Aménagements intérieurs à la Bastille.*

(Vers 1760.)

*Mémoire [du major].*

1. Une tringle et des rideaux pour les cabinets de la chapelle, avec un grillage dessus, de même qu'à la cage.

2. Ne point laisser entrer de livres reliez pour les prisonniers.

3. Un marche-pied pour fouiller dans l'armoire.

4. Au cas qu'il vienne tout de suitte beaucoup de prisonniers, comme à la fin de 1748, il est necessaire de sçavoir d'avance qui sont les prisonniers qu'on peut doubler et mettre ensemble.

5. Faire faire des robes de chambre aux prisonniers, au lieu d'habits.

6. Faire faire des jalousies aux fenêtres des tours de la Chapelle et du Thrésor.

7. Il y a beaucoup d'ordres du Roy qui ont été enlevés du château et portés dans le dépôt des Petits Pères de la place des Victoires; cela fait un grand vuide à mon ouvrage.

8. Il est extrêmement necessaire que les portes-clefs mange et fasse ordinaire dans la Bastille; il n'y en a pas un qui y mange, et cela les occasionne à sortir necessairement, ce qui ne devroit pas estre.

9. Des sommiers de crins ou de bourre, en guise de paillasse.

10. Faire garnir les petits chassis des escaliers.

11. A toutes les chambres des tours, des avant-grilles.

12. Une chaise à porteur pour mener les prisonniers à la chambre de l'Arsenal.

13. Un coffre bien ferré pour mettre les clefs du château.

14. Pour avoir des gardes pour les prisonniers, il faudroit faire entrer aux Invalides ceux qui nous servent en ce genre là. L'on seroit sûr de les avoir en tout temps, en observant de ne les point detacher de l'hôtel.

15. Tenir un registre où il y auroit un compte-rendu exact de toutes les personnes qui fournissent et qui travaillent à l'entretien du château, comme charpentier, couvreur, masson, serrurier, vitrier, plombier, paveur et autres.

*Demandes.*

Je suppose qu'un prisonnier, en entrant à la Bastille, ne veuille point signer son entrée, quel party prendre?

Idem pour une liberté?

17. Je demande qu'il soit deffendu de crier dans les cours sous peine d'amende.

18. Il est necessaire de faire la visitte souvent des chambres; l'on ne sauroit y apporter trop de soin.

19. Il est necessaire de sçavoir si une personne venant voir un prisonnier, on le surprend d'avoir pris lettre ou papier du prisonnier furtivement, si on le doit garder ou le laisser aller en liberté avant de vous en informer.

(Bibl. de l'Arsenal, ms. 12,602. Pièce en très mauvais état; elle est coupée en deux morceaux dans le sens de la largeur. Écriture de Chevalier.)

## XVII

*Reconstruction des bâtiments du Conseil.*

(1761.)

Lettre de Saint-Florentin, ministre de la maison du roi, à de Sartine, lieutenant général de police (3 mars 1761) :

Je joins ici une lettre de M. Dabadie, gouverneur de la Bastille, qui réitère ses représentations sur le mauvais état du bâtiment qui forme le logement de l'état-major et de la salle du conseil. Vous voudrez bien faire constater et même dresser un procès-verbal de ce bâtiment, affin que je puisse ensuite proposer au Roy de donner des ordres, soit pour le faire reconstruire, ou du moins reparer, de manière qu'on n'y coure aucun risque.

Je suis, etc.

(Arch. nat., O$^1$ 403, f° 118 v°.)

*Extrait des registres du Conseil d'État :*

(1761.)

Le Roy s'étant fait representer en son Conseil l'arrest rendu en icelui, le quinze mars dernier, par lequel Sa Majesté a ordonné que le bâtiment interieur de son château de la Bastille à Paris, servant au logement des officiers de l'état-major dudit château, à la salle du Conseil, aux cuisines des prisonniers et à quelques autres logements particuliers, seroit demoli et qu'il en seroit reconstruit par economie un nouveau, suivant le plan annexé audit arrest, par le s$^r$ Lefèvre, maistre maçon, sous les ordres du s$^r$ lieutenant general de police et l'inspection du s$^r$ Defféran, ingenieur du château, et étant necessaire de pourvoir au payement de la depense que cette demolition et la reedification exigeront, ouï le rapport du s$^r$ Bertin, conseiller ordinaire du Conseil royal, contrôleur general des finances, Sa Majesté, étant en son Conseil, a ordonné et ordonne que la depense à laquelle pourra monter la demolition et la reedification du bâtiment interieur dudit château de la Bastille sera prise sur l'imposition du doublement de la capitation des communautés d'arts et metiers de la ville de Paris, et qu'elle sera paiée au s$^r$ Lefèvre, sur les ordonnances du s$^r$ lieutenant general de police, par le receveur du doublement de capitation, auquel il en sera tenu compte sur la recette, en rapportant les memoires arrêtés par le s$^r$ Defféran, ingenieur du château de la Bastille, visés du s$^r$ lieutenant general de police, et les ordonnances dudit s$^r$ lieutenant general de police, quittancées de l'entrepreneur.

Fait au Conseil d'Etat du Roy, Sa Majesté y étant, tenu à Marly, le dix huitième jour de juin mil sept cent soixante un. Signé : Phelyppeaux.

(Copie, à la Bibl. de l'Arsenal, ms. 12,603.)

## XVIII

*Consigne du corps de garde de l'avancé au gouvernement.*

(1761.)

1° Lorsque le Saint Sacrement ou le Saint Viatique passera ou viendra au château, l'officier fera prendre les armes à ses troupes, genou en terre; les bas-officiers presentant les armes, la bayonnette au bout du fusil, le chapeau sur la garde de l'épée, et le tambour battra aux champs.

2° L'officier de garde fera prendre les armes à sa troupe pour le Roy, M. le Dauphin, les princes du sang, princes legitimés, maréchaux de France et les ministres secrétaires de l'Etat en places, et le tambour battre aux champs.

3° L'officier de garde et les bas-officiers du poste se mettront en haye toutes les fois que M. le gouverneur et M. le lieutenant du Roy sortiront ou rentreront au château.

4° Lorsque M. le lieutenant-general de police arrive au château pendant le jour, la garde se met en haye; de même quand il sort, et l'officier de garde fait avertir sur le champ M. le gouverneur.

5° La sentinelle du petit pont ne laissera entrer personne sans luy avoir demandé son nom, et à qui il veut parler. Sy ceux qu'on demande ne sont point dans le château, elle ne laissera point entrer. S'ils y sont, elle les fera entrer et les retiendra auprès du corps de garde jusqu'à ce que ceux que l'on demandera ayent esté avertis et soient arrivés.

6° Cette sentinelle ne doit pas manquer de mettre ou de faire mettre à tous ceux qui sortiront leurs chevilles dans le tableau, et surtout de ne point laisser [sortir] les quatre porte-clefs à la fois, sous quelque prétexte que ce puisse être, tellement qu'il en reste toujours deux au château.

7° Si on demande des porte-clefs, il faut observer qu'on ne parle ni à la garde ni à aucuns domestiques, et seulement ausdits porte-clefs.

8° L'officier de garde aura attention de faire conduire de porte en porte toutes les personnes qui apporteront des vivres et autres choses, de même que les divers ouvriers qui viendront travailler dans l'interieur ou exterieur du château, et les fera reconduire egalement, quand ils sortiront, par un bas-officier, lequel veillera sur ces mesmes personnes ou ouvriers, de même que si c'etoit un prisonnier qui fût confié à sa garde, étant à la promenade, pour qu'ils ne puissent avoir aucunes intelligences dans l'interieur ni de l'exterieur dans l'interieur, soit par signaux ou de vive voix, ou en aucune manière que ce puisse être; il rendra compte des contrevenans, s'il s'en rencontre, et les mettra au corps de garde du château, en attendant que M. le gouverneur en ordonne ce que bon luy semblera.

9° Les sentinelles sur le chemin de ronde ne doivent point s'arrêter, ny parler, ny repondre à qui que ce soit, et doivent continuellement [être] attentifs à ce qui se passe dans les tours ou aux environs, comme bruits, signaux, porte-voix, soit du dehors ou du dedans; jetter des billets dans les fossés et autres choses de remarques, comme de frapper sur les barreaux des fenestres; ils en avertiront sur l'autre de ces cas seroient arrivés (*sic*).

10° La sentinelle qui a sa gueritte vis à vis la tour du Coin [1] et qui reste pendant les vingt quatre heures se promènera pendant sa faction, depuis cinq heures du matin jusques à neuf heures du soir, tout à l'entour du chemin de ronde sans s'arrêter, étant chargée du soin de toutes les tours pendant tout ce temps là, et depuis neuf heures du soir jusques à cinq heures

---

[1] Dans l'interrogatoire auquel furent soumis les factionnaires de service pendant l'évasion de Danry, on voit une légère modification : la sentinelle devait aller sur la droite, depuis sa gueritte jusqu'au cul-de-lampe de la porte Saint-Antoine, et sur la gauche, jusqu'à l'entrée du chemin des rondes qui tient au grand pont. Cf. les documents déjà cités qu'a publiés M. A. Longnon.

du matin, sa promenade sera fixée depuis l'ancienne porte qui est au Nord et masquée, jusques à la pille de l'arche de l'ancien pont qui est vis à vis la porte du jardin du bastion.

11° La sentinelle de grand poste qui a sa gueritte à droite sur le chemin des rondes, vis à vis la tour Comté, se promènera depuis la pile de l'arche de l'ancien pont qui est vis à vis la porte du jardin, jusqu'auprest du corps de garde de nuit qui est sur le grand pont.

12° La sentinelle de grand poste qui a sa gueritte au dessus du cul-de-lampe vis à vis l'antienne porte masquée de la rue Saint Antoine où est notre chapelle, poussera sa promenade jusques par derrière le château, vis à vis l'ancienne porte masquée qui regarde le Nord.

13° La sentinelle qui est de garde sur le chemin des rondes pendant la nuit, vis à vis la tour Bazinières, ne doit se promener que jusques au cul-de-lampe qui est vis à vis de l'ancienne porte masquée de la rue Saint Antoine; c'est luy qui sonne, depuis dix heures du soir jusques à six heures du matin, toutes les heures, quarts, demies et trois quarts, et averty quand l'on sonne la sonnette des ordres du Roy, et qui va rendre compte au corps de garde.

14° L'officier de garde va chercher les clefs chez M. le gouverneur, fait baisser le petit pont de l'avancé, fait poser quatre fusiliers, la bayonnette au bout du fusil, pendant l'ouverture de la porte, fait entrer le prisonnier dans la salle du gouvernement, et fait relever le petit pont, pendant que l'exempt qui est chargé dudit prisonnier va parler à M. le gouverneur; et lorsque le prisonnier est entré dans l'interieur des tours, alors il fait baisser le petit pont pour que l'exempt sorte; après quoi il le fait lever et fermer, et raporte les clefs à M. le gouverneur; ensuitte, il se retire avec toute sa garde au poste de nuit.

15° L'officier de garde, dans le moment qu'il est instruit que c'est un ordre du Roy, pendant le temps même qu'il baisse son pont pour faire entrer le prisonnier, fait sonner au corps de garde de l'interieur du château pour avertir les officiers de l'état major et les porte-clefs de l'arrivée des ordres du Roy.

16° A l'arrivez des ordres du Roy pendant le jour, on doit observer les mêmes choses que pendant la nuit, à la reserve que l'on ne doit point mettre de fusiliers à moins que l'on baisse le grand pont de l'avancée; s'il arrive que M. le gouverneur soit à table, on fait passer le prisonnier tout de suitte dans l'interieur du château.

17° La porte du jardin du bastion et celle de celuy de l'Arsenal doivent être toujours fermées; les clefs, pendant la nuit, chez M. le gouverneur; l'officier de garde en est chargé pendant le jour, et celuy de la porte de l'Arsenal, lorsqu'on conduit des prisonniers à la chambre, ne doit jamais ouvrir sans plusieurs fusilliers, la bayonnette au bout du fusil, qui servent à la conduite dudit prisonnier.

18° Deffences à qui que ce soit de descendre dans les fossés interieurs et exterieurs sans la permission de M. le gouverneur, et, en son absence, de celuy qui commandent; les portes doivent être toujours fermées, et les clefs doivent être portées chez M. le gouverneur pendant la nuit. Le jour, l'officier en répond.

19° L'officier de garde, outre ces deux rondes marqués, en fera quelques autres pendant le jour, et la nuit surtout à la pointe du jour, et, à l'ouverture des portes, il yra jusqu'au delà de la porte Saint Antoine pour voir s'il n'y a rien d'attachés aux grilles des fenestres, et en rendra compte à M. le gouverneur et officiers de l'état major.

20° Les deux portes du chemin des rondes doivent être toujours fermées, nuit et jour; les clefs reste au pouvoir de l'officier de garde.

21° On ne doit laisser entrer aucunes personnes etranger au jardin.

22° On ne doit point laisser approcher des etrangers prest de la porte ou barrière qui conduit au château.

23° Lorsque le caporal de garde ou bas-officier iront au jardin ou sur les tours pour y accompagner un prisonnier, il leur ait expressement defendu d'avoir aucun entretien avec luy; leur mission et consigne sont de prendre bien garde à ses actions, et qu'il ne fasse aucun signal au dehors, et faire rentrer le prisonnier à l'heure qui leur sera indiquée et consignée, de le ramener et de le remettre entre les mains d'un officier de l'etat major, et à son defaut entre celles du porte-clefs.

(Bibl. nat., mss. français., nouv. acquisitions, 3241, f⁰ˢ 8ᵉ-9, papiers provenant de Palloy. — Cette pièce se trouve également imprimée sous forme d'affiche. Le nom de l'imprimeur est devenu illisible, mais on distingue encore la date 1761 sur l'exemplaire de la Bibl. de l'Arsenal.)

## XIX

*Consigne de devant les cazernes.*

(1761.)

La sentinelle du quartier aura grande attention à ce que qui que ce soit ne s'arrête dans l'avant-cour de la Bastille qui est son poste, pour regarder aux fenêtres des tours ou y faire des signaux, et ne laissera approcher aucun curieux des barrières du pont levis; et lorsqu'il arrivera des prisonniers dans le jour, il se portera à la porte de l'Arsenal pour empêcher de ne laisser passer personne, et il aidera aux deux bas-officiers qui sont à la grille, à fermer ladite porte, laquelle n'ouvrira que quand il sera ordonné.

De l'imprimerie de Lambert, rue et à côté de la Comédie Française. Année 1761.

Cet ordre imprimé était placé près de la guérite des invalides au magasin d'armes. Lors de la prise, Palloy s'en empara pour l'emporter chez lui. Il raconte qu'à ce moment «un coup de bal vint frapper mon chapeau, le perça et vint mourir sur ce carton à la place marquée par un A».

(Musée Carnavalet. Original.)

## XX

*Consigne du corps de garde de la grille, rue Saint-Antoine.*

(Vers 1761?)

1° L'officier de la grisle est pour faire observer tout ce qui se passe aux environs de son poste; de tems en tems, il regardera sur la place de la Bastille s'il n'y a pas quelques personnes qui s'y arrestent, avec grande attention à regarder aux fenêtres des tours et s'ils ne font pas des signaults, leur envoyer dire avec politesse et douceur de passer leur chemin, en leur faisant entendre qu'il seroit obligé d'en avertir le corps de garde du chasteau s'ils persistoient à vouloir y rester.

2° L'on doit fermer la grisle à dix ou unze heures du soir au plus tard; prealablement, faire une visite dans la cour et faire retirer tous les estrangers.

3° La porte de bois du costé de l'Arsenal doit estre fermée à la mesme heure; c'est le mesme officier de la grille qui doit en avoir soin et qui a la clef.

4° L'officier doit avoir grande attention s'il arrive des ordres du Roy dans le courant de la nuit; il ouvre la grisle et la referme après; puis, il vient avec le carrosse, comme il a la clef de l'endroit par où il sonne une cloche pour avertir l'officier de garde, et la sentinel des rondes luy répond : *On y va;* il attend que le carosse s'en retourne, luy ouvre la grisle et la referme après.

5° S'il arrive des ordres du Roy dans le jour, l'officier fera fermer la grisle, ainsy que la porte de bois du costé de l'Arsenal, et fait retirer le monde qui voudroit s'approcher du carosse; il fera aussy retirer le monde des boutiques de la cour, en cas qu'ils veuillent s'aprocher.

6° La grisle sera ouverte, ainsy que la porte de bois de l'Arsenal, en esté à cinq heures du matin, et à six heures en hiver.

7° L'officier de ce poste aura attention de faire avertir les loccataires de la petite cour de balayer le devant de leurs portes.

8° L'officier fera poser ses sentinels à la grisle lorsque la nuit commencera à tomber, jusqu'à la fermeture.

9° L'officier de la grisle aura attention de laisser entrer et sortir M. de Villegenoux et le sieur Berlot, officier du guet à cheval, touttes les fois qu'ils se presenteront à laditte grisle.

On ouvre à M. de Villegenoux parce qu'ayant son logement au magasin des armes, il n'y a point d'autre entrée que par la grisle. A l'egard de Berlot, officier du guet à cheval, l'ouverture qu'on lui fait de la grille, messieurs les gouverneurs l'ont ordonné parce qu'il est leur locataire dans la petite cour [1].

(Bibl. de l'Arsenal, ms. 12,602.)

*«Suplément de la consigne du poste de la grille», probablement après l'évasion de Latude. —*
*De l'écriture de Chevalier.*

Il est ordonné aux bas-officiers de ce poste de faire tous les jours une ronde en dehors du château, passant par la porte Saint-Antoine, et poussant jusques vis à vis le jardin de l'Arsenal, en examinant et regardant bien attentivement s'il n'y a rien d'attaché aux grilles des fenestres des tours, soit papiers, mouchoirs ou autres signaux pendant à la fenestre des prisonniers. La première de ces rondes se fera à la pointe du jour, et la seconde une heure après.

Il leur est ordonné pareillement de bien regarder dans le fossé, pour voir s'il n'y auroit personne qui y seroit tombé malheureusement, pour leur faire porter du secours, de mesme que si c'étoit quelqu'un que l'on y auroit jetés exprès, etant assassinés; dans l'un de tous les cas cydessus, s'il en arrive, ils en rendront compte, à l'ouverture des portes du château, à l'officier de garde et au major.

---

[1] Ce paragraphe explicatif a été ajouté après coup et par une autre main, sans doute à cause de la réflexion : «pourquoy cela?» qui avait été écrite en marge du précédent article, nous ne savons par qui.

S'ils se rencontroient quelqu'un de ces cas graves, ils n'attendroient pas l'ouverture des portes; sur le champ, ils en avertiroient l'officier de garde par la sonnette des ordres du Roy.

(Bibl. de l'Arsenal, ms. 12,602)

## XXI

*Consigne de l'avancé* [1].

1° La sentinelle ne laissera entrer personne sans luy avoir demandé son nom et à qui il veut parler. Si ceux qu'on luy demandera ne sont point dans le château, elle ne laissera point entrer; si ils sont dans le château, elle laissera entrer les personnes qui se presenteront, et les retiendra auprès du corps de garde jusques à ce que ceux que l'on demandera ayent esté avertis et soyent arrivés.

2° Si on demande des porte-clefs, il faut observer qu'on ne parle ny à la garde ny à aucuns domestiques, et seulement auxdits porte-clefs.

3° Il y aura à la porte du gouverneur, près du sentinelle, une boette en forme de tronc, dans laquelle l'officier de garde mettra un billet, du nom de la personne et sa qualité, qui sera venu pour voir et demander quelqu'un, et cette boëtte sera portée chez M. le gouverneur et ouverte par le major au moment de donner l'ordre.

4° L'officier de garde aura attention de faire conduire de poste en poste tous ceux qui apporteront des vivres et autres choses, et les divers ouvriers qui travailleront dans l'interieur du château, et les fera reconduire egalement quand ils sortiront.

5° La sentinelle ne doit pas manquer de faire mettre à tous ceux qui sortiront leurs chevilles dans le tableau, et surtout de ne point laisser sortir les quatre porte-clefs tous à la fois, sous quelque prétexte que ce puisse estre, tellement qu'il en reste toujours deux au château.

6° Les sentinelles sur le chemin des rondes ne doivent point s'arrêter ny parler à qui que ce soit; ils doivent estre continuellement attentifs à ce qui se passe dans les tours, comme signaux, bruits, porte-voix, soit du dehors ou dedans, jetter des billets dans les fossés, feu et autres choses de remarques, comme de frapper, ou cier les barreaux des fenestres, et d'en avertir sur le champ l'officier de garde, en luy nommant la tour où l'un ou l'autre de ces cas seroient arrivés.

7° La sentinelle qui est à gauche sur le chemin des rondes pendant la nuit ne doit aller que jusqu'au premier cul de lampe [2]; c'est elle qui sonne, à chaque quart d'heure, les heures de la nuit, et avertit quand l'on sonne la sonnette pour l'arrivée des ordres du Roy, et qui va en rendre compte au corps de garde.

8° L'officier de garde va chercher les clefs chez le gouverneur, fait besser le petit pont de l'avancé, fait poser 4 fusilliers, la bayonnette au bout du fusil, pendant l'ouverture de la porte, fait entrer toutte sa troupe dans le corps de garde de jour, près du petit pont, pendant que le prisonnier passe pour entrer dans la salle du gouvernement et que l'exempt va parler au gouverneur; la troupe ne doit sortir du corps de garde que quand le prisonnier est entré dans

---

[1] Cette consigne est assez semblable à celle qu'on a lue plus haut, sous le n° XVIII; nous la transcrivons néanmoins, en raison de quelques variantes qui montrent les modifications apportées par la politique aux règlements.

[2] Vis-à-vis l'ancienne porte, vers la rue S¹-Antoine.

l'interieur des tours [1], et le prisonnier ne doit voir ny parler à personne; quand l'exempt est sorti, on relève le pont, et la garde s'en retourne à son poste de nuit, au grand pont de pierre, si la nuit dure encore.

(*En marge*) : Nota. Après que l'exempt est entré et que le prisonnier est dans la salle du gouvernement, il est necessaire de faire lever le petit pont, et quand l'exempt aura fini son raport au gouverneur, et que le prisonnier est passé dans l'interieur, alors l'on peut faire sortir ledit exempt en baissant le pont, et le relever tout de suite. Cette petite apostille n'est que pour la nuit.

9° L'officier de garde doit envoyer sonner au corps de garde de l'interieur du château pour avertir les officiers-majors et les porte-clefs de l'arrivée des ordres du Roy.

10° La porte du jardin du bastion et celle de celuy de l'Arsenal doivent estre toujours fermées, et les clefs portées pendant la nuit chez le gouverneur. L'officier de garde en est chargé pendant le jour, et la porte de celuy de l'Arsenal ne doit jamais estre ouverte ny fermée sans deux fusilliers, la bayonnette au bout du fusil.

11° Deffences à qui que ce soit de descendre dans les fossés du château sans la permission du gouverneur, ou, en son absence, de celuy qui commande; la porte en doit estre toujours très exactement fermée, ainsy que celle de l'escalier qui descend dans le grand fossé, et les clefs doivent estre portées chez le gouverneur pendant la nuit.

12° L'officier de garde, après l'ouverture des portes, ira faire sa ronde jusqu'au delà de la porte Saint-Antoine pour en rendre compte au gouverneur et aux officiers de l'état-major, ainsy que de ce qui s'est passé pendant la nuit.

13° A l'arrivée des ordres du Roy pendant le jour, on doit observer les mêmes choses que pendant la nuit, à la reserve que l'on ne pose point de fusilliers, à moins que par extraordinaire l'on ne baisse le grand pont de l'avancé. S'il arrive que le gouverneur soit à table, on fait passer le prisonnier tout de suitte dans l'interieur du château.

14° Lorsque M. le lieutenant general de police arrive de jour, les gardes se mettent en hayes. *Idem*, quand il sort.

15° L'officier de garde fera avertir l'état-major, quand le gouverneur sortira. *Idem*, quand il rentrera.

16° Il est deffendu de laisser passer aucuns porte-clefs ny domestiques avec de la vaisselle d'argent ou d'etain, ny aucunes batteries de cuisine.

A cette pièce est annexée la note suivante :

Les sentinelles de la porte du petit pont ne laisseront entrer dans le gouvernement aucunes personnes etrangers, ny de jour ny de nuit, sans les avoir fait parler à quelque domestique de la maison; et s'il n'y avoit point de domestique ny de maître dans la maison, il est ordonné auxdittes sentinelles d'appeler quelqu'un du corps de garde pour sçavoir desdittes personnes etrangères quel est le sujet qui les ameine, et ecrire leurs noms sur la feuille qui sera mise à cet effet dans le corps de garde, ce dont le caporal, ou celuy qui en fera les fonctions, répondra.

(Bibl. de l'Arsenal, ms. 12,602.)

---

[1] C'est-à-dire du château. Cette locution est fréquente.

## XXII

*Règlement de la Bastille.*

#### A M. LE COMTE DE JUMILHAC.

Versailles, le 22 septembre 1764.

Je joins icy, Monsieur, le règlement concernant le service du château de la Bastille, mais avant de le rendre public, je vous prie d'examiner encore si vous ne remarquerés rien à y ajouter et à y retrancher.

Vous connoissés les sentiments avec lesquels je suis plus parfaittement que personne du monde votre très humble et très obeissant serviteur.

SAINT FLORENTIN.

DE PAR LE ROY,

Sa Majesté voulant, pour le bien de son service, etablir une regle concernant differens usages et voulant remedier aux inconveniens qui resultent de toutes variétés arbitraires, elle a ordonné et ordonne ce qui suit :

#### ARTICLE PREMIER.

Le Gouverneur qui commandera, ou tout autre officier, ne reconnaîtront que les ordres de Sa Majesté et ceux qui leur seront donnés par les Secrétaires d'Etat.

#### ART. 2.

L'ordre etabli pour le service interieur et exterieur de la place ne pourra être changé que par ordre du Gouverneur; et en son absence, soit par congé ou autrement, rien ne pourra y être augmenté ni diminué que par les ordres du secrétaire d'Etat ayant le departement de Paris.

#### ART. 3.

Le Gouverneur ne pourra decoucher sans permission du secretaire d'Etat ayant le departement de Paris, de même que les autres officiers de l'etat major, et, en cas de maladie du lieutenant de Roy et du major, qui sont obligés de coucher dans l'intérieur, le Gouverneur instruira le ministre, si l'on etoit forcé de les transporter hors de l'interieur.

#### ART. 4.

Aucun officier de l'Etat major ne pourra sortir hors de la ville, pour aller à la campagne ou ailleurs, sans en prevenir le Gouverneur.

#### ART. 5.

Veut Sa Majesté que tous les officiers de l'etat major dudit château fassent, tous les jours au moins, une ronde et que, pendant le jour, il reste toujours audit château deux desdits officiers, et dans le cas où il y en auroit quelqu'un malade, il y en restera au moins un.

ART. 6.

Le Roy ayant reçu le serment du Gouverneur de la Bastille, l'intention de Sa Majesté est qu'il reçoive à l'avenir ceux des lieutenants de Roy, majors et autres officiers dudit château, duquel serment sera fait mention sur les provisions, brevets ou commissions qui leur seront expédiés.

ART. 7.

Sa Majesté veut et entend qu'en l'absence du gouverneur, soit par congé ou autrement, l'officier qui se trouvera commander audit château ne laisse voir ny parler à aucun des prisonniers, par qui que ce soit du dehors, sans être porteur des ordres de S. M. ou d'un des secrétaires d'Etat; l'intention de S. M. est que les visittes se fassent dans la salle du Conseil dudit château, et non dans les chambres de l'etat major, à moins que ladite salle du Conseil ne fût occupée par quelque travail, et que lesdites visittes se fassent, autant qu'il sera possible, en presence de deux officiers.

ART. 8.

Tous les officiers de l'etat major iront, plusieurs fois par semaine, voir les prisonniers dans leurs chambres, et en rendront compte tous les jours au gouverneur, excepté ceux qu'il defendra de voir, ce qui s'observera en son absence comme présent audit château. Mande et ordonne S. M. au gouverneur dudit château de tenir la main à la presente ordonnance et à tous officiers de s'y conformer sans pouvoir y contrevenir, chacun à son egard, en quelque manière que ce soit, derogeant S. M., pour le château de la Bastille seulement, à toutes ordonnances à ce contraires. Fait à Versailles le vingt septembre 1764.

Et plus bas :  

Louis.

Phelipeaux.

(Bibl. de l'Arsenal. ms. 12.602.)

XXIII

*Consigne du château.*

(1764.)

Le commandant du poste ne laissera entrer l'épée au costé que [le Roy, M. le dauphin, les princes du sang et legitimés, les ministres secretaires d'Etat] [1] MM. les maréchaux de France, les capitaines des gardes du corps, les ducs, l'etat major, l'officier d'artillerie, l'ingenieur et les gardes des archives.

On aura soin de faire entrer sans retard M. le commissaire Rochebrune, touttes les fois qu'il se presentera.

Les bas-officiers doivent s'appliquer à connoître la figure et le nom de tous les domestiques et autres personnes qui entrent et sortent journellement dans le château.

Ils doivent aussy sçavoir le nom des tours pour pouvoir, quand ils sont en faction, dire positivement dans laquelle ils auront remarqué quelque chose de nouveau.

[1] Les mots entre crochets ont été ajoutés, dans l'original, au-dessus de la ligne; ils sont d'une écriture différente.

La sentinelle de la porte de la cage, du costé du corps de garde, ouvre et ferme la porte; il ne doit laisser entrer ni sortir personne qu'il ne connoisse; il arrêtera tous ceux qu'il ne connoîtra pas. Celuy de la porte de la cage, du costé de dedans, doit en user de mesme; il sonnera l'heure à tous les quarts; il sonnera pour la messe, et après avoir sonné la messe, il se retirera au corps de garde, en fermera la fenestre et attendra qu'on l'avertisse pour aller en faction à la porte du cabinet de la chapelle, où il demeurera jusqu'à ce que la messe soit finie.

Après la messe, il entrera dans le corps de garde jusques à ce qu'on avertisse pour aller en faction à la porte du dedans de laditte cage.

Il ne doit pas perdre de vue les prisonniers qui se promèneront dans la cour; il faut qu'il ait une attention continuelle à remarquer s'ils jettent ou laissent tomber papiers, billets, pacquets ou autres choses quelconques; il empêchera qu'ils n'écrivent sur des murailles, et rendra compte de tout ce qu'il aura remarqué pendant le temps de sa faction.

Il est très expressement deffendu aux sentinelles et à tout autre, quel qu'il puisse estre, excepté les officiers de l'état major et les porte-clefs, d'adresser la parolle ny mesme de repondre aux prisonniers, sous quelque prétexte que ce soit.

Le corps de garde fournira quatre fusilliers pour poser au bas des escaliers lorsqu'on servira les prisonniers à diné, à 11 heures du matin, et à soupé, à 6 heures du soir.

Les sentinelles, lorsque la nuit sera fermée, crieront : Qui va là ? à tous ceux qui se presenteront, et ne laisseront passer personne sans l'avoir bien reconnu.

Avant de faire lever les ponts pour la fermeture des portes, l'officier de garde fera avertir dans le gouvernement tous ceux qui doivent coucher dans l'intérieur. Les ponts levés, il remettra les clefs au lieutenant de Roy luy même et reviendra chercher les clefs à l'arrivée des ordres du Roy ou à l'ouverture des portes.

A l'arrivée des prisonniers, soit de jour ou de nuit, l'officier fera rentrer toute sa troupe dans le corps de garde, et aura attention qu'il ne soit vu ny ne parle à personne.

L'ouverture des portes se fera, le matin à cinq heures en esté, et à six heures en hyver.

La sentinelle de la cage sonnera l'heure à tous les quarts d'heures, jours et nuits.

Lorsqu'il y aura des ouvriers qui travailleront dans l'intérieur, il faut toujours une sentinelle à demeure auprès desdits ouvriers, et quelquefois plusieurs, quand le cas l'exigera.

Il est expressement defendu aux caporal et bas officiers commandés pour les promenades, de parler aux prisonniers, sous quelque pretexte que ce puisse'estre, et de ne jamais les perdre de vue ny de s'en eloigner. Le prisonnier sera remis au caporal de garde par un officier de l'etat major ou par un porte-clefs, et après la promenade finie, le caporal le remettra de même audit officier de l'etat major ou à un porte-clefs [1].

Lorsque le caporal de garde sera commandé pour aller au jardin ou sur les tours pour y accompagner un prisonnier, il luy est deffendu très expressement de n'avoir aucuns entretiens avec luy; il est seulement pour prendre garde à ses actions, et qu'il ne fasse aucun signal au dehors, et faire rentrer le prisonnier à l'heure qui luy est consignée, et le ramener à un officier de l'etat major ou entre les mains d'un porte-clefs.

Lorsqu'il arrive des ordres du Roy pour mettre un ou plusieurs prisonniers en liberté, la sentinelle de la cage ne le laissera point sortir, absolument sous quelque pretexte que ce puisse être, que ce soit un officier de l'etat major qui le fasse passer. Il en sera usé de même pour les prisonniers, quels qu'ils soient, qui auront la liberté du jardin.

(Bibl. de l'Arsenal, ms. 12,602.)

[1] Cet article, qui fait en partie double emploi avec le suivant, a été barré dans le texte. Le document comporte en effet plusieurs ratures prouvant que ce n'est qu'un brouillon.

## XXIV

*Consigne du service pour les porte-clefs.*

(Vers 1764.)

1° Monsieur le Gouverneur recommande auxdits porte-clefs un secret inviolable sur les devoirs qu'ils remplissent auprès des prisonniers.

2° Ils ne doivent jamais parler des prisonniers qu'aux officiers du château.

3° Se tenir sur leur garde de n'en jamais parler dans la ville, ny de tout ce qui se passe dans l'intérieur de la Bastille.

4° Si quelques prisonniers leurs demandoient quelques plaisirs pour le dehors dudit château, en avertir sur le champ les officiers.

5° Si quelques personnes du dehors leur demandoient aussi à rendre quelques services aux prisonniers, en avertir sur le champ les officiers.

6° Lesdits porte-clefs doivent faire de sérieuses reflections sur ces deux articles cy dessus; en cas qu'ils y contreviennent en se laissant suborner, la punition qu'il leurs en arriveroient seroit des plus sévère; qu'ils y fassent attention.

7° Le premier devoir desdits porte-clefs, lorsqu'ils sont levés, le matin, est d'aller, chacun dans leurs departements, voir leurs prisonniers, savoir comment ils ont passé la nuit; s'il s'en trouve de malades, ils en avertiront les officiers du château, afin qu'ils y envoyent le chirurgien-major, qui leur en rendra compte.

8° Les porte-clefs doivent avoir beaucoup de douceur et de politesse pour les prisoniers.

9° Lesdits porte-clefs ne doivent point avoir aucun entretien ny de conversation avec les prisoniers, seulement de la pluye et du beau tems, à la reserve de les ecouter pour leurs petits besoins.

10° Lorsque les porte-clefs entrent dans la chambre d'un prisonier, ils ne doivent point le quitter de veue qu'ils ne soyent sortis, et se mettre en garde des accidents.

11° Lorsque les porte-clefs desservent et emportent la vaisselle de la chambre des prisoniers, ils doivent avoir grande attention de bien visiter ladite vaisselle, si on n'y a point écrit dessus; s'ils trouvent quelque écriture, ils la font voir aux officiers du château, et leurs disent de quelle chambre cela vient.

12° Alors les officiers font dire aux prisoniers qu'il est contre le bon ordre de la maison d'ecrire sur la vaisselle sur quoi on leur sert à manger, et qu'ils espèrent qu'en leurs représentant de ne plus le faire à l'avenir, ils s'y conformeroient; que sinon, ils seroient fâchés d'être obligés de les faire servir sur de la vaisselle de terre ou de bois, et rayer l'écriture qui est sur ladite vaisselle.

13° Les porte-clefs auront aussi la même attention de bien examiner les livres que l'on prête aux prisoniers pour s'amuser, s'ils n'ecrivent point sur lesdits livres, et si le cas y échoit, les faire voir aux officiers, lesquels font dire aux prisoniers qu'ils sont bien fâchés de ne plus leurs faire donner de livres, puisqu'ils en abusent et qu'ils les gâtent en ecrivant comme ils font dessus, et l'on raye cette ecriture; on voit par là qu'il est necessaire que les porte-clefs sachent lire et écrire.

14° Les porte-clefs visiteront les portes, planchers et cheminées de chaque chambre des tours, afin d'examiner s'il n'y a pas de trous que les prisoniers y font pour se communiquer les uns aux autres, et les faire boucher.

15° Les porte-clefs visiteront aussi, au moins une fois la semaine, les grilles des chambres des tours et les sonderont avec un marteau de fer.

16° Lesdits porte-clefs auront grand soin de tenir propres et de netoyer souvent les choses qui servent aux besoins de necessité des prisoniers.

17° Il est deffendu aux porte-clefs de rien recevoir des prisoniers pendant leur detention, sous peine d'être punis; mais, à leur sortie, ils peuvent recevoir suivant leurs volontés, leurs deffendant de leurs demander.

18° Les porte-clefs auront grande attention de bien visiter la desserte des prisoniers qu'ils emportent pour eux, soit dans la viande, le pain ou autre chose.

19° Lorsque les porte-clefs donnent le linge des prisoniers au blanchissage, ils doivent le bien visiter et examiner, ainsy que quand on le raporte dudit blanchissage.

20° Si la blanchisseuse pert ou egare le linge ou autre chose aux prisoniers, les porte-clefs en avertissent les officiers, qui en ordonnent le payement ausdits prisoniers.

21° Lesdits porte-clefs doivent avoir une parolle très moderée lorsqu'ils sont dans les chambres des prisoniers, ainsi que le long des escaliers des tours.

22° Les porte-clefs ne doivent jamais rien achetter ny recevoir pour les prisoniers sans que les officiers du château n'en soyent avertis, afin d'en faire la visitte en leur presence.

23° Le chirurgien du château ne doit jamais aller dans aucune chambre des prisoniers, soit pour razer ou porter des medicaments ou pour voir un malade, qu'il ne soit accompagné du porte-clef de son departement.

24° Toutes les fois qu'un prisonier sort de sa chambre, les porte-clefs doivent toujours les suivre par derrière, ainsy qu'en le remontant dans sa chambre, afin d'examiner s'il ne laisse point tomber quelque billet, soit dans la cour ou dans l'escalier de la tour.

25° Lorsqu'on fait descendre les prisoniers à la messe, les porte-clefs font retirer les sentinelles de la cage du corps de garde et ferment les portes de la cuisine et du passage entre la salle du Conseil et la cuisine, et ont grande attention que les prisoniers ne se voyent les uns et les autres, soit en descendant ou en remontant dans leur chambre.

26° Lorsque les prisoniers sont sortis des cabinets de la chapelle où ils ont entendu la messe, les porte-clefs vont faire la visitte desdits cabinets pour voir s'il n'y a point d'ecriture sur la muraille, ou billets cachés dans quelques trous; s'il se trouve l'un ou l'autre, ils en avertissent les officiers.

27° Lorsque le prêtre est entré dans la chapelle pour y célébrer la messe, un des porte-clefs ne doit point le quitter qu'il ne soit sorty, et n'avoir aucun entretien avec lui d'aucune façon.

28° Les porte-clefs ne doivent jamais laisser leurs clefs dans les tours, et leurs portes doivent être toujours fermées, tant de nuit que de jour, et lesdittes clefs de toutes les tours portées chez M. le lieutenant de Roy lorsque leur service est fini.

29° Lorsque le magistrat demande quelque prisonier dans la salle du Conseil, les porte-clefs font retirer la sentinelle de la cage au corps de garde et ferment les portes de la cuisine et du passage.

30° Les porte-clefs ne doivent jamais sortir tous les quatre ensemble de la Bastille, et il faut qu'il en reste deux au moins dans l'intérieur du château.

31° Les porte-clefs ne doivent point sortir dans la ville aucune vaisselle du château.

32° Les porte-clefs ne doivent jamais sortir de la Bastille la vaisselle qui sert aux prisoniers, de crainte qu'on ait oublié à rayer de l'ecriture des prisoniers qu'ils peuvent avoir ecrit sur ladite vaisselle.

33° Les porte-clefs auront grande attention de porter le dîner et le souper aux prisoniers le plus chaudement qu'il se pourra, et de ne leurs point laisser manquer des petittes necessités dont ils ont besoin dans leur chambre.

34° Lorsqu'on netoye les chassis des fenêtres de la chambre des prisoniers, les porte-clefs auront grande attention que le vitrier ne les voye point, ny qu'il ne leurs donne des billets, ou qu'il leurs parle.

35° L'on recommande aux porte-clefs d'être très propres sur eux lorsqu'ils servent les prisoniers.

36° L'on deffend très expressement aux porte-clefs de ne point s'enyvrer, et de ne boire que moderement. Si le cas y echoit et qu'on s'en apperçoive, ils seront punis, et en même temps chassés de leur emploi; qu'ils fassent une serieuse attention à cet article aussi bien qu'aux autres.

37° Par touttes les obligations absolument necessaires que l'on impose cy-dessus aux porte-clefs, il est aisé de voir que leur poste est important, et par consequent qu'il faut bien choisir pour que le bon service n'en souffre point, et il paroit juste qu'ils doivent être bien traités et avoir des gages fixes à leur connoissance. Cela a été fait du depuis.

(Bibl. de l'Arsenal, ms. 12,602.)

*Porte-clefs.*

A ce règlement doit se joindre la mention d'un autre, qui lui est très analogue, dans l'esprit et même dans la lettre, pour presque tous les articles; nous n'y relèverons que les quelques paragraphes suivants :

« . . . . . . . . . . . . . . . . . . . . . . . . . . . . . . . . . . . . . . . . . . . . . . . . . . . . . . . . .
« Bien nettoyer leurs commodités (des prisonniers), tous les jours.
« Laver leurs bouteilles à vin au moins tous les deux jours.
« . . . . . . . . . . . . . . . . . . . . . . . . . . . . . . . . . . . . . . . . . . . . . . . . . . . . . . . . .
« Les porte-clefs ne s'entretiendront jamais en aucune façon desdits prisoniers avec qui que ce soit, ny chez eux ny ailleurs, sur peine de punition.
« . . . . . . . . . . . . . . . . . . . . . . . . . . . . . . . . . . . . . . . . . . . . . . . . . . . . . . . . .
« Lorsqu'il y aura trois porte-clefs en pied, un des trois, chacun à leurs tour, poura aler coucher chez luy.
« . . . . . . . . . . . . . . . . . . . . . . . . . . . . . . . . . . . . . . . . . . . . . . . . . . . . . . . . . »

(*Ibid.*)

## XXV

*Fonctions et traitement de l'aide-major.*

(1776-1787.)

*Lettre du ministre de la maison du Roi au gouverneur de la Bastille.*

Versailles, le 25 novembre 1776.

L'intention du Roi, M., n'est pas de nommer à la place d'aide-major du château de la Bastille, vacante par la mort du s$^r$ Farconnet. Les fonctions qu'il remplissoit peuvent l'être par M. Bailli, major-adjoint et en exercice; mais, avant que de prendre aucun parti sur la portion à lui accorder dans les 50 sols par jour dont jouissoit le s$^r$ Farconnet, je vous prie de me marquer s'il jouira, comme lui, du tiers dans le produit du quart des despendances du château. Je vous serai obligé de me marquer aussi si, au lieu de fixer à M. Bailli un traitement par jour, il ne seroit pas plus simple de lui accorder une gratiffication annuelle et d'une somme déterminée. Il en avoit été anciennement usé de cette manière pour le s$^r$ Farconnet. La veuve de celuy-cy demande une pension qu'il me paroit juste de lui accorder, mais je crois qu'il sera egalement plus simple de la régler à une somme fixée par an qu'à un traittement par jour, et que cela sera indifferent pour la formation des estats que vous arrêtés et que vous m'envoyés chaque mois pour être ordonnancés. J'attendrai vostre response sur ces différents objets.

(Arch. nat., O$^1$ 487, p. 830.)

*Lettre du ministre de la maison du Roi à M. de Crosne, lieutenant général de police.*

Le 8 mars 1787.

Il a paru qu'il étoit, M., du bien du service de retablir la place d'aide-major du château de la Bastille, qui fut supprimée, il y a quelques années, à la mort du sieur Farconnet. Le Roi a nommé à cette place le sieur Pierre-Joseph Miray, officier invalide et ancien sergent-fourrier des gardes françaises. Vous trouverez ci-joint la commission qui lui a été expediée et que je vous prie de lui remettre. Ses appointements ont été réglés à 100 livres par mois. J'en previens M. le marquis de Launey, afin qu'il les comprenne dans les états des depenses de la Bastille, à compter du jour de la reception de cet officier.

(Arch. nat., O$^1$ 498, p. 163.)

## XXVI

*Mobilier de la Bastille.*

(1777.)

*Lettre du ministre de la maison du Roi à M. Lenoir, lieutenant général de police.*

Versailles, le 12 avril 1777.

J'ai examiné, M., le memoire par lequel M$^r$ de Launay, gouverneur de la Bastille, demande le renouvellement au compte du Roi des trousses et couvertures des lits servans aux prisonniers de ce château.

Quelques recherches qu'on ait faites dans mes bureaux, on n'y a rien trouvé qui annonce que les depenses de cette nature ayent été faites aux frais du Roi.

On n'y a point trouvé non plus de minutes des arrêts qui, suivant ce que vous marqués, s'expedient au decès des gouverneurs, nomment le lieutenant general de police pour presider à l'appurement des comptes, et ordonnent que les meubles et effets servant à l'usage des prisonniers de la Bastille y resteront pour que le service n'en souffre pas, et seront payés, aux heritiers du gouverneur décédé, par son successeur, sur l'estimation qui en sera faite.

Si vous avés dans vos bureaux une expedition du dernier arrêt rendu en pareille circonstance, je vous serai obligé de m'en envoyer une copie; je crois d'autant plus necessaire d'en prendre connaissance que si ses dispositions sont, comme je n'en doute point, telles que vous les annoncés, elles semblent fournir un préjugé très fort contre la demande de M. de Launay. En effet, il seroit inconsequent que le Roi commençât par payer les meubles et en faire la depense, pour que le Gouverneur en devînt ensuite proprietaire, et que son successeur fût obligé d'en rembourser la valeur, soit à lui, soit à ses heritiers.

Une autre observation, c'est que la pension des prisonniers est payée au Gouverneur à raison de 10$^{tt}$ par jour, somme assez considerable pour le mettre en etat d'entretenir les meubles et de remplacer ceux qui se trouvent hors de service.

Au surplus, M. de Launay pretend mettre la depense dont il s'agit sur le compte du Roi. Ce seroit à lui de raporter des exemples de pareilles fournitures payées par S. M., et on ne peut faire cela [sans] s'exposer à introduire une nouveauté qui parait tirer à consequence.

Je vous prie de vouloir bien communiquer ma lettre à M. de Launay, de voir ce qu'il peut avoir à y repondre et de me faire part de vos observations sur le tout.

(Arch. nat., O$^1$ 488, p. 207-208.)

Une autre lettre, du 22 mai suivant, a pour objet de demander à nouveau des éclaircissements au magistrat sur ce même sujet — (*Ibid.*, p. 305.)

---

## XXVII.

*Répartition des prisonniers dans les tours.*

(Vers 1780.)

Comté.

1$^{re}$ :
2$^e$ :
3$^e$ :
4$^e$ : Dame G...t.
   [Dame Grant.]
   Total :
Domestique.
Comtois. [Porte-clefs.]

Bazinière.

1$^{re}$ :
2$^e$ : T......er.
   [Tavernier.]

3$^e$ :
4$^e$ :
5$^e$ :
Comtois.

Thrésor.

1$^{re}$ : G...t.
   [Grant.]
Bellot. [Porte-clefs.]

Bertodière.

1$^{re}$ :
2$^e$ :
3$^e$ : D.....er.
   [?]

4° :
5° :
6° :

### Chapelle.

1ʳᵉ : C. d. C.....ne.
[Cᵗᵉ de Chavaignes.]
2° :
Saint-Louis. [Porte-clefs.]

### Liberté.

1ʳᵉ :
2° : Def......ux.
[?].
3° : P....
[Petit.]
4° :
5° :
6° :
7° :
Bellot. [Porte-clefs.]
Bellevue. *Idem.*

### Coin.

1ʳᵉ : Le G..y.
[Le Guay.]
2° :
3° :
4° :
5° :
6° :
7° :
Saint-Jean. [Porte-clefs.]
Bellevue. *Idem.*

### Puits.

1ʳᵉ :
2° :
3° : A..é.
[?]
4° :
5° :
Saint-Jean. [Porte-clefs.]

### Appartements.

Le premier.
Le second.

(Tableau manuscrit dressé par Chevalier. Bibl. de l'Arsenal, ms. 12,579.)

---

*Répartition des prisonniers dans les tours.*

(Pour octobre et novembre 1781.)

### Comté.

1ʳᵉ :
2ᵉ :
3ᵉ : Costard [1].
4ᵉ : Cᵗᵉˢˢᵉ de Gavestin [2].
5° :

### Bazinière.

1ʳᵉ :
2° : Tavernier [3].

3° : L'abbé du Vernet [4].
4° :
5° :

### Trésor.

1ʳᵉ : Saint-Lubin et son nègre [5].
2° : Pellissery [6],

### Bertaudière.

1ʳᵉ : Condamine [7].

[1] Libraire, entré le 15 septembre 1781, sorti le 19 juillet 1782.

[2] Sans doute la comtesse de Garathi, entrée le 17 octobre 1781, transférée à l'Hôpital général le 25 novembre suivant.

[3] Entré le 4 août 1759, délivré le 14 juillet 1789.

[4] Entré le 30 octobre 1781, sorti le 6 décembre suivant.

[5] Pallebot de Saint-Lubin, et son nègre Narcisse, entrés le 17 janvier 1781, transférés à Charenton le 19 novembre 1782.

[6] Entré le 3 juin 1777, transféré à Charenton le 24 juillet 1788.

[7] Brun de Condamine, écrivain de la marine, entré le 7 février 1779, sorti le 25 avril 1783.

2ᵉ :
3ᵉ : Saint-Pierre du Tailly ⁽¹⁾.
4ᵉ : Cleymann ⁽²⁾.
5ᵉ :
6ᵉ :

### Chapelle.

1ʳᵉ : Chavaigne ⁽³⁾.
2ᵉ :

### Liberté.

1ʳᵉ :
2ᵉ : Cᵗᵉ de Garathi ⁽⁴⁾.
3ᵉ :
4ᵉ :
5ᵉ :

6ᵉ :
7ᵉ :

### Coin.

1ʳᵉ : Le Guay ⁽⁵⁾.
2ᵉ : Linguet ⁽⁶⁾.
3ᵉ :
4ᵉ : Marcenay ⁽⁷⁾.
5ᵉ :

### Puits.

1ʳᵉ :
2ᵉ : De la Douay ⁽⁸⁾.
3ᵉ :
4ᵉ :
5ᵉ :

(Tableau manuscrit dressé par Chevalier. Bibl. de l'Arsenal, ms. 12,579.)

## XXVIII.

*Comptabilité du gouverneur.*

(Janvier 1781.)

*États mensuels, payés par trimestres, en janvier, avril, juillet et octobre.*

| | | |
|---|---|---|
| Reçu de M. le Gouverneur, le lundi 2 avril 1782................. | 2182ᵗ | 2ˢ 8ᵈ |
| M. le lieutenant de Roy.......................... | 279 | " " |
| Plus, à M. le chevalier de Saint-Sauveur...................... | 150 | " " |
| M. Chevalier, major............................ | 155 | " " |
| Plus, à M. Chevalier, pʳ augmentᵒⁿ de traitement............... | 50 | " " |
| M. Bailly ⁽⁹⁾................................. | 38 15 | " |
| M. le commissaire Chenon...................... | 124 | " " |
| Les quatre porte-clefs........................... | 310 | " " |
| M. des Essarts, chapelain....................... | 75 | " " |
| Pour sept messes extraordinaires pendant le présent mois......... | 8 8 | " |
| A reporter.................... | 1187 15 | " |

⁽¹⁾ Saint-Pierre Dutailly, entré le 23 mars 1779, sorti le 2 janvier 1782.

⁽²⁾ Entré le 11 janvier 1779, transféré à la Conciergerie le 5 janvier 1782.

⁽³⁾ Le comte de Chavaignes, entré le 25 février 1776, sorti le 17 janvier 1787.

⁽⁴⁾ Entré le 17 octobre 1781, transféré à Bicêtre le 25 novembre 1781.

⁽⁵⁾ Entré le 15 février 1757, mort à la Bastille le 21 mai 1786.

⁽⁶⁾ Entré le 27 septembre 1780, sorti le 19 mai 1782, avec injonction d'aller à Rethel-Mazarin.

⁽⁷⁾ Entré le 30 octobre 1781, exilé le 2 juin 1783.

⁽⁸⁾ Jaquet de la Douay, entré le 30 octobre 1781, mis en liberté le 9 juillet 1789. — (Ces notes ont été, pour la plupart, empruntées aux tableaux de *La Bastille dévoilée*, 2ᵉ livraison, pages 7-20.)

⁽⁹⁾ Bailly de Gallardon, ancien major : 450 livres de retraite par an.

| | | | |
|---|---:|---:|---:|
| Report........................................... | 1187# | 15 | "d |
| M. l'abbé Taaff de Gaydon......................... | 125 | " | " |
| Dépenses extraordinaires pour le mois aux prisonniers............ | 60 | " | " |
| Dépenses extraordinaires de la salle du Conseil................. | 50 | " | " |
| M. l'abbé de Macmahon............................ | 25 | " | " |
| M. l'abbé de Faverly.............................. | 25 | " | " |
| M<sup>me</sup> la veuve Defferend........................... | 150 | " | " |
| Baron, ancien porte clef........................... | 31 | " | " |
| La veuve de Bourguignon, ancien porte-clef........... | 25 | " | " |
| Le s<sup>r</sup> Festeau, horloger du château................. | 12 | 10 | " |
| M<sup>me</sup> la veuve Farconnet............................ | 8 | 6 | 8 |
| Pour vingt et une voyes de bois, pour 5 de bois neuf et 16 de gravier, y compris les voitures, le linge, etc..................... | 449 | 3 | " |
| | 2182 | 2 | 8 |

Payé : DE LAUNEY. (Autographe.)

| | | | |
|---|---:|---:|---:|
| En février 1781................................... | 2100# | 12' | 8<sup>d</sup> |
| En mars......................................... | 2323 | 19 | 6 |
| En avril......................................... | 2010 | 2 | 8 |
| En mai.......................................... | 2040 | 19 | 8 |
| En juin.......................................... | 2043 | 7 | 8 |
| En juillet........................................ | 1734 | 19 | 8 |
| En août......................................... | 1733 | 19 | 8 |
| En septembre.................................... | 2007 | " | 8 |
| En octobre...................................... | 2101 | 10 | 8 |
| En novembre.................................... | 2324 | 19 | 5 |
| En décembre.................................... | 2535 | 9 | 8 |

Les écarts, peu importants d'ailleurs, entre ces différentes sommes, sont dus à l'acquisition, suivant les saisons, d'une plus ou moins grande quantité de combustible, ou au nombre des messes extraordinaires, ou encore au chiffre des journées d'infirmerie des invalides, à raison de 2 sous par jour. Si le mois de janvier n'en offrit pas, en revanche, octobre en donna 46, décembre, 99, etc. L'article « pour dépenses extraordinaires pour le mois aux prisonniers » est invariablement de 60 livres. La disposition de cette somme appartenait au major dans les conditions que nous avons dites (page 63).

## XXIX

*Traitement des officiers de l'état-major.*

(Vers 1783.)

### État du gouverneur.

| | |
|---|---:|
| Appointements sur l'extraordinaire des guerres, 5500#, net......... | 4477# 10' |
| Pour sa part, qui est moitié des émolumens dont le détail est dans la feuille cy-jointe........................................ | 4078# 6' |
| Exemption des entrées de 80 muids de vin. | |

Il faut encore ajouter au revenu du gouverneur le profit qu'il peut faire sur le traitement qui lui est

## PIÈCES JUSTIFICATIVES.

passé pour les 12 premiers prisonniers. On jugera ce qu'il peut être, vu le prix actuel des denrées, les 12 premières places etant à 10<sup>tt</sup> par tête et les excedentes à 3<sup>tt</sup> chacune.

---

Le gouverneur est obligé d'avoir un fond de maison toujours en etat; il a habituellement quatre personnes à la cuisine, et, dans les extraordinaires, jusqu'à 6 ou 7. Il y a une femme de charge pour le linge du château.

Il est chargé de faire rebattre et entretenir les matelats, tant ceux fournis par le Roy que ceux qui lui appartiennent.

Il fournit de pots à l'eau, cruches, cuvettes, verres, tasses, bouteilles, assiettes et plats d'étain et de fayence, couverts d'étain et d'argent, chaises, flambeaux, batterie de cuisine, etamage, etc.

Il fournit aussi chandelles, huille pour lampe, caffé, sucre, linge de lit, de table, de toilette, dont la quantité et l'usure sont très considerables.

Les porte-clefs sont aussi fournis de tabliers, serviettes et draps.

Le gouverneur est chargé du blanchissage de tout ce linge et de celui de corps de chaque prisonnier.

Il éclaire par des rabicots les cours exterieures et interieures de la Bastille.

Il fait frotter et nettoyer le château, et porter le bois à chaque chambre dans les tours.

Il est chargé du luminaire, de l'entretient des ornemens et du blanchissage du linge de la chapelle.

Il est d'usage que le gouverneur reçoive à sa table toutes les personnes qui viennent au château pour le service du Roy.

Lorsqu'il y a des commissions du Parlement, du Conseil ou du Châtelet, il en tient une regulierement pour ces messieurs, tout le temps que dure la commission.

Les predecesseurs de M. de Launey dans ces circonstances ont eu des gratifications; il a eu la charge de plusieurs commissions du Châtelet et il n'a jamais eu de gratification : M<sup>rs</sup> Amelot et Lenoir peuvent en rendre témoignage.

Toute personne qui tient maison à Paris pourra, d'après cet exposé, calculer aisément les profits du traitement; ils diminuent de jour en jour et seraient très difficiles à appretier au juste.

Il faudroit compiler plusieurs livres de depenses dans lesquels les objets sont confondus; cependant, comme ils sont tous en règle, avec du tems on pourroit faire ce travail, qui seroit encore incertain, vu la variation du prix des comestibles et celle qui arrive dans le nombre des prisonniers.

---

*État du lieutenant du Roy.*

| | | | |
|---|---:|---:|---:|
| Appointemens sur l'extraordinaire des guerres, 3000<sup>tt</sup>, net....... | 2538<sup>tt</sup> | " | " <sup>d</sup> |
| Sur les états de la Bastille, à raison de 9<sup>tt</sup> par jour............. | 3285 | " | " |
| Chauffage.................................................. | 192 | " | " |
| Exemption d'entrée de 9 muids de vin. | | | |
| Pour sa part dans les emolumens, qui est un quart............. | 2039 | 2 | 6 |
| A déduire sur quoi il est chargé par le Roy de payer à la veuve de M. de Monaldi, son predecesseur, par brevet............... | 1200 | | |
| Reste net................................. | 6854 | 2 | 6 |

## LA BASTILLE.

*État du s<sup>r</sup> Chevalier, major* [1].

| | | | |
|---|---|---|---|
| Apointemens sur l'extraordinaire des guerres, 600<sup>tt</sup>, net.......... | 471<sup>t</sup> | 10<sup>s</sup> | ″<sup>d</sup> |
| Sur les états de la Bastille, à raison de 5<sup>tt</sup> par jour............. | 1825 | ″ | ″ |
| Une augmentation de traitement de 50<sup>tt</sup> par mois sur l'etat de la Bastille.................................................... | 600 | ″ | ″ |
| Chauffage et chandelles................................ | 185 | 7 | ″ |
| Exemption d'entrée de 6 muids de vin. | | | |
| Pour sa part dans les emolumens, qui est un sixième............ | 1359 | 8 | 4 |
| Reste net............................... | 4441 | 5 | 4 |

*État du sieur Bailly, adjoint et survivancier à la majorité* [2].

| | | | |
|---|---|---|---|
| Sur les états de la Bastille, à raison de 1<sup>tt</sup> 5<sup>s</sup> par jour........... | 456<sup>tt</sup> | 5<sup>s</sup> | ″ |
| Chauffage............................................. | 48 | ″ | ″ |
| Pour sa part dans les emolumens, qui est un douzième.......... | 679 | 14 | 2 |
| Exemption d'entrée pour 3 muids de vin. | | | |
| | 1183 | 19 | 2 |

*État de M. de Losme, officier adjoint à l'état-major.*

| | | | |
|---|---|---|---|
| Sur les états de la Bastille, à raison de 1<sup>tt</sup> 5<sup>s</sup> par jour [3]......... | 456<sup>tt</sup> | 5<sup>s</sup> | ″ |
| Augmentation de traitement de 100<sup>tt</sup> par mois sur les états de la Bastille................................................ | 1200 | ″ | ″ |

(Bibl. de l'Arsenal, ms. 12,609.)

## XXX

*Fourniture des lits de prisonniers.*

(1783.)

Devis fourni par le gouverneur, de Launey, au baron de Breteuil, le 12 décembre 1783, de ce que coûterait un lit de prisonnier complet :

| | | | |
|---|---|---|---|
| Pour une couchette de bois à colonne, à deux dossiers, de trois pieds de large sur six pieds et demy de haut et sans barres.......... | 20<sup>tt</sup> | ″<sup>s</sup> | ″<sup>d</sup> |
| Sangles, clous sur les pantes du lit........................ | 3 | ″ | ″ |
| A reporter......................... | 23 | ″ | ″ |

---

[1] (En marge, en regard de ces trois paragraphes) : «Il est à observer que ces Messieurs, mariés ou garçons, sont obligés d'avoir un logement en ville pour y tenir leur ménage. Les vivres sont plus que doublés depuis que leurs attributions ont été fixées.»

[2] «Il y avoit anciennement un aide-major. A sa mort, M. de Launey a demandé que M. Bailly, qui en faisoit le service, en eût les appointemens et que la place fût supprimée. Sur 2<sup>tt</sup> 10<sup>s</sup> qu'il y avoit par jour, il n'en a été accordé que 1<sup>tt</sup> 5<sup>s</sup> à M. Bailly, et sa part dans les emolumens.»

[3] «Lorsqu'il a été attaché à la Bastille, M. Amelot lui a donné les 1<sup>tt</sup> 5<sup>s</sup> qui étoient restés vacans par la suppression de l'aide-major.»

|  |  |  |  |
|---|---:|---:|---:|
| Report..................................... | 23<sup>lt</sup> | ″˙ | ″ᵈ |
| 28 aulnes de siamoise de Rouen, bleu et blanc, à 2<sup>lt</sup> 2˙........ | 58 | 16 | ″ |
| 5 aulnes de toile, pour doubler le châssis, les pantes et dossier, à 1<sup>lt</sup> 10˙ l'aulne........................................ | 7 | 10 | ″ |
| 40 aulnes de rubans de fil pour doubler les rideaux et pantes, à 2˙ l'aulne........................................... | 4 | ″ | ″ |
| Pour tirebotte....................................... | 1 | ″ | ″ |
| Pour une couverture de laine de 3 points, manufacture de Paris.... | 18 | ″ | ″ |
| Autre couverture de toile de lin piquée...................... | 20 | ″ | ″ |
| Façon............................................. | 24 | ″ | ″ |
| Un matelas de cuisse laine, de 3 pieds de large, pesant 24<sup>lt</sup>..... | 35 | 8 | ″ |
| Un matelas de mere laine, de 3 pieds de large, pesant 24<sup>lt</sup>..... | 42 | 12 | ″ |
| Un traversin de coutil, rempli de plume, pesant 4<sup>lt</sup>............ | 9 | ″ | ″ |
| Pour quatre roulettes à pivot, en bois de Gaillac............... | 5 | ″ | ″ |
|  | 248 | 6 | ″ |

A cette pièce est annexé un état des lits appartenant au Roi pour l'usage des prisonniers, à la même date. Il y a 28 couchettes de bois, à colonnes vermoulues et hors de service ; 28 trousses de serge verte, mangées par les vers ; 14 lits de sangle «brisés et pourris»; 56 matelas, dont 36 bons et 20 mauvais ; 28 traversins, qu'on peut mettre en état en les faisant laver et réparer ; 25 couvertures de laine, dans le plus mauvais état possible; 25 paillasses, tant bonnes que mauvaises. Ce mobilier a été fourni de 1726 à 1734.

En outre, 6 couchettes, 6 housses de lit, de siamoise bleu et blanc, 6 couvertures de laine, 6 couvertures de toile de lin, fournies en 1781 et neuves.

(Bibl. de l'Arsenal, ms. 12,609.)

*Lettre du Ministre de la maison du Roi au Gouverneur de la Bastille.*

«20 décembre 1783.

«J'ai examiné, M., les états que vous m'avez adressé : l'un, des lits appartenans au Roy dans le chasteau de la Bastille, et l'autre, de ce que coûtera un lit de prisonnier complet. Il m'a paru qu'il suffiroit, quant à présent, d'establir à la Bastille 24 lits complets, y compris les six qui ont été faits en 1781. Vous pouvez, en conséquence, faire executer cette fourniture par le sieur Tremblai, marchand tapissier, dont vous avez la soumission, en observant neanmoins de tirer le meilleur parti qu'il sera possible des matelats, traversins et paillasses qui pourront estre reparés et mis en bon estat. Il faudra aussi faire fournir les 24 chaises de comodités dont je vous ai parlé et tâcher de se les procurer de la manière dont nous en sommes convenus. Lorsque la fourniture sera achevée, vous voudrez bien m'envoyer l'état de la dépense. J'en ordonnerai le payement sur le trésor royal par une seule ordonnance. Si, par la suite, les circonstances exigent qu'il soit fourni un plus grand nombre de lits, on sera toujours à tems d'y pourvoir.

«Je suis très parfaitement, M., votre etc.»

(Arch. nat., O¹ 494, p. 559.)

## XXXI

*Comptabilité du Château de Vincennes.*

(Avril 1784.)

État des prisonniers et de leur subsistance et autres dépenses du château royal de Vincennes, pendant les trente jours d'avril mil sept cent quatre vingt quatre :

| | | |
|---|---|---|
| Le s' Roger, sorti le 8, n'était pas au compte du Roy............ | | " " |
| M. de Rougemont, lieutenant de Roy............................ | | 30 jours |
| | à | 30ʰ |
| | | 900 "' "ᵈ |
| M. de Valages, capitaine de la garde du château, pour un mois, à raison de 400ʰ par an.................................... | | 33ʰ 6' 8ᵈ |

*Gages des porte-clefs.*

| | | |
|---|---|---|
| Jean-Baptiste-Noël Lavisé, à 16' 8ᵈ par jour.................. | | 30 jours |
| Jean-Marie-Toussaint Bertrand, *idem*........................ | | 30 |
| Didier Huguenain, *idem* .................................... | | 30 |
| | | 90 jours |
| | à | 16' 8ᵈ |
| | | 75ʰ " |

*Subsistance des porte-clefs.*

| | | |
|---|---|---|
| Jean-Baptiste-Noël Lavisé, à 16' 8ᵈ par jour.................. | | 30 jours |
| Jean-Marie-Toussaint Bertrand, *idem*........................ | | 30 |
| Didier Huguenain, *idem* .................................... | | 30 |
| | | 90 jours |
| | à | 16' 8ᵈ |
| | | 75ʰ " |
| M. l'abbé Courtade, chapelain du donjon..................... | | 30 jours |
| | à | 2ʰ 10' |
| | | 75 " |
| M. l'abbé Duquesne, confesseur, pour un mois, à raison de 900ʰ par an....................................................... | | 75ʰ " |
| Deux états de dépenses pour les prisonniers par M. le commissaire Chesnon, signé et certifié par luy, de la somme de........... | | 204ʰ 12' |

Certifié veritable par nous, lieutenant pour le Roy du château de Vincennes, le 15 may 1784.

DE ROUGEMONT.

(En marge) :

RÉCAPITULATION :  900<sup>tt</sup>  "<sup>s</sup>  "<sup>d</sup>
33  6  8
75  "  "
75  "  "
75  "  "
75  "  "
204  12  "

1437  18  8

A cette pièce est joint un état, signé du commissaire Chénon, mentionnant la dépense « du tabac fourni aux prisonniers de Vincennes au compte du Roi, à partir de novembre 1782 jusqu'au 26 février 1784. » 3 prisonniers ont été, pendant ce temps, enfermés au donjon :

Le premier a consommé 10 livres de tabac, ci.................. 40<sup>tt</sup>  "<sup>s</sup>
Le second ————— 14    "     ci.................. 56  "
Le troisième ————— 8    "     ci.................. 32  "
A quoi s'ajoute la dépense d'un pot à tabac, de 4 sols pour chacun
d'eux, ci........................................................  "  12

128  12

(Archives de la Préfecture de police.)

---

## XXXII.

*Note du major de Losme sur l'augmentation de traitement demandée par le gouverneur.*

(1785.)

Les 12 premières places des prisonniers de la Bastille ont été fixées anciennement et invariablement à 10<sup>tt</sup> par tête, que le nombre en fût complet ou non, pour former le traittement du gouverneur. Les places en dessus de ce nombre ne se payent, depuis très longtemps, qu'à raison de 3<sup>tt</sup> par tête, à moins d'un ordre particulier de les porter plus haut, ce qui arrive si rarement que, depuis 9 ans que M. de Launey est en place, il n'y a eu qu'un seul traittement extraordinaire de 15<sup>tt</sup>, lequel a duré 20 jours.

Le prix des denrées ayant plus que doublé depuis la fixation de 3<sup>tt</sup> pour les excédents de 12, et la reunion du dongeon de Vincennes à la Bastille ôtant toutes les chances avantageuses au gouverneur, en augmentant son service, rendent très juste la demande d'une augmentation de prix pour les places au dessus du nombre de 12.

On represente qu'en les portant à 6<sup>tt</sup>, ce n'est que suivre la progression du prix des denrées qui doivent être la règle de ce traittement, lequel ne doit point être une condition exclusive pour ceux qui pourroient survenir, suivant la qualité des personnes et les ordres particuliers des ministres.

A l'égard du cardinal (de Rohan), on ne trouve point de traces de ce qui a été fait pour pareils personnages, n'ayant point les archives de Vincennes où on les mettoit alors. Peut-être même on n'y a pas tenu le même ordre qu'à la Bastille, ce qui est vraisemblable, puisque au Louvre même, on ne trouve point de renseignements sur cet objet. D'après l'approximation du calcul, il en coûte plus de 100 livres par jour au gouverneur, à la manière dont il traite S. E. On pourra, d'après cet apperçu, lui assigner ce qu'on jugera à propos [1].

Il est aussi à observer que depuis que M. de Launey est en place, il a eu plusieurs commissions du Châtelet qui ont été à sa charge, c'est à dire qu'il est obligé de tenir table à M$^{rs}$ de la Commission pour le tems qu'elles ont durées, ce qui est d'usage dans ce cas.

Il a toujours été accordé des gratifications à ses predecesseurs; jusqu'ici, on a promis à M. de Launey un dedommagement de ces objets, mais elles n'ont pas encore eu leur effet. M. Lenoir peut en rendre temoignage, ainsy que du desir qu'il a eu tant de fois de les voir realiser.

(Archives de la Préfecture de police.)

### XXXIII

*Lettre d'avis de la nomination du sieur Hurel, chirurgien-major.*

«Versailles, 8 février 1787.

«Le Roi, M., ayant agréé la demission du sieur Lecocq, chirurgien-major de la Bastille, a nommé à son lieu et place le sieur Hurel. J'envoie à M. de Crosne le brevet qui a été expédié en consequence de la décision de Sa Majesté, et je marque à ce magistrat de donner au sieur Hurel toutes les instructions necessaires à la place qu'il va remplir. Vous voudrés bien, de votre côté, lorsqu'il vous presentera son brevet, lui renouveler les mêmes instructions et le faire reconnaître en qualité de chirurgien-major. Il jouira, ainsi que son predecesseur, des apointemens de 1200 livres, que vous continuerez d'employer sur les etats de la Bastille. Quant au sieur Lecocq, Sa Majesté, en consideration de ses anciens services, a bien voulu conserver, à titre de pension de retraite, les 1200 livres dont il jouissait, et ces 1200 livres seront également employées sur les états de la Bastille. Vous voudrés bien vous conformer aux intentions de Sa Majesté.»

(Arch. nat., O$^1$ 498, p. 101.)

### XXXIV

*Traitement du gouverneur.*

(1788.)

*Lettre de M. de Villedeuil, ministre de la marine du Roi, à M. de Crosne, lieutenant de police.*

«Versailles, 10 avril 1788.

«Monsieur de Launey, M., gouverneur de la Bastille, avoit fait des representations à M. le baron de Breteuil sur la modicité de son traitement. Ce ministre paroissoit disposé à y avoir egard, et dans les papiers qu'il m'a remis, j'y ai trouvé une feuille qu'il se proposoit sans

---

[1] Il a été dit précédemment que le gouverneur reçut 120 livres par jour pour la durée du séjour que fit le cardinal de Rohan à la Bastille.

doute de mettre sous les yeux du Roi. J'y ai vu que le traitement du gouverneur de la Bastille consiste, depuis plus de vingt ans, dans le payement de 12 premières places de prisonniers à raison de 10 livres par tête chaque jour, que ce nombre soit complet ou ne le soit pas, et que les places qui excèdent ce nombre sont fixées à 3 livres chacune. Cet état de choses fait l'objet de la reclamation du gouverneur, et il represente à cet egard que la progression successive du prix des denrées depuis vingt ans et la reunion du donjon de Vincennes à la Bastille necessitent une augmentation dans son traitement. Il paroît que M. le baron de Breteuil étoit dans l'intention de proposer au Roi de fixer à l'avenir le prix des 12 premières places de prisonniers à 12 livres, le nombre complet ou non, et de porter à 6 livres celles qui excéderoient ces 12 premières, sauf les traitements extraordinaires suivant les circonstances. Je vous serai obligé de me faire part de vos observations et de votre avis sur ce projet d'augmentation.

« J'ai l'honneur, etc. »

(Arch. nat., O¹ 499, p. 467.)

## XXXV

*Projet de suppression de la Bastille et de son remplacement par Vincennes. — Avantages de cette mesure. — Mémoire de du Puget.*

(1788.)

Il n'est pas plus difficile de conduire les prisonniers de la Bastille à Vincennes qu'il ne l'a été d'amener ceux de ce dernier château au premier, il y a quelques années; c'est l'affaire de deux ou trois nuits, suivant le nombre.

La compagnie des bas officiers faisant la garde de la Bastille fera celle de Vincennes; cela ne sera pas plus coûteux dans un lieu que dans un autre : il y aura au contraire une réforme à faire de 30 hommes et de l'officier qui est à présent à Vincennes, et même, comme la compagnie qui etoit à Vincennes n'étoit composée que de 60 hommes il seroit possible d'en diminuer 20 sur celle de la Bastille qui si (*sic*) rendroit, et qui est de 80 hommes.

Il y a à Vincennes de quoi loger plus de 25 prisonniers; c'est plus que suffisant dans ce siècle où le gouvernement est beaucoup plus doux; l'air y est beaucoup meilleur, ce qui est fort à considerer pour le sejour des personnes qui font peu d'exercice. Ce château, d'ailleurs, ne devant servir qu'à l'instruction des affaires, et non avoir des prisonniers de famille ni de très longue detention, son éloignement n'est pas assés considerable pour ne pouvoir servir : les ministres, commissaires du Roy, rapporteurs et tous autres, leurs subalternes, s'y rendroient comme à la Bastille lorsque les affaires les y demanderoient; ç'a été dans ce château que de préférence étoient mis autrefois les prisonniers de distinction.

Du retablissement de Vincennes pour remplacer la Bastille il en resultera deux avantages qui meritent d'être appréciés : sur la depense totale de la Bastille suprimée, à quelques pensions viagères près, objet de 120 à 140 mille livres d'économie; l'autre, l'embellissement de ce quartier de Paris.

On croit pouvoir evaluer les reparations à faire au donjon de Vincennes, pour le retablir, de 25 à 30 mille livres, et on croit pouvoir assurer que la Bastille, terrein et materiaux, se vendront 12 à 15 cent mille livres; les 12 cent mille livres equivalent à 60 mille livres de rente, qui seront plus que suffisantes pour les depences de Vincennes et son entretien journalier.

La Bastille abatue, on percera la rue Saint Antoine, qui decouvrira le fauxbourg. On pourra continuer le boulevard jusqu'à la rivière et on ouvrira une rue qui, du bord de la rivière, traversant l'Arsenal et la Bastille, se rendra en face de la rue des Tournelles; il en resultera des terreins précieux par leurs façades de 3 côtés, sçavoir le boulevard, la rue Saint Antoine et la nouvelle rue, sur laquelle on s'empressera de bâtir; ils se vendront bien, et donneront de la valeur à celui de l'Arsenal, qui ne se trouvera plus masqué par la Bastille, et les materiaux auront d'autant plus de valeur qu'ils seront sur un lieu propre à les employer. La Bastille etant au contraire conservée, nuit à la vente du terrein de l'Arsenal, force à detourner le nouveau boulevard, bouche la rue Saint Antoine, masque l'entrée de Paris, occupe desagreablement un côté de la nouvelle rue projettée, et fera une vue d'autant plus desagreable qu'elle sera plus isolée. On peut aussi ajouter qu'il sera bien plus aisé d'entretenir des correspondances de dehors. Cette entrée de Paris sera belle au lieu qu'elle est masquée par ce château effrayant [1].

Il n'y avoit ci-devant qu'un lieutenant de roi à Vincennes, qui se faisoit aider par le capitaine de la compagnie des bas-officiers; ce château se trouvant seul et dans le cas d'être plus habité, il y faudra un major, afin qu'il y ait toujours un des deux chefs presents, en etat de veiller à la nouvelle tenue que l'on propose de faire, non à forfait comme ci-devant, mais en regie au compte du Roy, toutes ces depenses relatives aux prisonniers.

Ces officiers, dans ce nouveau local, n'y ayant point d'emoluments, doivent avoir, sans contredit, un traitement honnête et suffisant pour les dedommager des soins penibles qu'ils sont obligés de rendre à l'humanité souffrante, et de ceux continuels et necessairement journaliers pour la bonne administration intérieure de ce château; malgré cet objet, et toutes les fournitures que peuvent occasionner les prisonniers enfermés dans ce château, on est convaincu que 6 livres par jour pour chacun desdits prisonniers seront plus que suffisantes pour leur nourriture, blanchissage, vaisselle, linge de chambre, les domestiques à payer pour leur cuisine, etc. etc.; ce qui ne feroit jamais qu'un objet, en comptant toujours sur 12, de 26,280$^{tt}$; les porte-clefs, celui de 2,738$^{tt}$; l'aumonier, à 3$^{tt}$ par jour, 1,095$^{tt}$; le commissaire au Châtelet, 1,460$^{tt}$; le chirurgien, 1,825, les drogues payées à part sur les 6 livres données pour les prisonniers : 33,398$^{tt}$; si on ajoute à cette somme un traitement pour les officiers de.............. 18,000

$$\text{Total}\ldots\ldots\ldots\ldots\ldots\ldots\ 51,398$$

On voit que ce n'est pas l'intérêt de ce qu'on peut vendre la Bastille, ce qui fait l'economie reelle de ce qu'elle coûte annuellement.

Et, après quelques années, il y aura un fonds de vaisselle, linge, meubles appartenant au Roy, ce qui n'est pas depuis que la Bastille existe, puisqu'on a été obligé d'aller chez tous les fripiers des environs pour coucher M$^{rs}$ les Bretons [2]. Il y a tout lieu de croire que les prisonniers seront mieux traités par cet arrangement, où l'on n'aura en vue que leur bien-être concilié avec une sage economie. Ils n'auront plus, en outre, l'idée de croire qu'il est un être qui, beneficiant sur leurs depenses, tâche à la diminuer le plus possible et cherche peut-être à faire durer le temps de leurs detentions pour le profit qu'il espère en resulter.

Il est possible que, dans un moment où l'on n'est occupé que d'economie, il se trouve dans ce projet cette vue remplie, et celle de faire en même temps taire les criailleries qu'on entend sans cesse sur la Bastille et son regime.

Craindre de la detruire, parce que c'est une retenue pour les Parisiens, ne peut entrer dans la tête de personne; ce seroit tout au plus le quartier Saint Antoine qu'elle pourroit contenir;

---

[1] Il semble qu'il y ait ici une interruption dans le développement du projet; cependant la disposition matérielle même du document ne permet pas de le supposer.

[2] Il s'agit des douze gentilshommes bretons, prisonniers à la Bastille, du 15 juillet au 12 septembre 1788, et dont il a été question plus haut (page 55).

## PIECES JUSTIFICATIVES.

encore, comment dans un moment de trouble, entourée des maisons des différents particuliers? S'en servir serait leur faire partager bien vivement une emeute où ils pourroient n'être pour rien.

La Bastille coûte annuellement de 120 à 140,000 livres. Cet objet enorme peut facilement se diminuer, soit en la laissant subsister avec le retranchement des choses inutiles qui y existent et celles de nourriture passée, inutilement pour l'Etat, au profit du gouverneur, dont il faudroit réformer la place, ainsi que celle des chapelains, sage-femme, deux gardes-archives qui n'y vont jamais et des deux jeunes gens qui y travaillent à leurs places, et dont les appointemens sont en sus au compte du Roy, n'en laisser subsister qu'un, et la former suivant le tableau ci-après :

| | | | |
|---|---|---|---|
| Un lieutenant de roy commandant...... | à 18$^{tt}$ par jour... | 6,570$^{tt}$ | 9,570$^{tt}$ |
| | sur la guerre.... | 3,000 | |
| Un major...................... | à 12$^{tt}$ par jour... | 4,380 | 4,980 |
| | sur la guerre.... | 600 | |
| Un aide-major à 6$^{tt}$ par jour.......................... | | | 2,190 |
| Un chirurgien.................. | à 3$^{tt}$ par jour.... | 1,095$^{tt}$ | 1,575 |
| | sur la guerre.... | 480 | |
| Aumônier, sur la guerre............................. | | | 180 |
| Le reste en pension en un benefice simple, à charge d'exercer à la Bastille. | | | |
| 4 porte-clefs à 2$^{tt}$ 10$^{s}$ chacun, soit par an................. | | 3,650$^{tt}$ | |
| Commissaire de police à 4$^{tt}$ par jour................... | | 1,460 | |
| Architecte à 50$^{tt}$ par mois....................... | | 600 | |
| Horloger à 12$^{tt}$ 12$^{s}$ par mois....................... | | 150 | |
| Architecte à............................... | | 1,500 | 4,910 |
| Papier, plumes, encre, cire à cacheter pour les prisonniers et pour la salle du conseil, ainsi que tabac, poudre, differentes menues fournitures à allouer au major en sus de ses appointements................................................. | | 600 | |
| Pour la bibliothèque, 50$^{tt}$ par mois................... | | 600 | |
| 12 prisonniers, à 6$^{tt}$ par jour chacun au compte du Roy, et quand ils ne seront pas presents, les 6$^{tt}$ par tête mises en masse pour fournir le château en linge et meubles, qu'on est obligé d'aller louer de tous côtés s'il vient un peu plus de prisonniers........ | | | 26,280 |
| Bois pour les prisonniers et le château, environ........... | | 2,400$^{tt}$ | |
| Entretien de linge et harde pour les pauvres prisonniers..... | | 1,200 | 4,200 |
| Medicaments, environ............................ | | 600 | |
| Pour l'entretien des meubles, vaisselle, batterie de cuisine, linge de table, de lit et de cuisine, à 5$^{tt}$ par jour.................... | | | 1,825 |
| | | | 59,360$^{tt}$ |

Tout se fera par le concours et le conseil rassemblés des trois officiers, qui s'uniront entre eux pour le bien de la chose, n'ayant point d'interest et sujet qui puisse les en distraire. Voilà le premier moyen : passons au second.

### VINCENNES.

| | |
|---|---:|
| En rétablissant Vincennes et comptant de même les douze prisonniers à 6 livres chacun, la depense toujours au compte du Roy et non au profit du lieutenant de roy.................. | 26,280# |
| Appointemens du lieutenant de roy........................... | 10,000 |
| — du major.................................. | 5,000 |
| — du chirurgien............................. | 2,000 |
| — des 4 porte-clefs............................. | 3,650 |
| — du commissaire............................ | 1,460 |
| — de l'architecte............................. | 600 |
| — de l'horloger ............................. | 150 |
| Bois pour les prisonniers et officiers............................ | 2,000 |
| Entretien pour les pauvres prisonniers en linge.................... | 1,200 |
| A ajouter aux appointements du major, pour plumes, encre, etc........ | 600 |
| Entretien du linge, batterie de cuisine, meuble, etc., etc., pour le château. | 1,800 |
| | 54,740 |

En vendant le château de la Bastille et le terrein qu'il occupe, j'imagine qu'on en tireroit facilement de 12 à 15 cent mille livres. On auroit donc, en somme, de quoy payer la depense journalière de Vincennes et l'on economiseroit chaque année de 120 à 140 mille livres que coûte la Bastille.

(Bibl. de l'Arsenal, ms. 12,603.)

Cette pièce a déjà été publiée par M. Funck-Brentano, en appendice à son étude sur la Bastille, *Revue historique*, livraison de mars 1890, pages 311-316.

## XXXVI.

*Ordre de service pour la compagnie des bas-officiers.*

Du 19 avril 1789, 9 heures du soir.

Un caporal et huit hommes de garde aux casernes, prêts à marcher jour et nuit.

Deux de ces hommes seront au corps de garde de la grille, et les quatre autres à la porte de bois.

A huit heures du soir jusqu'à sept heures du matin, un de ces huit hommes sera en sentinelle dans la cour, se promenant depuis la porte de bois jusqu'au milieu de ladite cour.

S'il se presente quelqu'un pour entrer par la porte de bois, ce sentinelle avertira le caporal, qui y viendra avec deux hommes pour reconnaître, et si c'étoient plusieurs personnes réunies, il feroit venir les trois autres avant d'ouvrir, et jugeroit s'il doit les laisser passer; s'il ne le juge pas à propos, il fera fermer et avertira M. le Gouverneur.

Il y aura un officier de la compagnie, de planton toute la journée à la cazerne, qui commandera le detachement si le cas l'exige; il fera prendre les armes à la compagnie s'il le juge necessaire.

Aucun bas-officier ne sortira de l'enceinte de la Bastille sans la permission de l'officier de planton.

Les sergents feront des appels, de deux en deux heures.

La sentinelle devant les armes ne laissera sortir aucun bas-officier par la porte de bois, à moins qu'un officier ne lui dise de le laisser passer.

Les deux hommes ordinaires de la grille ne quitteront leur poste sous aucun pretexte; on aura soin de les faire relever aux heures du dîner et du souper.

Tant que la grille sera ouverte, un bas-officier au moins se tiendra à la porte en dehors, et s'ils voient affluence de monde, ils fermeront la grille et avertiront aux cazernes.

(De l'écriture de de Losme. — Bibl. de l'Arsenal, ms. 12,612.)

## XXXVII.

*État des prisonniers et autres dépenses de la Bastille pendant le mois de juin 1789.*

| | |
|---|---|
| Tavernier | 30 jours |
| Jacquet | 30 |
| De Whyte | 30 |
| Bechade | 30 |
| La Roche | 30 |
| La Corrège | 30 |
| Pujade | 30 |
| Pour faire l'état du gouverneur accordé par le Roy | 150 |
| | 360 jours |
| à | 10$^{tt}$ |
| | 3600 |

(Au dessous) :
Le C$^{te}$ de Solages.
Le C$^{te}$ de Sade.

À la page suivante, au verso :

| | |
|---|---|
| Le s$^r$ Puget, lieutenant pour le Roy | 30 jours |
| à | 9$^{tt}$ |
| | 270 |

| | |
|---|---|
| Le s$^r$ de Losme, major pour le Roy | 30 jours |
| à | 5$^{tt}$ |
| | 150 |

| | |
|---|---|
| Le s$^r$ de Mirey, aide-major pour le Roy, par mois | 100$^{tt}$ |

| | |
|---|---|
| Le sieur Chenon, commissaire, pour le travail extraordinaire | 30 jours |
| à | 4$^{tt}$ |
| | 120 |

*Subsistances et gages des quatre porte-clefs.*

| | | |
|---|---|---|
| Saint-Jean. | | 30 jours |
| Lossinot. | | 30 |
| Guyon. | | 30 |
| Fanfard. | | 30 |
| | à | 120 jours à 2ᵗʰ 10ˢ |
| | | 300 ″ |

DÉPENSES EXTRAORDINAIRES.

| | | | |
|---|---|---|---|
| Augmentation de traitement au sʳ de Losme, major. | 50ᵗʰ | ″ˢ | ″ᵈ |
| Depenses extraordinaires aux prisonniers. | 60 | ″ | ″ |
| Depenses de la salle du conseil. | 50 | ″ | ″ |
| Le sʳ abbé de Faverly, chapelain. | 75 | ″ | ″ |
| Pour unze messes extraordinaires. | 13 | 4 | ″ |
| Le sʳ abbé Duquesne, confesseur. | 125 | ″ | ″ |
| Le sʳ abbé de Mac-Mahon. | 41 | 13 | 4 |
| Le sʳ abbé de Fosserier. | 25 | ″ | ″ |
| Traittement du sʳ Hurel, chirurgien-major. | 50 | ″ | ″ |
| Traittement du sʳ Poyet, architecte. | 50 | ″ | ″ |
| La dame vᵉ Defferend. | 150 | ″ | ″ |
| La dame vᵉ Farconnet. | 8 | 6 | 8 |
| Le sʳ Chevalier de Sᵗ Sauveur. | 333 | 6 | 8 |
| Le sieur Bailly. | 150 | ″ | ″ |
| La dame vᵉ Lecocq. | 53 | 6 | 8 |
| Baron, ancien porte-clef. | 30 | ″ | ″ |
| D'Aragon, *idem*. | 30 | ″ | ″ |
| Mourlot, dit Comtois, *idem*. | 30 | ″ | ″ |
| Lossinot, dit Sᵗ Louis, *idem*. | 45 | ″ | ″ |
| Le Jeune, horloger du château. | 22 | 10 | ″ |
| Pour le sʳ Bouyn, employé aux Archives. | 250 | ″ | ″ |
| Pour le sʳ Mariage, *idem*. | 100 | ″ | ″ |
| Traittement de la dame Choppin. | 12 | 10 | ″ |
| Pour la formation d'une bibliothèque. | 50 | ″ | ″ |
| Secours annuel à la dame de Pelleport. | 25 | ″ | ″ |
| Depenses faites pour mettre l'artillerie du château en état de servir, arrêtées à la somme de 217ᵗʰ 7ˢ, suivant la lettre de M. de Villedeuil, du huit de ce mois, cy. | 217 | 7 | ″ |
| Memoire du sʳ Chenon pour anonces faites aux prisonniers pendant le second quartier, cy. | 68 | 12 | ″ |
| Haute paye de deux sols par jour, accordée aux 82 bas-officiers invalides formant la compagnie détachée pour le service de ce château, d'après la lettre de M. de Villedeuil, du moys dernier, à raison de 8ᵗʰ 4ˢ par jour. | 246 | ″ | ″ |
| | 2301 | 16 | 4 |

PIÈCES JUSTIFICATIVES.

RÉCAPITULATION : 3600ᴸ " "ᵈ
270 " "
150 " "
100 " "
120 " "
300 " "
2301 16 4

6841 16 4

Certiffié le present état veritable, par nous, gouverneur du château, le mercredi 1ᵉʳ juillet 1789.

DE L. (en paraphe).

Il est dû, pour la nourriture des prisonniers et autres depenses de la Bastille, pendant le mois de juin mil sept cent quatre vingt neuf :

| | | | |
|---|---:|---:|---:|
| Pour trois cent soixante jours, à raison de six livres par jour...... | 3600ᴸ | " | "ᵈ |
| Pour trente jours, à raison de neuf livres par jour............ | 270 | " | " |
| Pour trente jours, à raison de cinq livres par jour............ | 150 | " | " |
| Pour ce mois, à raison de douze cents livres par an........... | 100 | " | " |
| Pour trente jours, à raison de quatre livres par jour.......... | 120 | " | " |
| Pour cent vingt jours, à raison de deux livres dix sols par jour.... | 300 | " | " |
| Pour depenses extraordinaires......................... | 2301 | 16 | 4 |
| TOTAL : six mille huit cent quarante une livres seize sols, quatre deniers............................. | 6841 | 16 | 4 |

(Bibl. de l'Arsenal, ms. 12,609. — La feuille du mois de juillet 1789 a été préparée dans ses intitulés, mais est naturellement demeurée en blanc.)

## XXXVIII

*Mémoire de faits autentiques concernant la prise de la Bastille* [1].

On croiroit qu'un évènement devroit être d'autant mieux éclairé au fond et dans ses détails qu'un plus grand nombre d'acteurs et de témoins y auroient assisté. Il arrive presque toujours

---

[1] Cette relation occupe les pages 171-195 du tome I de l'*Histoire autentique et suivie de la Révolution de France* (Londres, 1792, 2 vol. in-8°). L'ouvrage paraissait en numéros, sous forme de lettres, de «correspondance avec un étranger». Quelques pages plus haut (note 1 de la page 162), l'auteur avait annoncé le mémoire en question, déclarant que ce qu'il doit dire sur la prise de la Bastille «est tout neuf, contraire absolument à ce qu'en ont rapporté les meilleurs écrivains qui en ont parlé en *France* et que je me flatte enfin d'avoir

trouvé, si non la vérité, au moins la vraisemblance».

Ajoutons que [a] si nous avons cru nécessaire de réimprimer ici cette relation, dont on appréciera la valeur critique, c'est en raison de la rareté extrême de la publication. M. Maurice Tourneux, qu'il faut remercier de l'avoir signalée le premier aux historiens de la Bastille (n° 304 du tome I de sa *Bibliographie de l'Histoire de Paris pendant la Révolution française*), déclare n'en connaître qu'un seul exemplaire, celui de la Bibliothèque nationale coté Lc² 2278.

---

[a] Nous avons cru devoir aussi en reproduire rigoureusement toutes les notes.

le contraire, parce que tous ces acteurs, tous ces témoins, agités de passions diverses, mûs par des intérêts opposés, au lieu de rendre la vérité au naturel, l'altèrent et la déguisent.

La prise de la *Bastille* présente à cet égard des difficultés plus extraordinaires encore. Une partie de ceux qui pourroient déposer des faits étoient des bandits, des gens sans aveu, sans foi, accoutumés à vivre dans le désordre, attirés par l'appât du pillage, conséquemment indignes même d'être interrogés. Les autres étoient des gens grossiers, des dieux *d'Egypte*, aiant des yeux sans voir, des oreilles sans entendre, et incapables de rendre compte de leurs propres actions. Le petit nombre enfin de citoiens honnêtes et éclairés qui mériteroient quelque confiance, avoient la tête si fort exaltée, par une façon d'être toute nouvelle, qu'on doit les regarder comme des visionnaires, aiant vu ce qui n'étoit pas, ne voiant pas ce qui étoit; aux yeux desquels les cirons se transformoient en éléphans, et les éléphans en cirons. Les seuls officiers de l'état-major, s'ils n'avoient pas été massacrés, auroient pu, comme acteurs, comme témoins, comme militaires, jeter un grand jour sur ce fait historique important. Trois cependant vivent encore, mais l'un [1] est en fuite, est étranger et parle fort mal le *françois*. L'autre [2] étoit blessé en quatre endroits différens, conséquemment hors d'état d'observer. Depuis qu'il a été rétabli de ses blessures, il n'a démenti aucun des faits avancés dans ce mémoire. Le dernier est M. le chevalier DU PUGET, lieutenant du roi, longtems obligé de se cacher, mais enfin qu'on a pu interroger, et de qui l'on tient plusieurs particularités. Du reste, l'on n'a épargné aucunes recherches pour parvenir à la vérité. Tout a été scrupuleusement examiné et consulté. Garnison du château, invalides [3], porte-clefs [4], prisonniers [5], assiégeans, assiégés, ont été tour à tour questionnés, confrontés, et l'on n'avance aucun fait qui n'ait été suffisamment débattu, pour découvrir la vérité autant qu'il est possible, dans un pareil cahos de mensonges et de contradictions.

Depuis l'émeute arrivée au fauxbourg *Saint-Antoine*, le Gouverneur de la *Bastille* avoit conçu des craintes pour sa forteresse; il avoit pris les précautions qui dépendoient de lui, et sollicitoit du gouvernement les secours dont il avoit besoin.

On comptoit sur les tours de la *Bastille*, il est vrai, quinze pièces de canon [6]; mais ces pièces étoient montées sur des affuts et chassis marins, et ne pouvoient avoir d'autre destination que de servir aux réjouissances. Après une première décharge, les canoniers n'en pouvoient faire une seconde sans être exposés au feu de la mousqueterie ennemie. Afin de l'éviter, il auroit fallu recourir au moien long et pénible des leviers, pour reculer la pièce après chaque décharge. On avoit en outre, depuis un mois environ, placé dans la grande cour, en face de la porte d'entrée, trois autres pièces de canon de campagne, de 4 livres de balles, ammenées de l'arsenal. Elles étoient chargées à mitraille.

Le Gouverneur avoit, de plus, fait tirer du magazin d'armes et entrer dans le château douze fusils de rempart, ou *Amusettes du comte de Saxe*, portant chacun une livre et demie de balle. Il en avoit fait préparer six pour sa défense; les autres n'étoient pas encore en état. Les munitions répondoient à la mauvoise disposition de l'artillerie [7], sauf la poudre, dont on avoit

---

[1] Mr. LOUIS DE FLUE, lieutenant de grenadiers au régiment de *Salis-Samade*.

[2] Mr. CARON, lieutenant d'une compagnie d'invalides.

[3] Les invalides avoient composé pour leur justification un mémoire qui est la base de celui-ci.

[4] Il n'en est resté que 3 : les nommés TRECOUR, GUYON, FANFARD.

[5] Il ne s'en trouvoit que sept lors de la prise de la *Bastille*: MM. TAVERNIER, le comte de SOLAGES, DE WYTHE, PUJADE, LA ROCHE, LA CAURÈGE, BECHADE.

Ces quatre derniers étoient décrétés de prise de corps au *Châtelet*, et accusés de la fabrication de fausses lettres de change.

[6] Onze de 8 livres de balle, et 4 de 4.

[7] Ces munitions consistoient en 400 *biscayens* (ce sont des balles grosses comme des balles de

transporté, dans la nuit du 10 au 13 (*sic*) juillet, environ 30 milliers [1], de l'Arsenal dans la *Bastille*.

M. DE LAUNAY, pour suppléer à ce qui lui manquoit, 2 ou 3 jours avant le siège, avoit fait porter sur les six tours six voitures de pavés, de vieux ferremens, des boulets hors de calibre. Son objet étoit de défendre les approches du pont, dans le cas où les munitions seroient épuisées, dans le cas aussi où les assiégeans s'en approcheroient assez pour que le canon ne pût plus les atteindre; ce qui devoit nécessairement arriver par le peu de précautions prises pour faire jouer le canon et le diriger en tous sens [2].

Tous les ponts-levis étoient aussi réparés, tous les gardes [fous] enlevés pour qu'ils ne pussent pas servir à passer le fossé, lorsque les ponts seroient levés, et l'on avoit pratiqué des meurtrières, mais si mal adroitement [3] qu'elles n'ont servi de rien et ne pouvoient servir.

Les provisions de bouche avoient été encore plus négligées : elles ne consistoient qu'en deux sacs de farine et un peu de riz. Il y avoit du bois, mais il n'y avoit d'autre four qu'un petit four à pâtisserie. L'eau n'y arrivoit que par des canaux aboutissant à un bassin extérieur. L'on pouvoit aisément l'intercepter ou l'empoisonner. Il se trouvoit bien un puits dans les fossés; c'étoit même une espèce de source; mais que de danger à courir avant d'y arriver : il y avoit dans l'intérieur un autre puits, dont l'eau ne devoit pas être potable.

La garnison étoit composée de quatre-vingt-deux soldats invalides, dont deux canoniers uniquement, et de trente deux soldats du régiment *Suisse* de *Salis-Samade*, le seul renfort [4] qu'ait reçu le Gouverneur, depuis peu.

Le chevalier DU PUGET rapporte que depuis longtems il écrivoit au baron DE BEZENVAL pour lui demander que la *Bastille* fût mieux dans la position imposante que les circonstances exigeoient. Par les lettres du maréchal DE BROGLIE, entrant au généralat [5], on juge qu'il pensoit de même.

On voit de plus qu'il avoit des inquiétudes sur la capacité du Gouverneur, qu'il auroit changé, s'il n'eut été retenu par les considérations trop écoutées en pareil cas. Comment donc la forteresse en question s'est-elle trouvée dénuée de tout ? Le chevalier DU PUGET prétend que M. de Bezenval s'entendoit avec son ami M. NECKER, l'agent secret des insurrections, et ne voulant pas que la cour fût débarrassée des sollicitudes qu'elles lui donnoient. C'étoit pour

billard), en 14 coffrets de boulets *sabotés* (boulet qui porte avec lui sa cartouche), en 15 mille cartouches et en un petit nombre de calibre.

[1] Deux cens cinquante barils, du poids de cent vingt cinq livres chacun.

[2] M. DE LAUNAY, pendant la nuit, quelques jours auparavant, avoit bien eu le soin de faire tailler les embrasures des canons, d'environ un pied et demi. Malgré cela, les 2 placés en face du gouvernement ne pouvoient défendre le second pont et pouvoient seulement revenir sur le premier, appellé *Pont de l'avancée*.

[3] M. DE LAUNAY avoit fait une sorte de meurtrière dans une fenêtre de son logement, en la remplissant intérieurement de madriers de chêne assemblés, dans lesquels il avoit pratiqué cinq ou six ouvertures propres à y placer le canon d'un fusil. Elle ne fut d'aucune utilité, parce que le Gouverneur s'étoit retiré dans le fort même, avant l'attaque.

Quant aux meurtrières pratiquées dans les tours, les ouvertures ne se sont pas trouvées assez grandes pour le calibre d'un fusil de rempart. Du moins l'essai fait dans une a démontré l'impossibilité de celle-là.

[4] La garnison, en état de paix, devoit être composée d'une compagnie de cent invalides. Ainsi l'on voit que ce renfort ne faisoit presque que la completter, et que 14 hommes de plus ne pouvoient la mettre en état de guerre.

[5] Ces lettres adressées au baron de Bezenval ont été lues publiquement au *Châtelet* le samedi 11 décembre, lors du 4° interrogatoire de cet accusé, suivant le désir qu'il en a témoigné.

favoriser les vues de ce ministre que le baron négligeoit sciemment de remplir les intentions du général; et voilà le principe du zele extraordinaire avec lequel à son retour à *Paris*, M. Necker defendoit ce fugitif, dont l'évasion assurait le secret de toute l'intrigue. Ainsi, M. de Bezenval, accusé par le peuple, en devroit au contraire recevoir les félicitations et les récompenses. Mais, sans se livrer à ces conjectures, arrêtons-nous aux faits.

L'insurrection commença le 12 juillet au soir, et chacun prit les armes comme il put. Dès le 13 au matin, M. de Launay fit armer et rentrer sa garnison dans l'intérieur. Il fit fermer les portes du quartier [1], où elle laissa tous ses effets; deux soldats seulement restèrent en dehors, pour veiller à l'ouverture et à la fermeture des portes donnant, soit sur l'*Arsenal*, soit sur la rue *Saint-Antoine*. Ces deux soldats furent bientôt enlevés et conduits à la Ville. Après des motions bien vives faites à leur sujet par la populace, après bien des dangers courus, ils ont depuis obtenu leur liberté. Leur arrêt et leur détention étoient déjà un attentat contre l'autorité roiale, et si l'on veut le qualifier plus honnêtement, un acte d'hostilité entre ennemis, qui motivoit et nécessitoit une défense très légitime.

Dans la nuit du 13 au 14, l'on tira sept coups de fusil à balle contre des factionnaires mis en vedette : seconde agression plus violente.

Le 14, sur les dix heures du matin, trois particuliers [2] vinrent à la grille de la *Bastille*, se dirent députés de la ville, et demandèrent à parler au Gouverneur, qui fit baisser le petit pont-levis de l'avancée et se présenta escorté de son état-major. Voyant une foule immense à la suite de ces trois hommes, il leur observa qu'eux seuls pouvoient entrer, et qu'il alloit faire sortir quatre bas-officiers pour ôtages au peuple, jusqu'à leur retour.

On ne sait point au juste ce qui se passa dans cet entretien; mais lorsque la seconde députation arriva, elle reconnut le s<sup>r</sup> Belon, que M. de Launay faisoit déjeûner avec lui en ce moment [3].

Après la sortie du s<sup>r</sup> Belon et de ses collègues, M. de la Rosière parla de la sorte à M. de Launay :

«Je viens, *Monsieur*, au nom de la Nation et de la Patrie, vous représenter que les canons que l'on voit braqués sur les tours de la *Bastille* causent beaucoup d'inquiétude, et répandent l'allarme dans tout *Paris*. Je vous supplie de les faire descendre, et j'espère que vous voudrez bien acquiescer à la demande que je suis chargé de vous faire.»

*Cela n'est pas en mon pouvoir*, lui répondit le Gouverneur : *ces pièces ont de tout tems été sur les tours; je ne peux les en faire descendre qu'en vertu d'un ordre du Roi. Instruit déjà des allarmes qu'elles causent dans Paris, ne pouvant pas les faire ôter de dessus leurs affuts, je les ai fait reculer et sortir des embrasures.*

M. de la Rosière désira d'entrer dans la cour intérieure; il en demanda la permission à

---

[1] Ce quartier, comme la cazerne de la Garnison, étoit en dehors, en face du Gouvernement et du premier pont-levis, appellé *pont de l'avancée*. Il y avoit entre deux une cour servant de rue dans le jour, et qu'on appelloit *Cour du passage*. Elle traversoit, depuis la rue *Saint-Antoine*, jusques dans l'*Arsenal*.

[2] On ne sait que le nom de l'un des trois, le s<sup>r</sup> Belon, officier de l'Arquebuse. On croit que les deux autres étoient un sergent des gardes de la ville et un sergent aux *Gardes-Françoises*.

[3] Ce fait est attesté par M. Thurion[a] de la Rosière, avocat au Parlement, premier électeur du directoire de Saint-Louis de la Culture, et député de ce même district à la Bastille.

[a] Sic pour Thuriot

M. de Launay qui ne la lui accorda que sur l'invitation de M. de Losme, major, depuis si indignement massacré. A peine y fut-il que, prenant un ton d'autorité très déplacé, il somma les officiers et les soldats qu'il y trouva, au nom de l'honneur, de la Nation et de la Patrie, de faire changer la direction des canons et de se rendre. Sur la provocation même du Gouverneur, les officiers et les soldats jurèrent qu'ils ne feroient pas feu et ne se serviroient pas de leurs armes, si l'on ne les attaquoit.

Non content de toutes ces complaisances, M. de la Rosière voulut monter sur les tours pour voir chaque chose par lui-même et être en état de rendre un compte plus fidèle à son district. Descendu avec le Gouverneur dans la cour, il témoigna sa haute satisfaction en présence de la garnison, il se flatta que le peuple l'en croiroit, et parla d'une garde bourgeoise à introduire dans la *Bastille* pour y faire le service, conjointement avec les troupes du roi. Comme M. de la Rosière étoit rentré au gouvernement avec M. de Launay, le peuple, impatient de ne pas voir revenir ce député, le demanda violemment. M. de la Rosière parut à une fenêtre, le calma et sortit.

Une petite demi-heure après, quelle fut la surprise de la garnison en voyant arriver la populace en foule, armée de fusils, de sabres, d'épées, de haches, etc., et criant: *Nous voulons la Bastille; en bas la troupe!* en parlant aux soldats qui étoient sur les tours.

La garnison, ne sortant pas de son esprit de modération, pria, supplia ces mutins de se retirer, leur exposa la nécessité où elle seroit de dissiper leur attroupement par la force, s'ils se portoient à quelques excès et à des voies de fait. Pendant ces représentations, deux hommes[1] montèrent sur le toit du corps-de-garde qui étoit à côté du petit pont-levis dans la cour du gouvernement, y descendirent, cherchèrent les clefs du pont et ne les trouvant pas, à l'aide d'une hache qu'on leur fit passer, brisèrent les verroux et serrures, tandis que de l'autre côté on travailloit à enfoncer les portes.

On ne sait qu'admirer le plus ou de l'audace intrépide de ces deux hommes, s'exposant seuls et sans défense à tant de dangers, ou de la faiblesse du Gouverneur et de la garnison qui, sans coup férir, les laisse exécuter un projet aussi dangereux, aussi facile à renverser.

Quoiqu'il en soit, pendant que M. de Launay et ses officiers s'en tiennent aux menaces, ces deux vigoureux champions parviennent à briser les portes et à baisser le grand et le petit ponts de l'avancée[2]; puis la horde des brigands s'avance en foule dans la cour du gouvernement et se précipite vers le second pont, pour s'en emparer, en faisant une décharge de mousqueterie sur la troupe.

C'est alors pour la première fois que s'appercevant du tort qu'il avoit eu de laisser opérer si tranquillement au premier pont, M. de Launay ordonne aux soldats de faire feu, ce qui fait fuir et se retirer en desordre cette canaille, aiant plus de brutalité que de bravoure; et c'est ici qu'on a commencé à calomnier le Gouverneur; que, transposant les tems, on a pretendu

---

[1] L'un est le sr Louis Tournay, ancien soldat au régiment *Dauphin-Infanterie*, et actuellement compagnon charron chez le sr Gerard, rue de *Bracque au Marais*. On n'a pu decouvrir le nom de l'autre, qui a peut-être été tué depui. Quoi qu'il en soit, ces deux hommes montèrent d'abord sur une maison adossée au mur extérieur du fossé, d'où ils sautèrent dans une galerie découverte intérieure, qui regnoit le long de ce mur, appelée le *Chemin des Rondes*, parce qu'il s'y promenoit perpétuellement des sentinelles pour observer ce qui se passoit au dedans du château. De ce chemin des rondes, ils étoient parvenus facilement au petit corps-de-garde, etc. L'étonnement est qu'ils n'aient pas été fusillés ou massacrés pendant qu'ils étoient seuls dans la première cour à faire toutes leurs manœuvres pour briser les portes.

[2] Les chaînes ne furent pas coupées par l'artillerie, ainsi que beaucoup de relations l'ont prétendu, et toute cette manœuvre ne fut que le succès des efforts du sr Tournay et de son camarade.

qu'il avoit fait porter des paroles de paix; que le peuple s'etoit avancé dans cette confiance, et que beaucoup de citoiens avoient été massacrés. Par la déposition de la garnison entière, déposition qui n'est contestée par aucun des assaillans dignes de foi, on juge de la fausseté de l'imputation; on juge de quel côté etoit le tort; il est constaté que, si M. DE LAUNAY en a eu un, c'a été envers le Roi, pour avoir laissé approcher un attroupement armé aussi considérable, menaçant, faisant feu, se portant à des actes de violence caractérisés, sans avoir usé en rien de la force qui lui étoit confiée, pour le repousser et l'écarter. Avançons cet incroyable récit.

Les mutins retirés en partie sous la voute de la porte en bois, dans la cour de l'Orme, du côté de l'*Arsenal*, sur la gauche de la forteresse, et, à la droite, sous celle de la grille du côté de la rue *Saint-Antoine*, font un feu continuel, sans oser cependant revenir à l'attaque du second pont.

Une heure après, l'on entend, du côté de l'*Arsenal*, le bruit d'un tambour accompagné de cris et d'acclamations terribles, et l'on voit un drapeau escorté par une foule immense de citoiens armés. Ce drapeau reste dans la cour de l'*Orme* avec la plus petite portion de la troupe qui l'avoit accompagné; la plus considérable s'avance jusques dans la Cour du Gouvernement, en criant à la garnison de ne pas faire feu, que ce sont des députés de la ville qui veulent parler au Gouverneur et le prient de descendre.

On leur répond, du haut des tours, de faire avancer le drapeau et les députés de la ville, et d'engager le peuple à se retirer dans la Cour du passage. En même tems, tous les fusiliers, en signe de trêve, retournent leur fusil le canon bas et la crosse haute [1], et l'on arbore sur la platte-forme un pavillon blanc, puis on réitère unanimement l'appel de paix et d'invitation. « Ne craignez pas, dit-on, nous ne ferons pas feu, restez où vous êtes. Faites avancer votre drapeau et les députés, le Gouverneur va descendre pour leur parler. Nous allons baisser le pont-levis pour les faire entrer et six de nous sortiront pour vous servir d'ôtages. »

Soit que les députés [2] n'entendissent pas ces invitations, soit plutôt qu'ils n'osassent s'y fier, car au moins devoient-ils voir l'attitude amicale des soldats et le signal de suspension d'armes et d'appel, ils ne se portèrent que jusques au Pont de l'avancée, où ils restèrent environ dix minutes. En vain on leur cria de nouveau : « Venez vous expliquer avec le Gouverneur; vous n'avez rien à risquer; nous répondons de vous sur notre tête. » Sans écouter ces propositions, ils rentrèrent dans la cour de l'*Orme*, pour se consulter, vraisemblablement à l'abri de toute crainte et plus à l'aise.

La garnison, allarmée de leur retraite, les rappella pour la troisième fois, et promit de leur remettre la *Bastille*, s'ils étoient de vrais députés de la ville. Rien ne put calmer leurs allarmes, et ils revinrent à l'Hôtel-de-Ville sans avoir rempli leur mission. Pour s'excuser, ils ne craignirent point de calomnier les soldats de la *Bastille* et le Gouverneur. Ils rapportèrent, en convenant de tout ce qui a été dit ci-dessus et des préliminaires favorables avec lesquels ils avoient été accueillis, que par une insigne trahison, au moment où le peuple, sur l'invitation de M. DE CORNY, commençoit à se retirer, ils avoient vu pointer une pièce de canon sur la cour de

---

[1] Cet ordre auroit dû être donné par le Gouverneur, qui étoit aussi sur les tours, ou de sa part; mais il paroit qu'il n'y avoit pas plus de subordination en haut qu'en bas; et ce fut un bas-officier nommé GUYOT DE FLÉVILLE, à qui l'idée en vint, et qui la communiqua à ses camarades.

[2] Ces députés étoient M. ETHYS DE CORNY, procureur du Roi [et] de la Ville; M. DE LA FLEURIE, du district des filles de *Saint-Thomas*; M. DE MILLY, du même district; M. DE BEAUBOURG et M. le comte DE PIQUOT DE SAINTE-HONORINE, qui avoient demandé à l'accompagner; M. BOUCHERON, du district de *Saint-Louis*; M. COUTANS, commissaire de police de la Ville; M. JOANNON qui portoit le drapeau; M. SIX, architecte, et un tambour du régiment des Gardes-Françoises.

l'Orme [1], et [qu']ils reçurent dans le moment une décharge de mousqueterie qui tua trois personnes à leurs pieds [2].

Indépendamment de toutes les [in]vraisemblances qui doivent faire suspecter ce récit, consigné cependant comme authentique dans le procès-verbal des Électeurs, c'est que M. de Corny et ses co-députés ne sont pas même d'accord entre eux, puisque M. Boucheron prétend avoir été le seul, avec une autre personne de la députation, qui ait eu le courage de s'avancer et de se présenter jusques au second pont-levis.

Quoiqu'il en soit, M. de Launay ne pouvant avoir quelque confiance à de pareils envoiés, et ne reconnoissant en rien dans leurs manœuvres timides la franchise qui devoit caractériser leur mission, dit à la garnison : « Vous devez voir, Messieurs, que ces députés et ce drapeau ne sont pas de la Ville; c'est sûrement un drapeau dont la populace s'est emparée, et dont elle se sert pour nous surprendre. Si c'étoient vraiment des députés, ils n'auroient pas hésité, d'après les promesses que vous leur avez faites, de venir me faire part des intentions de l'Hôtel-de-Ville. »

Les députés de cette dernière, après avoir parlementé entr'eux pendant environ un quart d'heure dans la cour de l'*Orme*, partirent pour retourner à l'Hôtel-de-Ville. La canaille revint de nouveau, en foule, à l'attaque du second pont, résolue de l'abattre comme le premier. Les bas-officiers, s'en tenant encore aux menaces, crioient des tours aux assaillans de ne pas avancer, qu'on alloit faire feu sur eux; mais ceux-ci ne vouloient rien entendre. Au desordre qui regnoit dans cette cohue armée, à ses cris, à ses fureurs, à ses imprécations, à son acharnement, la compagnie pensa que le Gouverneur avoit bien jugé que les *quidams* s'étant présentés comme tels n'etoient pas des députés de la ville, et sur l'ordre du commandant, les fusiliers firent feu. Cette décharge dispersa les mutins, et plusieurs restèrent sur la place.

Ils ne se retirèrent pas loin, et continuèrent à tirer sur les bas-officiers postés sur les tours. Ce fut alors qu'ils commencèrent à briser à coups de haches les portes du quartier. Incommodés par le feu de la place, ils ne purent les enfoncer entièrement, ils les abandonnèrent, coururent forcer celles de derrière et pillèrent le quartier.

Une heure après, ils amenèrent trois voitures de paille et mirent le feu au corps-de-garde avancé, au gouvernement et aux cuisines. Ce fut dans ce moment que l'on tira un coup de canon à mitraille, le seul qui soit parti de la *Bastille* pendant le combat [3].

Il faut placer ici une seconde députation de la municipalité en vertu de l'arrêté suivant : « Le Comité permanent de la milice *Parisienne*, considérant qu'il ne doit y avoir à *Paris* aucune force militaire qui ne soit sous la main de la Ville, charge les députés qu'il adresse à M. le marquis de Launay, commandant de la *Bastille*, de lui demander s'il est disposé à recevoir dans cette place les troupes de la milice *Parisienne*, qui la garderoient, de concert avec les troupes qui s'y trouvent actuellement, et qui seront aux ordres de la Ville. »

[1] La fausseté de ce récit se manifeste même par la conduite de ces députés. S'ils avoient vu pointer cette pièce de canon contre la cour de l'*Orme*, certes, ce n'auroit pas été dans cette cour qu'ils se seroient réfugiés; ils auroient choisi la voûte d'entrée du côté de la rue *Saint-Antoine*. D'ailleurs, ils conviennent que cette pièce de canon n'a pourtant pas été tirée.

[2] Quant à cet autre fait, il y a mille contre un et davantage à parier que la décharge aura été faite mal adroitement par quelques uns des assaillans, qui voulant attraper les Invalides, auront tué les leurs. C'est d'autant plus croiable qu'il paroit constant que cette multitude armée et en desordre n'a cessé de faire feu, même pendant que la deputation s'avançoit. Enfin comment se seroit-il fait que les Invalides, qui eurent ensuite bien de la peine à se porter à une défense légitime, se fussent prêtés à une perfidie semblable?

[3] Ce fait, le plus difficile à croire, est démontré par la déposition unanime des Invalides, des *Suisses*, des porte-clefs et de quelques assiégeans.

Cet arrêté fut apporté à la *Bastille* par M. DE LA VIGNE, président des électeurs, l'abbé FAUCHET, CHIGNARD, électeurs, et BOTTIDANT, député suppléant de *Bretagne* aux États généraux. Mais ces commissaires, aussi peu expérimentés dans de pareils messages que les premiers, et n'étant pas doués d'ailleurs d'une plus grande intrépidité, venus par la rue *Saint-Antoine*, essaièrent trois fois de percer la foule des assaillans. Témoins du carnage qui régnoit autour d'eux, tandis qu'ils faisoient lecture de l'arrêté aux bandits armés, et n'aiant ni tambour ni drapeau, ne pouvant se faire reconnoître d'aussi loin, ils reculèrent trois fois et finirent, comme les premiers, par retourner à l'Hôtel-de-Ville, sans s'être mis serieusement en état de s'acquitter du devoir sacré dont ils étoient chargés. Qui le croiroit cependant ? L'un d'eux [1], prêtre et prédicateur, dans la chaire de vérité [2], calomniant de nouveau M. DE LAUNAY, son état major et ses soldats qui ne savoient pas seulement qu'il existât une seconde députation, se glorifiant d'une intrépidité chimérique, a osé les accuser de lâcheté et de trahison en cette autre circonstance.

Cette seconde députation, par sa propre faute, fut donc aussi infructueuse que la première, et les efforts des assaillans n'étoient pas plus heureux. Quelques-uns même, s'appercevant du tort que leur faisoient les voitures de paille mises en feu, et l'incendie qui en avoit résulté, seulement favorable au pillage, essaièrent de retirer ces voitures. Les sieurs RÉOLE, mercier, près *Saint-Paul*, et ROSSIGNOL, orfèvre, son compagnon d'armes, se distinguèrent par leur audace dans cette entreprise. M. Elie, officier de la Reine, les seconda et leur rend la justice qui leur est dûe. Le premier vint à bout, lui seul, d'écarter la voiture qui présentoit le plus de danger, et la plus essentielle à retirer, en ce qu'elle étoit placée précisément en face du pont tournant, et bouchoit l'entrée du fort, en sorte que loin de protéger la prise de la Bastille, elle la defendoit.

C'est alors que parurent les Gardes Françoises et qu'on observa quelque bon sens, quelque connoissance militaire dans ce siège qui, jusques là, ressembloit beaucoup plus à une émeute sans but et sans plan. Ils pointèrent du canon [3] des deux côtés en face de la place, et essaièrent de la battre en brèche. Cet appareil d'une guerre sérieuse n'eût pas suffi pour réduire la *Bastille*, si la garnison eût eu à combattre des ennemis de l'État et de la nation; si elle n'avoit pas manqué de vivres.

Les bas-officiers invalides sollicitèrent donc M. DE LAUNAY de se rendre. Ce gouverneur désespéré, aiant perdu la tête, voulut mettre le feu aux poudres et faire sauter la forteresse. Deux de ses officiers, nommés FERRAND et BECQUARD, l'en empêchèrent et sauvèrent ainsi *Paris* d'une catastrophe épouvantable. Pour récompense, les *Parisiens*, après la reddition de la *Bastille*, en arrachant l'un d'eux, l'infortuné BECQUARD, blessé de plusieurs coups d'épée et mutilé d'un poignet par un coup de plat de sabre, ils le traînèrent à la *Grève*, où ils le pendirent. Ils promenèrent ensuite en triomphe cette main libératrice, qu'ils auroient dû baiser et conserver comme une relique [4].

---

[1] L'abbé FAUCHET.

[2] Le 5 août, M. l'abbé FAUCHET prononça, dans l'église de *Saint-Jacques* de la Boucherie et des Innocens, un discours fanatique et incendiaire en forme d'oraison funèbre des héros morts au siège de la *Bastille*.

[3] Cette attaque, très faible encore, ne consistoit qu'en deux pièces de 4, un canon plaqué en argent, venant du garde meuble, et un mortier, placés dans la cour de l'*Orme*, puis en deux autres pièces dressées à la porte qui communiquoit au jardin de l'*Arsenal*.

[4] Ceci n'est que l'exemple d'une fatalité déplorable; les *Parisiens* ignoroient absolument cette obligation. Ils croioient promener la main d'un porte-clef; mais le camarade de BECQUARD, le nommé FERRAND, qui a été conservé et dont on ne peut ignorer aujourd'hui la belle action, est resté sans récompense.

M. DE LAUNAY, détourné de son dessein, assemble la garnison et lui demande quel parti prendre. Il déclare n'en voir point d'autre que de se faire sauter, plutôt que de s'exposer à être égorgé par le peuple, à la fureur duquel on ne pouvoit échapper. Son avis est donc de remonter sur les tours, de continuer à se battre et d'en venir à l'extrémité proposée, quand les munitions ou les forces leur manqueront. L'officier qui commandoit les *Suisses*, le seul qui eût soutenu jusques là le Gouverneur dans la résolution de résister; qui lui avoit déclaré n'oser jamais retourner à son corps si une forteresse commise à sa garde se rendoit sans coup férir; qui avoit fait menacer les Invalides par ses soldats de les fusiller s'ils persistoient dans leur lâcheté, dans leur refus de défendre la place; cet officier auroit bien été du même avis; mais le grand nombre l'emporta, et l'on arbora de nouveau sur les tours le drapeau blanc. Deux invalides firent trois fois le tour de la platte-forme, ce qui dura environ un quart-d'heure, et les assaillans n'en continuèrent pas moins de faire feu. Pendant ce tems, M. DE LAUNAY, roulant dans sa tête mille pensées, sinistres avant-coureurs de sa destinée, demandoit, comme une grâce, un seul baril de poudre pour se faire sauter, sans pouvoir l'obtenir.

A la fin, les assiégeans s'apperçurent qu'on ne faisoit plus feu d'aucun côté de la *Bastille;* sans rallentir le leur, ils s'avancèrent jusques au pont intérieur, et crièrent : *Abbaissez le pont.*

L'officier *suisse* leur adressa la parole à travers une espèce de creneau qui se trouvoit auprès du pont-levis, et leur demanda de sortir avec les honneurs de la guerre, ce qui fut refusé. Il écrivit ensuite ces mots : « Nous avons vingt milliers de poudre, nous ferons sauter la garnison et tout le quartier si vous n'acceptez cette capitulation. »

Il les passa en même tems par le trou dont il s'etoit déjà servi, en ajoutant qu'on vouloit bien se rendre et poser les armes, si toutefois on accordoit la vie sauve à la troupe. C'est M. ELIE, officier de la Reine, dont il a déjà été fait mention, qui reçut le papier, le lut à haute voix [1] et cria : *Foi d'officier, nous l'acceptons, baissez vos ponts.*

Sur cette promesse, le Gouverneur donna la clef du petit pont-levis, qu'il avoit dans sa poche. La porte ne fut pas ouverte que la populace se précipita dans la cour, se jetta sur les Invalides qui avoient déposé leurs armes le long du mur à droite en entrant. Les *Suisses* étoient de l'autre côté, mais ils échappèrent à cette première fureur : couverts de sarreaux de toile, on les prit pour des prisonniers.

Cette canaille étoit tellement aveuglée qu'elle se porta en foule dans le logement de l'Etat-Major, en brisa les meubles, les portes, les croisées. Pendant ce tems, leurs camarades, prenant ces pillards pour des gens de la garnison, tiroient sur eux.

Les Invalides, qui n'avoient perdu qu'un seul homme durant le combat, furent conduits comme des esclaves dans plusieurs endroits de *Paris*. Vingt-deux furent menés à l'Hôtel-de-Ville, après des humiliations et des tourmens de toute espèce. Ils y virent, en arrivant, deux de leurs camarades pendus. On les présenta à un officier de ville qui leur dit avec rage : « Vous avez fait feu sur vos concitoiens, vous méritez d'être pendus et vous le serez sur le champ. » A l'instant, la canaille cria : *Livrez-les nous que nous les pendions.* Mais les Gardes-Françoises demandèrent leur grace [2], et ce trait leur fait plus d'honneur que leur vain triomphe de la *Bastille*. Ils les escortèrent eux-mêmes jusques dans leurs casernes; ils leur donnèrent à souper et à coucher, et ne les laissèrent retourner que le lendemain à l'hôtel.

Il ne faut pas oublier l'action d'un autre soldat, qui, aiant servi dans le régiment de *Saint-*

---

[1] M. ELIE en a encore entre les mains l'original.

[2] C'est en partie au s' MARQUÉ, ci-devant sergent de grenadiers au régiment des Gardes-Françoises, que les Invalides sont redevables de ce bienfait.

*Denis*, reconnut le lieutenant du Roi, M. le chevallier DU PUGET, sorti de ce même régiment, le prit sous sa protection jusqu'au moment de le faire évader, et, détourné de ce soin précieux pour un objet plus sacré [1], fut remplacé par un camarade qui eut l'adresse de completter ce bienfait en fournissant à son prisonnier tous les moyens d'échapper à la barbarie de la populace et de fuir en sûreté.

Tous les vainqueurs ne furent pas aussi généreux. Sans parler des victimes obscures qu'ils immolèrent à leur rage, au mépris de la capitulation, ils massacrèrent presque tout l'état-major avec des atrocités dont on ne trouve point d'exemple chez les nations policées. Et ce qui démontre la stupidité de ces hommes féroces et la frénésie générale, c'est qu'ils s'en vantoient comme d'actions héroïques; c'est qu'on les en félicitoit, qu'on les couronnoit, qu'on les montroit en spectacle, et qu'on poussa la démence et la puérilité, si ce mot peut s'appliquer à de pareilles horreurs, jusques à conférer la croix de *Saint-Louis* à un soldat aux *Gardes-Françoises*, entré le premier dans la *Bastille*, lorsqu'elle venoit de capituler et d'ouvrir ses portes, jusques à présenter au Sallon son portrait [2] pour le conserver à la postérité la plus reculée.

Vingt furieux se disputèrent surtout la gloire d'avoir mis la main sur le Gouverneur [3] désarmé, de l'avoir traîné à la Grève et d'avoir porté le premier la hache sur cette tête, devenue sacrée par une capitulation.

Tandis que les vainqueurs se livroient à leur rage, ils oublioient le plus important de leur devoir : ils premenoient en triomphe les clefs sous lesquelles gémissoient les prisonniers, ignorant ce qui se passoit et dans une incertitude plus cruelle que la mort. Il fallut enfoncer les portes de leurs cachots pour les faire sortir; et témoins de tant d'horreurs, ils regrettèrent presque de revoir la lumière.

---

[1] Le chevalier DU PUGET, voyant un furieux qui vouloit mettre le feu au bâtiment de l'état-major, du côté de la tour de la Liberté où était déposée une partie des poudres, en avertit son libérateur en lui confiant ce secret, en le conjurant de se hâter et de l'abandonner à son malheureux sort.

Ce fut sur ces entrefaites que survint un second soldat, également de la connoissance de cet officier, qui l'affubla d'un sarreau, lui remit un paquet de papiers dans les mains, le conduisit au jardin de l'Arsenal, lui fit gagner l'eau, où il s'embarqua dans un petit bateau, n'osant se fier à personne; le chevalier DU PUGET erra toute la nuit dans le fauxbourg *Saint-Marceau*. Ce ne fut que le lendemain qu'un de ses amis, auquel il se fit connoître, le rencontra et apprit de lui ces diverses particularités.

Voilà donc deux fois que *Paris* a échappé aux suites funestes de l'explosion de plusieurs milliers de poudre! Depuis que les *Parisiens* ont appris ce trait intéressant du chevalier du Puget, ils sont revenus sur son compte, et lui auroient confié les postes les plus eminens dans la garde nationale, s'il n'avoit préféré de vivre dans la retraite et l'obscurité.

Du reste, le chevalier DU PUGET ignoroit le nom de ses deux bienfaiteurs, qu'il n'a pu retrouver depuis, et ce n'est sans doute pas un de ses moindres chagrins.

[2] Ce soldat nommé HENRI, dit DUBOIS, a été peint par M. LE BARBIER, et la notice du livret ne porte autre chose, sinon : soldat aux Gardes-Françoises, entré le premier à la *Bastille*. Par une autre indignité, le district des *Barnabites* qui l'a fait capitaine de sa compagnie soldée, l'a dépouillé de sa croix, et l'a remise au marquis DE LA FAYETTE. De quel droit enlever à ce soldat, qu'on récompense d'un côté, une marque honorifique dont le peuple l'avoit décoré? Assurément, ce peuple avoit autant de droit de donner une croix que de s'emparer d'une forteresse qui appartenoit au Roi, et de la raser. Mais voilà l'inconséquence ordinaire de tout ce qui se fait par passion et non par esprit de justice.

[3] M. DE LAUNAY fut décapité à la Grève, sous les yeux des Electeurs et du comité permanent au nom desquels la capitulation étoit censée faite. M. DE LOSME-SALBRAY, major, fut massacré au même lieu. M. DE MIRAY, aide-major, succomba en route à ses tourmens, ainsi que M. PERSON, lieutenant de la compagnie des Invalides.

Voilà l'historique exact des faits principaux passés à ce siège, dont il ne reste plus que de tirer le résultat :

1° M. de Launay s'est conduit avec franchise et loiauté vis à vis de toutes les députations qui lui ont été faites, et s'il a manqué envers quelqu'un, ç'a été envers le Roi, pour n'avoir pas défendu assez tôt ni assez vigoureusement la place.

2° L'on ne peut adresser que le même reproche à la garnison, qui, au lieu d'empêcher les approches de la place dès les premiers instans, ne s'est mise en devoir de combattre que pour ses propres intérêts, en quelque sorte, lorsqu'elle a vu les portes du quartier brisées, et ses effets au pillage.

3° Même en ce moment, elle a tellement ménagé les *Parisiens*, qu'elle n'a tiré qu'un seul coup de canon, dans la crainte sans doute que les citoiens innocens ne deviennent victimes d'une vengeance à exercer seulement sur la populace effrénée qui la provoquoit par une insurrection séditieuse.

4° Que c'est aux assaillans qu'il faut imputer de n'avoir pas eu les mêmes égards, la même humanité, puisque c'est d'eux seuls que sont partis les boulets qui ont causé du dommage aux citoiens paisibles.

5° La mousqueterie encore a été très ménagée, puisqu'il n'a péri que peu d'assaillans, à en juger par le relevé de la parroisse du quartier[1]. S'il y a eu beaucoup de blessés, ç'a été par leur propre maladresse, soit en manœuvrant les canons, soit en abbaissant les ponts, plutôt que par le feu de la place.

6° Si cette victoire a fait couler le sang des *Parisiens*, c'est à l'impéritie et à la peur des derniers députés de l'Hôtel-de-Ville qu'il faut s'en prendre uniquement.

7° Ce qui doit être un sujet continuel de remords pour l'officier qui reçut la capitulation[2], dont l'uniforme tint, en quelque manière, lieu de garant aux officiers de l'État-Major, c'est qu'elle fut violée peu après, et suivie de plus de meurtres que n'en avoit causé le combat.

8° C'est pourtant cet officier, qui représentant la municipalité en cette circonstance, faisoit retomber sur elle une infraction du droit des gens aussi atroce; c'est ce même officier qui, regardé comme le principal héros de l'action, fut couronné à l'Hôtel-de-Ville.

9° Enfin, tel est ce siège si célébré, la matière de tant d'oraisons funèbres, qui n'a pas coûté plus d'efforts que la plus petite bicoque, aussi peu honorable pour les assiégeans que pour les assiégés, et qui doit surtout être à jamais l'opprobre des vainqueurs.

---

[1] Le curé de *Saint-Paul* atteste n'avoir enterré que trois morts provenant de ce siège.

[2] M. Elie. Il faut cependant dire à sa décharge que les Invalides se louent des premiers assaillans qui entrèrent dans la Bastille avec M. Elie, lequel lui-même a sauvé la vie à plusieurs Invalides; mais en pareil cas, il faut non seulement de l'humanité, mais encore de la tête.

## XXXIX.

### Détail de toutes les pièces composant le modèle de la Bastille pour le département du Mont-Blanc. (Envoyé par Palloy.)

*Description generale exterieure de cette forteresse.*

*Côté A, face du faubourg Saint-Antoine.*

Cette face presente quatre tours, dont les deux du milieu sont plus avancées sur le faubourg, et servoient, sous le règne de Charles V, de porte d'entrée à la ville de Paris.

La première de ces tours, nommée la Comté, porte inscription [1] où est cinq bayes de croisées, garnies de leurs grilles et dix meurtrières; l'entre-deux de la première à la deuxième tour, une baye de croisée avec sa grille et l'entrée d'une porte.

La deuxième tour, nommée celle du Trésor, ayant quatre croisées et leurs grilles, dont une ceintrée, et deux meurtrières; à cette tour est attachée, à la souche d'une cheminée, l'échelle du citoyen Latude; l'entre-deux après la deuxième tour étoit l'ancienne tour et entrée de Paris; trois croisées, garnies de leurs grilles; celle du milieu ayant un abat-jour; l'archivolte au dessus de la porte portant cinq statues de la famille de Charles VI.

La troisième, nommée la Chapelle, garnie de deux croisées avec ses grilles et trois meurtrières; [à] l'entre-deux de la troisième et quatrième tour est placée une échelle marquant 12 toises en proportion du modèle de la Bastille, et quatre meurtrières.

La quatrième tour nommée celle du Coin; quatre croisées garnies de ses quatre grilles, et douze meurtrières.

*Côté B, face du côté de la ville.*

Cette face présente quatre tours sur le même alignement.

La cinquième de ces tours, nommée du Puits, de cinq croisées garnies de leurs grilles et douze meurtrières; l'entre-deux de la cinquième à la sixième est plein, sans grille; il n'a que trois meurtrières, où est placée l'inscription servant à marquer le nom des citoyens administrateurs du Mont-Blanc.

La sixième, nommée celle de la Liberté, quatre croisées garnies de ses grilles, huit meurtrières; l'entre-deux de la sixième à la septième tour formait l'ancienne sortie de Paris, contient six croisées garnies de ses grilles.

La septième tour, nommée de la Bertaudière, garnie de trois croisées avec ses grilles et onze meurtrières; l'entre-deux de la septième à la huitième tour en partie pleine, ayant trois meurtrières dans cette partie, et l'inscription sur l'origine de la Bastille.

La huitième tour, nommée de la Basinière, ayant sept bayes de croisées garnies de leurs grilles, et sept meurtrières.

---

[1] Nous supprimons ici et dans les paragraphes suivants la mention des lettres de renvoi au modèle, mention qui n'est pour nous d'aucune utilité.

## PIÈCES JUSTIFICATIVES.

*Côté C, de la rivière et de l'arsenal.*

Entrée principale de la Bastille, garnie de son grand et petit pont-levis, avec leurs bascules et chaînes, les portes d'entrée ferrées, trois meurtrières, dont celle du bas a servi à passer la capitulation du traître Delaunay, gouverneur de cette forteresse.

*Côté D, faisant face au boulevard.*

Ce côté étoit l'ancienne entrée du fort, ayant quatre bayes de croisées garnies de leurs grilles, et cinq meurtrières.

*Description de la plate-forme des tours.*

Au pourtour de la plate-forme régnoit un mur en pierre, qui, du côté des cours, étoit élevé de cinq pieds, et des côtés extérieurs, étoit de quatre pieds. On pouvoit, par l'ouverture des créneaux, y établir une batterie de soixante pièces de canons. Il en fut trouvé quinze pièces, lors de la prise de cette forteresse : savoir huit pièces de quatre livres de balle, et sept pièces de deux livres, montées sur leurs affuts et chargées, avec ustancils nécessaires à chaque pièce. Près de chacune d'elles, étoit un baril à poudre, et trente boulets pour le service; la sainte barbe garnie de poudre; un morceau en provenant, portant inscription. Chaque créneau étoit derasé pour baisser l'affût du canon sur le peuple. Quatre grandes guerittes étoient placées aux encoignures, telles qu'on les voit, et qui, par leurs grandeurs, formoient des corps de garde. Il y fut même trouvé des vivres. Pour arriver à cette plate-forme, des escaliers regnoient, qui facilitoient l'entrée à cinq chambres prises dans chacune des tours, dont les souches de cheminées paroissent sur la plate-forme, et à distance de six pieds en six pieds, le conduit étoit bouché par des barreaux de fer. Le haut de ces escaliers étoit couvert par des rotondes en pierre, garnies chacune de doubles portes avec croisées condamnées, à l'effet qu'en cas d'attaque et de prise de l'intérieur de ce fort, de n'être point surpris ni intercepté dans le service de l'artillerie par les assiégeans. Deux trapes, formant tampons, servoient anciennement à jetter les prisonniers condamnés à périr par les oubliettes, où ils mouroient avant que d'être parvenus au fond, par les pointes de fer formant crochet, et aigus (*sic*), placés à peu de distance. Le pavillon blanc avoit été posé par le gouverneur Delaunay sur la tour de la Basinière. L'escalier donnant sur la tour du Puits servoit au gouverneur pour se rendre sur la plate-forme, dont lui seul avoit la clef. Une croisée avec barreau maillé, et la porte doublée en fer. Rigoles au pourtour, conduisant à quatre conduits pour jetter les eaux dans les cours.

### INTÉRIEUR.

*Description de la cour du Puits, séparée de la grande par le bâtiment de l'Etat-major.*

L'escalier du côté du faubourg Saint-Antoine, conduisant à la platte-forme près le bâtiment de l'Etat-major, éclairé par cinq bayes de croisée, en haut duquel étoit le colombier du gouverneur; deux portes et dix autres croisées pour les escaliers des deux tours; un hangard, soutenu par deux poteaux, servant de bûcher au gouverneur; sur le mur, étoit placée une croix de Saint-André, garnie de crampons de fer; une petite baraque, servant de lavoir aux cuisines; un puits garni de ses trois branches de fer soutenant la poulie, avec sa chaîne en fer; un billot, servant à donner la question; une potence de fer, un crampon; une torture de corde; une guerite; le bâtiment de l'Etat-major sur la même cour, composé de douze croisées et une porte.

*Grande cour.*

De l'autre côté dudit bâtiment, un perron, à deux rampes de fer, pour arriver dans l'intérieur dudit bâtiment de l'Etat-major, où se tenoient les seances criminelles, ainsi que d'autres pièces servant à renfermer les prisonniers pour leur donner la question ordinaire et extraordinaire, ainsi que le logement des officiers employés pour le service de la Bastille. Ce bâtiment étoit éclairé par vingt cinq croisées et deux portes : au dessus de la porte du perron étoit une inscription; plus haut, une fleur de lys; au commencement du fronton étoient deux esclaves enchaînés, soutenant sur leurs epaules le cadran, marquant cinq heures un quart au moment de la prise de la Bastille; le toit dudit bâtiment couvert en tuiles; deux souches de cheminées et le clocher de l'horloge.

*Façade du côté de Paris dans son intérieur.*

Seize croisées, comprise dedans celles des deux escaliers des tours et des couloirs; deux portes d'escalier; une porte renfermant les instruments de supplice. Un perron conduisant à la chapelle, placée entre les deux tours, une porte d'entrée, un billot, un carcan, un banc de pierre; le surplus de ladite face est un bâtiment couvert en ardoise où étoit la bibliothèque[1] et éclairé par cinq croisées; trois remises avec écuries où le lieutenant de police faisoit remiser sa voiture quand il venoit presider à la chambre du Conseil; au dessus de ce bâtiment, un crampon et un bout de chaîne.

*Côté de la porte d'entrée.*

Douze croisées et deux portes pour communiquer aux deux escaliers des tours; une inscription marquant l'époque de sa construction, un bâtiment attenant la bibliothèque, servant de parloir: deux croisées et deux portes communiquant au corps de garde des invalides; corps de garde et logement; une grande grille à deux venteaux.

*Côté du faubourg Saint-Antoine dans l'intérieur.*

Dix-huit croisées, tant dans l'escalier des tours que de celles des couloirs; trois portes et un perron; une autre grande porte nommée du Trésor; une guerite; une forte torture, de vingt quatre pieds de haut avec deux chaînes, un crampon à cinquante pieds, avec un bout de chaine dans l'emplacement d'une ancienne porte [2]; près la descente des oubliettes [3], étoit placé le reservoir servant de fontaine, et la pierre recevant les eaux; un tampon avec anneau fermant le regard. Les deux cours en pavés de grais; au bas de chaque escalier et au milieu de chacune des tours étoient les cabinets d'aisance. Dans la grande cour, un emplacement de dix huit pieds de longueur sur neuf pieds de largeur étoit couvert en dalle, sous lequel étoit pratiqué un caveau d'un long carré creusé jusqu'à l'eau, servant à jetter les cadavres des prisonniers qui

---

[1] Ce n'était pas la bibliothèque, mais bien le dépôt des archives.

[2] C'est là une des grossières erreurs dont Palloy était coutumier; il a vu ou prétendu voir un appareil de torture dans u monte-charge destiné à transporter au premier étage de la tour du Trésor les ballots de livres saisis. Cf. ce que nous avons dit sur ce sujet, page 41, et un passage décisif de *La Bastille dévoilée*, 2ᵉ livraison, p. 39.

[3] Toujours ce même souci de l'horrible; en fait d'oubliettes, il n'y avait à la Bastille que les cachots construits dans le sous-sol des tours.

perissoient dans cette sombre demeure [1]; à ce même endroit, est placée une boîte portant inscription, renfermant divers objets de ce qui fut trouvé lors de la demolition.

### IDÉE DE CETTE FORTERESSE.

Cette masse contenoit en superficie deux tiers d'arpent; sa hauteur, depuis le niveau des fossés jusqu'aux crénaux, avoit quatre vingt seize pieds; la fondation en contre-bas étoit de quatorze pieds. Sous chacune de ces tours existoit un cachot dont le jour ni paroissoit presque pas, et le gouverneur en tiroit un profit en accordant quelque degré de lumière qu'il vendoit fort chère et suivant la fortune de la famille du prisonnier, au point que quatre pouces quarrée de jour étoit vendu vingt cinq louis. Il y avoit, en outre, deux cachots glaizé qui empêchoit les eaux de pénétrer, mais il n'en laissoit pas moins de l'humidité; c'etoit là où étoit enfermé ces malheureux prisonniers, que l'on retiroit des autres tours pendant la crue des eaux pour les enfouir dans ces antres tenebreux et malsein. Combien perirent-ils [2]?

Chaque tour étoit composée de cinq étages dont quatre chambres avec cheminée; ces cachots, quoique voûté en pierre, l'étoient encore par une contre-voûte, à l'effet d'intercepter toute communication verbale, de façon que les prisonniers au dessus et ceux au dessous ignoroient s'ils avoient des voisins de leur malheur. Ces cachots étoient fermés par des doubles portes dont la moitié étoient doublées en fer; dans les entre-deux de chaque tour, il existoit des couloirs qui n'avoient aucun jour et dont les issus n'etoient connus que du gouverneur; les portes de communication avoient été condamnées par un mur en pierre de taille; il étoit apparent qu'il y avoit longtemps que l'on ne s'en servoit plus; le nom des prisonniers, tracé sur le mur en toutes langues et caractère, a confirmé, lors de la demolition, qu'il y avoit eu des victimes renfermées, et chaque étage étoit également distribué.

Que l'on juge si l'aristocratie, à l'époque du 14 juillet 1789, avoit eu l'empire, que de milles âmes auroient été renfermées provisoirement dans cette forteresse, qui y auroient peri faute d'aliments, car ces logements pouvoient contenir quinze mille âmes et autant dans les cours, qui auroient été resserrés sans oser pouvoir se soulever; les canons leurs en auroient imposés. On peut très bien se persuader que ces trente mille âmes [3] auroient peri. C'est ce que desiroit l'aristocratie pour detruire tous les patriotes; mais l'Eternel en a disposé autrement.

\* Je joins ici la copie d'une lettre qui fut trouvée dans l'endroit appelé, du règne d'Henri IV, son tresor, servant à renfermer les deniers publics, et qui, depuis, fut un dépôt pour la correspondance secrète des ministres et des gouverneurs. La lettre ci-après prouve l'authenticité de la scélératesse des ministres:

« Monsieur,

« Je vous envoi le nommé........ que vous veillerez de près sans le lui faire appercevoir. Promettez-

---

[1] Il est bien évident que cette fosse carrée n'a jamais existé que dans l'imagination de Palloy, du moins avec cette sombre destination. A quoi, d'ailleurs, eût-elle pu servir, même d'après lui, qui vient d'indiquer, un instant auparavant, l'existence d'oubliettes?

[2] Ces allégations sont aussi inexactes que l'orthographe en est incorrecte. Aucun prisonnier, même le plus disposé à l'hyperbole, n'a jamais songé à articuler de pareils faits. D'où Palloy les eût-il connus?

[3] Il est inconcevable que le même homme, après avoir décrit exactement la Bastille, ait été amené à affirmer de pareilles inexactitudes. Au lieu des 15,000, puis des 30,000 prisonniers dont il suppose ainsi l'incarcération, il aurait dû se contenter d'indiquer un chiffre maximum de 150; encore l'eussions-nous accusé d'exagération.

41.

lui, au contraire, sa liberté; faites le souvent promener sur le bastion, et s'il appercevoit quelqu'un sur les fossés, qu'il reconnût, souvenez-vous de toutes les paroles qui lui echapperont; vous en ferez note sur papier mort, et me le ferez passer, Si, sous huit jours, vous n'entendez pas parler de moi, vous vous en deferez; que le tout soit remis au Trésor.

Lâches ministres, vous deviez donc au moins secourir le traître de Launay, qui a été si justement puni de ses atrocités dans la place infâme qu'il occupoit!

Tels étoient les billets doux de ces ministres. Demandez au citoyen Dussaulx, ce brave électeur, combien il en a lus, de style pareil, et combien il a pris soin de transporter en lieu de sûreté les livres et papiers qui se trouvoient à la Bastille.

Maudits soient les aristocrates! Maudits soient les anciens ministres du despotisme et ceux qui sont contre l'esprit de notre liberté, qui se couvrent du manteau du patriotisme pour mieux nous tromper; défions-nous toujours d'eux, quelqu'attitude qu'ils prennent, quelque contenance qu'ils affectent; ce sont des harpies devorantes et de vraies sangsucs du peuple. Pour moi, dont le patriotisme est plus solide que n'étoit la Bastille, je leur voue une haine éternelle; que mes concitoyens fassent comme moi; qu'ils consacrent leurs temps, leurs fortunes et leurs vies, s'il le faut, pour les dénoncer à l'opinion publique en observant surtout l'article xii des commandemens patriotiques du républicain, ainsi conçu : Art. xii «ne sois pas délateur injuste, mais surveille les ennemis de la liberté et ne crains pas de dénoncer leur conspiration; tout silence te rendroit aussi coupable qu'eux [1]. »

*Le Plateau portant le modèle de [la] Bastille.*

Ce plateau provient d'une des portes du pont-levis. Les mains viennent également du fer des barreaux; en general, tous les objets qui composent les plus petites parties de ce modèle sortent des materiaux de la demolition de ce colosse de tirannie; les piramides de boulets viennent aussi des balles de cartouches, et les barils sont faits avec le buits du jardin du gouverneur.

(Bibl. nat., mss., nouv. acq. franç., 3241, f⁰ˢ 119-129.)

---

[1] Tout ce qu'on vient de lire, depuis l'astérisque, se trouve en marge du manuscrit, et comme ajouté après coup. Nous ne transcrivons ces réflexions que comme un spécimen du style déclamatoire de l'époque; quant au prétendu document qui les a inspirées, son authenticité est plus que douteuse; le nom et la date y manquent, ce qui est invraisemblable; et, d'autre part, rien n'autorise à admettre que de pareilles mesures aient jamais été prises à l'égard des prisonniers de la Bastille. Pour ne pas accuser Palloy de faux, il vaut mieux penser que sa bonne foi a été trop facilement surprise.

# TABLE ANALYTIQUE.

## A

ABADIE (François-Jérôme D') ou DABADIE, ou DE L'ABADIE, lieutenant de roi de la Bastille, 98; logement qu'il y occupe, 31 (note 2); ses honoraires, 60; requête qu'il adresse pour être nommé gouverneur, 93; — gouverneur de la Bastille (1758-1761), détails biographiques, 93-94; actes de son administration, 134, 279.

ACADÉMIE DES BELLES-LETTRES; membre. Voir DUSAULX.

ACADÉMIE ROYALE D'ARCHITECTURE, mentionnée en 1789, 178, 229.

ACY (Jean LA PERSONNE, vicomte D'). Voir LA PERSONNE.

ADAM, prisonnier à la Bastille en 1766; détails sur sa détention, 153-154.

AGAY (M$^{me}$ D'), fille du dernier gouverneur de la Bastille; rente à laquelle elle a droit à la suite des événements de juillet 1789, 202.

ALAIS (Frère Louis), ermite, prisonnier à la Bastille vers 1643, 266.

ALAVA (Francis D'), ambassadeur d'Espagne; sa correspondance, citée, 167.

ALAVOINE, architecte; dirige les travaux de décoration de la place de la Bastille, 234, 235.

ALBI (Tarn), 196.

ALEN, prisonnier à la Bastille en 1765; autorisation de le voir refusée à sa femme, 142.

ALLÈGRE (D'), prisonnier à la Bastille. Détenu dans la tour de la Comté, 38, 160, 277; dans celle du Trésor, 277; — son évasion, 38, 43, 58, 72 (note 1), 93, 106-107, 146.

ALLIOT, médecin du roi et de la Bastille en 1699, 65.

ALMANACH ROYAL, cité, 47, 48 (note 1), 65.

AMAULDRY (Charles), juré du roi en l'office de maçonnerie; mentionné en 1556, 256.

AMELOT DE CHAILLOU, ministre de la maison du roi; actes en cette qualité, 25, 297.

AMUSETTES DU COMTE DE SAXE; nom donné aux fusils de rempart, 310.

AMYRAULD, maître horloger expert, 32.

ANCÉ (Antoine-Jacques), fossoyeur de l'hôpital Sainte-Catherine; mentionné en 1790, 200.

ANGERS (Maine-et-Loire). Château; Pellisson y est interné en 1661, 91.

ANDRY (Robert), chevalier, mentionné en 1437, 80 (note 4).

ANGENOUST (D'), colonel d'artillerie; chargé d'envoyer à la Bastille des armes déposées à l'arsenal (1789), 179.

ANGLETERRE (Ambassadeurs D'); fête que leur donne François I$^{er}$ à la Bastille en 1518, 166-167, 262-263.

—— (Shellings D'); leur valeur au XVIII$^e$ siècle, 55.

ANNE D'AUTRICHE, reine de France; mentionnée en 1643, 264; prisonniers mis par son ordre à la Bastille, 265, 266, 267.

ANQUETIL (Jean), major, puis lieutenant de roi de la Bastille (1716-1750); actes en cette qualité, 61-62, 63; — détails biographiques, 98, 100.

ANTOINE (Pierre), ermite, prisonnier à la Bastille vers 1643, 265.

APÔTRES DE LA LIBERTÉ (Corps des) organisé par Palloy, 214, 227.

ARAGON (Roi d'). Voir FERDINAND I$^{er}$.

ARGAUT (Augustin), invalide de la garnison de la Bastille en 1787, 187 (note).

ARGENSON (René D'), lieutenant de police, puis secrétaire d'État; actes relatifs à la Bastille, 98 (notes 1 et 3), 117 (note 2), 125, 126, 131, 155-156, 272, 273.

ARMAGNAC (Jacques D'), duc de Nemours. — Sa détention à la Bastille (xv° siècle), 49, 82, 106, 112; — est décapité aux Halles, 112.

ARMANVILLE (Charlotte-Renée AUBRY D'). Voir AUBRY.

ARNAULT (Jean-Guillaume), invalide de la garnison de la Bastille en 1787, 187 (note).

ARNÉ, grenadier aux gardes françaises; son rôle pendant la journée du 14 juillet 1789, 193 (note 3 de la page précédente), 194; — Vainqueur de la Bastille, 218, 219, 221 (note 3), 226.

ARQUEBUSE (Chevaliers de l'), préposés à la garde de la Bastille après le 14 juillet 1789, 206.

ARREIL, chirurgien de la Bastille, mentionné en 1703, 157.

ARSCHOT, ASCOT (Duc D'). Voir CHIMAY (Philippe III, prince DE).

ARTISTES détenus à la Bastille, 128.

ASFELD (Claude-François, marquis D'), directeur général des fortifications de France. Acte relatif à la Bastille (1717), 41 (note 3).

ASSAS (Compagnons d'armes du chevalier D'), convoqués par Palloy en 1791, 214 (note 4).

ASSELIN (Jean-Hiacinthe), invalide de la garnison de la Bastille en 1787, 187 (note).

ASSEMBLÉE NATIONALE; projets de palais à construire pour elle sur l'emplacement de la Bastille, 229, 231.

ASSIGNY (Marquis D'), prisonnier à la Bastille (1643), 118, 265.

AUBRIOT (Hugues), prévôt de Paris, pose la première pierre de la Bastille (1370), 4; — lieu de sa détention à Paris, 6 (et note 2), 105.

AUBRY (Jean); armes prises chez lui et conservées à la Bastille en 1463, 254.

AUBRY D'ARMANVILLE (Charlotte-Renée), femme de René Jourdan de Launey, 92.

AUCHY (Pas-de-Calais); vicomte en 1574, 114.

AUGUSTE, fournisseur de pièces d'argenterie pour la chapelle de la Bastille, 40.

AULARD (M. F.-A.), historien, cité, 220 (note 3).

AUTREAU (R.-P.), receveur des convois de la paroisse Saint-Paul, mentionné en 1786, 155.

AVIGNON (Vaucluse); lieu de naissance de Miray, 199.

AVIGNON (Laurent D') ou DAVIGNON, lieutenant au gouvernement de la Bastille, 92; — son traitement, 53; — sa mort en 1710, 53 (note 1), 97.

# B

BACHELLERIE (DE LA), gouverneur de la Bastille (1653-1656); actes en cette qualité, 88, 138 (note 4).

BAIGNANT (DE), prisonnier à la Bastille vers 1643, 266.

BAILLET (Richart) et CARDINE, sa femme, prisonniers à la Bastille en 1403, 105.

BAILLY (Sylvain), maire de Paris; actes en cette qualité, 207-208, 217, 225, 231; rédacteur du *Procès-verbal de l'Assemblée des électeurs de Paris*, 180 (note 2), 183 (note 2), 184 (note 1), 185 (note 1), 190, 205 (note 2).

BAILLY DE GALLARDON, major adjoint de la Bastille; son traitement en 1776, 63; — mis à la retraite en 1785, *ibid.*; — documents sur son traitement, 292, 295, 298, 308.

BAISEMAUX. Voir BESMAUX.

BAISLE ou BAYLE (Pierre), gouverneur de la Bastille; actes de son administration. 31 (note 2), 45, 58, 59 (note 2), 71, 98 (notes 1 et 3), 173 (note 1), 271-272; — détails biographiques, 92-93.

BALON DE DEFFFREND (Claude-Nicolas). Voir DEFFERREND.

BAPTISTE (Jean), Liégeois, prisonnier à la Bastille vers 1643, 266.

BAPTISTE, ingénieur du roi. Voir PORSEL.

BARAIL (DE), commandant de la Bastille en 1659, 95, 100.

BARBACANES, constructions servant à la défense des villes, 3.

BARBEZIEUX (Louis LE TELLIER, marquis DE). ministre de la guerre; actes en cette qualité, 52, 91 (note 1), 132.

BARNIER, chroniqueur, cité, 130, 160.

BARBU (Pierre); incarcéré à la Bastille comme déserteur en 1759, 130.

BARDON, prisonnier à la Bastille en 1661, 267.

BAREILH, mentionné en 1661, 266.

BARÈRE DE VIEUZAC, député de Bigorre; son rapport sur la démolition de la Bastille, 209-210, 212; — son projet de décoration de la place de la Bastille, 230-231.

Baril (Pierre), chirurgien, prisonnier protestant à la Bastille; y meurt en 1692, 120.

Baron, porte-clefs de la Bastille; pension de retraite qu'il reçoit, 296, 308.

Baron, *dit* La Giroflée, soldat au régiment de Provence; son rôle pendant la journée du 14 juillet 1789, 189.

Barras (Paul-Jean-Nicolas), membre du Directoire; lettre qu'il reçoit de Palloy, 216.

Baslart (Guillaume), mentionné en 1437, 80 (note 4).

Basoche (Clercs de la), préposés à la garde de la Bastille après le 14 juillet 1789, 206.

Bassompierre (François de), gouverneur de la Bastille, 49, 86; prisonnier à la Bastille, 136, 138, 265; — ses *Mémoires*, cités, 85 (note 4), 86, 136, 150.

Bastille (Couteau appelé), 152.

Bastille. Voir Paris.

Bastille dévoilée (La), ouvrage cité, 88, 91 (note 5), 92 (note 4), 94, 98, 99, 103 (note 4), 128, 133, 134 (note 1), 161 (note 2).

Bastilles ou Bastides; leur emploi dans l'antiquité et au moyen âge, 2; diverses acceptions du mot, 2, 3.

Bastions ou Bastillons, en usage au xvi° siècle, 3.

Baujon (Comte de), prisonnier à la Bastille en 1733; est autorisé à y voir sa femme et son fils, 141.

Bayer (Conrad), capitaine de la Bastille en 1414, 78.

Bayle. Voir Baisle.

Bazeries (M. le capitaine); ses recherches sur la personnalité de l'homme au masque de fer, 159 (note).

Bazinière (Macé Bertrand, sieur de la). Voir Bertrand.

—— (Tour de la). Voir Bastille.

Beaubourg (De), délégué par l'Hôtel-de-Ville à la Bastille le 14 juillet 1789, 190, 314 (note 2).

Beaumarchais (Pierre-Augustin Caron de); s'introduit dans la Bastille dans la nuit du 14 au 15 juillet 1789; papiers qu'il y prend et qu'il restitue ensuite, 205 (et note 4).

Beaumont (Louis, duc d'Orléans, comte de), 237.

Beaumont (Thomas de), capitaine de la Bastille en 1416; détails biographiques, 79.

Beaumont-Longueval (De), prisonnier à la Bastille vers 1643, 265.

Beauregard (De), prisonnier à la Bastille vers 1643, 266.

Beausoleil (De), prisonnier à la Bastille vers 1643, 266; — son fils, du Châtelet, *ibid.*

Beauté-sur-Marne (Château de), séjour royal au xiv° siècle, 6.

Beauvais (Oise); Jean de Harmes, natif de cette ville, 109; — chanoine. Voir Foy.

Beauvais (Robert de), contrôleur des deniers communs, mentionné en 1556, 256.

—— (De), prisonnier à la Bastille vers 1643, 265.

Beauval (Jean-Hervé Le Roux, sieur de), major de la Bastille (1736-1746); détails biographiques, 100 et note 2.

Beauvalet (François), commissaire au Châtelet; acte en cette qualité, 197-198.

Bécard (Jean-Baptiste), invalide de la garnison de la Bastille en 1787, 187 (note); — son rôle pendant la journée du 14 juillet 1789, 191, 195; — sa mort, 195, 316; — renseignements biographiques, 191 (note 1).

Béchade (Jean), prisonnier à la Bastille, délivré le 14 juillet 1789, 193, 196, 307, 310 (note 5).

Bedford (Jean, duc de), régent de France pour le roi d'Angleterre; actes relatifs à la Bastille, 79 (note 9), 238 (et note), 245, 251; — son maître d'hôtel, Jean Salvain, 80; — appartements qu'occupe sa femme à la Bastille, 9, 240.

Bégis (M. A.), historien, cité, 28 (note 3), 41 (note 1), 68 (note 1); 72 (note 4), 101, 102, 128 (note 1), 149 (note 2), 179 (notes 5 et 6), 193 (note 2), 196 (et notes 2 et 4).

Behan ou Behene (Louis de), *dit* de La Rochette. Voir La Rochette.

Bel-Air (Le), lieu-dit voisin de Paris, mentionné en 1720, 24.

Belair (Michel), invalide de la garnison de la Bastille en 1787, 187 (note).

Bellaguet, historien, cité, 5 (note 3).

Bellenger, orfèvre, prisonnier à la Bastille vers 1643, 266.

Bellerives, détenu à la Bastille en 1755, dans la tour de la Comté, 277.

Bellerose, soldat de la compagnie de la Bastille, 75.

Bellevue, porte-clefs de la Bastille, mentionné en 1780, 294.

Bellisle (Chevalier de), détenu à la Bastille en 1705, 153.

BELLISLE (Charles-Louis-Auguste, duc DE), maréchal de France, ministre de la guerre. Acte relatif à la Bastille (1759), 42.

BELLON, officier de l'arquebuse, délégué à la Bastille le 14 juillet 1789 par l'Hôtel-de-Ville, 183, 312.

BELLOT, porte-clefs de la Bastille, 293, 294.

BELON (Mathieu), invalide de la garnison de la Bastille, en 1787, 187 (note).

BENGRÉ, garçon apothicaire; texte des lettres de cachet en vertu desquelles il est incarcéré à la Bastille (1749), 131.

BERCY (Chemin de), 45.

BERLIN (Allemagne). Château royal; pendule qui se trouve dans le cabinet du roi de Prusse, en 1805, 234.

BERLOT, officier du guet; son logement dans la cour de la Bastille, 283.

BERNARD (Étienne), invalide de la garnison de la Bastille en 1787, 187 (note).

BERNAVILLE (Charles DE FOURNIÈRE, sieur DE), gouverneur de la Bastille; actes de son administration, 27, 41 (note 3), 54, 161, 172, 173 (note 1), 270, 271; détails biographiques, 91-92.

BERNIER (DE), prisonnier à la Bastille en 1661, 118.

BERRY (Charles, duc DE); son médecin en 1712, 65.

BERRYER, lieutenant de police; actes relatifs à la Bastille, 26 (note 1), 31 (note 2), 60, 71, 98, 273, 275.

BERTAUDIÈRE (LA) [Loire Inférieure, arr. de Châteaubriant, cant. et com. de Nort], 34 (note 4).

—— (Tour DE LA). Voir BASTILLE.

BERTHAUDIÈRE [Loir-et-Cher, arr. de Blois, cant. de Contres, com. de Monthou-sur-Bièvre], 34 (note 4).

BERTIN, lieutenant de police; actes relatifs à la Bastille, 42, 135.

BERTIN, contrôleur général des finances; acte en cette qualité, 279.

BERTIN DE FRATEAUX, détenu à la Bastille, en 1755, dans la tour de la Liberté, 277; — son décès en 1779, 155.

BERTRAND (Jean-Marie-Toussaint), porte-clefs du château de Vincennes en 1784, 300.

BERTRAND (Macé), père et fils, sieurs de la Bertaudière. Détails à leur sujet, 33-34.

BERTRAND (Femme), veuve d'un citoyen mort au siège de la Bastille, 218, 223.

BERVILLE (DE), indiqué faussement comme prisonnier à la Bastille en 1751, 129.

BESENVAL ou BEZENVAL (Pierre-Victor, baron DE), commandant de l'armée sous Paris en 1789; ses *Mémoires*, cités, 182; — ordre à de Launey, signé de lui, le 15 juillet 1789, 192 (note 2 de la page précédente); — son rôle durant cette journée, 311-312.

BESMAUX ou BAISEMAUX ou BEZEMAUX (François DE MONTLESUN, seigneur DE), gouverneur de la Bastille; actes de son administration, 23-24, 27, 52, 69, 118, 119, 123, 125, 129, 131 (note 1), 132-133, 134 (note 2), 137, 139, 159, 173 (note 1), 266-267, 268, 269; — détails biographiques, 88-90; son valet de chambre remplit l'office de chirurgien de la Bastille, 53, 270.

BESNIER (DE), prisonnier à la Bastille en 1661, 266.

BETREMOIS, garde-magasin de la Bastille, 32.

BEU (Jean LA PERSONNE, seigneur DE), 77.

BEZEMAUX. Voir BESMAUX.

BEZENVAL (DE). Voir BESENVAL.

BIBLE traduite à la Bastille par Louis de Sacy, 120.

BICÊTRE (Seine); prison : prisonnier de la Bastille qui y est transféré, 275 (note 4).

BIÈRE fournie aux prisonniers de la Bastille, 149.

BIERRE (Claude), dit BEAU-SOLEIL, invalide de la garnison de la Bastille en 1787, 187 (note).

BIGORRE (BARRÈRE DE VIEUZAC, député de), 209.

BILLARD mis à la disposition des gentilshommes bretons détenus à la Bastille en 1788, 176.

BILLEFOD, sergent-major d'artillerie, délégué par l'Hôtel-de-Ville à la Bastille, le 14 juillet 1789, 183.

BILLY (Tour de). Voir PARIS.

BIONNET (Thomas), prisonnier anglais à la Bastille en 1428, 251.

BIRON (Charles DE GONTAUT, duc DE); emprisonné à la Bastille en 1602; il y subit le supplice, 116-117.

BLAISE, prêtre de Falaise; inscription de lui recueillie sur les murs de la Bastille, 153.

BLOIS (Louis, duc D'ORLÉANS, comte DE), 237.

BLOT (Seigneurie de), 82.

BOILEAU (Œuvres de), à la bibliothèque de la Bastille, 152.

BOIS-JOURDAIN; ses *Mélanges historiques*, cités, 152.

BOISLISLE (M. A. DE), historien, cité, 37, 50, 90 (note 1), 117 (note 2), 179 (note 1).

BONDY (Seine), 199.

Bonegton (Guillaume), capitaine anglais de la Bastille, mentionné en 1436, 252.

Bonnardot (A.) historien, cité, 2 (note 1), 3, 5 (note 1), 6 (note 3), 11, 20 (et note 1), 117 (note 1), 166, 213 (note 2).

Bonnemère ou Bonnemer (Aubin), l'un des Vainqueurs de la Bastille; son rôle pendant la journée du 14 juillet 1789, 188 (note 2), 190 (et note 1), 313 (note a); — Volontaire de la Bastille, 216; — commissaire des Vainqueurs de la Bastille, 218, 219 (et notes 3 et 4), 226.

Bonnemère (M. Eugène), historien, 188 (note 2).

Bonneville (A.-S.-M.), écrivain, son projet de décoration de la place de la Bastille, 234.

Bord (M. Gustave), historien, cité, 175 (note 1).

Bordeaux (Gironde); Combes, architecte habitant cette ville, 229.

Bordeaux (Henri, duc de); pièces de vers que Palloy lui adresse en 1823, 216.

Borde-Grappin (La), seigneurie, 81.

Bordes (Le P. des), confesseur des prisonniers de la Bastille en 1692, 120, 268.

Borie, commissaire des Vainqueurs de la Bastille, 224.

Borin (De), archer des gardes du corps, prisonnier à la Bastille vers 1643, 265.

Boselli, prisonnier à la Bastille; son évasion en 1701, 58 et note 2.

Bottidoux ou Boutidoux (Ledeist de). Voir Ledeist.

Bottin des Essarts (Abbé), chapelain de la Bastille; date de sa nomination, 69.

Boucachart (Louis Picart, seigneur de), 82.

Boucheix (Michel), peintre, détenu à la Bastille, 128.

Boucher, commis aux archives de la Bastille (1774-1782), 69.

Boucher, commis à la lieutenance de police, mentionné en 1778, 150.

Boucher, membre du Comité de l'Hôtel de Ville, 207.

Boucheron, délégué par la Ville à la Bastille, le 14 juillet 1789, 314 (note 2).

Boullefèves (Aubertin), orfèvre et valet de chambre du duc d'Orléans; mentionné en 1410, 164 (note 1).

Boulongny (R. de), mentionné en 1427, 80 (note 4).

Bouquet, historien, cité, 5 (notes 1 et 2).

Bourbon (Charles de), cousin de Charles VII; reçoit le commandement militaire de la Bastille en 1436, 80 (et note 4).

Bourbon (Henri, duc de), prince de Condé, mentionné en 1614, 86.

—— (Louis de), comte de Vermandois, identifié à tort avec l'homme au masque de fer; détails à ce sujet, 158 (note).

—— (Louise-Marie-Adélaïde de), visite, en 1777, le donjon de Vincennes, 161 (note 3).

Bourdon de la Crosnière, avocat aux Conseils, commissaire des Vainqueurs de la Bastille, 217.

Bourgeois de Paris (Journal d'un) au XV$^e$ siècle, cité, 7 (note 1), 48-49, 78, 105 (note 6), 164 et note 5, 165.

—— (Journal d'un) sous François I$^{er}$, cité, 166-167.

Bourgoin (Jean-Baptiste), fifre de la garnison de la Bastille en 1787, 186 (note 8).

Bourguignon, porte-clefs de la Bastille; pension que touche sa veuve, 72 (note 1), 296.

Bourlier, délégué par le district de Saint-Louis-la-Culture à la Bastille le 14 juillet 1789, 184.

Bournonville (Jean de Vaudetar, seigneur de), 86.

Bousquet, gazetier, prisonnier à la Bastille en 1661, 267.

Boutillon (Femme), veuve d'un citoyen mort au siège de la Bastille, 218, 223.

Bouyn, commis aux archives de la Bastille; actes en cette qualité (1786-1789), 70; son traitement en 1789, 308.

Boyer (Eusèbe), prieur de la Charité de Charenton, mentionné en 1789, 197.

Boyrenault de Paris, capucin, prisonnier à la Bastille vers 1643, 265.

Brabant (Florins de); leur valeur, 55.

Bracquais, intendant général de la vicomté de Montivilliers, prisonnier à la Bastille en 1661, 267.

Brante (De), frère du duc de Luynes; prend possession de la Bastille pour son frère en 1617, 86.

Brême (Jean-Nicolas de), tambour de la garnison de la Bastille en 1787, 187.

Brequin (Antoine-Denis), invalide de la garnison de la Bastille en 1787, 187 (note).

Bretagne (Député suppléant de) à l'Assemblée Nationale. Voir Ledeist de Boutidoux.

Breteuil (De), ministre de la maison du roi, actes relatifs à la Bastille, 23, 26 (note 2), 32, 40, 61, 65 (note 6), 66 (note 3), 68, 99 (note

5), 101 (note 2), 145, 151, 161, 175, 298, 302, 303.
Breteuil (Eure); vicomte en 1458, 81 (note 2).
Bretonnière (La) en Normandie; seigneur. Voir Launey (De).
Bretons (Gentilshommes) enfermés à la Bastille en 1788, 55, 176, 304.
Briche (La), hameau d'Épinay (Seine); buanderie, 188, 216; — port gardé en 1789 par les Volontaires de la Bastille, 217.
Bridan, sculpteur; construit le modèle de l'éléphant destiné à la décoration de la place de la Bastille, 234.
Brienne (Henri, comte de). Ses *Mémoires*, cités, 37.
Brinvilliers (Marquise de), prisonnière à la Bastille, 121.
Brison (Femme), détenue à la Bastille, 154.
Brissac (Charles de Cossé, seigneur de), mentionné en 1594, 168.
Brochette, détenu à la Bastille en 1755 dans la tour de la Liberté, 277.
Broglie (Victor-François, duc de), maréchal de France, mentionné en 1790, 311 et note 5.

Brohon, membre du Comité de l'Hôtel de Ville, 207.
Broussel (Pierre), conseiller au Parlement; gouverneur de la Bastille pendant la Fronde; actes en cette qualité, 86-87 (et note 2), 170.
Bruxelles (Belgique). Bussy Le Clerc, capitaine de la Bastille, s'y retire et y meurt (1591-1635), 84.
Bruyères le-Châtel (Seine-et-Oise); église; sépulture de Louis de Behan, *dit* de la Rochette, seigneur du lieu (voir ce nom), 81.
Bucquoy (Comte de); son évasion de la Bastille en 1709, 92.
Buffet du roi. Nom du dépôt d'argent de la Bastille au xvi° siècle, 37.
Buigny (Jean-Baptiste), invalide de la garnison de la Bastille en 1787, 187 (note).
Bullet, architecte du roi; visite qu'il fait, en 1716, des bâtiments du gouvernement de la Bastille, 271.
Bussy Le Clerc (Jean), capitaine de la Bastille pour la Ligue; détails biographiques, 84; actes de son administration, 115, 116, 168.
Bussi-Rabutin (Roger, comte de); détails sur sa détention à la Bastille 136-137, 139.

# C

Cabas (André du), mentionné en 1477, 112.
Café fourni aux prisonniers de la Bastille, 149.
Cages de fer des prisonniers de la Bastille; détails à lui sujet, 110-111.
Cagliostro; sa détention à la Bastille, 72 (note 4).
Calais (Pas-de-Calais); gouverneur, 85.
Caldès (Ramon de); lettre qu'il adresse en 1416 au roi d'Aragon, 164 (note 1).
Calloue (Femme), prisonnière à la Bastille; y meurt en 1694, 120, 126; — sa fille, Marianne, détenue avec elle, 126.
Campardon (M. Émile), historien, cité, 128 (note 4).
Canteleu (P. de), mentionné en 1437, 80 (note 4).
Cardel, ministre protestant, prisonnier à la Bastille; détails sur la durée de sa détention, 119.
Cargory (Christophe), lieutenant de la Bastille; actes le concernant, 83.
Carlière (Brunel de la), médecin de la Bastille et du duc de Berry en 1712, 65 et note 4.
Carmond (Solages, marquis de). Voir Solages.
Caron (Pierre), lieutenant de la garnison de la Bastille en 1789, 186 (et note 6), 310 (note 2).
Carra, historien de la Bastille, cité, 67.

Carré (Adrien-Louis), commissaire au Châtelet; acte en cette qualité, 199-201.
Carrouges (De), faux monnayeur, incarcéré à la Bastille en 1554 par ordre de Catherine de Médicis, 113, 114.
Cartier (Jean), religieux à la Rochelle, prisonnier à la Bastille en 1428, 251.
Caseaux, gazetier, prisonnier à la Bastille en 1661, 267.
Castries (Charles-Eugène-Gabriel, marquis de), maréchal de France, mentionné en 1787, 176.
Cathala, architecte, chargé de la démolition de la Bastille, 27; — plan dressé par lui de la forteresse, 41 (note 2); — son projet de décoration de la place de la Bastille, 230.
Catherine de France, fille de Charles VI; séjourne à l'Hôtel-Neuf, 12.
Catherine de Médicis; mesures qu'elle prescrit au sujet des prisonniers de la Bastille, 83, 113-114; ses *Lettres*, citées, 167.
Cauchet (Médard), invalide de la garnison de la Bastille en 1787, 187 (note).

# TABLE ANALYTIQUE.

Gaussidière (Chevalier de), major général de la milice parisienne, 207.

Cazes (Le Père), cordelier, détenu à la Bastille en 1755, dans la tour du Coin, 277.

Cellamare (Conspiration de), 126-127.

Cellerier, lieutenant de maire au Département des travaux publics, 210, 212.

César (*Commentaires* de), cités, 2 et note 3.

Chabannes (Antoine de), comte de Dammartin, prisonnier à la Bastille, 49; son évasion en 1465, 11, 13, 16 (note 1), 43, 49, 82, 106-110; — sa femme; voir Nanteuil (Marguerite de).

Chaînes des rues de Paris déposées à la Bastille en 1413, puis retirées en 1416, 164.

Challon (Guillaume), juré du roi en l'office de maçonnerie, mentionné en 1556, 256.

Chambon, prisonnier à la Bastille en 1703; personnes qui s'intéressent à lui, 96 (note 1).

Chamillart (Michel de), contrôleur général des finances, 50; — ministre de la maison du roi, acte en cette qualité, 126.

Chamin (Jacquin), enfant de treize ans, détenu à la Bastille en 1428, 251.

Champion-Villeneuve; Palloy prétend lui avoir sauvé la vie en 1789, 215 (note 1); — son gendre, Macarel, *ibid.*

Chancelier de France. Voir Séguier (Pierre).

Chantepie (De), exempt du guet, mentionné en 1703, 126.

Charavay (M. Ét.), historien, cité, 32, 202 (note 5).

— (Eugène), expert en autographes, 86 (note 1), 44 (note 2).

Chardon (M^me); ses visites à la Bastille pour convertir les protestants qui y sont détenus, 268.

Charenton-le-Pont (Seine); pont mentionné en 1465, 108, 109; — régiments qui y campent en 1789, 180.

— hospice de la Charité; prisonniers provenant de la Bastille, qui y sont gardés, 124, 193 (note 2), 196-197, 294 (notes 4 et 5); — prieur, voir Boyer (Eusèbe).

Charlemont (Cadets du régiment de), 123.

Charles le Chauve, fait construire deux châtelets pour la défense de Paris en 877, 2 (note 6).

Charles V, roi de France; fait construire une nouvelle enceinte au nord de Paris, 3, 4; — ordonne la construction de la Bastille, 4, 5, 6; — sa statue au portail de cet édifice, 12.

Charles VI, roi de France; fait achever la construction de la Bastille (1382), 5, 6; — sa folie soignée par des sorciers de Guyenne, 164; — sa statue au portail de la Bastille, 12; — acte relatif à l'Hôtel-Neuf, 12 (note 1).

Charles IX, roi de France; acte relatif à la Bastille, 114.

Charles-Quint, empereur d'Allemagne; son voyage en France (1540), 167.

Charnot (Comte), mentionné en 1661, 267.

Charpentier, prisonnier à la Bastille vers 1643, 265.

Charpentier, prêtre, prisonnier à la Bastille en 1661, 267.

Charpentier, auteur de *La Bastille dévoilée*, cité, 30, 31, 33.

Chartres (Duchesse de). Voir Bourbon (Louise-Marie-Adélaïde de); — vidame: François de Vendôme, 113.

Chassin (M. L.), historien, cité, 176 (note 8) et 177 (notes).

Châteauvieux (Joachim de), capitaine de la Bastille; 49; détails biographiques, 85.

Châtel (Grégoire), invalide de la garnison de la Bastille en 1787, 187 (note).

Châtel (Tanneguy du), prévôt de Paris; mentionné en 1416, 164 (note 5); — s'enfuit de Paris par la Bastille en 1418, 7 (note 1), 165.

Châtelet (Du), prisonnier à la Bastille vers 1643, 266.

Châtelet (Duc du), mentionné en 1785, 99 (note 5).

Chatillon (De), prisonnier à la Bastille vers 1643, 265.

Châtillon de Dombes (aujourd'hui Châtillon-sur-Chalaronne [Ain]); lieu de naissance d'Étienne du Pont, 251.

Chaton, sergent des gardes françaises, délégué par l'Hôtel-de-Ville à la Bastille le 14 juillet 1789, 183.

Chauvigny (Hugues de), seigneur de Blot, capitaine de la Bastille au xv^e siècle; détails biographiques, 82.

Chavaignes (Comte de), prisonnier à la Bastille vers 1780, 294, 295 (et note 3).

Cheidner (Jacques-Léonard), *dit* Saint-Jacques, invalide de la garnison de la Bastille en 1787, 186 (note 8).

Chénaux (Pierre), lieutenant de la garnison de la Bastille en 1789, 186 (et note 5).

Chenon, commissaire au Châtelet, ayant le département de la Bastille (1774-1789), 48, 70; — et de Vincennes, 300, 301; — son traitement en 1789, 307, 308.

42.

CHÉRUEL, historien, cité, 172 (note 1).
CHEVALIER (Henry Godillon), major de la Bastille. (1749-1787); actes en cette qualité, 43, 55, 63, 129, 143, 144, 147, 153-154, 155, 161, 277, 278, 283-285; — détails biographiques, 101; — son logement à la Bastille, 31 (note 2); — son traitement, 295, 298; — ses papiers personnels sont conservés aux archives du château, 39; documents de lui, cités, 29 (note 3), 34 (note 3), 35, 36, 38, 89 (note 5), 91, 92 (note 8), 94 (note 3), 100 (notes), 119, 137, 141, 157, 168, 275-276.
CHEVALIER (Geneviève); rend visite à La Corrège, détenu à la Bastille, 180 (note 6 de la page 179).
CHEVALIER (Rocester, dit). Voir ROCESTER.
CHEVALLERIE (Le sieur DE LA), proposé par Sully pour être capitaine de la Bastille; il n'est pas nommé, 85.
CHIGNARD (Jean-François), électeur, délégué à la Bastille par le Comité permanent, 185, 207, 316.
CHIMAY (Philippe III, prince DE), duc d'Arschot. Son évasion du château de Vincennes (1556), 16 (et note 2), 255.
CHISSÉ (Guichart DE). Voir CISSAY.
CHOISEUL (Étienne-François, duc DE), ministre de la guerre; acte relatif à la Bastille (1765), 64 (et note 3).
CHOLAT (Claude), marchand de vin; son rôle pendant la journée du 14 juillet 1789, 189, 194; — relation qu'il en a écrite, 188 (note 1), 189 (note 2), 193 (note 1); — commissaire des Vainqueurs de la Bastille, 217, 224, 226.
CHOPIN (Nicolas), invalide de la garnison de la Bastille en 1787, 187 (note).
CHOPPIN (M<sup>me</sup>), sage-femme de la Bastille (1786-1789), 47, 68; — son traitement, 308.
CISSAY ou CHISSÉ ou SISSÉ (Guichart DE), seigneur de Romilly, capitaine de la Bastille (1443-1458); détails biographiques, 81 (et notes 1-3).
CLÉMENT, accoucheur, mentionné en 1701, 68.
CLÉMENT (M. Pierre), historien, cité, 50 (note 1), 113 (note 1), 130 (note 1).
CLERGÉ (Assemblée du), tenue en 1656, 88.
CLEYMANN, prisonnier à la Bastille (1779-1782), 295 (et note 2).
CLICHY (Seine), vicaire prisonnier à la Bastille en 1661, 118, 267.
CLISTONNE (Gervais), lieutenant anglais de la Bastille en 1428, 238.

CLOSIER (Jean), notaire royal au Châtelet, mentionné en 1405, 237.
CLOUET, directeur des poudres, pris par erreur, le 14 juillet 1789, pour de Launey, 194.
CLUNY (Saône-et-Loire); abbaye, 118, 266.
CLUZELLES (DE); causes de sa détention à la Bastille en 1661, 118, 267.
COCHERIS (H.), historien, cité, 92 (note 4).
COCHET (Femme), veuve d'un citoyen tué au siège de la Bastille, 218, 223.
CODES à la Bibliothèque de la Bastille, 152.
COLBERT (Jean-Baptiste); actes relatifs à la Bastille, 118, 130.
COLIGNY (Gaspard DE), amiral de France. Son rôle dans la reconstruction de l'enceinte de Paris, 15, 16, 255, 257, 260; — capitaine de la Bastille, 49.
COLINET (Jacques-François), chapelier; son rôle pendant la journée du 14 juillet 1789, 189 (note 1).
COLLIER DE LA REINE (Affaire du), 127.
COLLIN, prisonnier à la Bastille vers 1643, 265.
COLOMÈS (Guillaume), apothicaire de la Bastille en 1687, 53 (note), 67.
COMBES, architecte de Bordeaux; son projet de constructions sur l'emplacement de la Bastille, 229.
COMITÉ PERMANENT DE LA MILICE PARISIENNE, puis de l'Hôtel de Ville; ses actes à l'occasion de la Bastille, 181, 182, 183, 185, 195, 196, 207, 312, 315.
COMMINES, chroniqueur, cité, 82 (et note 2), 110.
COMMITTIMUS (Droit de), accordé aux gouverneurs de la Bastille en 1723, 57; — aux chirurgiens de la Bastille en 1647, 67.
COMTÉ DE PARIS. Hypothèse d'après laquelle il aurait donné son nom à la tour de la Comté, à la Bastille, 38.
COMTOIS, prisonnier à la Bastille vers 1780, 293.
COMTOIS (MOURLOT, dit). Voir MOURLOT.
CONCHES (Eure, arr. d'Évreux, ch.-l. de cant.); siège de cette ville en 1371, 2; — vicomté en 1458, 81 (note 2).
CONDAMINE (BRUN DE), prisonnier à la Bastille en 1781, 294 (note 7).
CONDÉ (Louis I<sup>er</sup> de Bourbon, prince DE); complot qu'il ourdit contre le roi (1560), 113; — pénètre dans la Bastille en 1565, 167.
CONDÉ (Louis II DE BOURBON, prince DE); combat qu'il livre à l'armée royale dans le faubourg Saint-Antoine (1652), 171, 172, 209.
CONFLANS (Girard DE), notaire au Châtelet, rédige

l'inventaire de la Bastille au xv° siècle, 8, 238, 251, 252.

Conflans (Marquis de); son domestique, Hullin, 188.

Conquet (Jean), mentionné en 1437, 80 (note 4).

Conseil d'État (Arrêt du) relatif à la Bastille (1723), 57.

Constant, prisonnier à la Bastille en 1765; autorisation de le voir, refusée à sa femme, 142.

Constitution (Fête célébrée en 1791 à l'occasion de l'acceptation de la), 227.

Contans, commissaire de police, délégué par l'Hôtel-de-Ville à la Bastille le 14 juillet 1789, 190, 314 (note 2).

Convulsionnaires prisonniers à la Bastille, 120.

Coquet, prisonnier à la Bastille en 1680, 129.

Corbeil (Seine-et-Oise); faubourgs en 1465, 109.

Corbet, architecte-inspecteur des bâtiments de la Ville de Paris; son projet de suppression de la Bastille (1784), 175, 176, 179, 226; — (1790), 231.

Corlendon ou Courlandon (De), colonel de cavalerie; circonstances de sa détention à la Bastille (1695), 132-133, 137.

Cormaille, détenu à la Bastille en 1755 dans la tour du Trésor, 277.

Corrinault (Hardouin), maître maçon tailleur de pierres; toisé qu'il fait en 1556 des travaux de renforcement de la Bastille, 255, 256.

Corrozet, historien, cité, 15 (note 2).

Cosneau (M. E.), historien, cité; 79 (note 2), 81 (note 4 de la page 80), ibid., (note 3), 165 (note 5).

Cossé (Artus, duc de), maréchal de France, incarcéré à la Bastille en 1574, 114.

Costard, libraire, prisonnier à la Bastille en 1781, 294 (et note 1).

Coste (De la), prévôt des armées du roi en 1700, 21.

Cotigny (Prigon de), écuyer breton, prisonnier à la Bastille en 1428, 251.

Cottin (Marie-Joseph, appelé par erreur Marie-Bernard); Vainqueur de la Bastille, 220 (et note 2); — son brevet, 224.

Coucy (Aisne); Louis, duc d'Orléans, seigneur de cette ville en 1405, 237.

Coulanges (M⁽ᵐᵉ⁾ de) s'intéresse en 1703 à un prisonnier de la Bastille, 96 (note 1).

Couret (M. A.), historien, cité, 85 (note 2).

Courlandon. Voir Corlendon.

Courtade (Abbé), chapelain du donjon de Vincennes en 1784: son traitement, 300.

Courtenay (De), prisonnier à la Bastille en 1692; libertés dont il y jouit, 136.

Courtisans emprisonnés à la Bastille, 122-123.

Cousin (M. Jules), érudit, cité, 189 (note 2).

Couteau (Jean-François), invalide de la garnison de la Bastille en 1787, 187 (note).

Couyngeston (Richard), lieutenant de Talbot à la Bastille en 1436, 252.

Cramail (Adrien de Montluc, comte de); prisonnier à la Bastille; — prend part à un complot organisé par le cardinal de Retz (1640), 169; — mentionné en 1643, 265.

Craqueby (Richart), écuyer, mentionné en 1430, 238.

Créquy (François, duc de), mis à la Bastille en 1661, 123.

Cristeman, prisonnier à la Bastille vers 1643, 265.

Crosne (De), lieutenant général de police; actes relatifs à la Bastille, 151, 292, 302.

Crosnier (Jean), prisonnier à la Bastille en 1701; causes de son incarcération, 92 (note 1).

Crucifixion (Tableau représentant la), à la chapelle de la Bastille, 40.

Cubjac (Comte de Jumilhac de). Voir Jumilhac.

Cuel (Joseph), tapissier; son rôle pendant la journée du 14 juillet 1789, 195.

# D

Dabadie. Voir Abadie (D').

Dambonel (Louis), tambour de la garnison de la Bastille en 1787, 187 (note).

Damiens, auteur d'une tentative d'assassinat contre Louis XV; son complice Tavernier détenu à la Bastille, 149, 193.

Dammartin (Comte de). Voir Chabannes (Antoine de).

Dammartin (Comtesse de). Voir Nanteuil (Marguerite de): — seigneurie au xv° siècle, 82.

Damozeran (X...), femme de Saint-Mars, 91.

Damport (Nicolas), prisonnier anglais à la Bastille en 1428, 251.

Dangeau (Philippe de Courcillon, marquis de), mis à la Bastille en 1677, 123.

DANIEL (Le Père); son *Histoire ecclésiastique* à la Bibliothèque de la Bastille, 152.

DANTON (Georges-Jacques), capitaine de la garde bourgeoise du district des Cordeliers; son rôle le 15 juillet 1789, 206.

DANRY, *dit* LATUDE; causes de son incarcération, 125; — lettres de cachet en vertu desquelles il est écroué (1749), 131; son évasion de Vincennes, 102. Détenu à la Bastille dans la tour de la Comté, 146, 277, au Trésor, 277, 38; — durée de sa détention, 130, 178; régime auquel il est soumis, 147, 150-151. Son évasion, 38, 43, 44, 58, 72 (note 1), 75, 93, 106-107, 145, 146, 280 (note), 283. — Signaux qu'il entretenait du haut des tours, 38; — ses *Mémoires*, 161.

DARCY (Louis), bourgeois de Paris; reconnaît, le 20 juillet 1789, le cadavre de Miray, 199.

DARDIVILLIERS, détenu à la Bastille en 1755 dans la tour de la Chapelle, 277.

DARRAGON, porte-clefs de la Bastille; détails sur ce personnage, 72 (note 1); pension de retraite qu'il touche en 1789, 308.

DAUGER (Eustache), valet de chambre de Fouquet, identifié par certains historiens avec l'homme au masque de fer, 158 (note).

DAUPHIN. Voir LOUIS XVII; — (Grand); voir LOUIS; — (infanterie), régiment, 188.

DAVID (Simon), chevalier, prisonnier à la Bastille en 1428, 251.

DAVID (Femme), veuve d'un citoyen tué au siège de la Bastille, 218, 223.

DAVIGNON. Voir AVIGNON (D').

DAVY DE CHAVIGNÉ, auditeur des Comptes; ses projets de monument à élever sur l'emplacement de la Bastille, 178-179, 228, 229, 231, 234 (note 2).

DEFFERANT, ou DEFFEREND (Claude-Nicolas BALOY DE), ingénieur et lieutenant de roi de la Bastille, 64 (et note 3); détails biographiques, 98; — mentionné en 1761, 279; — pension faite à sa veuve, 296, 308.

DE FLUE (Jean-Wolgang), capitaine du régiment de Salis-Samade, 187 (note 1).

DE FLUE ou DEFLUE (Louis), fils du précédent, lieutenant au régiment de Salis-Samade, 180 (note 6 de la page 179); son rôle durant la journée du 14 juillet 1789, 192, 195-196, 310 (note 1), 317; — sa relation de cette journée, citée, 186, 191, 195; — renseignements biographiques, 187 (note 1).

DEHANT (Le P.), jacobin écossais, prisonnier à la Bastille; y meurt en 1720, 120.

DELAVIGNE (Jacques), président de l'Assemblée des électeurs, délégué à la Bastille par le Comité permanent, 185, 316.

DELEAU (Louis), invalide de la garnison de la Bastille en 1787, 187 (note).

DELESSART; acte du 1ᵉʳ novembre 1789 certifié par lui, 202 (note 3).

DELEUTRE, membre du Comité de l'Hôtel de Ville, 207.

DELON DE LASSAIGNE, médecin du roi et de la Bastille (1768-1789), 47, 65 (et note 5).

DELSART (Jacques-Joseph), fossoyeur de l'église Saint-Roch, mentionné en 1790, 200.

DENON (Baron VIVANT), directeur des musées impériaux, inspire l'idée d'un éléphant monumental à élever sur l'emplacement de la Bastille, 234.

DEPPING (Guillaume), historien, cité, 68 (note 4), 69 (note 3), 96 (note 1), 139 (note 2).

DESCHAMPS (Adam), clerc des Comptes, mentionné en 1436, 252, 254.

DESHOULIÈRES (Mᵐᵉ); ses œuvres à la bibliothèque de la Bastille, 152.

DESMOULINS (Camille), 180.

DESNOT (François-Félix), garçon cuisinier, complice du meurtre de de Launey, 194 (et note 4), 199.

DESVOYERS, gazetier, prisonnier à la Bastille en 1661, 267.

DESPESELS, prisonnier à la Bastille en 1693; doléances qu'il exprime au sujet du régime auquel il est soumis, 139.

DESSALLES, historien, cité, 4 (note 1).

DEUX-PONTS (Duc DES), mentionné en 1768, 94.

DIDEROT, écrivain, cité, 135.

DIDIER, prisonnier à la Bastille en 1661, 267.

DIEPPE (Seine-Inférieure); bailli en 1437, 80 (note 4).

DOMINOS (Jeu de) fait avec des marbres provenant de la Bastille et offert en 1790 au dauphin, 214.

DORAT (Abbé), prisonnier à la Bastille en 1661, 266.

DORIAC (Regnault), conseiller des Comptes, mentionné en 1428, 251, 252, 254.

DORY (Louis), invalide de la garnison de la Bastille en 1787, 187 (note).

DOUAY (Jacquet DE LA). Voir JACQUET.

DOUËT D'ARCQ, historien, cité, 5 (note 3), 7 (note 1), 8 (note), 77, 163 (note 1).

# TABLE ANALYTIQUE.

Doullens (Somme, chef-lieu d'arrond.). Bataille qui s'y est livrée en 1553, 16.

Droix (Giles), chapelier; son rôle pendant la journée du 14 juillet 1789, 189 (note 1).

Dubois (Élie, prisonnier à la Bastille en 1699, désigné sous le nom de), 160.

Dubois (Guillaume), cardinal; anecdote sur son compte rapportée par M<sup>me</sup> de Stael, 67.

Dubois (Henri, *dit*). Voir Henri.

Du Bourg (Anne), prisonnier à la Bastille, 113.

Du Bourg, capitaine de la Bastille pendant la Ligue; détails biographiques, 84-85; sa capitulation en 1594, 168-169.

Du Breul, historien, cité, 4 (note 3).

Dubuisson (Femme), mentionnée en 1788, 142.

Dubuisson-Aubenay; son *Journal*, cité, 118 (note 3).

Duc, architecte; achève la construction de la colonne de Juillet, 235.

Ducaux, gazetier, prisonnier à la Bastille en 1661, 267.

Duchauffour, commissaire au Châtelet; actes en cette qualité, 189 (note 1), 195 (note 3).

Duchemin, prisonnier à la Bastille en 1661, 267.

Duchesne, prisonnier à la Bastille en 1661, 267.

Dufour (M. l'abbé V.), historien, cité, 33.

Dufresnoy, allié à la famille de Saint-Mars, gouverneur de la Bastille, 91.

Du Jardin, prisonnier à la Bastille vers 1653, 266.

Du Junca. Voir Junca (Du).

Dulaure, historien, cité, 212.

Dumangin, membre du Comité de l'Hôtel de Ville, 207.

Dumont (Joseph), sabotier; sa déposition au sujet de la journée du 14 juillet 1789, 189 (note 1).

Dumont (Pierre), invalide de la garnison de la Bastille en 1787, 187 (note).

Dumont, sculpteur; construit le Génie de la liberté qui surmonte la colonne de Juillet, 235.

Du Pont (Étienne), curé du Val-Reffroy, prisonnier à la Bastille en 1428, 251.

Dupruel, gazetier, prisonnier à la Bastille en 1661, 267.

Du Puget, du Pujet. Voir Puget.

Duquesne (Abbé), confesseur de la Bastille et de Vincennes (1782-1789), vicaire général de Soissons, 47, 69; — organise une bibliothèque à la Bastille en 1787, 69 (et note 4), 151-152; — confesseur du château de Vincennes en 1784; — son traitement, 300, 308.

Durand, prisonnier à la Bastille en 1709; inscription tracée par lui sur le mur de sa prison, 153.

Durler, lieutenant-colonel, mentionné en 1794, 187 (note 1).

Dusaulx (Jean), membre de l'Académie des belles-lettres, électeur de la ville de Paris; sa relation de la journée du 14 juillet 1789, citée, 194, 201, 206 (note 1) 216 (et note 2), 229; — son rôle au lendemain du 14 juillet 1789, 207, 324; — commissaire des Vainqueurs de la Bastille, 217, 218.

Duval, premier commis de la lieutenance de police, mentionné en 1760, 149.

Duval, garde des archives de la Bastille (1774-1789), 48, 69.

Duveyrier (Honoré-Marie-Nicolas), rédacteur du *Procès-verbal de l'Assemblée des électeurs de Paris*, 180 (note 2), 183 (note 2), 184 (note 1), 185 (note 1), 190, 205 (note 2).

# E

Eau-de-vie fournie aux prisonniers de la Bastille, 149.

Échoppes de la Bastille; leur histoire et leur description, 23-26.

Édouard, duc de Bar, capitaine de la Bastille en 1413; détails biographiques, 78.

Elbeuf (Charles, duc d'), reçoit les clefs de la Bastille en 1649, 170.

Électeurs de Paris (Assemblée des); décisions qu'elle prend à la suite de la journée du 14 juillet 1789, 205, 206-207, 208, 218.

Éléphant en bronze devant servir de décoration à la place de la Bastille, 234.

Élie (Jacob-Job), sous-lieutenant au régiment de la reine; son rôle pendant la journée du 14 juillet 1789, 188, 191, 192 (et note 1), 194; 316, 317, 319 (note 2); commissaire des Vainqueurs de la Bastille, 218, 226; — renseignements biographiques, 188 (note 3).

Élie, prisonnier à la Bastille en 1699 sous le nom de Dubois; détails sur sa détention, 160.

Empoisonneurs détenus à la Bastille, 121.

Émile. Voir Montmorency.

Encyclopédie du XVIII<sup>e</sup> siècle (L'), enfermée à la Bastille, 128; — citée, 135.

ENGHIEN (Louis-Antoine-Henri DE BOURBON-CONDÉ, duc D'); son jugement à Vincennes, 189 (note 3 de la page précédente).

ENSELME (Antoine), invalide de la garnison de la Bastille en 1787, 187 (note).

ÉPERNON (André D'), prévôt des marchands; est assiégé dans la Bastille en 1413, 164.

ÉPINAY-SUR-SEINE (Seine); combat de 1436, 79.

ÉPINAY (D'). Voir ESPINAY (D').

ERMENONVILLE (Oise); lettre que sa municipalité reçoit de Palloy en l'an III, 215.

ERMITES détenus à la Bastille vers 1643, 265, 266.

ESCHIFFLES, constructions servant à la défense des villes, 3.

ESCUINARD (Abbé), chapelain de la Bastille en 1779, 69.

ESLIARD (François), prisonnier à la Bastille; inhumé en 1701 sous le nom de Massuque, 154.

ESPAGNE (Ambassadeur d'). Voir ALAVA.

ESPINAY ou ÉPINAY (D'), gentilhomme affilié à un complot ourdi en 1640 par le cardinal de Retz, 169.

ESPION FRANÇAIS À LONDRES (L'), publication saisie et mise à la Bastille en 1782, 41.

ESPIONS emprisonnés à la Bastille, 117 (note 2), 118, 119, 121-122, 265.

ESSARTS (DES), chapelain de la Bastille; son traitement en 1781, 295.

ESTAING (Comte D'); son *Journal* saisi et mis à la Bastille (1782), 41.

ESTAMPES (D'), colonel; prend part à un complot organisé en 1640 par le cardinal de Retz, 169.

ESTRÉES (D'), détenu à la Bastille en 1778 dans la tour du Puits, 277.

ÉTAMPES (Seine-et-Oise); le maire de cette ville, Simonneau, est massacré dans une émeute en 1792, 227; — (Subdélégation d'); les ouvriers de démolition de la Bastille habitant cette région renvoyés dans leurs foyers, 209.

ÉTAT DE LA FRANCE (L'), cité, 48 (note 1), 53 (note), 60, 65 (note 4).

ÉTHIS DE CORNY, procureur du Roi et de la Ville; son rôle pendant la journée du 14 juillet 1789, 183, 190, 314 (et note 2); — mentionné le 17 juillet suivant, 229.

ÉTUVISTE-BARBIER-CHIRURGIEN. Voir HACHE.

ÉVRARD, prisonnier à la Bastille en 1788, 142.

EXILES (Piémont); forteresse commandée par Saint-Mars en 1680, 90, 91 (note 2).

ÉZARD (Femme), veuve d'un citoyen tué au siège de la Bastille, 218, 223.

# F

FAGNIEZ (M. Gustave), historien, cité, 86 (notes 3 et 4).

FALAISE (Calvados); Blaise, prêtre de cette ville, 153.

FALAISE (Jean), garçon cordonnier tué à l'attaque de la Bastille le 14 juillet 1789.

FANFARD, porte-clefs de la Bastille (1786-1789); détails sur ce personnage, 72 (note 1), 308, 310 (note 4); — sa déclaration au sujet de la journée du 14 juillet 1789, 203 (note 5 de la page précédente).

FARCONNET, aide-major de la Bastille; sa mort en 1776, 63; documents relatifs à ses fonctions, 292; — pension que reçoit sa veuve, 296, 308.

FASTILF (John), capitaine anglais de la Bastille (1421), 79; — mentionné en 1430, 238 (note).

FAUCHET (Abbé Claude), électeur; délégué à la Bastille par le Comité permanent, 185, 207, 316.

FALCONNIER (Femme), prisonnière à la Bastille en 1703, 126.

FAUQUEMBERGUE (Claude DE), greffier au Parlement; sa relation de la prise de Paris en 1436, 165-166.

FAUSSIÈRES, apothicaire de la Bastille (XVIII<sup>e</sup> siècle), 53.

FAUX MONNAYEURS DÉTENUS À LA BASTILLE, 113-114, 118, 119, 265, 266.

FAVERLY (Abbé DE), chapelain de la Bastille (1783-1789), 47, 69; — son traitement en 1781, 296; en 1789, 308; pension qu'il reçoit après les événements de juillet 1789, 203.

FAVEL, huissier à verge au Châtelet; acte en cette qualité, 199.

FÉDÉRATION (Fête de la) en 1790, 226.

FÉLIBIEN, historien, cité, 4 (note 3).

FEMMES PRISONNIÈRES À LA BASTILLE, 125-128. Voir BRINVILLIERS (DE), BRISON, CALLOUE, FAUCONNIER, GOMBAULT (DE), LA MOTTE, LEFEBVRE,

OLIVA (D'), PETREFEU (DE), STAAL (DE), VEZILLI (DE), VOISIN.

FÉRAND (Jacques), invalide de la garnison de la Bastille en 1787, 187 (note); — son rôle pendant la journée du 14 juillet 1789, 191, 316; — renseignements biographiques, 191 (note 1).

FERDINAND I$^{er}$, roi d'Aragon, mentionné en 1416, 164 (note 1).

FERRIÈRE (H. DE LA), historien, cité, 113 (note 2), 114 (note 1), 167 (note 3).

FERTÉ-MILON (LA) [Aisne]; la garnison de la Bastille est conduite dans cette ville en 1594, 168.

FESTEAU, horloger de la Bastille; ses honoraires en 1781, 296.

FILLETTES DU ROI (Caveaux des prisonniers de Louis XI, appelés), 110.

FILLIDERT (Gesnon), prisonnier masqué à la Bastille, en 1695, 159.

FILLON (Benjamin), érudit. Documents provenant de sa collection, 32, 192 (note 1).

FLAMENE (Jean LE), trésorier des guerres (XVI$^e$ siècle), 77 (note 1).

FLESSELLES (Jacques DE), prévôt des marchands; reconnaissance de son cadavre, 200-201.

FLEURIE (DE LA), délégué par l'Hôtel-de-Ville à la Bastille le 14 juillet 1789, 190, 314 (note 2).

FLEURY (Claude); son *Histoire ecclésiastique* à la bibliothèque de la Bastille, 152.

FLEURY, gazetier, prisonnier à la Bastille en 1661, 267.

FLUE (DE). Voir DE FLUE.

FONTAINE, commissaire au Châtelet; acte en cette qualité, 195.

FONTAINES-BOIS (DES) [*sic*], prisonnier à la Bastille vers 1643, 265.

FONTEINE (DE), faux monnayeur, prisonnier à la Bastille vers 1643, 265.

FOSSERIER (Abbé), confesseur honoraire de la Bastille, vicaire à Saint-Leu, 47, 69; son traitement en 1789, 308; — pension qu'il reçoit après les événements de juillet 1789, 203.

FOUIN (Michel), invalide de la garnison de la Bastille en 1787, 186 (note 8).

FOULLON (Femme), veuve d'un citoyen tué au siège de la Bastille, 218, 223.

FOUQUET (Nicolas), surintendant des finances, incarcéré à la Bastille, 20, 91; — son procès, 34; — prisonniers mis par son ordre à la Bastille, 267.

FOURCROY (DE), prisonnier à la Bastille en 1763, 143.

FOURNEL (M. Victor), historien, cité 183, 186, 189 (note 3 de la page précédente), 213, 216 (note 2), 219, 225, 227 (note 4).

FOURNIER (Raimond), chirurgien, puis prisonnier de la Bastille (1721), 67 (et note 2).

FOURNIER l'aîné, commissaire des Vainqueurs de la Bastille, 224.

FOURNIER, *dit* L'AMÉRICAIN; mentionné parmi les Vainqueurs de la Bastille, 220; — ses *Mémoires*, cités, *ibid.* (note 3).

FOURNIÈRE (Charles DE), sieur DE BERNAVILLE. Voir BERNAVILLE.

FOURNIVAL (Toussaint), épicier de Paris, mentionné en 1660, 138.

FOURQUIN (Claude), invalide de la garnison de la Bastille en 1787, 187 (note).

FOY, chanoine de Beauvais, emprisonné à la Bastille en 1691; est soumis à la torture, 140.

FRANÇOIS I$^{er}$, roi de France; vend l'Hôtel-Neuf, 12; — fête qu'il offre aux ambassadeurs d'Angleterre à la Bastille, 166, 262-263.

FRANÇOIS II, roi de France; acte relatif aux corps de garde de Vincennes et de la Bastille, 262 (et note).

FRANKLIN (M. A.), historien, cité, 37 (note 6).

FRESNES (DE), prisonnier à la Bastille en 1679; libertés dont il jouit, 137.

FRESQUIÈRES, médecin de la Bastille (XVIII$^e$ siècle), 53.

FRIGARD (Abbé), chapelain de la Bastille en 1778, 69.

FROISSART, chroniqueur, cité, 2.

FRONDE (La Bastille pendant la), 86, 87, 170-172).

FUNCK-BRENTANO (M. Frantz), historien, cité, 70, 97 (note 4), 125, 128 (note 2), 129 (notes 2 et 3), 133, 134, 137, 145, 147 (note 2), 150 (note 2), 153, 161, 172, 175 (note 1), 202 (note 5), 205 (note 4), 306.

# G

GALARDON (actuellement GALLARDON, Eure-et-Loir); seigneurie en 1492, 82 (note 7).

GAND (Belgique); habitants de cette ville détenus à la Bastille en 1691, 126.

GARATHI (Comte DE), prisonnier à la Bastille en 1781, 295 (et note 4).

—— (Comtesse DE), désignée sous le nom de comtesse DE GAVESTIN (?), 294 (note 2).

GARDE NATIONALE (Grenadiers de la) offrant au dauphin un jeu de dominos fait avec les marbres de la Bastille, 214.

—— (Département de la); chef, Saint-Martin, 217.

GARDES FRANÇAISES emprisonnés à l'Abbaye et délivrés par le peuple (30 juin 1789), 180, 187-188; — leur rôle pendant la journée du 14 juillet 1789, 187-188, 191; — leurs protestations contre le corps des Vainqueurs de la Bastille, 224-225, 226.

GASSION (Abbé DE), prisonnier à la Bastille en 1661, 267.

GATTEAUX, graveur du roi; son projet de décoration de la place de la Bastille, 229, 230.

GAUCHER (Simon), payeur des œuvres de la Ville (xiv° siècle), 4.

GAVESTIN (Comtesse DE), identifiée avec la comtesse DE GARATHI (?); prisonnière à la Bastille en 1781, 294 (et note 2).

GAYAN (Pierre), président aux enquêtes, 33.

GAZETIERS détenus à la Bastille, 118-119, 128.

GAZIER (M.-A.), historien, cité, 100 (note 1).

GENDRON, prisonnier à la Bastille vers 1643, 265.

GENÈVE (Imprimés relatifs à la république de), saisis à la Bastille en 1782, 41.

GENTIL, père et fils, imprimeurs, incarcérés à la Bastille en 1666, 131 (note 1).

GÉRARD, charron à Paris, 313 (note 1).

GIRARD, détenu à la Bastille en 1755 dans la tour de la Liberté, 277.

GIRAUT, aumônier de la Bastille en 1703, 156.

GODILLON-CHEVALIER (Henry). Voir CHEVALIER.

GOISSET, avocat, commissaire des Vainqueurs de la Bastille, 217.

GOMBAULT (M°° DE), prisonnière à la Bastille, 126.

GOMY (Jean-Marie-Sylvain), garçon brasseur, tué à l'attaque de la Bastille le 14 juillet 1789, 192 (note 2).

GONDONVILLIER (DE), prisonnier à la Bastille en 1661, 266.

GOSSE, peintre, chargé de la décoration de l'obélisque élevé provisoirement sur l'emplacement de la Bastille, 234.

GOUILLY, membre du Comité de l'Hôtel de Ville, 207.

GOUJET (Abbé); sa *Bibliothèque française* à la bibliothèque de la Bastille, 152.

GOULAS (Nicolas); ses *Mémoires*, cités, 87 (note 2), 170, 172 (note 1); — secrétaire du duc d'Orléans; contresigne un acte en cette qualité (1652), 172.

GOURLIER, écrivain, cité, 234, 235 (note 2).

GOVILLE (DE), prisonnier à la Bastille vers 1643, 265.

GRANGE (Jacqueline DE LA), femme de Jean de Montaigu, mentionnée en 1405, 12, 237.

GRANT, prisonnier à la Bastille vers 1780 (tour du Trésor), 293; — sa femme, également prisonnière (tour de la Comté), ibid.

GRAY (DE); visites qu'il fait aux prisonniers de la Bastille, 269.

GRENELLE (Plaine de); projet d'y construire un fort en 1788, 179 (note 3).

GRENOBLE (Isère), 132.

GRIGNAN (Françoise DE SÉVIGNÉ, comtesse DE), mentionnée en 1703, 96 (note 1).

GRIMALDI (Famille); possède la principauté de Monaco; son alliance avec la famille des Matignon, 168 (note 4).

GRIVALLET (Femme), veuve d'un citoyen tué au siège de la Bastille, 218, 223.

GROMIS (DE), Piémontais, incarcéré à la Bastille, mis en liberté par échange (1704), 122.

GROSBOIS (Louis), invalide de la garnison de la Bastille en 1787, 187 (note).

GROSLAIRE (Toussaint), Vainqueur de la Bastille; fusil qui lui est donné par la Nation, 221 (et note 1), 224.

GROSLAY (Seine-et-Oise); lettre que sa municipalité reçoit de Palloy en l'an III, 215.

GROSLIER, trésorier, maître des œuvres de la Ville, mentionné en 1559, 260.

GUÉRIN, affilié à un complot ourdi en 1640 par le cardinal de Retz, 169.

GUÉRIN (Pierre-Joseph), invalide de la garnison de la Bastille en 1787, 187 (note).

… TABLE ANALYTIQUE. 339

GUÉRITES, constructions servant à la défense des villes, 3.

GUEUDIN (Jacques), *dit* BELLEROSE, invalide de la garnison de la Bastille en 1787, 187 (note), 216 (note 2).

— (Michel-Étienne), fils du précédent; son rôle pendant la journée du 14 juillet 1789, 216.

GUICHON, agent comptable, mentionné en 1716, 271.

GUIFFREY (M. J.), historien, cité, 21, 194 (note 4).

GUIGNARD (François-Emmanuel), comte DE SAINT-PRIEST. Voir SAINT-PRIEST.

GUILHERMY (DE), historien, cité, 81 (note 6).

GUILLAIN (Guillaume), maître des œuvres de charpenterie et maçonnerie de la Ville, mentionné en 1556, 256.

GUILLARD (Jean-Pierre), caporal de la garnison de la Bastille en 1787, 186 (note 8).

GUILLAUME (M. J.), historien, cité, 210 (note 4), 228 (note 1), 232 (note 2).

GUILLEBEAT (Jean-Nicolas), greffier de la maréchaussée de l'Île-de-France; reconnaît, le 16 juillet 1789, le cadavre de Person, 198-199.

GUILLOTIN, prisonnier à la Bastille en 1787; douceur du régime auquel il est soumis, 176.

GUIOT ou GUYOT (Charles) DE FLÉVILLE, *dit* SAINT-CHARLES; sergent de la garnison de la Bastille en 1787, 186 (note 8); mentionné à l'occasion de l'attaque de la Bastille, 314 (note 1); sa relation de la prise de la Bastille, citée, *ibid.* (note 1), 191 (et note 2), 193 (note 1).

GUISE (Henri, duc DE) confie la garde de la Bastille à Bussy Le Clerc, 84.

GUIENNE (Duc DE); séjourne à l'Hôtel-Neuf en 1402, 12; — le possède en 1408, *ibid.*

GUYON, porte-clefs de la Bastille en 1789, 308, 310 (note 4).

GUYOT DE FLÉVILLE (Charles). Voir GUIOT.

# H

HACHE, banquier à Paris; mauvais traitements qu'il subit à la Bastille (1659-1661), 138.

— frère du précédent, étuviste barbier-chirurgien, *ibid.*

HANDFORD (Jean), capitaine anglais de Saint-Germain-en-Laye et de Montjoye (peut-être Montjay); sa « montre » en 1424, 79 (et note 9).

HARAUCOUR (Famille D'), mentionnée en 1643, 265.

HARAUCOURT (Guillaume DE), évêque de Verdun; sa détention à la Bastille (xv<sup>e</sup> siècle), 49, 82, 110, 111, 112 (et note 1).

HARMES (Jean DE); part qu'il prend à l'évasion d'Antoine de Chabannes, 107-109.

HELENVILLIERS (Yvonet DE), chevalier, prisonnier à la Bastille en 1428, 251.

HEMERY, tailleur, fournisseur de la compagnie de la Bastille 74 (et note 1).

HÉMON (Jacques), verrier à Paris, mentionné en 1477, 112.

HENESSAN (Henry), invalide de la garnison de la Bastille en 1787, 187 (note).

HENRI IV, roi de France; fait déposer des sommes d'argent à la Bastille, 37, 263; — y nomme Sully comme capitaine, 85; — une édition de ses *Lettres*, conservée à la bibliothèque de la Bastille, 152.

HENRI V, roi d'Angleterre; acte relatif à la Bastille (1421).

HENRI VI, roi d'Angleterre; acte relatif à la Bastille (1428), 238.

HENRI, *dit* DUBOIS; son rôle durant la journée du 14 juillet 1789, 318 (note 2).

HENRIET (Charles-Nicolas), *dit* EUSTACHE, sergent de la garnison de la Bastille en 1787, 186 (note 8).

HENRY (Mathieu), vicomte de Breteuil et de Conches en 1458, 81 (note 2).

HÉRAULT, lieutenant de police; actes relatifs à la Bastille, 120, 141.

HÉRAULT (Jean-François), capitaine en second de la Bastille en 1789: notes biographiques, 186 (et note 4).

HERIN (Jean-Pierre), invalide de la garnison de la Bastille en 1787, 187 (note).

HERMENT, médecin ordinaire des écuries du roi, soigne les prisonniers de la Bastille (1712) 65 et note 4.

HERVILLE (Guillaume DE), *dit* TÊTINE, écuyer, mentionné en 1405, 237.

HION, membre du Comité de l'Hôtel de Ville, 207.

*HISTOIRE AUTHENTIQUE ET SUIVIE DE LA RÉVOLUTION DE FRANCE*, ouvrage cité, 99, 184, 188, 191, 309-319.

HOUDAN (Pierre-Nicolas), commandant de la patrouille du district de Saint-Jean-en-Grève; son rôle, le 15 juillet 1789, 197-198, 201.

Hovyn de la Tranchère (M.), historien; copies qu'il a faites à Saint-Pétersbourg de papiers provenant de la Bastille, 147 (note 3).

Hubart (Janbert), mentionné en 1663, 153.

Hubert, prisonnier à la Bastille en 1661, 267.

Hugo (Victor), 111 (note 2), 234.

Hugot, proposé en 1787 pour les fonctions d'aide-major de la Bastille, 63.

Huguenain (Didier), porte-clefs du château de Vincennes en 1784, 300.

Hullin (Pierre-Augustin); son rôle pendant la journée du 14 juillet 1789, 188, 192, 194; — commandant des Volontaires de la Bastille, 216, 217, 218, 225; — renseignements biographiques, 189 (note 3 de la page précédente).

Hulot (Barthélemy), invalide de la garnison de la Bastille en 1787, 187 (note).

Humbert, horloger: sa relation de la prise de la Bastille, 188 (note 1); — mentionné parmi les Vainqueurs de la Bastille, 221 (et note 3).

Hurel, chirurgien-major de la Bastille (1787-1789); détails sur ce personnage, 47, 66 (note 3), 67; texte de la lettre d'avis de sa nomination, 302; — son traitement 308.

# I

Imonville (Voyau d'); part qu'il prend à l'évasion d'Antoine de Chabannes, 107-109.

Inde (Histoire des guerres de l') à la bibliothèque de la Bastille, 152.

Ingénu (L'), roman de Voltaire, 174.

Irlandaise (prisonnière) à la Bastille; y accouche en 1701, 68.

Isabeau de Bavière; sa statue au portail de la Bastille, 12.

Isis (Statue d') décorant une fontaine de la Régénération élévée en 1793 sur l'emplacement de la Bastille, 233.

Iung (M. Th.), historien, cité, 52 (note 2), 90 (et note 3), 158.

Ives, prêtre, prisonnier à la Bastille en 1661, 267.

Ivyer (Antoine d'), capitaine de la Bastille en 1436, 80 (et note 4).

# J

Jacobins (Club des), convoqué par Palloy en 1791, 214 (note 4).

Jacques (Le cousin); sa relation de la prise de la Bastille, citée, 194 (note 1).

Jacquet (Jean), sculpteur en bois; obtient la concession d'une échoppe près de la Bastille (1720), 24.

Jacquet de la Douay (Jean-Claude); prisonnier à la Bastille, 295 (et note 8); mis en liberté le 9 juillet 1789, 193 (note 2), 307.

Jacqueville (Hélyon de), Jaquevilla (Leo de), capitaine de la Bastille en 1418; détails biographiques, 79.

Jaillot, historien, cité, 4 (note 3).

Jal, érudit, cité, 89-90 (et note), 154, 155, 213 (note 6).

Jallier de Savault, architecte, chargé de surveiller la démolition de la Bastille, 207, 210, 212.

Jamet, détenu à la Bastille en 1755 dans la tour de la Bazinière, 277.

Jansénistes incarcérés à la Bastille, 120. Voir Roquette (De), Saci (De).

Jean, duc de Touraine; séjourne à l'Hôtel-Neuf en 1402, 12.

Jean Sans Peur, duc de Bourgogne; loge à l'Hôtel-Neuf en 1418, 12.

Jean, fils de Charles VI; sa statue au portail de la Bastille, 12.

Jean (Michel), invalide de la garnison de la Bastille en 1787, 187 (note).

Jeanne de Bourbon, femme de Charles V; sa statue au portail de la Bastille, 12.

Joannon, délégué par l'Hôtel-de-Ville à la Bastille, le 14 juillet 1789, 190, 314 (note 2).

Joli, cabaretier, fournisseur du vin des prisonniers de la Bastille, 56-57.

Jonas (André), soldat aux gardes françaises; son rôle pendant la journée du 14 juillet 1789, 194-195.

Jones (De), prisonnier anglais à la Bastille (1693), 27.

Jorry (Sébastien), imprimeur-libraire; déclaration qu'il signe à sa sortie de la Bastille (1759), 135.

Joseph (François Le Clerc du Tremblay, dit le Père);

son rôle dans la nomination de son frère au gouvernement de la Bastille, 86 (et note 3).

Josselin (Nicolas-Joseph), invalide de la garnison de la Bastille en 1787, 187 (note).

Jouin (M. H.), érudit, cité, 231, 234 (note 3).

*Journal de Paris*, cité, 209 (note 2), 226, 227.

Jues. Voir Ives.

Juillet 1830 (Journées de), 225, 234-235.

Jumilhac de Cubjac (Antoine-Joseph-Marie, comte de), lieutenant de roi, puis gouverneur de la Bastille; actes de son administration, 32, 54, 56, (note 3), 64, 65, (note 5), 101, 286; — détails biographiques, 94.

Jumilhac de Cubjac (Baronne de), fille du dernier gouverneur de la Bastille; rente à laquelle elle a droit à la suite des événements du 14 juillet 1789, 202.

Junca (Etienne du ou de), lieutenant de roi à la Bastille; actes en cette qualité, 59-60; — détails biographiques, 95-96; — ses écrits, cités, 20, 21, 26, 27, 30, 33, 34, 43-44, 53, 58, 59, 61, 89, 119, 123, 126, 132-133, 136, 137, 139 (note 1), 154, 156-157, 159, 160, 267-270.

Jurieu, premier commis du ministère de la maison du roi; mentionné en 1789, 202.

# L

Labarte, historien, cité, 6 (note 1), 37 (note 1).

La Baumerie (De), prêtre, prisonnier à la Bastille en 1661, 266.

Laborie, apothicaire de la Bastille (1783-1789), 67 (et note 4).

La Brière (de), seigneur de Ponchâteau, prisonnier à la Bastille vers 1745, 266.

La Brière, sergent de la compagnie de la Bastille en 1637, 139.

La Chaise (De), garde du duc d'Orléans, mentionné en 1789, 197.

La Corrège, prisonnier à la Bastille, 307, 310 (note 5); visites qu'il a le droit de recevoir de son avocat, Thuriot de la Rozière, 142; de la fille Geneviève Chevalier, 180 (note 6 de la page 179); délivré par le peuple le 14 juillet 1789, 193, 196.

La Cour (Pierre), invalide de la garnison de la Bastille en 1787, 187 (note).

La Croix, détenu à la Bastille en 1755 dans la tour du Coin, 277.

La Fayette (Gilbert, marquis de), commandant en chef de la garde nationale; son rôle le 15 juillet 1789, 206; — acte signé par lui le 17 juillet, 207; — mentionné le 14 août suivant, 209; — le 29 mai 1790, 217.

Lafayette (Marie de), femme de Jean le Clerc du Tremblay, 86.

Laffemas (Isaac de), lieutenant civil de police, mentionné en 1637, 139; — vers 1643, 2866.

La Fontaine (Simon), invalide de la garnison de la Bastille en 1787, 187 (note).

La Ganière (De), prisonnier à la Bastille vers 1643, 265.

Lagny (Jean de), garde de la bastide Saint-Antoine en 1369, 3.

Lagrange et Lagrange-Montmor (De), frères, prisonniers à la Bastille en 1661, 267.

Lagrené, membre du Comité de l'Hôtel de Ville, 207.

Lair (M. Jules), historien, cité, 158 (note).

Laizer ou Laizert (Joseph-François-Félix, chevalier de); veut prendre, dans la soirée du 14 juillet 1789, le commandement de la Bastille; en est expulsé par Soulès, 205 (et note 3).

Lalanne (M. L.), historien, cité, 137 (note 1).

Lallier, médecin de la Bastille en 1691, 140.

Lally-Tollendal (Comte de); sa détention à la Bastille, 154.

La Louvière, fils de Broussel, lieutenant de la Bastille en 1649, 87, 170; commandant en 1652; acte par lequel il en est expulsé, 87, 88; — son rôle pendant le combat du faubourg Saint-Antoine (1652), 171-172.

Lamballe (Marie-Thérèse-Louise de Savoie-Carignan, princesse de), visite en 1777 le donjon de Vincennes, 161 (note 3).

Lameth (Charles de), président de l'Assemblée Nationale; acte en cette qualité, 224.

Lamori, prisonnier à la Bastille vers 1643, 266.

La Motte (Comtesse de), détenue à la Bastille, 127.

Lamy (Guillaume), clerc en la Chambre des Comptes, rédige l'inventaire de la Bastille au XV° siècle, 8, 238, 251, 252.

Landes (Jean des), mentionné en 1437, 80 (note 4).

Langlée, mis à la Bastille en 1677, à la suite d'une altercation avec Dangeau, 123.

Langlois (Nicolas), invalide de la garnison de la Bastille en 1787, 187 (note).

Langres (Haute-Marne); trouvaille qui y fut faite en 1855 du prétendu masque de fer de la Bastille, 158 (note).

Languedoil (Généralité de) au xv° siècle, 52.

Languet de Gergy, prisonnier à la Bastille en 1684; l'un de ses fils, archevêque de Sens; l'autre, curé de Saint-Sulpice de Paris, 137.

Laonnais (Jean de Montaigu, vidame de), 237.

Laonnière (De), prisonnier à la Bastille en 1661, 266.

La Personne (Jean), vicomte d'Acy, capitaine de la Bastille (1386-1400); détails biographiques, 76-77.

La Pierre (De), soldat, prisonnier à la Bastille vers 1643, 265.

La Porte, chroniqueur, détenu à la Bastille, 136, 138, 139, 145, 159.

Laporte (Pierre), invalide de la garnison de la Bastille en 1787, 187 (note).

Larcher d'Aubancourt, ingénieur de la Bastille (1765-1789), 47; détails sur ce personnage, 64-65.

Larchier (Jean), lieutenant criminel de la prévôté de Paris; est assiégé dans la Bastille en 1436, 166.

La Reynie, lieutenant de police; actes relatifs à la Bastille, 96.

La Rivière (De), soldat, prisonnier à la Bastille vers 1643, 266.

Larnage (De), prisonnier à la Bastille en 1759, 42.

Laroche (Bernard), prisonnier à la Bastille, délivré le 14 juillet 1789, 193, 196, 307, 310 (note 5).

La Roche-Bernard (De), prisonnier à la Bastille vers 1643, 265.

La Rochegérault, détenu à la Bastille en 1755 dans la tour de la Liberté, 277.

La Rochelle (Charente-Inférieure); moine jacobin de cette ville prisonnier à la Bastille en 1428, 9, 251.

La Rochette (Louis de Behan ou Behene, *dit* de), seigneur de Servon et de la Borde-Grappin; capitaine de la Bastille (1458-1471); détails biographiques, 81.

La Rosière ou La Rozière (Thuriot de). Voir Thuriot.

La Rue (Mahiet de), vigneron, prisonnier à la Bastille en 1428, 251.

La Salle, détenu à la Bastille en 1755 dans la tour de la Chapelle, 277.

La Salle (Adrien, marquis de), commandant en chef de la milice parisienne; actes en cette qualité, 32, 205, 206, 207.

La Sauve, détenu à la Bastille en 1755 dans la tour de la Bertaudière, 277.

La Terrade (De), prisonnier à la Bastille vers 1643, 265.

La Tour (De), mentionné le 16 juillet 1789, 207.

La Tour d'Allier; ses visites à la Bastille pour convertir les protestants qui y sont détenus, 268.

Latude. Voir Danry.

L'Aubespine (De), secrétaire du roi; acte qu'il signe en cette qualité, 262.

Launay (M¹¹ᵉ de). Voir Staal (Mᵐᵉ de).

Launey (Adrien-Jean-Charles Jourdan de), fils de René Jourdan de Launey, 92, 95; — au service du prince de Conti, 94.

Launey (Bernard-René Jourdan de), fils de René Jourdan de Launey, 92; gouverneur de la Bastille (1776-1789); manière dont il a été nommé, 94; représentations qu'il fait au sujet de son traitement, 302-303; actes de son administration, 39, 42, 47, 55, 59, 63, 66 (note 4), 69, 99 (note 1), 101 (note 2), 144, 145, 150, 161, 174, 176, 179, 292-293, 298-299; — détails biographiques, 94-95; — son rôle, le 14 juillet 1789, 183-186, 310-319, 321, 324; — sa mort, reconnaissance de son cadavre, 197 (note 5), 199-201, 318 (note 3).

Launey (Mᵐᵉ de), femme du précédent, 29 (note 2); s'emploie pour l'embellissement de la chapelle de la Bastille, 40; — rente qu'elle reçoit à la suite de la journée du 14 juillet 1789, 202.

Launey (M¹¹ᵉ de), fille des précédents; confondue, le 14 juillet 1789, avec M¹¹ᵉ de Monsigny, 189: — rente à laquelle elle a droit à la suite des événements de cette journée, 202.

Launey (René Jourdan de), seigneur de la Bretonnière, lieutenant de roi, puis gouverneur de la Bastille; actes de son administration, 24, 54, 120, 131; jouit du droit de *committimus* (1723), 57; détails biographiques, 92.

Lausillon (De); visites qu'il fait aux prisonniers de la Bastille, 269.

La Vallière (Marquise de), soignée en 1699 par le médecin de la Bastille, 65.

Lavements donnés aux prisonniers de la Bastille, 67.

La Verdure (Nicolas), invalide de la garnison de la Bastille en 1787, 187 (note).

Lavisé (Jean-Baptiste-Noël), porte-clefs du château de Vincennes en 1784, 300.

Le Bas, commissaire au Châtelet; acte en cette qualité, 192 (note 2).

Le Beuf (Abbé), historien, cité, 81 (et notes 5 et 6), 92 (note 4).

Le Biernoys, entrepreneur de la maçonnerie de la Bastille en 1556, 257.

Le Blont (Gauthier); ses biens à Paris en 1405, 237.

Le Boursier (Jean), écuyer breton, prisonnier à la Bastille en 1428, 251.

Le Bouteiller (Raoul), capitaine de la Bastille en 1428, 80, 238.

Lecamus de Limare; fondateur des fonderies de cuivre de Romilly-sur-Andelle, 33 (note 3).

Lecarov (F.), historien, cité, 4 (note 3).

Léché, libraire; prisonnier à la Bastille en 1661, 267.

Le Clerc (Jean), secrétaire du roi, auteur d'un texte interpolé de la *Chronique scandaleuse*, 106 (et note 3).

Le Clerc du Tremblay (Charles, François, Jean). Voir Tremblay (Du).

Leclerc, prisonnier à la Bastille en 1661, 267.

Lecocq, chirurgien et apothicaire-major de la Bastille (1750-1787); détails sur ce personnage, 67; fait l'autopsie de d'Abadie (1761), 94; — mémoire dressé pour l'exercice de ses fonctions en 1750, 274-275; — pension de retraite qui lui est octroyée en 1787, 302; — pension que reçoit sa veuve en 1789, 308.

Lecocq (M. G.), historien, cité, 40, 42, 152, 181 (notes 1 et 3), 193 (note 3 de la page 192), 209 (note 5), 213 (note 5), 217 (note 3), 222 (note 1), 227 (note 3), 228.

Le Conte (Charles), maître des œuvres de charpenterie et maçonnerie de la ville, mentionné en 1556, 256, 258.

Ledeist de Boutidoux, député suppléant de Bretagne à l'Assemblée Nationale; délégué à la Bastille par le Comité permanent, 185, 316; chargé du commandement de la Bastille, le 15 juillet 1789, 205-206.

Le Faivre, entrepreneur des bâtiments du roi, chargé de la Bastille (1755-1789), 48.

Lefébure, frères, prisonniers à la Bastille en 1661, 267.

Lefebvre (Femme), prisonnière à la Bastille en 1732.

Lefebvre de Corbinières, électeur du district des Petits-Pères; proclame dans les rues de Paris l'ordre de démolition de la Bastille, 206.

Lefèvre (Antoine), prévôt des marchands, mentionné en 1652, 170-171.

Lefèvre, entrepreneur de travaux de maçonnerie à la Bastille en 1761, 279.

Le Fèvre d'Ormesson (Olivier); son *Journal*, mentionné, 172 (note 1).

Lefèvre (Abbé), électeur de 1789; rôle qu'il joue le 13 juillet 1789, 182.

Le Grand, architecte; son projet de décoration de la place de la Bastille, 231.

Le Guay (Nicolas-Antoine), prisonnier à la Bastille en 1786; 294, 295 (et note 5); frais de ses funérailles, 155.

Le Jeune, horloger de la Bastille en 1789; son traitement, 308.

Le Maistre (Robert), religieux des Jacobins de Rouen, prisonnier à la Bastille en 1428, 251.

Lempereur (Charles), invalide de la garnison de la Bastille en 1787, 187 (note).

Lenoble (Claude-Antoine), caporal de la garnison de la Bastille en 1787, 186 (note 8).

Lenoir, lieutenant général de police; actes relatifs à la Bastille, 150, 292-293, 297.

Lenoncour (Abbé de), mentionné en 1661, 267.

Lenteigne (Claude), invalide de la garnison de la Bastille en 1787, 187 (note).

Le Peletier (Claude), contrôleur général des finances, 50.

Le Peletier (Michel), mentionné en 1699, 160.

Le Pelletier, directeur des fortifications; fait visiter, en 1716, les bâtiments du gouvernement de la Bastille, 270-271.

Le Petit (Claude), écrivain du XVII<sup>e</sup> siècle, cité, 18-20.

Le Petit (Jean-Baptiste), *dit* Brin d'Amour; invalide de la garnison de la Bastille en 1787, 187 (note).

Le Rade (Jacques), garçon fossoyeur de Saint-Roch, mentionné en 1790, 200.

Le Roux (Jean-Hervé), sieur de Beauval. Voir Beauval.

Le Roulx de la Ville, administrateur au département des travaux publics de la Ville, 32.

Le Roy (Martin), receveur général des finances d'Outre-Seine (1482), 112 (et note 1).

Le Roy (Mathieu), invalide de la garnison de la Bastille en 1787, 187 (note).

Lescure (M. de), historien, cité, 31 (note 3).

Lesmaker (Louis), invalide de la garnison de la Bastille en 1787, 187 (note).

L'Estoile (Pierre de), chroniqueur, cité, 84, 85 (note 3), 115, 116.

Le Tellier (Michel), ministre de la maison du roi; actes relatifs à la Bastille, 125, 131 (note 1), 264.

Lettres d'anticipation pour l'écrou des prisonniers, 131-132.

—— de cachet pour l'écrou et la mise en liberté, 131-132, 134-135; — abus qui en est fait, 174, 178; — leur suppression est réclamée, 177.

Leully (Pierre de), receveur général des finances en 1477, 112.

Levasseur, commissaire au Châtelet (?), mentionné en 1782, 41.

Levasseur (Femme), veuve d'un citoyen tué au siège de la Bastille, 218, 223.

Le Vavasseur (Jean), mentionné en 1437, 80 (note 4).

Lezinasque (De), prisonnier à la Bastille vers 1643, 265.

Liberté (Colonne de la); projets de construction sur l'emplacement de la Bastille, 229, 230, 231, 232; — (Génie de la) surmontant la colonne de Juillet, 235.

Libraires et livres détenus à la Bastille, 119, 128, 135.

Liège (Belgique); Thuriot de la Rozière y meurt en 1829, 185 (note 1); — habitants de cette ville détenus à la Bastille vers 1643, 265, 266.

Lieutaud, commandant de la garde nationale de Marseille; lettre qu'il reçoit de Mirabeau à propos de la journée du 14 juillet 1789, 199 (note 4).

Lignon, marchand de vin, créancier de Saint-Sauveur, lieutenant de roi de la Bastille, 99.

Linguet (Simon-Nicolas-Henri), avocat; prisonnier à la Bastille (1780-1782), 128, 147, 152, 295 (et note 6); — ses *Mémoires*, cités, 29, 31, 31-32 (et note 2), 39, 42, 55, 56-57, 65, 66 (note 1), 72, 76 (note), 94, 133, 145, 153, 160, 161, 175, 226.

Lion d'argent (Ordre du), concédé au comte de Jumilhac, 94.

Lionne (Hugues de), ministre d'État; acte en cette qualité, 134 (note 2).

L'Isle Adam (Jean de Villiers, sire de), capitaine de la Bastille en 1430, 10, 48, 80, 244 (note 6), 248 (note 7); — pénètre dans Paris avec l'armée royale en 1436, 165-166.

Livres saisis. Leur dépôt à la Bastille, 40-41.

Loi (Fête de la), célébrée en 1792, 227-228.

Loir, entrepreneur de maçonnerie, employé pour les travaux de la Bastille en 1716, 271.

Loiseleur (M. Jules), historien, cité, 90, 121, 158.

Londres (Angleterre); bastille portant le nom de cette ville, construite en 1428 devant les remparts d'Orléans, 2.

Longnon (M. A.), historien, cité, 43 (note 2), 44, 75 (note 3), 280 (note).

Longpré (Gilles Jourdan de), lieutenant de roi de la Bastille (1738-1749); détails biographiques, 98.

Lonnoy (Pierre), invalide de la garnison de la Bastille en 1787, 187 (note).

Loret; sa *Muze historique*, citée, 122.

Lorges (Comte de), prétendu prisonnier de la Bastille, 190 (note 1), 193 (note 2).

Loriaux, *dit* Barois (Claude), Vainqueur de la Bastille, 221 (et note 4).

Lorraine (Chevalier de), prisonnier à la Bastille vers 1643, 265; — soldat qui le garde, 266.

Losme-Salbray (Antoine-Jérôme de), officier adjoint, puis major de la Bastille; actes en cette qualité, 62, 63, 143-144, 147, 179 (et note 5); — renseignements biographiques, 101-102; — son traitement, 298, 307; documents de lui, cités, 41 (note 1), 55, 74, 142, 301-302, 309; — son rôle et sa mort le 14 juillet 1789, 194-195, 312; — reconnaissance de son cadavre, 198, 201, 318 (note 3).

Lossinot, *dit* Saint-Louis, porte-clefs de la Bastille (1781-1786); détails sur ce personnage, 72 (note 1), 294, 308; — pension de retraite qu'il touche en 1789, 308.

Louis XI, roi de France; ses séjours à l'Hôtel-Neuf, 12; — fait réparer la Bastille, 13.

Louis XII, roi de France; ordonne, en 1504, le récolement des «bastons» de Paris, 166.

Louis XIII, roi de France; fait retirer un million déposé à la Bastille (1614), 37, 263.

Louis XIV, roi de France; crée à l'Arsenal une juridiction spéciale pour l'affaire des poisons, 121; actes relatifs aux religieuses de la Visitation, 12, 20, 24, 263-264; actes relatifs à la Bastille, 69, 70-71, 87, 88, 119, 125, 131 (note 1), 134 (note 2), 137, 138 (note 4), 173 (note 1).

Louis XV, roi de France; actes relatifs à la Bastille, 73, 93 (note 4), 131, 134, 173 (note 1), 271-272, 279, 286-287.

Louis XVI, roi de France; actes relatifs à la Bastille, 61, 202; — réception qui lui est faite à l'Hôtel de Ville de Paris le 17 juillet 1789, 229; — projets de statue à lui élever sur l'emplacement de la Bastille, 175, 176, 177, 228, 229, 230.

Louis XVII, dauphin; jeu de dominos fait avec des marbres de la Bastille, qui lui est offert en 1790, 214.

Louis XVIII, roi de France; exile Thuriot de la Rozière, 185 (note 1); — vers que lui adresse Palloy, 216.

Louis-Philippe I<sup>er</sup>, roi de France; épîtres que lui adresse Palloy, 216; — ordonne la construction de la colonne de Juillet, 234; son «serment» figuré sur un projet de cet édifice, *ibid.*

Louis, duc de Bavière, capitaine de la Bastille en 1413; détails biographiques, 78.

Louis, duc d'Orléans; sa statue au portail de la Bastille, 12; — acquiert en 1405 la Conciergerie de la Bastille, *ibid.* (et note 1).

Louis, fils de Charles VI; sa statue au portail de la Bastille, 12.

Louis, grand dauphin de France; couleuvrine que l'on prétend avoir été faite pour lui, 22.

Louvois, ministre de la guerre; sa maîtresse, belle-sœur de Saint-Mars, 91; — acte relatif à la Bastille, 129; — tentative d'empoisonnement commise contre lui, 160.

Louvres (Seine-et-Oise), 109.

Lubert (De), inspecteur général des fermes; conduit de Whyte à Charenton, 197.

Lucain (Vers de) servant de devise aux Volontaires de la Bastille, 217.

Lucas (François), invalide de la garnison de la Bastille en 1787, 187 (note).

Lucotte (Gabriel), commissaire au Châtelet; acte en cette qualité, 197-199.

Luillier (Charlotte), fille de Philippe Luillier; son mariage en 1492 avec Louis Picart, 82.

Luillier (Philippe), seigneur de Galardon, capitaine de la Bastille (1468-1492), 51, 112; détails biographiques, 82 (et notes).

Lusasse (Comte de), autorisé à visiter la Bastille en 1715, 161.

Luxembourg (Louis de), prisonnier à la Bastille; est décapité sur la place de Grève (1475), 112.

Luxembourg (Louis de), évêque de Thérouanne, chancelier de France pour le roi d'Angleterre; est assiégé dans la Bastille en 1436, 166.

Lynes (Charles, marquis d'Albert, duc de), capitaine de la Bastille, 49; actes en cette qualité, 86.

# M

Macarel, avocat à la Cour royale de Paris; rédige en 1819 une supplique à la Chambre des députés au nom de Palloy, 215 (note 1); — son beau-père, Champion-Villeneuve, *ibid.*

Macé (René), chroniqueur, cité, 167.

Mac-Mahon (Abbé de), confesseur honoraire de la Bastille (1782-1789), 47, 69; son traitement en 1781, 296; — en 1789, 308; pension qu'il reçoit après les événements de juillet 1789, 203.

Maillard, Volontaire de la Bastille, 216; — Vainqueur de la Bastille, 222 (et note 1), 226.

Maine (Anne-Louise de Bourbon, duchesse du); son secrétaire, M<sup>me</sup> de Staal, 126.

Maisonrouge, lieutenant de roi à la Bastille, 60; détails biographiques, 97; — son rôle à l'égard de M<sup>me</sup> de Staal, 127.

Malesherbes (Guillaume de Lamoignon de), ministre de la maison du roi; actes relatifs à la Bastille, 101, 174-175.

Maluant (De), prisonnier à la Bastille en 1661, 267.

Malville (Thomas), marchand tailleur; reconnaît, le 20 juillet 1789, le cadavre de Miray, 199.

Manessier (Jean), notaire royal au Châtelet, mentionné en 1405, 237.

Mantoue (Duché de), 158.

Marcault (Marcelin), invalide de la garnison de la Bastille en 1787, 187 (note).

Marceau (Marcel), invalide de la garnison de la Bastille en 1787, 187 (note).

Marcel (Claude), garde du buffet du roi à la Bastille; quittance signée de lui (1588), 37 (note 2).

Marcel (Étienne), prévôt des marchands; fait construire une nouvelle enceinte au nord de Paris, 1, 3 (note 2); — sa mort devant la bastide Saint-Antoine, 3.

MARCENAY, prisonnier à la Bastille (1781-1783), 295 (et note 7).

MARCHANT (Jehan); fournit des nattes pour la prison du duc de Nemours (1477), 112.

MARCHIALY, nom donné sur son acte mortuaire au prisonnier connu sous le nom de l'Homme au masque de fer, 154.

MARCHIEL, MARCHIERGUES, noms sous lesquels est désigné l'homme au masque de fer, 157.

MARFÉE (Bataille de la), 169.

MARIAGE, commis aux archives de la Bastille (1786-1789), 70 ; — son traitement en 1789, 308.

MARIE DE MÉDICIS ; nomme Joachim de Châteauvieux capitaine de la Bastille (1611), 85 ; mentionnée en 1614, 263.

MARILLAC (DE); un de ses laquais prisonnier à la Bastille vers 1643, 265.

MARIN (Siméon), prédicant, détenu à la Bastille, 153.

MARLY (Seine-et-Oise, chef-lieu de canton). Château ; son budget au chapitre des châteaux royaux, 49.

MARMONTEL, détenu à la Bastille, 128 ; — texte des lettres de cachet de sa mise en liberté (1760), 134.

MARNIÈRE (DE LA), prisonnier à la Bastille en 1787; libertés dont il y jouit, 144.

MARQUÉ, sergent de grenadiers des gardes françaises; son rôle durant la journée du 14 juillet 1789, 317 (note 2).

MARRIS (Le Père), moine, prisonnier à la Bastille vers 1643, 266.

MARSEILLE (Bouches-du-Rhône); garde nationale en 1790, 199 (note 4).

MARTIN (Jean-Baptiste), guichetier du Châtelet, mentionné en 1790, 200-201.

MARTIN (Marie-Jean), invalide de la garnison de la Bastille en 1787, 187 (note).

MARTIN, garde des archives de la Bastille (1782-1789), 48, 69-70.

MASQUE DE FER (Prisonnier de la Bastille connu sous le nom de l'Homme au), 34, 90, 154 ; désigné sous les noms de Marchialy, 154, — Marchiel, Marchiergues, 157 ; détails à son sujet, 156-159.

MASSOQUE, nom donné sur son acte mortuaire à un prisonnier de la Bastille, appelé Isliard, 154.

MATIGNON (Jacques DE GOYON, comte DE), maréchal de France; s'empare de la Bastille en 1594, 168-169 ; — sa famille alliée à celle des Grimaldi, 168 (note 4).

MATTHIOLI (Ercole-Antonio), prisonnier d'État; identifié par certains historiens avec l'homme au masque de fer, 158, 159 (note).

MAUREPAS (Jean-Frédéric, comte DE); complot que Latude l'accuse d'avoir ourdi contre la marquise de Pompadour, 125 ; — secrétaire d'État; acte en cette qualité, 132.

MAURICE (Jean-Arnaud), invalide de la garnison de la Bastille en 1787, 187 (note).

MAURIN, médecin intérimaire de la Bastille en 1699, 65.

MAYENNE (Charles de Lorraine, duc DE); retire la garde de la Bastille à Bussy Le Clerc (1591), 84, 168 ; — dévoûment dont du Bourg témoigne pour lui, 85.

MAZARIN (Cardinal) ; fait déposer sept millions à la Bastille, 37 ; — son capitaine des gardes, Besmaux, 88 ; — son débiteur Hache, mis à la Bastille, 138 ; — tentatives d'assassinat commises contre sa personne, 118, 266, 267.

MAZIN, ingénieur, directeur des fortifications de la Bastille; mentionné en 1717, 41 (note 3); — en 1734, 64.

MÉDICIS. Voir CATHERINE, MARIE DE MÉDICIS.

MELUN (Seine-et-Marne). Château; inventaire des joyaux qui s'y trouvent sous Charles VI, 6, 163 (note).

MELUN (Charles DE), fils de Philippe de Melun; rôle qu'il joue sous Louis XI, 82.

MELUN (Philippe DE), capitaine de la Bastille (1462-1466); détails biographiques, 51, 82.

MÉNIL (Chevalier DE), détenu à la Bastille ; intrigue qu'il y noue avec M$^{me}$ de Staal, 127.

MÉNORVAL (M. E. DE), historien, cité, 213 (note 3).

MERCIER, écrivain, cité, 128.

MÉRIGOT (Pierre), invalide de la garnison de la Bastille en 1787, 187 (note).

MERLE (DE), prêtre; complot qu'il trame en faveur de l'Espagne pendant la Ligue, 168.

MERLET (M. Lucien), historien, cité, 78 (et note 2).

MESMES (Jean-Antoine D'AVAUX DE), président au Parlement de Paris en 1659, 126.

MESNIL (DU), gentilhomme gascon, prisonnier à la Bastille en 1583; sa tentative d'évasion, 115.

MESNIL, prisonnier à la Bastille, mentionné en 1684, 129.

MESTERHEIM (Léopold), invalide de la garnison de la Bastille en 1787, 187 (note).

METZ. Hôpital militaire, mentionné en 1789, 65.

MICHELET, historien, cité, 194.

TABLE ANALYTIQUE.    347

Michelle de France, fille de Charles VI; séjourne à l'Hôtel-Neuf, 12.

Michon (Augustin), entrepreneur des travaux de l'enceinte nord de Paris (xvi° siècle), 15.

Midelsket ou Midlistret (John), capitaine anglais de la Bastille en 1424, 79 (et note 9); — mentionné en 1428, 238.

Milan (Valentine de), femme de Louis d'Orléans; donne l'Hôtel-Neuf au duc de Guyenne (1408), 12; — sa dot déposée en partie à la Bastille, 36.

Mildistret (Jean). Voir Midelsket.

Milet (J.), secrétaire de la Chambre des Comptes en 1428, 238.

Milet (Nicolas-François), invalide de la garnison de la Bastille en 1787, 187 (note).

Mille (Antoine), sergent de la garnison de la Bastille en 1787, 186 (note 8).

Millin, historien, cité, 12, 28 (note 1), 32 (note 7), 77, 79.

Milly (De), délégué par l'Hôtel-de-Ville à la Bastille le 14 juillet 1789, 190; 314 (note 2).

Mirabeau (Honoré-Gabriel Riquetti, comte de); mention d'une lettre de lui relative à la journée du 14 juillet 1789, 199 (note 4).

Miray (Pierre-Joseph), aide-major de la Bastille, 47; sa nomination en 1787, 63, 292; — actes en cette qualité, 142; — sa mort, le 14 juillet 1789, 195, 310 (note 3); — reconnaissance de son cadavre, 199; — pension que reçoit sa veuve, 203.

Moigneville (Jean de), tailleur de pierres (xiv° siècle), 4.

Moissan (De), prisonnier à la Bastille vers 1643, 266.

Molé (Mathieu). Ses *Mémoires*, cités, 37 (note 4).

Molière (OEuvres de), à la bibliothèque de la Bastille, 152; — (Salle). Voir Paris.

Molinos, architecte; son projet de décoration de la place de la Bastille, 231.

Monaco (Principauté de); le procès-verbal de la capitulation de la Bastille en 1594 conservé dans ses archives, 168 (note 4); — seigneurs : voir Grimaldi, Matignon.

Monaldi (De), lieutenant de roi de la Bastille; détails biographiques, 98-99; — pension payée à sa veuve par son successeur, 99, 297.

Monet (Jean), dit La Victoire, invalide de la garnison de la Bastille en 1787, 187 (note).

Mongenot (Georges), invalide de la garnison de la Bastille en 1787, 187 (note).

Monin (M. H.), historien, cité, 29 (note 2); 40, 76 (note), 161 (note 3), 194 (note 5).

Monstrelet, chroniqueur, cité, 7 (note 1), 77, 78, 79, 164 (note 5).

Montagny (De), commissaire pour la direction des fortifications de la Bastille; acte en cette qualité (1716), 271.

Montaiglon (M. Anatole de), érudit, cité, 190 (note 1).

Montaigu (Girard de), secrétaire du roi; mentionné en 1428 et 1450 sur une table d'autel de la Bastille, 247 (et note 8).

Montaigu (Jean de), capitaine de la Bastille (1405-1409), 10; — vend au duc d'Orléans la conciergerie de la Bastille (1405), 12, 237; — détails biographiques, 77-78. — Sa femme. Voir Grange (Jacqueline de la).

Montaigu (Abbé de), mentionné en 1661, 267.

Montault (De), prisonnier à la Bastille vers 1643, 265.

Montazcain (De), prisonnier à la Bastille en 1778; autorisé à dîner à la table du gouverneur, 150.

Mont-Blanc (Département du); reçoit l'envoi d'une pierre commémorative de la Bastille, 214 (note 1), 320-324.

Montereau (Seine-et-Marne); assemblée de la noblesse du bailliage en 1789, 229.

Montigny (Claude-Simonin de), capitaine de la garnison de la Bastille en 1789; notes biographiques, 186 et note 3.

—— (M^lle de), sa fille; dangers qu'elle court le 14 juillet 1789, 189-190.

Montivilliers (Seine-Inférieure); intendant général de la vicomté, Bracqhais, 267.

Montizon (De) architecte; chargé de surveiller la démolition de la Bastille, 207.

Montjoie, peut-être pour Montjay (Seine-et-Marne); capitaine anglais en 1424, 80 (note).

Montlesun (François de), seigneur de Besmaux. Voir Besmaux.

Montmartre; émeute en 1790, pacifiée par les Volontaires de la Bastille, 217.

Montmorency (Seine-et-Oise), appelé Émile pendant la période révolutionnaire; lettre que sa municipalité reçoit de Palloy en l'an III, 215.

Montmorency (Seigneurs de la maison de), capitaines de la Bastille au xvi° siècle, 49, 51-52.

—— (Anne de), connétable de France, gouverneur de la Bastille; actes en cette qualité, 14, 18; détails biographiques, 83.

—— (François de), maréchal de France, 44.

capitaine de la Bastille; détails biographiques, 83; — actes de son administration, 113, 114; — incarcéré à la Bastille en 1574, 114; — s'oppose en 1565 à l'entrée à Paris du prince de Condé, 167.

Montmorency (Guillaume de), gouverneur de la Bastille en 1504; détails biographiques, 83.

Montpellier (Faculté de médecine de), 65.

Montpensier (Anne-Marie-Louise, duchesse de), dite Mademoiselle; son rôle pendant le combat du faubourg Saint-Antoine, 170-172.

Montreuil (Cousinot de), chroniqueur, cité, 2 (note 5).

Montreuil (Nicolas), invalide de la garnison de la Bastille en 1787, 186 (note 8).

More (Thomas), écuyer, mentionné en 1430, 238 (note).

Moreau, marchand de fer, mentionné en 1789, 199.

Morel-Fatio (M. Alfred), érudit, cité, 164 (note 1).

Morellet (Abbé), détenu à la Bastille, 128.

Mormant (Jean), prisonnier anglais à la Bastille en 1428, 251.

Morvilliers (Anne de), femme de Philippe Luillier, mentionnée comme défunte en 1492, 82.

Mouillefarine, architecte troyen; son projet de décoration de la place de la Bastille, 230.

Mourlot, dit Comtois, porte-clefs de la Bastille, 293; — pension de retraite qu'il touche en 1789, 308.

Munich (Jean-Adam), invalide de la garnison de la Bastille en 1787, 187 (note).

# N

Nanteuil (Marguerite de), comtesse de Dammartin, femme d'Antoine de Chabannes; part qu'elle prend à l'évasion de son mari (1464), 13, 107.

Napoléon I<sup>er</sup>, empereur des Français; Palloy lui adresse des pièces de vers, 216; — décrets qu'il signe, en qualité de Premier Consul, puis d'empereur, pour l'utilisation de l'emplacement de la Bastille, 233, 234.

Necker (Jacques), directeur général des finances; livres de sa collection saisis et mis à la Bastille en 1782, 41; — conséquences de son renvoi en 1789, 180, 311, 312; — mention d'une lettre écrite par lui à Réveillon, 198; — mentionné le 6 septembre 1789, 202.

Nekare (Michel-Louis), guichetier du Châtelet; mentionné en cette qualité, 199, 200.

Nemours (Seine-et-Marne). — (Duc de). Voir Armagnac (Jacques d').

Neruize, gazetier, prisonnier à la Bastille en 1661, 267.

Nesle-en-Tardenois (Jean La Personne, seigneur de), 77.

Neufchâtel (Seine-Inférieure); Perrot natif de cette ville, 117 (note 2).

Neuville (Nicole de), secrétaire des finances du roi, mentionné en 1519 (n. s.), 262.

Nevers (Charles de Gonzague, duc de); attentat commis sur sa personne, 265.

Nicolas (Charles-Léopold), Vainqueur de la Bastille, 222 (et note 3).

Noailles (Anne, duc de), mentionné en 1661, 267.

Noiron (Demoiselle); son fils, prisonnier à la Bastille vers 1643, 265.

Noraye (De la), administrateur du domaine, mentionné en 1789, 212.

Norry, architecte de la ville de Paris; documents qu'il a laissés, 234 (note 3).

Noury, orfèvre, prisonnier à la Bastille vers 1643, 266.

Novion (De), président au Parlement; chargé pendant la Fronde de s'emparer de la Bastille (1649), 170.

# O

Oliva (Demoiselle d'), prisonnière à la Bastille (1785-1786), 127-128; — elle y accouche, 68.

Omont (M. H.), érudit, cité, 6 (note 2), 33 (note 3).

Orgemont (Nicolas d'); prisonnier à la Bastille en 1416, 105.

Orléans (Loiret); acte daté de cette ville par François II, 262.

—— (Gaston de France, duc d'); son rôle durant le combat du faubourg Saint-Antoine (1652), 171-172; — prisonniers qu'il fait mettre à Bastille, 265.

ORLÉANS (Jean, bâtard d'); pénètre dans Paris en 1436 avec l'armée royale, 165.
—— (Louis, duc d'), mentionné en 1405, 237.
—— (Philippe d'), régent de France; fait mettre à la Bastille les auteurs de la conspiration de Cellamare, 127; — mémoire qui lui est adressé par le gouverneur de la Bastille en 1716, 270-271.
OSMOND (D'), avocat au Parlement; commissaire des Vainqueurs de la Bastille, 217, 218.
OUAILLE (D'), garde de Gaston d'Orléans; prisonnier à la Bastille vers 1643, 265.

OUDART (Nicolas), commissaire des Vainqueurs de la Bastille, 217, 218.
OURCHE (D'), prisonnier à la Bastille vers 1643, 266.
OURCQ (Canal de dérivation de la rivière de l'), 233.
OURMES (Gilles DES), chevalier, prisonnier à la Bastille en 1428, 251.
OUTRE-SEINE (Généralité d'); les dépenses de la Bastille sont, aux xv° et xvi° siècles, payées sur ses fonds, 52, 83, 112.

# P

PAGAN (Comte DE), prisonnier à la Bastille en 1661, 266.
PALATIN (Électeur), mentionné en 1768, 94.
PALISSY (Bernard), prisonnier à la Bastille en 1590; détails sur sa mort, 115.
PALLOY (Pierre-François), entrepreneur de la démolition de la Bastille, 32, 207-213; — renseignements biographiques, 213-216, 282; reçoit le titre de Vainqueur de la Bastille, 226; — fêtes qu'il organise sur les ruines de la Bastille, 226-228; — son projet de la décoration de la place de la Bastille, 228, 231-233; — ses papiers, cités, 28 (note 1), 31, 130, 192 (note 2 de la page précédente), 209 (note 6), 210 (note), 211 (note 2), 212 (note 1), 213 (note 1), 320-324.
PALUAU, échevin de la ville de Paris, mentionné en 1556, 257.
PANNETIER, président des Vainqueurs de la Bastille, 224.
PAPIN; le «Recueil de ses ouvrages en faveur de la religion» à la bibliothèque de la Bastille, 152.
PARCEVAL DE BOULAINVILLIERS (DE), chevalier, mentionné en 1437, 80 (note 4).
PARDAILLAN (Roger DE), marquis de Termes; prisonnier à la Bastille en 1663 et en 1693, 123; — un de ses bâtards y est détenu en 1694, 123-124.
PARENT (Robert), bailli de Dieppe, mentionné en 1437, 80 (note 4).
PARIS.
Abbaye de Saint-Antoine-des-Champs; mentionnée en 1428, 250; — en 1540, 167.
—— de Sainte-Geneviève; prieur en 1464, 108.
—— de Saint-Germain-des-Prés (Prison de l'). Voir Prisons.

PARIS. (Suite.)
Abbaye de Saint-Magloire; prison au xv° siècle, 105 (note 3).
—— de Saint Victor; imprimerie clandestine qui s'y trouve en 1733, 128.
—— de Tiron (Hôtel de l'); prison au xv° siècle, 105 (note 3).
Arsenal; administration des poudres et salpêtres, 40.
—— Cour de l'Orme; son pavé réparé en 1787, 26 (note 2); — mentionnée à propos de l'attaque de la Bastille le 14 juillet 1789, 314, 315.
—— Dépôt d'armes qui s'y trouve en 1789, 179.
—— Jardins, 26, 28.
—— (Juridiction de l'); sa suppression, 26, 179 (note 3); — juridiction extraordinaire créée à l'occasion de l'affaire des poisons, 121.
—— Passage communiquant avec l'avant-cour de la Bastille, 21, 26, 76, 281, 282, 283, 285.
—— Pavillon, 45.
Barrière de Charenton, mentionnée en 1791, 228.
Bastille employée au siège d'Orléans portant le nom de la ville de Paris, 2.
Bastille. Apothicaires; leur traitement au xvii° siècle, 53 et note; — situation au xviii° siècle, 67. Voir COLOMÈS (Guillaume), FAUSSIÈRES, LABORIE.
Archives (Dépôt des); ses emplacements divers, 38-39, 69-70, 276, 322 (note 1); gardes. Voir BOUCHER, BOUIN, DUVAL, MARIAGE, MARTIN.
—— Aumônier. Voir GIRAUT.
—— Avant-cour; son emplacement, 7 (note 2); — sa description, 22-26.
—— Basse-cour au xv° siècle, 13.
—— Bastion: sa construction au xvi° siècle, 15-16, 18; — (Porte du), 28; — son état au

Paris. (Suite.)
xviiie siècle, 41-43; — date de sa démolition, 211.

Bastille. Bibliothèque; local qu'elle occupe, 31; — ouvrages dont elle est composée, 151-152; — crédit annuel qui lui est affecté, 308.

—— Budgets, 49-51, 295-298.

—— Cabinet; local dans lequel les prisonniers devaient se retirer pour éviter d'être aperçus pendant leur promenade dans la cour, 145.

—— Cage du pont; sa description, 29-30; — règlements à son sujet, 75.

—— Cages de fer, 13, 143.

—— Calotte des tours; sa description, 33.

—— Canons des tours, 10-11, 13, 38; circonstances dans lesquelles on en fait usage, 173-174; — remis en état de servir (1789), 179; — inquiétudes qu'ils inspirent à la population et mesures prises à ce sujet, 184, 186; — leur rôle durant la journée du 14 juillet 1789, 310-311, 312-313.

—— Capitaines, puis gouverneurs; attributions et traitement, 51-59, 296-297, 302-303; — détails biographiques sur chacun d'eux, 76-95. Voir Abadie (D'), Bachellerie (De la), Baisle, Bassompierre, Bayer, Beaumont (De), Bernaville, Besmaux (De), Bouteiller (Le), Broussel, Bussy-Leclerc, Cissay (De), Châteauvieux (De), Chauny (De), Chauvigny (De), Du Bourg, Fastolf, Édouard, duc de Bar, Ivier (D'), Jacqueville (De), Jumilhac (De), La Louvière, La Personne, La Rochette, Launey (De), L'Isle-Adam, Louis, duc de Bavière, Louillier (De), Luines (De), Melun (De), Midelstret, Montaigu (De), Montmorency (De), Saint-Georges, Saint-Mars, Salvain, Sully, Testu, Tremblay (Du), Vennes (De).

—— Casemates du bastion de la Bastille, 41, 42-43.

—— Casernes; leur description, 23; — incendiées le 14 juillet 1789, 191.

—— Chambre de l'artillerie au xve siècle, 9.

—— Chambre du concierge en 1602, 20.

—— Chambre du roi au xve siècle, 10, 12.

—— Chambre des saints en 1602, 20, 36.

—— Chambre de la torture au xve siècle, 8, 112.

—— Chapelains honoraires et titulaires, 53, 68-69. Voir Bottin des Essarts, Eschivard, Faverly, Frigard.

—— Chapelle; son état au xve siècle, 10, 36, 78, 247; — au xviie siècle, 20, 36; — (Nouvelle);

Paris. (Suite.)
sa description, 39-40; — son entretien, 63, 277; — cabinet d'où les prisonniers entendent la messe, 288, 290.

Bastille. Chemin des rondes, 29; — appelé «les planches» par du Junca, 269; — consigne des sentinelles qui y circulent, 280-281, 284.

—— Chirurgiens, puis chirurgiens-majors; leur traitement au xviie siècle, 53 (et note); — exemption dont ils jouissent de droits d'entrée sur le vin, 57; — fonctions et série de ces officiers, 66-67; — règlements les concernant, 274-275. Voir Abreil, Fournier (Raimond), Hurel, Lecocq, Terrat.

—— Colombier; son emplacement au xve siècle, 13; — au xviiie siècle, 39.

—— (Commandants de la) au lendemain du 14 juillet 1789, 205-206.

—— Commissaires au Châtelet préposés à la Bastille; leur traitement, 53; leurs fonctions, 70. Voir Chenon, Rochebrune.

—— Confesseurs et confesseurs honoraires, 69. Voir Duquesne, Fosserier, Mac-Mahon (De), Taaf de Gaydon.

—— Contrôleur préposé à la Bastille; son traitement, 53.

—— Corps de garde au xvie siècle, appelé aussi cabinet, 18, 258, 260, 261, 262; — au xviie siècle, 20, 21, 27, 53 (note).

—— Corps de garde en général, au xviiie siècle, 273.

—— Corps de garde de l'avancée; consignes dont il est l'objet, 75, 76.

—— Corps de garde intérieur du château; consignes dont il est l'objet, 74-75.

—— Cour des casernes ou avant-cour; sa description, 22-26.

—— Cour (Grande); sa description, 30, 322; — son entretien, 63; — lieu de promenade des prisonniers, 144.

—— Cour du Gouvernement; sa description, 27-28.

—— Cour du Puits, 35, 40; — sa description, 321-322.

—— Cuisines, 31; — leur dernier emplacement, 40; date de leur démolition, 211.

—— (Démolition de la), 206-213.

—— Donjon (le bastion appelé par erreur), 42.

—— Échoppes; leur histoire et leur description, 23-26; — revenu qu'en tire le gouverneur au xviie siècle, 52; — au xviiie siècle, 56.

PARIS. (Suite.)
Bastille. État-major; ses privilèges, 24-25.
—— (Fêtes célébrées sur les ruines de la), 226-228.
—— Fortifications (Directeur des) et ingénieurs en chef, 64-65, 270-271. Voir DEFFERANT, LARCHER D'AUBANCOURT, LE PELLETIER, MAZIN.
—— Fossé, modifié au xvi<sup>e</sup> siècle, 16-18, 255-262; — son état au xviii<sup>e</sup> siècle, 43; — bac, dont le fermage appartient aux gouverneurs, 44-45, 56.
—— Garnison; échoppes dont elle est locataire, 23; — sa solde au commencement du xviii<sup>e</sup> siècle, 53 et note; en 1789, 308; — son organisation et ses règlements au xviii<sup>e</sup> siècle, 72-76; texte de ces règlements, 271-272, 279-285, 287-288, 306-307; — ses armes lui sont renouvelées en 1788, 179; — état numérique en 1787, 186.
—— Gibet, mentionné en 1663, 153.
—— Horloge; sa description, 31-32; ses destinées, 32-33, 175, 226; — horloger. Voir FESTEAU, LE JEUNE, QUILLET.
—— Hôtel du gouverneur; sa construction et sa description, 27-28, 270-271; — incendié le 14 juillet 1789, 191; — date de sa démolition, 211.
—— Incendies (Mesures prises en prévision d'), 62, 76.
—— Ingénieurs en chef; leurs fonctions, série de ces fonctionnaires, 64-65. Voir DEFFERANT, LARCHER D'AUBANCOURT, MAZIN.
—— Jardin du gouverneur établi sur l'ancien bastion, 42; — sert de promenade aux prisonniers, 137-144.
—— Lieutenants de roi; exemption dont ils jouissent de droits d'entrée sur le vin, 57; leurs fonctions, 59-61; — leur traitement en 1783, 297. Voir ABADIE (D'), ANQUETIL, AVIGNON (D'), DEFFEREND, JUMILHAC (DE), JUNCA (DU), LAUNEY (DE), MAISONROUGE, MONALDI (DE), PUGET (DU), SAINT-SAUVEUR (DE).
—— Literie des prisonniers, 56 (note 1), 145, 275-276, 277, 298-299.
—— Livres saisis (Dépôt des); son emplacement, 40-41.
—— Magasin et musée d'armes; sa description, 22, 161; — M. de Villegenoux y habite, 283.
—— Magasin d'habillements, 147.
—— Majors; exemption dont ils jouissent de droits d'entrée sur le vin, 57, 63; leurs fonctions et leur traitement, 61-63, 298. Voir

PARIS. (Suite.)
ANQUETIL, BEAUVAL (DE), CHEVALIER, LOSME-SALBRAY (DE).
Bastille. Majors adjoints et aides-majors; exemption dont ils jouissent de droits d'entrée sur le vin. 57, 63; — règlement de leurs fonctions, 63, 292; — leur traitement, 298.
—— Médecins; leur traitement au xvii<sup>e</sup> siècle, 53 (et note); fonctions et série de ces fonctionnaires, 65-66. Voir ALLIOT, CARLIÈRE (BRUNEL DE LA), DELON DE LASSAIGNE, FRESQUIÈRES, HERMENT, LALLIER, MAURIN, READ, ROYER, VEZON.
—— Mobilier, 275-276, 277.
—— Nourriture des prisonniers, 147-150.
—— Plan dressé en 1767, 64; mentionné en 1787, 65.
—— Pharmacie; son approvisionnement, 66 (note 4), 153.
—— Pont dormant; sa description, 28-30, 44.
—— Ponts-levis de l'avancée, 27; détruits, au commencement de l'attaque du château, le 14 juillet 1789, 27.
—— Portail d'entrée, fourni par les Visitandines en 1643, 20, 21, 22 (et note 3).
—— Porte de l'Arsenal; date de son ouverture, 21, 26.
—— Porte de l'avancée; sa description, 26-27.
—— Porte des Champs; détails à son sujet, 6, 11, 17, 18.
—— Porte-clefs; leurs fonctions et leur traitement, 70-72, 273, 289-291, 295, 308; leur logement, 276, 278. Voir BARON, BELLEVUE, BELLOT, BOURGUIGNON, DARRAGON, FANFARD, GUYON, LOSSIVOT, MOURLOT, SAINT-JEAN, TRECOUR.
—— Prisonniers (États des); en 1643, 117-118; — en 1661, 118; — de 1690 à 1705, 119.
—— Prisonniers (Places de) comptées dans le budget des gouverneurs, 54-56.
—— Puits, 17, 35, 40; mentionné au xvi<sup>e</sup> siècle, 17, 259, 261.
—— Rondes (Chemin des); sa description, 43-44.
—— Sage-femme; ses fonctions, 67-68. Voir CHOPPIN.
—— Salle du Conseil, 31, 60, 63, 133, 141, 322; — sa reconstruction en 1761, 279.
—— Sièges: de 1413, 164; — de 1418, 165; — de 1436, 165-166; — de 1565, 167; — de 1591, 168; — de 1594, 168-169; — de 1649, 170, 209; — de 1789, 182-196, 312-319.

Paris. (Suite.)

Bastille. Terrasses; leur état au xv° siècle, 10-11; — au xviii° siècle, 38.

—— Tours, en général, 33, 321; description, état du mobilier, répartition des prisonniers dans chacune d'elles, 275-277, 293-295.

—— Tour de la Bazinière; son état au xv° siècle, 8, 239-240; — au xviii° siècle, 33-34, 69, 276, 277, 293, 294, 320, 321; — prisonnier qui y est enfermé en 1694, 123-124; — Tavernier s'y trouve en 1789, 149, 294; — l'homme au masque de fer y est d'abord enfermé, 156.

—— Tour de la Bertaudière; date de sa construction, 5; — son état au xv° siècle, 9, 240-243; — au xviii° siècle, 34, 35, 69, 275-276, 277, 293-295, 320; — prisonniers qui s'y trouvent en 1428, 251; — en 1691, 126; — l'homme au masque de fer y est enfermé de 1698 à 1703, 156-157.

—— Tour de la Chapelle, 30; date de sa construction, 5; — son état au xv° siècle, 10. 248; — le maréchal de Biron y est enfermé en 1602, 20; — sa description au xviii° siècle, 36, 276, 277, 294, 295, 320; — prisonniers qu'elle reçoit en 1694, 126.

—— Tour du Coin; son état au xv° siècle, 10, 248-250; — au xviii° siècle, 35-36, 276, 277, 294, 295, 320; — prisonniers qui s'y trouvent en 1428. 251-252; — en 1691, 126.

—— Tour de la Comté; son état au xv° siècle, 10, 244-245; — au xviii° siècle, 38, 276, 277, 293, 294, 320; — Danry et d'Allègre y sont enfermés, 146, 277; — boulets qu'on découvre encastrés dans ses murailles, 172 (note 2), 209, 227.

—— Tour de la Liberté, 30; date de sa construction, 5; — son état au xv° siècle, 9, 243-244; — prisonniers qui s'y trouvent en 1428, 251; — mentionnée en 1691, 20; — son état au xviii° siècle, 35, 275, 277, 294, 295, 320.

—— Tour du Puits; son état au xv° siècle, 9, 244; — au xviii° siècle, 35, 276, 277. 294, 295, 320.

—— Tour du Trésor; date de sa construction, 5; — son état au xv° siècle, 10, 245-248; — au xviii° siècle, 36-37, 276, 277, 320; — le dépôt des archives y est installé, 39; — Danry et d'Allègre y sont enfermés en 1755, 277, 293, 294.

—— (Vainqueurs et Volontaires de la); note sur

Paris. (Suite.)

leur organisation et état nominatif des Vainqueurs, 216-226.

Bastille. Vin destiné aux prisonniers, affranchi des droits d'entrée, 56-57.

Bastille Saint-Denis; sa construction en 1356, mentionnée dans un texte de 1495, 3 et note 2.

Bibliothèque royale; reçoit en 1787 les papiers du duc de Vendôme, 70; — poste de garde nationale qui y est situé; son commandant en 1789, 197.

Boulevard Beaumarchais, 7 (note 2).

—— Bonne-Nouvelle; maison construite avec des pierres de la Bastille, 213.

—— Bourdon, 7.

—— de la Contrescarpe, 7, 231.

—— Henri IV, 231; ses dernières maisons construites sur l'emplacement de la Bastille, 7.

Bureau de la Ville; conflit qu'il a avec le capitaine de la Bastille au xvi° siècle, 16-18, 255-262; — avec le gouverneur en 1681, 23; — accorde en 1734 une concession d'eau à la Bastille, 64.

Caserne de la Nouvelle-France, mentionnée en 1789, 195.

Champ-de-Mars; régiments qui y sont campés en 1789, 180.

Champs-Élysées, protégés en 1790 contre les voleurs par les Volontaires de la Bastille, 217.

Château du Louvre; inventaire des joyaux qui s'y trouvent sous Charles VI, 6, 163 (note).

—— de la porte Saint-Antoine; nom ancien donné à la Bastille, 12, 237.

Châtelet (Grand); prisonniers qui s'y trouvent en trop grand nombre en 1398, 105 (note 3); — mentionné en 1780, 175; — on y apporte les cadavres des défenseurs de la Bastille le 15 juillet 1789, 189 (note 1), 195, 197-201; (Juridiction du); saisie d'une enquête sur les événements de juillet 1789, 189 (note 1), 194 (note 4), 197-201, 203; — mentionnée en 1790, 310 (note 4), 311 (note 5).

—— (Petit); prison au xv° siècle, 105 (note 3).

Châtelets construits par ordre de Charles le Chauve en 877, 2 (note 6).

Cimetière Saint-Jean, mentionné en 1640, 169.

—— Saint-Médard (Convulsionnaires du), 120.

Colonne Vendôme, 234 (note 2).

Conciergerie, mentionnée en 1780, 175; — prisonniers qui y sont détenus : Antoine de Chabannes en 1463, 107; — la demoiselle de Vezilli en 1660, 126.

# TABLE ANALYTIQUE. 353

Paris. (Suite.)
Couvent des Augustins *dits* Petits-Pères; dépôt d'archives qui s'y trouve en 1760, 278.

— des Grands-Augustins; assemblée du clergé, qui s'y tient en 1656, 88.

— des Carmes déchaussés; lieu de la sépulture de François de Besmaux (1697), 89.

— des Célestins; son jardin en 1405, 12, 237.

— des Hospitalières de la Roquette; sépulture de Catherine-Charlotte Sevin de Quincy (1736), 92.

— des Minimes; lieu de la sépulture de Bernaville (1718), 92; — service qui y est célébré pour le repos de l'âme des victimes de l'attaque de la Bastille, 201.

— de la Visitation; acquiert en 1643 une partie du terrain de l'ancien Hôtel-Neuf, 12; — permission que lui donne le roi de construire des maisons près de la Bastille, 20, 23, 263-264; — déclaration de ses revenus en 1732, 24; — église mentionnée le 14 juillet 1789, 195.

District des Barnabites; capitaine de la Compagnie; Henry, *dit* Dubois, 318 (note 2).

— des Blancs-Manteaux; premier électeur, Picard, 206.

— des Carmélites; délibération relative à la décoration de la place de la Bastille, 230.

— des Cordeliers; Danton, capitaine de sa garde bourgeoise, 206.

— des Enfants-Rouges; délibération du 13 juillet 1789, 181.

— des Feuillants; délibération du 13 juillet 1889, 181.

— des Filles Saint-Thomas; son délégué, de la Fleurie, 314 (note 2).

— des Mathurins; ses représentations aux états généraux de 1789 à propos de la Bastille, 176.

— des Minimes; fait célébrer un service pour le repos de l'âme des victimes de l'attaque de la Bastille, 201; — son représentant, Soulès, 205 (note 1).

— de Notre-Dame; ses représentations aux états généraux de 1789, 177.

— de l'Oratoire; délibération du 13 juillet 1789, 181; — son rôle dans l'attaque des Invalides, 182; — proteste contre la constitution du corps des Vainqueurs de la Bastille, 225; — président. Voir Trudon.

— des Petits-Pères; électeur, Lefebvre de Corbinières, 206.

Paris. (Suite.)
District des Prémontrés; délibération du 13 juillet 1789, 181.

— des Récollets; ses représentations aux états généraux de 1789, 177.

— du Petit Saint-Antoine; délibération du 13 juillet 1789, 180-181.

— de Sainte-Élisabeth; délibération du 13 juillet 1789, 181; — président, Pluvinet, 206.

— de Saint-Eustache; on apporte à l'assemblée du 16 juillet 1789 les têtes de de Launey et de Flesselles, 200.

— de Saint-Germain-l'Auxerrois; délibération au sujet des Vainqueurs de la Bastille, 224-225.

— Saint-Honoré; son rôle en juillet 1789, 196.

— de Saint-Jean-en-Grève; sa garde bourgeoise en 1789, 197.

— de Saint-Joseph; ses représentations aux états généraux à propos de la Bastille, 177.

— de Saint-Louis-la-Culture; ses représentations aux états généraux de 1789, 177; — le mécanisme de l'horloge de la Bastille y est déposé, 33; — envoie des délégués à la Bastille, le 14 juillet 1789, 184; — envoie une délégation pour visiter les souterrains de la Bastille, 42-43; — son rôle après la journée du 14 juillet 1789, 203 (note 5 de la page précédente), 209.

— de Saint-Louis-en-l'Île; délibération du 13 juillet 1789, 181.

— de Saint-Magloire; délibération du 13 juillet 1789, 181.

— de Saint-Roch; son rôle en juillet 1789, 197, 200.

— du Saint-Sépulcre; délibération du 13 juillet 1789, 181.

— des Théatins; ses représentations aux états généraux de 1789 à propos des prisons, 176-177.

Écuries du roi (Petites), 48.

Église Notre-Dame; mentionnée en 1436, 166.

— du Petit Saint-Antoine; réunion qui s'y tient le 13 juillet 1789, 180-181.

— Saint-Leu. Vicaire, voir Fosserier.

— Saint-Paul-Saint-Louis; objets provenant de la chapelle de la Bastille qui y sont déposés le 15 juillet 1789, 40; — lieu de la sépulture de Saint-Mars (1708), 91; — de Baisle (1758), 92; — cimetière, lieu d'inhumation des prisonniers de la Bastille, 154-155, 156; — repré-

Paris. (*Suite.*)
  sentations de son clergé aux états généraux de 1789, 177.
Église Saint-Roch; les têtes des officiers de la Bastille tués le 14 juillet 1789 y sont déposées, 197, 200; — son cimetière mentionné pour le même fait, 200.
—— Saint-Sulpice; curé : Languet de Gergy, 137; — sépulture de Beauval (1746), 100.
Enceinte de Philippe-Auguste, augmentée d'un fossé sur la rive gauche, en 1356, 1.
—— de 1356; sa construction, son tracé, 1-2 et note 1; — bastides dont elle est flanquée, 3.
—— du xvi* siècle; sa réfection aux abords de la Bastille, 13-18.
Faubourg Saint-Antoine, 206; — combat de 1652, 170-172, 209; — (Patriotes-piques du), convoqués en 1791 par Palloy, 214 (note 4), 227; — (Débouché du) sur la place de la Bastille modifié en 1803, 233.
—— Saint-Marceau, 195, 251.
For-l'Évêque; prison au xv* siècle, 105 (note 3).
Fossés; droit de pêche au xv* siècle, 5.
—— détails sur le grand fossé de la Bastille, 44-45.
Gare de bateaux à construire entre la Bastille et la Seine; projet présenté en 1790, 230, 233.
Halles; lieu du supplice du duc de Nemours (1477), 112; — de deux soldats (1583), 115.
Hôpital Général (Salpêtrière); la comtesse de Garathi y est enfermée en 1781, 294 (note 2).
—— des Petites-Maisons; la demoiselle de Vezilli y est détenue, 126.
—— de Sainte-Catherine; lieu de dépôt des cadavres trouvés sur la voie publique, 200.
—— de Sainte-Pélagie; jeune fille qui y est détenue en 1769, 130.
Hôtel-Dieu; Bernaville mentionné comme un de ses bienfaiteurs (1717), 92.
Hôtel de la Force; voir Prisons.
Hôtel des Invalides; les armes qui s'y trouvent sont mises hors de service le 13 juillet 1789, 182; — le peuple s'en empare le lendemain, *ibid.*
—— la garnison de la Bastille y est hébergée le 15 juillet 1789, 195.
—— gouverneur, 73, 182.
—— officier; de Beauval, 100.
Hôtel de Lesdiguières, situé sur le terrain de l'Hôtel-Neuf, 12, 264; — prise d'eau qui y est faite en 1734, 64.
—— Neuf, voisin de la Bastille; détails sur ses

Paris. (*Suite.*)
  différents propriétaires, 12; mentionné en 1428, 250.
Hôtel de Rouen, rue d'Angivilliers, 196.
—— Saint-Pol, 6, 12 (et note 1).
Hôtel de Ville (Prise de l') en 1830, représentée en 1831 sur l'obélisque provisoire de la place de la Bastille, 234.
Jardin du Roi (jardin des Plantes); projets de le relier par un pont à la rive droite de la Seine, 179, 231 (et note 3).
Louvre (Château du). Son budget au chapitre des châteaux royaux, 49.
Maison professe des Jésuites, rue Saint-Antoine, 94; — son histoire. citée, 213 (note 3).
Milice parisienne (Comité permanent de la). Voir Comité.
Montfaucon (Butte de), mentionnée en 1465, 109; — lieu du supplice de Semblançay (1527), 113.
Mont-de-piété; les armes qui s'y trouvent sont réquisitionnées le 13 juillet 1789, 181.
Palais de Justice; prison au xv* siècle, 105 (note 6).
Palais-Royal, 196.
Panthéon; les cendres de Voltaire y sont déposées en 1791, 227.
Paroisse de la Madeleine de la Cité; assemblée du 13 juillet 1789, 181.
—— Notre-Dame de Bonne-Nouvelle; assemblée du 13 juillet 1789, 181.
—— Saint-Germain-le-Vieux; assemblée du 13 juillet 1789, 181.
—— Saint-Pierre-des-Arcis; assemblée du 13 juillet 1789, 181.
—— Saint-Séverin; assemblée du 13 juillet 1789, 181.
Place de Grève, 195; — lieu du supplice de Claude Le Petit, 20; — de Louis de Luxembourg (1475), 112.
—— Louis XV, mentionnée en 1791, 227.
—— du Palais-Bourbon; maison construite avec des pierres de la Bastille, 213.
Pont d'Austerlitz; projets de construction, 179, 231 (et note 3), 234 (note 2).
—— de la Concorde; a-t-il été construit avec des matériaux de la Bastille, 212 (et note 2).
Pont-Neuf (Terre-plein du), refait en 1789 avec des matériaux provenant de la démolition de la Bastille, 212.
Port au Blé, 195.
—— au Plâtre, 45.

# TABLE ANALYTIQUE.

Paris. (*Suite.*)
Porte Baudoyer en 1358, 5 (note 1).
—— Saint-Antoine; détails sur sa construction, 6 (et note 3), 35; — échoppes dans son voisinage, 23; — sa suppression, 25; — livre passage à l'armée de Condé (1652), 172.
—— Saint-Bernard, 22.
—— Saint-Honoré au xiv° siècle, 4.
—— Saint-Jacques; livre passage à l'armée de Charles VII en 1436, 165.
Préfecture de police; archives, 101, 179 (note 6), 301, 302.
Prévôts des marchands; voir Épernon (D'), Hôpital (De l'), Lefèvre (Antoine), Perreuse, Pommerlu (De).
—— de Paris. Voir Aubriot (Hugues), Châtel (Tanneguy du); Morhier (Simon); Ternant (Philippe de).
Prieuré de Saint-Éloi. Biens qu'il possède dans le quartier Saint-Paul, 5 (note 1); — prison au xv° siècle, 105 (note 3).
—— de Saint-Martin-des-Champs; prison au xv° siècle, 105 (note 3).
Prison de l'Abbaye; gardes françaises qui y sont détenus, puis délivrés par le peuple en 1789, 180, 188.
—— de la Force, mentionnée en 1780, 175; — attaquée par le peuple le 13 juillet 1789, 181; — Palloy y est incarcéré, 215.
—— de Saint-Éloi; sa suppression en 1780, 175.
—— de Saint-Lazare; prisonniers qui y sont détenus en 1788, 176.
Quai des Théatins; maison mortuaire de Voltaire, 227.
Rue Amelot, 25.
—— de l'Ancienne-Comédie, mentionnée en 1791, 227.
—— d'Angivilliers; hôtel de Rouen, 196.
—— de Bellechasse, 47.
—— de Bourbon, 47.
—— de Bourgogne; maison construite avec des pierres de la Bastille, 213.
—— de Braque, 313 (note 1).
—— du Calvaire, 25.
—— du Cherche-Midi: le général Hullin y a sa demeure, 189 (note 3 de la page précédente).
—— de la Clef, 189 (note 1).
—— du Dauphin, 47, 68.
—— Dauphine, mentionnée en 1791, 227.
—— des Filles-Dieu, 189 (note 1).

Paris. (*Suite.*)
Rue du Foin, au Marais, 47.
Rue des Fossés-Monsieur-le-Prince, mentionnée en 1791, 227.
—— des Fossés-Saint-Bernard; maison de Palloy, 214 (note 4).
—— des Fossoyeurs; maison de la veuve Rocher, 100 (note 2).
—— de la Heaumerie, 199.
—— Jacques-Cœur, 7 (note 2).
—— Jean-Jacques-Rousseau; plaques indicatrices fournies en 1791 par Palloy, et faites de pierres de la Bastille, 213.
—— des Lombards, 200.
—— des Marais, au faubourg Saint-Germain, 47.
—— du Marché-Saint-Martin, 200.
—— Martel, 48.
—— des Moineaux, 200.
—— du Mouton, 197.
—— Neuve-de-Luxembourg, 48.
—— Plâtrière; plaques indicatrices remplacées en 1791 par celles portant le nom de Jean-Jacques Rousseau, 213.
—— Portefoin, 48.
—— Saint-André-des-Arts, 199.
—— Saint-Antoine; ses dernières maisons construites sur l'emplacement de la Bastille, 7; — hôtel de Lesdiguières, 64; — projet de la prolonger sur l'emplacement de la Bastille, 303; — maison du sieur Moreau, 199.
—— Saint-Hyacinthe, mentionnée en 1791, 227.
—— Saint-Martin, 189 (note 1).
—— Saint-Paul en 1358, 5 (note 1); — prison de Saint-Éloi, 175.
—— de Reuilly (Petite), 189 (note 1).
—— du Temple, 199.
—— des Tournelles, 195, 303.
—— de Tracy; maison construite avec des pierres de la Bastille, 213.
Roule (Faubourg du); fonderies, 235.
Salle Molière, mentionnée en 1791, 227.
Section de Saint-Louis-la-Culture; délibération au sujet des Vainqueurs de la Bastille, 224.
Temple (Commanderie du); prison au xv° siècle, 105 (note 3).
Théâtres de la Comédie française et italienne; le canon se fait entendre quand la famille royale s'y rend, 173.
Tour de Billy au xiv° siècle, 4; — au xv° siècle, 250; — détruite par un incendie en 1538, 15.

PARIS. (*Suite*.)
Vicomté de Paris; assemblée de la noblesse du bailliage en 1739, 229.
PARIS (Diacre); convulsionnaires qui se rendent sur sa tombe, 120.
PARLEMENT DE PARIS. Ses remontrances au sujet des sommes déposées à la Bastille (1615), 37; — arrêt relatif à Antoine de Chabannes (1463), 107; — ses membres incarcérés à la Bastille pendant la Ligue, 115-116.
PARMENTIER (Pierre), invalide de la garnison de la Bastille en 1787, 187 (note).
PARMENTIER, affilié à un complot ourdi en 1640 par le cardinal de Retz, 169.
PASCAL (Blaise); ses *Pensées* à la bibliothèque de la Bastille, 152.
PAYEN-DESLANDES, conseiller au Parlement; chargé pendant la Fronde (1649) de s'emparer de la Bastille, 170.
PELLEPORT (DE), prisonnier à la Bastille en 1788; soupçons qu'il inspire, 142; — secours que reçoit sa femme, 176, 308; — intervient, le 14 juillet 1789, pour sauver la vie du major de Losme, 194.
PFLISSERY, prisonnier à la Bastille en 1781, 294 (et note 6).
PELLISSON; son internement à Angers en 1661, 91; — détenu à la Bastille; libertés dont il jouit, 136.
PÉROUSE; forteresse: son gouverneur, Saint-Mars (1665-1687), 90.
PERREUSE, prévôt des marchands de Paris; incarcéré à la Bastille en 1588, 115.
PERRIN (Louis), domestique du major de Losme, 198.
PERRONET (Jean-Rodolphe), architecte du pont de la Concorde, 212.
PERROT, prisonnier à la Bastille en 1675, 130.
PERROT, de Neufchâtel, espion; incarcéré à la Bastille; crime qu'il y commet (1703), 117 (note 2).
PERSAN (Henri DE VAUDETAR, baron DE), 86.
PERSON (Nicolas-Joseph), lieutenant de la garnison de la Bastille en 1789; notes biographiques, 186 (et note 7); — sa mort, le 14 juillet 1789, 195, 318 (note 3); — reconnaissance de son cadavre, 198, 199.
PETIT (Jean), écuyer breton, prisonnier à la Bastille en 1428, 251.
PETIT, prisonnier à la Bastille en 1661, 267.
PETIT, prisonnier à la Bastille vers 1780, 294.
PETIT (M. E.), historien, cité, 12 (note 3), 79 (note 3).

PETITS-PÈRES (Couvent des). Voir PARIS, couvent des Augustins.
PEYROLZ (Marguerite DE), femme de François de Besmaux, 90.
PHILIPPE D'ORLÉANS, régent de France. Voir Orléans (Philippe d').
PIAT DE LA FONTAINE, détenu à la Bastille en 1679, 129.
PICARD, premier électeur du district des Blancs-Manteaux; proclame dans les rues de Paris l'ordre de démolition de la Bastille, 206.
PICART (Louis), seigneur de Boucachart; épouse en 1492 Charlotte Luillier, 82.
PIERLON, prisonnier à la Bastille en 1661, 267.
PIERRE Iᵉʳ, empereur de Russie; ne peut obtenir de visiter la Bastille, 161.
PIERRE-ANCISE, prison d'État; le comte de Solages y est détenu, 196.
PIERRE PHILOSOPHALE (Chercheurs de), détenus à la Bastille, 119, 128.
PIGNEROL, ville de Lombardie; prison d'État qui s'y trouvait au XVIIᵉ siècle, 34; ses gouverneurs et commandants, 90, 91 (note 2).
PIVARD, marchand bijoutier; son rôle pendant la journée du 14 juillet 1789, 194-195.
PINGUET (Symonnet) et Jehannette sa femme; prisonniers à la Bastille en 1403, 105.
PIQUOT DE SAINTE-HONORINE (Comte); délégué par l'Hôtel-de-Ville à la Bastille le 14 juillet 1789, 190, 314 (note 2).
PIRATE, prisonnier à la Bastille, 265.
PIROUX (Claude), invalide de la garnison de la Bastille en 1787, 187 (note).
PLACI (DE), prisonnier à la Bastille vers 1643, 265.
PLATELLET, prisonnier à la Bastille en 1661, 267.
PLEINVILLE (DE), espion, prisonnier à la Bastille vers 1643, 265.
PLENEVAULT (DE), Liégeois, prisonnier à la Bastille, vers 1643, 266.
PLUVINET, député suppléant et président du district de Sainte-Élisabeth; proclame dans les rues de Paris l'ordre de démolition de la Bastille, 206.
POCOT (Jean-Noël), invalide de la garnison de la Bastille en 1787, 186 (note 8).
POIRIER (Veuve), détenue à la Bastille en 1755 dans la tour du Puits, 277.
POIRIER (Femme), veuve d'un citoyen tué au siège de la Bastille, 218, 223; — ses enfants, 223 (note 3).

TABLE ANALYTIQUE.

Poize (De la), architecte; chargé de surveiller la démolition de la Bastille, 207.

Politiques (Conspiration des); prisonniers qu'elle fait entrer à la Bastille, 114.

Pommereu (De), prévôt des marchands; ordonnance qu'il publie au sujet des échoppes de la Bastille (1681), 23.

Pompadour (Antoinette Poisson, marquise de); complot dont Danry, dit Latude, prétend qu'elle est l'objet de la part du comte de Maurepas, 125.

Pontchartrain (Louis Phélypeaux, comte de), ministre de la maison du roi; actes relatifs à la Bastille, 21, 58 (note), 65, 68, 95-96, 139, 146.

Pontchartrain (Paul Phélypeaux, seigneur de), contrôleur général des finances, 50.

—— (Louis Phélypeaux, seigneur de), ministre de la maison du roi; actes en cette qualité, 91, 92, 122, 123, 136, 157 (note 3), 160, 161, 173 (note 1).

Pont-Château (Loire-Inférieure); seigneur : de La Brière, 266.

Ponvoise (Seine-et-Oise); le régiment de Salis-Samade y tient garnison en 1789, 195.

Ponts (De). Son évasion du Louvre, 13.

Porsel (Baptiste), ingénieur du roi, chargé de la réfection de l'enceinte nord de Paris (xvi° siècle), 14-15, 16, 257.

Postel (Jean), invalide de la garnison de la Bastille en 1787, 187 (note).

Poucher (Vincent), trésorier de l'épargne, mentionné en 1614, 263.

Poyet, architecte de la Bastille, 26 (note 2); — actes en cette qualité, 44; — son traitement, 308; — chargé de surveiller la démolition de la Bastille, 207, — accusations portées contre lui par Palloy, 207-208; — dirige la réfection du terre-plein du Pont-Neuf, 212.

Prés (Nicolas des), maître des comptes (?), mentionné en 1412, 163 (note 1).

Prieur, architecte; son projet de décoration de la place de la Bastille, 231.

Princé (Nicolas-Étienne-Édouard-Éviu de), capitaine de cavalerie; reconnaît, le 16 juillet 1789, le cadavre de Person, 198-199.

Procureuses de places ou de mariages détenues à la Bastille, 119.

Protestants incarcérés à la Bastille, 119-120; — sépulture qu'ils y recevaient, 119.

Prou (Jacques), invalide de la garnison de la Bastille en 1787, 187 (note).

Provins (Seine-et-Marne); assemblée de la noblesse du bailliage en 1789, 229.

Prytanée (Projet de) à élever sur l'emplacement de la Bastille, 231.

Puget ou Pujet (Du), lieutenant de roi à la Bastille, 47, 60-61, 307; renseignements biographiques, 99; — son rôle durant la journée du 14 juillet 1789, 192 (note 2 de la page précédente), 195, 310, 311, 318; — indemnité qu'il reçoit à la suite de cet événement, 202, 203; — son mémoire sur la suppression de la Bastille, cité, 51, 70, 99, 103, 176, 228; texte de ce document, 303-306; — inspire le *Mémoire des faits autentiques*, 188, 192 (note de la page précédente).

Pujade (Jean-Antoine), prisonnier à la Bastille; délivré le 14 juillet 1789, 193, 196, 307, 310 (note 5).

Puységur (Louis-Pierre de Chastenet, comte de), ministre de la guerre; acte relatif à la Bastille (1789), 179.

# Q

Quicherat (Jules), historien, cité, 106 (note 3).

Quillet, horloger; constructeur de l'horloge de la Bastille, 32.

Quin, conseiller-administrateur du département des travaux pubics, 212.

Quincy (Catherine-Charlotte Sevin de). Voir Sevin.

# R

Rabicots; nom donné aux «lampes optiques» de l'avant-cour de la Bastille, 26 (note 2), 297.

Raguier (Hémon), trésorier des guerres en 1414, 78 (note 8).

Rambaud, prisonnier à la Bastille; lettres de cachet de sa mise en liberté (1666), 134 (note 2).

Raspail (Benjamin), député de la Seine; fait voter

par la Chambre des députés la fête nationale annuelle du 14 juillet, 228.

RATABON, mentionné en 1661, 267.

RAVAISSON, historien, cité, 4 (note 3), 20 (note 2), 34, 58 (note 2), 92 (note 2), 93 (note 2), 95, 97 (note 4), 119 (note 1), 121, 126, 129 (note 1), 138 (note 1), 160 (note 15).

RAYNAUD (M. Gaston), érudit, cité, 167 (note 1).

READ, médecin de la Faculté de Montpellier; médecin de l'hôpital militaire de Metz, puis, en 1789, de la Bastille, 65 (note 6).

RÉGÉNÉRATION (Fontaine de la) élevée en 1793 sur l'emplacement de la Bastille, 233.

RÉGENT. Voir ORLÉANS (Philippe, duc D').

RÉGLÉ (Jean-Fiacre), invalide de la garnison de la Bastille en 1787 187, (note).

REGNAULT, maître horloger, 32.

REGNIER (Mathurin), poète, cité, 37.

REIMS (Marne); corde qui y est fabriquée en 1465 pour une évasion de la Bastille, 108.

RELIGIEUX DE SAINT-DENIS (*Chronique d'un*), 5 (note 3), 78, 79, 106.

REMELLUS, mentionné en 1663, 153.

REMUZAT (DE), prisonnier à la Bastille en 1661, 267.

REMY (Mensuy), invalide de la garnison de la Bastille en 1787, 188 (note).

RENARD (Jean-Baptiste), caporal de la garnison de la Bastille en 1787, 186 (note 8).

RENAULD (Femme), veuve d'un citoyen tué au siège de la Bastille, 218, 223.

RENNES (Ille-et-Vilaine): le sieur Riollay, habitant de cette ville, 152.

RENNEVILLE (Constantin DE), prisonnier à la Bastille; ses écrits, cités, 55, 91, 151, 174.

RÉOLE, mercier; prend part à l'attaque de la Bastille le 14 juillet 1789, 188 (note 1), 191, 316; — Vainqueur de la Bastille, 222 (et notes 2 et 4).

REQUÊTES DU PALAIS; président, Jean Le Clerc du Tremblay, 86.

RETH; ses recherches sur la personnalité de l'homme au masque de fer, 159 (note).

RETHEL-MAZARIN (Ardennes); lieu d'exil fixé à Linguet à sa sortie de la Bastille, 295 (note 6).

RETZ (Jean François-Paul DE GONDI, cardinal DE); correspondance secrète qu'il entretient avec un prisonnier de la Bastille, 125; — complot qu'il ourdit en 1640 pour s'emparer de la Bastille, 69-170.

RÉVEILLON, fabricant de papiers peints; sa détention volontaire à la Bastille (1789), 133: — mention d'une lettre à lui adressée par Necker, 198.

REVEILLON, «laquais de Marillac», prisonnier à la Bastille vers 1643, 265.

RÉVERBÈRES éclairant l'avant-cour de la Bastille, 26.

REYNIE (Nicolas DE LA), lieutenant de police, 268.

RICHARD, armurier, logé à la Bastille en 1410, 164 (note 1).

RICHELIEU (Cardinal DE); prisonniers incarcérés à la Bastille par son ordre, 117-118, 265 (note).

RICHEMONT (Arthur, comte DE), connétable de France, 79; — reprend Paris sur les Anglais en 1436, 165-166.

RICOUS, mentionné en 1661, comme complice d'un prisonnier de la Bastille, 267.

RIOLLAY, habitant de Rennes, détenu à la Bastille en 1788, 152-153.

RISSAN (DE), gouverneur de Pignerol, mentionné en 1680, 90.

ROCESTER, *dit* CHEVALIER, détenu à la Bastille en 1755 dans la tour de la Liberté, 277.

ROCHEBILIÈRE, érudit, cité, 213 (note 6).

ROCHEBRUNE, commissaire au Châtelet; instruit l'évasion de Danry et d'Allègre, 58; sa mort en 1774, 70; — mentionné en 1764, 287.

ROCHER (Mme veuve); de Beauval, major de la Bastille, meurt dans sa maison, 100 (note 2).

ROGER, prisonnier à Vincennes en 1784, 300.

ROHAN (Louis-René-Édouard, prince et cardinal DE); sa détention à la Bastille, 31, 55, 59.

ROHAN (Mlle DE), mentionnée en 1640, 169.

ROLL (Régiment suisse de) au service de l'Angleterre, 187 (note 1).

ROLLIN; son *Histoire ancienne* et son *Traité des études* à la bibliothèque de la Bastille, 152.

ROME (Napoléon II, roi de); pièces de vers que Palloy écrit à l'occasion de sa naissance, 216.

ROMILLY (Aube); les cendres de Voltaire sont transférées en 1791 de l'église de cette ville à Paris, 227.

ROMILLY-SUR-ANDELLE (Eure, arr. des Andelys, cant. de Fleury-sur-Andelle). Fonderies de cuivre, où se trouve l'horloge de la Bastille, 33 (et note 3); — seigneur en 1458, Guichart de Cissay, 81.

RONDEL, gouvernante de Mme de Staal; détenue comme elle à la Bastille, 127.

RONDOT (Natalis), érudit, cité, 128.

ROQUETTE (Abbé DE), prisonnier à la Bastille en

1743, 120, 147, 150; sa *Relation*, citée, 11 (note 3), 100 (et note 1).

Rosarges (De), major de la Bastille en 1698, 100, 156-157.

Rossignol, orfèvre; son rôle durant la journée du 14 juillet 1789, 316.

Rouen (Seine-Inférieure). — Armes provenant de cette ville et conservées à la Bastille en 1463, 255; — bastille portant le nom de Rouen, construite en 1428 devant les remparts d'Orléans, 2; — couvent des Jacobins, 9, 251; — faux monnayeurs en 1564, 113, 114; — (*Journal de*), cité, 33 (note 3).

Rougemont (De), lieutenant de roi à Vincennes, 97 (note 4); actes en cette qualité, 66 (note 4), 161 (note 3); — son traitement en 1784, 300, 301.

Roulard (Guillaume-Gautier), invalide de la garnison de la Bastille en 1787, 187 (note).

Rousse (François), invalide de la garnison de la Bastille en 1787, 187 (note).

Rousseau (Jean-Jacques); fêtes de la translation de son corps au Panthéon, 215.

Rousseau, allumeur de réverbères; prend part à l'attaque de la Bastille le 14 juillet 1789, 189 (note 1).

—— (Femme), veuve d'un citoyen tué au siège de la Bastille, 218, 223.

Rousselet (Pierre-Alexandre-Joseph), ébéniste, commissaire des Vainqueurs de la Bastille, 218.

Roye (Jacquet de), épicier; est assiégé dans la Bastille en 1436, 166.

Royer, médecin de la Bastille; sa mort en 1768, 65.

Rozier (Edme-Simon), invalide de la garnison de la Bastille en 1787, 187 (note).

Rubiqueau, fabricant de «lampes optiques», 26.

Ruble (M. de), historien, cité, 83 (note 5).

Ruelle (Thomas), invalide de la garnison de la Bastille en 1787, 187 (note).

# S

Saci ou Sacy (Louis de), janséniste, détenu à la Bastille, 89, 95, 120, 150.

Sade (Marquis de), prisonnier à Vincennes, puis à la Bastille, 103, 124, 142, 143-144, 149, 193 (note 2), 307; transféré à Charenton en 1789, 124, 193 (note 2).

Sagaud (Femme), veuve d'un citoyen tué au siège de la Bastille, 218, 223.

Sageret, échevin de Paris, mentionné le 17 juillet 1789, 207.

Saige (M. Gustave), archiviste de la principauté de Monaco, 118 (note 3), 168 (note 4).

Saillant (Pierre de), écuyer du duc d'Orléans, mentionné en 1410, 164 (note 1).

Saint-Aignan (Comte de), mis à la Bastille en 1661, 123.

Saint-Ange (De), prisonnier à la Bastille en 1661, 267.

Saint Antoine, patron de la chapelle de la Bastille, 36.

Saint-Aunays (Marquis de), prisonnier à la Bastille en 1661, 267.

Saint-Denis (Seine); gouverneur, 85; — régiments qui y campent en 1789, 180.

Sainte-Beuve, son livre sur *Port-Royal* cité, 89 (et note 2), 95 (et note 4), 120 (note 2).

Sainte-Colombe (Manche); lieu de naissance de Beauval, major de la Bastille, 100 (note 2).

Sainte Foix, historien, cité, 135.

Sainte-Marguerite (Ile de); son gouverneur, Saint-Mars, en 1687, 90, 91 (note 2).

Saint-Florentin (Louis Phélipeaux, comte de), ministre de la maison du roi; actes en cette qualité 54; — 59 (note 2), 64 (et note 4); — 65 (et note 5), 279, 286-287; — dépeint, dans *L'Ingénu* de Voltaire, sous le nom de Saint-Pouange, 174.

Saint Georges (Statuette de) dans la chapelle de la Bastille en 1428, 10, 247.

Saint-Georges (Le seigneur de), capitaine de la Bastille en 1404; détails biographiques, 77.

Saint-Geran (Jean François de la Guiche, seigneur de), mentionné en 1594, 168.

Saint-Germain-en-Laye (Seine-et-Oise); acte royal daté de cette ville (1652), 87; — capitaine anglais en 1424, 80 (note); — château; inventaire des joyaux qui s'y trouvent sous Charles VI, 163 (note).

Saint-Honorat (Ile); son gouverneur Saint-Mars, en 1687, 90.

Saint-Jean (Abbé de) en 1656, 88.

Saint-Jean, porte-clefs de la Bastille; 294, 308; — est tué par un prisonnier, 120; — détenu à la Bastille en 1755 dans la tour du Trésor, 277.

Saint-Louis (Lossinot, *dit*). Voir Lossinot.

SAINT-LUBIN (PALLEBOT DE), et son nègre, prisonniers à la Bastille en 1781, 294 (et note 5).

SAINT-MARS (Bénigne D'AUVERGNE DE), gouverneur de la Bastille; offre qui lui est faite de la place de gouverneur, 52; — détails biographiques, 98-91; — actes de son administration, 21, 58, 65, 68, 122, 146, 156-157, 160, 173 (note 1).

SAINT-MARTIN (DE). prisonnier à la Bastille en 1661, 267.

SAINT-MARTIN (Louis-Pierre DE), chef du département de la garde nationale en 1790; acte en cette qualité, 217.

SAINT PIERRE-AUX-LIENS (Tableau représentant), dans la chapelle de la Bastille, 40.

SAINT-PIERRE DU TAILLY, prisonnier à la Bastille (1779-1782), 295 (et note 1).

SAINT-POUANGE, personnage de *L'Ingénu* de Voltaire, désignant Saint Florentin, 174.

SAINT-PRIEST (François-Emmanuel GUIGNARD, comte DE), ministre de la maison du roi; acte en cette qualité, 202 (et note 3).

SAINT-SAUVEUR (DE), lieutenant de roi de la Bastille; paye une pension à la veuve de son prédécesseur, 98; — détails biographiques, 99; — son traitement en 1781, 295; — en 1789, 308.

SAINT-YON (Jean DE), maître des bouchers de Paris; est assiégé dans la Bastille en 1436, 166.

SALIN, médecin du Châtelet, mentionné en 1789, 208.

SALIS-SAMADE (Compagnie du régiment de), envoyée en garnison à la Bastille en 1789, 179; — de là à Pontoise. 196.

SALVAIN (Jean), capitaine anglais de la Bastille en 1430, 80, 238 (note).

SAMON, membre du Comité de l'Hôtel de Ville, 207.

SANTERRE (Antoine-Joseph), brasseur; prend part à l'attaque de la Bastille le 14 juillet 1789, 188 (note 1); un de ses employés y est tué, 192 (note 2); — a droit au titre de Vainqueur de la Bastille, 226.

SARTINE (DE), lieutenant général de police; actes en cette qualité, 31, 32, 54, 56 (note 3), 142, 143, 152, 160, 279.

SAUMUR (Maine-et-Loire); lieu de naissance d'Aubin Bonnemère; pierre commémorative du siège de la Bastille qui y est conservée, 190 (note 1).

SAUSSURE (M. Th. DE), historien, cité, 187 (note 1).

SAUVAGE (Pierre), secrétaire et garde des coffres du duc d'Orléans, mentionné en 1410, 164 (note 1).

SAUVAL, historien, cité, 4 (et notes 2, 3), 13, 111.

SAXE (Fusils de rempart appelés amusettes du comte de), 310.

SAXELN (Suisse); la famille de Flue en est originaire, 187 (note 1).

SCANEVELLE (DE), prisonnier à la Bastille vers 1643, 266.

SCEAUX (Seine); Palloy y fixe sa résidence, 215, 216.

SCHNOP (Jean), invalide de la garnison de la Bastille en 1787, 187 (note).

SCUDERY (Madeleine DE); visites qu'elle rend à Pellisson à la Bastille, 136.

SECAC (Marquis DE), prisonnier à la Bastille en 1691, 137.

SÉDITIEUX détenus à la Bastille, 124-125.

SÉGUIER (Pierre), chancelier de France; mentionné en cette qualité (1656), 88.

SEICHEPINE, prisonnier à la Bastille en 1760; sa femme s'emploie à faire modifier son régime, 149.

SEIGNELAY (Jean-Baptiste COLBERT, marquis DE), ministre de la maison du roi; acte relatif à la Bastille, 129.

SEMAIN (Jean-Nicolas), invalide de la garnison de la Bastille en 1787, 187 (note).

SEMBLANÇAY (Beaune DE), prisonnier à la Bastille en 1527; son supplice, 113.

SENLIS (Oise); famille des Le Bouteiller, 80.

SENS (Yonne); archevêque : Languet de Gergy, 137.

SEQUENAUT (Le P.), prisonnier à la Bastille vers 1643, 265.

SERVIEN (Abel), mentionné en 1661, 267.

SERVON (Seine-et-Marne); seigneurie, 81.

SÉVIGNÉ (M<sup>me</sup> DE); ses *Lettres*, citées, 20 (note 2), 123.

SEVIN DE QUINCY (Catherine-Charlotte), femme de René Jourdan de Launey; sa mort en 1736, 92.

SÈVRES (Seine-et-Oise); régiments qui y campent en 1789, 180.

SHAKESPEARE, 79 (note 8).

SICARD, détenu à la Bastille en 1755 dans la tour de la Bazinière, 277.

SILVESTRE, serviteur d'Anne d'Autriche, prisonnier à la Bastille vers 1643, 265.

SIMON, prisonnier à la Bastille vers 1643, 265.

SIMONNEAU, maire d'Étampes; fête funèbre célébrée en commémoration de sa mort, 227-228.

Sissé (Guichart de). Voir Cissay.

Six, architecte; délégué par l'Hôtel-de-Ville à la Bastille, le 14 juillet 1789, 190.

Sodomite détenu à la Bastille, 119.

Soissons [(Aisne), chef-lieu d'arrondissement]. — Diocèse. — Vicaire général. — Voir Duquesne.

Soissons (Charles de Bourbon, comte de); organise en 1640 un complot afin de s'emparer de la Bastille, 169; — sa mort à la bataille de la Marfée. *ibd*.

Solages (Comte de), marquis de Carmond, prisonnier à Vincennes, puis à la Bastille, 103, 307; — délivré le 14 juillet 1789, 193; — son rôle durant les jours suivants, 196.

Solanges, forme inexacte du nom du marquis de Solages.

Sombreuil (Charles-François Virot, marquis de), gouverneur des Invalides; actes en cette qualité, 182, 183, 202.

Sommesous (Marne); lieu de naissance de Person, 199.

Sommière (De), lieutenant du vicomte d'Auchy;

prisonniers dont il a la garde à la Bastille en 1574, 114.

Sorciers appelés de Guyenne pour guérir Charles VI, et logés à la Bastille, 164.

Soulès, électeur du district des Minimes; nommé commandant de la Bastille dans la soirée du 14 juillet 1789; son rôle dans ces fonctions, 205-206.

Spont (M. A.), érudit, cité, 52 (note 1), 81 (note 1).

Staal (M$^{lle}$ de Launay, plus connue sous le nom de M$^{me}$ de); détails sur sa détention à la Bastille, 126-128. Ses *Mémoires*, cités, 31, 65 (note 4), 67, 97, 140.

Stermy, gazetier, prisonnier à la Bastille en 1661, 267.

Suffolk (Comte de), met le siège devant Orléans, 2.

Suicide (Tentatives de) commises par des prisonniers, 155-156; (Traité du) conservé à la bibliothèque de la Bastille, 152.

Sully (Maximilien de Béthune, duc de); capitaine de la Bastille, 49, 85; — ses *OEconomies royales*, citées, 85 (note 3).

# T

Taaf de Gaydon (Abbé), aumônier de la Bastille; son traitement en 1781, 296.

Tabac fourni aux prisonniers de Vincennes et de la Bastille, 103, 149.

Talbot (J.), capitaine anglais de la Bastille, mentionné en 1436, 252, 254.

Tallemant des Réaux, chroniqueur, cité, 33-34 (et note 1).

Taneron (Pierre), invalide de la garnison de la Bastille en 1787, 187 (note).

Tardif (Jean-François), sergent de la garnison de la Bastille en 1787, 186 (note 8).

Tauré, commandant du poste de la Bibliothèque, mentionné en juillet 1789, 197.

Tavernier, prisonnier à la Bastille, 130, 293, 294 (et note 3), 30, 310 (note 5); — douceur du régime auquel il est soumis, 149-150; — délivré par le peuple le 14 juillet 1789, 193; — conduit à Charenton le 20 juillet suivant, 196-197.

Termes (Roger de Pardaillan, marquis de). Voir Pardaillan.

Ternant (Philippe de), pénètre dans Paris en 1436 avec l'armée royale, 165-166; — nommé prévôt de Paris à la suite de ce fait, 166.

Terrat, chirurgien de la Bastille en 1691, 140.

Testu (Laurent), capitaine ou simplement lieutenant de la Bastille (1583-1588); détails biographiques, 83-84.

Tetine (Guillaume de Herville, *dit*). Voir Herville.

"Thermites" emprisonnés à la Bastille en 1643, 118.

Therouenne (Pas-de-Calais); évêque. Voir Luxembourg (Louis de).

Thévenart, gazetier, prisonnier à la Bastille en 1661, 267.

Thévenin, peintre; son tableau de l'*Arrestation de M. Delauney*, 74.

Thiéry, historien, cité, 22.

Thori, greffier au Châtelet; acte en cette qualité, 198 (note).

Thou (De), historien, cité, 84.

Thuriot de la Rozière, avocat, député du district de Saint-Louis-la-Culture; détails biographiques, 185 (note 2); visites qu'il fait à La Corrège, prisonnier à la Bastille (1787-1789), 142, 184; — son rôle pendant la journée du 14 juillet 1789, 184-185, 312-313; — proclame dans les rues l'ordre de la démolition de la Bastille, 206; — commissaire des Vainqueurs de la Bastille, 217, 218, 226.

TIBULLE (OEuvres de), à la bibliothèque de la Bastille, 152.

TIGNEVILLE (Guillaume DE), prévôt de Paris; acte en cette qualité (1405), 237.

TIRON (Abbaye de). Voir PARIS, Abbayes.

TITON DU TILLET; chargé en 1709 par le Ministre de la guerre d'examiner les bâtiments de la Bastille, 173.

TOPIN (M. Marius), historien, cité, 90 (et note 4), 158.

TORCY (J.-B., marquis DE), secrétaire d'État des Affaires étrangères, mentionné en 1704, 91.

TORTURE (Prisonniers soumis à la), 139-140.

TOULOUSE, délégué par le district de Saint-Louis-la-Culture à la Bastille, le 14 juillet 1789. 184.

TOURAINE (Duc DE). Voir JEAN.

TOURNAY (Louis), soldat au régiment Dauphin-Infanterie; son rôle pendant la journée du 14 juillet 1789, 188, 313 (note 1); — Volontaire de la Bastille, 216; — commissaire des Vainqueurs de la Bastille, 217.

TOURNEUX (M. Maurice), érudit, cité, 309 (note).

TRAJANE (Colonne); projets de monuments à élever sur l'emplacement de la Bastille à l'imitation de cette colonne, 178, 230.

TRÉCOUR, porte-clefs de la Bastille en 1789, 310 (note 4).

TREMBLAI, tapissier, fournisseur de la literie de la Bastille en 1783, 297.

TREMBLAY (Charles Le Clerc DU), gouverneur de la Bastille; détails biographiques, 86; — époque de sa mort, 88; — actes de son administration, 136, 170.

—— (François Le Clerc DU). Voir JOSEPH (Le P.)

—— (Jean Le Clerc DU, père des précédents, premier président des Requêtes du Palais, 86.

TRÉSORIERS généraux incarcérés à la Bastille en 1648, 118 (note 3).

TROIE (DE), prisonnier à la Bastille vers 1643, 265.

TROISSY (Pierre DE), 16.

TROTIN (Guillot), vigneron, prisonnier à la Bastille en 1428, 251.

TROYES (Aube); lieu de naissance du sieur Mouillefarine, architecte, 230.

TROYES (Guillaume DE), garde de l'artillerie du roi; mentionné en 1436, 254.

TRUDON, président du district de l'Oratoire; sa relation de l'attaque des Invalides le 14 juillet 1789, 182 (note 3).

TUETEY (M. A.), historien, cité, 7 (note 1), 78 (note 6), 165 (note 5), 180 (note 1), 197 (note 4), 202 (note 5), 203 (note 3), 217 (notes 3 et 4), 221 (note 4), 222 (note 3), 224 (notes 4 et 5), 225, 227 (note 3).

TULY ou TULLY (DE), prisonnier à la Bastille en 1666, 124-125.

TURENNE (Henri DE LA TOUR D'AUVERGNE, vicomte DE); combat qu'il soutient dans le faubourg Saint-Antoine contre les troupes de Condé (1652), 172, 209.

# U

UNIGENITUS (Bulle); lettres de cachet expédiées à son occasion, 178.

# V

VAILLANT, détenu à la Bastille en 1755 dans la tour de la Liberté, 277.

VALAGES (DE), capitaine de la garde du château de Vincennes; son traitement en 1784, 300.

VALLET DE VIRIVILLE, historien, cité, 2 (note 5), 79 (note 8).

VALOIS (Louis, duc d'Orléans, comte DE), 237.

VAL-REFFROY (Le), au diocèse de Meaux [?]; curé, Étienne Du Pont, 251.

VARENY (Jean), imprimeur; son rôle pendant la journée du 14 juillet 1789, 189 (note 1).

VARENNES (Meuse); Élie (voir ce nom) prend sa retraite et meurt dans cette ville (1825), 189 (note 3 de la page précédente); — (Fuite de Louis XVI à); rôle que joue Palloy en cette circonstance, 214; — (Volontaires de), convoqués en 1791 par Palloy, 214 (note 4).

VAUDETAR (Jean DE), seigneur de Bournonville; lieutenant du duc de Luynes à la Bastille, 86.

VAUDETAR (Henri DE), frère du précédent, baron de Persan, lieutenant du duc de Luynes à la Bastille, 86.

VAUTRIN (Nicolas), invalide de la garnison de la Bastille en 1787, 187 (note).

VAUZÉ (Allain DE), commandant pour le roi à la Bastille; acte en cette qualité (1615), 86.

VENARD (Jean), invalide de la garnison de la Bastille en 1787, 187 (note).

VENDÔME (François DE), vidame de Chartres; prisonnier à la Bastille (1560), 113.

—— (Louis-Joseph, duc DE); ses papiers transférés en 1787 de la Bastille à la Bibliothèque du roi, 70.

—— (Comte DE), Robert de Willoughby, 152.

VENETTE (Jean DE), chroniqueur, cité, 2 (et note 1), 4.

VEVNES (DE), capitaine de la Bastille (1652-1653); acte de sa nomination, 87-88.

VERD, détenu à la Bastille en 1755 dans la tour de la Liberté, 277.

VERDUN (Meuse, ch.-l. d'arrond.); évêque. Voir HARAUCOURT (Guillaume DE).

VERMANDOIS (Louis DE BOURBON, comte DE). Voir BOURBON.

VERMEIL, membre du Comité de l'Hôtel de Ville, 207.

VERNET (Abbé DU), prisonnier à la Bastille en 1781, 294 (note 4).

VERNIQUET, géographe; sollicite en 1787 l'autorisation de lever un plan général de la Bastille, 65.

VERSAILLES (Seine-et-Oise); mention relative à un registre des baptêmes, mariages et sépultures de la ville en 1686, 155; — bailli, *ibid.*; — château, son budget au chapitre des châteaux royaux, 49.

VEZILLI (Demoiselle DE), incarcérée à la Bastille (1659-1660), 126.

VEZON, père et fils, médecins de la Bastille (XVII° siècle); leur traitement mensuel, 53 (note 3), 65.

VIC (DE), mentionné à tort comme capitaine de la Bastille; gouverneur de Saint-Denis, puis de Calais, 85.

VIDE (Louis), *dit* VILLEROY, caporal de la garnison de la Bastille en 1787, 186 (note 8).

VIEILLARD, chargé de la garde de la Bastille après le 14 juillet 1789, 208.

VIENNE, inspecteur de la démolition de la Bastille; son rapport à ce sujet, 210-211, 212.

VIGIER (Guinot) et son frère, *dit* le bâtard VIGIER; part qu'ils prennent à l'évasion d'Antoine de Chabannes, 107-109.

VIGNELL (Comte DE), prisonnier à la Bastille vers 1643, 265.

VILLARS (DE), lieutenant-colonel; se constitue prisonnier à la Bastille (1695), 132.

—— prêtre, prisonnier à la Bastille en 1661, 267.

VILLARSEAU (DE), prisonnier à la Bastille en 1661, 267.

VILLEDEUIL (LAURENT DE), ministre de la maison du roi; actes en cette qualité, 51, 75, 179, 302-303, 308.

VILLEGENOUX (DE); son logement au magasin d'armes de la Bastille, 283.

VILLIERS (Jean DE), sire DE L'ISLE-ADAM. Voir L'ISLE-ADAM.

VILLUBI. Voir WILLOUGHBY (Robert DE).

VIN fourni aux prisonniers de la Bastille, 148 (note), 149.

VINACHE, prisonnier à la Bastille; y fonde une bibliothèque, 151; s'y tue en 1714, 155-156.

VINCENNES (Seine), château : séjour royal au XIV° siècle, 4, 6; — prison au XVI° siècle, 16, 255; note sur son administration, 102-103; — projet de son rétablissement en 1788, comme conséquence de la suppression de la Bastille, 99, 103, 176. 303-306; — prétendu souterrain la reliant à la Bastille, 209; — autorisation du roi pour la visiter, 161 (note 3); — budget en 1784, 300-301; — revues de la garnison passées par un commissaire des guerres, 96; — prisonniers : médicaments qui leur sont fournis, 66 (note 4); transférés à la Bastille, 103, 124, 193, 196; — gouverneur, Bernaville; — lieutenants de roi, Baisle, Rougemont (de); — confesseur, 69 (et note 4); voir Duquesne; — corps de garde construit en 1560, 262 (note); — Sainte-Chapelle; son Chapitre procède à l'inhumation des prisonniers du château, 103.

VITRY (Nicolas DE L'HOSPITAL, duc DE), maréchal de France; prisonnier à la Bastille, prend part à un complot tramé par le cardinal de Retz (1640), 169.

VOISIN (Étienne), invalide de la garnison de la Bastille en 1787, 187 (note).

—— (Femme), prisonnière à la Bastille, 121.

VOLTAIRE, détenu à la Bastille, 128, 227; — lettre d'anticipation en vertu de laquelle il y est écroué (1726), 132; ses recherches sur l'homme au masque de fer, 159; — son roman de *L'Ingénu*, 174; — fête de la translation de ses cendres en 1791, 227.

Voyer d'Argenson (De). Voir Argenson.
Voysin, ministre de la guerre; mentionné en 1709, 172-173.

# W

Whyte (De) de Malleville, prisonnier à Vincennes, puis à la Bastille, 103, 307, 310 (note 5); — délivré le 14 juillet 1789, 193; — conduit à Charenton le lendemain, 196-197.

Willoughby (Robert de), comte de Vendôme, chevalier anglais; assiégé dans la Bastille en 1436, 166; — capitaine de la Bastille pour le roi d'Angleterre, 252.

# Y

Yonville-en-Beauce (?); chevaliers et écuyers français qui y sont pris comme otages, et incarcérés à la Bastille en 1428, 251.

www.ingramcontent.com/pod-product-compliance
Lightning Source LLC
Chambersburg PA
CBHW050434170426
43201CB00008B/662